Paul Sauer

Napoleons Adler über Württemberg, Baden und Hohenzollern

Südwestdeutschland in der Rheinbundzeit

Verlag W. Kohlhammer
Stuttgart Berlin Köln Mainz

Für Heidi, Arno und Eberhard

CIP-Kurztitelaufnahme der Deutschen Bibliothek

Sauer, Paul:
Napoleons Adler über Württemberg, Baden und Hohenzollern:
Südwestdeutschland in d. Rheinbundzeit / Paul Sauer. –
Stuttgart ; Berlin ; Köln ; Mainz : Kohlhammer, 1987.
  ISBN 3-17-009595-1

Umschlag: Triumphbogen von Antonio Isopi, Rom 1807 (Ausschnitt).
Lasierte Federzeichnung. Heimatmuseum Ludwigsburg

Inhalt

Vorwort

Prinz Friedrich von Württemberg, der spätere erste württembergische König, reiste im Sommer 1789 nach Paris, um sich aus eigener Anschauung ein Bild vom revolutionären Aufbegehren des französischen Bürgertums gegen die absolutistische Monarchie zu verschaffen. Der Eindruck, der sich dem 35jährigen aufdrängte, war niederschmetternd. Die Revolution erschien ihm als etwas Abgründiges, gewaltsam jede Ordnung zerstörend und einem politischen Chaos den Weg bereitend. Die Welt des alten monarchischen Europas war bedroht. Es galt, Dämme aufzuschütten, um der verheerenden Sturmflut Einhalt zu gebieten, zumal sich in Südwestdeutschland, vor allem in den Kreisen der jungen Intellektuellen, so unter den Tübinger Stiftlern, aber auch bei der gedrückten Landbevölkerung, starke Sympathien für die Sache der Französischen Revolution regten und deren Forderungen ein nachhaltiges Echo fanden. Daß die Welt des Ancien Regime überlebt war, daß das Territoriengewirr im deutschen Südwesten, insbesondere die Reichsstädte, die geistlichen und weltlichen Zwergherrschaften, kaum noch eine Zukunftschance hatten, war offenkundig. Niedergang, Verfall, drückende Schuldenlast fast überall. Ungeachtet der großen geistig-kulturellen Leistungen zahlreicher Kleinterritorien im Zeitalter des Barock vielfach behagliche Anarchie, der Vergangenheit zugewandtes Stilleben. Nur in einigen größeren Territorien Reformansätze, neue politische Perspektiven. Zu ihnen gehörte vor allem die Markgrafschaft Baden-Durlach unter ihrem aufgeklärten Regenten Karl Friedrich. Von geringem Gebietsumfang konnte sie 1771 ihr politisches Gewicht durch die Wiedervereinigung mit der Markgrafschaft Baden-Baden erheblich steigern. Auch der größte Staat Südwestdeutschlands, das Herzogtum Württemberg, zeigte sich den politischen Reformideen aufgeschlossen, doch waren hier die beharrenden Kräfte stärker als in Baden. Männer wie Prinz Friedrich hatten längst erkannt, daß die politischen und gesellschaftlichen Verhältnisse für eine tiefgreifende Umgestaltung überreif waren. Allein, sie strebten Reformen an; den gewaltsamen Umsturz, das Chaos galt es unter allen Umständen zu vermeiden. Ohne einen Anstoß von außen war jedoch die Durchsetzung solcher Reformen unwahrscheinlich. Frankreich mußte in der einen oder anderen Weise die Initialzündung liefern, und es vermochte vielleicht auch dabei behilflich zu sein, eine andere Gefahr noch rechtzeitig zu beseitigen: die territoriale Expansion der habsburgischen Kaisermacht in Südwestdeutschland. Österreich, sehr stark in der Südwestecke des Reichs präsent, war in der 2. Hälfte des 18. Jahrhunderts mit Erfolg bemüht, seine Macht und seinen Einfluß auszudehnen und einen Teil der Kleinterritorien von sich abhängig zu machen, sie schrittweise zu mediatisieren bzw. zu säkularisieren. Die größeren Staaten dieses Raums waren darüber beunruhigt. Preußen, dessen Hilfe sie suchten, verfolgte ähnliche Ziele, doch waren diese weniger auf Südwestdeutschland gerichtet, zumal es hier erst seit 1792 und dann auch nur peripher von Mittelfranken aus hereinwirkte. Das Reich spielte im Kalkül der beiden deutschen Großmächte lediglich dann noch eine Rolle, wenn es ihren Interessen diente. Bei Kaiser Franz, dem Oberhaupt des Reichs, ließen sich die Belange Österreichs von denen des Reichs nicht trennen. Der Nimbus des Reichs war ihm angenehm, und er kam ihm vielfach zustatten, Österreich war jedoch seine reale Machtbasis, und auf sie stützte er sich, auch wenn er im Namen des Reichs handelte. Das Reich als solches war nur noch im nichtösterreichischen und nichtpreußischen, dem sogenannten Dritten Deutschland, namentlich in dem territorial aufgesplitterten Südwesten, lebendig. Hier besaß es noch eine gewisse Lebenskraft, funktionierten die von ihm geschaffenen Institutionen, so der Schwäbische Reichskreis.

Eine Aufteilung Deutschlands zwischen Österreich und Preußen, wobei Südwestdeutschland der habsburgischen Kaisermacht zugefallen wäre, lag nicht im Interesse Frankreichs. Schon seit dem Dreißigjährigen Krieg hatte es bei den geistlichen und weltlichen Fürsten Südwestdeutschlands seine Klientel gesucht. Die Revolution von 1789 änderte hieran nichts. Im Gegenteil, seitdem die aus politischen Umwälzungen hervorgegangene Französische Republik außenpolitisch aktiv wurde, war sie bestrebt, das Dritte Deutschland in ein Abhängigkeitsverhältnis von sich zu bringen. Hierbei wollte es Österreich aus Schwaben hinausdrängen, um sich in der deutschen Südwestecke den maßgeblichen Einfluß zu sichern. Napoleon, der sich die Situation des durch den revolutionären Extremismus an den Rand des Abgrunds getriebenen Frankreichs zunutze machte, um seine expansive Militärherrschaft aufzurichten, verfolgte konsequent diese Politik weiter. Durch den wesentlich von ihm bestimmten Reichsdeputationshauptschluß gestaltete er 1803 die Landkarte Südwestdeutschlands um. Zwei Jahre später zwang er die süddeutschen Staaten zu einem Kriegsbündnis gegen Österreich, kurz darauf zerstörte er das Reich endgültig. Die von ihm stark vergrößerten süddeutschen Mittelstaaten Bayern, Württemberg, Baden und Hessen-Darmstadt schloß er unter seinem übermächtigen Protektorat zu einem Rheinbund zusammen. Diesen weitete er nach dem Sieg über Preußen 1807 durch eine größere Zahl mittel- und norddeutscher, zum Teil von ihm erst geschaffenen Staaten aus. Damit hatte er das Dritte Deutschland fest in seiner Hand, Österreich und Preußen aber nach Osten zurückgedrängt. In Südwestdeutschland blieben nur noch das Königreich Württemberg, das Großherzogtum Baden sowie die beiden hohenzollerischen Fürstentümer übrig. Um ihr wirtschaftliches und militärisches Potential für seine europäische Hegemonialpolitik voll nutzen zu können, war für Napoleon eine straffe innere Organisation dieser aus vielen heterogenen territorialen Bestandteilen zusammengestückelten Staaten notwendig. Auf dem Wege der Reformen von oben entstanden moderne Staatsgebilde. Sie überdauerten die Zeit des napoleonischen Imperiums, gaben sich Verfassungen und wurden schließlich durch den liberalen Geist, der sich früh in ihren Parlamenten durchsetzte, zu Wegbereitern von Einheit und Freiheit des deutschen Volkes.

Keine andere Epoche wie die Napoleons hat den deutschen Südwesten in solch tiefgreifendem und dauerhaftem Maß umgestaltet. Es war skrupellose Machtpolitik, die dies bewirkte. Vieles hätte eine andere Entwicklung nehmen können, doch eine gewisse innere Gesetzlichkeit ist auch bei dem gewaltsamen Neugestalten beachtet worden. Männer wie Friedrich von Württemberg, der Feind der Französischen Revolution, oder der badische Staatsmann Reitzenstein haben eine harte Interessenpolitik verfolgt, aber sie besaßen Augenmaß, das richtige politische Gespür, sie erkannten die Gunst der Stunde und nutzten sie.

Bis heute gibt es keine Geschichte Südwestdeutschlands in der Rheinbundzeit. Untersuchungen für Württemberg und Hohenzollern liegen vor. Die vor über fünfzig Jahren erschienenen Bücher von Erwin Hölzle »Das alte Reich und die Revolution« sowie »Württemberg im Zeitalter Napoleons und der deutschen Erhebung« sind auch heute noch für jede wissenschaftliche Beschäftigung mit der Napoleonischen Ära von grundlegender Bedeutung. Dies trifft in gleicher Weise für die Arbeiten Fritz Kallenbergs aus den sechziger Jahren über Hohenzollern zu. Dagegen fehlt, ungeachtet der hervorragenden Beiträge von Karl Obser, Willy Andreas und Franz Schnabel zu bedeutsamen Problemkreisen und Themen, eine zusammenfassende Darstellung für

Baden. Nun wird aber die Geschichte jener Epoche besonders anschaulich und aussagekräftig, wenn man die Verhältnisse und Entwicklungen in den einzelnen Ländern miteinander vergleicht. In Baden beispielsweise hat Napoleon zeitweise eine Art Mitregierung ausgeübt, das badische Herrscherhaus wurde durch ihn tief gedemütigt. In Württemberg behielt König Friedrich die innenpolitischen Zügel fest in der Hand. Napoleon zwang ihn lediglich außenpolitisch und militärisch zur unbedingten Unterordnung. Seinen Staat hat der württembergische König nach dem Konzept des aufklärerischen Selbstherrschers organisiert. Das moderne Württemberg ist sein ureigenstes Werk. In Baden hingegen hatte der Landesherr am staatlichen Neuaufbau lediglich geringen Anteil. Der greise Großherzog Karl Friedrich war nicht mehr in der Lage, sein Land als absolutistischer Herrscher zu regieren. Er war auf seine Minister angewiesen. Ein Glück, daß ihm verantwortungsbewußte, loyale und vor allem hochbefähigte Männer wie Reitzenstein und Brauer zur Verfügung standen. Der Thronfolger Karl, der Enkel Karl Friedrichs, besaß nicht die für das Regentenamt erforderlichen Fähigkeiten. Dies zeigte sich bereits während der letzten Lebensjahre Karl Friedrichs. Der Ausfall des Herrscherhauses hatte für Baden zur Folge, daß sich beim Staatsaufbau Kräfte und Gegenkräfte teilweise lahmlegten, daß vieles improvisiert wirkte und die Konsolidierung des um ein Vielfaches vergrößerten Landes lange Zeit beanspruchte. Freilich, der großzügigere Herrschaftsstil, der den mediatisierten Fürsten und Grafen, aber auch den übrigen Untertanen mehr Freiheiten als in Württemberg einräumte, gab dem Großherzogtum Baden von Anfang an ein liberaleres Gepräge.

Das hier vorgelegte Buch versucht, die Verhältnisse in den einzelnen südwestdeutschen Ländern während des durch die Epochenjahre 1789 und 1815 begrenzten Zeitraums in einer Art vergleichender Zusammenschau zu schildern, insbesondere aber die Napoleonzeit lebendig werden zu lassen. Die Eingangskapitel haben den deutschen Südwesten am Vorabend der Französischen Revolution, seine groteske territoriale Zersplitterung, die Revolutionskriege, während der Südwestdeutschland von den französischen Heeren wiederholt überflutet wurde, und den die Landkarte des deutschen Südwestens umgestaltenden Reichsdeputationshauptschluß von 1803 zum Gegenstand. Weitere Abschnitte befassen sich mit der Militärallianz, in die Napoleon im Herbst 1805 Baden und Württemberg zwang, sowie mit der Gründung des Rheinbunds. Im Mittelpunkt des Buchs stehen die Auswirkungen des napoleonischen Herrschaftssystems in militärischer, außen- und innenpolitischer Hinsicht auf die zu Mittelstaaten aufgestiegenen Länder Baden und Württemberg sowie auf die Fürstentümer Hohenzollern-Hechingen und Hohenzollern-Sigmaringen. Ein bedeutender Stellenwert kommt hierbei den Heiratsverbindungen der Regentenhäuser mit der Familie und dem engsten Freundeskreis des Kaisers der Franzosen zu; über sie wird deshalb eingehend berichtet. Den Abschluß des Bandes bildet der Zuammenbruch des napoleonischen Imperiums, der Wiener Kongreß und die endgültige Konsolidierung der ehemaligen Rheinbundstaaten im neuerrichteten Deutschen Bund.

Für die Untersuchung herangezogen wurden vor allem Quellenwerke und Darstellungen über die Zeit der Französischen Revolution und Napoleons sowie die zahlreichen Untersuchungen und Spezialstudien zu einzelnen Problemkreisen dieser Epoche. Daß bei dem Versuch einer Gesamtschau der Geschichte der Napoleonzeit in Südwestdeutschland höchst interessante und reizvolle Einzelfragen nur in knapper, gedrängter Form berücksichtigt werden konnten, braucht wohl kaum besonders hervorgehoben zu werden.

Bei der Materialsammlung habe ich durch meine Kollegen im Hauptstaatsarchiv Stuttgart und im Generallandesarchiv Karlsruhe mannigfache Unterstützung erfahren. Ihnen allen danke ich herzlich. Namentlich erwähnen möchte ich Herrn Bernhard

Müller vom Generallandesarchiv Karlsruhe. Er hat alle meine Wünsche bei der Beschaffung der einschlägigen badischen Literatur in zuvorkommendster Weise erfüllt und meine vielen Fragen beantwortet. Ohne seine liebenswürdige Hilfe hätte mich die Suche nach manchen speziellen Abhandlungen in Buch- oder Aufsatzform sehr viel mehr Zeit gekostet und der eine oder andere Text wäre mir überhaupt nicht zugänglich gewesen. Meine Kollegin Frau Dr. Christa Mack hat die Korrekturen mitgelesen. Ihr gilt gleichfalls mein herzlicher Dank.

Tamm, im Februar 1987   *Paul Sauer*

I. Der deutsche Südwesten am Ende des Alten Reichs

Beim Ausbruch der Französischen Revolution im Jahr 1789 glich die Landkarte des deutschen Südwestens einem mit einer Vielzahl größerer und kleinerer, zum Teil sogar winziger Flicken besetzten bunten Teppich: mehrere hundert Territorien, geistliche und weltliche Herrschaften sowie Reichsstädte, drängten sich im Geviert von Rhein, Main und Bodensee, dem heutigen Bundesland Baden-Württemberg[1]. Einige wenige dieser nach Einwohnerzahl, Gebietsumfang und wirtschaftlich-sozialer Struktur sehr unterschiedlichen staatlichen Gebilde übten bestimmenden politischen Einfluß aus. Das größte und geschlossenste Territorium bildete das 600 000 Einwohner zählende Herzogtum Württemberg; es besaß sein Kräftezentrum im Mittleren Neckarraum, schob sich aber weit nach Westen bis in die Kammlagen des nördlichen und mittleren Schwarzwalds und nach Norden bis zum Unterlauf von Kocher und Jagst vor, im Süden verfügte es mit der Exklave Tuttlingen über einen Stützpunkt an der Donau sowie im Osten um Heidenheim und Königsbronn auf der Ostalb über eine von seinem Hauptterritorium getrennte Vorpostenbastion. Abgesehen von der beharrlichen Zielstrebigkeit, mit der die Grafen bzw. Herzöge von Württemberg seit dem Spätmittelalter ihre territoriale Machtbasis erweiterten, wirkte sich die im Münsinger Vertrag von 1482 verbriefte Unteilbarkeit des Landes für die Folgezeit sehr günstig aus: Die festgefügte Einheit Württembergs blieb selbst in Krisensituationen unangefochten. Anders lagen die Verhältnisse in der Markgrafschaft Baden. Die Markgrafen, eine Seitenlinie der 1218 ausgestorbenen Herzöge von Zähringen, hatten sich beim Aufbau eines geschlossenen Territoriums schwergetan. Ihr Herrschaftsgebiet war in unzusammenhängende Teile aufgesplittert, und sie hatten nicht vermocht, ihm durch eine tatkräftige und konsequente Politik eine engere räumliche Verbindung und Verklammerung zu geben. Auch die wiederholte Veräußerung entlegener Gebietsteile hatten sie nicht zur besseren Arrondierung ihres Territoriums genutzt. Ein Menschenalter nachdem Württemberg seine staatliche Einheit dauerhaft gesichert hatte, zerfiel Baden in zwei Teilmarkgrafschaften: Baden-Baden und Baden-Durlach. Die Folge war eine langwährende politische Lähmung. Erst 1771 konnte nach dem Aussterben der Baden-Badener Linie das 1535 auf höchst willkürliche Weise geteilte Land wieder vereinigt werden. Hierbei ergaben sich manche nicht einfach zu lösende Probleme. Als eine Belastung für die vereinigte Markgrafschaft erwies sich die konfessionelle Frage. Baden-Baden war katholisch, Baden-Durlach evangelisch. Es bedurfte der behutsamen Hand Karl Friedrichs, des seitherigen baden-durlachischen Markgrafen, um Spannungen abzubauen und auch die Katholiken in dem neuen gemeinsamen Staat heimisch werden zu lassen.

Dem habsburgischen Kaiserstaat war es nicht gelungen, das staufische Herzogtum Schwaben wiederherzustellen und sich in Südwestdeutschland die dominierende Machtposition zu sichern, doch behauptete es die im Spätmittelalter erlangte starke Stellung bis in die zweite Hälfte des 18. Jahrhunderts. Vorderösterreich, eine Art von Ost nach West sich erstreckende Landbrücke, setzte sich aus einem Konglomerat räumlich voneinander getrennter Gebietsteile zusammen. Den territorialen Schwerpunkt bildete der Breisgau mit der Hauptstadt Freiburg. Bedeutsam waren der habsburgische Besitz um Horb und Rottenburg, die ehemalige Grafschaft Hohenberg, sodann westlich des Bodensees die Landgrafschaft Nellenburg. Daß Österreich der Südwestecke des Reichs noch immer großes politisches Gewicht beimaß und die sich bietenden Chancen nutzte, um seine Präsenz zu verstärken, machte 1780 der Erwerb der Herrschaft Montfort-Tettnang deutlich. Ungeachtet der räumlichen Aufsplitterung der vorderösterreichischen Lande verband ihre Bewohner ein gemeinsames Staatsgefühl; sie waren stolz, Untertanen des habsburgischen Kaiserhauses und Angehörige eines Großstaats zu sein. Geistig und kulturell wirkte Österreich weit über die engen Grenzen seines Territorienkonglomerats hinaus.

Nur mit einem kleinen Teil ihres Staatsgebiets lag die Kurpfalz innerhalb der Grenzen des heutigen Baden-Württemberg. Allerdings handelte es sich hierbei um ihre Kernlande mit den Zentren Heidelberg und Mannheim. Im politischen Kräftespiel zählte sie zu den herausragenden Machtfaktoren des deutschen Südwestens. Ebenso war sie im geistig-kulturellen und im konfessionellen Bereich von prägender Kraft. In Heidelberg hatte sie 1386 eine Universität gegründet, die älteste Hochschule im alten Deutschen Reich nach Prag und Wien. Im 18. Jahrhundert wurde Mannheim an der Stelle von Heidelberg die glanzvolle Residenz der Pfälzer Kurfürsten. Kurfürst Karl Theodor machte die Stadt an der Mündung des Neckars in den Rhein zu einem weitausstrahlenden kulturellen Mittelpunkt. 1763 gründete er hier die Kurpfälzische Akademie der Wissenschaften, die berühmte »Academia Theodora Palatina«. Zwölf Jahre später gab er seine Zustimmung zur Errichtung der »Deutschen Gesellschaft«, die sich die Pflege der deutschen Sprache und Literatur zum Ziele gesetzt hatte; ihr gehörten als Mitglieder Schiller, Wieland, Klopstock, Iffland, Jung-Stilling und Christian Friedrich Schwan an. Nach dem Aussterben der kurbayerischen Linie der Wittelsbacher im Jahr 1777 vereinigte Karl Theodor die bayerische Kurwürde mit der pfälzischen. 1778 verlegte er seine Residenz nach München. Die Pfalz geriet nunmehr politisch gegenüber Bayern rasch ins Hintertreffen. Mannheim vermochte seinen hohen geistig-kulturellen Rang nicht zu behaupten.

Mit Besitz und Rechten im heutigen Baden-Württemberg waren von den größeren weltlichen Reichsständen die Markgrafen von Brandenburg-Ansbach und die Landgrafen von Hessen-Darmstadt vertreten, erstere mit den Oberämtern Crailsheim und Creglingen, letztere, als Erben des Grafen von Hanau-Lichtenberg, mit dem an den Oberrhein grenzenden Hanauerland. 1791 fiel der ansbachische Besitz an Preußen. Auf die politischen Geschicke des südwestdeutschen Raums nahmen Brandenburg-Ansbach bzw. Preußen und Hessen-Darmstadt lediglich geringen Einfluß.

Bedeutsamer war zum Teil die Rolle, die die im Schwäbischen und Fränkischen Reichskreis bodenständigen kleineren weltlichen Reichsstände, die Fürsten und Grafen, spielten, so die Fürsten von Fürstenberg, Hohenlohe, Hohenzollern, Thurn und Taxis, Oettingen, Schwarzenberg, Löwenstein-Wertheim, die Truchsessen von Waldburg, die Grafen von Erbach, Fugger, Königsegg, Neipperg, Stadion, Wartenberg. Manche von ihnen verfügten über ansehnliche Herrschaften. Doch schwächten die meisten dieser Hochadelsgeschlechter ihre Position für dauernd oder vorübergehend durch Erbteilungen. Die Trennungen in zwei oder mehrere Linien mit entsprechender Besitzaufteilung war die Regel.

Eine reichsunmittelbare Stellung hatte auch ein Großteil der niederadligen Familien erlangt. Diese Familien geboten gewöhnlich nur über Zwergherrschaften, d. h. über einzelne Dörfer. Zur Wahrung ihrer Interessen hatten sich die reichsritterschaftlichen unter ihnen zu Ritterkreisen, zum Schwäbischen, Fränkischen und Rheinischen Kreis, zusammengeschlossen; sie umfaßten jeweils mehrere Kantone. Der Schwäbische Ritterkreis mit den Kantonen an der Donau, im Hegau, Allgäu und am Bodensee, am

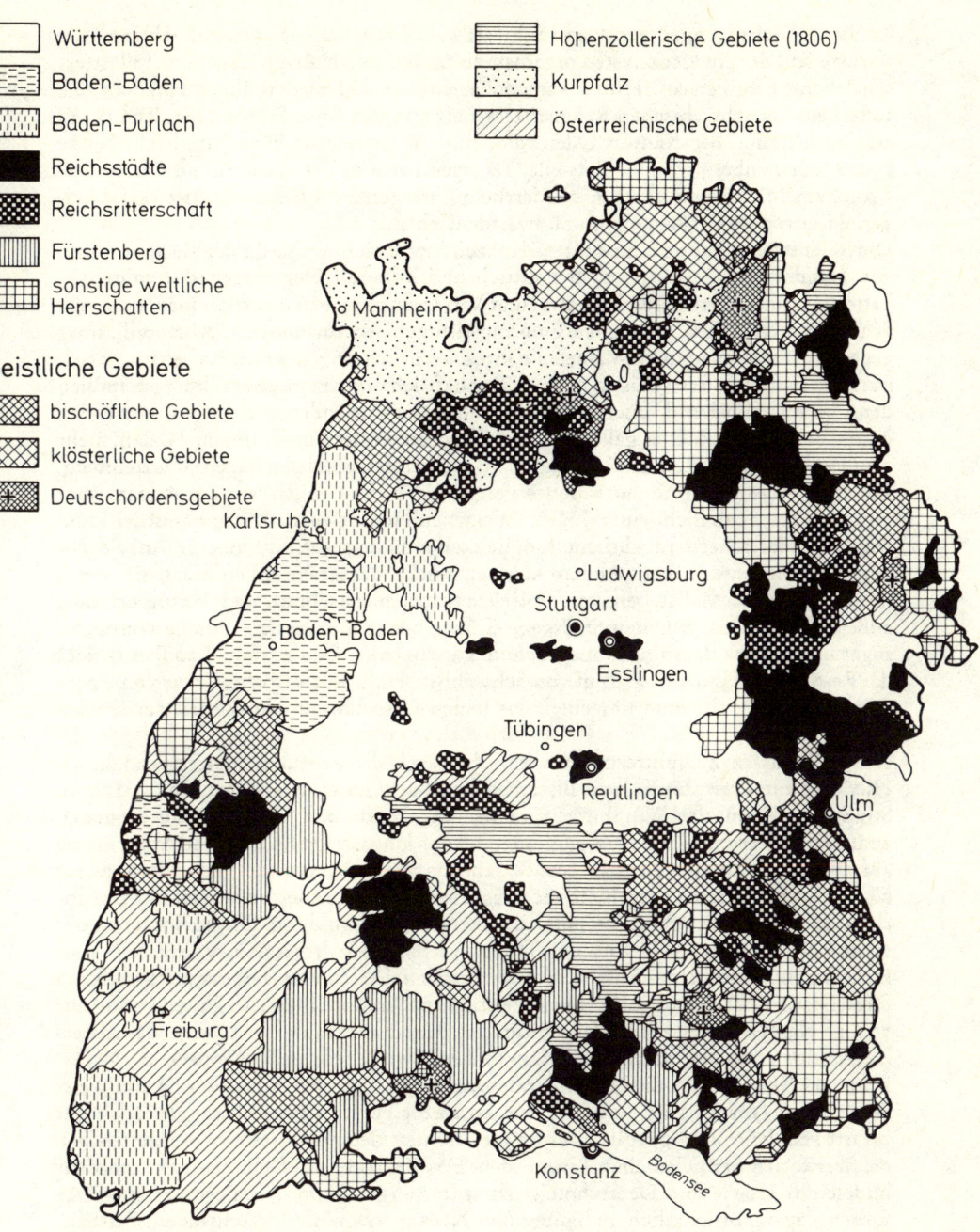

Württemberg

Baden-Baden

Baden-Durlach

Reichsstädte

Reichsritterschaft

Fürstenberg

sonstige weltliche Herrschaften

Hohenzollerische Gebiete (1806)

Kurpfalz

Österreichische Gebiete

Geistliche Gebiete

bischöfliche Gebiete

klösterliche Gebiete

Deutschordensgebiete

Das heutige Baden-Württemberg am Ende des Alten Reichs. (Aus: Paul Sauer. Baden-Württemberg. Bundesland mit parlamentarischen Traditionen. Stuttgart 1982)

15

Kocher, Kraichgau, am Neckar und Schwarzwald sowie Ortenau war der zahlenmäßig stärkste und der am effektivsten organisierte Kreis, ihm gehörten insgesamt 139 ritterschaftliche Familien an. Hinzu kam noch eine Anzahl niederadliger Familien, die außerhalb der schwäbischen Reichsritterschaft standen. Vom Fränkischen Ritterkreis erfaßte lediglich der Kanton Odenwald, rund 35 ritterschaftliche Familien, heutige baden-württembergische Gebietsteile. Dagegen hatte der in die Kantone Oberrheinstrom, am Mittelrhein und am Niederrhein untergeteilte Rheinische Ritterkreis keinerlei territoriale Berührung mit Südwestdeutschland.

Die Reichsstädte hatten längst ihre Glanzzeit hinter sich, während der sie als Zentren von Handel und Gewerbe, auch politisch und kulturell Hervorragendes vollbracht hatten. In überalterten Gesellschafts- und Verfassungsformen erstarrt, einem gewissen Schlendrian verfallen, trieben sie eine engstirnige Kirchturmpolitik. Allzu willfährig gegen fürstliche Nachbarn, kamen sie ihren Verpflichtungen gegen Kaiser und Reich nur widerwillig und nachlässig nach. Wirtschaftlich ohne Elan, eher bildungsfeindlich denn bildungsfördernd, blieben sie hinter den aufstrebenden fürstlichen Territorien immer mehr zurück. Dies galt selbst für die bedeutendsten unter ihnen. 24, d. h. mehr als die Hälfte aller Reichsstädte, lagen im Gebiet des heutigen Baden-Württemberg. Eine ganze Reihe von ihnen waren Zwergstädte, in ihre engen Mauern eingezwängt und zum Teil noch nicht einmal Herr im eigenen Haus, weil auswärtige geistliche und weltliche Herrschaften rechtliche Möglichkeiten hatten, auf ihre inneren Angelegenheiten Einfluß auszuüben. Andere kannten solche Beschränkungen nicht, sie waren nach damaligen Maßstäben von mittelstädtischem Zuschnitt und verfügten auch außerhalb ihres eigentlichen Stadtgebiets über Besitz und Rechte, etliche von ihnen sogar über mehr oder minder ausgedehnte Landbezirke. Den größten Landbesitz wies die Reichsstadt Ulm auf, gefolgt von Schwäbisch Hall. Auch Rottweil war von einem ansehnlichen Territorium umgeben, das seinen Ursprung in dem Bezirk der »Freien Pirsch« hatte.

Zur territorialen Zersplitterung trugen schließlich die geistlichen Zwergstaaten bei. Hier sind die Erzbistümer und Bistümer Augsburg, Basel, Konstanz, Mainz, Speyer, Straßburg, Worms und Würzburg zu nennen. Ihre Klein- und Kleinstterritorien gingen zum Teil auf grundherrliche Konglomerate, auf landsässige Klöster und Stifte sowie auf Niederadelsbesitz zurück. Im 18. Jahrhundert erschien die Verwaltung dieser bischöflichen Herrschaftsgebiete rückständig; sie litten wie beispielsweise das Territorium des Konstanzer Bischofs unter drückender Verschuldung. Die Kleinräumigkeit verhinderte zeitgemäße Reformen. Ähnlich verhielt es sich mit den etwa 50 reichsunmittelbaren Klöstern und Stiften; ihre Territorien fristeten zum Teil nur noch mühsam ihre Existenz. Zur Kategorie dieser geistlichen Territorialherren zählten – um nur wenige Namen zu erwähnen – die gefürstete Benediktinerabtei St. Blasien, das Zisterzienserkloster Salem, die Benediktinerabteien Zwiefalten, Isny, Weingarten, Neresheim und Gengenbach, die Prämonstratenserabteien Marchtal, Schussenried und Weissenau, das gefürstete Damenstift Buchau sowie die Fürstpropstei Ellwangen. Als recht bizarre staatliche Zwerggebilde mit weitverstreuten Gebietssplittern präsentierten sich die Territorien der geistlichen Ritterorden. Das Zentrum des Deutschen Ritterordens bildete das Hoch- und Deutschmeistertum in Mergentheim. Die Besitzungen dieses Ordens lagen vornehmlich an Tauber und Neckar sowie in Oberschwaben (Altshausen) und am Bodensee (Mainau). Sitz des Großpriors und Obristmeisters der deutschen Zunge des Johanniter-(Malteser-)Ordens war Heitersheim im Breisgau.

Die Vielzahl und Vielfalt der Territorien im deutschen Südwesten hatte indessen auch positive Aspekte, einer davon war der kulturelle. An den vielen Kleinresidenzen und Herrschaftssitzen entfaltet sich ein reiches geistiges Leben. Musik, bildende Kunst,

Dichtung und Theater hatten in den geistlichen und weltlichen Fürsten, ebenso in den reichbegüterten Grafen und Herren großzügige Mäzene. Die Architektur des Barock triumphierte im sogenannten Pfaffenwinkel zwischen Donau und Bodensee, doch nicht nur dort. In Weingarten, Weissenau, Schussenried, Zwiefalten, Marchtal, Steinhausen, aber auch in Neresheim, Ellwangen-Schönenberg, Schöntal, Bad Mergentheim, St. Peter und St. Trudpert entstanden herrliche Kirchen- und Klosterbauten. Repräsentative Schlösser in Ludwigsburg, Karlsruhe, Mannheim, Schwetzingen, Bruchsal und Rastatt gesellten sich ihnen zu. Freilich, die Untertanen hatten die Prachtliebe ihrer Herren häufig teuer zu bezahlen. Neben der Entrichtung hoher Steuern und Abgaben oblagen ihnen beim Bau herrschaftlicher Gebäude und bei dem von Kirchen und Klöstern beschwerliche Hand- und Spanndienste, die sie oft genug von ihren bäuerlichen Arbeiten abhielten. Ihre erzwungenen Opfer waren jedoch aus heutiger Sicht nicht umsonst. Das fürstliche Kunstmäzenatentum und die eindrucksvollen architektonischen Leistungen kamen späteren Generationen zugute. Die geistig-kulturelle Vielfalt unseres Landes hat eine ihrer Hauptwurzeln in jener Zeit.
Die bunte Palette kleinstaatlicher Existenzen trug aber auch, so kurios dies erscheinen mag, wesentlich zum Werden des modernen Staats bei. Die Kleinräumigkeit, so formuliert es Karl Siegfried Bader, lenkte den Blick der Verantwortlichen »von allen Expansionsideen weg auf den Staatsinhalt«. Neben politischer Ohnmacht, herrschaftlicher Willkür und Zerfall gab es ein »ernsthaftes Streben nach Verinnerlichung und Vertiefung staatlicher Aufgaben. Die Grundfrage allen staatlichen Lebens, ein erträgliches Verhältnis zwischen Staat und Menschen, zwischen Sozietät und Individuum zu schaffen, wurde hier früher und vollständiger erreicht als in manchem organisatorisch überlegenen Machtstaat«[2].
An der Entstehung des modernen Staats haben die seit dem 15. Jahrhundert in verschiedenen Territorien Südwestdeutschlands aufkommenden Landstände einen gewichtigen Anteil. Besonders trifft dies für die Landstände von Schwäbisch Österreich und Vorarlberg sowie für die des Herzogtums Württemberg zu. Die erstgenannten Landstände wurden im 18. Jahrhundert durch Kaiserin Maria Theresia mattgesetzt; sie haben, ungeachtet ihrer stärkeren Verankerung in den unteren Volksschichten, in den Landgemeinden, nicht den Bekanntheitsgrad der württembergischen »Landschaft« erreicht, die gerade damals durch ihre Auseinandersetzungen mit Herzog Carl Eugen und dem diesem Herzog abgerungenen Erbvergleich von 1770 ihre Stellung im Staat festigte, ja übersteigerte und weit über die Grenzen des Heiligen Römischen Reichs Deutscher Nation hinaus von sich reden machte. Gewiß war das Herzogtum Württemberg von einer modernen demokratischen Landesverfassung noch weit entfernt; daß aber hier die bürgerliche Oberschicht, die »Ehrbarkeit«, in der ständischen Repräsentation politische Mitverantwortung für das Land wahrnahm, erscheint bemerkenswert genug. Das liberale württembergische Bürgertum des 19. Jahrhunderts war sich in seinem Ringen um eine freiheitliche Staats- und Gesellschaftsordnung dieses großen Erbes bewußt. Auch in zahlreichen anderen südwestdeutschen geistlichen und weltlichen Territorien gab es Landstände oder wenigstens Ansätze zu solchen. Nicht überall vermochten sie sich zu behaupten. So wurden sie in der Kurpfalz in die Katastrophe des Dreißigjährigen Krieges hineingezogen und lebten nachher nicht wieder auf. In den Markgrafschaften Baden-Baden und Baden-Durlach entledigten sich die zum Absolutismus hindrängenden Landesherren der ständischen Repräsentation kurz nach dem großen Krieg 1656 bzw. 1668. Von zukunftsweisender Bedeutung war, daß in weiten Teilen Südwestdeutschlands der Freiheitsraum der Untertanen im kommunalen Bereich ausgedehnter war als anderswo. Im 17. und 18. Jahrhundert bestimmten hier die Bewohner nicht nur der landesherrlichen Städte, sondern auch die der Dör-

fer über ihre gemeindlichen Angelegenheiten weitgehend selbst. In Württemberg wurden der Schultheiß, unser heutiger Bürgermeister, sowie die Angehörigen des Rats von der Bürgerschaft gewählt[3].

Die territoriale Zersplitterung des deutschen Südwestens stand im 18. Jahrhundert, wie bereits dargelegt, der Entwicklung zeitgemäßer staatlicher Formen hemmend im Wege. Lediglich die größeren politischen Gebilde vermochten entsprechende Impulse aufzunehmen und umzusetzen. Indessen war das Zwergterritorium nicht ausschließlich sich selbst überlassen: es konnte bei der Bewältigung von Aufgaben, die seine Kräfte überforderten, auf die Hilfe seiner Mitstände rechnen, andererseits hatte es sich Eingriffe gefallen zu lassen, es mußte gewisse Rahmenbedingungen einhalten und sich, wenn auch nur in recht lockerer Form, in ein größeres Ganzes einfügen. Noch bildeten Kaiser und Reich vor allem für das Kleinstaatengewirr im deutschen Südwesten eine verbindende und darum segensreiche Klammer. Doch mehr noch als Kaiser und Reich war es der Reichskreis, der Positives wirkte; er gewährleistete ein Mindestmaß an staatlicher Ordnung, mühte sich um die Aufrechterhaltung des inneren Friedens und der inneren Sicherheit, widmete Landstraßen und Verkehr seine Aufmerksamkeit, wurde auf dem Gebiet von Handel und Gewerbe sowie im Münzwesen tätig und kümmerte sich namentlich auch um den leidigen Bereich der Landesverteidigung. – Seit 1681 besaßen die Reichskreise das ius armorum, das Recht über Krieg und Frieden. – Sicher all dies geschah in sehr umständlicher Prozedur und war vielfach unzulänglich. Am besten »funktionierte« der Schwäbische Reichskreis. Aus rund 100 geistlichen und weltlichen Territorien bestehend, umfaßte er das Gebiet zwischen Rhein (Vaduz im Südosten bis Philippsburg im Nordwesten), Lech und Wörnitz, im Norden durch eine etwa von Philippsburg über Sickingen und Bad Wimpfen bis nach Dinkelsbühl verlaufende Linie begrenzt. Sein Krebsschaden war, daß er keinen geschlossenen Bezirk bildete. Rund ein Drittel Schwabens gehörte ihm nicht an: die mit zahlreichen anderen schwäbischen Territorien und Territoriensplittern im Gemenge liegenden vorderösterreichischen Lande des Hauses Habsburg, die Gebiete der Reichsritterschaft sowie einzelne reichsunmittelbare Länderfetzen mit höchst unterschiedlichen Rechtsverhältnissen, die sogenannten »Immediati«. Das Nichteingebundensein in den Kreisverband hatte für Reichsritterschaft und »Immediati« empfindliche Nachteile; es kam deshalb im Lauf der Zeit zu einer zunehmend engeren Zusammenarbeit zwischen ihnen und dem Reichskreis, die »Immediati« rückten schließlich zu einer Art Kreisstände minderen Rechts auf. Die vorderösterreichischen Lande hatten keine Beziehung zum Schwäbischen Kreis. Obwohl von ihm gänzlich umschlossen und in ihren Rechtsverhältnissen eindeutig von seinem Territorium abgegrenzt, waren sie dem österreichischen Reichskreis zugewiesen. Dies hatte viele Streitigkeiten und auch Übergriffe der vorderösterreichischen Verwaltung zur Folge[4]. Einsprengsel in den Schwäbischen Kreis waren Gebietsteile des Oberrheinischen Kreises, so die Zwergterritorien der Bischöfe von Basel, Straßburg und Speyer sowie des Johanniterpriors in Heitersheim. Eindeutiger von ihm geschieden waren im Norden der Fränkische Reichskreis, in den die Gebiete des Deutschen Ritterordens in Mergentheim, die Markgrafschaft Brandenburg-Ansbach sowie die Territorien der Fürsten von Hohenlohe einbezogen waren, außerdem der Kurrheinische Reichskreis, dem die Kurpfalz zugeteilt war.

Für die Verfassung der Reichskreise hatte das Reich das Vorbild abgegeben. Das Organ dieser regionalen Selbstverwaltungskörperschaft, der Kreistag, war analog zum Reichstag eine Versammlung von Gesandten der Kreisstände: der Fürsten, der Prälaten, der Grafen, der freien Herren sowie der Reichsstädte. Doch besaß im Unterschied zum Reichstag im Reichskreis jeder Kreisstand, auch die Grafen, Herren und Reichsstädte, eine eigene Stimme. Die kreisausschreibenden Fürsten – in der Regel zwei (im

Schwäbischen Kreis der Herzog von Württemberg und der Bischof von Konstanz) –
führten die Korrespondenz, sie beriefen auch die Kreistage ein[5].

Seit den 1770er Jahren beunruhigte die südwestdeutschen Fürsten in zunehmendem
Maß der expansive Charakter der Politik Österreichs. Es war offenkundig, daß der
habsburgische Kaiserstaat den Verlust seiner schlesischen Gebiete an Preußen durch
eine Ausweitung seiner Macht und seines Einflusses in Süddeutschland zu kompensie-
ren suchte. König Friedrich der Große von Preußen, ohnehin jeden politischen
Schachzug seiner habsburgischen Gegenspielerin Maria Theresia und ihres Sohns
Josef II. mißtrauisch beobachtend, machte hiergegen Front. 1778/79 kam es sogar zu
einem kriegerischen, allerdings militärisch belanglosen Zusammenstoß, als Österreich
nach dem Aussterben der bayerischen Wittelsbacher beim Thronerben, Kurfürst Karl
Theodor von der Pfalz, die Anerkennung seiner Ansprüche auf Teile Bayerns durchsetzte. Friedrich erreichte einen teilweisen Verzicht Wiens auf die geltend gemachten
Territorialansprüche. Doch Kaiser Josef II., seit dem Tod seiner Mutter Maria Theresia
im Jahr 1780 alleiniger Herrscher, verfolgte seine Absichten zielstrebig weiter. Ins
Auge faßte er nunmehr, Bayern an sich zu ziehen und dafür Kurfürst Karl Theodor mit
den habsburgischen Niederlanden (Belgien) zu entschädigen. Karl Theodor war dem
von Rußland begünstigten und von Frankreich tolerierten Projekt nicht abgeneigt.
Friedrich der Große aber widersetzte sich dem Plan Josefs II. 1785 gründete er den
Fürstenbund. Dieser Bund, für den der Preußenkönig einen großen Teil der Reichsstände gewann, hatte den Zweck, die bestehende Reichsverfassung gegen Übergriffe
des habsburgischen Kaiserhauses zu schützen. Die erste Initiative zum Fürstenbund,
dem letzten Werk des großen Preußenkönigs, war von Markgraf Karl Friedrich von
Baden ausgegangen. Karl Friedrich hatte sich schon lange zuvor Preußen angenähert,
weil er sich von ihm einen Rückhalt gegenüber Österreich versprach[6]. Die Pläne
Josefs II., seine Reichslande zu einem geschlossenen Einheitsstaat umzugestalten und
zu arrondieren, hatten den Argwohn des Markgrafen erregt, dessen südliche Territo-
rien zum Teil mit österreichischen im Gemenge lagen. Indes gab es noch weitere
Gründe für eine Beunruhigung Karl Friedrichs und anderer kleiner Reichsstände. Kai-
ser Josef II. legte von 1780 bis 1785 die Tätigkeit des Reichstags in Regensburg lahm.
Den Reichsständen war dadurch die Möglichkeit genommen, sich bei Verletzung ihrer
Rechte an die einzige ihnen noch verbliebene unabhängige Schiedsinstanz zu wenden –
Reichskammergericht und Reichshofrat hatten schon immer stark unter kaiserlichem
Einfluß gestanden. – Ein anderer Beschwerdepunkt waren die kaiserlichen Debitkom-
missionen. Diese, vom Reichshofrat eingesetzt, wenn Klagen über verschuldete
Reichsstände in Wien eingingen, griffen, um das Schuldenwesen zu regulieren und den
Gläubigern zu ihrem Recht zu verhelfen, unbedenklich in die inneren Verhältnisse der
Schuldnerterritorien ein. In Anbetracht der zahlreichen kleinen Reichsstände, die hoch
verschuldet waren, hatte sich hier der Kaiser ohne Zweifel ein recht wirksames Instrument zur Ausübung politischen Einflusses geschaffen. Umgekehrt sahen die Schuldnerterritorien in den Kommissionen wirksame Werkzeuge, die sich ihre Notlage
zunutze machten, um politischen Druck auf sie auszuüben und ihre Freiheitsrechte zu
beschränken[7]. Die reichsunmittelbaren Klöster bekamen die kaiserliche Macht durch
die Panisbriefe zu spüren: Kaiser Josef ließ diese wenig erfreuliche mittelalterliche Einrichtung wieder aufleben. Er verpflichtete Klöster und Stifte, bestimmten, ihm genehmen Laien Unterhaltszahlungen zu leisten (Panis = Brot, Verpflegung; ursprünglich
Natural-, später Geldleistungen). Die kirchlichen Reformen in seinen Erblanden
brachten Josef II. in Konflikt mit den geistlichen Reichsfürsten. Er bereitete nämlich
hier der Diözesangewalt auswärtiger Bistümer ein Ende und schottete so sein Staatsgebiet gegen nichtösterreichische kirchliche Einwirkungen ab[8].

II. Die Revolutionskriege: Südwestdeutschland zwischen Frankreich und Österreich

Die 1789 ausgebrochene Französische Revolution schlug auch die Menschen in Südwestdeutschland in ihren Bann. Der Gang der Ereignisse wurde mit größter Aufmerksamkeit verfolgt, die revolutionären Ideen von weiten Kreisen, so besonders von der akademischen Jugend, begeistert aufgenommen. Im Tübinger Stift und in der Stuttgarter Hohen Karlsschule bildeten sich politische Klubs. Durch Revolutionsfeiern und durch das Aufrichten von Freiheitsbäumen bekundeten die Studierenden ihre Sympathie mit den Franzosen. Mit harmlosem schwärmerischem Enthusiasmus verbanden sich freilich auch aufmüpfige Proteste gegen Enge und Zwang des Internatslebens. Hegel, Hölderlin und Schelling wie viele ihrer Altersgenossen sahen den Anbruch einer neuen Zeit und bekannten sich mit jugendlichem Feuer zu ihr[1]. Erwartungsvoll blickten die unteren Bevölkerungsklassen, vor allem die Bauern, nach Frankreich. Die revolutionären Parolen »Freiheit, Gleichheit, Brüderlichkeit« erschienen ihnen hoffnungsvoll, zukunftsweisend, Reformen den Weg bereitend. Nach dem Ausbruch der Französischen Revolution kam es zu lokalen oder regionalen Unruhen, doch nahmen diese kaum irgendwo gefährliche Ausmaße an. Ruhig blieb es im Herzogtum Württemberg und in den anderen Territorien Innerschwabens. Anders sah es am Oberrhein aus. Dort gärte es in verschiedenen Herrschaften. Die Unzufriedenheit über Mißstände suchte sich gewaltsam Luft zu machen. Sehr aufsässig gebärdeten sich die Bewohner des bischöflich straßburgischen Gebiets. Mit Blick auf die Vorgänge im Elsaß setzten die straßburgischen Untertanen des Amts Oberkirch die Abschaffung der Hartschiere, der Uniformen und der Haarzöpfe durch. Die bischöfliche Regierung, unfähig ein Mindestmaß an Ordnung aufrechtzuerhalten, ließ die Dinge treiben. Auch in der österreichischen Ortenau flackerten Unruhen auf. Der kaiserliche Landvogt mußte aus Offenburg fliehen. Die vorderösterreichische Regierung in Freiburg geriet vorübergehend in Bedrängnis. Ihre militärischen Kräfte konnten kaum die Sicherheit in ihrem Gebiet aufrechterhalten, sie war außerstande, Hilferufen der bischöflich straßburgischen Verwaltung zu entsprechen[2]. In etlichen Dörfern der ehemaligen Markgrafschaft Baden-Baden nutzten die Einwohner die angespannte Situation, um ihrem Ärger und ihrem Mißbehagen über den 18 Jahre zuvor erfolgten Zusammenschluß mit der evangelischen Markgrafschaft Baden-Durlach in aufrührerischem Aufbegehren Ausdruck zu verleihen. Markgraf Karl Friedrich griff entschlossen durch. Mit einem militärischen Truppenkommando von einigen hundert Mann erschien er in den vom Aufstand bedrohten Gebietsteilen und stellte mühelos Ruhe und Ordnung wieder her. Die Rädelsführer ließ er ins Zuchthaus sperren. Deputierte der Ortenauer Bauern, die sich mit der Forderung bei ihm einstellten, den Beschwerden ihrer badischen Standesgenossen abzuhelfen, und die drohten, ihn notfalls mit Waffengewalt dazu zu zwingen, wies er in höchstem Unwillen ab[3]. Ihm war es auch zu verdanken, wenn die Unruhen in der Ortenau und im bischöflich straßburgischen Territorium rasch erstickt werden konnten. Im Einverständnis mit der vorderösterreichischen Regierung sicherte er die Rheingrenze gegen das Einsickern gefährlicher Elemente aus dem Elsaß durch einen Militärkordon. Karlsruhe mußte daher zeitweise auf jeden militärischen Schutz verzichten. Anfang Oktober 1789 konnte der Markgraf den größten Teil seiner über das ganze Land verteilten und vor allem an der Grenze postierten Truppen wieder zurückziehen[4].

In starke Bedrängnis brachten Karl Friedrich und andere südwestdeutsche Fürsten die aus Frankreich geflohenen Aristokraten. Bereitwillig war ihnen in Karlsruhe und in den meisten Städten am Oberrhein Aufnahme gewährt worden. Ihre adlige Geburt verschaffte ihnen auch Aufnahme am markgräflichen Hof. Bei ihrer militanten Gegnerschaft gegen die Revolution, deren Wortführer und Anhänger sie am liebsten mit Feuer und Schwert ausgerottet hätten, machten sie die Landstriche am Oberrhein zu einem ständigen Unruheherd. Die französischen Behörden im Elsaß fühlten sich durch sie brüskiert und herausgefordert. Ein Zentrum konterrevolutionärer Agitation wurde Ettenheim, nachdem der Straßburger Fürstbischof Kardinal Louis de Rohan seinen Sitz dorthin verlegt hatte. In dem Städtchen organisierte der Marquis de Mirabeau seine Legion, deren Aktivitäten rasch große Gefahren für die deutschen Rheinanlieger heraufbeschworen. Diese Legion, ebenso das zunächst in Worms sich sammelnde, später in die Gegend von Rottweil verlegte Korps des Prinzen Condé waren fortgesetzt das Ziel französischer Beschwerden und Drohungen. Markgraf Karl Friedrich befand sich bei den vielen auch in seinem Land sich aufhaltenden Emigranten in einer fatalen Situation. In den Verhandlungen mit dem revolutionären Frankreich beharrte er auf seinem Recht, Flüchtlingen gegenüber Gastfreundschaft zu üben, andererseits erklärte er unmißverständlich, er werde in der Markgrafschaft Baden keinesfalls die Ansammlung bewaffneter Korps dulden. Nicht unwesentlich zur Verstärkung der Spannungen trug der in Karlsruhe akkreditierte französische Gesandte Makkau bei. Er brachte unentwegt neue Beschwerden vor. Anfang 1792 stand zu befürchten, daß es bei der wachsenden Nervosität jenseits des Rheins binnen kurzem zu einer gewaltsamen Entladung kommen werde. Im Elsaß wurden entsprechende militärische Vorbereitungen getroffen. Eines Tages erschien in Begleitung mehrerer Adjutanten auf der Kehler Rheinbrücke der in Straßburg kommandierende Marschall Luckner, ließ den in Kehl diensthabenden badischen Rittmeister herbeirufen und erklärte diesem, er werde mit einem Heer von 60 000 Mann den Rhein überschreiten und das Land in schlimmster Weise verwüsten, es sei denn, man entledige sich der Emigranten. Die Drohungen des aus dem Bayerischen Wald stammenden Marschalls richteten sich vornehmlich gegen die Umtriebe der französischen Aristokraten im Gebiet des Bischofs von Straßburg, doch wollte er zugleich Baden treffen, durch dessen Gebiet er marschieren mußte, um in das Ländchen des Straßburger Bischofs zu gelangen[5]. Unter starkem Druck der Nachbarstaaten, insbesondere dem Badens und Österreichs, sagte Kardinal Rohan Ende Januar 1792 schließlich die baldige Entfernung des Korps Mirabeau zu. Zur großen Erleichterung der markgräflich badischen Regierung geschah dies dann auch im darauffolgenden Monat[6]. Freilich, im Hinblick auf die Emigranten reagierten die Franzosen weiterhin überaus empfindlich. Mit Unbehagen registrierten sie beispielsweise, daß sich diese auch noch im Frühjahr 1792 in großer Zahl in Karlsruhe aufhielten und am markgräflichen Hof offenbar recht selbstbewußt auftraten. Seinen Antrittsbesuch nahm Anfang Mai der neue französische Gesandte Maisonneuve zum Anlaß, in vorwurfsvollem Ton darauf hinzuweisen[7].

Unterdessen hatte sich die politisch-militärische Lage für den deutschen Südwesten bedrohlich zugespitzt. Im April hatte die Französische Nationalversammlung Österreich den Krieg erklärt, und dieses traf am Oberrhein erste Verteidigungsmaßnahmen. Frankreich war sehr an der Neutralität des Schwäbischen Kreises interessiert. Anfang Mai sicherte der französische Gesandte dem in Ulm versammelten Schwäbischen Kreistag zu, sein Land werde die Territorien des Kreises von jeder Kriegshandlung ausnehmen, erwarte aber, daß die Kreisstände österreichischen Truppen den Durchzug verwehrten und die Festung Kehl unter eigener militärischer Kontrolle behielten. Zu einer feindlichen Haltung gegenüber Frankreich hätten die Reichsfürsten im übrigen keinen Grund, sei doch denjenigen von ihnen, die im französischen Staatsgebiet Herrschaftsrechte eingebüßt hätten, Entschädigung versprochen worden[8]. Markgraf Karl Friedrich drang darauf, daß sich der Schwäbische Kreis das Gesetz des Handelns nicht von außen diktieren lasse, und er erreichte, daß sich der Kreistag zur Aufstellung der dreifachen Zahl der üblichen Truppenstärke entschloß. Indessen zeigte der größte Kreisstand, das Herzogtum Württemberg, wenig Bereitschaft, den Beschluß in die Tat umzusetzen. Entgegen der Intention des Kreistags besetzten die Österreicher die Festung Kehl und gaben sie erst nach zwei Monaten wieder frei[9]. Zu Unrecht beschuldigte der französische Gesandte Maisonneuve den badischen Markgrafen, Kehl der habsburgischen Kaisermacht in die Hände gespielt zu haben[10]. Daß es um die Verteidigung des Schwäbischen Kreises miserabel bestellt war, hatten schon frühere kriegerische Verwicklungen offenkundig gemacht, und jetzt sah es nicht anders aus. Die kleinen Reichsstände lösten ihre Verpflichtung zur Truppenstellung größtenteils gegen Geld ab. Diese Gelder nahmen neben Preußen und Österreich als »Truppenlieferanten« auch weniger mächtige Reichsstände in Anspruch, so beispielsweise die beiden Landgrafen von Hessen, im Schwäbischen Kreis vor allem Württemberg. Allein, statt der zugesagten gut ausgebildeten und ausgerüsteten Soldaten aus dem Reservoir ihrer sogenannten Haustruppen präsentierten die »Truppenlieferanten« häufig übereilt geworbene, ungeübte und kaum taugliche Söldner. Hingegen gaben sie ihre eigenen »Haustruppen« gegen Subsidien in fremden Sold, oder sie verwendeten sie zum eigenen Schutz[11]. In seiner militärischen Ohnmacht war der deutsche Südwesten ohne den Schutzschild Österreichs und Preußens Frankreich preisgegeben. Markgraf Karl Friedrich zog ohne längeres Zögern die ihm unerläßlich erscheinenden Konsequenzen: er schloß sich eng an die beiden kriegführenden deutschen Großmächte an. In einer Konvention vom 18./21. September 1792 verpflichtete er sich zur Stellung eines Truppenkontingents von 1000 Mann. Diese Truppen sollten zunächst ausschließlich als Festungsbesatzungen und als Bedeckungsmannschaften für Lazarette im Rücken der kämpfenden Armeen verwendet und erst, wenn die Markgrafschaft keinen feindlichen Einfall mehr zu befürchten hatte, auch außerhalb der badischen Grenzen eingesetzt werden[12]. Seit Herbst jenes Jahres mußte Karl Friedrich mit einer französischen Invasion rechnen. Er verließ deshalb zeitweilig seine Residenz Karlsruhe und gab Anweisung, das Archiv und andere wertvolle Gegenstände nach Ulm in Sicherheit zu bringen. Die Entscheidung über den Reichskrieg suchte er möglichst lange hinauszuzögern, weil er seinem Land einen gewissen Neutralitätsstatus sicherte[13]. Nachdem schließlich im Mai 1793 auch das Reich in den Krieg gegen die Französische Revolution eingetreten war, bot er außer seinen regulären Truppen mehrere tausend wehrfähige Landbewohner auf, ließ diese notdürftig ausbilden und ausrüsten. Zusammen mit Ortenauer und Breisgauer Bauern bildeten sie einen Sicherheitskordon am rechten Rheinufer zwischen Philippsburg und Rheinfelden, wo nur wenige österreichische Bataillone standen. Die Bürgerwachen in den Städten sowie ein zweites Landesaufgebot sollten im Fall der äußersten Not diese noch verstärken. Die österreichischbadische Volkswehr, militärisch lediglich von sehr begrenztem Wert, war immerhin eine bemerkenswerte Organisation, sie wurde allerdings nicht aus dem Boden gestampft, gründete sich vielmehr auf eine in Südwestdeutschland ins Mittelalter zurückreichende Miliztradition[14]. Kein anderer südwestdeutscher Reichsfürst engagierte sich bei der Landesverteidigung in gleicher Weise wie Karl Friedrich. Kaiser Franz bezeugte ihm denn auch im Juli 1793 ausdrücklich sein »reichsoberhauptliches Wohlgefallen«[15].

Um die durch den Krieg im Übermaß beanspruchte badische Staatskasse – sie hatte sich bis zum Ausbruch der Französischen Revolution in glänzendem Zustand befunden – zu entlasten, entschloß sich Karl Friedrich 1793 zu einem Subsidienvertrag mit England. Hierbei ging er davon aus, daß seine Truppen unter österreichischem Oberbefehl ausschließlich am Oberrhein verwendet würden. Als dies jedoch nicht zugestanden wurde, beschränkte er die in englischen Sold gegebenen Soldaten auf ein Bataillon von 754 Mann und befristete die Dauer des Subsidienvertrags auf drei Jahre. Das Bataillon kämpfte in Belgien, zuletzt in Westfalen und kehrte 1795, erheblich zusammengeschmolzen, in die Heimat zurück[16].

Mit dem von Lazare Carnot 1793 auf der Grundlage der allgemeinen Wehrpflicht organisierten Volksheer rissen die Franzosen das Gesetz des Handelns an sich. Sie brachten im Lauf des Jahres 1794 fast das ganze linksrheinische Gebiet in ihre Gewalt. Kaiser Franz II., von der Organisation der Landesverteidigung am Oberrhein beeindruckt, legte im Januar jenes Jahres dem Reichstag in Regensburg den Plan einer allgemeinen Volksbewaffnung in den westlichen Grenzregionen des Reichs vor. Er fand dafür aber keine ungeteilte Zustimmung. Insbesondere sprach sich Preußen gegen ein solches Vorhaben aus. Die Volksbewaffnung, so hatte der preußische Reichstagsgesandte Graf Görtz im Namen seiner Regierung zu erklären, sei »bedenklich und gefahrvoll für die innere Ruhe«. Die Erwartung Badens, die vorderen Reichskreise würden sich, abgesehen von ihren Beiträgen zur Reichsarmee, »durch außerordentliche Bewaffnungen in mehreren Verteidigungszustand setzen«, während die »rückwärtsliegenden Reichskreise« einen Teil der Kosten und die Lieferung von Gewehren und Schießbedarf übernähmen[17], war entschieden zu optimistisch. Zwar ging jetzt auch Württemberg unter seinem neuen Herzog Ludwig Eugen (1793–1795) daran, eine zahlenmäßig starke Landmiliz zu organisieren und diese den schwachen Kadern seiner regulären Truppen zur Seite zu stellen[18], doch sonst geschah wenig. Am 12. August 1794 äußerte sich der leitende badische Minister Georg Ludwig von Edelsheim in einem Schreiben an Landgraf Wilhelm von Hessen enttäuscht über die bis dahin vom Reich aufgebotenen Verteidigungskräfte. Er prangerte den mangelnden Gemeingeist an, die Gleichgültigkeit und den »Kaltsinn der vom Kriegstheater entfernten Reichslande« und forderte, um weiterem Unheil vorzubeugen, die größtmöglichen militärischen Anstrengungen. »Der deutschen Nation wäre es Hohn gesprochen, wenn man ihr nicht Mut, Kraft und genugsame physische Stärke zutrauen wollte, um ihrem Feind, zumalen in Gemeinschaft mit mehreren verbundenen Mächten, hinreichenden Widerstand zu leisten«. Im September richtete Markgraf Karl Friedrich angesichts des drohenden Übergewichts der Franzosen einen dringenden Appell an seine fürstlichen Standesgenossen zu rückhaltloser Solidarität. Er forderte sie auf, »alle äußersten Kräfte aufzubieten und zweckmäßig zu verwenden«[19].

Am Oberrhein blieb es 1794 noch ruhig. Allerdings machte die revolutionäre Agitation den Regierungen zu schaffen. Elsässische und schweizerische Emissäre tauchten vielerorts auf und verbreiteten ihre Parolen. In Lahr weigerte sich die mit »Demokratismus und Sansculottismus angefüllte« Bürgerschaft, sich an der allgemeinen Volksbewaffnung zu beteiligen[20]. In der organisierten Landmiliz machten sich zunehmend Widerwille und Abneigung gegen die Volksbewaffnung breit. Die patriotischen Aufmunterungen der Behörden nutzten sich rasch ab. Österreichische Generale äußerten wiederholt ihre Unzufriedenheit über den mangelnden Wehrwillen und die militärische Unzulänglichkeit der Milizen vor allem aus den badischen Gebietsteilen. Als einen wesentlichen Grund für den schlechten Geist nannten sie die von Emissären suggerierte Angst vor Repressalien der Franzosen[21].

Im Frühjahr 1794 kam das Corps Condé nach Baden zurück. Der Prinz erhielt sein

Quartier in Rastatt zugewiesen. Die wenig erfreulichen Erfahrungen mit dem Korps in früheren Jahren stimmten den Markgrafen besorgt. Indes hatte der österreichische Feldzeugmeister Graf Colloredo, der am rechten Rheinufer die Befehlsgewalt hatte, versprochen, »die Herren in Ordnung zu halten«[22]. Karl Friedrich weigerte sich dagegen im August des folgenden Jahrs strikt, dem späteren König Ludwig XVIII. in seinem Land Aufenthalt zu gewähren[23]. Im November 1795 war seine Geduld zu Ende. »Ich wünsche sehr«, schrieb er seinem Minister Edelsheim, »daß das Land endlich von dem Condéischen Korps gänzlich möge befreiet werden!« Dennoch mußte er sich zähneknirschend damit abfinden, daß ein Teil des Korps Anfang 1796 im Oberamt Yberg (heute Stadt Baden-Baden) Winterquartiere bezog[24].

Im April 1795 schloß Preußen, das sich seit geraumer Zeit nur noch widerwillig am Krieg beteiligt hatte, nach längeren Verhandlungen in Basel mit der Französischen Republik Frieden. Es gab das linke Rheinufer preis und grenzte durch eine von seinen Truppen besetzte Demarkationslinie das neutrale Nord- und Mitteldeutschland von dem im Krieg verharrenden Süddeutschland ab. Für Frankreich bedeutete der Frieden mit Preußen einen großen diplomatischen Erfolg; er befreite es aus bedrängender Not. Seine militärische Übermacht vermochte es jetzt noch sehr viel besser als bisher zur Geltung zu bringen. Die kleineren süddeutschen Reichsstände gerieten in eine sehr schwierige Lage. Von der Fortführung des Kriegs hatten sie kaum noch etwas zu erhoffen. Andererseits mußten sie sich im Gefühl ihrer militärischen Ohnmacht dem Willen Österreichs beugen, und dieses dachte keineswegs an Frieden, wie ihm Karl Friedrich anriet. Dem badischen Markgrafen lag jede Separationspolitik fern, doch behielt er sich im Fall äußerster Not insgeheim vor, zum Wohl seiner Untertanen von den sich ihm bietenden politischen Rettungsmöglichkeiten Gebrauch zu machen, und hier gewährte der Frieden von Basel eine Handhabe, war doch dort vertraglich festgelegt worden, daß die Französische Republik die Vermittlung des Königs von Preußen zugunsten derjenigen Reichsstände annehmen werde, die in direkte Friedensverhandlungen mit ihr eintreten wollten[25]. Unterdessen litten die Stände des Schwäbischen Kreises zunehmend unter dem Ausgeliefertsein an die habsburgische Kaisermacht. Die österreichischen Truppen traten hart und fordernd auf; sie erzwangen Naturallieferungen in beinahe unerträglicher Höhe[26].

Am 20. September 1795 kapitulierte Mannheim kampflos vor der französischen Rhein-Mosel-Armee des Generals Pichegru. Da ein weiteres Vordringen der Franzosen zu befürchten war, ordnete die badische Regierung die sofortige Einstellung der Landesbewaffnung an. Die Gewehre waren an sicherem Ort zu verstecken. Markgraf Karl Friedrich floh mit seiner Familie übereilt nach Ulm[27]. Dies wurde ihm von seinen Untertanen sehr verübelt. Die Regierung beauftragte mit der formellen Billigung des Landesherrn den Landvogt von Rötteln bei Lörrach, den 29jährigen, einem fränkischen Adelsgeschlecht entstammenden und seit 1789 in badischen Diensten stehenden Sigmund Karl Johann Freiherr von Reitzenstein, in Basel erste Kontakte zu der dortigen Delegation der Französischen Republik aufzunehmen. Reitzenstein war ein Gegner der engen Anlehnung der Markgrafschaft an Österreich. Sie habe, so meinte er, Baden bisher nicht den geringsten Nutzen gebracht. Im Gegenteil: die österreichischen Truppen verwüsteten und ruinierten es rücksichtslos. Wenn nicht bald eine durch die Franzosen zu erhoffende Änderung der Verhältnisse eintrete, müsse die Markgrafschaft damit rechnen, dem Kaiserstaat einverleibt zu werden[28]. Zu einem konkreten Ergebnis führten diese ersten Kontakte noch nicht, zumal die Franzosen ihre Erfolge am Oberrhein nicht weiter ausbauen konnten, vielmehr bereits im November die Stadt Mannheim nach mehrtägiger Beschießung wieder den Österreichern überlassen mußten. Indessen war die akute Gefahr für den Südwesten nur für wenige Monate abgewendet. Anfang Juli 1796 standen die Franzosen, einige Tage nachdem sie den Rhein bei Kehl überschritten hatten, vor Karlsruhe. Markgraf Karl Friedrich mußte erneut die Stadt verlassen, er fand Zuflucht auf Schloß Triesdorf bei Ansbach. Am 11. Juli, zwei Tage nach der Schlacht bei Malsch, rückten die Franzosen in die badische Residenzstadt ein. Die hier befindlichen markgräflichen Truppen, einige hundert Mann, waren zuvor aus der Stadt zurückgezogen und bis auf wenige Offiziere und Mannschaften entlassen worden[29]. Die Franzosen gaben sich in den eroberten rechtsrheinischen Gebieten längst nicht mehr als Befreier, sie gebärdeten sich vielmehr als Sieger, erpreßten hohe Kontributionen, beschlagnahmten die Kirchen- und Staatskassen, ihre Armeen ernährten sich aus dem Land[30]. Karlsruhe, vor allem aber die badischen Landstädte und Landorte bekamen dies zu verspüren[31]. Die geringen Sympathien, die im Frühsommer ein politischer Abenteurer, Marquis de Poterat, mit seiner revolutionären Agitation gefunden hatte, verflüchtigten sich vollends rasch. Poterat hatte im Auftrag des Pariser Direktoriums die Bevölkerung der Markgrafschaft aufwiegeln sollen, aber, abgesehen von einigen radikalen Gesinnungsgenossen wie Georg List in Durlach und Ernst Jägerschmidt im Markgräflerland, nur bei einem kleinen Kreis politisch Unzufriedener Unterstützung gefunden. Die Forderungen eines Teils dieser Unzufriedenen beschränkten sich auf die »Wiederaufrichtung« von Landständen[32].

Ungestüm drangen die Franzosen weiter nach Osten vor. Mit leichter Mühe bemächtigten sie sich der Schwarzwaldpässe. Die unter dem Befehl des württembergischen Erbprinzen Friedrich stehenden Schwäbischen Kreistruppen, die sie in den schlecht angelegten Schanzen auf dem Kniebis und auf dem Roßbühl bei Freudenstadt erwarteten, nahmen sie nach kurzem Kampf teils gefangen, teils schlugen sie sie in die Flucht. Das Herzogtum Württemberg lag ihnen offen. Die Österreicher zogen sich fast kampflos in Richtung Bayern zurück[33]. Herzog Friedrich Eugen floh nach Ansbach. Der Erbprinz, der in Vertretung seines Vaters von Schorndorf aus die Regierungsgeschäfte fortführen sollte, sah sich gezwungen, ihm schon wenige Tage später zu folgen. In Stuttgart gewann die ständische Friedenspartei die Oberhand. Am 17. Juli 1796 schloß Württemberg mit den Franzosen einen Waffenstillstand.

Der Krieg gegen Frankreich war in Württemberg von Anfang an nicht sonderlich populär gewesen. Die unteren Volksschichten sahen in ihm einen Herrenkrieg. Die im Herzogtum tonangebenden Landstände nahmen bereits 1794 Verbindung mit Paris auf. Nach dem Basler Frieden zwischen der Französischen Republik und Preußen im April 1795 drängten die führenden Männer der Landschaft auf einen Sonderfrieden. Der gesundheitlich stark angeschlagene Herzog Friedrich Eugen schwankte. Er wünschte zwar ein gutes Einvernehmen mit Österreich, zeigte sich aber zugleich den ständischen Bestrebungen geneigt, dem Land durch einen Friedensschluß die bei einem feindlichen Einfall zu erwartenden Drangsale zu ersparen. Im September 1795 nahmen seine Ratgeber mit den Volksrepräsentanten der französischen Rheinarmee Verhandlungen auf. Das Ergebnis war ein einmonatiger geheimer Waffenstillstand, der u. a. den Franzosen den freien Durchgang durch das Herzogtum und die Lieferungen großer Getreidemengen sicherte. Indes versagte das Direktorium in Paris die Zustimmung zu dem Vertrag, und auch die Regierung sowie die Stände des Herzogtums hatten Bedenken gegen ihn. In Württemberg tendierte man jetzt zur Neutralität. Unglücklicherweise fielen die Verhandlungsunterlagen den Österreichern in die Hände. Diese bezichtigten Regierung und Stände der Doppelzüngigkeit. Vergeblich hatte der Erbprinz, der auf die österreichische Karte setzte, die Annäherung an Frankreich zu vereiteln versucht. Ein Neutralitätskurs erschien ihm für das kleine Land verderblich. Er konnte nur zur Folge haben, daß das Herzogtum von Österreichern wie von Franzosen gleichermaßen bedrückt, ausgesogen und vergewaltigt wurde. Nach der Besetzung des Landes durch die Franzosen gewann die ständische Friedenspartei endgültig die Oberhand. Am 17. Juli 1796 schloß Württemberg, wie erwähnt, einen Waffenstillstand. Es hatte eine Kontribution von 4 Millionen Livres und Naturallieferungen im Wert von 3 Millionen Livres zu leisten. Frankreich versprach ihm dafür, sich nicht in seine inneren Angelegenheiten einzumischen. Selbst Erbprinz Friedrich konnte angesichts der militärischen Situation nicht umhin, den Waffenstillstand zu billigen. In einem dem österreichischen Gesandten übergebenen Exposé legte er die Gründe dar, die ihn zu dieser für ihn so bitteren Entscheidung bewogen hatten. Hierin hielt er mit seiner Ansicht über die miserable Kriegführung der Österreicher, die die württembergische Regentenfamilie in eine solch üble Lage gebracht hatte, nicht hinter dem Berg[34].

Wenige Tage nach Württemberg, am 25. Juli 1796, erlangte Reitzenstein bei den französischen Heerführern einen Waffenstillstand für Baden. Die Bedingungen waren erheblich härter als die dem größeren Nachbarstaat auferlegten: 2 Millionen Livres Kontribution, Naturalleistungen an Vieh, Getreide und anderem im Wert von rund 1 Million Livres[35]. Markgraf Karl Friedrich erleichterte die finanzielle Bürde des Landes, indem er die Kontribution aus Mitteln des nach Ansbach geflüchteten Hausschatzes bezahlte[36]. In einem Brief an Erzherzog Karl suchte er den Waffenstillstand mit Frankreich zu rechtfertigen. Bei dem sonst unabwendbaren gänzlichen Ruin seines Landes sei ihm nichts anderes übriggeblieben, schrieb er. Am 26. Juli 1796 schloß der Schwäbische Kreis einen Waffenstillstand mit der Französischen Republik. Für die noch im Verband der kaiserlichen Armee verbliebenen Schwäbischen Kreistruppen waren die Konsequenzen schmachvoll: Sie wurden in Biberach entwaffnet und von den Österreichern, mit Stöcken ausgerüstet, in die Heimat zurückgeschickt[37].

Die Waffenstillstandsverträge verpflichteten Baden und Württemberg, sofort in Friedensverhandlungen einzutreten. Den frankreichfreundlichen Landständen in Stuttgart kam dies durchaus gelegen, und auch der Geheime Rat in Karlsruhe zögerte nicht, Reitzenstein grünes Licht zu geben. Daß Frankreich auf der Rheingrenze beharren werde, war der badischen Regierung nicht zweifelhaft. Sie verlangte daher, daß Baden für seine verlorenen linksrheinischen Gebiete durch rechtsrheinische säkularisierte geistliche Fürstentümer großzügig entschädigt werde. Hierbei ging sie von der durchaus zutreffenden Erwägung aus, daß Frankreich einigen deutschen »Grenzfürsten« durch die Vergrößerung ihrer Länder zu einer gewissen Selbständigkeit verhelfen wolle[38]. In einer für das Direktorium in Paris bestimmten Denkschrift vom 17. August 1796 entwickelte der französische Gesandte Barthélemy politische Zielvorstellungen seines Landes über den Schwäbischen Kreis, den er im wesentlichen mit dem südwestdeutschen Raum gleichsetzte. Der 700 Quadratmeilen umfassende, gut 2 Millionen Einwohner zählende Schwäbische Kreis, so führte er aus, müsse künftig für Frankreich ein sicherer, seine Grenzen abschirmender Vorposten sein. Deshalb sollte er aus dem Reichsverband herausgelöst werden und einen souveränen Bundesstaat unter der Garantie, d. h. unter dem Schutz, der Französischen Republik bilden. Um ihm eine größere Geschlossenheit zu geben, erscheine es angezeigt, mit ihm die fünf Kantone der Reichsritterschaft, die Besitzungen des Hauses Österreich in Schwaben, das Territorium des Bischofs von Straßburg sowie zum Oberrheinischen Reichskreis gehörende Gebiete des Fürsten von Hessen-Hanau zu vereinigen[39]. Ohne Frage waren hier erstmals Grundgedanken des späteren Rheinbundsystems Napoleons, das allerdings viel großräumiger realisiert wurde, ausgesprochen. Sie wiesen der französischen Deutschlandpolitik der folgenden zwei Jahrzehnte die Richtung.

Am 7. August 1796 vereinbarten die württembergischen Bevollmächtigten Konrad Abel und Karl Ludwig Georg von Wöllwarth in Paris mit der französischen Regierung einen Sonderfrieden. Dieser sah territoriale Entschädigungen für die von Frankreich annektierten linksrheinischen Besitzungen vor, erlegte Württemberg strengste Neutralität auf und verpflichtete es, jederzeit den Durchzug französischer Truppen zu gestatten. Erbprinz Friedrich reagierte sehr enttäuscht. Die in Aussicht gestellten geringen Entschädigungen für die linksrheinischen Gebietsverluste standen seiner Ansicht nach in keinem Verhältnis zu den reichsverfassungsmäßigen Bestimmungen, mit denen sich Württemberg hatte einverstanden erklären müssen. Einen Weg, der an der Ratifikation des Vertrags vorbeiführte, sahen er und seine Ratgeber jedoch nicht, zumal die französische Militärmacht das Herzogtum fest im Griff hatte und die Landstände alles Heil von der Französischen Republik erwarteten. Immerhin erreichte der an die Stelle Wöllwarths getretene Unterhändler Ulrich Lebrecht von Mandelsloh, ein enger Vertrauter des Erbprinzen, am 28. Oktober 1796 in einer Zusatzkonvention für Württemberg hinsichtlich der Frage der territorialen Entschädigungen zusätzliche Zugeständnisse Frankreichs und eine Verminderung der dem Herzogtum abverlangten Kontributionen[40].

Der badische Unterhändler Reitzenstein beobachtete Anfang August 1796 mit Unbehagen das rasche Zustandekommen einer Friedensregelung zwischen Frankreich und Württemberg. Insbesondere die von dem Nachbarstaat akzeptierten geheimen Zusatzvereinbarungen betrachtete er als eine schwere Schädigung für sein Land. Er argwöhnte, Württemberg erstrebe in dem von Frankreich geplanten schwäbischen Bundesstaat »eine Art Oberherrschaft über den ganzen schwäbischen Kreis, das hochfürstliche Haus selbst nicht ausgenommen«. Nach Paris war er mit der Absicht gekommen, Macht und Ansehen seines Markgrafen in größtmöglicher Weise zu steigern und zu diesem Zweck für die badischen Gebietsverluste auf dem linken Rheinufer herauszuholen, was nur irgendwie möglich war. An den Minister Edelsheim schrieb er: »Keinesfalls dürfen wir uns durch halbe Maßregeln die Hände binden lassen. Wir müssen nehmen, was immer wir bekommen können«. Durch sein unerschrockenes Auftreten – er hatte beispielsweise die Rückberufung eines französischen Generals durchgesetzt, der sich in der Markgrafschaft hatte Übergriffe zuschulden kommen lassen – hatte sich der Vertreter eines französischer Willkür ausgelieferten deutschen Kleinstaats rasch Respekt verschafft[41]. Am 22. August 1796 vermochte er endlich den Friedensvertrag unter Dach und Fach zu bringen. Der Vertrag entsprach in seinen gegen Kaiser und Reich gerichteten Bestimmungen dem württembergischen. Auf seine linksrheinischen Besitzungen hatte Baden ausdrücklich Verzicht zu leisten, dazuhin auf seine sämtlichen Rheininseln und auf Kehl, den Brückenkopf von Hüningen. Ferner mußte es Frankreich alle Möglichkeiten für den ungehinderten Schiffsverkehr auf dem Rhein einräumen. Ein geheimer Zusatzvertrag sicherte Baden umfangreiche geistliche Gebiete als Entschädigungslande für die verlorenen linksrheinischen Territorien zu[42]. Reitzenstein war mit dem Ergebnis nicht unzufrieden. »Alles, was möglich war, ist erreicht«, schrieb er nach Karlsruhe[43].

An den Kaiserhöfen von Wien und St. Petersburg war man empört. Man bezichtigte Karlsruhe und Stuttgart des Verrats am Reich. Kaiser Franz sprach von einem »schweren Attentat wider die Reichskonstitution«. Zu separaten politischen Schritten während eines Reichskriegs hatte kein Reichsführer die Befugnis. Die fatale Lage der beiden von der französischen Heeresmacht überrollten Kleinstaaten wollte man allerdings nicht zur Kenntnis nehmen. Neues Unheil kündigte sich unverweilt an. Im September 1796 gelang es Erzherzog Karl, die Armee des Generals Jourdan bei Amberg und Würzburg zu schlagen und aus Franken zu vertreiben. Die Niederlage Jourdans zwang auch General Moreau, Südwestdeutschland zu räumen und sich hinter den Rhein zurückzuziehen. Mitte Oktober waren Württemberg und Baden wieder in der

Hand der Österreicher. Schwer mußten die zwei wehrlosen Länder ihre Friedenspolitik büßen. Sie hatten starken Truppenverbänden Quartier zu schaffen und hohe Kontributionen zu leisten. Erzherzog Karl lehnte es ab, einen badischen oder württembergischen Neutralitätsstatus zu respektieren. Ihm lag vielmehr daran, die Abtrünnigen mit harter Hand zur Räson zu bringen[44].

Erbprinz Friedrich eilte mit Billigung seines Vaters nach Wien, um das Vertrauen des Kaiserhofs zurückzugewinnen und sich zugleich einen Rückhalt gegen das Machtstreben der Landstände zu sichern. Er fand eine gute Aufnahme und große Gesprächsbereitschaft, zumal seine persönliche Loyalität gegen Kaiser und Reich von keiner Seite angezweifelt wurde. Friedrich gelang es, mit dem österreichischen Staatskanzler Thugut eine Vereinbarung auszuhandeln, in der Österreich dem Herzogtum zusagte, ihm gegen die Stellung von 5000 Mann württembergischer Hilfstruppen zu Entschädigungen für seine verlorenen linksrheinischen Gebiete zu verhelfen. Die durch Indiskretion bekanntgewordene Vereinbarung löste bei den Landständen, aber auch im Geheimen Rat heftige Kritik aus. Herzog Friedrich Eugen distanzierte sich von seinem Sohn. Die Landstände behielten bis weit hinein in das Jahr 1797 in der Politik des Landes die Oberhand. Der Friede mit Frankreich blieb unangetastet. Erbprinz Friedrich gewann erst in den letzten Lebensmonaten Friedrich Eugens (gestorben 23. Dezember 1797) wieder maßgebenden politischen Einfluß[45]. Am 28. November 1796 wandte sich der vorübergehend nach Karlsruhe zurückgekehrte Markgraf Karl Friedrich brieflich an Kaiser Franz. Er suchte ihm verständlich zu machen, warum sich Baden im Juli zum Abschluß eines Waffenstillstandes gezwungen gesehen habe, versicherte jedoch »untertänigst«, »daß ich die in der Folge von dem französischen Bedingnisse eines Separatfriedens in dem innigsten Gefühl von der Pflicht und Würde eines deutschen Fürsten nicht angenommen habe, auch keine Verbindung einzugehen gedenke, die mich von dem bishero glücklich bestandenen Reichsverband zu trennen geeignet sein könnte«. Dem badischen Sondergesandten Reitzenstein in Paris gab Karl Friedrich noch an demselben Tag seine Entscheidung bekannt. Eine Ratifikation widerspreche, so ließ er hören, seiner Denk- und Handlungsweise. Aus rechtlichen wie aus moralischen Gründen gleichermaßen unannehmbar waren für ihn die Bestimmungen, die Baden in einem Reichskrieg zur Insubordination gegen das Reichsoberhaupt, zum Verrat am Reich nötigten. Er befahl Reitzenstein, Paris zu verlassen und seinen vorläufigen Aufenthalt in Basel zu nehmen[46]. Dieser fühlte sich gänzlich im Stich gelassen. Seit Monaten hatte er eindringlich, ja beschwörend die umgehende Ratifikation des Friedensvertrags gefordert, im September gar mit seinem Rücktritt gedroht. Er hatte darauf hingewiesen, wie sehr Baden bei weiterem Zögern gegenüber Württemberg ins Hintertreffen gerate, und harte Anschuldigungen gegen die Berater erhoben, die Markgraf Karl Friedrich auf Schloß Triesdorf umgaben[47]. Freilich vermochte er, ausschließlich auf die französische Karte setzend, von Paris aus nur schwer zu übersehen, in welch schwieriger Lage sich Markgraf und Regierung nach der Rückeroberung des Landes durch kaiserliche Truppen befanden. Die Aufforderung seines Fürsten mißachtend, blieb er in der französischen Hauptstadt. Kaiser Franz dagegen bekundete seine Genugtuung darüber, daß Karl Friedrich Abstand von einer reichsverderblichen Politik genommen habe[48].

Großen Wert legte der badische Markgraf darauf, mit dem russischen Hof, zu dem er enge verwandtschaftliche Bindungen hatte, wieder in ein besseres Verhältnis zu kommen. Wichtig war ihm vor allem, das Vertrauen des neuen russischen Zaren zu gewinnen, der auf die Nachricht von den Friedensverhandlungen Badens mit der Französischen Republik mit Äußerungen höchsten Unwillens reagiert hatte[49]. Zarin Katharina die Große war am 17. November 1796 gestorben. Die Nachfolge hatte ihr Sohn Paul angetreten. Karl Friedrich nahm die Thronbesteigung Pauls zum Anlaß, um dem neuen russischen Kaiser durch den Generalleutnant und Oberstkämmerer Karl von Geusau seine Glückwünsche überbringen zu lassen, zugleich aber um Verständnis für seine Politik zu werben und sich für die badischen Belange der russischen Unterstützung zu versichern. Der Zar zeigte sich von dieser Geste beeindruckt, gab sich freundlich und aufgeschlossen. Sein Unmut über den Markgrafen schien beschwichtigt. Erbprinz Ludwig und dessen Sohn Karl verlieh er in seiner Armee die Ehrenränge von Generalleutnanten und machte sie zu Chefs zweier Regimenter, denen er die Namen Alt- und Jungbaden beilegte[50].

Daß Prinzessin Luise von Baden, die Enkelin Karl Friedrichs, seit 1793 mit Großfürst Alexander, dem Sohn Pauls, vermählt war – sie führte als russische Großfürstin und nachmalige Kaiserin den Namen Elisabeth Alexejewna – sollte während der folgenden beiden Jahrzehnte für Baden und sein Herrscherhaus namentlich in territorialpolitischer Hinsicht von einem kaum zu überschätzenden Vorteil sein. Doch diese enge verwandtschaftliche Verbindung zum russischen Zarenhaus blieb nicht die einzige politisch hochbedeutsame Heirat der Familie von Markgraf Karl Friedrich. Mehrere andere seiner Enkelinnen, allesamt Töchter des Erbprinzenpaares (Karl) Ludwig und Amalie, trugen durch ihre Ehen gleichfalls dazu bei, daß die markgräflich badische Familie zu einem der einflußreichsten europäischen Fürstengeschlechter aufstieg. Erbprinzessin Amalie, eine geborene Prinzessin von Hessen-Darmstadt, wurde für die Zeitgenossen zur »Schwiegermutter Europas«. Im März 1797 heiratete Max Josef von Pfalz-Zweibrücken, seit 1799 Kurfürst und seit 1805 König von Bayern, Karoline von Baden[51]. Einige Monate später, im August, verlobte sich Karolines Schwester Friederike mit König Gustav IV. von Schweden. Die Hochzeitsfeierlichkeiten fanden im Oktober 1797 in dem damals noch zur Krone Schweden gehörenden Stralsund statt[52]. Im November 1802 wurde Marie von Baden die Gattin Herzog Friedrich Wilhelms von Braunschweig, 1804 Wilhelmine mit Prinz Ludwig von Hessen, dem nachmaligen Großherzog Ludwig II. von Hessen-Darmstadt, vermählt[53].

Aus Paris beschwor Reitzenstein Anfang 1797 Markgraf und Regierung in Karlsruhe, ihn auf seinem Posten zu belassen. Er könne sich, schrieb er, sehr einschränken, für seinen einfachen Haushalt benötige er höchstens 70 bis 80 Louisdors. Baden vermeide so den Bruch mit Frankreich und habe jederzeit die Möglichkeit, wenn erforderlich, auf den Friedensvertrag zurückzugreifen. Seiner Ansicht nach arbeitete die Zeit für Baden. Das Wohl und Wehe des kleinen Landes, erklärte er am 3. März in einem an Minister Edelsheim gerichteten Schreiben, liege in der Hand Frankreichs. Dieses bleibe stets sein Nachbar und habe selbst im Frieden tausend Mittel, ihm seinen schlechten Willen zu beweisen. Auf der anderen Seite lastete wie ein Alptraum auf Reitzenstein die Angst, der Herzog von Württemberg könnte sich durch eine klügere Politik Vorteile verschaffen[54]. Der Einsicht, daß der Verbleib ihres Sondergesandten in Paris für Baden von Nutzen war, vermochte sich auch die Regierung in Karlsruhe im Frühjahr 1797 nicht länger zu verschließen, zumal sich die politische Großwetterlage grundlegend zu verändern begann. In der militärischen Auseinandersetzung, die jetzt ihren Schwerpunkt in Italien hatte, geriet Österreich durch den jungen französischen General Bonaparte, der als Heerführer rasch zu großer Berühmtheit aufstieg, zunehmend in Bedrängnis. Am 18. April 1797 schloß es den Vorfrieden von Leoben, in dem es Belgien und die Lombardei abtrat. Um diese Zeit hatte Reitzenstein von General Moreau die Zusage erlangt, bei einer erneuten Besetzung Süddeutschlands durch französische Truppen Baden als befreundeten Staat zu behandeln[55]. Dank seines diplomatischen Geschicks gelang es ihm, für das Nichtratifizieren des Friedensvertrags immer wieder aufschiebende Gründe geltend zu machen und entsprechend den Direktiven seiner

Regierung, ungeachtet der wachsenden Ungeduld der Franzosen, die Verhandlungen hinzuziehen[56]. Im Oktober 1797 kam in Campo Formio der Friede zwischen Frankreich und Österreich zustande. Markgraf Karl Friedrich gewann seine politische Handlungsfreiheit zurück, nachdem Österreich in Campo Formio eindeutig seine Interessen denen des Reichs vorangestellt hatte. Anfang November erteilte er Reitzenstein die Genehmigung zur Ratifikation des Friedensvertrags. Kurz vor Weihnachten erfolgte der Austausch der Ratifikationsurkunden[57]. Doch der Sondergesandte sah damit seine Pariser Mission keineswegs als erledigt an. Jetzt galt es, sich umgehend um eine Revision des Separatfriedens zu bemühen. Die Stellung Badens am Oberrhein – so sah es Reitzenstein – mußte durch zusätzliche Gebietszuweisungen weiter gefestigt und ausgebaut werden. In einer Denkschrift, die der Sondergesandte am 23. Dezember 1797 dem französischen Außenminister Talleyrand überreichte, verlangte er für seinen Fürsten einen zusammenhängenden territorialen Machtbereich zwischen Rhein und Schwarzwald. Hierbei wies er auf die Vorteile hin, die sich für Frankreich aus einer gänzlichen Entfernung des habsburgischen Kaiserstaats aus der Grenzregion des Oberrheins und aus der Schaffung eines geschlossenen von der Schweiz bis zur Pfalz sich erstreckenden, in das politische System der Französischen Republik fest eingebundenen Staatsgebildes ergeben würden. Für ihn war es keine Frage, daß sich Baden, wenn es als Staat überleben wollte, eng an Frankreich anzuschließen hatte[58]. Zurückhaltung und politische Passivität waren fehl am Platz. Die Gunst der Stunde mußte genutzt werden, um ein Maximum an Forderungen durchzusetzen.

In Württemberg beharrten die Stände auf ihrer frankreichfreundlichen Politik. Ihre außenpolitischen Aktivitäten zielten jedoch darauf ab, jede Machtsteigerung des Herzogs, etwa durch die Zuerkennung der Kurwürde oder durch territoriale Entschädigungen, die dem Land nicht inkorporiert waren, zu verhindern. Erbprinz Friedrich hielt dies für unerträglich. Die Stände mußten in ihre Grenzen verwiesen werden. Der Herzog bedurfte, um sich Kurwürde und Gebietsentschädigungen zu sichern, aber auch um die konkurrierende ständische Außenpolitik auszuschalten oder wenigstens lahmzulegen, der Unterstützung der Großmächte. Friedrich setzte nach wie vor seine Hoffnung in erster Linie auf Österreich. Seit November 1797 verhandelte sein Freund Zeppelin mit Zustimmung von Herzog Friedrich Eugen in Wien. Gleichzeitig wurde allerdings auch der Gesandte Württembergs in Paris beauftragt, in Verhandlungen auszuloten, inwieweit Frankreich dem Herzogtum in der Frage der Kurwürde und der Gebietsentschädigungen entgegenzukommen bereit war[59]. Ebenso wie Baden wollte Württemberg alle Möglichkeiten nutzen, die ihm zu einer Steigerung seiner politischen Stellung förderlich sein konnten.

Zwar hatten Preußen und Österreich, ebenso Württemberg und Baden in den jeweiligen Friedensverträgen der Preisgabe der linksrheinischen Gebiete und einer Entschädigung der davon betroffenen Reichsstände durch rechtsrheinische Territorien zugestimmt, doch lag eine endgültige Entscheidung darüber beim Reich. Das Gesetz des Handelns bestimmte Frankreich. Im November 1797 begann in Rastatt zwischen beiden die Friedenskonferenz. Die damals kaum 4000 Einwohner zählende Stadt wurde für kurze Zeit zu einer Art europäischer Hauptstadt. In den verödeten Straßen der einstigen Residenz der Markgrafen von Baden-Baden entfaltete sich ein buntes Treiben. Hunderte von Fremden ließen sich vorübergehend dort nieder[60]. Württemberg entsandte den Geheimen Rat von Mandelsloh, Baden den Minister Georg Ludwig Freiherrn von Edelsheim und den Geheimen Rat Emanuel Meier nach Rastatt[61]. Die badische Regierung übernahm den Schutz der Konferenz. Dies hatte manche Unannehmlichkeit zur Folge. Die Quelle fortwährenden Ärgers bildeten die vielen in der Markgrafschaft wohnhaften französischen Emigranten. Zwischen Philippsburg und

Basel sollen sich damals 4000, in Rastatt allein 300 aufgehalten haben. Ein Großteil der ungebetenen Gäste lebte zurückgezogen in bescheidenen Verhältnissen. Allein, es gab auch, so in Rastatt, radikale Elemente, die provozierend auftraten, die französischen Gesandten zu brüskieren suchten und sie in einzelnen Fällen sogar in ihren Quartieren belästigten. Ende Dezember 1797 verhängte der badische Polizeikommissar über die Emigranten, von wenigen Ausnahmen abgesehen, ein Aufenthaltsverbot für Rastatt und einen Umkreis von vier Stunden. Im Mai des nächsten Jahres wurde die Ausweisung aller Emigranten aus der Markgrafschaft verfügt. Da jedoch die badische Regierung sehr rücksichtsvoll vorging, hatte nur ein Drittel, meist die Verdächtigeren, das Land zu verlassen[62].

Bei seinen Verhandlungen mit den Bevollmächtigten des Kaisers in Rastatt erreichte der französische Vertreter, Napoleon Bonaparte, die endgültige Abtretung des linksrheinischen Reichsgebiets an Frankreich. Eine Reichsfriedensdeputation zur Regelung der Entschädigungsansprüche der Reichsstände, die auf dem linken Rheinufer Territorien verloren hatten, nahm ihre Arbeit auf. Daneben aber führte Frankreich in Paris mit einzelnen Reichsständen, so mit Württemberg, direkte Verhandlungen in der Entschädigungsfrage, im Falle von Baden setzte es sie fort, wie wir gehört haben. Die französische Hauptstadt wurde zum großen Ländermarkt, auf dem in den folgenden Jahren mit allen Mitteln, namentlich mit immensen Bestechungsgeldern, um bevorzugte Berücksichtigung von Gebietswünschen gefeilscht wurde[63].

Der Zusammentritt der Reichsfriedensdeputation löste am Oberrhein neue revolutionäre Umtriebe aus. Die erfolgreiche Agitation französischer Emissäre in der Schweiz und in Italien, besonders aber die Vorgänge in den von Frankreich annektierten linksrheinischen Reichsgebieten, in denen Republikaner das Heft in der Hand hatten, wirkten stark auf die angrenzenden rechtsrheinischen Territorien. Basel und Straßburg waren die Zentren der revolutionären Propaganda. In diesen Städten hatten zahlreiche deutsche Republikaner Zuflucht gefunden. Sie beschworen das Phantom einer schwäbischen Republik und stachelten ihre rechts des Rheins lebenden Landsleute bis hinein ins Württembergische zu Ungehorsam gegen die alten Gewalten auf. Ihre Sendboten durchstreiften werbend, aufwiegelnd die Rheinebene und den Schwarzwald. Nährboden der Unruhen war die Unzufriedenheit weiter Bevölkerungskreise über die ihnen zugemuteten kriegsbedingten schweren Lasten, über Härte und Willkür der Behörden und vor allem über das wehrlose Ausgeliefertsein an französische und österreichische Truppen, die in den letzten Jahren den deutschen Südwesten abwechselnd in ihre Gewalt gebracht hatten. Besonders ungünstig waren im badischen Oberland die wirtschaftlichen Verhältnisse. Die kriegerischen Drangsale der vergangenen Jahre und eine verheerende Viehseuche, Mißstände in der Verwaltung sowie ein Übermaß an Abgaben hatten hier Not und bedrückende Armut über zahlreiche Gemeinden gebracht. Gerüchte über politische Veränderungen, über Ländertausch und Säkularisationen steigerten das Unbehagen und die Anfälligkeit für radikale Parolen. Ob die Regierung in Paris, das Direktorium, hinter den Umtrieben steckte, sie vielleicht gar den Anstoß zu ihnen gegeben hatte, um den Rastatter Kongreß einzuschüchtern und ihn ihren politischen Zielen gefügig zu machen, läßt sich nicht sagen, sicher kamen sie ihr aber nicht ungelegen. Offen unterstützte der Befehlshaber der Rheinarmee, General Augérau, die revolutionären Agitatoren. Freilich wie schon in früheren Jahren zündeten die eigentlichen revolutionären Umsturzideen in der einheimischen Bevölkerung kaum. Diese begnügte sich im wesentlichen mit der Forderung nach Abstellung von Mißständen und namentlich nach der Wiedereinführung von Landständen, um der Verwaltung eine Art wirtschaftliches Kontrollorgan zur Seite zu stellen. Die badische Regierung kam durch Zufall schon im Anfangsstadium den Umtrieben auf die Spur. Auch diesmal behutsam zu Werke gehend, konnte sie im Zusammenwirken mit den bedrohten Reichsständen rasch die Unruheherde ersticken. Sie brachte die Aufrührer durch gelinde Strafen zur Räson und ließ die Verdächtigen überwachen. Entscheidend freilich für ihren Erfolg fiel ins Gewicht, daß sie Mißstände beseitigte und die Lasten der Untertanen zu erleichtern suchte, ebenso daß sich die französische Regierung auf ihre dringenden Vorstellungen von den republikanischen Agitatoren distanzierte, ihnen eine weitere Förderung versagte und General Augérau zurückrief[64]. In Württemberg unterhielten 1798 die radikalen Vertreter der landständischen Reformpartei, so der Landschaftskonsulent und Ludwigsburger Abgeordnete Baz, Kontakte zu französischen Emissären. Doch für die von den Franzosen propagierten Pläne einer schwäbischen Republik vermochte sich auch die Reformpartei nicht zu erwärmen. Die Nachrichten, nach denen »eine Revolution in Schwaben« unvermeidlich sei und der aufrührerische Geist vor allem in der Gegend von Stuttgart und Ulm die Oberhand gewonnen habe, waren maßlos übertrieben. Herzog Friedrich, der seit 1789, als er in Paris Zeuge des ersten gewaltsamen Aufbegehrens der Bevölkerung gegen das absolutistische Königtum gewesen war, unter einer Art Revolutionstrauma stand, nahm sie jedoch zum Anlaß, unablässig die Stimmung in seinem Land und in den angrenzenden Gebieten erkunden und die Wortführer einer freiheitlichen Staatsverfassung überwachen zu lassen[65].

Der 1797 zwischen Frankreich und Österreich zustande gekommene Friede war nur von geringer Dauer. Bereits im folgenden Jahr schlossen sich, um der weit über Europa hinausgreifenden französischen Machtpolitik wirksam begegnen zu können, England, Rußland, Österreich, Neapel und die Türkei zu einer militärischen Allianz zusammen. Der Zweite Koalitionskrieg entbrannte. Südwestdeutschland wurde erneut Aufmarsch- und Operationsgebiet der Armeen der kriegführenden Mächte Frankreich und Österreich. Baden wie Württemberg waren bestrebt, sich aus dem militärischen Konflikt herauszuhalten. Allein dies gelang nur Baden. Württemberg war sehr viel stärker als sein westlicher Nachbarstaat dem Zugriff Österreichs ausgesetzt, zudem hatte sich Herzog Friedrich II., der im Dezember 1797 nach dem Tod seines Vaters Friedrich Eugen die Herrschaft im Herzogtum übernommen hatte, eine enge politische Bindung an den habsburgischen Kaiserstaat bewahrt. Zunächst beharrte aber auch Friedrich auf der Neutralität seines Landes. Doch weder Franzosen noch Österreicher respektierten sie. Am 1. März 1799 überschritt eine Armee unter dem Befehl des Generals Moreau bei Kehl, eine andere unter General Bernadotte bei Mannheim den Rhein. Rasch stießen die Franzosen nach Osten und Südosten vor. Württemberg hatte schwer unter ihnen zu leiden. Proteste des Herzogs bei den obersten militärischen Kommandostellen wegen der Übergriffe und Gewalttätigkeiten der Soldaten fruchteten wenig. Schon Ende März zwangen die Österreicher unter Erzherzog Karl nach mehreren Gefechten die Franzosen zum Rückzug hinter den Rhein. Indes traten auch die österreichischen Truppen sehr anmaßend und fordernd auf. Die von ihnen beanspruchten Lieferungen an Nahrungsmitteln und Pferdefutter, die Vorspanndienste und Einquartierungen belasteten das Herzogtum in kurzer Zeit mit 16 Millionen Gulden. Herzog Friedrich mußte den französischen Gesandten aus Stuttgart ausweisen. Die Niederlagen, die die Franzosen jetzt auch in der Schweiz und in Italien erlitten, veranlaßten Friedrich, sich, ungeachtet des Widerstands der Stände, Österreich anzunähern. Er schickte seinen Freund Zeppelin nach Wien, den Hauptmann von Varnbüler nach St. Petersburg. Ebenso nahm er Kontakte zu König Georg III. von Großbritannien, seinem Schwiegervater, auf, um Gelder zur Aufstellung eines Heeres gegen Frankreich zu erlangen. Am 2. Juli 1799 setzte Zeppelin in der österreichischen Hauptstadt seine Unterschrift unter einen Allianzvertrag. In diesem erklärte der Herzog von Württem-

Großherzog Karl Friedrich von Baden (1728–1811, reg. ab 1746). Kupferstich von Ernst Morace nach dem Gemälde von Johann Baptist Seele

Markgräfin Amalie von Baden (1754–1832), Schwiegertochter von Großherzog Karl Friedrich. Lithographie von C. F. Müller nach einem Gemälde von Franz Seraph Stirnbrand und Chr. Häusser

Königin Charlotte Mathilde (1766–1828), zweite Gemahlin König Friedrichs. Gemälde von Philipp Friedrich Hetsch

berg den erzwungenen Frieden mit der Französischen Republik vom Jahr 1796 für ungültig und verpflichtete sich, als Alliierter Österreichs ein Truppenkontingent von 6000 Mann, darunter 200 Mann Artillerie und 800 Mann Kavallerie, ins Feld zu stellen. Trotz des Widerstands der Landstände, die entschlossen waren, an der Neutralität Württembergs festzuhalten, ließ der Herzog nunmehr einen Teil seiner Truppen zu den Streitkräften des Kaisers stoßen. Die Württemberger beteiligten sich Anfang September 1799 in der Gegend von Lauffen am Neckar an mehreren Gefechten gegen die von Heilbronn her angreifenden Franzosen und verwehrten ihnen ein weiteres Vordringen, bis es Erzherzog Karl mit seinen aus der Schweiz herangeführten Truppen gelang, ihnen für kurze Zeit Südwestdeutschland zu entreißen. Anfang November 1799 vereitelten Württemberger und Österreicher bei Bietigheim und Löchgau den Vorstoß von General Ney nach Ludwigsburg und Stuttgart sowie die Inbesitznahme der österreichischen Magazine in Cannstatt. Einen neuen französischen Einfall in das Herzogtum verhinderte vierzehn Tage später der aus Hechingen und Tübingen mit einem starken Truppenkorps herbeieilende österreichische General Sztarray[66].

Am 20. April 1800 vereinbarte der an den Stuttgarter Hof entsandte englische Sondergesandte im Auftrag seines Königs ein Bündnis mit Herzog Friedrich, das diesem eine eigenständige politisch-militärische Rolle in dem Koalitionskrieg mit Frankreich ermöglichte. Friedrich sagte verbindlich zu, zusätzlich zu seinem Reichskontingent ein Truppenkorps von 5000 Mann aufzustellen, das nach einer geheimen Vertragsklausel möglichst als geschlossener Verband unter kaiserlichem Oberbefehl ausschließlich in Schwaben und im Reich eingesetzt werden sollte. England übernahm die Ausrüstung, den Sold und die Kosten für den Unterhalt des Korps. Dagegen hatte der Herzog die Mannschaftsabgänge zu ersetzen. Friedrich verpflichtete sich, Frieden nur im Einvernehmen mit England zu schließen. Andererseits garantierte dieses alle herzoglichen Besitzungen, auch versprach es, sich beim Friedensschluß für die Interessen Württembergs einzusetzen.

Fünf Tage nach dem Abschluß des englisch-württembergischen Bündnisvertrags überschritt General Moreau mit starken Truppenverbänden bei Kehl, Breisach und Basel den Rhein. Das 2700 Mann starke württembergische Reichskontingent, Teil des von General Sztarray befehligten Korps, marschierte dem Feind bis Baden-Oos entgegen, mußte sich aber dann, ohne daß es zu einem Zusammentreffen mit den Franzosen gekommen war, zurückziehen. Der Angriffsschwerpunkt General Moreaus zielte auf Oberschwaben. Am 1. Mai kapitulierte die Besatzung der Bergfestung Hohentwiel im Hegau, ohne auch nur den Versuch zu einer Verteidigung unternommen zu haben. Freilich, die Festung war seit vielen Jahren vernachlässigt worden, hatte zeitweise als Staatsgefängnis gedient, die Besatzung bestand im Frühjahr 1800 zum Teil aus Invaliden, nur zwei von den 27 Geschützen sollen in einem einwandfreien Zustand gewesen sein, dennoch hätte der Hohentwiel, da er mit einem hinreichenden Vorrat an Lebensmitteln und Munition versehen war, einige Zeit einer Belagerung standhalten können. General Vandamme hatte dem Kommandanten vor der Übergabe zugesichert, er werde sich bei seiner Regierung dafür einsetzen, daß die Bergfestung nach Friedensschluß unversehrt an Württemberg zurückgegeben werde. Die französische Regierung weigerte sich jedoch, der Empfehlung Vandammes zu entsprechen, sie gab die Anweisung, die Veste zu demolieren. Das Zerstörungswerk wurde während des Winters 1800/1801 durchgeführt. Herzog Friedrich war über die kampflose Übergabe des Hohentwiels aufs äußerste aufgebracht. Ein Kriegsgericht verurteilte sämtliche Offiziere, die der Kapitulation zugestimmt hatten, zur »infamen Kassation«, d. h. zur ehrlosen Entlassung, über Kommandant Generalmajor Georg Bernhard von Bilfinger und seinen Stellvertreter Oberstleutnant von Wolff erkannte es auf Tod durch Erschießen. Friedrich wandelte in beiden Fällen die Todesurteile in lebenslängliche Gefängnisstrafen um[67].

Die kaiserliche Armee vermochte den ungestümen Vormarsch General Moreaus nicht aufzuhalten. Nach mehreren verlorenen Gefechten überließ sie den größten Teil Württembergs den Franzosen. Herzog Friedrich flüchtete zunächst nach Weiltingen, dann nach Erlangen. Auch die öffentlichen Kassen wurden von Stuttgart nach Franken in Sicherheit gebracht. Das württembergische Reichskontingent traf, sich dem Rückzug der Österreicher anschließend, am 21. Mai in Günzburg ein. Dort befand sich bereits das im englischen Sold stehende, in aller Eile auf die Stärke von 3000 Mann gebrachte herzogliche Reichsergänzungskorps. Am 17. Juli 1800 vereinbarten die weit nach Bayern vorgedrungenen Franzosen mit Österreich einen Waffenstillstand, der dann bis November in Kraft blieb. Die nunmehr ganz mit englischem Geld unterhaltenen württembergischen Truppen bezogen Quartiere in Mühldorf und Wasserburg am Inn. Nach der Wiederaufnahme der Feindseligkeiten blieben die die Nachhut der Österreicher bildenden Württemberger in ständiger Feindberührung. Sie mußten sich beim Rückzug über Salzburg in Richtung Wien fortwährender Angriffe der Franzosen erwehren und erlitten dabei schwere Verluste. Nach Abschluß des Waffenstillstands von Steyr am 27. Dezember 1800 erhielten sie Marschbefehl nach Böhmen. Dort verweilten sie bis zum Friedensschluß. Im Mai 1801 rückten sie wieder in ihre heimatlichen Garnisonen ein. Sie hatten während des Feldzugs acht Offiziere und 1076 Mann verloren. Ihren militärischen Leistungen zollte Erzherzog Karl hohes Lob[68].

Württemberg wurde im Sommer 1800 von Einquartierungen sowie von Durchzügen größerer feindlicher Truppenverbände stark in Mitleidenschaft gezogen. Moreau erlegte dem Land eine Kontribution von 6 Millionen Francs auf, die in drei zehntägigen Fristen zu bezahlen waren. Gegen Jahresende schraubte er seine Kontributionsforderungen sogar noch höher. Die Franzosen sahen in Herzog Friedrich ihren Hauptfeind. Deshalb sollte ihn nach dem Willen Moreaus ein erheblicher Anteil treffen. Der Herzog seinerseits war verbittert über Österreich, weil ihn dieses im Stich gelassen und zur Aufgabe seines Landes gezwungen hatte. In Württemberg war die Stimmung dem Regenten ungünstig. Man warf ihm vor, er habe das Land unter Mißachtung des gegenteiligen Votums der Landstände in den Krieg hineingezogen, es den Franzosen preisgegeben und ihm dadurch schwere Lasten aufgebürdet. Erst am 13. Mai 1801 kehrte Friedrich mit dem Erbprinzen in sein Stammland zurück[69].

Baden ging während des Zweiten Koalitionskriegs einen anderen Weg. Es beharrte auf seiner Neutralität. Markgraf Karl Friedrich und sein leitender Minister Edelsheim schwankten zunächst. Reichstreue und Anhänglichkeit an das habsburgische Kaiserhaus legten ihnen nahe, sich ebenso wie Württemberg Österreich anzuschließen. Doch Reitzenstein, der nach kurzem erfolglosem Zwischenspiel auf dem Rastatter Kongreß Ende August 1798 nach Paris zurückgekehrt war, um dort mit allem Nachdruck die Interessen Badens zu vertreten, warnte eindringlich vor einer Militärallianz mit der habsburgischen Kaisermacht. Sie hätten für das kleine Grenzland fatale Folgen, schrieb er nach Karlsruhe. Im Februar 1799 sicherte ihm der französische Kriegsminister in einer Audienz zu, Frankreich werde bei einem Einmarsch seiner Truppen Baden als Freundesland behandeln, Markgraf Karl Friedrich und seine Familie würden in Karlsruhe keinesfalls behelligt werden[70]. Karl Friedrich hatte zu diesem Zeitpunkt wohl schon den Entschluß gefaßt, seine Untertanen in Kriegsnot und -gefahr sich nicht wieder selbst zu überlassen. »Ich werde bleiben und mich dem Willen der Vorsehung unterwerfen«, schrieb er am 4. März 1799 Herzog Friedrich von Württemberg. Außerdem, so erklärte er weiter, wolle er bei den Franzosen nicht den Verdacht erwekken, als ob er sich insgeheim der Verpflichtungen zu entledigen suche, die er ihnen gegenüber eingegangen sei[71]. Beruhigend war, daß sich die französische Regierung im März 1799 von den sich in Südwestdeutschland erneut hervorwagenden revolutionären Agitatoren distanzierte und General Jourdan die ausdrückliche Weisung erteilte, weder in friedlichen und befreundeten Gebieten noch im Feindesland irgendwelche subversiven Aktivitäten zu unterstützen oder zu ermutigen[72].

Für Baden begann mit dem Frühjahr 1799 eine schwere Zeit. Abwechselnd von französischen und österreichischen Truppen besetzt, hatte es Exzesse beider Seiten zu erdulden. Reitzenstein mußte wiederholt bei der französischen Regierung vorstellig werden. Besonders bitter empfand Markgraf Karl Friedrich die Ohnmacht seines Landes im Blick auf die erst im April 1799 sich auflösende Friedensdeputation in Rastatt, der Österreich, nachdem es die Franzosen aus Mittelbaden vertrieben hatte, jede weitere Existenzberechtigung absprach. Am 28. April ermordeten Szekler Husaren zwei französische Gesandte, als diese auf die Aufforderung von Erzherzog Karl sich anschickten, die Stadt zu verlassen und nach Frankreich zurückzukehren. Die Morde erregten ungeheures Aufsehen. Markgraf Karl Friedrich fühlte sich in seiner Ehre zutiefst getroffen, war er doch der Landes- und Schutzherr der Konferenz gewesen. Die Hintergründe der blutigen Gewalttat konnten, zumal entscheidende kriegsgerichtliche Untersuchungsakten verlorengingen, nie geklärt werden. Sicher ist jedoch, daß weder das österreichische Hauptquartier noch andere höhere Kommandostellen der kaiserlichen Armee die Hand im Spiel hatten[73]. Reitzenstein fürchtete mögliche militärische Repressalien, zumindest aber rechnete er damit, daß sich die gerade damals häufigen Übergriffe der Franzosen gegen die Bevölkerung noch steigerten. Wiederholt wandte er sich im Mai an den Kriegsminister und an den Außenminister in Paris, um eine schonende Behandlung seines neutralen Landes zu erreichen[74]. Die zeitweiligen Waffenerfolge der Österreicher blendeten ihn nicht. Am 11. Juli 1799 schrieb er nach Karlsruhe, der Anschluß Badens an die französische Republik sei unter allen Umständen geboten. Zwei Monate später warnte er vor einer zu nachgiebigen Haltung gegenüber der habsburgischen Kaisermacht. Eine solche Handlungsweise hätte den Bruch mit Frankreich zur Folge. Um seinem politischen Grundanliegen mehr Nachdruck zu verleihen, drohte er mit seinem Rücktritt[75].

Unterdessen freilich war die kleine Markgrafschaft in schlimme Bedrängnis geraten. Am 16. September 1799 war in Regensburg die Wiederaufnahme des Reichskriegs gegen Frankreich beschlossen worden. Markgraf Karl Friedrich widersetzte sich unter Hinweis auf die exponierte Lage seines Landes mehrmals der Aufforderung, das badische Reichskontingent im Krieg gegen Frankreich ins Feld zu stellen. Selbst der ihm von Erzherzog Karl am 24. September 1799 attestierte bisherige »patriotische Eifer« konnte ihn nicht umstimmen[76]. Im Spätsommer 1799 begannen die vorderösterreichischen Behörden, in der Ortenau und im bischöflich straßburgischen Gebiet den Landsturm zu organisieren. Baden wurde dringend nahegelegt, für sein Territorium entsprechende Maßnahmen zu treffen. Markgraf Karl Friedrich und seinen Geheimen Räten erschien dies selbstmörderisch, gewannen doch gerade damals die Franzosen am Oberrhein wieder einmal die Oberhand. In Karlsruhe war man über die Exzesse empört, die sich die französischen Truppen allenthalben leisteten. Dennoch wollte man sie keinesfalls auch noch provozieren. Reitzenstein, obwohl über die Gleichgültigkeit der französischen Regierung gegenüber dem infamen Treiben ihrer Truppen aufgebracht, riet dasselbe aus Paris: Die Bewaffnung der Bauern biete keinerlei Aussicht auf Erfolg, im Gegenteil: sie gebe überall Anlaß zu Mißverständnissen und Konflikten, vergrößere nur das Übel. Die Bauern, die sich im Bestreben, ihre Habe zu schützen, bewaffnet den Soldaten entgegenstellten, würden von diesen schlichtweg als Insurgenten behandelt. Zudem kompromittiere sich die Regierung durch die Volksbewaffnung aufs schwerste[77]. Am 10. November forderte Erzherzog Karl Markgraf Karl Friedrich unter Hinweis auf die Volkserhebungen im Maingebiet, im Odenwald und in der Ortenau auf, auch in seinem Land ergänzend zum Reichskontingent den Landsturm zu organisieren. Er bot ihm zu Ausbildungszwecken einige Offiziere an und sagte ihm auch sonst jede Unterstützung zu. Allein, der Markgraf lehnte höflich, aber unmißverständlich ab[78]. Die Lage spitzte sich nunmehr zu. Die Österreicher waren erneut erfolgreich. Am 19. November sprach sich der Geheime Rat mehrheitlich für den Anschluß an die habsburgische Kaisermacht und für die Lösung der Beziehungen zu Frankreich aus. Karl Friedrich zögerte jedoch die Entscheidung hinaus. Er wollte Zeit gewinnen[79]. Ende Dezember 1799 konnte Reitzenstein nach Karlsruhe berichten, daß die Generale Moreau und Macdonald auf seine Beschwerden zugesagt hätten, bei ihren Truppen strenger auf Manneszucht und Ordnung zu sehen. Als besonders bedeutsam bewertete er die Audienz, die ihm der Konsul Bonaparte gewährt habe. Der Konsul habe ihn, so schrieb er, sehr freundlich empfangen, ihn sofort ins »cabinet séparé« gebeten. Dort habe er sich höchst anerkennend über die badische Regierung ausgesprochen und ihr viel Lob gezollt, weil sie an der Neutralität ihres Landes festhalte[80]. Daß sich Napoleon gegenüber Reitzenstein so liebenswürdig gab, war indes sicher nicht in erster Linie dem mit Bedacht gesteuerten Neutralitätskurs des kleinen badischen Staates, auch nicht der Persönlichkeit des Markgrafen, der zu den herausragenden Fürsten seiner Zeit gehörte und dem auch der spätere Kaiser Napoleon wiederholt seinen Respekt bekundete, sondern vor allem den einflußreichen verwandtschaftlichen Beziehungen des markgräflichen Hauses zu den Regentenfamilien von Bayern, Schweden und Rußland zuzuschreiben. Der Konsul war sich bewußt, daß ihm Karl Friedrich als politischer Vermittler bei den Höfen in München, Stockholm und St. Petersburg gute Dienste leisten konnte[81].

Das Jahr 1800 brachte, wie wir bereits gehört haben, im Zweiten Koalitionskrieg die entscheidende Wende. Die französischen Heere erlangten jetzt die Oberhand. Für Baden zahlte sich das Festhalten an seinem Neutralitätskurs aus. Die Franzosen behandelten es im Unterschied zu den anderen südwestdeutschen Reichsständen, so namentlich im Gegensatz zu Württemberg, mit der größten Schonung. Die militärischen Übergriffe der vergangenen Jahre wiederholten sich nicht. Moreau hielt bei seinen durchmarschierenden Truppen auf strengste Manneszucht[82]. Ähnlich rücksichtsvoll verfuhren die Franzosen 1800 nur noch gegenüber den hohenzollerischen Fürstentümern. Ihnen kam ihr auf die Verwandtschaft der Regentenfamilien gegründetes besonderes Schutzverhältnis zu Preußen zugute. Die preußische Vermittlung befreite sie auch von den fremden Requisitionen. Ihr Anteil wurde auf die anderen Stände des Schwäbischen Kreises umgelegt[83].

Bereits im Mai 1800 konnte Baden den zuvor durch den Krieg unterbrochenen Handel mit Basel und Straßburg wieder aufnehmen. Um diese Zeit entsandte die Französische Republik, ihr wachsendes politisches Interesse an der Markgrafschaft unterstreichend, ihren ersten ständigen diplomatischen Vertreter in der Person des ehemaligen Artillerieoffiziers Nicolas Massias nach Karlsruhe. Massias, den Reitzenstein einen zuvorkommenden, bescheidenen und liebenswürdigen Mann nannte, verstand es, sich rasch das Vertrauen von Markgraf und Regierung zu erwerben und sich dieses während seines siebenjährigen Aufenthalts am Hof Karl Friedrichs auch zu erhalten. Seine nach Paris übermittelten Berichte weisen ihn als einen gerechten und wohlwollenden Beurteiler der badischen Verhältnisse aus[84].

III. Der Reichsdeputationshauptschluß

Daß das in eine Vielzahl von Klein- und Kleinstterritorien aufgesplitterte Südwestdeutschland bei bewaffneten Konflikten fast wehrlos den Heeren der Großmächte ausgeliefert war und für seine Ohnmacht mit Hab und Gut, auch mit Menschenleben teuer bezahlten mußte, hatten die beiden Koalitionskriege wiederum in erschreckender Weise deutlich gemacht. Der Schwäbische Kreis vermochte mit seiner monströsen Militärverfassung Angriffen von außen, d. h. von Frankreich her, in keiner Weise wirkungsvoll zu begegnen, er war nicht einmal imstande, sich ohne die Hilfe Österreichs und Preußens während eines beschränkten Zeitraums zu verteidigen. Zudem waren schon in Anbetracht seiner geographischen Lage die beiden politischen Großmächte für ihn kein wirksamer Schutzschild; ihre politischen Interessen deckten sich nicht mit den seinen. Die Hauptinteressen Preußens lagen mehr im Norden und Osten, die Österreichs im Osten und Südosten. Preußen hatte sich zudem seit dem Friedensschluß von Basel 1795 aus Süddeutschland zurückgezogen, und Österreich betrachtete den deutschen Südwesten als eine Art Glacis für seinen im Osten weit über das Reich hinausgreifenden Herrschaftsbereich. Es nimmt deshalb nicht wunder, wenn das Bestreben der größten Reichsstände des Schwäbischen Kreises, der Markgrafschaft Baden und des Herzogtums Württemberg, darauf gerichtet war, durch die Einverleibung von geistlichen und weltlichen Kleinterritorien ihr Staatsgebiet beträchtlich auszudehnen und sich im Schwäbischen Kreis die beherrschende Stellung zu sichern. Daß sie auf dem linken Rheinufer Gebiete verloren hatten – bei Baden handelte es sich um Herrschaften, die bis 1771 zur Markgrafschaft Baden-Baden gehört hatten[1] –, für die ihnen, zuletzt im Friedensvertrag von Lunéville, Ersatz zugesagt war, begründete und begünstigte ihre Vergrößerungs- und Arrondierungspläne. Keinesfalls waren sie bereit, sich mit Entschädigungen in Höhe der erlittenen territorialen Verluste zu begnügen. Nein, sie wollten die bereits in Rastatt in Gang gekommene und dann durch den Zweiten Koalitionskrieg unterbrochene große »Flurbereinigung«, bei der so gut wie alle geistlichen Herrschaften und die meisten Reichsstädte zur Disposition standen, nutzen, um möglichst große Gebietsgewinne für sich herauszuschlagen. Kurz vor seinem Tod im Dezember 1793 hatte der badische Minister Wilhelm von Edelsheim Vorstellungen entwickelt, die in diese Richtung gingen. Er hatte gefordert, die Markgrafschaft solle sich unter größtmöglichem militärischem Einsatz am Krieg gegen die Französische Republik beteiligen und sich dadurch vor allem die Gunst Englands erwerben, damit sie beim Friedensschluß auch »mit zur Teilung komme«[2]. Reitzenstein hatte dann, wie wir bereits gehört haben, 1795/96 diese Gedanken aufgegriffen und sie zu seinen eigenen gemacht. Für ihn war es keine Frage, daß Baden aus der politisch-militärischen Situation Kapital schlagen müsse. Allerdings setzte er nicht mehr auf die Mächte, die sich gegen das revolutionäre Frankreich verbündet hatten, sondern auf die Französische Republik. Ihm war unzweifelhaft, daß Baden eine wesentliche Vergrößerung nicht von den konservativen Mächten, sondern nur von seinem westlichen Nachbarland erwarten konnte. In der Politik des republikanischen Frankreich zeichnete sich Mitte der 1790er Jahre deutlich die Tendenz ab, Österreich vom Rhein zu verdrängen und aus dem um die vorderösterreichischen Gebiete vergrößerten und vom Reichsverband abgetrennten Schwäbischen Kreis oder aber unter Auflösung des Reichsverbands überhaupt aus dem gesamten nichtösterreichischen und nichtpreußischen Deutschland eine Art Pufferstaat, »une république vasalle de la France«, zu machen[3]. Dabei überwogen die Stimmen, die diesem Pufferstaat einen föderativen Charakter geben wollten, oder einen Frankreich angeschlossenen Bund von einigen Mittelstaaten, denen die Kleinterritorien eingegliedert werden sollten. Die Entfernung Österreichs vom Rhein und die staatliche Konstruktion eines sogenannten dritten Deutschlands, eine Art Sicherheitszone, lag in der Konsequenz der von Frankreich durchgesetzten Rheingrenze. Für Baden und Württemberg galt es, sich diese Tendenz zunutze zu machen, um ein Maximum an territorialem Gewinn zu erreichen.

Im Februar 1798 erhoffte sich der kurz zuvor zur Regierung gelangte Friedrich II. von Württemberg von der »Absicht des französischen Gouvernements« für sein Herzogtum durch militärische und andere »Arrangements« mehr innere Konsistenz und mehr Kraft, um es instand zu setzen, eine ständige Neutralität zu behaupten. Die »Arrangements« sah er in erster Linie in der territorialen Vergrößerung seines Landes. Hierbei schwebte ihm vor, Südwestdeutschland im wesentlichen zwischen Baden und Württemberg aufzuteilen, allerdings in der Weise, daß der Löwenanteil Württemberg zufiel. Im Hinblick auf das unbrauchbare Militär des Schwäbischen Kreises schlug er vor, die »übrigen Fürsten Schwabens« sollten ihre Kontingente ständig württembergischem Kommando unterstellen oder dies doch wenigstens tun, wenn die Neutralität Südwestdeutschlands bedroht sei. Zur Sicherung der von ihm angestrebten Neutralität Schwabens forderte er von Kaiser und Reich, ebenso von Frankreich eine vertragliche Zusicherung, im Kriegsfall das neutralisierte Gebiet nicht zu betreten. Andererseits sollten diese Mächte Schwaben das Recht zugestehen, seine Neutralität notfalls »mit gewaffneter Macht« verteidigen zu dürfen[4].

Bei dem bald darauf ausbrechenden Zweiten Koalitionskrieg hielt es jedoch Friedrich für unrealistisch, sein kleines Land aus dem bewaffneten Konflikt herauszuhalten. In der Erwartung, für sein politisches Konzept und insbesondere für seine Vergrößerungspläne bei seinem Schwiegervater, König Georg III. von Großbritannien, sowie bei seinen beiden Schwägern, Zar Paul von Rußland und Kaiser Franz II., ein geneigtes Ohr und uneingeschränkte Unterstützung zu finden, schloß er sich Österreich an. Allein Österreich war ebensowenig wie im vorangegangenen Krieg weder in der Lage noch willens Württemberg wirksam gegen die französischen Heere zu schützen. Friedrich sah sich von der Kaisermacht sehr enttäuscht. In ungleich schlechterer Position als vor dem Zweiten Koalitionskrieg mußte er die abgebrochenen Kontakte zur Französischen Republik wieder anknüpfen. Baden hatte die Krise erheblich besser gemeistert. Sein Festhalten an der Neutralität sicherte ihm daher beim Friedensschluß einen unschätzbaren Vorteil, das besondere Wohlwollen Frankreichs. Freilich hatte es dies in erster Linie seinem Pariser Gesandten Reitzenstein zu verdanken, der, bis an die Grenzen des Ungehorsams gehend, diesen frankreichfreundlichen Kurs beharrlich und zielstrebig gesteuert hatte. Markgraf Karl Friedrich, der den bezeichnenden Wahlspruch »moderate et prudenter«, mäßig und klug, führte, war alles andere als ein Machtpolitiker. Zaudernd, sich allzu oft von schwächlichen oder kleinlichen Rücksichten leiten lassend, zwischen Angst und Begehrlichkeit schwankend, paßte er sich eher politischen Gegebenheiten und Entwicklungen an, als daß er sie im Sinne des Eigeninteresses seines Hauses und Landes aktiv zu beeinflussen suchte[5]. Ihn kam es 1790/91 schwer an, Kaiser und Reich die Gefolgschaft zu versagen. Bloß die Sorge um sein Land und seine Untertanen ließen ihn die Entscheidung so lange hinauszögern, bis sie die Erfolge der französischen Waffen ohnehin überflüssig machten.

Von Kaiser Franz II. im Stich gelassen und ohne den erhofften Rückhalt bei Georg III. von Großbritannien behielt Herzog Friedrich von Württemberg auch nach der unglücklichen Wende des Zweiten Koalitionskriegs einen mächtigen Fürsprecher in

Zar Paul, dem Mann seiner Lieblingsschwester Sophie Dorothea, nunmehr Zarin Maria Feodorowna. Daß sich Zar Paul, verärgert über die österreichische Kriegführung, bereits im Oktober 1799 aus dem Militärbündnis gegen Frankreich zurückgezogen hatte, kam ihm jetzt zustatten. Ende Juli 1800 schrieb Friedrich dem Schwager, er habe alles verloren, die größten Opfer, die härtesten Anstrengungen umsonst gebracht, seine Hoffnung setze er auf ihn, den Zaren, er allein werde ihm wieder zu Land und Thron verhelfen. Und Paul säumte nicht, sich des Fürsten ohne Land anzunehmen. Er veranlaßte die französische Regierung, die Württemberg und insbesondere dem Herzog auferlegten Kontributionen zu ermäßigen. Die Bemühungen, die Friedrich um die Jahreswende 1800/1801 unternahm, um zu einem Sonderfrieden mit Frankreich zu gelangen, unterstützte er mit allem Nachdruck. Er schickte seinen Vizekanzler Kalitschew in außerordentlicher Mission nach Paris, damit dieser dem württembergischen Bevollmächtigten von Normann beistehe und alles tue, um die Angelegenheiten Württembergs zu einem erfolgreichen Abschluß zu bringen. Außerdem trug er in einem persönlichen Schreiben die Anliegen seines Schwagers dem Ersten Konsul Napoleon Bonaparte vor. Da der am 9. März 1801 zwischen dem Reich und Frankreich geschlossene Friedensvertrag nur sehr vage Bestimmungen über Württemberg enthielt, erwartete Herzog Friedrich von Paul ein entschiedenes Eintreten für seine Wünsche. Um dem Zaren seine Anliegen und Vorstellungen in zweckentsprechender Weise darlegen zu können, schickte er Generalleutnant von Nicolai an den Hof von St. Petersburg. Außerdem bat er am 14. März 1801 in einem mit einer Staffette abgesandten Brief um die Intervention Pauls in der noch in der Schwebe befindlichen, ihm aber besonders am Herzen liegenden Frage der Übertragung der Kurfürstenwürde auf sein Haus[6].

In den ersten Monaten des Jahres 1801 wurde der Name Herzog Friedrichs im Zusammenhang mit Ländertauschprojekten genannt. Friedrich sollte, so war zu hören, auf Württemberg verzichten und dafür die Herrschaftsrechte über ein anderes Land eingeräumt bekommen. Man sprach von den vier westfälischen Bistümern Münster, Osnabrück, Paderborn und Hildesheim, vom Kurfürstentum Hannover und von der Cisalpinischen Republik. Von welcher Seite die Pläne ausgingen, läßt sich nicht mit Bestimmtheit ermitteln. Kaum von der Hand zu weisen ist, daß Frankreich ein gewisses Interesse daran hatte, den ihm wenig freundschaftlich gesinnten, reichstreuen, rußland- und österreichorientierten Fürsten aus Südwestdeutschland zu entfernen. Nach späteren Äußerungen des württembergischen Sondergesandten von Normann in Paris soll die französische Regierung die Absicht verfolgt haben, Württemberg zwischen Baden und Bayern in der Weise aufzuteilen, daß der Neckar die Grenze zwischen beiden Ländern bildete, Friedrich aber zum Kurfürsten von Hannover zu machen. Mit seinem Plan habe Frankreich die Billigung des Zaren gefunden, der daraufhin seinem Schwager in Stuttgart einen entsprechenden Vorschlag unterbreitet habe[7]. Indessen scheint es, daß vor allem Pfalz-Bayern, das Herzogtum Württemberg gerne der rechtsrheinischen Gebietsmasse zugeschlagen hätte, die den Fürsten als Entschädigungslande für ihre linksrheinischen Herrschaften zur Verfügung stand. Bayern hätte nämlich, wenn es sich mit Baden in die württembergischen Gebiete hätte teilen können, eine Landbrücke zu seinen pfälzischen Landesteilen um Mannheim und Heidelberg gewonnen. Doch auch am preußischen Hof wurden damals großangelegte Gebietsentschädigungsprojekte diskutiert. Für Herzog Friedrich jedenfalls war es Bayern, das den Anstoß zu den Tauschplänen gegeben hatte, die nun sein Schwager Paul aus ganz anderen Beweggründen aufgriff. Paul wollte dem Bruder seiner Frau ein arrondiertes, wohlhabendes Land verschaffen, in dem er sich nicht länger mit widerspenstigen, einflußreichen Landständen herumschlagen mußte, über das er vielmehr als unumschränkter Herrscher gebieten konnte. Friedrich wies jedoch alle Tauschpläne entrüstet von sich. Lieber wolle er gar nichts, als auch nur ein einziges württembergisches Dorf abtreten, soll er geäußert haben[8]. Das am badischen Hof kursierende Gerücht, Friedrich sei wegen der fortwährenden Querelen mit den Landständen seines Landes und seiner Untertanen überdrüssig gewesen und habe deshalb selbst seinem Schwager den Ländertausch vorgeschlagen, war demnach völlig aus der Luft gegriffen. Dasselbe galt für die Behauptung, die gleichfalls in Karlsruhe zu hören war, die württembergischen Stände seien über den Herzog und sein Ländertauschprojekt empört und strebten eine Vereinigung ihres Landes mit Baden an[9]. Daß solche Gerüchte gerade in Karlsruhe die Runde machten, ließ sich am besten mit gewissen Wunschvorstellungen badischer Hof- und Regierungskreise erklären. In einem langen Brief legte Friedrich am 7. April 1801 unmißverständlich seinen Standpunkt dar. Die Schwierigkeiten mit den Landständen, schrieb er, seien kein Grund, sich von einem Land zu trennen, mit dem seine Familie seit 800 Jahren aufs engste verbunden sei. Der überwiegende Teil der Bevölkerung hänge an seinem Herrscherhaus. Niemals werde er es über sich bringen, seine Untertanen in ihrer Not und in ihrem Elend im Stich zu lassen[10].

Der Brief erreichte Paul nicht mehr. Der Zar, der durch seine despotischen Launen seine Umgebung tyrannisiert und die russische Politik infolge seines zerrütteten Geisteszustandes in zunehmendem Maß unberechenbar gemacht hatte, war durch eine Offiziersverschwörung entthront und am 23. März 1801 ermordet worden. Für Friedrich bedeutete der Tod des Schwagers einen schweren Schlag. Mit Hilfe Pauls hätte er Baden, obwohl dieses in der Gunst Frankreichs sehr viel höher als Württemberg stand, in der Frage der territorialen Entschädigung überrunden, mindestens aber hätte er mit diesem gleichziehen können. Der Sohn und Nachfolger, Zar Alexander, zeigte sich ihm gleichfalls gewogen, aber als Gatte der badischen Prinzessin Luise Marie (Zarin Elisabeth Alexejewna), der Enkelin von Markgraf Karl Friedrich, stand dem jungen Herrscher Baden näher als Württemberg. Die Protektion der politisch weiterhin einflußreichen Zarenmutter Maria Feodorowna, die nach der Ermordung ihres Mannes nicht ungern selbst die Regierung des Zarenreiches übernommen hätte[11], blieb Herzog Friedrich erhalten, doch mußte er fortan in seinem politischen Kalkül die starke Stellung, die das badische Fürstenhaus in St. Petersburg besaß, berücksichtigen. Anstelle Pauls beantwortete Alexander den Brief Friedrichs vom 7. April 1801. Ihm sei, so versicherte er dem Onkel, in gleicher Weise wie seinem verstorbenen Vater an einem engen persönlichen Vertrauensverhältnis zum württembergischen Regentenhaus gelegen, und er werde sich nach Kräften dessen Interessen annehmen. Von dem Plan, Herzog Friedrich gegen den Verzicht auf Württemberg die Herrschaft über ein anderes deutsches Land zu übertragen, habe er bisher weder direkt noch indirekt etwas erfahren, sollte man ihm jedoch ein solches Projekt vorschlagen, werde er sich entschieden dagegen aussprechen, denn zum einen wolle er nicht die Hand zu dieser verfassungswidrigen Zerstückelung des Deutschen Reichs bieten, zum anderen liege ihm daran, Friedrich das ihm von seinen Vorfahren überkommene Erbe zu erhalten[12].

Noch schärfer als gegen einen Ländertausch innerhalb Deutschlands wandte sich Herzog Friedrich gegen den Plan, ihm die Herrschaft über die Cisalpinische Republik zu übertragen. Er werde sich nicht, erklärte er, von seinen »guten, getreuen Untertanen« trennen und diese »einer fremden, vermutlich harten, wenigstens nicht gesetzmäßigen Regierung überlassen, um diese, Deutsche wie ich, mit Italienern zu vertauschen ... Gewalt kann bei allgemeiner Umwälzung auch mich meines ererbten Eigentums berauben, aber mit meinem Willen trennt mich nichts von denselben« [Untertanen][13].

Zwischen Baden und Rußland hatten die Beziehungen nach Ausbruch des Zweiten Koalitionskriegs einen Tiefpunkt erreicht. Zar Paul hatte es Karl Friedrich übel vermerkt, daß er bemüht gewesen war, sein Land aus dem Krieg herauszuhalten. Er hatte

Erbprinz Ludwig und dessen Sohn Karl ihre 1797 verliehenen Ehrenränge in der russischen Armee aberkannt[14]. Zar Alexander setzte dann seinen Schwiegervater und seinen Schwager wieder in diese Ehrenränge ein[15]. Er geizte auch sonst nicht mit Gunstbeweisen gegenüber der markgräflichen Familie. Karl Friedrich, den Großvater seiner Gattin, schätzte er hoch, und Erbprinzessin Amalie, seine Schwiegermutter, respektierte er als Persönlichkeit, auf den Rat der geistreichen, erfahrenen und willensstarken Frau hörte er[16]. Zunächst hielt er sich in der Frage der badischen Gebietsentschädigungen auffallend zurück. Seine Minister waren Baden nicht sonderlich geneigt, und namentlich der russische Gesandte in Paris, Graf Arkadi von Morkow, sperrte sich dagegen, für die Belange der Markgrafschaft einzutreten[17]. Enttäuschend empfand man in Karlsruhe, daß Kaiserin Elisabeth Alexejewna so wenig für ihre Familie und ihr Heimatland tat. Allein man überschätzte den Einfluß der jungen Frau auf ihren Mann, und man übersah, daß sie sich für politische Angelegenheiten nicht interessierte[18]. Der Sondergesandte Karl Friedrichs, Oberstkammerherr Karl Freiherr von Geusau, der Zar Alexander die Glückwünsche Karl Friedrichs zur Thronbesteigung übermitteln sollte, vermochte den russischen Kaiser nicht aus seiner Reserve zu locken. Dies brachte erst das badische Erbprinzenpaar, das im Sommer/Herbst 1801 St. Petersburg besuchte, und insbesondere Erbprinzessin Amalie durch die Gespräche zuwege, die sie mit ihrem Schwiegersohn führte. Alexander versprach nunmehr, sich nachhaltig für die badischen Anliegen bei dem großen Länderschacher in Paris einzusetzen, und er erteilte seinen Gesandten in der französischen Hauptstadt, in Wien und am Sitz des Reichstags in Regensburg entsprechende Weisungen[19].

Napoleon Bonaparte wollte Baden bei der Verteilung der Entschädigungsgebiete in großzügiger Weise bedenken, um es für seine standhafte Neutralität im Zweiten Koalitionskrieg zu belohnen. Hierfür erschien ihm jedoch die russische Rückendeckung unerläßlich. Minister Edelsheim, der sich im Frühjahr 1801 mehrere Wochen in Paris aufhielt, erklärte er bei der Abschiedsaudienz: »Wir können selbstverständlich wegen Eurer Entschädigung den Krieg nicht fortsetzen oder von neuem beginnen, aber sorgt, daß Rußland Eure Interessen kräftig unterstützt, und es soll an unserer Bereitwilligkeit dazu nicht fehlen«[20]. Daß eine solche Unterstützung im Herbst 1801 endlich gewährt wurde, erleichterte das Zusammenspiel des badischen Gesandten Reitzenstein mit dem französischen Außenminister Talleyrand und dessen Sekretär Mathieu. Freilich, Morkow, der russische Gesandte, blieb trotz allerhöchster Anweisung aus St. Petersburg gegenüber Karlsruhe auf mißbilligender Distanz, und Talleyrand hatte ihm die Baden zugedachte Entschädigung buchstäblich abzuringen. Sehr viel aufgeschlossener zeigte er sich gegenüber den württembergischen Anliegen, und dies vermutlich, weil er von der Kaiserinmutter Maria Feodorowna beeinflußt war[21]. Napoleon hielt die russische Unterstützung der badischen Entschädigungsforderungen immer noch für unzureichend, dazuhin registrierte er mit wachsender Ungeduld den zu langsamen »Gang der Dinge in Deutschland«, d. h. die Aufteilung der zur Disposition stehenden geistlichen und weltlichen Gebiete, unter die Anspruchsberechtigten. In einem persönlichen Schreiben wandte er sich deshalb am 16. Februar 1802 an Zar Alexander: »Ich wünsche den Grad der Unterstützung zu kennen, welche Eure Majestät demselben [dem Hause Baden] schenken möchte; es wäre dies der günstigste Moment, ihm die gebührende Vergrößerung zu verschaffen, welche im Verhältnis zu der Ehre stünde, deren dieses Haus genießt, mit Eurer Majestät verwandt zu sein. Wenn sich dies arrangieren ließe, so wäre es eine Schuld, welche Frankreich abträge an einem durch seine Tugenden so schätzbaren Fürsten, welcher sich immer mit großer Weisheit benommen hat«[22]. Ohne Zweifel standen Baden und sein Fürstenhaus in der Gunst des Ersten Konsuls Napoleon Bonaparte damals vornean. Für kein anderes deutsches Fürstentum hat er sich

1801/02 in gleicher Weise eingesetzt, bei keinem war ihm die Rückendeckung durch das russische Zarenhaus so wichtig. Dies hatte besondere Gründe. Eine wesentliche Vergrößerung und gebietliche Arrondierung des Grenzlands Baden lockerte dessen Bindungen an das Reich und vor allem auch an Österreich. Frankreich gewann maßgeblichen Einfluß am Oberrhein. Der russische Gesandte Morkow sah dies deutlich. Die deutschen Fürsten, die Frankreich ihre Entschädigung verdanken, argumentierte er, geraten in wachsendem Maß in dessen Abhängigkeit. Österreich, die einzige Schutzwehr gegenüber dem französischen Ehrgeiz, büßt seine starke Stellung im Reich ein, das Reich selbst wird völlig zertrümmert[23]. Verständlich, wenn gerade er sich nur sehr widerstrebend in eine Rolle hineindrängen ließ, die ihn zu einem diplomatischen Mitvollstrecker dieser Reichszerstörungspläne Napoleons machte.

Daß für Frankreich die Entschädigung der Reichsstände, die links des Rheins gelegene Gebiete verloren hatten, nur ein Vorwand war, um das rechtsrheinische Deutschland nach seinen Vorstellungen neu zu organisieren, war schon seit Rastatt offenkundig. Die Regelung der Entschädigungsfrage betrachtete es von Anfang an als eine politische und nicht als eine rechtliche Angelegenheit. Zum Teil schon vor Beendigung des Zweiten Koalitionskriegs, vor allem unmittelbar danach, stellten sich in Paris in großer Zahl die Vertreter der weltlichen Reichsstände ein, die auf dem großen Ländermarkt ihre häufig recht überzogenen Ansprüche geltend zu machen suchten. Treffend bemerkte bereits in Rastatt ein französischer Diplomat, man müßte über ein zweites Deutschland verfügen, wollte man die Gebietswünsche aller deutschen Fürsten befriedigen. Bei den Entschädigungsverhandlungen trat die Bezeichnung »Arrondierung« sehr bald an die Stelle des Wortes »Äquivalent«[24]. Die Vielzahl konkurrierender oder einander gar widerstreitender Interessen und Ansprüche erzeugte eine Atmosphäre gegenseitigen mißtrauischen Beobachtens und Überwachens, ja skrupellosen wechselseitigen Übervorteilens. Der letzte Abt von St. Peter im Schwarzwald sah es so: »Jeder greift zu, die Sache scheint einem kleinen Kriege gleich und die Zeit des Faustrechts ist wieder gekommen«[25]. Bestechungsgelder in enormer Höhe wurden angeboten und von den französischen Unterhändlern, an ihrer Spitze Außenminister Talleyrand, bereitwillig angenommen. Wer nicht zahlte, hatte von vornherein kaum Chancen, mit seinen Anliegen bei den Franzosen Gehör zu finden. Reitzenstein beispielsweise investierte für badische Belange damals rund 250 000 Gulden, eine Summe, die nicht einmal exorbitant war, wenn man den Wert des »Entschädigungsguts« bemißt, das sie schließlich einbrachte[26]. Weil jedoch so gut wie jeder Entschädigungsinteressent tief in die Tasche griff, um sich die korrupten französischen Diplomaten, aber auch andere einflußreiche Persönlichkeiten günstig zu stimmen, relativierte sich freilich der Einsatz der riesigen Bestechungssummen, sie verschafften dem Einzelnen keineswegs immer die Vorteile, die er sich von ihnen versprochen hatte. Eine der skurrilsten Auswüchse des Pariser Ländermarkts war eine sich damals unter Mitwirkung Mathieus und mit Wissen Talleyrands organisierende, den Gebietsschacher gewerbsmäßig betreibende Gesellschaft. Sie verhandelte die noch verfügbaren Reste der Entschädigungsgebiete gegen einen bestimmten Prozentsatz von deren Einkünften; ihre Interessenten waren vor allem Agenten kleiner Reichsstände[27].

Die endgültige Entscheidung über die politische Neuorganisation Deutschlands lag bei Frankreich. Napoleon legte jedoch, wie wir bereits am Beispiel Badens gesehen haben, größten Wert darauf, daß er diese einvernehmlich mit Zar Alexander I. traf. Am 3. Juni 1802 einigten sich Frankreich und Rußland über einen das ganze rechtsrheinische Reichsgebiet umfassenden Aufteilungsplan. Den wesentlichen Wünschen von Zar Alexander war darin Rechnung getragen, so seinem Wunsch nach einer beträchtlichen Vergrößerung Badens, aber auch Württembergs. Der erste große Nutznießer der

»napoleonischen Flurbereinigung» im Reich war Preußen. In dem mit Frankreich schon im Mai 1802 abgeschlossenen Vertrag wurde ihm die fünffache Entschädigung für seine auf der linken Rheinseite verlorenen Gebiete zuerkannt. Bayern folgte im August: Das Kurfürstentum konnte sein Staatsgebiet erheblich vergrößern und es zugleich arrondieren.

Mit der Ratifizierung des französisch-russischen Vertrags vom 3. Juli 1802 durch Zar Alexander waren endlich auch die Entschädigungen gesichert, um die Reitzenstein jahrelang gekämpft hatte. Der Sondermission des Prinzen Ludwig, des zweiten Sohns von Markgraf Karl Friedrich, nach St. Petersburg hätte es nicht mehr bedurft, um den Zaren zu einer raschen Vertragsratifizierung zu bewegen. Es kam auch nicht zu den von Napoleon und Reitzenstein befürchteten Quertreibereien russischer politischer Kreise, die der territorialen Neugestaltung Deutschlands auf Grund des französischen Konzepts abgeneigt waren[28].

Im August 1802 nahmen Österreich, Preußen und Bayern die ihnen zugewiesenen Entschädigungslande in Besitz. Jetzt erst trat die vom Reichstag am 2. Oktober 1801 beschlossene Reichsdeputation zusammen. Ihr gehörten die Bevollmächtigten der Kurfürsten von Mainz, Sachsen, Brandenburg, Böhmen und Bayern, des Herzogs von Württemberg, des Landgrafen von Hessen sowie des Hoch- und Deutschmeistertums an. Statt der ihr übertragenen Ausarbeitung des Entschädigungsplans hatte sie nur noch die von Frankreich und Rußland vertraglich festgelegte Neuorganisation der territorialen Verhältnisse des Reichs gutzuheißen. Am 25. Februar 1803 beschloß der Reichstag mit geringfügigen Modifikationen gegenüber dem französisch-russischen Vertrag den Reichsdeputationshauptschluß, am 23. März 1803 verabschiedete er dieses letzte Reichsgrundgesetz. Vor dem französischen Senat zog Napoleon ein positives Fazit: Das Deutsche Reich, dessen Erhaltung für das Gleichgewicht und die Ruhe Europas so notwendig sei, gehe aus dem Prozeß der territorialen Neugestaltung gestärkt hervor, weil seine Glieder jetzt homogener seien und eher den Anforderungen und Ideen der Gegenwart entsprächen[29].

Von allen Reichsständen begünstigte der Reichsdeputationshauptschluß Baden am meisten. Es erhielt für seine linksrheinischen Besitzungen und Rechte annähernd das Siebenfache an territorialer Entschädigung. Markgraf Karl Friedrich wurde Kurfürst. Diese wahrhaft großzügige Abgeltung seiner Ansprüche verdankte der greise Karl Friedrich, um dies nochmals zu betonen, in erster Linie dem badischen Bevollmächtigten in Paris, Sigmund Karl Johann Freiherrn von Reitzenstein. Bis an die Grenzen seiner physischen und psychischen Belastbarkeit gehend, selbst zeitweiligen Ungehorsam gegenüber seinem Fürsten nicht scheuend, hatte Reitzenstein durch sein unermüdliches Eintreten für die badischen Belange, sein zähes Festhalten am Sonderfrieden von 1796, sein klares Votum zugunsten Frankreichs die führenden französischen Staatsmänner, vornean Napoleon, für sein Land gewonnen. Im einzelnen bekam Baden das Hochstift Konstanz, die rechtsrheinischen Gebiete der Hochstifte Basel, Straßburg und Speyer, die Reichsstifte Petershausen und Salem (teilweise), die Reichsstädte Überlingen, Pfullendorf, Gengenbach, Zell am Harmersbach, Offenburg, Wimpfen und Biberach, die Herrschaft Lahr, die hessen-darmstädtischen Ämter Lichtenau und Willstätt, die kurpfälzischen Oberämter Heidelberg, Ladenburg und Bretten mit den Städten Heidelberg und Mannheim, ferner die Güter der Abteien Schwarzach, Frauenalb und Lichtental[30]. Das badische Staatsgebiet erstreckte sich jetzt von der Mündung des Neckars in den Rhein im Norden bis zur schweizerischen Grenze im Süden und bis zum Bodensee im Südosten. Der Dichter Johann Peter Hebel konnte die scherzhafte Bemerkung nicht unterdrücken, der Erwerb des Hochstifts Konstanz mache Baden, nunmehr Anrainer des Bodensees, zur seehandeltreibenden Nation, freilich bestehe der Handel in Äpfeln und Grundbirnen (Kartoffeln)[31]. Ein zusammenhängendes Territorium bildete indessen das neue Kurfürstentum noch nicht. Im Osten und Süden waren verschiedene Gebietsteile weit vom übrigen Staatsgebiet getrennt: Biberach, das Fürstbistum Konstanz mit den Abteien Reichenau, Öhningen und den dompropsteilichen Besitzungen sowie den Reichsstiften Petershausen und Salem[32]. Das Bestreben badischer Politik mußte darauf abzielen, durch weitere Erwerbungen die Landbrücke zu diesen abgesonderten Gebieten herzustellen.

Reitzenstein hatte zunächst den österreichischen Breisgau für Baden gefordert, und er hatte hierfür auch die Unterstützung Talleyrands gefunden. Doch Napoleon hatte sich bereits für eine Überlassung dieses Territoriums an den Herzog von Modena entschieden, der anderswo im Reich schlecht entschädigt werden konnte. Die Etablierung einer habsburgischen Sekundogenitur in der Südwestecke des Reichs entsprach dem politischen Konzept Frankreichs nach einer Entfernung Österreichs von der Rheingrenze nur sehr bedingt[33]. An der Stelle der Arrondierung Badens im Süden bot sich im Norden mit der rechtsrheinischen Pfalz ein verlockender Ersatz. Bayern war nicht abgeneigt, dieses Land gegen eine entsprechende territoriale Arrondierung seiner Kernlande abzutreten[34]. Markgraf Karl Friedrich und seine politischen Berater in Karlsruhe erkannten rasch die Vorteile einer Einbeziehung der Pfalz in den badischen Staat: ein reiches Land, das das protestantische Element verstärkte und damit keine konfessionellen Probleme verursachte, keine Landstände wie im österreichischen Breisgau. Eine solche möglicherweise nie wiederkehrende Chance zu einer kraftvollen Ausdehnung nach Norden sollte genutzt werden. Auf der anderen Seite lag ein Erwerb des Breisgaus in naher Zukunft noch immer im Bereich des Möglichen, zumal der Herzog von Modena wenig Interesse an diesem Territorium zeigte und neue politisch-militärische Verwicklungen zwischen Frankreich und Österreich vorprogrammiert schienen[35].

In dem Sonderfrieden, den der württembergische Bevollmächtigte von Normann für sein Land am 20. Mai 1802 in Paris zuwege gebracht hatte, waren Herzog Friedrich angemessene territoriale Entschädigungen für seine linksrheinischen Gebietsverluste in Aussicht gestellt worden. Indes blieben diese weit hinter den Erwartungen des Herzogs zurück. Es gelang ihm nicht, seine Herrschaft über den größten Teil Südwestdeutschlands auszudehnen und erst recht nicht, Baden aus dem Schwäbischen Kreis zu verdrängen – ein Gedanke, mit dem er zeitweise gespielt hatte[36]. Immerhin, auch er wurde Kurfürst und stieg dank der Vergrößerung seines Landes, die allerdings sehr viel geringer als die seines westlichen Nachbarstaats ausfiel, in den erlauchten Kreis der ersten Fürsten des Reichs auf. Im einzelnen umfaßten die württembergischen Neuerwerbungen: die Fürstpropstei Ellwangen, die Reichsabtei Zwiefalten, die Frauenklöster Heiligkreuztal, Rottenmünster und Margrethausen, das Ritterstift Comburg, die Abtei Schöntal, die bisher dem Kloster Muri in der Schweiz gehörende Hälfte des Dorfs Dürrenmettstetten, das adlige Damenstift Oberstenfeld sowie die neun Reichsstädte Aalen, Esslingen, Giengen, Heilbronn, Reutlingen, Rottweil, Schwäbisch Gmünd, Schwäbisch Hall und Weil der Stadt. Insgesamt hatte Württemberg einen Zuwachs von 120 000 Einwohnern sowie zusätzliche Jahreseinkünfte von 633 000 Gulden zu verzeichnen[37]. Baden hingegen hatte die Zahl seiner Untertanen um 237 000 und seine Staatseinkünfte um 1,5 Millionen Gulden erhöhen können. Wie ungleich die Entschädigungen ausgefallen waren, machen die Einwohnerzahlen der an Frankreich abgetretenen linksrheinischen Herrschaften deutlich: 25 000 in den ehemaligen linksrheinischen Territorien Badens und 50 000 in denen Württembergs[38].

Auch kleinere weltliche Herrschaften Südwestdeutschlands, die auf linksrheinischem Gebiet Besitzungen und Rechte hatten aufgeben müssen, wurden durch den Reichsdeputationshauptschluß entschädigt. Mit Blick auf die weitere politische Entwicklung als besonders bedeutsam erwies sich, daß die Fürsten Hermann von Hohenzollern-Hechingen und Anton Aloys von Hohenzollern-Sigmaringen, deren Familien in früherer Zeit niemals links des Rheins Güter und Rechte besessen hatten, jetzt territoriale Entschädigungsansprüche hatten geltend machen können. Anton Aloys hatte 1787 von seiner Mutter hauptsächlich in Holland, zum Teil aber auch im nunmehr französischen Gebiet gelegene Besitzungen geerbt, Hermann hingegen sollte nach dem Tod seiner Mutter der gräflich hoensbroechsche Fideikommißbesitz im Gebiet der heutigen Beneluxstaaten zufallen. Sehr zustatten kam den beiden Hohenzollern während des Ersten und Zweiten Koalitionskriegs, wie bereits früher erwähnt, die Schutzfunktion, die das preußische Königshaus gegenüber den ihm stammverwandten Fürsten wahrnahm. So behandelte sie der sonst so gefürchtete General Vandamme bei ihrer vorübergehenden Besetzung mit auffallender Schonung. Im Jahr 1800 setzte Preußen bei Frankreich ihre Befreiung von Requisitionen durch, die dann auf andere schwäbische Kreisstände umgelegt wurden. Es war jedoch nicht nur das preußische Königshaus, dem die beiden Fürsten viel zu verdanken hatten. Wertvolle Dienste leistete ihnen auch eine Angehörige des Regentenhauses: Fürstin Amalie Zephyrine von Hohenzollern-Sigmaringen. Amalie Zephyrine, eine geborene Prinzessin von Salm-Kyrburg, war die Gattin von Fürst Anton Aloys. In Paris aufgewachsen und an einen ebenso aufwendigen wie unbeschwerten Lebensstil gewöhnt, fühlte sie sich an dem kleinen, keinerlei gesellschaftliche Anreize bietenden Sigmaringer Hof nicht wohl. Mit ihrem Mann und den sie streng überwachenden Schwiegereltern kam sie schlecht zurecht. Bald nach der Geburt ihres Sohns Karl im Februar 1785 floh sie. Aufforderungen zur Rückkehr auch nach dem Tod der Schwiegereltern lehnte sie beharrlich ab. Wie ihr Lieblingsbruder Fürst Friedrich von Salm-Kyrburg war sie, meist in Paris lebend, anfänglich der Französischen Revolution zugetan. Eng mit dem Vicomte Alexandre de Beauharnais befreundet, der zusammen mit Friedrich von Salm-Kyrburg im Juli 1794 wenige Tage vor dem Ende des Robespierreschen Schreckensregiments unter dem Fallbeil starb, verpflichtete sie sich Josephine de Beauharnais, die Witwe Alexandres, durch die Hilfe, die sie deren Kindern Eugen und Hortense zuteil werden ließ – sie nahm diese zeitweilig in ihren Haushalt auf[39]. Um die Jahrhundertwende ihres unsteten und lange recht leichtfertigen Lebens überdrüssig und sich nach einer ernsthaften Aufgabe sehnend, erschien ihr der Sigmaringer Hof in einem veränderten Licht. Jetzt wäre sie gerne dorthin zurückgekehrt, allein Anton Aloys versagte sich ihrem Wunsch. In der Hoffnung, den Gatten doch noch umstimmen zu können, begann sie, ihre freundschaftlichen Beziehungen zu Josephine Beauharnais, die inzwischen durch ihre Heirat mit Napoleon Bonaparte zu einer der einflußreichsten Frauen Frankreichs geworden war, und zum französischen Außenminister Talleyrand zum besten des Hauses Hohenzollern-Sigmaringen zu nutzen. Obwohl ihr Engagement auch Hohenzollern-Hechingen zugute kam, mißtraute ihr der Regent dieses Fürstentums, Hermann. Er fürchtete, das »intrigante Teufelsweib« werde Sigmaringen auf Kosten der Hechinger Linie Vorteile verschaffen. Der 1801 nach Paris gereiste Erbprinz Friedrich widersprach dem Vater: Amalie Zephyrine habe ihren Leichtsinn abgelegt, sie könnte dem Gesamthaus sehr nützlich werden, wenn sie ihr Mann hinreichend unterstütze. »Sie hat wirklich gute Bekanntschaften, allein nicht die Mittel, sie zu benutzen.« Hermann vermochte aber seinen Argwohn gegen die jüngere, die Sigmaringer Linie nicht zu überwinden. Dieser Argwohn belastete in der Folgezeit das Verhältnis zwischen Hechingen und Sigmaringen. So sehr sich Anton Aloys gegen die Rückkehr seiner Frau sperrte, ihre guten Dienste in der Entschädigungsfrage nahm er 1801/02 gerne in Anspruch. Er gestand sogar zu, daß der 16jährige Erbprinz Karl die Mutter in Paris auf deren Wunsch besuchen durfte[40]. Mit durch die Bemühungen Amalie Zephyrines erlangte Hohenzollern-Sigmaringen im Reichsdeputationshauptschluß ansehnlichen Gebietszuwachs: die Herrschaft Glatt am Neckar aus dem Besitz der Fürstabtei Muri in der Schweiz, das Augustinerchorherrenstift Beuron, das Benediktinerinnenkloster Holzen im Augsburgischen, über das jedoch dem Kurfürsten von Bayern die Landeshoheit zustand, sowie das landsässige Augustinerinnenkloster Inzigkofen. Geringer fiel die Entschädigung Hohenzollern-Hechingens aus. Allerdings hatte dieses, was es beim eifersüchtigen Schielen auf die begünstigtere Linie übersah, auf linksrheinischem Gebiet auch weit geringere Besitzrechte beanspruchen können. Es erhielt die zuvor dem Stift Kreuzlingen gehörende Herrschaft Hirschlatt (später württembergisch). Außerdem gestattete ihm der Reichsdeputationshauptschluß die Aufhebung der im Fürstentum gelegenen geistlichen Konvente. Die Klöster St. Lutzen und Rangendingen sowie das Hechinger Kollegiatstift wurden daraufhin aufgelöst. Da man in Hechingen nicht ernsthaft geglaubt hatte, daß das Fürstentum als entschädigungsberechtigter Reichsstand anerkannt werde, war man »in angenehmes Erstaunen versetzt«. Die für beide Fürstentümer vorteilhafte Wendung schrieb man preußischer Protektion und französischer Gunst, zu einem Teil auch dem geschickten Agieren der Unterhändler in Paris und Regensburg zu[41]. Die gewichtigste »Unterhändlerin« aber war ohne Zweifel Amalie Zephyrine gewesen.

Die Freude an den Gebietserwerbungen wurde den Fürsten von Hohenzollern wie einigen anderen kleineren Reichsständen durch das österreichische Kaiserhaus vergällt. Kaum hatten die Fürsten ihr neues Land in Besitz genommen, beschlagnahmte Österreich im Frühjahr 1803 unter Berufung auf ein landesherrliches Heimfallrecht, das dem französischen Staatsrecht entlehnte »droit d'épaves«, Besitzungen und Gefälle aller innerhalb seiner Landeshoheit gelegenen säkularisierten geistlichen Korporationen. Dieses Epavenrecht war bereits bei der Aufhebung des Jesuitenordens von zahlreichen deutschen Reichsständen beansprucht worden. Seine Anwendung auf geistliche Korporationen, die 1803 Reichsständen als Entschädigung zugesprochen wurden, stand im Widerspruch zu den Bestimmungen des Reichsdeputationshauptschlusses. Den hohenzollerischen Fürsten entging durch den österreichischen Gewaltakt ein erheblicher Teil der Einkünfte aus ihren Neuerwerbungen. Ihre Verbitterung über die Kaisermacht war groß, sie hatte zur Folge, daß sie noch mehr als bisher bei Preußen Schutz und Hilfe suchten und ihr politisches Heil eher bei Frankreich denn bei Österreich sahen. Die durch die Säkularisation der geistlichen Fürsten und durch die Mediatisierung der meisten Reichsstädte ohnehin stark geschrumpfte Klientel der habsburgischen Kaisermacht verminderte sich durch solche von Wien verfügten kurzsichtigen politischen Maßnahmen noch mehr[42].

Neben dem Kurfürstentum Mainz, das für seine an Frankreich gefallenen linksrheinischen Besitzungen mit Aschaffenburg, Wetzlar sowie dem Fürstentum Regensburg entschädigt und dem Kurerzkanzler Karl Theodor von Dalberg übertragen wurde, blieben als einzige geistliche Reichsstände des Hoch- und Deutschmeistertum sowie das Großpriorat Deutschland des Johanniterordens bestehen. Die beiden letzteren Reichsstände hatten ihre Zentren in Südwestdeutschland (Mergentheim und Heitersheim im Breisgau) und wurden für ihre verlorenen linksrheinischen Besitzungen mit Klöstern entschädigt. Das Großpriorat erhielt beispielsweise die Klöster St. Blasien, St. Peter, St. Trudpert, Tennenbach und Schuttern[43].

Schon Monate vor der endgültigen Verabschiedung des Reichsdeputationshauptschlusses nahmen Baden und Württemberg die ihnen zugesagten Territorien provisorisch in Besitz. Sie folgten hierbei auf Drängen Frankreichs dem Beispiel Preußens, Österreichs und Bayerns. Widerstand regte sich nirgendwo. Im Gegenteil. Die Bevöl-

kerung unterwarf sich willig den neuen Herren. Die seitherigen Reichsstädte waren
der engräumigen Eigenständigkeit längst müde. Ihr wirtschaftlicher und sozialer Niedergang war offenkundig. Statt die Entfaltung des Gewerbes zu fördern, hemmten es
die Zünfte durch Mißbräuche und Monopole. Fremden Meistern wurde die Niederlassung erschwert, die Zahl der Lehrlinge beschränkt, die Produktion vermindert. Müßig-
gang und Verschwendung nahmen überhand. In vielen Städten trug die unfähige, rück-
ständige, teilweise sogar verrottete Verwaltung zu den Mißständen bei, über die
bewegt Klage geführt wurde. Die demokratischen städtischen Verfassungen waren
lediglich noch als ein Fetzen Papier zu betrachten, wenn sich kleine Gruppen in die
Besetzung aller wichtigen Ämter teilten und durch ihre angemaßten Privilegien die
übrigen Bürger an der Wahrnehmung ihres politischen Rechts hinderten. Leider war
dies die Regel. Mit Blick auf die Verwaltung der Reichsstädte Offenburg, Gengenbach
und Zell am Harmersbach stellte der badische Geheime Hofrat Stösser 1808 eine
schamlose Bereicherung der Magistratspersonen und ihrer Familien fest. Beschwert
waren die Städte gewöhnlich durch eine harte Schuldenlast, die die Kriege der 1790er
Jahre oft bis über die Grenzen des Erträglichen hinaus emporschnellen ließen[44]. Auch
die kleinen geistlichen Herrschaften, die reichsunmittelbaren Klöster und Stifte hatten
sich, wie bereits im Eingangskapitel erwähnt[45], überlebt. Wenn Gothein die Zustände
im Breisgau vor 1800 auf die Formel »behagliche Anarchie« bringt, so charakterisiert
diese Formel in ähnlicher Weise die inneren Verhältnisse der geistlichen Territorien in
anderen Regionen Südwestdeutschlands[46].
Ein Danaergeschenk für Baden waren die pfälzischen Ämter Heidelberg, Ladenburg
und Bretten – die Ämter Boxberg und Mosbach waren dem neugebildeten Fürstentum
Leiningen zugeschlagen worden –. Die durch ihre natürlichen Hilfsquellen vor anderen Landesteilen bevorzugte, von einer geistig regsamen, fleißigen Bevölkerung
bewohnte rechtsrheinische Pfalz hatte unter der Mißwirtschaft des Kurfürsten Karl
Theodor und den Koalitionskriegen stark gelitten. Sie war heruntergekommen und
verschuldet, außerstande, sich aus eigener Kraft wieder emporzubringen. Bayern,
durch reiche geistliche Herrschaften entschädigt, überließ das heruntergewirtschaftete
Land nicht ohne eine gewisse Schadenfreude dem badischen Markgrafen[47]. Die Übernahme der Beamten und des Militärs, die Ausscheidung des kurfürstlichen Privatver-
mögens und die Aufteilung der Landesschulden stellten sehr schwierige Probleme dar,
deren Lösung viel Zeit und Verhandlungsgeschick erforderte. Am längsten zog sich die
Auseinandersetzung über die Landesschulden hin; sie konnte erst 1859 mit einem für
Bayern günstigen Vergleich beigelegt werden[48]. In Karlsruhe hatte man fest damit
gerechnet, die bedeutsamen literarischen, natur- und kunstgeschichtlichen Sammlungen übernehmen zu können, die Kurfürst Max Josef zwei Jahre zuvor der Mannheimer
Akademie der Wissenschaften geschenkt hatte. Doch der bayerische Kurfürst ließ
nicht nur sämtliche Möbel im Mannheimer Schloß versteigern, er ordnete auch die
Überführung der Sammlungen nach München an. Beim Versuch, diese Überführung
zu verhindern, kam es beinahe zu einem blutigen Zusammenstoß zwischen badischen
und bayerischen Truppen. Die Sammlungen bildeten einen wertvollen Grundstock der
Münchner Gemäldegalerie (Pinakothek) und der Bayerischen Staatsbibliothek[49].

IV. Innen- und außenpolitische Probleme der südwestdeutschen Länder 1803–1805

Die Kurfürsten Karl Friedrich von Baden und Friedrich von Württemberg: Persönlichkeit und Herrschaftsstil

Die Zuerkennung der Kurfürstenwürde an Karl Friedrich von Baden veranlaßte König Friedrich Wilhelm III. von Preußen, am 19. April 1803 auf dem Regensburger Reichstag seiner Genugtuung darüber Ausdruck zu verleihen. Er nannte die neue badische Kurfürstenwürde den »gerechten Tribut der Achtung für das merkwürdige Vorbild«, das die »Tugenden« und die langjährige »ruhmvolle Regierung« Karl Friedrichs gewährt hätten, aber auch »eine Erkenntlichkeit für die Verdienste«, die sich der seitherige badische Markgraf um das gesamte deutsche Vaterland erworben habe. Mit dieser dem neuen badischen Kurfürsten, seiner Persönlichkeit und seinem Regierungsstil huldigenden Äußerung stand König Friedrich Wilhelm III. von Preußen nicht allein. Karl Friedrich genoß bei seinen Standesgenossen allgemein hohes Ansehen, und selbst Napoleon versagte dem »ehrbaren Fürsten« nicht den Respekt. Dem Betragen des Kurfürsten während des letzten Kriegs, so konnte man im »Pariser Moniteur« lesen, allerdings auch seinen ausgezeichneten Familienverbindungen habe es Baden zu verdanken, daß es im Reichsdeputationshauptschluß so sehr begünstigt worden sei[1].

Karl Friedrich, geboren am 22. November 1728, hatte, als ihm die Kurfürstenwürde übertragen wurde, bereits eine ungewöhnlich lange Regierungszeit hinter sich. 18jährig hatte er die Herrschaft in der Markgrafschaft Baden-Durlach übernommen, 1771 die der vereinigten Markgrafschaft. Er war einer der hervorragendsten Vertreter des kleinstaatlichen aufgeklärten Absolutismus. Von ausgeglichener Wesensart, persönlich bescheiden, liebenswürdig und geistig vielseitig interessiert, ähnelte er mehr einem bedächtig-ängstlichen Gelehrten als einem entscheidungsfreudigen, wagemutigen und ideenreichen Politiker. Zu den schöpferischen Persönlichkeiten gehörte er nicht. Seine schlichte, vom Pietismus nicht unbeeinflußte evangelische Frömmigkeit war tief gegründet, sie bestimmte seine Regierungshandlungen in gleicher Weise wie seinen Lebensalltag. Dank seines lutherischen Glaubensverständnisses, in dessen Mittelpunkt die Erlösung des Menschen durch Jesus Christus stand, verflachte seine christliche Überzeugung nie zur aufklärerischen Morallehre. Er stand in regem Gedankenaustausch mit Klopstock, dessen Messias ihn besonders ansprach, aber auch mit Herder und Wieland. Lavater war zu Zeiten ein häufiger Gast an seinem Hof, zumal ihn dessen physiognomische Studien lebhaft beschäftigten. Großes Interesse brachte er dem schriftstellerischen Werk Heinrich Jung-Stillings, namentlich dessen Einblick in die Geisterwelt, entgegen. Jung-Stilling lebte von 1806 bis 1817 in Karlsruhe. Eine freundliche Aufnahme gewährte Karl Friedrich dem Philosophen Voltaire, der sich wiederholt am Karlsruher Hof einstellte. Er vermehrte und erweiterte die in seiner Residenzstadt bestehenden wissenschaftlichen und künstlerischen Sammlungen. Außerdem zog er bekannte Gelehrte in seinen Dienst. Bei der Förderung von Kunst und Wissen-

Fürst Anton Aloys von Hohenzollern-Sigmaringen (1762–1831, reg. ab 1785). Gemälde von Franz Joseph Zoll, 1810

Fürstin Amalie Zephyrine von Hohenzollern-Sigmaringen, geb. Gräfin von Salm-Kyrburg (1760–1841), Gemahlin von Fürst Anton Aloys. Gemälde von Laby, 1828

Napoleon Bonaparte (1769–1821, 1804–1814/15 Kaiser
der Franzosen). Tempera auf Bein, Jean Baptiste Isabey,
1808

Josephine de Beauharnais (1763–1814), erste Gemahlin
Napoleons. Tempera auf Bein, Jean Baptiste Isabey, 1808

Freiherr Sigismund von Reitzenstein (1766–1847). Rekonstruktion eines verschollenen Gemäldes von Jakob Roux, etwa 1825

Johann Friedrich Nikolaus Brauer (1754–1813). Portrait eines unbekannten Künstlers

schaft stellte sich ihm seine erste Frau Karoline Luise, eine geborene Prinzessin von Hessen-Darmstadt (1723–1783), zur Seite. Karoline Luise war eine für die damalige Zeit ungewöhnlich gebildete Frau; sie verfügte namentlich auf naturwissenschaftlichem Gebiet über umfassende Kenntnisse. Ihr früher Tod traf Karl Friedrich schwer. Ähnlich wie Friedrich der Große fühlte er sich als der erste Diener seines Staats. Sein Bestreben galt dem Wohl seines Landes und seiner Untertanen. Eine patriarchalische Auffassung von den Pflichten des Regenten vertretend, leistete er sein Bestes in der kleinräumigen Markgrafschaft Baden-Durlach und in den noch immer überschaubaren Verhältnissen der vereinigten Markgrafschaft Baden. Verwaltung und Rechtsprechung organisierte er in vorbildlicher Weise und paßte sie zeitgemäßen Vorstellungen an. Ein Anliegen war ihm die Humanisierung der Strafrechtspflege und die Verbesserung der Wohlfahrtsanstalten. 1767 schaffte er die Tortur ab, 1783 die Leibeigenschaft. Neue Wege ging er in der Fürsorge für Geisteskranke. Durch die Trennung der Irrenhäuser von den Strafanstalten eröffnete er diesen bemitleidenswerten Personen Heilungsmöglichkeiten. Sehr am Herzen lag ihm die Hebung von Landwirtschaft und Gewerbe. Die fürstlichen Kammergüter entwickelte er zu Musterbetrieben. Hier ließ er fortschrittliche Methoden des Ackerbaus, der Viehzucht, des Obst- und namentlich des Weinbaus erproben, um so die Untertanen zu ihrer Übernahme zu ermutigen. Nachhaltig förderte er das Schul- und Unterrichtswesen. 1768 rief er ein Lehrerseminar ins Leben. Dem Gymnasium in Karlsruhe und den sogenannten drei Pädagogien in Lörrach, Emmendingen und Pforzheim galt sein besonderes Interesse. Schon vor dem Anfall der katholischen Markgrafschaft Baden-Baden gewährte er den in seinem Land wohnenden Katholiken freie Religionsausübung. Es schmerzte ihn deshalb sehr, daß die Witwe des letzten Markgrafen von Baden-Baden, Maria Viktoria, geborene Gräfin von Arenberg, unterstützt vom Fürstbischof von Speyer und einem Teil der katholischen Geistlichkeit im Gebiet der seitherigen Markgrafschaft Baden-Baden, nach 1771 Klage gegen ihn wegen angeblicher Verletzung der Bestimmungen des Erbvertrags und der Gefährdung der katholischen Konfession erhob.

1787 heiratete Karl Friedrich die 19jährige Reichsfreiin Luise Karoline Geyer von Geyersberg, die Kaiser Franz II. 1796 zur Reichsgräfin von Hochberg erhob. Sie gebar ihm drei Söhne und eine Tochter[2]. Luise Karoline, die als eine üppige Erscheinung von dunklem Auge und Haar geschildert wird, war keine politische Frau. Am Hof erfuhr sie vor allem durch die sehr selbstbewußte Erbprinzessin Amalie manche Kränkung und Zurücksetzung. Sie litt darunter, daß ihre Ehe mit Karl Friedrich nur als eine solche zur linken Hand galt, daß dadurch ihre Kinder nicht als ebenbürtige Angehörige des badischen Fürstenhauses anerkannt und auch nicht thronfolgeberechtigt waren. Ihren Einfluß auf den alternden Gatten suchte sie zum besten ihrer Kinder zu nutzen, die sie liebevoll und sorgsam erzog. Wenn sie mißtrauisch und leidenschaftlich reagierte, sich ihre Welt in Freunde und Feinde teilte, so hing dies nicht zuletzt mit ihrer als unglücklich empfundenen Stellung am Hof und namentlich in der fürstlichen Familie zusammen[3].

Für das badische Herrscherhaus bedeutete es eine Katastrophe, daß Erbprinz Karl Ludwig am 16. Dezember 1801 bei Arboga in Schweden auf der Heimfahrt von einer Besuchsreise, die seine Gattin und ihn an die Höfe von St. Petersburg und Stockholm zu ihren dort verheirateten Töchtern geführt hatte, den Folgen eines durch einen Schock verursachten Schlaganfalls erlag[4]. Karl Friedrich, damals bereits 73 Jahre alt, hätte dringend der Stütze des Sohns bedurft. An die Stelle des Verstorbenen trat als Erbprinz der erst 15 Jahre alte Enkel Karl (geboren 8. Juni 1786). Dieser konnte dem Großvater naturgemäß noch keine Hilfe sein. Leider trogen auch die hohen Erwartungen, die man für die Zukunft in den jungen Mann setzte. Der Vater starb zu früh. Die

Mutter verwöhnte den einzigen Sohn. Sie vernachlässigte seine Erziehung. Er blieb unselbständig, entwickelte einen fast krankhaften Hang zur Trägheit und zur Bequemlichkeit. Dabei war er begabt und hätte bei entsprechender Ausbildung seiner charakterlichen Anlagen wie seiner intellektuellen Fähigkeiten dem Großvater ein durchaus ebenbürtiger Nachfolger werden und ihm sicher schon zu Lebzeiten nach und nach einen Teil der Regentenpflichten abnehmen können[5].

Fast 75jährig fiel Karl Friedrich mit der Kurfürstenwürde im Jahr 1803 die Verantwortung für ein wesentlich vergrößertes Land zu. Mit Würde und mit der ihm eigenen hohen Auffassung vom Amt des fürstlichen Landesvaters schickte er sich in die neuen Verhältnisse. Allein, er besaß längst nicht mehr die geistige Spannkraft und Leistungsfähigkeit seiner Mannesjahre. Das Alter machte sich zunehmend bemerkbar. Die Regierungsgeschäfte belasteten den greisen Kurfürsten ungleich mehr als dies früher der Fall gewesen war. Manches ging ihm nur noch schwer von der Hand. Er ermüdete rasch. Am 17. Oktober 1804 erlitt er einen leichten Schlaganfall. War er schon zuvor ein Feind schneller Entschlüsse und Entscheidungen gewesen, so wurde jetzt ein sich in »kleinlichen Bedenken« äußerndes unentschlossenes Schwanken für ihn charakteristisch. Auch vermochte er sich äußerer Beeinflussung immer weniger zu entziehen. Wenn das aus vielen heterogenen Bestandteilen zusammengestückelte Kurfürstentum Baden zu einem in sich gefestigten, geschlossenen Staatswesen zusammenwachsen, wenn es seine Interessen vor allem gegenüber seinen mächtigen westlichen Nachbarn zur Geltung bringen wollte, dann bedurfte es Männer, die in Politik und Verwaltung die Zügel in die Hand nehmen konnten, zugleich aber ihrem Fürsten loyal ergeben waren und seine absolutistische Herrschaftsauffassung nicht in Frage stellten. Karl Friedrich hatte das Glück, daß ihm solche Männer stets zur Seite standen. Die beiden bedeutendsten: Sigismund Karl Johann Freiherr von Reitzenstein und Johann Friedrich Nikolaus Brauer.

In Württemberg regierte seit 1797 Herzog Friedrich II. Der am 6. November 1754 in Treptow in Pommern geborene Fürst hatte, als er die Nachfolge seines Vaters antrat, bereits ein bewegtes Leben hinter sich. Von 1774 bis 1781 hatte er als Offizier im Dienst Friedrichs des Großen von Preußen gestanden, während der ersten Jahre in Potsdam fast tagtäglichen Umgang mit dem von ihm hochverehrten Großonkel gehabt und auch später noch dessen besonderes Vertrauen besessen. An dem Bruch, zu dem es schließlich kam, hatte der Prinz keine Schuld. Der Preußenkönig war zutiefst verärgert, weil er den an den Kaiserhöfen in Wien und St. Petersburg ausgeheckten Plan einer Heirat zwischen Elisabeth von Württemberg, der Schwester Friedrichs, und Erzherzog Franz von Österreich, dem nachmaligen Kaiser Franz, nicht hatte verhindern können, und er verdächtigte zu Unrecht den Großneffen, hierbei insgeheim seine Hände mit im Spiel gehabt zu haben. Kaiserin Katharina die Große von Rußland bot Friedrich ein neues Betätigungsfeld: Sie ernannte ihn zum Generalleutnant und zum Gouverneur der russischen Provinz Finnland. Doch auch am Zarenhof, in der Nähe seiner Lieblingsschwester, der Großfürstin Maria Feodorowna und Gattin des späteren Kaisers Paul, wurde Friedrich vom Pech verfolgt. Seit 1780 war er mit der zehn Jahre jüngeren Prinzessin Auguste Karoline Friederike Luise von Braunschweig und Lüneburg verheiratet. Die Ehegatten verstanden sich schlecht. Streit und Unfriede waren die Folge. Friedrich versuchte recht gewaltsam seine junge Frau »zur Räson zu bringen«. Die Ehe des Prinzenpaars geriet immer mehr ins Gerede. Auguste wandte sich hilfe- und schutzsuchend an die Kaiserin. Katharina nahm sich ihrer an und ließ sie bis zur Klärung ihrer persönlichen Verhältnisse, d. h. bis zum Abschluß einer rechtsverbindlichen Ehescheidung, auf das Schloß Lohde in Estland bringen. Friedrich aber, in dem sie den Hauptschuldigen des Ehezwists sah, zwang sie, mit seinen drei Kindern fluchtartig Rußland zu verlassen. Unerfreuliche Jahre folgten. Friedrich hatte den Privatmann wider Willen zu spielen. Nachdem er mit seinen Kindern einige Zeit auf dem von ihm gekauften Landgut Bodenheim bei Mainz zugebracht hatte, ertrotzte er sich gegen den Willen des regierenden Herzogs Carl Eugen von Württemberg, seines Onkels, die Niederlassung im Land seiner Väter. Doch er blieb weiterhin zur Untätigkeit verurteilt. Erst der 1795 zur Regierung gelangte Vater Friedrich Eugen eröffnete ihm die Möglichkeit, das politische Geschick des Herzogtums Württemberg maßgeblich mitzugestalten. Seine Frau Auguste war schon 1788 auf Schloß Lohde durch die Schuld ihres Betreuers, des Hofjägermeisters von Pohlmann, der sie zu seiner Geliebten gemacht hatte, eines qualvollen Todes gestorben. Im Mai 1797 ging Friedrich eine neue Ehe ein. Er heiratete die bereits 30jährige Kronprinzessin Charlotte Auguste Mathilde von Großbritannien. Bei dieser Ehe stand als Motiv die Staatsräson im Vordergrund. Trotzdem kam Friedrich mit seiner zweiten Frau ungleich besser als mit seiner ersten zurecht. Charlotte Mathilde bewunderte und verehrte ihn, sie fühlte sich ihm zeitlebens aufs engste verbunden. Auch er achtete die vielseitig gebildete, charakterfeste Frau hoch, die einer zurückgezogenen Lebensweise den Vorzug vor dem ihm so wichtigen höfischen Schaugepränge gab, doch ihren herzlichen Ton vermochte er nicht zu erwidern, er gab sich ihr gegenüber stets freundschaftlich distanziert, zuvorkommend und höflich. Die Ehe blieb nach einer Fehlgeburt kinderlos.

Friedrich war ein Fürst von hohen intellektuellen Fähigkeiten und großer Willensstärke. Daß Friedrich der Große und Katharina die Große seine politischen Lehrmeister gewesen waren, konnte er nie verleugnen. Die preußische und russische Form des aufgeklärten Absolutismus hatten ihn geprägt. Im Herrscher von Gottes Gnaden, der sich in seinem Handeln zum Wohl des Landes und seiner Bewohner nur Gott verantwortlich wußte, sah er sein Idealbild. Für eine verantwortliche Mitwirkung der Untertanen am Staat ging ihm das Verständnis ab. Er tat sich deshalb auch mit den im Vergleich zu Preußen oder gar zu Rußland freieren gesellschaftlichen und politischen Verhältnissen in Württemberg schwer. Das altwürttembergische Ständewesen war für ihn ein Relikt aus dem Mittelalter. Sein Bestreben zielte auf einen rational organisierten Staat, in dem ausschließlich der Wille des Fürsten galt. Doch sollte in diesem Staat nicht Rechtlosigkeit und Willkür herrschen, sondern Recht und Gesetz. Der Fürst als der erste Diener des Staats hatte dafür zu sorgen, daß Gerechtigkeit geübt wurde, daß der Untertan zu seinem Recht kam. Friedrich besaß ein von christlich-aufklärerischem Gedankengut bestimmtes Weltbild. Neben einem strengen Pflichtbewußtsein bildete ein ausgeprägter Sinn für Recht und Gerechtigkeit, obschon häufig durch Schroffheit und hochfahrenden Stolz überdeckt, einen Grundzug seines Charakters. Seine ersten ihrer Aufgabe nicht gewachsenen Erzieher, auch die unguten Erfahrungen und zum Teil selbst verschuldeten Enttäuschungen seiner frühen Mannesjahre hatten seine Veranlagung zu Eigensinn, zu gewaltsamen Überreaktionen verstärkt. Schwer getroffen hatte ihn der frühe Tod seines Freundes Zeppelin im Jahr 1801. Einen Menschen, dem er seine Gedanken, Sorgen und Nöte rückhaltlos anvertraute, der um seine persönlichen Empfindungen und Gefühle wußte, gab es von da an nicht mehr. Je mehr er sich mit seinem Regentenamt, mit den Aufgaben und Pflichten des Landesherrn identifizierte, desto einsamer wurde er. Gewisse menschenverachtende Züge, die ihm zuvor schon eigen gewesen waren, traten schärfer hervor.

Die Vergrößerung Württembergs und seine Aufnahme in den Kreis der Kurfürstentümer erhöhten das Selbstgefühl Friedrichs. Er gehörte nunmehr zu den ersten Fürsten des Reichs. Mit großem Aufwand feierte er Anfang Mai 1803 die Annahme der Kurfürstenwürde. Das Programm für das dreitägige Fest hatte er in allen Details festgelegt, sein Sinn für fürstliche Repräsentation kam hier erstmals voll zur Geltung. Eine vergleichbare Prachtentfaltung hatte Stuttgart seit vielen Jahren nicht mehr erlebt. Freilich schon jetzt ließ sich unschwer erkennen, daß der glanzvolle Herrschaftsstil Friedrichs, seine Vorstellung von dem auch in äußerem Prunk in Erscheinung tretenden fürstlichen Gottesgnadentum das nach wie vor kleine Land mit seinen geringen wirtschaftlichen Hilfsquellen stark belastete.

Im Gegensatz zu dem greisen badischen Kurfürsten Karl Friedrich befand sich Friedrich noch in den besten Mannesjahren. Sehr vital und mit einer ungewöhnlichen Arbeitskraft ausgestattet, bestimmte er die Politik seines Landes ausschließlich selbst. Seine Minister waren seine Diener. Sie hatten seine Anordnungen und Befehle auszuführen und in ihrem Geschäftsbereich darauf zu sehen, daß rationell und effektiv gearbeitet wurde, daß der Staat ein reibungslos funktionierender Organismus war. Für sein Land strebte der ehrgeizige Kurfürst eine eigenständige politische Rolle an. Allerdings erschien ihm eine solche erst dann möglich, wenn es ihm gelang, Einwohnerzahl und Gebietsumfang Württembergs wesentlich zu vergrößern. Im Reichsdeputationshauptschluß waren zwar, wie wir gesehen haben, dem Land ansehnliche Gebietserwerbungen geglückt, seine Machtbasis hatte es aber nur in bescheidenem Maß ausweiten und verstärken können[6].

Die Neuorganisation des badischen Staats

Das 1803 geschaffene Kurfürstentum Baden präsentierte sich mit Blick auf die völlig veränderten territorialen Verhältnisse als ein neuer Staat. Seinem Kern, der Markgrafschaft, war, wie wir gehört haben, eine Vielzahl geistlicher und weltlicher Gebiete unterschiedlicher Größe zugeschlagen worden. Dieses neue Staatsgebilde bedurfte einer effektiven Verwaltungsorganisation. Die rechtlichen Voraussetzungen hierfür schuf der Geheime Rat Johann Nikolaus Friedrich Brauer. Der 1754 in Büdingen (Oberhessen) geborene Verwaltungsjurist stand seit 1774 im Dienst Karl Friedrichs. Seine außergewöhnlichen Kenntnisse und Fähigkeiten hatten ihn rasch die Stufenleiter des Staatsdienstes emporsteigen lassen. Der tiefgläubige Lutheraner, der Freund Hebels und Jung-Stillings, der in seinen Mußestunden theosophische Briefe schrieb und Gesangbuchlieder dichtete, hatte sich das besondere Vertrauen, ja die freundschaftliche Zuneigung seines Fürsten erworben. Konservativ in seinen Ansichten, widerstrebte ihm jede revolutionäre Veränderung. Er wollte das Alte, das Bewährte erhalten, es organisch weiterentwickeln, den Zeitumständen und den veränderten Verhältnissen anpassen. Er lehnte das künstlich Geschaffene, überhaupt jede Art von seelenlosem Mechanismus ab. Dem Gewachsenen, Organischen galt sein Bemühen. Deshalb suchte er tunlichst die Eigenart der neubadischen Territorien zu schonen, verstand den Gesamtstaat mehr als Klammer und Verbund denn als straff organisierte Einheit. Freilich barg ein solch lockeres Zusammenfügen heterogener Bestandteile Gefahren und Risiken in sich. Der Staat blieb nach außen wie nach innen schwach, er konnte leicht wieder zerfallen, oder es konnten sich unschwer Teile von ihm ablösen. Doch Brauer wußte sich auch hier mit seinem Fürsten einig: möglichst wenig Gewalt und Zwang[7].

Bereits am 30. August 1802 legte Brauer dem Geheimen Rat seine »Ideen zur künftigen Landesorganisation« vor. In ihnen schlug er eine verwaltungsmäßige Gliederung des Landes nach konfessionellen Gesichtspunkten vor: zwei protestantische Provinzen (Markgrafschaft Baden-Durlach und Pfalzgrafschaft) und zwei katholische (Markgrafschaft Baden-Baden und Fürstentum am Bodensee). Damit drang er jedoch nicht durch, eine Provinzeinteilung nach konfessionellen Kriterien hemmte ohne Zweifel das Zusammenwachsen des Landes. Der nunmehr für ihn bestimmende Aspekt des geschichtlich Gewordenen und Gewachsenen berührte sich mit seiner ursprünglichen Intention und war weniger bedenklich. Der Kurstaat Baden sollte sich künftig in drei Provinzen gliedern: die Pfalzgrafschaft, die Markgrafschaft und das Obere Fürstentum. Der Pfalzgrafschaft wurden auch die Gebiete des Hochstifts Speyer (Fürstentum Bruchsal), des Reichsstifts Odenheim und der Reichsstadt Wimpfen sowie ein paar altbadische Orte zugewiesen, in die Markgrafschaft das Amt Schliengen, die rechtsrheinischen Teile des Hochstifts Straßburg, die Herrschaft Gengenbach, die Reichsstädte Offenburg, Gengenbach, Zell am Harmersbach, das freie Reichstal Harmersbach, die Herrschaften Lahr und Lichtenau eingegliedert. Das Obere Fürstentum umfaßte das Hochstift Konstanz, die Reichsstädte Biberach, Überlingen und Pfullendorf, außerdem besaß es die Oberhoheitsrechte über die Abteien Salem und Petershausen, mit denen Prinz Ludwig entschädigt worden war. Die historische Eigenart der Territorien, ihre Bedeutung und möglichst auch der geographische Zusammenhang waren so gewahrt. Die ehemaligen Reichsstädte behielten ihre Verfassung. Doch war durch staatliche Aufsichtsrechte gewährleistet, daß sie keinen Staat im Staate bildeten. Da es in den 1771 vereinigten Markgrafschaften Baden-Baden und Baden-Durlach schon längst keine Landstände mehr gab, konnten Kurfürst und Geheimer Rat bei der Eingliederung der Neuerwerbungen ungehindert schalten und walten. Die bewährten markgräflichen Einrichtungen wurden auf die neuen Lande übertragen, die zum Teil im Hinblick auf die materiellen und geistigen Errungenschaften des Aufklärungszeitalters weit hinter den altbadischen Gebieten hinterherhinkten, so die öffentlichen Wohlfahrtseinrichtungen, die Brandversicherungsanstalt, die Satzungen der Dienerwitwenkasse und verwandte Institutionen. Das Wohl der Untertanen sollte in den alt- und in den neubadischen Landen in gleicher Weise gefördert werden. Hierbei durfte aber nicht schematisch verfahren werden. Landschaftliche Interessen und Besonderheiten waren zu respektieren. Brauer vermied es, die Verwaltung von Grund auf neu zu gestalten. Er übernahm für den Kurstaat im wesentlichen die markgräfliche Verwaltungsorganisation und paßte sie den neuen Verhältnissen an. Freilich, das auf kleinstaatliche Verhältnisse zugeschnittene patriarchalische Regiment ließ sich nicht mehr aufrechterhalten. Der Regent konnte nicht wie bisher »von dem Detail der verschiedenen Staatsgeschäftsbranchen von selbst Kenntnis nehmen«. Er blieb der absolutistisch regierende Monarch. Doch standen ihm zwei starke Zentralkräfte, der Geheime Rat und das Oberhofgericht, zur Seite. Beim Geheimen Rat zwang die Fülle der anfallenden Geschäfte zu Ansätzen einer Departmentseinteilung. Die allerdings erst Jahre später eingeführte Fachministerialorganisation kündigte sich an. Für die verschiedenen zentralen Geschäftsbereiche wurden Kommissionen eingerichtet, so für die Militärverwaltung, die Forsten, das Straßenwesen. Jede der drei staatlich anerkannten christlichen Konfessionen erhielt eine zentrale Verwaltungsstelle. Bruchsal wurde Sitz der katholischen Kirchenkommission, Karlsruhe der des lutherischen und Heidelberg der des reformierten Kirchenrats. Die Verwaltungskollegien der Provinzen waren ihrer Zuständigkeit nach ähnlich wie die Zentralbehörden gegliedert. In 13 Organisationsedikten, die zwischen Februar und Mai 1803 publiziert wurden, legte Brauer die Grundzüge der Organisation und des Behördensystems des badischen Kurstaats fest[8]. Schwer fiel der ehemaligen kurpfälzischen Residenzstadt Mannheim der Abstieg zur Provinzstadt und namentlich die Zurücksetzung gegenüber dem jüngeren unbedeutenderen Karlsruhe. Die Mannheimer erwarteten nach dem Anfall von Baden, Kurfürst Karl Friedrich werde ihre Stadt zumindest zu seiner zweiten Residenz erheben und in ihren Mauern während des Winters seinen Aufenthalt nehmen. Karl Friedrich zerstörte jedoch ihre Hoffnungen. Er wolle, so erklärte er, keinesfalls das Land verlassen, in dem seine Familie seit 750 Jahren beheimatet sei, auch erscheine ihm Mannheim wegen seiner exponierten Lage an der Nordgrenze seines Kurfürstentums als Residenzstadt ungeeignet[9]. Andererseits war der Kurfürst bemüht, die Stadt mit ihrem Schicksal zu versöhnen. Er übertrug Angehörigen der bedeutendsten und angesehensten Familien Staats- und Hofämter oder zeichnete sie in anderer Weise aus[10]. Trotzdem vermochten die Mannheimer Neid und Mißgunst gegenüber der kurfürstlichen Residenz Karlsruhe nicht zu überwinden.

Die Organisation Neuwürttembergs

Obgleich auch Württemberg im Reichsdeputationshauptschluß ansehnliche Territorien zugefallen waren, hätten diese an den Grenzen des seitherigen Herzogtums gelegenen oder in dessen Gebiet eingesprengten geistlichen Herrschaften und Reichsstädte verwaltungsmäßig ohne größere Schwierigkeiten integriert werden können. Keines der sogenannten neuwürttembergischen Territorien konnte sich nach Einwohnerzahl, Fläche oder politischer Bedeutung auch nur entfernt mit Altwürttemberg messen. Selbst alle neuerworbenen Landesteile zusammen zählten nur rund ein Fünftel der Einwohner des bisherigen Landes. Doch Altwürttemberg war ein dualistischer Ständestaat. Die Landstände, die Landschaft, nahmen, wie wir bereits gehört haben, in allen politischen Angelegenheiten ein Mitspracherecht in Anspruch. Seit dem sogenannten Erbvergleich von 1770 kam dies einer Art Mitregierung bzw. Nebenregierung der Stände gleich.
Während der dem Reichsdeputationshauptschluß vorangegangenen mehrjährigen Verhandlungen über die territoriale Entschädigung Württembergs für seine von Frankreich annektierten linksrheinischen Besitzungen hatte der landständische Ausschuß mit allen ihm zu Gebote stehenden Mitteln versucht, in gleicher Weise wie der Herzog einen Anteil an der zur Verteilung kommenden Länderkonkursmasse zu erlangen oder wenigstens ein Mitbestimmungsrecht über die in Aussicht stehenden Entschädigungslande zu bekommen. Großzügig hatte er dafür Bestechungsgelder aus der Landschaftskasse dem sehr rührigen landständischen Vertreter in Paris, Abel, zur Verfügung gestellt. Allein, Herzog Friedrich hatte die Landschaft geschickt ausmanövrieren können[11]. Die linksrheinischen württembergischen Herrschaften waren den Stammlanden nicht inkorporiert gewesen. Der Herzog hatte deshalb das Recht auf seiner Seite, wenn er den Landständen unmißverständlich zu verstehen gab, daß eine Ausdehnung der altwürttembergischen Verfassung auf die Entschädigungslande für ihn nicht in Betracht komme. Die Landstände mußten sich damit abfinden, daß Friedrich sich vorbehielt, bei der staatlichen Organisation der neuerworbenen Gebiete nach Gutdünken zu verfahren. Er entschied: Die neun Reichsstädte und die ehemaligen geistlichen Herrschaften werden zu einem nach modernen Grundsätzen organisierten, absolutistisch regierten, einheitlichen Staat zusammengefaßt. Die Skrupel Brauers mit Blick auf geschichtlich Gewachsenes und Gewordenes hatte der württembergische Kurfürst nicht. Ihm kam es darauf an, möglichst effektiv zu regieren und zu verwalten. Die Konservierung einer Vielfalt zwergstaatlicher Relikte erschien ihm mit den Aufgaben eines den Zeitanforderungen genügenden Mittelstaats, wie es Württemberg war, unvereinbar. Erzogen in der rationalistischen Staatslehre der Aufklärung, sah er in einer durchgängigen

Einheitlichkeit und Gleichförmigkeit die hier anzuwendenden Grundsätze. Für wesentlich hielt er dabei, daß diese staatliche Uniformität möglichst rasch, d. h. gegen alle Widerstände mehr oder minder gewaltsam durchgesetzt wurde.

Durch das Staatsmanifest vom 1. Januar 1803 teilte er die neuen Lande in drei Landvogteien ein. Die Landvogtei Ellwangen umfaßte mit der Fürstpropstei Ellwangen, dem Ritterstift Comburg, den Reichsstädten Aalen, Giengen, Schwäbisch Gmünd und Schwäbisch Hall sowie dem Stabsamt Adelmannsfelden das größte und geschlossenste Gebiet. Im Unterschied dazu bestand die Landvogtei Heilbronn aus weitverstreuten Gebietsteilen: den Städten Heilbronn, Esslingen, Reutlingen, Weil der Stadt sowie der Abtei Schöntal und dem Stift Oberstenfeld. Der Landvogtei Rottweil waren die Neuerwerbungen im Süden zugewiesen: Rottweil mit Margrethausen und Dürrenmettstetten, Rottenmünster, Zwiefalten, Mariaberg und Heiligkreuztal. Zur Hauptstadt für Neuwürttemberg und zum Sitz der Oberlandesregierung für Verwaltungs- und Justizsachen sowie der anderen Zentralbehörden, ausgenommen allein das evangelische Oberkonsistorium für Neuwürttemberg, das seinen Sitz in Heilbronn erhielt, bestimmte Kurfürst Friedrich Ellwangen. Mit der Leitung der neuwürttembergischen Regierung betraute er Philipp Christian Friedrich Freiherrn von Normann-Ehrenfels[12].

Der bekannte Publizist Johann Gottfried Pahl berichtet, es sei damals in ganz Deutschland »die Rede umgelaufen«, daß unter allen Ländern, die im Reichsdeputationshauptschluß neue Herren bekommen hätten, die an Württemberg gefallenen das schlechteste Los gezogen hätten. Neben dem harten Regiment Kurfürst Friedrichs nannte er als Hauptgrund die Überflutung der neuen Gebiete durch die altwürttembergischen Schreiber. Diese hätten sich als Eroberer und Beherrscher gebärdet und dadurch die einheimische Bevölkerung gegen sich aufgebracht[13]. In der Tat gaben in der neuwürttembergischen Verwaltung und Justiz altwürttembergische Beamte den Ton an. Allerdings die Spitzenpositionen in Regierung und Verwaltung nicht nur in Alt-, sondern auch in Neuwürttemberg hatten hauptsächlich landfremde Adlige inne: Männer, die dem Kurfürsten unbedingt ergeben waren, lediglich sein Interesse im Auge hatten und die Verwaltungsgeschäfte in seinem Sinn führten[14].

Kaum Probleme verursachte es, die seitherigen geistlichen Territorien in einen größeren Verwaltungsorganismus einzugliedern, waren sie ja schon zuvor monarchisch regiert worden. Schwieriger war dies bei den Reichsstädten. Friedrich dachte nicht daran, ihre alten Verfassungen zu respektieren. Rigoros beschnitt er ihr Selbstverwaltungsrecht in der von ihm eingeführten neuen Munizipalverfassung. Doch zugleich beseitigte er auch das Willkürregiment einzelner Familien oder bestimmter Cliquen und glich die bislang sehr gedrückte Rechtsstellung der Untertanen auf dem flachen Land der der Stadtbewohner an[15]. Für Kurfürst Friedrich war bei der staatlichen Organisation Neuwürttembergs der machtpolitische Staatszweck der gewichtigste. Das Land hatte zunächst einmal Rekruten für das kurfürstliche Heer zu stellen und in beträchtlicher Höhe Steuern an die Staatskasse abzuführen. Der Kurfürst vernachlässigte auch die Wirtschafts- und Sozialpolitik nicht, sie hatte jedoch ebenso wie die Kulturpolitik hinter den machtpolitischen Zielen zurückzutreten[16].

Eine völlig neue Situation ergab sich für Kurfürst Friedrich auf kirchlichem Gebiet. Die Bevölkerung Altwürttembergs war rein evangelisch. In den neuen Landesteilen gehörte jedoch die Mehrheit der Untertanen der römisch-katholischen Kirche an. Für Friedrich stand außer Frage, daß die Katholiken nicht nur freie Religionsausübung, sondern auch in jeder sonstigen Hinsicht Gleichberechtigung mit den Protestanten beanspruchen konnten. Im Religionsedikt vom 14. Februar 1803 hob er in Übereinstimmung mit der entsprechenden Vorschrift im Reichsdeputationshauptschluß für den Bereich der neuerworbenen Lande alle Gesetze auf, die mit den Grundsätzen der Toleranz und der Parität unvereinbar waren, und gewährte den Mitgliedern der drei reichsgesetzlich anerkannten Konfessionen, also neben den evangelisch-lutherischen auch den römisch-katholischen und den reformierten Christen, volle Gleichberechtigung. Damit gestand er den Kirchen keineswegs Freiheit und Unabhängigkeit vom Staat zu. Im Gegenteil. Die Kirchen waren für ihn Staatsanstalten, der Landesherr besaß über sie das uneingeschränkte Weisungs- und Verfügungsrecht, d. h. sie unterstanden seiner Beaufsichtigung und Leitung. Die Bevormundung durch Landesherrn und Regierung bekamen die Katholiken Neuwürttembergs empfindlich zu spüren. Sie gehörten den Bistümern Konstanz, Augsburg, Würzburg und Speyer an, von denen nicht ein einziges sein geistliches Zentrum im Staat von Kurfürst Friedrich hatte, sowie dem kleinen Exemtionsordinariat Ellwangen, für das der seitherige Fürstpropst Klemens Wenzeslaus, zugleich Bischof von Trier, zuständig war. Friedrich strebte, um den ihm lästigen »ausländischen« kirchlichen Einfluß auszuschalten, die Schaffung eines katholischen Landesbistums an. Als Bischofssitz nahm er Ellwangen in Aussicht. Doch die sehr verwickelten politischen, kirchlichen und rechtlichen Fragen verhinderten viele Jahre eine definitive Regelung der Organisation der katholischen Kirche in Württemberg. Vorläufig nahm die Oberlandesregierung in Ellwangen die landesherrlichen Rechte gegenüber der katholischen Kirche nachdrücklich wahr, wobei sie ihre Befugnisse ständig überschritt und immer wieder Verfügungen in rein kirchlichen Angelegenheiten traf. Selbst in Fragen der Kirchen- und Gottesdienstordnung mischte sie sich ein, ohne mit den zuständigen Ordinariaten auch nur Rücksprache zu nehmen. Die »ausländischen« Bischöfe vermochten ihre auf die geistliche Gerichtsbarkeit und kirchliche Verwaltung in rein geistlichen Angelegenheiten beschränkte Zuständigkeit nur noch unter den größten Schwierigkeiten geltend zu machen. Besonders rigoros suchte Kurfürst Friedrich ihre Einwirkungsmöglichkeiten zu beschränken. Die Oberlandesregierung sah sich daher genötigt, seiner Auffassung zu widersprechen oder gar seinen ausdrücklichen Befehlen entgegenzuhandeln[17].

Einem beinahe noch strengeren staatlichen Kirchenregiment wurden die evangelischen Untertanen in den neuwürttembergischen Gebieten unterworfen. Insbesondere die Geistlichen hatten unter ihm zu leiden. So fanden offenbar manche aus dem Schreiberstand hervorgegangene weltliche Beamte Gefallen daran, sie zu bevormunden oder sie gar zu schikanieren[18].

Im Sommer 1803 bereiste Kurfürst Friedrich seine neuerworbenen Gebiete, um sich von den Untertanen huldigen zu lassen, zugleich aber auch um Land und Leute näher kennenzulernen. Überall erschien er, wie es seiner Auffassung von dem ihm von Gott verliehenen Herrscheramt entsprach, in prunkvollem Aufzug. Lediglich in Rottweil ließ er sich durch Herrn von Normann bei der Huldigung vertreten. Die Stadt sollte wegen der Unruhen, zu denen es dort gekommen war, einen Denkzettel erhalten[19]. Die seitherigen Reichsstädte und geistlichen Herrschaften wetteiferten miteinander, den neuen Herrn gebührend zu empfangen. In Ellwangen gaben Stadt und Land ihm zu Ehren ein großes Fest. Heilbronn, das auch die Kurfürstin besuchte, arrangierte eine aufwendige »Illumination«[20].

Kurfürst Friedrich mit Gefolge vor Schloß Monrepos. Rechts hinten der Hohenasperg. Gemälde von Johann Baptist Seele, 1803

Markgraf Karl Friedrich vor dem Karlsruher Residenzschloß mit Bittstellern. Kolorierter Kupferstich von J. Haas, 1780

Inbesitznahme Schwäbisch Halls durch württembergische Truppen 1802, dargestellt auf einer Schützenscheibe

Empfang des Kurfürsten Karl Friedrich in Mannheim durch die Bürgergarde. Aquarellierte Zeichnung eines unbekannten Künstlers

Der Konflikt Kurfürst Friedrichs mit den altwürttembergischen Landständen

Die Tatsache, daß Kurfürst Friedrich mit Neuwürttemberg über einen Landesteil verfügte, den er als absolutistischer Monarch regieren konnte, beschwerte und beunruhigte die altwürttembergischen Landstände[21]. Der ungeliebte Landesvater war, wenn er es für politisch opportun hielt, nunmehr durchaus imstande, mit Hilfe der ihm in den neuerworbenen Landen zu Gebote stehenden militärischen und wirtschaftlichen Ressourcen die Macht der Stände in Altwürttemberg zu brechen. Eine akute Gefahr schien indes nicht zu drohen. Noch gewährten Kaiser und Reich eine gewisse Garantie für die Aufrechterhaltung der inneren Verfassung der einzelnen Reichsstände. Freilich, die altwürttembergischen Landstände setzten mehr auf Frankreich, wie sie dies ja auch schon bisher getan hatten. Dank ihrer Pariser Verbindungen gelang es ihnen, Anfang 1804 den Ersten Konsul Napoleon Bonaparte und seinen Außenminister Talleyrand für ihre Belange zu interessieren. Der französische Gesandte in Stuttgart, Didelot, übermittelte den bestimmten Wunsch seiner Regierung, dem sich übrigens auch Kaiser und Reich anschlossen, Kurfürst Friedrich möge einen Landtag einberufen. Didelot forderte außerdem im Sinne der Stände die Eingliederung der neuerworbenen Reichsstädte in den altwürttembergischen Staat. Friedrich mußte teilweise nachgeben. Auf den 19. März 1804 berief er den Landtag ein. Wenn jedoch die Landschaft erwartet hatte, der Kurfürst werde sich in die Rolle des Gedemütigten hineindrängen lassen, so sah sie sich getäuscht. Friedrich gab sich der Ständeversammlung gegenüber selbstbewußt wie bisher. In der Eröffnungssitzung verlangte er von ihr, sich ausschließlich mit der Frage zu beschäftigen, wie die zur gewaltigen Höhe angewachsenen Kriegsschulden bezahlt werden könnten. Die Stände weigerten sich. Erst sollten, so ließen sie sich vernehmen, die seit 1799 andauernden Verfassungsstreitigkeiten beigelegt werden. Weiterer Zündstoff sammelte sich rasch an. An eine Einigung zwischen Kurfürst und Ständen war nicht zu denken. Unterdessen hatte sich die Position der Landschaft, ohne daß ihr dies zunächst bewußt geworden war, erheblich verschlechtert. Napoleon entzog ihr zunehmend den Rückhalt, den sie seither bei Frankreich besessen hatte. Im Begriff, sich die Kaiserkrone aufs Haupt zu setzen, begannen Fürsten, die ihre Länder kraftvoll regierten und deren militärisches Machtpotential zu mobilisieren verstanden, in seinem politischen Kalkül die entscheidende Rolle zu spielen. Hingegen konnten oppositionelle Landstände, die den Machtzweck des Staates negierten, den militärisch-politischen Interessen des künftigen Kaisers der Franzosen kaum noch von Nutzen sein. Am 1. Mai 1804 nahm Napoleon die erbliche Kaiserwürde an.

In Stuttgart gingen die Auseinandersetzungen zwischen Kurfürst und Ständen weiter. Die Fronten verhärteten sich noch, als Friedrich durch einen prominenten landschaftlichen Überläufer Kenntnis davon erhielt, daß der Landtag in vertraulichen Beratungen dem in Paris weilenden Kurprinzen, der Aufforderungen des Vaters zur Rückkehr mißachtete, auf Wunsch Frankreichs eine namhafte finanzielle Unterstützung bewilligt hatte. Der empörte Kurfürst ließ einige Ausschußmitglieder und den Landschaftssekretär durch eine Untersuchungskommission des Regierungskollegiums vernehmen, nannte die Art, in der der Landtag über Landesgelder verfügte, unverantwortlich und strafbar. Der Landtag protestierte umgehend gegen die verfassungswidrigen Maßnahmen Friedrichs. Unter Hinweis auf seine Verhandlungen mit dem von Napoleon dazu bevollmächtigten französischen Gesandten in Stuttgart beharrte das Gremium darauf, die Unterstützung des Kurprinzen sei rechtens. Der Kurfürst antwortete am 20. Juni

1804 mit der Auflösung des Landtags. Zugleich erhob er beim kaiserlichen Reichshofrat Klage. Die Stände taten dasselbe. Der Kurprinz rühmte in einem aufsehenerregenden Schreiben ihre »patriotische Denkungsart« und stellte sich ihnen vorbehaltlos zur Seite. Schon spielten radikale Kreise mit dem Gedanken, den Kurfürsten abzusetzen und dem Kurprinzen die Regierungsgewalt zu übertragen. Die Auseinandersetzungen zwischen Kurfürst Friedrich und dem Größeren Ausschuß der Landschaft steigerten sich fortwährend. Friedrich mußte sich den Vorwurf einer verfassungswidrigen Handhabung der Regierungsgewalt gefallen lassen. Seine Versuche, sich den Größeren und Engeren Ausschuß durch die Amtsenthebung einiger seiner Mitglieder gefügig zu machen, scheiterten, ebenso sein Plan, die landschaftlichen Kassen unter seine Kontrolle zu bringen. Der ständische Widerstand war nicht zu brechen, zumal er im Land Unterstützung fand. Um zu verhindern, daß eine kaiserliche Kommission vermittelnd in den Konflikt eingriff, lenkte der Kurfürst überraschend ein. Er gab den Weg für die Einberufung eines neuen Landtags frei. Bei dessen Zusammentritt am 24. November 1804 ließ er allerdings keinen Zweifel, daß er nach wie vor auf der vorrangigen Regelung der Kriegsschuldenangelegenheit beharrte. Ferner forderte er, die Stände sollten ihr Administrations- und Kassenwesen ordnen, damit der zweckwidrigen Verwendung von Landesgeldern ein Riegel vorgeschoben werde. Auch bestand er darauf, daß ihm der Landtag die verfassungsmäßige Oberaufsicht über die Verwaltung der Steuergelder einräume und daß bei der Neuwahl der Ausschüsse nur solche Männer berücksichtigt würden, die sein Vertrauen in gleicher Weise wie das des Landtags besäßen. Indessen bewirkte sein fordernder, befehlender Ton wenig. Der Landtag besetzte seine Führungsorgane durchweg mit Männern, die in den zurückliegenden Monaten für die ständischen Interessen kraftvoll und mutig eingetreten waren. Daß der Kurfürst mit der von den Ständen gewünschten Bestätigung der neugewählten Ausschußmitglieder zögerte, nimmt nicht wunder, zählte er doch einige dieser Männer, so den Landschaftsassessor Baz und den Stuttgarter Bürgermeister Klüpfel, zu seinen aufsässigsten Widersachern. Der Landtag griff zu neuen Druckmitteln. Er stellte die Ratenzahlungen des ordentlichen Militärbeitrags mit der anfechtbaren Begründung ein, die Bestätigung der Ausschußmitglieder sei die Voraussetzung für diese Zahlungen. Der Kurfürst war aufs äußerste aufgebracht. Die Stände hätten, so erklärte er, wenn sie auf ihrem Standpunkt beharrten, von seiner Seite mit keinerlei Entgegenkommen zu rechnen. Er lehnte es ab, sich mit irgendwelchen Eingaben des Landtags zu befassen, und verweigerte den Ständemitgliedern den bei Tagungen sonst üblichen Weihnachtsurlaub. Am 23. Januar 1805 schrieb er die Steuer einseitig aus und ließ das Bargeld in den Kassen der Amtskorporationen beschlagnahmen. Über den Protest der Stände ging er hinweg, doch deutete er jetzt Konzessionsbereitschaft an. Er erlaubte die Heimreise der Abgeordneten von vierzehn kleinen Städten und bestätigte im wesentlichen die Ausschußwahlen, wobei er seine Hauptwidersacher ausnahm. Auch wenn sich der Landtag mit dem vom Kurfürsten geübten Bestätigungsverfahren nicht einverstanden erklärte, seine wichtigsten Forderungen betrachtete er als erfüllt. Am 15. Februar 1805 bewilligte er den Militärbeitrag.

Am folgenden Tag traf der Reichshofratsbescheid vom 1. Februar 1805 zu der von der Landschaft erhobenen Klage in Stuttgart ein. Der für die Stände günstiger als für den Kurfürsten ausgefallene Bescheid schuf eine neue Situation. Der Kaiser befahl zwar der Landschaft die Zahlung des Militärbeitrags – sie war inzwischen bereits in die Wege geleitet worden –, nannte aber die im Herbst 1804 von Kurfürst Friedrich angeordnete Untersuchung der Landschaftskasse rechtswidrig. Zudem verlangte er vom Kurfürsten einen Bericht über die weiteren Streitpunkte und nahm die als Kläger der Stände nach Wien gereisten Abgeordneten Baz und Klüpfel in Schutz. Die Stände sahen sich in ihrer Haltung bestätigt. Ein Vergleich mit dem Landesherrn schien in greifbare Nähe gerückt. Am 5. März 1805 wurde der Landtag vertagt. In den letzten Sitzungswochen hatten sich Kurfürst und Stände um eine erträgliche Atmosphäre bemüht. Jetzt endlich hatten sich auch die Stände mit der schwierigen Regelung der Kriegskosten und der Beratung anderer schwieriger Punkte befaßt. Eine Reihe von Gegenständen war beim Auseinandergehen des Landtags noch unerledigt. Ihre Behandlung oblag nach alter Gewohnheit dem verstärkten Großen Ausschuß (sieben Prälaten und 21 weltliche Mitglieder).

Anfang Februar 1805 erhielt Kurfürst Friedrich durch den Brief eines zum Christentum übergetretenen jungen Frankfurter Juden Alexander Blankenstein (ursprünglich Wetzlar) Kenntnis von einer gegen sein Leben gerichteten Verschwörung, an der neben dem hessen-homburgischen Regierungsrat Isaak von Sinclair, dem Freund Friedrich Hölderlins, der führende Vertreter der extremen landschaftlichen »Patriotenpartei«, Baz, beteiligt sein sollte. Diese Anschuldigung verschaffte dem Kurfürsten die nicht unwillkommene Gelegenheit, die Auslieferung des sich noch in Wien aufhaltenden verhaßten Landschaftsführers zu verlangen und durchzusetzen. Doch obgleich es sich bald herausstellte, daß die angebliche Verschwörung die verleumderische Erfindung Blankensteins war, der sich an Sinclair rächen wollte, weil ihn dieser bei einem betrügerischen Lotterieunternehmen nicht unterstützt hatte, blieb Baz bis zur Aufhebung der altwürttembergischen Verfassung Ende 1805 in Haft[22]. Der unerwartet zahm sich gebärdende verstärkte Große Ausschuß tat wenig, um seine Freilassung zu erreichen. Im Bemühen um Ausgleich und Verständigung vermied der Ausschuß energische Schritte beim Reichshofrat, er begnügte sich vielmehr mit wirkungslosen Protesten bei der Regierung und suchte vergeblich um Hilfe bei Preußen, einer der Garantiegroßmächte des Erbvergleichs von 1770, nach. Freilich, die Position der Landstände war schwach, seit diese ihren Rückhalt bei Frankreich vollends verloren hatten und außenpolitisch weitgehend mattgesetzt waren. Hingegen konnte der Kurfürst im Frühjahr und Sommer 1805 seine Stellung nach außen wie nach innen zunehmend festigen[23].

Die südwestdeutschen Kleinstaaten

Im Reichsdeputationshauptschluß waren auch die kleineren Fürsten und Grafen, die auf linksrheinischem Gebiet Besitzungen verloren hatten, mit rechtsrheinischen Territorien entschädigt worden, so die Fürsten von Hohenlohe-Bartenstein, Hohenlohe-Ingelfingen und Hohenlohe-Neuenstein, Oettingen-Wallerstein, Thurn und Taxis, Löwenstein-Wertheim-Rosenberg, die Grafen von Wartenberg. Eine Reihe von Hochadelsfamilien, die auf der linken Rheinseite »enteignet« worden war, bekam in Südwestdeutschland territorialen Ersatz. Auf dem Boden säkularisierter geistlicher Herrschaften, vereinzelt auch auf dem mediatisierter Reichsstädte entstanden neue Fürstentümer und Grafschaften, die allerdings nur gute drei Jahre im Verband des kaum noch lebensfähigen Reichs ihre politische Eigenständigkeit behaupten konnten. Dem Grafen von Aspremont-Linden wurde durch Begründung eines neuen reichsunmittelbaren Territoriums die Abtei Baindt, dem Fürsten von Dietrichstein die Herrschaft Neuravensburg der Abtei St. Gallen, dem Fürsten von Metternich-Winneburg der größere Teil der Abtei Ochsenhausen, dem Fürsten von Nassau-Oranien die Abtei Weingarten, dem Fürsten von Leiningen-Hardenburg die kurpfälzischen Ämter Boxberg und Mosbach, die kurmainzischen Ämter Amorbach und Bischofsheim mit Unterämtern und Amtsvogtei Miltenberg, die Kurmainz unterstellte Abtei Amorbach sowie mehrere würzburgische Ämter, dem Grafen von Quadt Abtei und Reichsstadt Isny, dem Grafen von Waldbott-Bassenheim ein Teil der Abtei Heggbach zugewiesen[24]. Die Liste der neuetablierten Fürsten und Grafen im deutschen Südwesten ließe sich noch vergrößern, doch begnügen wir uns mit diesen Nennungen.

Eine Sonderstellung unter den neugeschaffenen Territorien nahm der Breisgau ein. Als eine österreichische Sekundogenitur war er 1803 dem Großherzog Herkules von Modena zugesprochen worden. Doch Herkules sah sein Entschädigungsland nie, er starb bereits im Oktober jenes Jahres. Erbe wurde sein Schwiegersohn Erzherzog Ferdinand Karl. Auch er kam nicht in den Breisgau. Als sein Vertreter in Freiburg fungierte Regierungsrat Hermann von Greiffenegg, ein Mann, der durch sein das Land finanziell ausbeutendes Willkürregiment die Bevölkerung gegen sich aufbrachte und bewirkte, daß deren Neigung für eine Eingliederung des althabsburgischen Territoriums in den badischen Staat stark anwuchsen. Zur wirtschaftlichen Erschöpfung des Breisgaus trugen nicht unwesentlich auch die 3000 französischen Soldaten bei, die trotz österreichischer Proteste von 1801 bis 1805 als Besatzungstruppen im Breisgau stationiert blieben[25].

Daß die Schaffung größerer staatlicher Einheiten im Zug der Zeit lag, war offenkundig. Auch die kleineren Fürsten und Grafen machten sich hierüber keine Illusionen. Schon 1797 hatte ein hohenzollerischer Gewährsmann in einem Bericht vom Rastatter Kongreß geäußert: »Frühe oder spat werden dennoch die Mindermächtigen aufgefressen, denn hier heißt es: hodie mihi, cras tibi [heute mir, morgen dir]. Ich jedenfalls verspreche mir nicht viel Gutes«[26]. Im November 1803 war es für den fürstenbergischen Regierungspräsidenten Kleiner keine Frage, daß die Existenz der kleineren Reichsstände in Schwaben vom Kabinett in Saint Cloud abhing, also in den Händen Napoleons lag. Überhaupt sah er Schwaben ganz und gar der Gewalt Frankreichs ausgeliefert[27]. Von Kaiser und Reich, aber auch von Österreich versprach er sich nichts mehr. Die schlimmen Erfahrungen Südwestdeutschlands im Ersten und Zweiten Koalitionskrieg schienen ihm recht zu geben.

Indessen wollten sich die mindermächtigen Reichsstände nicht resignierend einem mehr oder weniger zwangsläufigen Schicksal überlassen und einfach die Großen über sich entscheiden lassen. Im Januar 1804 schlossen sich auf Initiative Fürstenbergs Hohenzollern-Hechingen, Hohenzollern-Sigmaringen, Fürstenberg, Öttingen-Wallerstein, Waldburg-Zeil und Waldburg-Wolfegg zu einer »Schwäbischen Fürstenunion« zusammen. Der Hauptzweck der Union zielte auf »Selbsterhaltung in ihrer ganzen reichsständischen und landesherrlichen Integrität«. Die Mitglieder beabsichtigten die Entsendung gemeinsamer »Residenten« [diplomatischer Vertreter] nach Paris, Wien, Berlin und St. Petersburg. Wichtig erschien ihnen die Verbindung zum Berliner Hof. Diese sollte durch den dem preußischen Königshaus verwandtschaftlich verbundenen Fürsten von Hohenzollern-Hechingen aufrechterhalten werden. Die Union blieb jedoch zu einem guten Teil Papier, ihre Organisation in den Anfängen stecken. Bei Preußen fand sie kaum einen Rückhalt, und auch der Wiener Hof verhielt sich ihr gegenüber sehr reserviert[28].

Erbprinz Friedrich von Hohenzollern-Hechingen gab seinem Ländchen wie den kleineren Territorien überhaupt nur noch geringe Überlebenschancen. Deshalb verfiel er 1805/06 für seine Familie auf einen unkonventionellen Plan. Er suchte seinen Vater für einen Tausch von Hohenzollern-Hechingen gegen ein anderes Territorium zu gewinnen. Hierbei spekulierte er darauf, daß vor allem Württemberg an dem Fürstentum interessiert war, und er wollte dem Käufer zur Bedingung machen, daß dieser auch die

Hechinger Hausschulden in Höhe von 600 000 Gulden übernahm. Als Ersatz wünschte er für seine Familie eine »sichere Existenz«, und eine solche schien ihm vorzugsweise unter preußischer Oberhoheit gewährleistet. Ihm schwebte zunächst ein Erbfürstentum in Schlesien vor, dessen Lehensherr der König von Preußen war. Nachdem sich im Dezember 1805 Preußen wieder Frankreich angenähert und Hannover besetzt hatte, hoffte er, daß sich seine Familie dort etablieren könnte. Fürst Hermann vermochte sich für die Ideen des Sohnes nicht zu erwärmen. Ein Aufgeben des angestammten Fürstentums hielt er nur dann für erwägenswert, wenn es nicht gelänge, dessen Unabhängigkeit zu bewahren[29].

Wachsender Einfluß Napoleons auf Südwestdeutschland

Daß Napoleon nicht gewillt war, die im Frieden von Lunéville am Rhein festgesetzte Westgrenze des Reichs zu respektieren, daß er, wenn es ihm opportun erschien, rücksichtslos in die inneren Verhältnisse der südwestdeutschen Länder eingriff, um ihnen so ihre gänzliche militärische und politische Ohnmacht vor Augen zu rücken, beweist der Fall Enghien. Louis Antoine Henri de Bourbon-Condé, der wie alle Prinzen von Condé den Titel eines Herzogs (Duc) von Enghien führte, kämpfte während der Revolutionskriege im Korps seines Großvaters (Korps Condé). Seit 1801 lebte er zurückgezogen in Ettenheim, dem Residenzstädtchen des Straßburger Bischofs Kardinal Rohan. Dort hielt sich auch seine Kusine Charlotte de Rohan-Rochefort, die Nichte des Kardinals, auf, mit ihr verband ihn eine tiefe Neigung. Politisch hielt er sich völlig zurück, so daß Karl Friedrich von Baden keinen Anlaß sah, ihm den weiteren Aufenthalt in dem 1803 an Baden gefallenen Städtchen zu verwehren. Im Gegenteil: Der junge Herzog (geboren 1772) war seit langem am Karlsruher Hof eingeführt, er hatte sogar einmal ernsthaft erwogen, um die Hand Friederikes von Baden, der Enkelin Karl Friedrichs und nachmaligen Königin von Schweden, anzuhalten. Jetzt verband ihn ein vor allem in einer regelmäßigen Korrespondenz seinen Ausdruck findendes freundschaftliches Verhältnis mit Amalie, einer anderen Enkelin des badischen Kurfürsten.
Im Februar 1804 wurde in Paris ein gegen den Ersten Konsul Napoleon Bonaparte gerichtetes Mordkomplott aufgedeckt, dessen Haupt der Royalist Georges Cadoudal war. Die französische Regierung vermutete hinter diesem Komplott eine Vielzahl von Verschwörern. Zweifelhafte Agentenberichte bezeichneten Offenburg und Ettenheim wegen der dort befindlichen Emigranten als Zentren gefährlicher Umtriebe. Namentlich wurde der Herzog von Enghien in Zusammenhang mit der Verschwörung Cadoudals gebracht. Napoleon, aufs äußerste gereizt, entschied sich für ein rasches und hartes Durchgreifen. Seine Feinde sollten merken, daß er nicht mit sich spaßen ließ. In Karlsruhe verlangte der französische Gesandte Massias am 12. März die Verhaftung und Auslieferung einer seit einigen Jahren in Offenburg ansässigen Freifrau von Reich, die grundlos der Beteiligung an den napoleonfeindlichen Umtrieben verdächtigt wurde. Ehe jedoch die badische Regierung reagieren konnte, hatte ein französischer Polizeioffizier die Freifrau bereits festgenommen. Die Anzeichen für einen Gewaltstreich mehrten sich. Wahrnehmungen, nach denen sich französische Gendarmen in Zivil in Offenburg und Umgebung herumtrieben, veranlaßten Karlsruher Regierungsstellen, den Herzog von Enghien insgeheim zu warnen. Doch dieser fühlte sich sicher. Am 15. März, frühmorgens, berichtete der wachhabende Offizier in Kehl, daß während der vergangenen Nacht französisches Militär unter dem Befehl des

Generals Caulaincourt den Rhein überschritten und den Weg nach Offenburg eingeschlagen habe. Auf Befragen habe der General erklärt, dies geschehe mit Wissen und
Willen von Kurfürst Karl Friedrich. In Karlsruhe war man völlig ahnungslos. Der Kurfürst verlangte vom französischen Gesandten Massias eine umgehende Erklärung.
Doch Massias übergab statt der gewünschten Klarstellung ein Schreiben Talleyrands
vom 10. März, in dem die sofortige Auslieferung eines hochverräterischen Ausschusses, der sich angeblich in Offenburg zusammengefunden habe und von dort aus agiere,
ebenso die Ausweisung sämtlicher im Land sich aufhaltender Emigranten gefordert
wurde. In der folgenden Nacht liefen weitere bestürzende Berichte in Karlsruhe ein.
Ihnen war zu entnehmen, daß ein zweites französisches Truppenkorps unter dem
Kommando von General Ordener in Ettenheim eingerückt sei, sich des Herzogs von
Enghien bemächtigt und sich anschließend wieder über den Rhein zurückgezogen
habe. Inzwischen war auch die erste Militärabteilung nach Erledigung ihres Auftrags
auf französisches Staatsgebiet zurückgekehrt. Jetzt erst sandte General Caulaincourt
ein bisher weisungsgemäß zurückgehaltenes Schreiben Talleyrands nach Karlsruhe.
Der französische Außenminister rechtfertigte darin den Gewaltstreich. Die Verhafteten, schrieb er, hätten sich durch ihre staatsgefährlichen, verbrecherischen Pläne jeden
Anspruchs auf den Schutz des Völkerrechts beraubt. An die Adresse der badischen
Regierung gerichtet, erhob er schwere Vorwürfe: Sie, die Regierung, habe stillschweigend die Umtriebe der Emigranten geduldet. Kurfürst Karl Friedrich war empört.
Seine Entrüstung und die seines Hofs steigerten sich, als wenige Tage später bekannt
wurde, der Herzog von Enghien sei nach Vincennes gebracht und nach einem Schnell-
verfahren vor einem Militärgericht, das ihn wegen seiner angeblichen Beteiligung an
einer verbrecherischen Verschwörung zum Tode verurteilt habe, in den dortigen
Festungsgräben erschossen worden. Es war offenkundig, daß Napoleon mit diesem
Justizmord ein Exempel hatte statuieren wollen. Nach außen suchten der allmächtige
Erste Konsul und sein Außenminister den Anschein zu erwecken, als sei die Verhaftung und Verschleppung des Herzogs und anderer Emigranten nach Frankreich im
Einverständnis mit dem badischen Kurfürsten erfolgt[30]. In Anbetracht der exponierten
Lage seines Landes und der zu befürchtenden Repressalien mußte Karl Friedrich gute
Miene zum bösen Spiel machen. Besonders demütigend für ihn war, daß Talleyrand in
einem Gespräch, das er mit dem badischen Gesandten in Paris, Emmerich von Dalberg,
führte, behauptete, es habe enge Kontakte der Emigranten in Ettenheim und Offenburg zu Karlsruher Hof- und Regierungskreisen gegeben, und Frankreich habe eingreifen müssen, um dem Kurfürsten Ärger zu ersparen und im Interesse der Ruhe
Frankreichs und Europas ein höheres Maß an Sicherheit zu gewährleisten. Der französische Außenminister unterstellte also Karl Friedrich, nicht Herr im eigenen Haus zu
sein. Dalberg wies diese groteske Verdrehung der Fakten nicht zurück, fand sich vielmehr mit ihr ab, in seinem Bericht nach Karlsruhe rechtfertigte er sie sogar noch[31].
Andererseits nannte der französische Gesandte in Karlsruhe freimütig das als hochge-
fährlich bezeichnete Offenburger Emigrantenkomitee eine Gesellschaft harmloser,
unbedeutender Menschen. Eine Beteiligung des Herzogs von Enghien an der in Frankreich aufgedeckten Verschwörung hielt er für unwahrscheinlich[32].
Karl Friedrich nahm den eklatanten Bruch des Völkerrechts nicht nur protestlos hin,
sondern er erfüllte darüber hinaus die anmaßende Forderung Frankreichs, den Emigranten den weiteren Aufenthalt in seinem Land zu verweigern. Bereits am 16. März
1804, noch vor der Erschießung des jungen Herzogs, verfügte er in einem Generalde-
kret, daß Angehörige des »Condéischen Korps, die nach Baden zurückkehrten, aber
auch alle anderen französischen Emigranten, denen nicht schon »vor dem Frieden«,
d. h. dem Lunéviller Friedensschluß, eine Aufenthaltserlaubnis erteilt worden sei, in

Baden wie alle durchreisenden Fremden behandelt werden sollten. Ausnahmen wolle er nur bei Personen machen, die ihre bereits erfolgte oder demnächst vorgesehene Streichung aus der Emigrantenliste urkundlich nachweisen und hinreichend begründen könnten, warum sie einen Aufenthalt in der Nähe der Grenze Frankreichs jedem anderen vorzögen und weshalb sie für die französische Regierung unverdächtig seien. Der Kurfürst ließ weiter verlauten: »Nachdem eine durch eine von der französischen Staatsregierung eingetretene Requisition gewisse bestimmte Ausgewanderte wegen Verwicklung in eine Staatsverschwörung wider die dortige Verfassung handfest machen zu lassen und durch die zur gleichen Zeit von einer militärischen Streifmannschaft geschehene unvermutete Beifahung derer in diese Klasse gerechneter Individuen der Fall eingetreten ist, wo Ihre Kurfürstliche Durchlaucht den Aufenthalt der französischen Ausgewanderten in Ihren Landen als der Ruhe des Deutschen Reiches gefährlich und der französischen Staatsregierung verdächtig ersehen müssen, so finden Sie nunmehr notwendig, jenes Verbot des Aufenthalts französischer Emigranten in Ihren Landen ... in seiner ganzen Strenge zu erneuern ...«[33].

Eines geradezu unterwürfigen Tones befleißigte sich der badische Außenminister von Edelsheim. In seinen Antworten auf die beiden Schreiben Talleyrands vermied er jede kritische Äußerung über die Verletzung der badischen staatlichen Hoheitsrechte durch französische Truppen, brachte vielmehr das Bedauern des Kurfürsten über die bekanntgewordenen Umtriebe der Emigranten zum Ausdruck und verwahrte sich gegenüber Vorwürfen Frankreichs wegen angeblicher Begünstigung der Umtriebe durch die kurfürstliche Regierung. Er wünschte, daß über diese leidige Angelegenheit bald Gras wachse[34]. Am Karlsruher Hof wagte man aus Furcht vor Napoleon, wie die Freifrau von Freystedt berichtet, kaum über die Ermordung des Herzogs von Enghien zu sprechen. Lediglich der damals längere Zeit in der badischen Residenz weilende König Gustav Adolf von Schweden machte aus seinem Herzen keine Mördergrube. Er prangerte offen die Freveltat Napoleons an, überhäufte selbst seinen greisen Schwiegervater mit Vorwürfen. In Karlsruhe fürchtete man um die Sicherheit des Königs, und man hoffte sehr, daß er baldmöglichst das Land verlasse, denn der Zorn und die Rachsucht Napoleons waren, zumal nach dem, was vorgefallen war, keinesfalls auf die leichte Schulter zu nehmen[35].

Man kann sich darüber streiten, ob Karl Friedrich und seine Minister nicht eine mutigere Sprache hätten führen sollen. Sicher ist jedoch, daß sie weder bei Preußen noch bei Österreich eine Rückendeckung gefunden hätten. Beide deutsche Großmächte zogen, um nicht den Unwillen des Ersten Konsuls der Französischen Republik zu erregen, das Totschweigen einem energischen Protest vor. »Nous sommes à la bouche du canon« [Wir befinden uns vor der Geschützmündung], erklärte der entspannungsbesessene österreichische Außenminister Graf Cobenzl dem russischen Gesandten, der ihn von der Empörung des Zaren unterrichtete und aufforderte, von Frankreich Genugtuung für die verletzte Würde des Reiches zu verlangen. Selbst der Regensburger Reichstag konnte sich, ungeachtet des russischen Drängens, zu keinem entschiedenen Vorgehen gegen die Französische Republik entschließen. Die großen wie die kleinen Reichsstände gingen über den Mord an dem Herzog von Enghien rasch hinweg und zur Tagesordnung über[36].

Württemberg schützte seine geographische Lage vor Gewaltakten, wie sie sich Frankreich gegenüber Baden leistete. Möglichkeiten, in die inneren Angelegenheiten des Landes einzugreifen, boten sich Napoleon aber auch hier. Eine solche Möglichkeit waren die Auseinandersetzungen des Herzogs mit den Landständen. Jahrelang hatten, wie wir gehört haben, die Stände ihren politischen Rückhalt bei Frankreich gesucht und gefunden. Erst jetzt begann Napoleon von ihnen abzurücken und seine Interessen mit denen des Regentenhauses zu verbinden. Doch auch in der kurfürstlichen Familie herrschten Zwist und Uneinigkeit. Der Erste Konsul erhielt Gelegenheit, Partei ergreifend oder vermittelnd einzugreifen.

Kurprinz Friedrich Wilhelm, der spätere König Wilhelm I., war Anfang 1803 aus Württemberg geflohen. Seit langem erbittert über das harte Regiment des Vaters, der ihn oftmals aufs empfindlichste gedemütigt und ihm seinen Willen aufgezwungen hatte, war es das Liebesverhältnis zu der hübschen und ehrgeizigen Tochter Therese des Landschaftskonsulenten Abel gewesen, das den letzten Anstoß zu der Flucht gegeben hatte. Für Kurfürst Friedrich war dieses alles äußerst fatal, weil es sich bei dem Mädchen nicht nur um eine Bürgerliche, sondern auch um die Tochter des ihm besonders verhaßten Landschaftskonsulenten handelte. Nicht ohne Grund argwöhnte er, daß Therese dem jungen Prinzen nicht ganz so selbstlos zugetan war wie dieser glaubte und daß möglicherweise auch ihr Vater das Verhältnis aus politischen Gründen begünstigte. Allein, alle seine Bemühungen, den Sohn von dem Umgang mit dem Mädchen abzubringen, waren vergeblich gewesen. Von der Flucht völlig überrascht, versuchte er zunächst, das Entweichen des Sohnes zu vertuschen, und als dies nicht gelang, in der Öffentlichkeit den Eindruck zu erwecken, als handle es sich um eine Reise, die der Kurprinz mit seiner Billigung unternommen habe. Insgeheim aber tat er alles, den Sohn zur »Vernunft« zu bringen. Er sandte ihm einen seiner Flügeladjutanten nach, der ihm die väterlichen Befehle und Drohungen zu übermitteln hatte. Doch Fritz – so sein Rufname in der Familie – ließ sich nicht umstimmen. Er reiste zunächst nach Wien. Am Kaiserhof fand er eine freundliche Aufnahme, zumal sich sein Onkel Ferdinand, General in kaiserlichen Diensten, für ihn verwendete. Bleiben konnte er aber dort nicht. Kaiser Franz wollte es in dieser leidigen Familiengeschichte keinesfalls mit Kurfürst Friedrich, seinem Schwager, verderben. Auch war eine Ehe des württembergischen Thronerben mit einer Bürgerlichen – Prinz Friedrich Wilhelm dachte damals an eine Ehe mit Therese – nicht in seinem Sinn. Im August 1803 verließ er Wien. Zuvor unterbreitete er dem Vater in einem Brief offenbar derart anmaßende und überzogene Forderungen als Bedingung für eine Rückkehr, daß ihn dieser der Gattin gegenüber einen Narren und Verbrecher nannte.

Mit dem Kurprinzen nach Paris unterwegs, gebar Therese Abel im September 1803 in Saarburg zwei Kinder, einen Jungen und ein Mädchen, die jedoch schon bald nach der Geburt starben. Kurfürst Friedrich erkannte mit Bestürzung, daß die skandalöse Geschichte immer weitere Kreise zog. So sehr verletzt er sich auch durch das Verhalten des Sohnes fühlte, rang er sich dazu durch, sie aus der Welt zu schaffen. Durch drei vertraute Bevollmächtigte ließ er Prinz Fritz in Saarburg Vergleichsvorschläge unterbreiten. Offenbar erschien ihm der Zeitpunkt der Niederkunft von Therese Abel, über die er aller Wahrscheinlichkeit nach unterrichtet war, nicht ungünstig. Indes, der Sohn zeigte sich unzugänglich. Er reiste mit seiner Geliebten und seinen Freunden nach Paris weiter. Dort nahm er unverzüglich Verbindung mit Napoleon auf. Der Erste Konsul gab sich freundlich und verständnisvoll. Auch Madame Bonaparte bekundete dem Flüchtling ihre Sympathie. Der Kurprinz hoffte zuversichtlich, nunmehr mit Hilfe Napoleons, das Heiratsversprechen, das er Therese Abel gegeben hatte, einlösen zu können. Der Freund Phull-Rieppur war bestürzt. Er hatte dem Prinzen stets zur Seite gestanden, ihn auf der Flucht begleitet und hierbei auch persönlich viel riskiert, aber gleichzeitig hatte er ihn ausdrücklich vor einer solchen Heirat gewarnt und von ihr abzubringen versucht. Kurfürst Friedrich sah kaum noch eine Möglichkeit, den Sohn an dieser folgenschweren »Mesalliance« zu hindern. Eine Nachricht, die sich glücklicherweise als falsch erwies, ließ ihn sogar vorübergehend glauben, der Sohn habe Therese Abel tatsächlich geheiratet. Unterdessen schlug der Wind in Paris um.

Napoleon erkannte, daß er sich bei einer weiteren Unterstützung der Heiratsabsichten des württembergischen Kurprinzen leichtfertig den Unwillen von Zar Alexander von Rußland und König Friedrich Wilhelm III. von Preußen sowie sehr wahrscheinlich aber auch den von Kaiser Franz zuzog – Kurfürst Friedrich war diplomatisch nicht untätig geblieben und hatte bei den mit ihm verwandten Herrschern uneingeschränktes Verständnis für seinen Standpunkt gefunden. – Die Gesandten Rußlands, Preußens und Österreichs waren bei Außenminister Talleyrand vorstellig geworden und hatten eindringlich davor gewarnt, Kurprinz Friedrich Wilhelm in seiner Heiratsangelegenheit behilflich zu sein. Die sehr offene Sprache namentlich des russischen Gesandten Morkow, der das Verhalten Napoleons als einen Affront gegen Rußland bezeichnete, verfehlte ihre Wirkung nicht. Auch der Kurprinz mußte sich harte Worte sagen lassen. Keine Gelegenheit ließ der württembergische Gesandte in Paris, von Steube, aus, um protestierend und warnend im Sinne seines Herrn tätig zu sein. Da Napoleon jetzt seine Legitimation verweigerte, wagte es kein protestantischer Geistlicher in der französischen Hauptstadt, das junge Paar zu trauen.

Allen Widerständen zum Trotz verfocht Prinz Fritz sein Recht auf eine Ehe mit Therese Abel weiter. In seinen leidenschaftlichen Äußerungen ließ er keinen Zweifel, daß er Wege finden werde, mit seinem Plan doch noch zum Ziel zu gelangen. Die württembergischen Landstände standen hinter ihm, sahen sie doch in ihm ihren natürlichen Verbündeten in ihrem Kampf gegen den Kurfürsten. Sie ließen es, wie wir gehört haben, nicht bei Worten bewenden, sondern unterstützten den Prinzen mit größeren finanziellen Mitteln. Um den Heiratsplan wurde es jedoch bald überraschend still. Das Verhältnis des Kurprinzen zu Therese Abel kühlte sich ab. Ende 1804 verließ er die Geliebte. Damit war das Haupthindernis für eine Versöhnung zwischen Vater und Sohn weggefallen. Schrittweise kam es zwischen beiden zu einer Wiederannäherung. Ein wesentliches Verdienst hieran scheint der bereits genannte Herzog Ferdinand von Württemberg, der Bruder des Kurfürsten, gehabt zu haben. Im Herbst 1805 kehrte Prinz Fritz, nachdem er sich mit dem Vater über gewisse Grundsätze ihres persönlichen Verhältnisses geeinigt hatte, nach Württemberg zurück. Übrigens hatten es Napoleon und Talleyrand nicht ungern gesehen, daß der Prinz auch nach dem Scheitern seines Heiratsplans noch längere Zeit in Paris geblieben war. Kurfürst Friedrich schrieb im Juli 1804 der Gattin, der Kurprinz werde offen von Talleyrand protegiert, und er machte sich hierüber seine Gedanken. Er wußte, daß er in den Augen Napoleons als reichstreu und wenig frankreichfreundlich galt. Der Sohn dagegen neigte mehr Frankreich zu und setzte offenbar für seine politische Zukunft auf den großen französischen Usurpator. Es war nicht auszuschließen, daß es Napoleon in den Sinn kam, mit Hilfe der Landstände den Prinzen Friedrich Wilhelm an der Stelle seines Vaters zum Kurfürsten zu erheben. Vorläufig galt allerdings noch die Reichsverfassung. Der Schutz, den sie den Reichsständen gewährte, machte es dem französischen Alleinherrscher unmöglich, direkt in die inneren Verhältnisse deutscher Fürstenhäuser einzugreifen, um Landesherren ab- und einzusetzen[37].

Das Bestreben, den mächtigen westlichen Nachbarn günstig zu stimmen und sein Wohlwollen zu bewahren, bewog Kurfürst Karl Friedrich, Napoleon anläßlich der Annahme der Würde eines Kaisers der Franzosen ein sehr emphatisches, beinahe unterwürfiges Glückwunschschreiben zu übermitteln. Er erklärte darin, die neue Würde erhöhe die Macht und die Festigkeit Frankreichs, sie trage aber auch zur Ruhe Europas und insbesondere zur Sicherheit Deutschlands bei[38]. Im Herbst 1804 unternahm Napoleon seine spektakuläre Kaiserfahrt nach Aachen, Köln und Mainz. Er wollte mit ihr sinnfällig seinen Anspruch auf die Nachfolge Karls des Großen demonstrieren. In Mainz hielt er glanzvoll Hof: Unter den deutschen Fürsten, die ihm dort ihre Aufwartung machten, befand sich Kurfürst Karl Friedrich. Er war begleitet von seiner Frau, der Gräfin Hochberg, dem Kurprinzen, dem Markgrafen Ludwig, dem Oberstkammerherrn von Geusau, dem Minister von Edelsheim sowie mehreren anderen hochrangigen Hof- und Staatsbeamten[39]. Die Initiative zu dieser Reise war von Markgraf Ludwig, dem damaligen Wortführer der französischen Partei am Karlsruher Hof, ausgegangen. Der Markgraf, der einen zunehmenden, aber wenig erfreulichen Einfluß auf die badische Politik gewann, versprach sich von der Begegnung seines Vaters mit dem großen Usurpator Vorteile für Fürstenhaus und Land Baden[40]. Wenige Monate nach der Ermordung des Herzogs von Enghien mutete die Anwesenheit des badischen Kurfürsten in Mainz geradezu peinlich an, zumal Karl Friedrich der einzige weltliche Reichsfürst von Rang war, der Napoleon seine Huldigung persönlich darbrachte[41]. Eine Absage auf die französische Einladung wäre sehr wohl am Platz gewesen. Napoleon empfing Karl Friedrich mit großer Artigkeit. Er bekundete dem Nestor der deutschen Fürsten den gebührenden Respekt. Freilich, zu dem besonderen Anliegen des Kurfürsten, eine französische Zusicherung über das Erbfolgerecht seiner Söhne aus zweiter Ehe zu erlangen, äußerte er sich nur sehr unbestimmt; er versprach, die Angelegenheit im Auge zu behalten und sie bei Gelegenheit in Wien nachdrücklich zu befürworten. Nicht ungern hörten der Kurfürst und seine Begleitung die bedauernde Feststellung Napoleons, es sei ein Fehler gewesen, daß man den Breisgau und die Ortenau in den Händen Österreichs gelassen habe, man müsse dies bei der ersten schicklichen Gelegenheit wieder gutmachen und die beiden Landesteile an Baden geben[42].

Kurfürst Friedrich von Württemberg kam nicht nach Mainz. Napoleon ließ den ihm wenig ergebenen, starrsinnigen Fürsten deutlich sein Mißtrauen spüren. Er griff nochmals den alten Plan auf, den Unbequemen nach Hannover zu bringen, um über das für Frankreich wichtige Württemberg anderweitig verfügen zu können. Doch es blieb auch diesmal bei Worten. Dem Kaiser der Franzosen war nur zu gut bekannt, daß Friedrich keinerlei Neigung zeigte, sein angestammtes Land mit einem anderen zu vertauschen[43]. Mehr noch als die Transferierung des württembergischen Kurfürsten nach Hannover interessierte ihn aber im Sinne seiner ausgreifenden, die süddeutschen Staaten bereits einschließenden Machtpolitik, daß der Konflikt des Kurfürsten mit seinem Sohn endlich beigelegt werde. Sich in einer Mittlerrolle sehend, erklärte er den württembergischen Gesandten in Paris und Karlsruhe, von Steube und von Bühler, wenn dieser »innere Krieg« im württembergischen Regentenhaus nicht bald ende, müsse man ihm ein Ziel setzen[44].

Am 2. Dezember 1804 ließ sich Napoleon mit großem Pomp in Paris zum Kaiser der Franzosen krönen. Auch die süddeutschen Fürsten waren zu dem glanzvollen Ereignis eingeladen worden. Der württembergische und der bayerische Kurfürst hielten es mit ihrer Stellung als Reichsfürsten für nicht vereinbar, als Krönungszeugen in Paris anwesend zu sein und dem selbsternannten Kaiser der Franzosen ihre Reverenz zu erweisen; sie ließen sich durch Gesandte vertreten. Nicht so Kurfürst Karl Friedrich von Baden. Zwar sah er für seine Person von einer Reise nach Frankreich ab und begründete dies mit seinem hohen Alter, doch entsandte er als seine Vertreter Markgraf Ludwig und Kurprinz Karl. Der badische Gesandte in Paris, Emmerich von Dalberg, hatte dringend geraten, die Huldigung für den neuen Kaiser auf das unbedingt notwendige Maß zu beschränken und deshalb den Kurprinzen nicht zu den Krönungsfeierlichkeiten abzuordnen. Bei dem Votum des Gesandten mag freilich auch die Befürchtung mitgespielt haben, der Kurprinz könne in Paris eine unglückliche Figur machen[45]. Karl Friedrich hatte sich jedoch, sehr wahrscheinlich unter dem Einfluß des Markgrafen Ludwig und seines Außenministers Edelsheim, über die Bedenken Dalbergs hinweggesetzt. Wiederum zeigte sich Baden Napoleon gegenüber besonders willfährig. Nach außen mochte es scheinen, als sei das Kurfürstentum auf die Stufe eines französischen Vasallenstaats herabgesunken. Die Erwartungen auf handfeste politische Zusagen, die der Kurfürst und seine Berater mit der Teilnahme des Kurprinzen und des Markgrafen Ludwig an den Krönungsfeierlichkeiten verbanden, erfüllten sich nicht. Reitzenstein hatte in nichtamtlicher Stellung für die beiden badischen Abgesandten eine Instruktion entworfen, in der er vor allem den hohen territorialpolitischen Stellenwert des Breisgaus und der Ortenau für Baden nachwies. Allein, es bot sich keine Gelegenheit, von Napoleon in dieser Frage eine verbindliche Zusage zu erlangen. Auch in der Erbfolgeangelegenheit, die Karl Friedrich Sohn und Enkel auf die Seele gebunden hatte, blieb alles in der Schwebe. Der Kurfürst mußte sich mit der Wiederholung der unbestimmten Zusicherung begnügen, zu denen sich Napoleon bereits in Mainz bereitgefunden hatte[46]. »Die unglückliche Lage macht das badische Herrscherhaus zum Sklaven der Launen Napoleons«, stellte der Gesandte Dalberg Anfang 1805 resignierend fest, und er fügte hinzu, nur mit Hilfe des Kaisers der Franzosen wird dem Kurfürsten die Erwerbung des Breisgaus und die Lösung der Sukzessionsfrage möglich sein[47].

V. Napoleon zwingt Baden und Württemberg in seine Gefolgschaft

Bündnis mit Frankreich

Daß sich die expansive französische Machtpolitik nicht mit der Rheingrenze zufriedengeben werde, war bereits zu Beginn des Zweiten Koalitionskriegs (1798) offenkundig. Unschwer ließ sich ihre Zielsetzung erkennen: Herausbrechen der süddeutschen Länder aus der Abwehrfront des Reichs und damit Österreichs sowie Umwandlung dieser Länder in französische Vasallenstaaten[1]. Ende 1802 äußerte Napoleon gegenüber Markgraf Ludwig von Baden: »Ihr werdet im nächsten Krieg mit Österreich unsere Avantgarde bilden«[2], und ein knappes Jahr später bezeichnete er Baden, Württemberg und Bayern als die natürlichen Verbündeten Frankreichs. Nur auf dem Weg, der von Straßburg nach Wien führe, könne Österreich zum Frieden gezwungen werden[3].

Der im März 1802 zwischen England und Frankreich geschlossene Friede war nur von kurzer Dauer gewesen. Seit Mai des folgenden Jahrs befanden sich beide Staaten erneut im Kriegszustand. Mit seinem Bemühen, Alliierte auf dem europäischen Festland zu gewinnen, hatte England indessen erst 1805 Erfolg. Im April jenes Jahres konnte es Rußland zu sich herüberziehen und im August, nachdem Napoleon die Ligurische Republik in Italien seinem Reich einverleibt hatte, auch Österreich. Der Kaiser der Franzosen, gerade mit den Vorbereitungen für eine großangelegte Landung auf der englischen Insel beschäftigt, brach diese sofort ab und setzte seine Heere nach Osten in Marsch, um der von dort drohenden Gefahr raschestens zu begegnen. Die süddeutschen Länder schwankten zwischen dem traditionellen politisch-militärischen Anschluß an Österreich, einem sehr fragwürdigen Neutralitätskurs und dem Militärbündnis mit Frankreich. In Bayern, dem größten süddeutschen Staat, der auch im politischen Konzept Napoleons den ersten Platz einnahm[4], strebte man schon lange vor dem Beitritt Österreichs zu der Anti-Napoleon-Koalition ein Bündnis mit Frankreich an. Der leitende bayerische Minister, Graf Montgelas, hielt nichts von einer Neutralität Bayerns und erst recht nichts von einer politisch-militärischen Anlehnung an den habsburgischen Kaiserstaat. In einer Denkschrift vom Juni 1805 erklärte er, die Politik eines Staats müsse in erster Linie seine Sicherheit und seine Vergrößerung im Blickfeld haben. Eine auf Vergrößerung ausgehende Politik sei bei einem großen Staat unmoralisch, da dieser ja bereits über ein ausgedehntes Territorium verfüge. Sehr viel weniger anfechtbar erscheine sie bei einem kleinen Land. Ein solcher Staat müsse sich, um nicht durch seine Schwäche der Begehrlichkeit eines größeren anheimzufallen, auf Verbündete stützen. Da deren Hilfe aber häufig zweifelhaft sei, bleibe ihm keine Wahl, als durch Vergrößerung seine Unabhängigkeit zu sichern[5]. Die Bemerkung, der Begehrlichkeit eines größeren Staats anheimzufallen, zielte auf Österreich, das seit langem seine territoriale Basis und seinen Einfluß in Süddeutschland, nicht zuletzt auf Kosten Bayerns, auszudehnen suchte. Es fiel Montgelas nicht schwer, den der habsburgischen Kaisermacht wenig günstig gesinnten Kurfürsten Max Josef von der Notwendigkeit eines Bündnisses mit Frankreich zu überzeugen. Lediglich die Kurfürstin Karoline, die Tochter der Markgräfin Amalie von Baden, befürwortete einen Anschluß an Österreich[6]. Für seine Entscheidung zugunsten Frankreichs machte Montgelas geltend, daß Napoleon Bayern von dem starken österreichischen Druck befreien und ihm ansehnlichen Landgewinn verschaffen könnte, andererseits hielt er es für ausgeschlossen, daß Österreich und Rußland willens oder auch nur in der Lage waren, Bayern zu schützen, falls dieses neutral blieb[7].

Kurfürst Karl Friedrich von Baden widerstrebte bei seiner außer Zweifel stehenden reichspatriotischen Gesinnung ein Militärbündnis mit Frankreich. Freilich, die Lage seines Landes, aber auch seine politischen wie familiären Interessen ließen kaum einen Ausweg offen. Nur Napoleon vermochte ihm den Breisgau und die Ortenau zu verschaffen und ihm zur Anerkennung des Erbfolgerechts seiner Kinder aus der Ehe mit der Gräfin von Hochberg zu verhelfen. Der Erbfolgefrage aber gab der alternde Kurfürst seit dem Tod seines ältesten Sohns und unter dem starken Einfluß seiner zweiten Frau den politisch höchsten Stellenwert. Ihm ordnete er weit wichtigere Fragen seines Landes unter. Der russische Zarenhof hatte sich seiner Bitte auf Anerkennung des Erbfolgerechts seiner Kinder aus zweiter, nicht standesgemäßer Ehe unzugänglich gezeigt, und auch in Wien hatte er hier wenig erreicht. Lediglich bei Napoleon hatte er Verständnis gefunden, auch hatte ihm dieser zumindest Unterstützung signalisiert[8].

Kurfürst Friedrich von Württemberg wollte sein Land aus dem Krieg der Großmächte heraushalten. Doch dies erschien kaum denkbar. Napoleon zeigte sich nicht geneigt, die Neutralität des kleinen Kurfürstentums zu respektieren. Seine Heere waren im Begriff, auf kürzestem Weg nach Österreich vorzustoßen, und dieser Weg führte durch Württemberg. Kurfürst Friedrich baute auf die Solidarität der süddeutschen Staaten und auf ihre politische Rückendeckung durch Preußen. In gleicher Weise wie Graf Montgelas bezweifelte er, daß Österreich und Rußland Süddeutschland wirksam vor einer französischen Invasion schützen könnten. Eine diesbezügliche Anfrage, die er an den St. Petersburger Hof richtete, blieb wochenlang unbeantwortet. Schließlich bekamen er und der badische Kurfürst von dort den Rat, sich notfalls mit ihren Truppen auf neutrales, d. h. auf preußisches Gebiet zurückzuziehen und ihre Länder den Franzosen zu überlassen. Ein solches Ansinnen empfand Friedrich als Affront. Nach den schlimmen Erfahrungen des Jahres 1800, als er sich als Verbündeter der habsburgischen Kaisermacht mit seinem Truppenkorps weit nach Osten hatte absetzen müssen, Württemberg aber eine vielmonatige schikanöse französische Besatzungsherrschaft zu erdulden gehabt hatte, lehnte er es ab, sein Land und seine Untertanen wiederum feindlicher Willkür preiszugeben. Er entfaltete eine rege diplomatische Aktivität. Allein, die preußische Regierung, auf die er im besonderen seine Hoffnung gesetzt hatte, versagte sich. Ein militärischer Schutz Württembergs, so ließ sie ihn wissen, sei ihr bei der weiten Ausdehnung der preußischen Provinzen nicht möglich. Sie könne sich im Kriegsfall allenfalls bei Frankreich für eine schonende Behandlung des neutralen Württemberg verwenden.

Daß Bayern bereits am 24. August 1805 mit Napoleon einen Bündnisvertrag schloß, erfuhr Friedrich zunächst nicht, da beide Vertragspartner strengstes Stillschweigen vereinbarten. Indes war sich der sorgsam die politische Entwicklung analysierende Minister Normann in Stuttgart über den von Bayern eingeschlagenen Kurs bald im klaren. Der württembergische Kurfürst geriet in zunehmende Bedrängnis. Napoleon fühlte sich durch sein abweisendes Verhalten, sein fieberhaftes diplomatisches Bemühen, ihm durch den Aufbau einer Art Neutralitätsfront den Einbruch nach Süddeutschland, wenn nicht zu verwehren, so doch zu erschweren, herausgefordert. Ihm war jetzt jeder Tag wichtig. Baden und Württemberg durften nicht länger abseits stehen. Sie hatten sich ihm anzuschließen. Am 27. August verlangte der französische Gesandte in Stuttgart ultimativ eine eindeutige Stellungnahme Friedrichs für oder wider Frankreich. Weil aber Napoleon damit rechnen mußte, daß sich der Kurfürst weiterhin widersetzlich zeigte, kam ihm der Gedanke, den Starrsinnigen vom Thron seiner Väter zu stoßen, ihn davonzujagen, wie er sich seinem Außenminister gegenüber äußerte, und den immer noch in Paris befindlichen Sohn an seine Stelle zu setzen. Er hoffte, die Empörung des Kurprinzen über den Vater werde noch immer so groß sein, daß sich dieser bereitwillig seinem Verlangen fügte. Plötzlich wurde der seit langem kaum noch beachtete Prinz mit Ehren überhäuft. Am 25. August verlieh ihm Napoleon den Rang eines Generalmajors und das große Band der Ehrenlegion. Zugleich stellte er ihm für den Fall, daß er an die Stelle seines Vaters trete, die österreichischen Besitzungen in Schwaben und andere Gebietsvergrößerungen in Aussicht. Zwei Tage danach empfing ihn Talleyrand. Was der französische Außenminister dem Prinzen eröffnete oder nahelegte, wissen wir nicht. Höchst wahrscheinlich wiederholte er das Angebot Napoleons, ihm gewaltsam den väterlichen Thron zu verschaffen. Der Kaiser der Franzosen war übrigens der etwas naiven Ansicht, das württembergische Militär werde zu dem Prinzen überlaufen, sobald dieser mit Hilfe der Franzosen in Stuttgart zum Kurfürsten proklamiert werde. Kurprinz Friedrich Wilhelm erlag den Verführungskünsten Napoleons nicht. So sehr er sich auch mit dem Vater überworfen hatte, als Thronusurpator wollte er auf keinen Fall in die Heimat zurückkehren, zumal er sich bewußt war, daß er, abgesehen von dem Schimpf, den er seiner Familie zufügte, von Anfang an als Kurfürst gänzlich von den Franzosen abhängig war. Der fast zweijährige Aufenthalt in Paris hatte ihn ernüchtert. Napoleon war nicht mehr sein Idol, und er erwartete auch nichts mehr von ihm. Im Gegenteil. Enttäuscht und gegenüber seinen schmeichelhaften Worten zutiefst mißtrauisch, beeilte er sich, Frankreich den Rücken zu kehren. Jetzt fielen seine letzten Vorbehalte gegen eine Versöhnung mit dem Vater, und dieser wies ihn, wie wir bereits gehört haben, nicht zurück. In ganz anderer Weise als ursprünglich beabsichtigt, hatte nun doch Napoleon wesentlich dazu beigetragen, den ärgerlichen Zwist im württembergischen Regentenhaus aus der Welt zu schaffen[9].

Für Kurfürst Friedrich verdüsterte sich die politische Situation immer mehr. Widerstrebend mußte er zur Kenntnis nehmen, daß kaum noch ein Weg an der Allianz mit Frankreich vorbeiführte. Österreich und Rußland vermochten Württemberg nicht zu schützen, wenn Napoleon nach Süddeutschland vorstieß. Ein Bündnis mit Österreich erschien selbstmörderisch, der Versuch, neutral zu bleiben, von vornherein zum Scheitern verurteilt, wenn der Neutralitätsstatus des kleinen Landes von Frankreich nicht respektiert wurde. Daß Württemberg von Österreich und Rußland für seinen territorialen Bestand nichts zu befürchten hatte, selbst wenn es sich notgedrungen Napoleon anschloß, konnte als sicher gelten. Umgekehrt hatte das Kurfürstentum Schlimmes zu gewärtigen, wenn es sich im Verein mit österreichischen Truppen den französischen Heeren feindlich entgegenstellte, vielleicht schon, wenn es sich dem Willen des Kaisers der Franzosen nicht gefügig zeigte. Indessen setzte Napoleon auf den Realpolitiker Friedrich. Er versprach ihm für den Fall, daß er in die angebotene Allianz einwilligte, ansehnliche Gebietsvergrößerungen und andere Vorteile. Der Kurfürst suchte Zeit zu gewinnen. Er bekundete sein Interesse an dem Angebot Napoleons, ging jedoch keine feste Abmachung ein. Er erklärte, er wolle auf die Seite Frankreichs treten, sobald sein Land vor der Rache Österreichs hinlänglich gesichert sei[10]. Nach Karlsruhe entsandte er den Geheimen Rat von Mandelsloh, um seine weiteren politischen Schritte aufs engste mit Kurfürst Karl Friedrich abzustimmen, und es schien, als hätte der badische Kurfürst auf diese Anregung aus Stuttgart zu einem gemeinsamen Vorgehen geradezu gewartet. Er teile aufrichtig die reichspatriotischen Gesinnungen Friedrichs, schrieb er zurück, und er sei mit Vergnügen zu allem bereit, »was auf das Wohl und die Sicherheit Euer Liebden und Meiner Staaten, dann des Schwäbischen Kreises abzwecken« könne. Kurfürst Friedrich hatte nochmals das Wunschdenken Karl Friedrichs beflügelt, mit Hilfe Preußens Süddeutschland aus dem französisch-österreichischen Konflikt herauszuhalten[11]. Allein, die französische Diplomatie brachte in einem hinterhältigen Spiel Karl Friedrich und seine Minister rasch auf den Boden der Wirklichkeit zurück. Nachdem sich Kurfürst Friedrich, wie bereits erwähnt, zu dem Bündnisangebot Napoleons positiv, wenn auch unverbindlich geäußert hatte, eilte der französische Gesandte Didelot nach Karlsruhe, um von Baden eine entsprechende Zusage zu erlangen. Napoleon aber wollte mehr. Das unmittelbar an Frankreich grenzende Land hatte sich jetzt endlich vorbehaltlos seinen Plänen zu fügen. Er schickte seinen diplomatisch versierten Kammerherrn Thiard an den Hof Karl Friedrichs mit der Weisung, unverzüglich Baden einen Bündnisvertrag abzunötigen. Didelot mußte dem neuen Unterhändler das Feld überlassen, und dieser brachte, allerdings unter der Vorspiegelung, Württemberg habe sich Frankreich bereits angeschlossen, das gewünschte Bündnis zuwege. Am 5. September setzte Karl Friedrich seine Unterschrift unter den Vertrag. Erst jetzt erfuhr Minister Edelsheim, daß er von Thiard bezüglich Württembergs getäuscht worden war. Vom Abschluß eines Bündnisvertrags war man in Stuttgart noch weit entfernt[12]. In dem geheimen Bündnisvertrag vom 5. September 1805, dessen Zweck die Erhaltung der durch Österreich bedrohten Sicherheit und Unabhängigkeit der Reichsstände sein sollte, verpflichtete sich Baden zur Stellung eines Truppenkontingents von 3000 Mann. Frankreich garantierte seinen Gebietsstand und stellte ihm darüber hinaus territorialen Zuwachs in Aussicht. Wie schwer sich Karl Friedrich tat, Napoleon militärische Gefolgschaft gegen die habsburgische Kaisermacht zu leisten, wird aus dem »Separatmemoire« (mémoire séparé) deutlich, das er dem Vertrag beigefügt wissen wollte. Hierin erklärte er, die militärischen und finanziellen Kräfte Badens reichten für eine aktive Teilnahme an dem Feldzug nicht aus, die Neutralität wäre an und für sich das Wünschenswerteste gewesen. Der Kurfürst machte dann noch Zusatzvorschläge zum Vertrag, die auf eine selbständige Stellung des badischen Kontingents im Verband der französischen Armee abzielten. Die Unterhändler Napoleons lehnten es jedoch ab, die Wünsche und Vorstellungen des »Separatmemoires« in den Vertrag aufzunehmen[13]. Erst Napoleon, der die Nachricht vom Vertragsabschluß mit Befriedigung aufnahm, erwies sich großzügiger. Er genehmigte die badischen Zusatzforderungen[14]. Am 29. August klagte Kurfürst Friedrich seiner Schwester Maria Feodorowna, der Zarenmutter, in einem langen Brief seine schwierige Situation: Gegen seinen Willen werde er in einen Krieg hineingezogen, dessen Motive ihm fremd seien. Das einzig Sinnvolle wäre, wenn Schwaben, Bayern und Franken neutral bleiben könnten. Er habe den Kurfürsten von Baden und Bayern, dem Landgrafen von Hessen sowie dem König von Preußen entsprechende Vorschläge unterbreitet. Der Kaiser von Österreich hätte dem Plan einer bewaffneten Neutralität der süddeutschen Staaten zugestimmt, wenn dieser auch seine in Schwaben gelegenen Territorien eingeschlossen hätte. Frankreich dagegen habe ihn abgelehnt. Nun müsse Württemberg wie 1796 damit rechnen, die Beute der kriegführenden Mächte zu werden. Habe er sich gegen Frankreich zu entscheiden, werde sein Land drei bis vier Tage nach der Kriegserklärung von französischen Truppen überschwemmt. Sehe er sich aber zum Anschluß an Frankreich gezwungen, stelle er sich gegen den Kaiser, das Oberhaupt des Reichs, der ihm weder einen Anlaß zur Klage noch zur Unzufriedenheit gegeben habe, außerdem verstoße er gegen die Reichsgesetze, die heiligsten Pflichten, zugleich aber gegen sein einziges und wahres Interesse. Indes wie immer er sich entscheide oder verhalte, der erste in Italien oder sonstwo abgefeuerte Kanonenschuß werde sein Land einer feindlichen Armee ausliefern, die all das, was seit dem letzten unglücklichen Krieg wieder aufgebaut worden sei, aufs neue verwüste und zerstöre. Friedrich bat die Schwester dringend, sie möge ihren großen Einfluß geltend machen, damit sich ihr Sohn, Zar Alexander, mit dem Gewicht seines mächtigen Reichs dafür einsetze, daß sich Preußen den süddeutschen Staaten zur Seite stelle und diese nicht zu einem ihren Pflichten zuwiderlaufenden Bündnis gezwungen würden. Gleichzeitig richtete der württembergische Kurfürst auch einen direkten Appell an Alexander, ihm zu helfen, damit er sich aus dieser für sein Haus und Land gefahrvollen Lage befreien könne[15].

Ehe jedoch seine beschwörenden Schreiben ihre Empfänger erreichten, erlangte er Kenntnis von den Bündnisverträgen, die Bayern und Baden mit Frankreich geschlossen hatten. Jetzt versagte sich ihm auch Preußen endgültig. Er stand allein. Eine Unterwerfung unter den Willen Napoleons war kaum noch zu umgehen, wollte er sein Land nicht der Rachsucht des großen Eroberers preisgeben. Allein, seine Skrupel gegen ein solch reichsverräterisches, ihm schimpflich anmutendes Bündnis vermochte er nur mühsam zu beschwichtigen. Kaiserinmutter Maria Feodorowna zeigte in ihrem Antwortschreiben vom 10. September Verständnis für seine prekäre Lage. Sie hielt es für illusorisch, daß Württemberg und die anderen süddeutschen Staaten in dem bevorstehenden Krieg neutral bleiben konnten. Sie empfahl Friedrich, er solle versuchen, Zeit zu gewinnen. Im übrigen könne er mit ihrer Freundschaft rechnen. Nun, mit dem Spekulieren auf Zeitgewinn war dies so eine Sache. Friedrich tat dies seit Wochen, doch er sah klar, eine Entscheidung ließ sich nicht mehr lange umgehen. Immerhin hatte ihm die Schwester in ihrem Brief deutlich zu verstehen gegeben, sie werde ihn auch dann nicht im Stich lassen, wenn ihn die Umstände zwängen, auf die Seite Napoleons zu treten[16]. Seine Nerven waren aufs äußerste angespannt. Die Gattin machte sich Sorgen um seine Gesundheit. Am 19. September ließ er den Neffen, Zar Alexander, wissen, er sei entschlossen, an der Neutralität festzuhalten. In Paris konnte und wollte man nicht länger hinnehmen, daß ein kleiner Fürst dem Willen des mächtigsten Mannes in Europa zu trotzen wagte[17]. Am 18. September wies Talleyrand seinen Stuttgarter Gesandten Didelot an, unverzüglich einen Allianzvertrag mit Württemberg abzuschließen. Wenn Seine Majestät der Kaiser dem württembergischen Kurfürsten ein Bündnis anbiete, schrieb der französische Außenminister, dann dürfe dieser, wenn ihm an seiner Sicherheit und der seines Landes gelegen sei, nicht zaudern. Österreich verfolge zum Nachteil Württembergs den Plan, die kleineren schwäbischen Territorien eines Tages unter seiner Herrschaft zu vereinigen. Talleyrand war sicher nicht verborgen geblieben, daß Kurfürst Friedrich seit langem argwöhnisch die auf eine Ausdehnung seines Machtbereichs in Schwaben gerichtete Politik Österreichs beobachtete. Deshalb berührte er wohl auch absichtlich diesen wunden Punkt. Vielleicht half ein solcher mahnender Fingerzeig, den Starrsinnigen gesprächsbereiter zu machen. Freilich, den Abschluß eines Bündnisvertrags hielt Talleyrand angesichts der politischen Entwicklung lediglich noch für eine Formsache. Er war sicher, daß sich Friedrich fügen werde. Wichtiger erschien ihm, von Württemberg die größtmöglichen Vorteile für die napoleonische Militärmacht zu erlangen, so eine möglichst große Zahl von Pferden zum Transport der Artillerie und des Trains, Quartiere für die durchmarschierenden französischen Armeen, Stellung eines kurfürstlichen Truppenkontingents von 10 000, wenigstens aber von 8000 Mann[18].

Mitte September begannen die Österreicher mit dem Aufbau einer militärischen Abwehrfront in Süddeutschland. Hierbei nahmen sie auf Landesgrenzen keine Rücksicht. Im Gegensatz zu Frankreich hatte sich die Wiener Regierung im August und in

Begegnung zwischen Napoleon und König Friedrich bei Schloß Ludwigsburg 1805. Gemälde von Charles Watelet

Begegnung zwischen Napoleon und Kurfürst Karl Friedrich von Baden in Ettlingen 1805. Gemälde von Charles Watelet

den ersten Septemberwochen nicht ernsthaft darum bemüht, die süddeutschen Länder auf ihre Seite zu ziehen. Sie blieb völlig passiv und ließ in unverständlicher Saumseligkeit und Nachlässigkeit den Dingen ihren Lauf[19]. Offenbar erwartete die habsburgische Kaisermacht, Baden, Bayern und Württemberg würden sich ihr im Kriegsfall willig unterordnen. Daß dem nicht so war, nahm der Wiener Hof überrascht, zugleich aber höchst verärgert zur Kenntnis. In harten Worten machte sich Kaiser Franz Luft, als er von dem lange geheim gebliebenen Bündnisvertrag Bayerns mit Frankreich hörte[20]. Möglicherweise hätten die Dinge eine etwas andere Wendung genommen, wäre in Karlsruhe bekannt gewesen, daß Österreich schon bei Beginn der Koalitionsverhandlungen mit Rußland im Sommer 1805 seine Bereitschaft erklärt hatte, den Breisgau und die Ortenau unter gewissen Voraussetzungen an Baden abzutreten. Österreich und Rußland waren damals davon ausgegangen, daß sich Baden, Bayern und Württemberg ihrer Allianz gegen Frankreich anschließen würden, und, um dem Grenzland Baden die Entscheidung für die Antinapoleonkoalition zu erleichtern, sollte ihm ein solch großzügiges Angebot gemacht werden. Indes unterließ es Österreich, Baden seine Bereitschaft zur Abtretung des Breisgaus und der Ortenau auch nur anzudeuten. Doch damit noch nicht genug. Der österreichische Gesandte am Karlsruher Hof, Schall, bekam während des ganzen Monats September keinerlei Instruktion von seiner Regierung. Er hatte sich notgedrungen auf eine Beobachterrolle zu beschränken. Auf sein Ersuchen um Verhaltensmaßregeln wurde er in der zweiten Monatshälfte schließlich angewiesen, solange es ohne Gefahr für seine Person möglich sei, auf seinem Posten auszuharren, den Kurfürsten über die Absichten von Kaiser Franz, der an keine Gebietserwerbungen im Reich denke, auf dem laufenden zu halten und ihm über die Stärke der im Anmarsch befindlichen Streitkräfte der Koalition vertrauliche Informationen zu übermitteln[21]. Frankreich hatte angesichts der österreichischen Passivität leichtes Spiel, durch Versprechungen und massive Drohungen Baden zu sich herüberzuziehen.

Die nach Württemberg einmarschierenden österreichischen Truppen verhielten sich feindselig und anmaßend. Sie forderten umfangreiche Naturallieferungen, bezahlten diese aber nicht oder allenfalls mit schlechtem Papiergeld. Kurfürst Friedrich bemerkte mit Ingrimm: »So wird durch Deutschlands Oberhaupt der Krieg mit Gewalt auf Württemberg gewälzt«. Österreichische Reiter drangen bis nach Freudenstadt, Nagold, Balingen und Sulz vor. Am 29. September kamen Streifkorps durch Cannstatt und Waiblingen[22]. Der württembergische Außenminister sah sich wiederholt genötigt, beim österreichischen Gesandten in Stuttgart, von Schraut, gegen rechtswidrige Einquartierungen, Requisitionen, Erpressungen und sonstige Übergriffe der kaiserlichen Armee zu protestieren. Auch beim russischen Gesandten wurde er vorstellig. Erst am 25. September, also zu einem Zeitpunkt, als die kaiserlichen Truppen einen Großteil Württembergs unter ihrer Kontrolle hatten, unterrichtete der österreichische Gesandte die Regierung in Stuttgart offiziell von dem österreichischen und russischen Truppenaufmarsch[23]. Kurfürst Friedrich empfand dies als eine bittere Demütigung. Er hätte erwarten können, daß die Kaisermacht seine landeshoheitlichen Rechte respektierte und ihn, einen der ersten, dem Kaiser bislang treu ergebenen Fürsten nicht einfach vor vollendete Tatsachen stellte. Die demütigende Behandlung durch Österreich erleichterte ihm den Entschluß, dem Verlangen Napoleons nach einem Bündnis endlich nachzugeben.

An demselben Tag, an dem es die österreichische Regierung für opportun fand, den württembergischen Kurfürsten offiziell vom Aufmarsch ihrer Truppen in Kenntnis zu setzen, überschritten die Franzosen bei Kehl den Rhein. Baden hatte, wie der österreichische Gesandte in Karlsruhe nach Wien berichtete, Anstalten getroffen, sein Militär bei einer Annäherung der Franzosen in Mannheim zu konzentrieren[24]. Noch hatte man am österreichischen Hof nicht alle Hoffnung aufgegeben, Baden gewinnen zu können. Der badische Gesandte in Wien wurde am 27. September zu einer Erklärung über das Verhalten seines Landes im Kriegsfall aufgefordert[25].

Daß die Franzosen ihr Vordringen auf badisches Gebiet sogleich zu einem Gewaltstreich in Kehl nutzten, schockierte die Regierung in Karlsruhe. Napoleon befahl, nachdem er die badische Grenzstadt kurz in Augenschein genommen hatte, den größten Teil der Häuser niederzureißen und den Platz in aller Eile zu befestigen. Die Bewohner erreichten auf ihre Bitten lediglich, daß ihnen der französische Kriegsminister Berthier eine Frist von 48 Stunden zur Räumung ihrer Häuser zugestand[26]. Der Beobachter Napoleons am badischen Hof, Thiard, mißtraute Karl Friedrich und seinen Ministern. Noch Ende September bezichtigte er sie eines frankreichfeindlichen Doppelspiels. Zum Hauptvorwurf machte er ihnen, keine Anstalten zu treffen, das vertragsgemäß zugesagte Truppenkorps auf Kriegsfuß zu bringen. Markgraf Ludwig wies die Anschuldigungen Thiards als beleidigend zurück. Auch der Kurfürst reagierte verärgert. Wenn Karl Friedrich mit der Aufstellung seines Truppenkorps gezögert hatte, dann vor allem deshalb, weil ihm dies untunlich erschienen war, solange sein oberes Fürstentum noch durch die Österreicher bedroht war. Am 30. September ordnete er an, das aus vier Bataillonen Infanterie und einem Jägerbataillon bestehende Kontingent bei Pforzheim zusammenzuziehen, bis es hinreichend ausgerüstet sei und seine vertragsmäßige Stärke erreicht habe[27]. Tags darauf traf Napoleon mit Kurfürst Karl Friedrich zusammen. Da die Residenzstadt Karlsruhe nach seinem Willen von der Einquartierung durch französische Truppen verschont bleiben sollte, wählte er für die kurze Begegnung Ettlingen. Mit Unwillen registrierte er, daß sich die aus ihrer napoleonfeindlichen Gesinnung keinen Hehl machende Markgräfin Amalie entschuldigen ließ[28].

Das nächste Ziel Napoleons war Ludwigsburg, die Sommerresidenz von Kurfürst Friedrich von Württemberg. Der schnelle Vormarsch der Franzosen, die am 29. September bereits Herrenalb, Liebenzell, Leonberg und Heilbronn erreichten, bewog Friedrich, sich nun raschestens mit dem französischen Gesandten in Stuttgart auf einen Allianz- und Subsidienvertrag zu einigen. Allerdings ließ er sich auch jetzt nicht in die Rolle des gedemütigten Bittstellers hineindrängen. Seinen Außenminister wies er an, bei den Verhandlungen die größtmöglichen Vorteile für Württemberg herauszuholen. Er erklärte sich zur Stellung eines rund 5500 Mann starken Truppenkontingents bereit, machte aber zur Bedingung, daß sich dieses erst dann an den Operationen des französischen Heeres aktiv beteiligen sollte, wenn Württemberg nach dem Zurückdrängen der Österreicher als gänzlich abhängig von Frankreich anzusehen sei. Ferner verlangte er, daß die württembergischen Truppen vorwiegend zur Sicherung der Nachschubwege, Besetzung der festen Plätze und Garnisonen in Württemberg oder in angrenzenden Gebieten und anderen militärischen Zwecken, nicht jedoch zum Angriff der Hauptarmee verwendet und daß sie als ein der Befehlsgewalt eines württembergischen Generals unterstehendes geschlossenes Korps eingesetzt werden sollten. Schließlich erwartete er, daß Frankreich für sie »die herkömmlichen Subsidien« zahle. Er wünschte, daß sein Land möglichst von Kriegsbeschwerden verschont, die französische Armee für die Lieferung von Lebensmitteln und anderen Versorgungsgütern bar bezahle und die beiden kurfürstlichen Residenzen Stuttgart und Ludwigsburg von Einquartierungen ausgenommen würden. In einem geheimen Anhang zu der Verhandlungsinstruktion für seinen Außenminister forderte er unter anderem von Frankreich verbindliche Zusagen darüber, daß Württemberg eine ansehnliche Gebietsvergrößerung zuteil werde, die es in die Lage versetze, seine Streitkräfte auf eine Stärke von 30 000 Mann zu bringen, daß das Kurfürstentum die volle Souveränität, soweit diese im Einklang mit der jeweiligen Reichsverfassung stehe, beanspruchen und daß es sich die innerhalb seines Gebiets und seiner Grenzen gelegenen reichsritterschaftlichen Gebiete einverleiben dürfe[29].

Indessen arbeitete die Zeit gegen Kurfürst Friedrich. Die französischen Streitkräfte standen bereits vor den Residenzstädten Stuttgart und Ludwigsburg. Ihr Befehlshaber, Marschall Ney, dachte nicht daran, die Wünsche eines der Macht seines Gebieters Napoleon wehrlos ausgelieferten deutschen Fürsten zu respektieren. Als er die Tore Stuttgarts auf Anordnung des Kurfürsten verschlossen fand, ließ er Geschütze auffahren und erzwang sich so den Zutritt in die Stadt. Kurfürst Friedrich war empört. Der Stadtgouverneur von Hügel, der sich, um die angedrohte Plünderung Stuttgarts zu verhindern, dem Verlangen Neys gebeugt hatte, bekam seine Verärgerung hart zu verspüren. Ludwigsburg blieb eine Besetzung durch französische Truppen erspart, allerdings nur deshalb, weil sich dort der kurfürstliche Hof aufhielt, und Prinz Paul, der zweite Sohn von Kurfürst Friedrich, gerade seine Hochzeit mit Prinzessin Charlotte von Sachsen-Hildburghausen feierte[30]. Napoleon, obschon zunächst auf die Schonung der beiden württembergischen Residenzstädte bedacht, kam der Gewaltstreich seines Marschalls nicht ungelegen. Vielleicht machte er Friedrich Verhandlungen geneigter. Doch dieser gab keineswegs klein bei. In einem Schreiben an Napoleon führte er über Ney bewegt Klage. Er pochte auf seine Rechte als Souverän und deutscher Reichsfürst, verlangte aber zugleich als Freund und Verbündeter des Kaisers der Franzosen behandelt zu werden, schließlich bestand er auf angemessener Genugtuung für die ihm zugefügte Demütigung. Einen geharnischten Protest übermittelte zudem Außenminister Graf Wintzingerode dem Gesandten Didelot. Der französische Kriegsminister Berthier wies die Beschwerde des Kurfürsten in hochfahrendem Ton zurück. Ney, so schrieb er ihm, habe befehlsgemäß gehandelt. Zwischen Frankreich und Württemberg bestehe kein Bündnisvertrag. Andererseits müsse Württemberg als ein von Österreich besetztes Land betrachtet werden. Friedrich hatte schmerzlich zur Kenntnis zu nehmen, daß er und sein Land auf Gnade und Ungnade der übermächtigen französischen Kriegsmacht ausgeliefert waren. In Stuttgart ließ der Gesandte Didelot, der sehr anmaßend auftrat und sich häufig nicht einmal dem Kurfürsten gegenüber an die Regeln diplomatischer Höflichkeit hielt, durch französisches Militär die Gesandten Österreichs und Rußlands unter Hausarrest stellen. Friedrich setzte durch, daß die beiden Diplomaten ordnungsgemäß und unbehindert aus Württemberg in ihre Heimatländer zurückreisen durften[31].

Noch ehe er den ihn tief verletzenden und demütigenden Antwortbrief des Marschalls Berthier in Händen hatte, schilderte Kurfürst Friedrich in einem Brief vom 1. Oktober seinem Schwager Kaiser Franz die schwierige Situation, in der er sich befand, und in bemerkenswerter Freimütigkeit die politische Entscheidung, zu der er sich gezwungen sah: Sein Land sei von 80 000 Franzosen besetzt. Marschall Ney habe sich durch einen Gewaltstreich der Stadt Stuttgart bemächtigt. Morgen treffe Napoleon in seiner Residenz Ludwigsburg ein. Friedrich versicherte dem Kaiser – und dies war bestimmt keine inhaltlose Höflichkeitsfloskel –, wie sehr er ihm verbunden sei. Zugleich bat er ihn, ihm Gerechtigkeit widerfahren zu lassen, wenn er sich jetzt zu einer gegen Österreich gerichteten Entscheidung durchringen müsse. Heilige Pflichten, unauflösliche Bande fesselten ihn an sein Land, an die ihm von der Vorsehung anvertrauten Untertanen. »Ich schulde ihnen ohne Zweifel das schwere Opfer, ihr Schicksal zu teilen und ihnen durch meine Gegenwart die außerordentliche Bürde, die auf ihnen lastet, zu vermindern«[32]. Man spürt es dem Brief an, wie schwer es Friedrich fiel, unter dem Zwang der Umstände seine politische Bindung an das habsburgische Kaiserhaus und an Österreich zu lösen und Grundsätze über Bord zu werfen, an denen er als Reichsfürst bislang unverbrüchlich festgehalten hatte.

Napoleon ließ die mannhafte Haltung des württembergischen Kurfürsten nicht unbeeindruckt. Es war ihm seither noch kaum vorgekommen, daß sich ein kleiner Fürst, obgleich wehrlos in der Gewalt einer fremden Militärmacht, nicht einschüchtern ließ, sondern selbstbewußt und mit Würde seinen Standpunkt vertrat, sich einen Allianzvertrag von einem übermächtigen Partner nicht diktieren ließ, sondern ihn mit diesem aushandeln wollte. Am 2. Oktober 1805 erschien er mit großem Gefolge in Ludwigsburg. Kurfürst Friedrich empfing ihn mit allen Ehren, und der ungebetene Gast, sich von seiner besten Seite zeigend, erwarb sich rasch viel Sympathien, selbst Kurfürstin Charlotte Mathilde war von ihm angetan, wußte er sich doch ihr gegenüber außerordentlich galant zu benehmen. Am folgenden Tag fand die schicksalhafte Unterredung der zwei Männer statt. Napoleon erkannte schnell, daß ihm ein hochintelligenter und selbstbewußter Fürst gegenübersaß, der, um Argumente nie verlegen, mit leidenschaftlichem Feuer und politischem Geschick die Interessen seines Landes verfocht, nicht jedoch, wie er bislang vielleicht geglaubt hatte, ein aufgeblasener, skurriler Duodezfürst. Umgekehrt korrigierte Friedrich die überwiegend negativ gefärbte Vorstellung, die er seither von dem großen Eroberer gehabt hatte. Er mußte ihm attestieren, daß er keineswegs bloß ein vom Glück begünstigter Emporkömmling war, sondern eine geniale Persönlichkeit, der nicht nur ein überragendes militärisches Talent eignete, sondern die auch auf politischem Gebiet über umfassende Kenntnisse und über ein sicheres Urteil verfügte. Seit Friedrich dem Großen, äußerte der Kurfürst nachher, sei ihm niemand von solcher Beredsamkeit vorgekommen. Auch besitze Napoleon ungefähr dieselbe Geisteshaltung wie der große Preußenkönig[33].

Zu Beginn des ungewöhnlich langen, anderthalb Stunden währenden Gesprächs, hat Kurfürst Friedrich anscheinend versucht, auf seinem seitherigen Neutralitätskurs zu beharren, obwohl ihm bewußt war, daß Napoleon darauf schroff ablehnend reagieren würde. Aber er dürfte diesen Versuch in voller Absicht riskiert haben, um gewissermaßen die ihm verbliebene letzte Möglichkeit zu nutzen, sein Land aus dem Krieg der Großmächte herauszuhalten. Napoleon ließ, wie zu erwarten war, nur die Entscheidung für oder wider ihn zu. Er drohte: Eine Ablehnung seines Bündnisangebots habe zwangsläufig die gänzliche Entmachtung des Kurfürsten und die Behandlung Württembergs als erobertes Land zur Folge. Doch er wußte, der Realpolitiker Friedrich werde sich beugen. Deshalb eröffnete er ihm für den Fall eines Anschlusses Württembergs an Frankreich verlockende Aussichten. Er sprach davon, das Kurfürstentum durch die Aufteilung der Zwergterritorien wesentlich zu vergrößern und Friedrich zum Herrscher Schwabens zu machen. Sehr wahrscheinlich entwickelte er auch erste Pläne für eine Neuorganisation Deutschlands, den ihm vorschwebenden Rheinbund. Friedrich hat sich hierzu sicher nur sehr vorsichtig und zurückhaltend geäußert. Ihm lag ungleich mehr daran, endlich die Mitregierung der Landstände in Altwürttemberg zu beseitigen und damit Herr im eigenen Haus zu werden. Er wollte die alt- und neuwürttembergischen Gebiete zu einem geschlossenen, absolutistisch regierten Staat vereinigen, dies ließ sich aber erst bewerkstelligen, wenn die Landstände gänzlich ausgeschaltet waren. Kaiser Franz, das Oberhaupt des Reichs, hätte ihm zur Aufhebung der beinahe 300jährigen altwürttembergischen Verfassung die Hand nicht bieten können, für Napoleon hingegen war diese Verfassung allenfalls ein Stück Papier: Wenn sie der Schaffung eines straff organisierten, kraftvoll regierten Staats, der seine wirtschaftlichen Hilfsquellen uneingeschränkt nutzen wollte, im Wege stand, mußte sie beseitigt werden. Friedrich konnte bei einem dieses Ziel verfolgenden Staatsstreich mit seiner Unterstützung, ja Rückendeckung rechnen – und er stand nicht an, ihm dies zu versichern –. Freilich machte sich der württembergische Kurfürst keine Illusionen. Die Erlangung der inneren Souveränität seines Staats erkaufte er mit der gänzlichen äußeren Abhängigkeit von einer nichtdeutschen Großmacht. Die Reichsverfassung, so mangelhaft sie auch war und so sehr sie, insbesondere der Reichshofrat, seine Bemühungen um eine Ausschaltung der landständischen Mitregierung in außenpolitischen Angelegenheiten erschwert hatte, gewährte dennoch einen Schutz gegen das gänzliche Ausgeliefertsein an ausländische Mächte. Er wünschte deshalb, daß, ungeachtet der inneren Souveränität, die er erstrebte, die Reichsverfassung als verbindende Klammer der Reichsstände erhalten blieb. Zunächst durfte er freilich einen solchen Wunsch nicht laut werden lassen. Das politische Sagen hatte der Kaiser der Franzosen, und ihm mußte er, ob er wollte oder nicht, Gefolgschaft leisten.

Der von Napoleon und Kurfürst Friedrich in seinen Grundbestimmungen ausgehandelte Bündnisvertrag wurde in den beiden nächsten Tagen von Graf Wintzingerode und Didelot unter weiterer starker Einflußnahme des französischen Kaisers ausformuliert, um dann am 5. Oktober feierlich unterzeichnet zu werden. Er bestimmte im einzelnen: Württemberg stellt ein Truppenkontingent von 8000 bis 10 000 Mann. Dem Kurfürsten wird sein gegenwärtiger territorialer Besitzstand garantiert sowie die »volle und gänzliche Souveränität« zugesichert. Es werden ihm neue Gebietserwerbungen in Aussicht gestellt. Das vor allem in Schwaben zu verwendende württembergische Hilfskorps soll einen von Kurfürst Friedrich ernannten Kommandeur haben, aber dem Befehl des kommandierenden Generals der französischen Armee unterstehen. Der Kaiser der Franzosen sichert den Schutz der kurfürstlichen Staaten zu. Falls dennoch ein Landesteil durch Kriegshandlungen in Mitleidenschaft gezogen wird, verpflichtet sich Frankreich zu einer Ersatzleistung für den erlittenen Schaden. Stuttgart und Ludwigsburg bleiben von französischen Truppenbelegungen frei[34].

Beeindruckt zeigte sich Napoleon von dem ihm zu Ehren entfalteten höfischen Glanz. Kurfürst Friedrich tat alles, ihm seinen dreitägigen Aufenthalt in Ludwigsburg so angenehm wie möglich zu machen. Am Abend des 3. Oktober wurde im Hoftheater die deutsche Oper »Don Juan« gegeben. Der Kaiser zollte dem Ludwigsburger Opernensemble hohes Lob. Es könne sich, so äußerte er seinem Bruder Josef gegenüber, durchaus mit der Pariser Oper messen[35]. Gerade noch rechtzeitig setzte das Stuttgarter Hoftheater mit Rücksicht auf die in der Stadt einquartierten Franzosen die für den 8. Oktober vorgesehene Erstaufführung des Schillerschen Freiheitsdramas »Wilhelm Tell« ab[36]. Seine Aufführung hätte aller Wahrscheinlichkeit nach den Unwillen des französischen Imperators und seiner Generale hervorgerufen. Napoleon besichtigte am 4. Oktober in Begleitung von Prinz Paul den Hohenasperg und die Höhen von Fellbach, auf denen die österreichische Armee 1796 Stellung bezogen hatte, auch stattete er Stuttgart einen kurzen Besuch ab[37].

Nach der Abreise des Kaisers der Franzosen rief der Kurfürst den Geheimen Rat und den verstärkten landschaftlichen Ausschuß zusammen, um sie über den Abschluß des Bündnisvertrags zu unterrichten. Vom Ausschuß verlangte er die Zustimmung zur Aushebung von 2000 Rekruten und die Bewilligung von 500 000 Gulden für militärische Zwecke. Hierbei erklärte er, die größten Anstrengungen unternommen zu haben, um Württemberg aus dem Krieg der Großmächte herauszuhalten. Doch er sei damit gescheitert. Napoleon habe ihm nur die Wahl gelassen, sich ihm anzuschließen. Der Bündnisvertrag erlege Württemberg die Stellung von 10 000 Soldaten und 1000 Pferden auf. Zur Erfüllung dieser Bedingung sei er allein nicht imstande. Napoleon habe ihn auf die Landstände verwiesen und ihm den erforderlichen Rückhalt zugesagt, falls diese sich seinen Militärforderungen widersetzten. Es wäre ihm ein Leichtes gewesen, mit Hilfe des Kaisers der Franzosen sich auch ohne Befragung der Stände die erforderlichen Rekruten und finanziellen Mittel zu beschaffen. Dies habe er aber nicht gewollt. Deshalb appelliere er an sie, die Repräsentanten des Landes, ihm, ohne zu zögern, zur Seite zu treten und ihre uneingeschränkte Unterstützung zu gewähren. Mit drohendem Unterton in der Stimme beschwor er sie: »Ich bitte Sie, es wohl zu überlegen und ruhig zu erwägen, welch schwere Verantwortung vor Gott, Ihrem Gewissen und der Nachwelt Sie sich zuziehen werden, wenn Sie in dieser gefährlichen Lage des Vaterlandes alles auf die Spitze stellen und es auf die Zerstückelung desselben ankommen lassen wollen. Ich werde das Meinige tun. Ich schwöre es, ich werde es nicht zugeben, daß mein Haus, meine Familie ins Elend gerate«. Die Ständevertreter waren sich nach kurzer Beratung einig, daß sie sich den Forderungen des Kurfürsten nicht widersetzen konnten. Wegen der »tiefen Erschöpfung des Landes« wollten sie jedoch die benötigten finanziellen Mittel »auf gemeinschaftlichen Kredit zur Schuldenzahlungskasse« aufnehmen. Da sie argwöhnten, daß in dem Vertrag mit Napoleon eine den Grundsätzen der Reichsverfassung widersprechende Bestimmung aufgenommen worden war, verwahrten sie sich vorsorglich gegen eine solche Bestimmung. Ferner wünschten sie vom Kurfürsten eine Zusicherung, daß die Landesverfassung unverändert aufrechterhalten werde. Friedrich begnügte sich indessen in seiner sehr vorsichtigen Erklärung mit der Andeutung, daß sich Napoleon, wenn er gewollt hätte, ihm gegenüber zu einer gewissen Beschränkung ihrer Befugnisse unterschriftlich verpflichtet hätte. Hingegen verlor er kein Wort darüber, daß ihm, falls sie seine aus dem Bündnisvertrag erwachsenden militärischen Verpflichtungen nicht durch entsprechende Mittelbewilligung anerkannten, der Vertrag die Handhabe bot, mit der Hilfe Napoleons unnachsichtig gegen sie einzuschreiten[38].

Krieg gegen Österreich

Nach den mit Frankreich abgeschlossenen Allianzverträgen vom September/Oktober 1805 mußte Baden ein Truppenkorps von 3000 Mann, Württemberg ein solches von 8000 bis 10 000 Mann ins Feld stellen. Württemberg besaß ein kleines stehendes Heer, dessen Anfänge in die letzten Jahrzehnte des 17. Jahrhunderts zurückreichten. Herzog Carl Eugen (1744–1793) hatte es in der zweiten Hälfte seiner fast 50 Jahre währenden Regierungszeit stark vernachlässigt. Herzog und Kurfürst Friedrich, der, wie wir bereits gehört haben, über langjährige militärische Erfahrungen im Dienst Friedrichs des Großen und Katharinas der Großen verfügte, hatte es zweckmäßig organisiert und ausgerüstet, sein Ausbildungsniveau gehoben und sein Offizierskorps durch fähige junge Leute, zum Teil aus anderen Armeen, ergänzt. Die in sich gefestigte kleine württembergische Streitmacht konnte, wenn es nottat, die Kader für eine nicht unwesentlich vergrößerte Armee abgeben. Sehr am Herzen lag Friedrich, das Ansehen des Militärs, das Ende des 18. Jahrhunderts auf einer der niedersten sozialen Stufen rangierte, zu erhöhen. Ihm schwebte vor, ein Heer von Vaterlandsverteidigern zu schaffen und den Militärdienst zu einem Ehrendienst zu machen. Solange allerdings die Soldaten fast ausschließlich aus den untersten Bevölkerungsklassen kamen, der Bedarf an Rekruten in Friedenszeiten beinahe ausschließlich durch Werbungen gedeckt werden mußte und selbst im Krieg, wenn die Landstände Rekrutenaushebungen zugestanden, die Wohlhabenderen Stellvertreter anheuern durften und die Angehörigen der gehobeneren Berufe von vornherein von der Wehrpflicht ausgenommen blieben, konnte Friedrich das Sozialprestige der Soldaten nur wenig verbessern. Die Zusammenfassung der 1803 durch den Reichsdeputationshauptschluß angefallenen Gebiete zu dem abso-lutistisch regierten Teilstaat Neuwürttemberg verschaffte Friedrich erstmals die Mög-lichkeit, ohne jeden Einspruch der altwürttembergischen Landstände Truppen nach eigenem Ermessen auszuheben. Die von ihm eingeführte Konskription, die zwangs-weise Rekrutenaushebung, war in den neuwürttembergischen Gebieten bislang unbe-kannt gewesen, eine militärfeindliche Einstellung herrschte vor. Der Kurfürst mußte auf diese Stimmung Rücksicht nehmen. Er überließ deshalb den Städten und Kommu-nen die Art der Aushebung als einen Beweis seiner besonderen Gnade, verlangte aber, daß jeweils auf 80 Einwohner ein volldiensttauglicher Rekrut zu stellen war, daß außer-dem für jeden auf diese Weise ins Heer eingereihten Soldaten ansehnliche Geldbeträge als Handgelder und Kautionen entrichtet wurden. Die Kautionen fielen an den Staat, wenn der betreffende Soldat desertierte. Einen großen Fortschritt für Württemberg bedeutete es, daß Friedrich die Auffassung vertrat, Soldaten, die ihrem Landesherrn treu gedient hätten, könnten auch eine angemessene Versorgung beanspruchen. Bisher waren invalide gewordene Soldaten den einzelnen Ämtern zugewiesen worden, die dann für ihren Lebensunterhalt aufkommen mußten. Friedrich verfügte nun, daß alle unter seiner Regierung untauglich gewordenen Soldaten weiterhin Löhnung und Brot wie die aktiven Militärpersonen sowie eine vollständige Uniform wie die Angehörigen des Garnisonsbataillons bekommen sollten[39].

In der Markgrafschaft Baden entwickelte sich erst seit etwa 1780 eine bescheidene ste-hende Truppe; sie stand in enger Verbindung zum Militär des Schwäbischen Kreises, ging zum Teil aus ihm hervor, so die »Garde du Corps«. Nach dem Etat von 1782/83 war das 1816 Mann zählende markgräfliche Militär in das Leibinfanterieregiment, zwei Füsilierbataillone, ein kleines Husarenkorps (»Garde du Corps«) sowie in eine 32 Mann starke, mit acht leichten Geschützen ausgestattete Artillerieabteilung for-miert. Ihren Rekrutenersatz beschaffte sich die Truppe gewöhnlich durch Aushebun-gen, die sich auf die untersten Bevölkerungsklassen beschränkten[40]. Mit dem Bau der ersten Kasernen in Karlsruhe wurde 1803 begonnen. Zuvor waren die badischen Trup-pen, abgesehen von der Kavallerie, der bereits kleine dürftige Unterkünfte zur Verfü-gung standen, in Bürgerquartieren untergebracht gewesen[41]. Nach dem Reichsdeputa-tionshauptschluß 1803 wurden durch die Übernahme vor allem von pfälzischen Ein-heiten die badischen Streitkräfte vergrößert. Kriegsminister Markgraf Ludwig reorganisierte sie. Da er von 1789 bis 1795 im preußischen Heer gedient hatte, nahm er dieses zum Vorbild. So entsprachen die badischen Kriegsartikel und Reglements den preußischen, das Kriegsgerichtswesen und die Heeresverwaltung wurden den preußi-schen Einrichtungen angeglichen[42]. Die erforderlichen Gewehre beschaffte sich der badische Staat 1803/04 von der Waffenfabrik in Schmalkalden/Thüringen. Viel zu wünschen übrig ließ die Ausbildung und namentlich die Ausrüstung der Truppe. Als im Dezember 1803 kurzfristig ein militärischer Konflikt mit dem Landgrafen von Hessen-Darmstadt drohte, weil dieser Ansprüche auf Teile des badischen Kraichgaus erhob und Kurfürst Karl Friedrich die Mobilisierung eines Teils seines Militärs befahl, konnten die in Marsch gesetzten Einheiten nur unvollständig mit den neueingeführten Schmalkaldener Gewehren ausgerüstet werden. Die alten Gewehre aber, die noch ver-wendet werden mußten, besaßen ein anderes Kaliber, es war also zweierlei Munition mitzuführen. Zum Glück konnte der Konflikt friedlich beigelegt werden[43].

Das Bündnis mit Napoleon vom 5. September 1805 war in Baden wenig populär. Kur-fürst Karl Friedrich verabschiedete Anfang Oktober den österreichischen Gesandten Schall mit Tränen in den Augen. Die Markgräfin Amalie empfing den Gesandten vor seiner Abreise, die unter Eskorte nach Frankfurt zu erfolgen hatte, im kleinen vertrau-ten Kreis. Hierbei versicherte sie ihm ihre Anhänglichkeit an das habsburgische Kai-

serhaus und äußerte freimütig, sie hege die heißesten Wünsche für die österreichischen
Waffen. Auch aus der Bevölkerung wurden ihm zahlreiche Sympathiebekundungen
zuteil[44]. Im badischen Militär war eine starke Mißstimmung über den Anschluß des
Landes an Napoleon zu registrieren. Zahlreiche Offiziere kamen um ihren Abschied
ein. Diejenigen von ihnen, die früher unter österreichischen Fahnen gekämpft hatten,
bemühten sich um die Wiederaufnahme in die kaiserliche Armee. In einem solchen
beim österreichischen Gesandten eingereichten Gesuch hieß es: »Die Verbindlichkeit,
welcher sich Seine Kurfürstliche Durchlaucht von Baden unterzieht, das hiesige Militär unter französischem Befehl zum Gebrauch gegen die deutsche Armee zu geben,
mag herrühren, woher sie wolle, so empört es den patriotischen Sinn jeden deutschen
Mannes, sich auf diese Art zu Werkzeugen der Feinde des deutschen Vaterlandes mißbraucht zu sehen, und bestimmt einige badische Offiziere, sich diesen Absichten
eigenmächtig zu entziehen, um sich dem edlen Zweck der Verteidigung des Vaterlandes zu widmen«. Bereits am 29. September, also noch vor dem Zusammentreffen von
Napoleon mit Kurfürst Karl Friedrich in Ettlingen, berichtete der französische
Gesandte Massias über eine starke Desertionsbewegung bei den badischen Truppen[45].
Die Mobilisierung des badischen Truppenkorps im Herbst 1805 verursachte erhebliche
Friktionen. Es bereitete große Mühe, die vertragsmäßig vorgeschriebenen 3000 Mann
zusammenzubringen und auszurüsten. Am 15. Oktober, dem von Napoleon festge-
setzten Ausmarschtermin, war das Kontingent bei weitem noch nicht kriegsbereit. Erst
zehn Tage später konnte es in Richtung Osten aufbrechen[46]. In seiner Proklamation
vom 5. Oktober appellierte Kurfürst Karl Friedrich an das Ehrgefühl der Offiziere
und Soldaten, nannte sie den »auserlesenen Teil der Nation«. Aus ihrem Betragen, so
ermahnte er sie, werde man auf das Ganze schließen. Sie sollten deshalb die Gelegenheit nutzen, durch Disziplin und gute Manneszucht, ebenso durch tapferes Benehmen
die »so alte Ehre ihres Vaterlandes« aufs neue den Nachbarn zu zeigen. Das unpopuläre
Bündnis mit Napoleon rechtfertigend, erklärte der greise Fürst: »Ihr seid nicht die einzigen Teutschen, die mit der alliierten kaiserlich französischen Armee fechten werden ... Viele teutsche Mächte – worunter eure nächsten Nachbarn – fechten für dieselbe Sache«. Für tapfere Taten stellte er Auszeichnungen und lebenslängliche Beloh-
nungen in Aussicht. Reumütige Deserteure, die in kürzester Frist zu ihren Einheiten
zurückkehrten, sollten straffrei ausgehen. Dagegen wurden Fahnenflüchtigen, die sich
nicht stellten, und Verrätern schwerste Strafen angedroht[47].
Die Stimmung der Soldaten war sehr schlecht. Die Desertionen nahmen zeitweise ein
erschreckendes Ausmaß an. Auf dem Marsch von Pforzheim nach Donauwörth kam
das wenig disziplinierte Korps durch zahlreiche säkularisierte geistliche Herrschaften
und durch ehemalige Reichsstädte. Flüchtige Soldaten fanden hier leicht Hilfe und
Unterschlupf. Erst gegen Ende des Feldzugs hörten die Desertionen auf, nachdem ein
Teil der Fahnenflüchtigen wieder ergriffen und mit Spießrutenlaufen bestraft worden
war.
Innerhalb weniger Wochen brachte Napoleon den Krieg gegen die Kaisermächte
Österreich und Rußland zu einem siegreichen Abschluß. Schon am 17. Oktober kapitulierte in Ulm der mit der Leitung der Operationen in Süddeutschland beauftragte
österreichische General Mack. Drei Korps gerieten in französische Kriegsgefangenschaft. In ungestümem Siegeszug stießen die Armeen Napoleons donauabwärts nach
Wien vor. Am 13. November fiel die Stadt. Erzherzog Karl hatte sie mit seinem aus Italien abgezogenen Heer nicht mehr rechtzeitig zu decken vermocht. Am 2. Dezember
errang der Kaiser der Franzosen in der Dreikaiserschlacht von Austerlitz einen glän-
zenden Sieg über die vereinigten österreichischen und russischen Armeen. Nachdem
der über die Niederlage bestürzte Zar Alexander seine Truppen aus der Kampffront

gegen Napoleon zurückgezogen hatte, sah sich Kaiser Franz genötigt, um Waffenstillstand zu bitten. Das badische Korps hatte während des Feldzugs keine Feindberührung. Es fand Verwendung beim Etappen- und Besatzungsdienst sowie beim Eskortieren von Kriegsgefangenen. Ende Januar 1806 rückte es wieder in seine Heimatgarnisonen ein[48]. Die von Kurfürst Friedrich ins Feld gestellten württembergischen Truppen, insgesamt etwa 6300 Mann mit 800 Pferden und sechs Geschützen, konnten nicht alle sofort auf Kriegsfuß gebracht und in Marsch gesetzt werden; sie zogen daher in mehreren Kolonnen den voranstürmenden Franzosen hinterdrein, vereinigten sich am 9. Dezember bei Linz und rückten dann, mit dem Schutz der Donaubrücke bei Krems beauftragt, noch weiter flußabwärts vor. Die Manneszucht der Württemberger war wesentlich besser als die der Badener. Doch abgesehen von einer leichten Plänkelei hatten auch sie keine Feindberührung[49].

Napoleon hatte erwartet, daß Kurprinz Karl von Baden in seinem Gefolge am Feldzug teilnehme. Doch zu seinem großen Ärger hintertrieb dies Markgräfin Amalie, die Mutter des Prinzen[50]. Trotz gegenteiliger vertraglicher Zusicherungen gaben die französischen Truppen beim Durchmarsch durch Baden Anlaß zu einer Vielzahl von Klagen. Sie benahmen sich fast so, als befänden sie sich im Feindesland. Es kam zu Erpressungen und Ausschreitungen. Die Bevölkerung litt sehr unter den umfangreichen Requisitionen. Den Franzosen fehlte es vor allem an Lebensmitteln, an Bekleidung und Schuhzeug. Mit der Disziplin der Soldaten stand es nicht zum besten, zumal ihnen der Sold oft lange vorenthalten wurde. Die französischen Kommandeure klagten zum Teil über Desertionen. Im argen lag die Versorgung der Kranken. Die Lazarette im Kurfürstentum Baden waren erst im Aufbau begriffen, es mangelte an den wichtigsten Instrumenten und Einrichtungsgegenständen[51]. Beschwerden über Exzesse sowie über übermäßige oder ungebührliche Forderungen französischer Truppen wies Napoleon leichthin mit der Bemerkung ab: »Sie werden entschädigt werden, ... und dies genügt!«[52].

Kurfürst Friedrich von Württemberg, sich als gleichberechtigten, wenn auch mindermächtigen Alliierten des Kaisers der Franzosen betrachtend, war von vornherein entschlossen, Übergriffe und Willkürakte der Franzosen in seinem Land nicht zu dulden, und er setzte sich durch. So hatten die französischen Truppen bei ihrem Durchzug durch Württemberg nach einer mit dem französischen Oberkommando getroffenen Vereinbarung bestimmte Straßen zu benutzen, ab 7. Oktober die von Speyer über Eppingen nach Heilbronn führende Route, die sich nach Öhringen, Schwäbisch Hall, Gaildorf, Ellwangen, Bopfingen und Nördlingen fortsetzte[53]. Die militärischen Interessen Württembergs nahm im Hauptquartier Napoleons General von Geismar wahr. Er hatte darauf zu achten, daß die Truppen seines Kurfürsten bei der Verpflegung und auch sonst in keiner Weise benachteiligt, ebenso daß sie entsprechend den Bestimmungen des Allianzvertrags verwendet wurden[54].

Der Friede von Preßburg

Bereits Mitte November, also noch mitten im Krieg, verfügte Kurfürst Friedrich von Württemberg die vorläufige Besitzergreifung der reichsritterschaftlichen Territorien, der Gebiete des Deutschordens und des Johanniterordens sowie sämtlicher bislang noch nicht säkularisierter auswärtiger geistlicher Korporationen, soweit diese in oder an den württembergischen Grenzen gelegen waren. Lediglich die Besitzungen pfalzbayerischer und badischer Korporationen nahm er aus[55]. Baden und Bayern ergriffen entsprechende Maßnahmen, doch gingen sie behutsamer zu Werke. So begnügte sich Bayern mit der Beschlagnahme und der Sequestierung der Güter des Deutschen Ritterordens, es eignete sich nicht wie Württemberg die Kassen an und ließ auch nicht wie dieses Rekruten ausheben[56]. Baden reagierte erst, als sich Württemberg anschickte, in seinen territorialen Bereich einzugreifen, um sich möglichst viele reichsritterschaftliche Besitzungen und Rechte zu sichern. Am 3. Dezember 1805 verwahrte sich Kurfürst Karl Friedrich gegen »jede auch nur provisorische Besitzergreifung« von seiten des östlichen Nachbarstaats. Gleichzeitig nahm er die in und an den badischen Landen gelegenen oder dem badischen Lehensverband angehörenden Ritterorte unter seinen »landesherrlichen Schutz, Schirm und Aufsicht«, wobei er erklärte, diese Maßregel sei »lediglich durch die Pflicht der Selbsterhaltung und des Gleichgewichts« geboten, und sie sei »bei etwas verschwindender Veranlassung von keinen Folgen«[57].

Mit der Ausdehnung ihrer landesherrlichen Rechte auf die Reichsritterschaft kamen übrigens die drei süddeutschen Staaten dem österreichischen Kaiserstaat nur zuvor. Österreich, aber auch Preußen hatten die Stellung des reichsunmittelbaren Adels in ihrem Territorialbereich schon unterminiert, als die kleineren Staaten noch nicht wagen konnten, ihnen auf diesem Weg zu folgen. In Südwestdeutschland kaufte Österreich seit Jahren Adelsherrschaften auf, oder es machte sie durch besondere Dienstverhältnisse bzw. Vergünstigungen von sich abhängig. Sein Bestreben hierbei war, sich ein geschlossenes Territorium von etwa eineinhalb Millionen Einwohnern zu schaffen. Napoleon, der sich zunächst als Verteidiger der Rechte der Reichsritterschaft gesehen hatte, erkannte diese den französischen Interessen zuwiderlaufende Politik des habsburgischen Kaiserstaats. Er gab deshalb die reichsritterschaftlichen Territorien seinen Verbündeten frei[58]. Am 11. Dezember 1805 bemerkte er gegenüber dem Erzkanzler Dalberg, Baden, Württemberg und Bayern hätten mit der Inbesitznahme ritterschaftlicher Orte nur getan, was ihnen der König von Preußen und der Kaiser von Österreich seit langem vorexerziert hätten[59].

Die großen politischen Entscheidungen fielen im Hauptquartier Napoleons. Kurfürst Friedrich ordnete daher einen seiner befähigsten und vertrautesten Ratgeber, Minister von Normann, dorthin ab. Normann hatte die Interessen seines Herrn in bestmöglicher Weise wahrzunehmen. Bayern, von Napoleon, nicht jedoch in gleicher Weise von Talleyrand begünstigt, wollte keinesfalls gegenüber Württemberg ins Hintertreffen geraten. Sein Sondergesandter Gravenreuth hatte den Auftrag, jeden Schritt Normanns sorgsam zu überwachen[60]. Baden hingegen versäumte es, rechtzeitig einen kompetenten Interessenvertreter in das Hauptquartier Napoleons zu entsenden. Die Verärgerung über den erzwungenen Allianzvertrag des Kurfürstentums mit Frankreich schwang noch nach. Stärker fiel freilich ins Gewicht, daß dem greisen Kurfürsten die Zügel der Regierung immer mehr entglitten. Seine geistigen Kräfte hatten seit dem Schlaganfall des vergangenen Jahrs spürbar nachgelassen. Unkontrollierte, nicht selten gegensätzliche, in ihrer Wirkung sich deshalb aufhebende Einflüsse verunsicherten ihn. Anregungen und gutachterliche Äußerungen umsichtiger und erfahrener Berater, so die Denkschriften Reitzensteins, ließ er unbeachtet[61].

Normann gewann rasch das Ohr Talleyrands. Sicher trug dazu bei, daß Kurfürst Friedrich mit Bestechungsgeldern an den dafür sehr empfänglichen französischen Außenminister nicht knauserig war. Es wurde von einer Million Gulden gesprochen[62]. In längeren Gesprächen tauschten Talleyrand und Normann ihre politischen Pläne und Zielvorstellungen aus. Schon bei ihrer ersten Begegnung entwickelte Talleyrand seine Ideen über die künftige Organisation Deutschlands: Die drei süddeutschen Kurfürstentümer sollten unter dem Schutz Frankreichs einen dauernden Bund schließen und die volle Souveränität eingeräumt bekommen. Normann schlug nun vor, wie er dem Kurfürsten berichtete, zur Gewährleistung dieser Souveränität die Regenten der drei Länder zu Königen zu erheben. Talleyrand stimmte zu, verlangte jedoch nach der Darstellung Normanns, daß sich die drei Fürsten zuvor ihrer Kurfürstenwürde entledigten. Es erscheint indessen fraglich, daß Normann der Urheber des Königsgedankens war, zumal Napoleon schon im Frühjahr 1805 erwogen hatte, dem Kurfürsten von Bayern unter gleichzeitiger Zuerkennung der Königswürde ganz Süddeutschland als Herrschaftsbereich zuzuweisen[63]. Immerhin war er sehr stolz, daß er einen entscheidenden Anstoß zur Erhebung der süddeutschen Kurfürsten zu Königen gegeben hatte. In einem Schreiben vom 20. November aus Wien beglückwünschte er seinen Herrn zu der bevorstehenden Standeserhebung. Mit ziemlicher Sicherheit läßt sich andererseits sagen, daß Kurfürst Friedrich hierbei seine Hände nicht im Spiel hatte. Die freudige Mitteilung seines Ministers überraschte ihn. Von Freude und Genugtuung über den seinem Haus zugedachten Glanz war ihm wenig anzumerken. Allein, er fand schnell Gefallen an der in Aussicht stehenden Königswürde, und dies nicht zuletzt deshalb, weil er in keiner Beziehung hinter seinem bayerischen Nachbarn zurückstehen wollte. Sehr aufschlußreich für sein Denken und seine politischen Zielvorstellungen ist das Schreiben vom 26. November 1805, in dem er sich erstmals zu der ihm von Normann eröffneten Standeserhöhung äußerte. Es sei nicht die Eitelkeit, schrieb er, wenn er den ihm angekündigten höheren Titel akzeptiere, sondern die Überlegung, daß sein Haus an Macht, Ansehen und Gebietszuwachs hinter keinem anderen zurückbleiben dürfe. Trotz all ihrer Unzulänglichkeit habe die Reichsverfassung den kleinen Fürsten bislang immer noch einen gewissen Schutz gewährt. Wer stark genug sei, bedürfe ihrer nicht. Allein, er habe Angst nicht nur wegen der eigenen Schwäche, sondern auch wegen der der Nachbarn. Ein König mit höchstens 600 000 Untertanen, und mehr könne man Baden nicht verschaffen, sei eine Farce. Kurfürst Friedrich machte sich keinerlei Illusionen: Baden und möglicherweise auch Württemberg könnten schwerlich so stark vergrößert werden, daß sie in der Lage wären, eine eigenständige politische Rolle im Konzert der europäischen Mächte zu spielen. Für Württemberg hoffte Friedrich jedoch noch, daß es mit Hilfe Napoleons die für eine eigenständige politische Stellung unerläßliche Mindestgröße von zwei bis zweieinhalb Millionen Einwohnern erlangen könnte. Dies hieß, daß der künftige württembergische Staat ein vom Lech bis an die derzeitige badische Grenze und vom Bodensee bis in die Gegend von Würzburg sich erstreckendes Gebiet umfaßte. Der Kurfürst wünschte, daß Frankreich die Anerkennung des württembergischen Königtums bei Österreich, Rußland und Preußen durchsetzte. Eine zusätzliche Festigung seiner politischen Macht versprach er sich von einer Ehe seiner Tochter Katharina mit dem Kurprinzen von Baden oder Bayern. Normann teilte den Respekt seines Kurfürsten vor der alten Reichsverfassung keineswegs. Ihr Wegfall, so argumentierte er mit Blick auf den altwürttembergischen dualistischen Ständestaat, eröffne einem Land wie Württemberg die Möglichkeit, eine Vielzahl innerer »Mißbräuche« zu beseitigen und den Staat zum Wohl der Untertanen neu und zweckmäßig zu organisieren[64]. Er übersah allerdings, daß Friedrich weniger die innenpolitischen als vielmehr die außenpolitischen Konsequenzen nach einer Beseitigung der Reichsverfassung mit tiefer Sorge erfüllten: das Ausgeliefertsein an eine fremde Hegemonialmacht.

In seinen Münchner Vertragsentwürfen vom Ende November 1805 faßte Talleyrand die Ergebnisse seiner bisherigen Überlegungen und Besprechungen zur Neugestaltung Deutschlands zusammen: Bayern, Württemberg und Baden sagen sich auf ewige Zeiten vom Deutschen Reich los, sie erhalten den Status von unabhängigen Königreichen. Die Kurfürsten von Sachsen und Hessen-Kassel können gleichfalls die Königswürde annehmen. Die Königreiche schließen sich unter Einbeziehung der Schweiz mit Frankreich und Italien zu einer fortdauernden Allianz zusammen, die ihren Besitzstand garantiert und sie im Kriegsfall zur Heeresfolge verpflichtet. In den Münchner Entwürfen Talleyrands wird bereits der Rheinbund in seinen Grundzügen sichtbar[65]. Ganz ähnliche Gedanken entwickelte zur selben Zeit der Karlsruher Freiherr von Reitzenstein. In Übereinstimmung mit der französischen Politik plädierte er für eine Verlagerung des Schwerpunkts der österreichischen Monarchie nach dem Osten. Die habsburgische Kaisermacht sollte ihren umfangreichen Besitz in Süddeutschland an Bayern, Württemberg und Baden abtreten und dafür die Möglichkeit bekommen, sich in den Donauländern territorial zu entschädigen. Die drei wesentlich vergrößerten Länder Bayern, Württemberg und Baden bildeten künftig zusammen mit Hessen und Sachsen einen von Österreich und Preußen unabhängigen Staatenbund, »une Ligue germanique«. Reitzenstein ging davon aus, daß Frankreich an Bayern wegen dessen gemeinsamer Grenze mit Österreich besonderes politisches Interesse hatte. Deshalb sollte dieses durch österreichische Gebiete so stark vergrößert werden, daß es imstande war, ein Heer von 80 000 Mann zu unterhalten. Für Württemberg und Baden hielt Reitzenstein geringere territoriale Vergrößerungen für realistisch. Auch hier sah er in der künftigen Heeresstärke den Maßstab: 25 000 bis 30 000 Mann für Württemberg und 20 000 bis 24 000 Mann für Baden[66].

Daß Kaiserin Josephine großen Einfluß auf ihren Mann hatte, war am Karlsruher Hof bekannt. Kurfürst Karl Friedrich hielt es deshalb für zweckmäßig, ihr mit seiner Familie in Straßburg einen Höflichkeitsbesuch abzustatten. Markgräfin Amalie war nicht mit von der Partie. Ihr altfürstlicher Stolz hinderte sie daran, der Parvenue-Kaiserin ihre Reverenz zu erweisen. Die Markgräfin begründete ihr Fernbleiben mit zwei Präzedenzfällen: Als die Kaiserin von Österreich in Frankfurt und die Königin von Preußen in Darmstadt gewesen seien, habe sie Karlsruhe gleichfalls nicht verlassen. Sie werde aber Josephine, wenn sie durch die badische Residenzstadt reise, selbstverständlich jede Ehre und Aufmerksamkeit erweisen, die sie auf Grund ihres Rangs und ihres Titels beanspruchen könne. Der Gesandte Massias versäumte nicht, dies am 13. November nach Paris zu berichten. Indessen gab sich die Kaiserin liebenswürdig. Die Einladung nach Karlsruhe, die Karl Friedrich aussprach, nahm sie an[67]. Schon wenige Wochen später kam sie, auf der Reise zu ihrem Mann begriffen, in die badische Residenz. Karl Friedrich begrüßte sie mit seinem Enkel und seinen beiden Söhnen am Kutschenschlag. Markgräfin Amalie vermochte auch diesmal ihre Abneigung nicht ganz zu unterdrücken. Sie kam der Kaiserin nur bis an die Treppe entgegen und fand auch danach nicht zu dem freundlichen Umgangston, dessen sich Josephine bediente. Als ihr diese spontan ihren Spitzenschleier schenkte, weil sie ihn als sehr hübsch bezeichnet hatte, zeigte sie sich über das kostbare Geschenk wenig erfreut. Doch bemühte sie sich, die gesellschaftlichen Formen zu wahren[68].

Einen noch weit glanzvolleren Empfang als Kurfürst Karl Friedrich bereitete Kurfürst Friedrich der Kaiserin, als diese am 30. November 1805 in Stuttgart eintraf. Friedrich sah in dem Besuch der ersten Dame Frankreichs eine Chance, sich noch mehr als bisher das Wohlwollen Napoleons zu erwerben. Während ihres knapp drei Tage währenden Aufenthalts wohnte Josephine mehreren Galavorstellungen im großen Opernhaus bei. Sie unternahm in hochrangiger Begleitung Ausflüge nach Ludwigsburg und zum Schloß Monrepos. Ihr zu Ehren wurde ein großes Feuerwerk veranstaltet, und als sie am Morgen des 3. Dezember zur Weiterreise nach München aufbrach, hatte das Militär Paradeaufstellung genommen, die Kanonen schossen Salut und sämtliche Kirchenglocken läuteten[69]. Kurfürst Friedrich vermerkte mit Genugtuung, daß die Kaiserin von dem Bemühen des Stuttgarter Hofs, sie durch ein ebenso ehrenvolles wie aufwendiges Festprogramm zu verwöhnen, sehr angetan war. Der Kurfürstin gegenüber äußerte sie beim Anblick der damals noch recht kleinen württembergischen Haupt- und Residenzstadt, sie hoffe, sie, die Kurfürstin, in einer Residenz [wieder] zu sehen, die größer sei und mehr den Absichten entspreche, die der Kaiser für ihren Mann hege. Friedrich kommentierte in einem Schreiben an seinen Minister Normann: »Seie es auch nur Weibergeschwätz, dieses Weib ist mächtig und einflußreich, sie weiß viel, beinahe alles von den Projekten des Kaisers«[70].

Zusätzliche Fürsprache hatte der Kurfürst von Württemberg durchaus nötig. Noch schwankte Napoleon, ob er einer Erhebung aller drei süddeutschen Kurstaaten zu Königreichen zustimmen solle. Da die Gefahr drohte, daß sich auch Preußen der Koalition seiner Gegner anschloß, war ihm an einem raschen Frieden mit Österreich gelegen. Dies setzte aber voraus, daß sich seine Gebietsforderungen an das habsburgische Kaiserhaus in Grenzen hielten. Am 30. November ließ er Talleyrand wissen, Bayern solle Königreich und um Augsburg, Eichstätt, die Ortenau, den Breisgau und die (in oder an seinen Grenzen gelegenen) Territorien der Reichsritterschaft vergrößert werden, der Rest aber der von Österreich abgetretenen Gebiete den beiden anderen Kurfürsten zufallen. Für Normann eine schwierige Situation, hatte er doch seinem Herrn die Königswürde in sichere Aussicht gestellt. Indessen behielt er bei Talleyrand einen festen Rückhalt. Dieser beharrte seinem Kaiser gegenüber auf der mit dem bevollmächtigten Vertreter Württembergs getroffenen Absprache. Napoleon lenkte ein: Württemberg solle gleichfalls ein Königreich werden. Von Baden war nicht mehr die Rede. Höchst wahrscheinlich hätte Kurfürst Karl Friedrich gleichfalls eine Standeserhöhung erreicht, wäre er durch einen mit hinreichenden Vollmachten versehenen Diplomaten im Hauptquartier Napoleons vertreten gewesen. Der dorthin abgeordnete badische Kriegskommissär Oehl hatte in diplomatisch-politischer Hinsicht lediglich eine Art Beobachterstatus. Als Gesprächspartner kam er für Talleyrand nicht in Betracht. Verärgert berichtete Oehl nach Karlsruhe, welch hervorragende Vertrauensposition sich Normann beim französischen Außenminister verschafft habe[71]. Noch am 14. Dezember gab er in einem dienstlichen Schreiben seiner Überzeugung Ausdruck, es liege nur an Baden, Königreich zu werden[72].

Daß Bayern auch als Königreich seinen bisherigen Namen beibehalte, stand im Hauptquartier Napoleons außer Frage. Dagegen bereitete die Bezeichnung des zum Königreich erhobenen stark vergrößerten Kurfürstentums Württemberg Kopfzerbrechen. Ernsthaft diskutiert wurden die Namen Alemannien und Schwaben. Gegen Alemannien sprach die französische Bezeichnung für Deutschland »Allemagne«, die ganz ähnlich lautete, an Schwaben hatten auch Baden und Bayern Anteil. Schließlich beließ man es beim seitherigen Namen, obgleich sich Kurfürst Friedrich sehr gerne den Titel eines Königs von Alemannien beigelegt hätte. Schon Anfang Dezember 1805 entsandte der württembergische Kurfürst auf Anraten Talleyrands und mit Billigung Napoleons den Geheimen Rat Graf Truchseß von Waldburg nach St. Petersburg, um der verwandten Zarenfamilie die bevorstehende Standeserhöhung seines Hauses mitzuteilen und deren Anerkennung durch Kaiser Alexander zu erwirken[73].

Kurfürst Friedrich täuschte sich sicher nicht darüber hinweg, daß ihm Napoleon bei den konkurrierenden territorialen Interessen der beiden anderen süddeutschen Kurstaaten, und insbesondere bei der Vorliebe des Kaisers für Bayern, nur zu begrenzten Gebietserwerbungen verhelfen konnte und wollte. Dennoch verharrte er bei der Ansicht, daß sein künftiges »Königreich Alemannien« im Hinblick auf den nun beschlossenen »Tod des deutschen Staatskörpers« eine Bevölkerung von zwei bis zweieinhalb Millionen umfassen sollte. In einem an Normann gerichteten Schreiben vom 3. Dezember legte er dies nochmals eindringlich dar. Auf einer Karte zeichnete er die ihm erwünschten, an Lech, Donau und Rhein sich anlehnenden Grenzen ein. Offenbar spielte er schon damals mit dem Gedanken, Teile des badischen Nachbarlands seinem Staat einzuverleiben und Kurfürst Karl Friedrich anderweitig zu entschädigen. Er wies Normann an, seine territorialen Zielvorstellungen in den Gesprächen mit Napoleon nachdrücklich zu vertreten. Hierbei berief er sich auf Kaiserin Josephine. Diese habe ihm gesagt, ihr Mann sei bestrebt, alles für Kurfürst Friedrich und sein Haus zu tun, er könne deshalb dem Kaiser mit Festigkeit die Anliegen seines Monarchen vortragen. Die Erhebung Württembergs zum Königreich war für Friedrich eine Prestigefrage. Dagegen erschien ihm eine Standeserhöhung seines badischen Nachbarn nach wie vor grotesk. Da er es für selbstverständlich hielt, daß Baden bei der Verteilung neuanfallender Territorien hinter den beiden neuen Königreichen Bayern und Württemberg zurückzutreten hatte, wiederholte er, ein allenfalls über 600 000 Einwohner gebietender König sei ein Unding. Man solle den Badener mit dem Titel Groß- oder Erzherzog »abspeisen«[74]. Den Sieg Napoleons in der Dreikaiserschlacht von Austerlitz feierte Kurfürst Friedrich als die triumphalste Waffentat seit dem Siebenjährigen Krieg. Den schon wenige Tage darauf abgeschlossenen Waffenstillstand gab er den Stuttgartern durch Kanonenschüsse und Glockengeläut bekannt. Außerdem ordnete er kirchliche Dankgottesdienste an[75]. Ein wenig gedämpfter äußerte sich, so scheint es, in Karlsruhe die Freudenstimmung über das siegreiche Ende des Feldzugs gegen das Reichsoberhaupt[76].

Entgegen den Intentionen Talleyrands entschied sich Napoleon nunmehr mit Rücksicht auf Preußen und Rußland, den Reichsverband bestehen zu lassen und Österreich nicht über Gebühr zu demütigen. Dank seines ausgezeichneten Drahts zum französischen Außenminister vermochte Normann trotz der starken Stellung Bayerns sehr viel für seinen Herrn zu erreichen, so auch endgültig die nochmals gefährdet gewesene Königskrone. Freilich, die württembergischen Gebietsforderungen – und dies zeichnete sich seit längerem ab – setzte er nur zu einem bescheidenen Teil durch. Zu gern hätte er beispielsweise die österreichische Grafschaft Montfort (Tettnang) für Kurfürst Friedrich gesichert, und er bedachte zu diesem Zweck Talleyrand und andere maßgebliche französische Persönlichkeiten großzügig mit Bestechungsgeldern. Allein, der bayerische Unterhändler, Graf von Gravenreuth, vereitelte dies durch einen direkten Appell an Napoleon. Die Grafschaft wurde Bayern zugeschlagen. Graf Montgelas in München äußerte Spott und Schadenfreude über das vergeblich verschwendete Geld des württembergischen Kurfürsten[77].

Einen Tag nach dem Abschluß des bayerisch-französischen Sondervertrags am 11. Dezember 1805 brachten Talleyrand und Normann den entsprechenden französisch-württembergischen Vertrag in Brünn unter Dach und Fach: Kurfürst Friedrich wurde die Königskrone zugesprochen, doch gehörte sein Land weiterhin dem Reichsverband an. Österreich hatte an Württemberg abzutreten: die fünf Donaustädte Ehingen, Munderkingen, Riedlingen, Mengen und Saulgau, die obere und die untere Grafschaft Hohenberg, die Landgrafschaft Nellenburg, die Landvogtei Altdorf, das breisgauische Amt Triberg, die Städte Villingen und Bräunlingen. Auch mußte es der Einverleibung der Grafschaft Bonndorf in das neue Königreich zustimmen, schließlich hatte es auf alle Anrechte auf Württemberg, also auf die Anwartschaft auf das Land für den Fall des Aussterbens der württembergischen Regentenfamilie im Mannesstamm und auf einige ihm bis dahin zustehenden Lehensrechte zu verzichten. Der König von Württemberg erlangte über sein Land die uneingeschränkte Souveränität. Er war kraft des mit dem Kaiser der Franzosen geschlossenen Bündnisses, das seinen Besitzstand garantierte, verpflichtet, in einem auf dem europäischen Kontinent ausbrechenden Krieg, in den Frankreich verwickelt war, militärische Gefolgschaft zu leisten[78].

Ungeachtet der nur mäßigen Gebietsgewinne gab sich Kurfürst Friedrich nicht unzufrieden. Daß Normann das Menschenmögliche getan hatte, Württemberg vor allem seinem östlichen Nachbarn gegenüber nicht ins Hintertreffen geraten zu lassen, erkannte er rühmend an. »Sie haben vieles, alles getan, was unter den gegenwärtigen ganz veränderten Umständen möglich war«, schrieb er ihm. Und Normann meinte, die unberücksichtigt gebliebenen Gebietswünsche Württembergs seien zu verkraften. Sehr viel bitterer wäre gewesen, wenn Kurfürst Friedrich die bayerische Königswürde hätte akzeptieren müssen, ohne selbst diese Würde zu erlangen. Daß er durch die erfolgreiche Behauptung der Gleichrangigkeit den bayerischen Plan vereitelt habe, mit der Annahme der Königskrone in Süddeutschland eine der Preußens in Norddeutschland vergleichbare Rolle spielen zu können, erfüllte Normann mit Genugtuung. Die weitere politische Entwicklung Württembergs beurteilte er optimistisch. Entscheidend werde sein, wie man die Zustände nutze. Ein kleines, aber »gut administriertes Reich« habe schon oft die Oberhand über ein größeres, jedoch übel verwaltetes Land gewonnen. Die Königswürde sei von einzigartiger Qualität, sie »allein drückt der vollen Souveränität, selbst im Reichsverband, das Siegel auf«[79].

Kurfürst Friedrich stimmte in einem Schreiben vom 17. Dezember der Auffassung seines Ministers zu. Solange Bayern, ließ er Normann wissen, weder Tirol noch Salzburg bekomme, bescheide er sich gerne, zumal sich durch die zugeteilten Gebiete die Position Württembergs im Vergleich zu der Bayerns gegenüber früher verbessert habe. Aus diesem Grund, aber auch deshalb weil Baden die Königswürde nicht bekomme, fühle er sich durch die Standeserhebung geehrt und zufriedengestellt. Die höchste Befriedigung jedoch gewähre ihm, daß unbeschadet der ihm zuerkannten vollen Souveränität der Reichsverband fortbestehe und er Kurfürst bleibe. »Ich hätte«, so erklärte er weiter, »mein Vaterland Teutschland gar ungern verlassen, so aber ehre ich es und bleibe ihm treu. Sie können sich wirklich von meiner Freude keinen Begriff machen«[80]. Zwei Tage darauf schrieb er: »... Sie sind mein Zeuge, daß ich diese durch Ihre treuen Dienste und Geschicklichkeit erhaltene Würde nicht aus Eitelkeit gesucht und ihr nachgejagt habe, sondern daß ich sie deshalb als unentbehrlich ansehe, um der bayerischen Preponderance Einhalt zu tun und gegenstellen zu können«[81].

Nachdem sich die beiden künftigen Königreiche Bayern und Württemberg am 10. und 11. Dezember 1805 in Brünn vertraglich mit Frankreich über die ihnen zufallenden Gebiete geeinigt hatten, drängte Napoleon auch auf einen umgehenden Vertragsabschluß mit Baden. Kriegskommissär Oehl war von Kurfürst Karl Friedrich mit keinerlei Instruktionen versehen, obwohl er wiederholt um eine solche gebeten hatte, ebensowenig besaß er eine Vollmacht, auch war ihm der Inhalt des badisch-französischen Allianzvertrags vom 5. September 1805 nicht genau bekannt. Trotzdem sah er sich am 12. Dezember 1805 auf massiven französischen Druck hin genötigt, den ihm von Talleyrand vorgelegten Vertrag zu unterschreiben. Anders als im Fall von Bayern und Württemberg hatten zwischen Baden und Frankreich keine Vorverhandlungen stattgefunden. Der Vertrag war praktisch ein Diktat. Baden erhielt an Gebieten, was Frankreich für gut fand und Württemberg nicht bereits zugesprochen war: den Breisgau, ausgenommen den angeblich eine württembergische Enklave bildenden Teil, der östlich einer vom Schlegelsberg bis zum Mohlbach verlaufenden Linie gelegen war, und auch die Städte Bräunlingen und Villingen einschloß, ferner die Ortenau, die Stadt Konstanz und die Deutschordenskommende Mainau. Die übrigen Bestimmungen entsprachen im wesentlichen denen des französisch-bayerischen und französisch-württembergischen Vertrags: Zuerkennung der vollen Souveränität, Heerfolge bei Kontinentalkriegen usw.[82]. Kurfürst Karl Friedrich zeigte sich sehr verärgert, als ihn Oehl von dem Vertragsabschluß in Kenntnis setzte: »Diese Konvention ist ohne meinen Auftrag geschlossen und stimmt in Ansehung eines großen Teils ihres Inhalts mit meinen Interessen nicht überein. Der Geheime Referendär Oehl war von Mir mit einer Vollmacht zu diplomatischen Negationen nicht versehen ...«[83]. Ohne Zweifel hatte Oehl seine Kompetenzen überschritten. Aber nicht er, sondern Karl Friedrich selbst und dessen engste Berater, so vor allem auch Kabinettsminister Reitzenstein und Außenminister Edelsheim, trugen die Schuld, daß Baden während der entscheidenden Wochen im Hauptquartier Napoleons ohne einen mit den erforderlichen Vollmachten ausgestatteten, in politisch-diplomatischen Verhandlungen erfahrenen Vertreter gewesen und in diese unglückliche Lage geraten war. Als sich Reitzenstein, damals bereits der bestimmende Kopf der badischen Politik, am 2. Dezember 1805, am Tag der Schlacht von Austerlitz, schließlich mit Billigung seines Kurfürsten auf den Weg machte, war es zu spät. Er traf am 17. Dezember in Wien ein. Schon nach seinen ersten Gesprächen mit Talleyrand war ihm klar, daß er die Forderung Karl Friedrichs nach einer Abänderung des Vertrags in einem für Baden wesentlich günstigeren Sinn nicht werde durchsetzen können. Freilich lag Reitzenstein vornehmlich daran, den Anteil Badens an den zur Disposition stehenden Gebieten zu erhöhen, der greise Kurfürst wünschte eine territoriale Vergrößerung seines Staats gleichfalls, doch hatte für ihn das vertraglich abgesicherte Sukzessionsrecht seiner Söhne aus zweiter Ehe sowie die Königskrone einen höheren Stellenwert[84]. Für diese Herzensanliegen Karl Friedrichs vermochte Reitzenstein nur geringes Verständnis aufzubringen. Namentlich die Königswürde hielt er, wenn das badische Staatsgebiet nicht durch ein Mehrfaches der jetzt in Aussicht stehenden Territorien vergrößert wurde, für überzogen. Die Königswürde des Kurfürsten von Württemberg erschien ihm ein Ausfluß lächerlich anmutender Großmannssucht. Er brachte deshalb die Erhebung Badens zum Königreich offenbar gar nicht ernsthaft ins Gespräch[85]. Seine Verhandlungsposition war insgesamt schlecht. Napoleon und Talleyrand lehnten es ab, den Brünner Vertrag vom 12. Dezember nochmals zur Diskussion zu stellen. Reitzenstein sah sich sogar gezwungen, Frankreich noch zwei schmerzliche Zugeständnisse zu machen: Abtretung von Kehl und Verzicht auf Entschädigungen für die an die französische Armee geleisteten Lieferungen. Talleyrand sicherte ihm lediglich mündlich zu, daß Baden den gesamten Breisgau außer dem an Württemberg fallenden Oberamt Triberg sowie zusätzlich die im Breisgau gelegenen Klöster und das Johanniterpriorat Heitersheim bekommen sollte. Diese den Breisgau betreffenden sehr unbestimmten Zusagen hatten zur Folge, daß Baden in den folgenden Monaten mit Württemberg um die Abgrenzung der beiderseitigen Hoheitsbereiche in langwierige Streitereien verwickelt wurde. Noch am 20. Dezember 1805 mußte Reitzenstein »kapitulieren«, d. h. den badisch-französischen Vertrag von Brünn mit geringfügigen Modifikationen bestätigen[86]. In seinem an den Kurfürsten gerichteten Bericht vom 27. Dezember, in dem er sein Bedauern über die höchst unbefriedigende vertragliche Einigung mit Frankreich zum Ausdruck brachte, machte er keinen Hehl daraus, daß er einen Monat zu spät in Wien eingetroffen sei. Dies, so meinte er wenig selbstkritisch, sei nicht sein Fehler und auch nicht der von Oehl gewesen, die Schuld liege beim Ministerium [Außenministerium][87]. Er machte demnach vor allem Außenminister Edelsheim für die Fehlleistungen der badischen Diplomatie verantwortlich. Baden hatte alles von Frankreich erwartet, selbst kaum etwas getan, um seine politischen Interessen ins Gespräch zu bringen, und der ebenso rührigen wie geschickten Diplomatie Württembergs das Feld überlassen.

Indes wird man dem Urteil Franz Schnabels kaum zustimmen können, der Vertrag von Wien vom 20. Dezember 1805, der in den französisch-österreichischen Friedensvertrag von Preßburg vom 26. Dezember 1805 einfloß, sei der für Baden ungünstigste Vertrag der Napoleonzeit gewesen[88]. Sieht man von der Karl Friedrich vorenthaltenen, freilich

Philipp Christian Friedrich Graf von Normann-Ehrenfels (1756–1817). Gemälde von Philipp Friedrich Hetsch um 1812

Übergabe von Ulm durch die Österreicher an Napoleon im Oktober 1805. Kupferstich nach dem Gemälde von René Theodore Berton in Versailles

König Friedrich im Krönungsornat. Gemälde von Johann Baptist Seele, 1806

auch nicht ernsthaft geforderten Königskrone ab, kam Baden in diesem Vertrag ebenfalls gut weg. In der neuesten Forschung wird durchaus zu Recht festgestellt, Karl
Friedrich sei im Frieden von Preßburg nach dem Kurfürsten von Bayern der am meisten begünstigte Alliierte Napoleons gewesen[89]. Der Landgewinn des badischen Kurfürsten war beträchtlich. Dank der Landbrücke des Breisgaus und der Ortenau besaß
er jetzt ein zusammenhängendes, geschlossenes, wenn auch ungewöhnlich langge-
strecktes Staatsgebiet, das sich von Mannheim bis Lörrach und Konstanz erstreckte.
Reitzenstein war darüber nicht unglücklich, obgleich er zeitweise wie auch sein politischer Gegenspieler, der badische Gesandte in Paris Dalberg, unter Verzicht auf den
Breisgau und die Ortenau einer Erweiterung und Arrondierung des badischen Staats
durch württembergisches und hessisches Gebiet nach Osten bis zum Neckar und nach
Norden bis zum Main den Vorzug gegeben und dafür Württemberg am Bodensee freie
Hand gelassen hätte[90]. Für Frankreich hatte Baden die Funktion der Grenzsicherung
am Oberrhein zu übernehmen. Es durfte deshalb nicht zu schwach sein. Württemberg
war im Vergleich zu seinem östlichen und seinem westlichen Nachbarn für das Reich
Napoleons weniger wichtig. Wenn es sich gleichwohl kraftvoll behauptete und der territorialen Expansion Badens, aber auch der Bayerns Grenzen setzte, so verdankte es
dies in erster Linie dem eisernen Willen und dem Durchsetzungsvermögen seines
Regenten, der die Zügel seiner Regierung fest in der Hand behielt und unter Ausnut-
zung aller sich bietenden Vorteile eine harte Interessenpolitik betrieb. Allerdings schadete Kurfürst Friedrich sein gewaltsames Zugreifen mitunter mehr als es ihm nützte.
So wollte er einen möglichst großen Teil des Breisgaus seinem Staat einverleiben. Den
einen Grenzpunkt bildenden Mohlbach vermochte er nicht eindeutig zu identifizieren.
Er bezeichnete deshalb kurzerhand einen Bach bei einer Mühle in der Nähe von
Waldshut als diesen Punkt und ließ eine vom Schlegelsberg zu diesem Bach verlaufende Grenzlinie militärisch besetzen. Damit wäre ihm die Hälfte des Breisgaus zugefallen. Baden protestierte, signalisierte aber gleichzeitig weitgehende Konzessionsbe-
reitschaft. Friedrich ging darauf nicht ein. Eine französische Vermittlung wurde nötig,
sie fiel für Württemberg sehr ungünstig aus. Es mußte nunmehr auf einen erheblichen
Teil des Landes, den ihm Baden großzügig zugestanden hätte, verzichten[91].
Am 27. Dezember 1805 redete Napoleon in einem sehr schmeichelhaften Schreiben
Kurfürst Karl Friedrich mit dem unter Kaisern und Königen bzw. souveränen Fürsten
üblichen »Mein Bruder« (Mon frère) an. Er rühmte sich, Baden zu einer territorialen
Vergrößerung verholfen zu haben, die ihm den Eintritt in den Kreis der großen Mächte
ermögliche. Unmißverständlich gab er zu verstehen, daß er dafür von Karl Friedrich
und seinem Haus – er sprach von »Kindern« – Dankbarkeit und fortwährende freundschaftliche Gesinnung, in anderen Worten, unbedingte Gefolgschaftstreue, erwarte[92].
Karl Friedrich las diesen Brief sicher mit gemischten Gefühlen. Obgleich er mit Blick
auf sein Haus und Land von dem Ergebnis des Preßburger Friedensschlusses wenig
befriedigt und über die ihm vorenthaltene Königskrone sogar stark verärgert war,
mußte er dem Kaiser der Franzosen seine Ergebenheit und Dankbarkeit bekunden. Ein
Problem für ihn war sein künftiger Titel. In verfassungsrechtlichem Sinn bestand das
Reich, wenn auch von Napoleon völlig ausgehöhlt, fort. Deshalb behielten auch die
Könige von Bayern und Württemberg ihre seitherigen Kurfürstentitel bei. Karl Friedrich tat dies gleichfalls. Er nannte sich jetzt »des Heiligen Römischen Reichs souveräner Kurfürst«[93]. Dieser seltsam widersprüchliche Titel spiegelte die groteske Situation wider, in der sich die deutschen Alliierten Napoleons nach dem Sieg über die habsburgische Kaisermacht befanden.
Eine gänzlich passive Rolle fiel den kleinen reichsfürstlichen Häusern in Südwestdeutschland während des Feldzugs Napoleons gegen Österreich zu. Der Krieg ging

einfach an ihnen vorbei. Weder die habsburgische Kaisermacht noch Frankreich forderten sie zur Parteinahme auf. Nach dem Sieg Napoleons wurde der gesamte österreichische Besitz zwischen Rhein und Lech unter Baden, Württemberg und Bayern aufgeteilt. Am liebsten hätten diese drei Staaten sofort die kleineren Reichsstände ihrer Landeshoheit unterworfen, doch dazu versagte ihnen die Hegemonialmacht Frankreich die Zustimmung. Indessen gaben ihnen die auf sie übergegangenen oder von ihnen angemaßten seitherigen österreichischen Rechte, so das berüchtigte Epavenrecht, die Möglichkeit, die noch reichsunmittelbaren mindermächtigen fürstlichen Herrschaften zu tyrannisieren[94]. Besonders rigoros ging Württemberg zu Werke. Die beiden hohenzollerischen Fürstentümer, die jetzt größtenteils von württembergischem Gebiet eingeschlossen waren, bekamen Übergriffe des königlichen Nachbarstaats hart zu verspüren. Ein Glück, daß das Haus Hohenzollern-Sigmaringen über die Fürstin Amalie Zephyrine einen direkten Draht zu der Gattin Napoleons, Kaiserin Josephine, besaß. Ihr war es zu verdanken, daß Württemberg in einer vom französischen Außenministerium veranlaßten Erklärung ausdrücklich anerkannte, daß alle Rechte, die das »Erzhaus« im Fürstentum Hohenzollern-Sigmaringen ausgeübt oder beansprucht hatte, erloschen seien und daß damit auch das Epavenrecht nicht mehr angewendet werden dürfe[95]. Die Protektion, die Frankreich Hohenzollern-Sigmaringen gegenüber Württemberg gewährte, kam auch Hohenzollern-Hechingen zugute. Fürst Hermann von Hohenzollern-Hechingen hatte bei einer Audienz in München am 2. Januar 1806 Napoleon seine diesbezüglichen Anliegen und Wünsche vorgetragen. Der Kaiser hatte ihn wohlwollend angehört, ihn aber, ohne ihm irgendwelche Zusagen zu machen, an Talleyrand verwiesen. Dennoch baute Hermann auf die Unterstützung des genialen Feldherrn und mächtigsten Mannes seiner Zeit, dessen Bewunderer er hinfort war[96]. Sechs Tage nach der Audienz schrieb er ihm einen hochgestimmten Brief; in ihm bekannte er sich, seine glühende Dankbarkeit und Verehrung für den Kaiser der Franzosen bekundend, rückhaltlos zu Frankreich, der großmütigen Schutzmacht seines Landes, die durch ihre ruhmreichen Siege das Haus Hohenzollern wie die anderen kleineren Reichsstände in Schwaben von dem drückenden österreichischen Joch befreit habe[97]. Allein, was half es, wenn König Friedrich von Württemberg nicht bereit war, die Erklärung, die Talleyrand in Wien seinem Minister Normann bezüglich der seitherigen österreichischen Rechte in Hohenzollern-Sigmaringen abgerungen hatte, zu respektieren. Als Napoleon auf der Rückreise von München nach Paris am 18. und 19. Januar 1806 in Stuttgart Station machte, sicherte der König zwar zu, sich im Sinne dieser Erklärung zu verhalten, eine offizielle Bestätigung verweigerte er jedoch. Kaum hatte der Kaiser Württemberg verlassen, erhob König Friedrich Anspruch auf sämtliche lehens- und landesherrlichen Rechte, die Österreich über die Besitzungen der Sigmaringer Fürsten ausgeübt oder sich angemaßt hatte, und dies, obgleich dafür in den Grafschaften Sigmaringen und Veringen jede Rechtsgrundlage fehlte. Nachdem er zu Jahresbeginn die Klöster Wald und Habstal, ungeachtet der bereits erfolgten Besitzergreifung durch Baden, hatte militärisch besetzen lassen, unterstellte er Anfang März 1806 die Grafschaften Sigmaringen und Veringen gewaltsam seiner Landeshoheit. In Sigmaringen, der Residenzstadt von Fürst Anton Aloys, ließ er die württembergischen Wappen und Besitznahmepatente anschlagen. Damit war er jedoch entschieden zu weit gegangen. Frankreich griff ein, eine französische Truppenabteilung übernahm den Schutz des Landes. Württemberg mußte sich aus dem Fürstentum zurückziehen. Napoleon verfügte: Die Wiener Erklärung von Minister Normann hat uneingeschränkte Gültigkeit[98].
Wie bereits in anderem Zusammenhang angedeutet, kam es auch bei der Inbesitznahme der Bayern, Württemberg und Baden rechtmäßig zuerkannten Territorien zu

schweren Spannungen und Auseinandersetzungen. Es war ein geradezu grotesker »Wettlauf« um Annexionen. In seinem Schönbrunner Tagesbefehl vom 19. Dezember 1805 bestätigte Napoleon öffentlich die bereits de facto durch die drei süddeutschen Kurstaaten erfolgte Inbesitznahme der reichsritterschaftlichen Territorien sowie die ebenfalls schon durch diese Staaten erfolgte Übernahme des seither von den Fürsten von Thurn und Taxis ausgeübten Postregals. Er wies seine Offiziere an, seine süddeutschen Alliierten bei der Besitzergreifung der ritterschaftlichen Gebiete nachhaltig zu unterstützen, zumal die Reichsritter bislang Erfüllungsgehilfen der österreichischen Politik gewesen seien[99]. Nun, die Hilfe der Franzosen gegen widerspenstige Reichsritter war nicht notwendig, sehr wohl aber, wie wir bereits gehört haben, ihr vermittelndes und entflechtendes Eingreifen, um der wechselseitigen Gebietshabgier Württembergs, Bayerns und Badens Grenzen zu setzen und deren teilweise zu kleinen bewaffneten Konflikten sich auswachsende Streitigkeiten beizulegen. König Friedrich von Württemberg, mit der am wenigsten zimperliche Monarch bei der Aneignung neuer Gebiete, hatte bereits zwei Tage vor dem Schönbrunner Tagesbefehl dringend dafür plädiert, daß Frankreich bestimmte Demarkationslinien festlege, damit sich die drei Staaten nicht ständig ins Gehege kämen, außerdem wünschte er eine baldige Rückkehr der württembergischen Feldtruppen, um die angefallenen österreichischen Gebiete, deren Bevölkerung alles andere als über den ihr zugemuteten Herrschaftswechsel erfreut war, in Besitz nehmen zu können[100].

Auf die weitere politische Entwicklung wirkte sich höchst ungünstig aus, daß sich die drei süddeutschen Staaten über die ihnen zugesprochenen Gebiete heillos zerstritten. Das überwache Mißtrauen, das auch nach den unter starker Einflußnahme des mächtigen französischen Verbündeten zustande gekommenen Gebiets- und Grenzbereinigungen zurückblieb, verhinderte oder erschwerte zumindest eine gemeinsame Sprache Bayerns, Württembergs und Badens gegenüber Napoleon. Jeder der drei Staaten nützte lieber den direkten Draht nach Paris, als daß er seine häufig in gleicher Weise auch seine Nachbarn berührenden Anliegen zunächst mit diesen besprach und abstimmte, ehe er Kontakt mit Frankreich aufnahm.

Annahme der Königswürde durch Friedrich von Württemberg. Aufhebung der altwürttembergischen Verfassung

Nachdem Frankreich im Brünner Vertrag vom 11. Dezember 1805 der Erhebung Württembergs zum Königreich verbindlich zugestimmt hatte, stellte sich für Kurfürst Friedrich die Frage, wann und wie die Königswürde anzunehmen sei. Er war sich lediglich darüber im klaren, daß er den Königstitel selbst anzunehmen und diese Standeserhebung sodann öffentlich bekanntzumachen habe. Auf seine Anweisung erkundete Minister von Normann in Wien die Meinung Talleyrands und Napoleons. Am 23. Dezember 1805 berichtete Normann, erstmals die Anrede »Euer Königliche Majestät« gebrauchend, nach Stuttgart, die Annahme der neuen Würde sei ganz in das Belieben »Allerhöchstdesselben« gestellt, solle aber »schicklich nach der Ratifikation des Traktats«, d. h. nach der Ratifikation des einen Bestandteil des französisch-österreichischen Friedensvertrags bildenden französisch-württembergischen Vertrags, geschehen. Napoleon werde Friedrich als König anerkennen, sobald ihn dieser von der öffentlichen Annahme der Königswürde unterrichtet habe. Vom 24. Dezember 1805 an bediente sich der württembergische Kurfürst in seinen an den Kaiser der Franzosen gerichteten Briefen der Anrede »mein Bruder«, und Napoleon erkannte ihm dieselbe Anrede zu. Zuvor hatte Friedrich den französischen Imperator mit »Sire« angeredet, und für diesen war er »mein Vetter« gewesen. Am 27. Dezember übersandte Napoleon an Friedrich die Württemberg betreffenden Artikel des am Vortage in Preßburg abgeschlossenen französisch-österreichischen Friedensvertrags. »Ich bin glücklich«, schrieb er, »Ihrem Haus neuen Glanz verschafft und Ihnen auf diese Weise all das Interesse und die Freundschaft zu bekunden, die ich für Sie hege«. Im Preßburger Friedensvertrag hatte Österreich die vierzehn Tage zuvor in Brünn zwischen Frankreich und Württemberg getroffenen vertraglichen Vereinbarungen vollinhaltlich, so die Erhebung des Kurfürstentums zum Königreich und die Ausstattung des neuen Königs mit den uneingeschränkten Souveränitätsrechten, bestätigen müssen[101].

Daß ein so tatkräftiger und willensstarker Regent wie Kurfürst Friedrich auf Dauer ein Auseinanderfallen seines Landes in zwei sehr unterschiedlich regierte Teilstaaten, das absolutistisch regierte Neuwürttemberg und den dualistischen Ständestaat Altwürttemberg, nicht hinnehmen wollte, aber auch nicht hinnehmen konnte, stand außer Frage. Um hier jedoch eine grundlegende Änderung herbeizuführen, bedurfte es politisch günstiger Umstände. Schon der Abschluß des Bündnisses mit Napoleon im Herbst 1805 hätte ihm eine Handhabe zur Beseitigung der altwürttembergischen Verfassung geboten, zumal er der französischen Rückendeckung sicher sein konnte. Doch noch zögerte er. Die Landstände besaßen einen starken Rückhalt in der Bevölkerung, und es wäre wenig klug gewesen, das Volk in der prekären politisch-militärischen Situation, in der sich Württemberg in den ersten Wochen nach dem Bündnisabschluß befand, durch einen Staatsstreich vor den Kopf zu stoßen. Auch ließ sich nicht ausschließen, daß sich die Stände schutz- und hilfesuchend an das neutrale Preußen, einen der Garanten der altwürttembergischen Verfassung, wandten. Indessen kam es Napoleon darauf an, daß seine süddeutschen Verbündeten alle ihre Machtmittel rasch und unbeschränkt zu nutzen vermochten, wenn dies der Zweck der Allianz erforderlich machte. Dies war jedoch in Württemberg unmöglich, solange die Stände ihr maßgebliches Mitspracherecht in allen politischen Angelegenheiten behaupteten. Ende November 1805 empfahl Talleyrand dem württembergischen Bevollmächtigten im Hauptquartier Napoleons, ohne weiteren zeitlichen Aufschub die alte Landesverfassung abzuschaffen. Normann beunruhigte die Ungeduld der Franzosen. Er erkannte, daß Napoleon und sein Außenminister in der Beibehaltung des altwürttembergischen Ständestaats eine Schwäche des Regenten sahen, und daß dieser auf der Hut sein mußte, wollte er nicht den Mißmut des Kaisers der Franzosen auf sich ziehen. Hinzu kam eine zweite Gefahr: Die recht ruhigen Landstände in den für Württemberg vorgesehenen österreichischen Gebieten konnten sich nach der Annexion dieser Territorien mit den altwürttembergischen Ständen solidarisieren und so der Regierung zusätzliche Schwierigkeiten bereiten. Er riet seinem Herrn zu einem Überraschungsschlag, einem Staatsstreich. Nur so konnten seiner Meinung nach die für den Regenten wichtigen landschaftlichen Kassen in Stuttgart sichergestellt werden. Friedrich ließ sich jedoch nicht drängen, verhielt sich weiterhin abwartend, zurückhaltend, die Zeit arbeitete für ihn[102].

Der verstärkte landschaftliche Ausschuß riskierte, unbeeindruckt von den drohenden französischen Bajonetten, mitten im Krieg nochmals eine Machtprobe. Nachdem er am 5. Oktober, sich dem massiven Druck des Landesherrn beugend, seine Kompetenzen überschritten hatte[103], weigerte er sich danach ernsthaft, rechtswidrig zu handeln und sich zum Erfüllungsgehilfen der Politik des Landesherrn erniedrigen zu lassen. Anfang November forderte Kurfürst Friedrich, um seine Bündnisverpflichtungen erfüllen zu können, die Zustimmung der Stände zur »Auswahl« von 1500 Rekruten, außerdem verlangte er zwei Jahressteuern (360 000 Gulden). Der Ausschuß lehnte dies ab, weil Friedrich ihm nicht einmal zugestanden hatte, daß er hierzu Vollmachten von den Städten und Ämtern einholte, stattdessen mit dem Eingreifen Napoleons gedroht hatte. Der Kurfürst schrieb die Rekrutenauswahl einseitig aus. Die Proteste des Ausschusses und einer großen Zahl von Amtsversammlungen ließ er unbeachtet. Bei der Bewilligung der fälligen Steuer, der Winteranlage, machte der Ausschuß keine Schwierigkeiten. Friedrich entließ ihn deshalb am 15. Dezember in die Weihnachtsferien, behielt sich allerdings den Termin seiner Wiederberufung vor[104].

Mit der Zuerkennung der vollen Souveränitätsrechte im Preßburger Friedensvertrag fielen die Rücksichten weg, die den nunmehrigen König von Napoleons Gnaden bewogen hatten, von einer Beseitigung der altwürttembergischen Verfassung abzusehen. Am 27. Dezember 1805, noch ehe der Friedensschluß in Stuttgart bekannt wurde, eröffnete Friedrich dem Geheimen Rat die Annahme der Königswürde und ließ die Mitglieder auf seine Person vereidigen. Drei Tage darauf erschien Geheimrat von Ende im Landschaftsgebäude, um den wenigen dort anwesenden Ständevertretern im Auftrag seines Monarchen mitzuteilen, daß die ständische Repräsentation aufgehoben sei. Er nahm den landschaftlichen Beamten den Eid ab, versiegelte Akten und Kassen. Am 31. Dezember wurde den Amtsversammlungen ihr politischer Charakter als Landstände und Wahlkollegium aberkannt, am 2. Januar 1806 durch Generalreskript alle Volksversammlungen und »darauf gegründete Abordnungen« untersagt. Nur wenige Proteste gegen den Staatsstreich wagten sich hervor. Der König selbst schien überrascht, daß sich keinerlei Widerstand regte, der altwürttembergische Ständestaat sang- und klanglos unterging. Der von ihm angeordnete vorsorgliche nächtliche Schutz des Landschaftsgebäudes durch Militär erwies sich als unnötig. Die Ständevertreter waren offenbar wie gelähmt; ihr Verhalten mutete zum Teil recht kläglich an. Es kam, obwohl das Reich noch fast acht Monate fortbestand, zu keiner Klage vor dem Reichshofrat in Wien, auch wurde keine der Garantiemächte des Erbvergleichs von 1770 angerufen. Sämtliche Amtsversammlungen leisteten die ihnen vorgeschriebene Huldigung, ebenso legten die meisten landschaftlichen Beamten, wenn auch mit einigem Zögern, den Eid auf den König ab. Freilich ging Friedrich hier klug zu Werke. Er bot diesen Männern in großzügiger Weise Stellen im Staatsdienst an. Von einem solchen Angebot, der Übertragung eines hohen Richteramts, machte schließlich selbst einer der unbeugsamsten Ständevertreter, der Landschaftskonsulent Georgii, Gebrauch; er hatte sich zunächst beharrlich geweigert, den ihm abverlangten Eid zu leisten[105].

Daß der König bei der Beseitigung des altwürttembergischen Ständestaats so leichtes Spiel hatte, vermag nach den vorausgegangenen sehr hart geführten Verfassungskämpfen verwundern. Allein, auch ein Proteststurm und ein weitverbreiteter passiver Widerstand hätten den Monarchen nicht umstimmen können. Außenpolitische noch mehr als innenpolitische Beweggründe veranlaßten ihn zu diesem Staatsstreich. Der aus vielen heterogenen Elementen zusammengestückelte Staat mußte zu einer festgefügten, straff organisierten Einheit verschmolzen werden, um so dem schweren äußeren Druck standhalten und auf die Dauer bestehen zu können. Die Schaffung eines festgefügten Staatswesens war jedoch nur möglich, wenn der Landesherr sein politisches Konzept zunächst unbehindert von ständischer Mitwirkung oder Einflußnahme zu verwirklichen vermochte. So jedenfalls sah es König Friedrich. Daß nach dem Wegfall des durch das übermächtige Frankreich ausgeübten äußeren Drucks das absolutistische Regiment gemildert, das heißt daß die Untertanen der alt- wie der neuwürttembergischen Landesteile in einer zeitgemäßen Form an der Verantwortung für den Staat beteiligt werden mußten, um dessen Fortbestand unter veränderten Verhältnissen zu gewährleisten, lag nahe. Vielleicht hatte dies König Friedrich auch im Hinterkopf. Als er 1815 nach dem Untergang des napoleonischen Imperiums Württemberg eine Verfassung oktroyieren wollte, hat er ausdrücklich versichert, es sei von jeher seine Absicht gewesen, »sobald der Drang der Umstände aufgehört habe und ein fester Stand der Dinge eingetreten sein würde, dem Königreich »eine seiner inneren und äußeren Lage, den Rechten des einzelnen und den Bedürfnissen des Staates angemessene Verfassung und ständische Repräsentation zu geben«[106].

Am Neujahrstag 1806 gab Friedrich die Annahme der Königswürde in feierlicher Proklamation bekannt. »Wir finden in diesem für jeden treuen Württemberger auf die denkwürdigste Art sich auszeichnenden Ereignis einen neuen Beweis der über Unserem Königlichen Haus wachenden göttlichen Vorsehung und können Uns versichert halten, daß auch Unsere sämtliche Diener und Untertanen bei dieser großen und unerwartet glücklichen Entwicklung des damit so innig verbundenen Wohls des Vaterlandes von ebendenselben Empfindungen der Freude und des Danks durchdrungen sein werden. Die neuen hienach eintretenden Verhältnisse eröffnen Uns zugleich die frohe Aussicht, den Wohlstand Unserer sämtlichen sowohl angestammten als erworbenen Lande und das Unserem Herzen so naheliegende Glück Unserer sämtlichen Untertanen immer mehr erhöhen und befestigen zu können. Unser hierauf restlos gerichtetes Bestreben wird aber auch durch die Hoffnung belebt, in dem Danke, der aufrichtigen Treue und unerschütterlichen Anhänglichkeit Unserer gesamten Untertanen eine stete Belehrung zu finden, und bleiben Wir denselben mit Königlicher Gnade und Huld gewogen«[107].

Am Neujahrsmorgen 1806 kündigten in Stuttgart 100 Kanonenschüsse und das Geläut sämtlicher Kirchenglocken das große Ereignis an. Um 10 Uhr verlas ein von einer Gardeabteilung begleiteter Herold auf den wichtigsten Plätzen der Stadt die königliche Proklamation. In der Schloßkirche wohnte König Friedrich einem Tedeum bei. Festliche Veranstaltungen am Hof und in der Stadt schlossen sich an[108]. Mit der offiziellen Mitteilung über die Annahme der Königswürde an Napoleon verband Friedrich seinen Dank, zugleich versicherte er ihn seiner unauflösbaren Verbundenheit. Der Kaiser der Franzosen antwortete in sehr freundschaftlichem Ton: Friedrich könne davon überzeugt sein, daß er stets bereit sei, alle ihm zu Gebot stehenden Machtmittel zur Stützung des württembergischen Königsthrons einzusetzen[109].

Ein Anliegen war es Friedrich, auch seiner Schwester Maria Feodorowna von seiner Standeserhöhung Kenntnis zu geben. Schon vor der Annahme der Königswürde hatte er sich entschlossen, wie wir gehört haben[110], Graf Truchseß von Waldburg nach St. Petersburg abzusenden. Freilich, sein an die Schwester gerichtetes Schreiben ließ jedes Einfühlungsvermögen in die Psyche der unversöhnlichen Feindin Napoleons vermissen. In schwer begreiflicher Naivität stellte er den Preßburger Friedensvertrag in den Mittelpunkt und hob rühmend hervor, dieser habe seine Staaten beträchtlich vermehrt und seiner Familie den höchsten Grad des Ruhmesglanzes beschert. Ein Glück, daß der Brief seine Empfängerin nicht erreichte. Maria Feodorowna und ihr Sohn, Zar Alexander, waren zuvor schon über Friedrich äußerst aufgebracht. Sein Bündnis mit Napoleon hatten sie mit großem Unwillen zur Kenntnis genommen. Jetzt aber brachen sie jeden Verkehr mit dem nahverwandten Haus Württemberg ab. Dem Sondergesandten Friedrichs, Graf Truchseß von Waldburg, der den Brief an Maria Feodorowna und weitere Briefe an Zar Alexander und dessen Frau überbringen sollte, verweigerte der russische Außenminister Czartorisky die Einreise. Der Minister begründete das Einreiseverbot mit dem Vorwurf, württembergische Truppen hätten gegen Rußland gekämpft. Auch die Zarenmutter ließ in einem ungnädig gehaltenen Schreiben den Bruder wissen, wie tief sie sich durch die Teilnahme württembergischer Truppen am Krieg gegen ihr Land gekränkt fühlte. Nun hatten württembergische Einheiten während des Feldzugs von 1805 keinerlei Gefechtsberührung mit russischen Truppen gehabt. Die Verärgerung des Zaren und seiner Mutter hatte aller Wahrscheinlichkeit nach einen anderen Grund. Friedrich hatte Napoleon in überschwenglicher Weise, wie wir gehört haben, zu seinem großen Sieg bei Austerlitz beglückwünscht. »Könnte doch endlich«, schrieb er, »die wiederholte Erfahrung die Augen der beiden Kaiser erleuchten, sie unter den vorwaltenden Umständen ihre Interessen klar erkennen lassen und die Illusionen zerstören, in denen man sie wiegte, damit sie den ihnen vom Sieger fortwährend angebotenen Frieden ablehnten«. Eine solche Napoleon, den Schlachtengott der Zeit, in den Himmel erhebende und zugleich seine Feinde verächtlich machende Gratulation mußten der Zar und seine Mutter aus dem Mund des Stuttgarter Onkels und Bruders als Affront empfinden[111].

VI. Auf Befehl Napoleons gegen Preußen 1806/07 und gegen Österreich 1809

Der Feldzug gegen Preußen 1806/07

Die gewaltsame Beseitigung der altwürttembergischen Verfassung verschaffte König Friedrich die Möglichkeit, über das Wehrpotential seines Landes nach Gutdünken zu verfügen. Am 6. August 1806 erließ er für den Gesamtstaat eine Militärkonskriptionsordnung. Sie stellte einleitend den Grundsatz auf, daß jeder Untertan verpflichtet sei, dem Vaterland Kriegsdienste zu leisten. Indes kam der allgemeinen Wehrpflicht, wie sie hier ausgesprochen war, nur eine eingeschränkte Gültigkeit zu. Allzuviele Ausnahmen durchlöcherten sie. Ganze Bevölkerungsklassen und Berufsgruppen konnten eine teils unbedingte, teils bedingte Befreiung vom Militärdienst beanspruchen. So blieben neben dem Adel so gut wie alle Wehrfähigen vom Waffendienst befreit, deren Eltern zum Kreis der Staats- und Hofbediensteten bis einschließlich der 13. Rangstufe zählten, ferner junge Männer, die gehobene Berufe ausübten oder wichtigere Positionen im Handwerk und im öffentlichen Dienst innehatten, in Staatsunternehmen tätig waren oder als Ledige eine größere Land- oder Gastwirtschaft betrieben. Handels- und Gewerbetreibende mit einem Vermögen von mehr als 10 000 Gulden durften um die Stellung eines Ersatzmannes nachsuchen. Stuttgart und Ludwigsburg genossen als Residenzstädte den Vorzug, nur fünf bzw. einen Rekruten stellen zu müssen. Der Brüdergemeinde auf dem Hörnlishof bei Hornberg im Schwarzwald wurde aus religiösen Gründen Exemtion von der Wehrpflicht eingeräumt, sie hatte aber für jeden auf sie entfallenden Rekruten den Wert von 40 Scheffeln Dinkel an die Kriegskasse abzuliefern. Die Juden konnten zwischen persönlicher Dienstpflicht oder einem »Redemptionsquantum« (wahrscheinlich eine bestimmte Getreidemenge) wählen. Die Rekruten mußten mindestens 18 Jahre alt und wenigstens fünf Fuß sieben Zoll (163,3 cm) groß sein. Die Dienstzeit war bei der Kavallerie auf zehn, bei der Infanterie auf acht Jahre festgesetzt. Nach einer kurzen Grundausbildung wurde der Soldat gewöhnlich beurlaubt und, abgesehen vom Kriegsfall, nur noch zu kurzen Übungen eingezogen[1].

Mit der neuen Konskriptionsordnung, die sich in ihren Grundzügen an das seit 1804/05 in Bayern angewandte Rekrutierungsverfahren anlehnte, wollte König Friedrich der seither im Schwange gewesenen Willkür im Wehrersatzwesen vorbeugen, insbesondere kam es ihm aber darauf an, daß sich die Militärpflicht nicht nachteilig auf die Landeskultur auswirkte, und dies erreichte er mit der Konskriptionsordnung von 1806. Der Militärdienst traf ausschließlich diejenigen jungen Männer, die auf Grund ihrer persönlichen, beruflichen und wirtschaftlichen Verhältnisse für den Staat ohne besonderen Nutzen waren, also die Armen, die Ungebildeten und die beruflich wenig Qualifizierten[2].

Um das Ansehen der Soldaten in der Bevölkerung weiter zu erhöhen, erkannte der König den Veteranen Ehrenvorrechte zu: Sie waren von den gewöhnlichen Botengängen befreit, erhielten Ehrenplätze in der Kirche und den Rang nach den Magistrats- und Gerichtspersonen[3]. Soldaten, die 25 Jahre im Heer vorwurfsfrei gedient hatten, wurde eine Anstellung im »Militär- oder niederen Zivildienst« zugesichert. Die geringen Gemeindedienste sollten ausschließlich altgedienten Soldaten vorbehalten bleiben. Invaliden fanden künftig im Garnisonsbataillon oder in einer Invalidenkompanie Aufnahme[4]. Im Dezember 1806 befahl König Friedrich den Bau eines Invalidenhauses und die Errichtung eines Ehreninvalidenkorps. Dieses Korps, rangmäßig das erste in der württembergischen Armee, trug die Uniform der Generalität. 1810 konnte das Invalidenhaus bezogen werden. Auch um die Versorgung der Hinterbliebenen von Unteroffizieren und Soldaten, die im aktiven Militärdienst ihr Leben verloren, kümmerte sich der König. 1807 setzte er für die Witwen gefallener oder im Dienst gestorbener Militärangehöriger Versorgungsbezüge fest, 1812 bezog er in die Versorgung auch Kriegswaisen ein[5].

Für Baden galt noch immer die Landesherrliche Verordnung vom 23. März 1804 über die Milizpflichtigkeit und die Kantonseinteilung[6]. Ähnlich wie in Württemberg beschränkte sich die Wehrpflicht auf die Armen, Ungebildeten und beruflich wenig Qualifizierten. Hinzu kam in Baden, daß eine Anzahl Städte von der Stellung von Rekruten auf Grund der ihnen erteilten Privilegien befreit war. Der aktive Militärdienst dauerte bei der Artillerie zwölf, bei den übrigen Waffengattungen acht Jahre. Doch brachte auch hier der Soldat die wenigste Zeit bei der Truppe zu, meist befand er sich in unbestimmtem Urlaub[7]. Der badische Offiziersnachwuchs, der sich mit geringen Ausnahmen aus dem Adel und dem gehobenen Bürgertum rekrutierte, erhielt seine Ausbildung in den Regimentern. Die Anwärter traten als Kadetten ein und avancierten, nachdem sie »den Dienst erlernt« hatten, zu Leutnanten. Lediglich für die Artillerieoffiziere bestand seit 1804 in Karlsruhe eine »école militaire«, eine Kriegsschule; sie diente gelegentlich auch Infanterie- und Kavallerieoffizieren zur Weiterbildung[8]. In Württemberg war seit der Aufhebung der Hohen Carlsschule im Jahr 1794 die Ausbildung der Offiziersanwärter in den Regimentern gleichfalls die Regel. 1805 gründete Kurfürst Friedrich in Ludwigsburg ein Militär- und Kadetteninstitut, das zunächst 40, seit 1809 76 Ausbildungsplätze für Offizierszöglinge bot. Die Lehrfächer der Anstalt umfaßten neben den Militärwissenschaften Französisch, Latein, evangelischen bzw. katholischen Religionsunterricht und Tanzen[9]. Der geradezu sprunghaft anwachsende Bedarf an Offizieren ließ sich weder in Baden noch in Württemberg durch Landeskinder decken. Beide Länder zogen deshalb in größerer Zahl junge Offiziere aus anderen deutschen Ländern, selbst aus nichtdeutschen Staaten in ihren Dienst. Angehörige nicht weniger norddeutscher Adelsgeschlechter kamen damals nach Südwestdeutschland und begründeten hier Offiziers- und Beamtenfamilien[10].

Das Offizierskorps betrachteten Kurfürst Karl Friedrich von Baden und in noch höherem Maß König Friedrich von Württemberg als ihre ganz persönliche Gefolgschaft. Sie erwarteten von ihm unbedingte Subordination, tadelsfreies, vorbildliches Verhalten, Diensteifer, im Krieg Tapferkeit und rückhaltlose Einsatzbereitschaft. Eine besondere Auszeichnung ließ König Friedrich seinen Offizieren Ende 1806 zuteil werden. Er verlieh Generalen und Offizieren bis herunter zum Stabshauptmann, in Gardeeinheiten sämtlichen Offizieren den persönlichen Adel. Gleichgültig, welcher Herkunft sie waren, durften sie ihrem Namen das Prädikat »von« vorsetzen und alle Rechte des Geburtsadels für sich in Anspruch nehmen. Dieselbe Vergünstigung erlangten auch die Ritter des ausschließlich Offizieren vorbehaltenen Militärverdienstordens[11].

Seit Frühsommer 1806 drohte ein neuer europäischer Konflikt. Das ungebrochene expansive Machtstreben Napoleons beunruhigte in zunehmendem Maß Preußen. Am Berliner Hof gewannen Männer maßgeblichen Einfluß, die die seitherige Friedenspolitik ihres Landes mißbilligten. Preußen und Rußland trafen Vorbereitungen zu einer gemeinsamen Abwehrfront gegen Frankreich. Zwischenfälle mit den Franzosen in den preußischen Westprovinzen sowie ein angeblich England von Napoleon unterbreitetes Angebot, das von preußischen Truppen besetzte Hannover zurückzugeben, erhöhten die Spannungen. Anfang August ordnete König Friedrich Wilhelm III. von Preußen die Mobilisierung des größten Teils seiner Armee an. Napoleon traf Gegenmaßnahmen. Im September war der Krieg unvermeidlich geworden. Kursachsen sowie etliche andere nord- und mitteldeutsche Staaten schlossen sich Preußen an. Das von dem greisen Herzog Karl von Braunschweig, dem Schwiegervater König Friedrichs von Württemberg, befehligte preußische Heer sammelte sich in Thüringen. Der Plan des Herzogs, nach Süden vorzustoßen und die Streitkräfte der süddeutschen Staaten zu zerschlagen, ehe sich diese den Schutzschild der französischen Militärmacht zunutze machen konnten, scheiterte. Napoleon hatte sehr viel rascher, als dies die Preußen erwartet hatten, ein starkes Heer zu Gebot. Meister der beweglichen Kriegführung, riß er die militärische Initiative an sich. Am 10. Oktober zersprengte er die vorgeschobenen preußischen Kräfte bei Saalfeld, und vier Tage darauf errang er in der Doppelschlacht von Jena und Auerstedt einen triumphalen Sieg. Herzog Karl von Braunschweig traf schon zu Beginn der Schlacht eine Kugel am Kopf und beraubte ihn des Augenlichts; der einst so ruhmreiche Heerführer starb nach mehrwöchigem schwerem Siechtum am 10. November in Ottensen bei Hamburg. Das geschlagene preußische Heer flutete, soweit es der Kriegsgefangenschaft entging, nach Norden und Osten zurück. Bereits am 27. Oktober hielt Napoleon seinen Einzug in Berlin. Am nächsten Tag fügte Murat den gegnerischen Truppen eine neue Niederlage zu. In bedrückend schneller Folge kapitulierte ein Großteil der wichtigsten preußischen Festungen. Mitte November 1806 war das ganze preußische Staatsgebiet westlich der Elbe in der Hand Napoleons. Am 2. Januar 1807 besetzten die Franzosen Warschau. In Ostpreußen führten die Überreste der ehedem so stolzen preußischen Armee im Verein mit den Russen den Abwehrkampf gegen die Franzosen noch bis zum Frühsommer 1807 fort. Auch trotzte eine Anzahl Festungen in Schlesien und in anderen Teilen der preußischen Monarchie den Belagerern monatelang. Einige feste Plätze vermochten sich sogar noch bis zum Friedensschluß von Tilsit am 9. Juli 1807 zu behaupten.

Im Krieg gegen Preußen hatten Baden und Württemberg, aber auch die beiden hohenzollerischen Fürstentümer Napoleon Kriegsfolge zu leisten. Mehr symbolischen Wert hatten die von Hohenzollern-Hechingen und Hohenzollern-Sigmaringen ins Feld zu stellenden Truppenkontingente: 97 und 193 Mann. Die Hechinger Grenadiere waren bereits am 19. Oktober marschbereit, hingegen konnte die Sigmaringer Dragonerkompanie, deren Aufstellung der Erbprinz auf Anraten Talleyrands angeboten hatte, erst Ende November ausrücken[12]. König Friedrich von Württemberg hatte die wenigen Friedensmonate nach dem Ende der Feindseligkeiten mit Österreich dazu genutzt, sein Heer zu vergrößern, es zweckmäßig zu organisieren und seine Kriegstüchtigkeit durch Manöver zu verbessern. Auch richtete er, um beim Ausmarsch der Truppen eine rasche Ausbildung der Rekruten und einen reibungslosen Mannschaftsersatz zu gewährleisten, bei den einzelnen Regimentern Depots ein[13]. Ähnliches geschah damals auch in Baden: Die Depots führten hier die Bezeichnung Garnisonsregimenter[14]. Keine Schwierigkeiten bereitete es König Friedrich, ein ansehnliches Truppenkorps zu mobilisieren. Nach Kriegsausbruch im Herbst 1806 stellte Württemberg 8000 Mann ins Feld; ihnen wurden bereits nach sechs Wochen weitere 3500 Mann als Verstärkung und Ersatz nachgesandt[15]. Wenig nach dem Geschmack König Friedrichs war es, daß Napoleon wie schon 1805 den Standpunkt vertrat, das württembergische Heer sei zu klein, um eine eigenständige militärische Rolle übernehmen zu können, deshalb solle es der französischen Armee eingegliedert werden. Wiederum wurde ein französischer General mit der Befehlsgewalt über die Württemberger betraut. Besonders verärgert reagierte Friedrich auf die Mitteilung, daß dies General Vandamme war, der die Schleifung der Bergfeste Hohentwiel 1800/01 mitzuverantworten hatte. Vandamme galt als tüchtig, aber auch als roh und rücksichtslos[16].

Vor dem Ausmarsch musterte König Friedrich den größten Teil seiner Feldtruppen. Zugleich ermahnte er sie in einem emphatischen Aufruf, ihm, ihrem König und dem Vaterland durch ihren tapferen Einsatz Ehre zu machen. Sie kämpften, so ließ er sich weiter vernehmen, an der Seite eines Heeres, das seit zwölf Jahren unter dem geschicktesten und größten Feldherrn der Gegenwart Sieg auf Sieg an seine Fahnen geheftet habe. Freilich verschwieg er auch nicht, daß sie gegen einen Gegner anzutreten hätten, der ehedem unter dem größten der Könige dem ganzen bewaffneten Europa Trotz geboten habe. Sehr ernst war es ihm mit der Versicherung, Verdienste großmütig belohnen und für die Angehörigen der Soldaten, die ihr Leben für König und Vaterland opferten, bestens sorgen zu wollen[17]. Der königliche Appell an die Vaterlandsliebe der großenteils aus den unteren Volksschichten stammenden und zudem nicht selten aus neuwürttembergischen Gebieten kommenden Soldaten hat auf diese zwangsrekrutierten jungen Männer, die kaum ein Verhältnis zu König Friedrich und seinem Staat besaßen, sicherlich wenig Eindruck gemacht. Sie hatten zu gehorchen, eine andere Wahl blieb ihnen nicht.

Die Interessen der württembergischen Truppen nahm ein in das Hauptquartier Napoleons abgeordneter Militärbevollmächtigter wahr. Außerdem entsandte König Friedrich seinen Außenminister Levin Graf von Wintzingerode dorthin. Wintzingerode sollte sich politisch auf dem laufenden halten, sich über etwaige Friedenssondierungen informieren und, falls die Frage territorialer Entschädigungen zur Sprache komme, die Gebietswünsche Württembergs geltend machen[18]. Der politische Gegenspieler im Hauptquartier Napoleons war Emmerich Freiherr von Dalberg, der badische Gesandte in Paris. Er vertrat dort während des Feldzugs gegen Preußen die Interessen seines Landes beim Kaiser der Franzosen. Dalberg sah seine Hauptaufgabe darin, eine weitere territoriale Vergrößerung Württembergs und Bayerns zu verhindern. Deshalb suchte er Napoleon, aber auch Talleyrand gegen diese beiden Länder und ihre Politik einzunehmen. Er erreichte aber nur, daß Graf Wintzingerode und Graf Montgelas gemeinsam gegen ihn Front machten und seine Abberufung betrieben. Den Belangen Badens war die Mission Dalbergs im Hauptquartier Napoleons nicht förderlich[19].

Schlecht war es im Herbst 1806 um das badische Heer bestellt. Trotz des erst kurze Zeit zurückliegenden Feldzugs gegen Österreich, in dem die Badener glücklicherweise nur eine Statistenrolle hatten spielen müssen, war kaum etwas geschehen, um die Truppe auf einen erneuten Ernstfall vorzubereiten. Die Mobilisierung von vier Infanterieregimentern, einem leichten Dragonerregiment, zwei Husareneskadrons und zwei Batterien Fußartillerie kam nur sehr schleppend voran; sie wurde beinahe ein Fiasko. Es fehlte an den wichtigsten Ausrüstungsgegenständen. Da Preußen anfangs die Gewehrfabrik in Schmalkalden besetzt hielt, herrschte empfindlicher Mangel an Gewehren. Nach der Ausrüstung des zuerst ins Feld ziehenden Teilkontingents waren die einigermaßen tauglichen Handfeuerwaffen beinahe aufgebraucht. Die Franzosen stellten österreichische und preußische Beutegewehre unterschiedlicher Kaliber zur Verfügung, die vorgefertigte badische Munition konnte jedoch mit ihnen nicht verschossen werden. Eine teilweise Abhilfe brachten schließlich Gewehre, die unter Leitung einer badischen Artillerieabteilung in Schmalkalden angefertigt wurden[20]. Die Kavallerie besaß keine Pferde. Die den Feldtruppen angehörenden sechs Eskadrons (Dragonerregiment und zwei Husareneskadrons) mußten daher zu Fuß nach Preußen marschieren und erhielten nach der Kapitulation von Prenzlau preußische Pferde, die allerdings in miserabler Verfassung waren[21]. Der kommandierende General von Cloßmann berichtete beim Anblick des Dragonerregiments nach Karlsruhe: »Einen traurigeren Eindruck hat wohl kaum je ein Kavallerieregiment gewährt«[22]. Wenigstens waren 1806 im badischen Militär »wegen der zweckmäßigen Reinlichkeit und Bequemlichkeit« die herkömmlichen Zöpfe, die ein ständiges Pudern erforderten, abgeschafft worden; sie hatten bislang das antiquierte Aussehen der ganz nach preußischem Muster uniformierten und organisierten Truppe noch verstärkt[23]. Sehr nachteilig auf die Kriegstüchtigkeit des badischen Feldkontingents wirkte sich aus, daß die meisten Stabsoffiziere alt und gebrechlich waren; mehrere von ihnen wurden während des Feldzugs pensioniert[24].

Die erste ausrückende badische Feldbrigade, 3526 Mann stark, vereinigte sich am 10. Oktober 1806 in Würzburg und erreichte auf verschiedenen Umwegen einen Monat später Stettin. Ihre militärische Tätigkeit beschränkte sich im wesentlichen auf den Garnisonsdienst sowie auf die Eindämmung des von der preußischen Festung Kolberg aus geführten Kleinkriegs gegen rückwärtige französische Verbindungen. Auf preußischer Seite tat sich vor allem der spätere Freischarenführer Ferdinand von Schill hervor. Anfang 1807 langte auch die 2469 Mann umfassende zweite badische Feldbrigade in Stettin an. Die unter dem Befehl des Generalmajors Valentin von Harrant stehenden Truppen wurden im Februar 1807 dem neuformierten X. Französischen Korps, das Marschall Lefèbvre kommandierte, eingegliedert und bei der Belagerung von Danzig verwendet. In hartem, verlustreichem Kampf warfen sie am 23. Februar 1807 bei Dirschau die preußischen Vortruppen der Festung zurück. Hierbei plünderten verbündete Polen einige Offiziere des Regiments Erbherzog bis aufs Hemd aus, weil sie sie wegen ihrer Uniformen mit Preußen verwechselten. Zu solchen folgenschweren Verwechslungen kam es gelegentlich auch sonst. Am 26. Mai 1807 kapitulierte Danzig[25]. Im Juli hatten sich die Badener einschließlich des erst Anfang Juni von Karlsruhe aufgebrochenen Reservekorps an der Belagerung der schwedischen Festung Stralsund zu beteiligen. Einem dem Korps angehörenden Jägerbataillon oblag es zunächst, Gefangene des Blücherschen Korps in Lübeck zu eskortieren und anschließend im unruhigen Hessen Kantonierungsquartiere zu beziehen. Daß die Stadt Herford als Vergeltung für die Ermordung eines französischen Offiziers nicht brutal niedergebrannt wurde, verdankte sie dem Bataillonskommandeur Oberst Lingg. Insgesamt verlor das knapp 7500 Mann umfassende badische Feldkontingent rund ein Viertel seines Bestandes an Toten, Vermißten, Verwundeten, Kranken und Gefangenen. Erst gegen Jahresende durfte es in die Heimat zurückkehren[26].

Im Gegensatz zu den bayerischen und württembergischen Truppen fanden die badischen vor Napoleon wenig Gnade. Im Januar 1807 äußerte er gegenüber dem Gesandten Dalberg: »Euer Kontingent ist nicht vollständig, es ist schlecht organisiert, die Truppen sind nicht schlagfertig«[27]. Marschall Lefèbvre hielt den Badenern während der Belagerung von Danzig einmal eine derbe Strafpredigt, weil sie geplündert hatten. Später verminderten sich die Klagen über die einfachen Soldaten. Die französische Kritik richtete sich mehr gegen die kommandierenden Offiziere. Daß die Vorwürfe indessen weniger dem Fehlverhalten und der mangelnden Befähigung der badischen Truppenkommandeure und deren Stäbe galten, daß sich hinter ihnen vielmehr Kompetenzstreitigkeiten zwischen der badischen und der französischen Führung verbargen, steht außer Frage. Der französische Befehlshaber der badischen Truppen bemühte sich nicht darum, das Vertrauen der Offiziere und Soldaten zu gewinnen, im Gegenteil, er schikanierte sie und kommandierte sie herum. Gewiß war es um die Manneszucht der Badener nicht gut bestellt, wie dies auch Dalberg im Mai 1807 bei einem Truppenbesuch vor Danzig feststellen mußte, aber die badischen Truppen waren besser als ihr Ruf. Sie haben sich den ihnen übertragenen, nicht immer leichten militärischen Aufgaben durchaus gewachsen gezeigt. Ihren Mut und ihre Einsatzbereitschaft haben sie immer wieder unter Beweis gestellt[28]. Am 4. April 1807 stiftete Großherzog Karl Friedrich, um hervorragende militärische Leistungen im Feld angemessen zu würdigen, den nach ihm benannten Militärverdienstorden. Freilich verlieh er ihn, wie im monarchischen Staat üblich, auch allen männlichen Mitgliedern seines Hauses, selbst wenn sich diese bislang militärisch nicht hervorgetan hatten. Das erste Ordenskapitel nahm er zum Anlaß, die Verdienste der Offiziere, Unteroffiziere und Soldaten zu rühmen, die sich vor Danzig und Stralsund sowie bei anderen Gelegenheiten ausgezeichnet hatten[29].

Am Feldzug gegen Preußen nahm auch Erbprinz Karl teil. Markgräfin Amalie hatte dem Sohn diesmal nichts in den Weg gelegt. Sie war sehr schlecht auf den preußischen Hof zu sprechen. Seiner schwächlichen Haltung vor allem 1805 schrieb sie es zu, daß sich Baden in die Vasallität Frankreichs hatte begeben müssen und daß das großherzogliche Haus durch diese Abhängigkeit noch zusätzliche Erniedrigungen auf sich zu nehmen hatte, so die von Napoleon erzwungene Ehe ihres Sohns mit Stephanie Beauharnais, der Adoptivtochter des Kaisers der Franzosen[30] – auf sie wird noch in anderem Zusammenhang einzugehen sein –. Leider enttäuschte Erbprinz Karl die in ihn gesetzten Erwartungen. Sein Verhalten ließ sehr zu wünschen übrig. Selbst ihm wohlwollend Gesinnte stieß er vor den Kopf. Schon zu Beginn seines Aufenthalts im Hauptquartier geriet er in Streit mit dem französischen Kriegsminister Berthier. General Harrant hielt mit seiner Ansicht nicht hinter dem Berg. »Im ganzen wäre es besser gewesen«, schrieb er nach Karlsruhe, »wenn der Prinz zu Hause geblieben wäre«. Karl zeigte keinerlei Interesse an militärischen Führungsaufgaben. Er tat so, als ginge ihn der Krieg nichts an. In der Pose des müßiggängerischen Privatmanns gab er sich seinen ausschweifenden Vergnügungen hin. Napoleon, der ihn kaum einmal zu Gesicht bekam, machte aus seiner Verärgerung keinen Hehl. Er wünschte, daß die in seinem Hauptquartier weilenden Angehörigen regierender Häuser durch ihr fürstliches Auftreten und Verhalten den Glanz seiner Umgebung erhöhten. Vergeblich versuchte Freiherr von Dalberg auf den jungen Prinzen einzuwirken, damit dieser gegen seine Lethargie und Schüchternheit ankämpfe und nicht länger den Ärger und die Spottlust der Franzosen herausfordere. Anfang 1807 wollte Napoleon Karl nach Stettin zum badischen Korps abschieben. Kriegsminister Berthier, der ihm diese Aufforderung des Kaisers zu übermitteln hatte, meinte boshaft, seine Anwesenheit könne den Eifer der Badener vermehren und sie zum Wetteifer mit den Truppen der anderen süddeutschen Staaten anspornen. Indes verhinderte eine Erkrankung die Abreise des Prinzen. Erst drei Monate später kam er dem erneut an ihn herangetragenen Verlangen des Kaisers nach. Sein Aufenthalt bei dem Korps war kurz. Bereits am 14. Juli trat er die Heimreise nach Karlsruhe an. Napoleon hätte es nicht ungern gesehen, wenn er schon viel früher nach Hause zurückgekehrt wäre[31]. Seine Teilnahme am Feldzug 1806/07 im Gefolge des Kaisers der Franzosen genügte übrigens dem Schwager Zar Alexander, um ihm ein zweites Mal seinen russischen Generalsrang abzuerkennen[32].

Die schwache Position der beiden hohenzollerischen Fürstentümer veranlaßte deren Erbprinzen, im Heer Napoleons den Feldzug gegen Preußen, das so oft seine schützende Hand über die schwäbischen Hohenzollern gehalten hatte, mitzumachen und auch danach im Dienst Frankreichs zu bleiben. Noch stärker als die politische Existenz Badens und Württembergs hing die der beiden Ländchen von dem Willen Napoleons ab. Deshalb hatten ihre Regentenhäuser in besonderer Weise Ergebenheit und Dienstwilligkeit gegenüber dem Imperator unter Beweis zu stellen[33].

Die württembergische Division übernahm zusammen mit zwei bayerischen Divisionen unter dem Befehl des jüngsten Bruders Napoleons, Jérôme, im Herbst 1806 die Belagerung der im Rücken des französischen Heeres befindlichen preußischen Festungen Glogau, Breslau, Schweidnitz, Neisse, Glatz und Silberberg. Die Festungen waren meist in miserablem Zustand und konnten nach kürzerer oder längerer Einschließung zur Kapitulation gezwungen werden. Prinz Jérôme äußerte sich sehr zufrieden über die Leistungen der Württemberger. Sie stünden, erklärte er, an Tüchtigkeit den Franzosen nicht nach. Dieses Lob erfüllte König Friedrich mit Genugtuung. Im Frühjahr 1807 ließ ihm Marschall Berthier im Auftrag Napoleons die bei der Einnahme der Festung Schweidnitz erbeuteten Fahnen übergeben[34]. Sonst wurde das kleine Königreich mit Beutegut nicht gerade verwöhnt. Das meiste behielten die Franzosen für sich. So bekamen die Württemberger nach der Kapitulation der Festung Neisse lediglich drei preußische Fahnen, einige hundert Pferde, 400 Gewehre und andere Ausrüstungsgegenstände. Hingegen soll General Vandamme die sich bietenden Gelegenheiten zur persönlichen Bereicherung benutzt haben[35]. Mit der Manneszucht der württembergischen Truppen stand es nicht zum besten. Die Bevölkerung der Gegenden, in denen sie längere Zeit verweilten, lernte sie als unangenehme Besatzer kennen[36]. Nicht im Sinne von König Friedrich war es, daß mehrmals einzelne Regimenter aus dem Divisionsverband herausgelöst und zu Sondereinsätzen kommandiert wurden. So mußten im Frühjahr 1807 zwei Infanterieregimenter die Belagerungstruppen vor der unbezwungenen preußischen Festung Kolberg in Hinterpommern verstärken. Die Proteste des kleinen Alliierten ließ die französische militärische Führung unbeachtet. Der Befehlshaber der württembergischen Truppen, General Vandamme, mischte sich ständig in die Befugnisse des württembergischen Divisionskommandeurs ein und beschnitt diese in unzulässiger Weise. Wiederholt ersuchte König Friedrich Prinz Jérôme, Vandamme in seine Grenzen zu verweisen. Doch gegen den ebenso intelligenten wie hinterhältigen General war nicht viel auszurichten. Der König sah sich schließlich gezwungen, den zu nachgiebigen General von Seckendorff durch Generalleutnant von Camerer zu ersetzen. Camerer behauptete sich gegenüber dem französischen Befehlshaber besser als sein Vorgänger. Auch griff er hart durch, um die stark gelockerte Disziplin bei den württembergischen Feldtruppen wieder zu festigen[37]. Im Mai 1807 wurde beispielsweise ein Jäger zu Pferd wegen verübter Exzesse durch kriegsgerichtlichen Spruch zum Tod verurteilt und erschossen[38].

Die lange Dauer des Feldzugs und insbesondere der Unterhalt der weit von der Heimat entfernt im Einsatz befindlichen Truppen verursachte hohe Kosten. Im April 1807 wies König Friedrich in seiner vertraulichen Korrespondenz mit Napoleon auf die das kleine Königreich schwer belastenden militärischen Aufwendungen hin[39]. Noch mehr als Württemberg litt das verschuldete Baden unter der finanziellen Bürde des neunmonatigen Feldzugs[40].

Nach Friedensschluß blieb die württembergische Division zunächst in Schlesien (Hauptquartier Reichenbach), später wurde sie in die Mittelmark (Hauptquartier Fürstenwalde) verlegt. Erst im Dezember 1807 stimmte Napoleon der Rückkehr des Gros der Division, die während des Feldzugs 1191 Mann teils vor dem Feind, teils durch Krankheiten verloren hatte, in die Heimat zu. König Friedrich begrüßte seine Soldaten in Ellwangen. Ihr ehrenvolles Verhalten im Krieg gegen Preußen erfüllte ihn mit Stolz. Auf der anderen Seite äußerte er sich der Tochter Katharina gegenüber verärgert darüber, daß Württemberg für die militärischen Opfer, die es hatte auf sich nehmen müssen, bislang auch nicht die geringste Entschädigung bekommen hatte[41].

Friedrich grollte Napoleon, weil dieser den Frieden von Tilsit geschlossen hatte, ohne zuvor über dessen Bedingungen mit seinen süddeutschen Verbündeten auch nur Fühlung genommen zu haben. Selbstherrlich hatte der Kaiser der Franzosen die Aufnahme des Kurfürsten und nunmehrigen Königs von Sachsen, des Kurfürsten (Großherzogs) von Würzburg, der thüringischen und mecklenburgischen Herzöge (Großherzöge) sowie verschiedender anderer nord- und mitteldeutscher Fürsten in den im Vorjahr von ihm gegründeten Rheinbund verfügt. Gleichzeitig hatte er den Kurfürsten von Hessen (-Kassel), den Herzog von Braunschweig sowie das Haus Nassau-Oranien entthront und aus preußischen, hessischen, hannoverschen und braunschweigschen Gebieten das Königreich Westfalen gebildet, zu dessen Regenten er seinen Bruder Jérôme machte. Außerdem hatte er das von seinem Schwager Murat regierte Großherzogtum Berg beträchtlich vergrößert. Entgegen seinen früheren Zusicherungen, am Rhein als französischer Ostgrenze festzuhalten, hatte er die Festungen Wesel, Kehl, Kastel und Kostheim auf dem östlichen Rheinufer seinem unmittelbaren Machtbereich zugeschlagen. Mit dem Tilsiter Frieden wandelte sich das Verhalten Napoleons gegenüber seinen Beratern und Verbündeten. Er lehnte es ab, sich mit ihnen, wie er dies früher getan hatte, über politische Fragen auseinanderzusetzen. Über den jeweils einzuschlagenden politischen Kurs entschied ausschließlich er selbst. Alles mußte sich ihm unterordnen, seine Befehle und Anordnungen befolgen. Sein autokratisches Regiment schützte er durch eine strenge höfische Etikette[42].

Die auf den Krieg mit Preußen folgenden zwei Jahre nutzten Baden wie Württemberg für den weiteren Ausbau ihres Wehrwesens. Dabei war Baden gegenüber seinem Nachbarland weit im Rückstand. Seinem Heer hafteten noch viele Kinderkrankheiten an, die das württembergische längst überwunden hatte. Indes holte Baden rasch auf. Bereits Anfang 1809 war sein Heer kaum noch mit der mangelhaft organisierten, nachlässig geführten und wenig disziplinierten Truppe vergleichbar, die im Herbst 1806 gegen Preußen gezogen war. Das Offizierskorps war verjüngt und durch tüchtige »ausländische«, vornehmlich preußische Offiziere vergrößert worden. Das Niveau der militärischen Ausbildung hatte sich merklich gehoben, die Ausrüstung war durchgängig verbessert worden. Kriegsminister Markgraf Ludwig, der für die mangelhafte Kriegstüchtigkeit und Ausrüstung der badischen Truppen 1806/07, aber auch für vieles andere, was am großherzoglichen Hof in Karlsruhe aus dem Lot geraten war, verantwortlich gemacht wurde, war durch ein Machtwort Napoleons 1808 in die Wüste geschickt worden, das heißt auf seine Güter nach Salem verbannt worden. An seiner Stelle hatte General Freiherr von Geusau die Leitung des Kriegsministeriums übernommen[43]. Geusau ersetzte die preußischen Dienstvorschriften und Reglements durch französische. Ebenso übernahm er für die Truppe die französischen Gradabzeichen, auch die Ausrüstung glich er der der französischen Armee an. Das Heer des Großherzogtums wurde auf eine Sollstärke von 12 000 Mann gebracht[44]. Die im Jahr 1804 errichteten vier Garnisonsregimenter verloren ihre Eigenständigkeit, sie wurden den Infanterieregimentern einverleibt, denen sie jeweils zugeordnet gewesen waren[45].

Der erheblich angestiegene Bedarf an Rekruten machte eine durchgreifende Reform der »Kriegspflichtigkeit« oder, wie es in Baden auch hieß, der »Milizpflichtigkeit« erforderlich. Diese erfolgte in mehreren Etappen. Daß man sich am französischen Konskriptionsgesetz orientierte, liegt auf der Hand. Das großherzogliche Edikt vom 13. Februar 1808 hob die Befreiung »einzelner Städte und Ortschaften« von der »Rekrutenauswahl« auf. Es bestimmte: Die die Altersgruppen der Schulentlassenen bis zur Vollendung des 30. Lebensjahrs erfassende Kriegsdienstpflicht »ist eine den Söhnen aller Orts- und Schutzbürger unseres Staats und aller nicht gefreiten übrigen Staatsbürger obliegende Last, von welcher keine Ortsfreiheit oder Religionsgemeinschaft lossprechen kann«[46]. Der Kreis der »nicht gefreiten Staatsbürger«, die zu den »Rekrutenauswahlen« herangezogen wurden, soweit sie mindestens fünf Fuß groß und sonst wehrtauglich waren, beschränkte sich wie bisher auf die Armen und Ungebildeten sowie dem Staat in sonstiger, vor allem wirtschaftlicher Hinsicht wenig nützlichen jungen Männer. Das Edikt über die Kriegspflichtigkeit und die Art der Auswahl vom

15. März 1808 legte die vielen Ausnahmen vom Wehrdienst im einzelnen fest. So blieben u. a. befreit die Söhne von Adligen, die Söhne der großherzoglichen »gelehrten Diener« sowie aller weiteren »Staatsdiener«, die »mit der Kanzleisässigkeit begnadigt sind«, die Söhne der entsprechenden Hofbediensteten, die Söhne der »Städtevorsteher und Ratsglieder«, der »Fabrikherren und Großhändler«. Nicht in die »Auswahlen« einbezogen werden sollten Söhne von Familien, die diesen aus wirtschaftlichen Gründen unentbehrlich waren (in der Regel der einzige Sohn oder bei mehreren Söhnen jeweils ein Sohn), Studierende verschiedener Fachrichtungen, in der Ausbildung befindliche Lehrer, bestimmte Handwerker usw. Vorzüge genossen weiterhin die Städte, sie brauchten nur einen Teil der auf sie entfallenden Rekruten zu stellen: (jeweils auf die »Seelenzahl« umgerechnet) die Hälfte die Residenz-, Universitäts- und Provinzstädte Karlsruhe, Mannheim, Heidelberg und Freiburg, zwei Drittel »die übrigen vorzüglichen und Handelsstädte« Rastatt, Bruchsal, Überlingen, Konstanz, Lahr, Pforzheim, Miltenberg und Wertheim, drei Viertel sämtliche anderen alten Städte[47]. Die zahlreichen »Befreiungen von der Kriegspflichtigkeit« und die den Städten noch immer zugestandenen, wenn auch eingeschränkten Privilegien gestalteten es schwierig, den vermehrten Anforderungen des Heeres an Rekruten zu genügen. Um das Reservoir der wehrfähigen jungen Männer besser ausschöpfen zu können und um eine »gleichere Verteilung dieser Staatslast«, das heißt mehr Wehrgerechtigkeit, zu erreichen, sah sich die badische Regierung bereits am 29. September 1808 veranlaßt, die Konskriptionsbestimmungen neu zu fassen. Nunmehr galt: »Kein Untertan ist in der Regel vom Kriegsdienst frei«. Wehrpflichtig war jetzt jeder junge Mann vom 20. bis zum 25. Lebensjahr. Befreit vom Militärdienst blieben lediglich die Söhne der großherzoglichen Hof- und Staatsdiener der gehobenen Klassen (bis zum Kanzlisten bei den oberen Behörden), die Söhne der Fabrikinhaber, deren Gewerbebetrieb auf einem besonderen großherzoglichen Privileg beruhte, sowie die Söhne der Großhändler mit einem Betriebskapital von wenigstens 50 000 Gulden. Erlaubt war jedoch den Wehrpflichtigen die Stellung eines tauglichen Ersatzmannes, eines Einstehers[48]. Da zu erwarten stand, daß die Angehörigen der wohlhabenderen und gebildeten Bevölkerungsklassen von dieser Möglichkeit Gebrauch machten, konnte nicht zweifelhaft sein, daß sich das badische Militär auch künftig im wesentlichen aus den unteren Volksschichten rekrutierte.

Seit dem Edikt vom 13. Februar 1808 waren auch die in Baden ansässigen Juden wehrpflichtig. Die Gesetze der israelitischen Religion (rituelle Speisevorschriften, Einhaltung des Sabbats usw.) erschwerten indessen die enge Gemeinschaft jüdischer Soldaten mit christlichen, wie sie in einer kleinen militärischen Einheit unerläßlich war. Nun zählten die Juden damals zu den untersten Bevölkerungsklassen. Ein Großteil der vom Los getroffenen jüdischen Wehrpflichtigen besaß nicht das Geld, um sich loskaufen zu können. Deshalb verfügte Großherzog Karl Friedrich am 14. März 1809, daß die Judenschaft, also die badischen Juden in ihrer Gesamtheit, für jeden ihrer ausgelosten Wehrpflichtigen 400 Gulden an die Kriegskasse entrichten sollten[49].

Die Auswahl, die Einberufung und die Ablieferung der Rekruten an die militärischen Kommandostellen oblag den Provinzregierungen. Nach dem Verhältnis der Zahl der Einwohner wurde der Rekrutenbedarf auf die Provinzen und Oberämter umgelegt[50]. Nur widerwillig unterwarfen sich manche Gemeinden und Ämter der Rekrutierungspflicht. Zu Tumulten bei Aushebungen wie in den Jahren 1803/04 kam es zwar nicht mehr, doch grassierte noch immer die Desertion. Die Regierung sah sich daher im März 1809 gezwungen, für jeden »Ausreißer« von der zuständigen Gemeinde eine »Desertionsgebühr« zu erheben, die je nach Waffengattung zwischen 75 und 400 Gulden betrug. Die Gemeinden durften sich dafür am Vermögen des »Ausreißers« schadlos halten[51].

Die württembergische Königskrone, entstanden 1806

Die badische Krone, entstanden 1811

In Württemberg führte König Friedrich, die Erfahrungen des preußischen Feldzugs nutzend, den Ausbau seines Heeres fort. Noch immer reichte der Nachwuchs im Land nicht aus, um den Offiziersbedarf zu decken. Die Niederlage Preußens hatte mit der Verkleinerung des preußischen Heeres die Entlassung vieler junger Offiziere zur Folge. Friedrich, der sich eine gewisse Vorliebe für das Heer der Hohenzollernmonarchie bewahrt hatte, zog eine größere Zahl dieser Offiziere in seine Dienste. Er sah es nicht ungern, daß es sich bei ihnen meist um Adlige handelte. Doch war für ihn der Adel nicht das maßgebliche Kriterium. Die berufliche Befähigung gab für ihn bei der Anstellung und Beförderung von Offizieren – übrigens auch von Beamten – den Ausschlag. Wer sich an seine strengen Anweisungen hielt, dem Dienst mit Eifer nachkam und sich untadelig aufführte, fuhr bei ihm selten schlecht. Aber nicht nur das dienstliche Verhalten seiner Offiziere interessierte den König, auch auf ihr Privatleben hatte er ein strenges Auge. Ehen beispielsweise durften »Militärpersonen« nur mit seiner Zustimmung eingehen[52]. Unnachsichtig bestrafte er Insubordination, Feigheit oder ehrenrühriges Benehmen. Wenn es um die Ehre des königlichen Dienstes ging, kannte er keinen Pardon. Immer wieder »kassierte« er junge Offiziere, weil sie seine Erwartungen enttäuscht hatten. Mitunter ließ er sie einfach von der Truppe »wegjagen«. Ein Hauptmann erhielt seine Entlassung wegen hoher Schulden. »Seine Königliche Majestät«, wurde ihm erklärt, »sind nicht gesonnen, ein solch unerhörtes Beispiel von Vermögensverfall an einem ihrer Offiziere zu tolerieren.« Ein Sekondleutnant wurde »wegen Trunkenheit im Dienst und in derselben begangenen Exzessen« zu einem sechswöchigen Festungsarrest verurteilt und nach Verbüßung seiner Strafe entlassen[53].

Der Feldzug gegen Österreich 1809

Nach der Niederwerfung Preußens und dem Verständigungsfrieden mit Rußland hofften die süddeutschen Verbündeten Napoleons, daß Europa jetzt endlich zur Ruhe komme. König Friedrich von Württemberg brachte das Verlangen nach einem dauerhaften Frieden in seinem Briefwechsel mit dem Kaiser der Franzosen wiederholt in aller Deutlichkeit zum Ausdruck[54]. Sein Land brauchte nach den rasch aufeinander gefolgten Kriegen gegen Österreich und Preußen Zeit, um sich wirtschaftlich erholen, den inneren Staatsaufbau vorantreiben zu können und vor allem auch um die Bevölkerung der neuerworbenen Gebiete in dem zu einem Mittelstaat angewachsenen Württemberg heimisch werden zu lassen. Entsprechendes galt für den noch weit weniger gefestigten Staat Baden. Allein, Napoleon dachte nicht daran, das Schwert zur Seite zu legen und sich den drängenden Aufgaben des friedlichen Aufbaus zu widmen. Sein rastloses Machtstreben beschwor neue europäische Konflikte herauf. Bereits im August 1807, einen Monat nach dem Tilsiter Friedensschluß, richtete er an König Friedrich das Ansinnen, ein Truppenkorps zur Einschüchterung Österreichs zu mobilisieren. Dazu war jedoch Friedrich außerstande, seine Feldtruppen standen noch in Preußen. Im eigenen Land verfügte er nur über bescheidene militärische Reserven. Zudem hielt er eine solche Präventivmaßnahme, wie er der Tochter Katharina darlegte, für überflüssig, da nach seinen Erkundigungen die habsburgische Kaisermacht anderthalb Jahre nach ihrer Niederlage gegen Frankreich noch nicht so weit wieder aufgerüstet hatte, um eine bewaffnete Machtdemonstration gegen den Kaiser der Franzosen und seine deutschen Alliierten zu riskieren. Indes bestand Napoleon nicht auf seiner Forderung[55].

1808 ließ sich das napoleonische Frankreich in Spanien in ein verhängnisvolles militärisches Abenteuer ein, das in den folgenden Jahren einen nicht unerheblichen Teil seiner Streitkräfte band. Auch die deutschen Vasallenstaaten hatten Truppenkontingente zu stellen. Baden konnte sich dem Verlangen Napoleons nicht entziehen – über den fünfjährigen Kampf der badischen Truppen in Spanien wird noch zu berichten sein[56] –, König Friedrich hingegen weigerte sich, sehr zum Mißfallen des Kaisers der Franzosen. Sarkastisch äußerte dieser, er bedaure, daß Friedrich über ein so kleines Heer verfüge und er ihm deshalb nicht den Krieg erklären könne[57]. Auf dem Erfurter Fürstenkongreß im September/Oktober 1808, der Napoleon auf dem Höhepunkt seiner Macht und seines Ruhms zeigte, soll Friedrich den mächtigen Alliierten davon überzeugt haben, daß im Hinblick auf die schwer durchschaubare Politik Österreichs die württembergischen Truppen ebenso wie die bayerischen und sächsischen zu Hause bleiben müßten[58]. Dies erscheint einleuchtend, denn bereits im Juni jenes Jahres hatte Napoleon auf die österreichischen Rüstungen hingewiesen und von einer am politischen Horizont sich abzeichnenden Kriegsgefahr gesprochen. Friedrich hatte damals keine drohenden Anzeichen für einen neuen bewaffneten Konflikt im Herzen Europas gesehen, aber zugesagt, ein 10 000 Mann starkes Truppenkorps im Raum Schwäbisch Hall–Ellwangen zu Manövern zusammenzuziehen. Im übrigen hatte er den Kaiser nicht darüber im Zweifel gelassen, daß die noch vom letzten Krieg erschöpften Finanzen seines Landes durch eine neue kriegerische Entwicklung in schlimmster Weise in Mitleidenschaft gezogen würden, und er hatte auch nicht versäumt, daran zu erinnern, daß Napoleon bislang keines seiner Versprechen bezüglich der territorialen Entschädigungen für die von Württemberg gebrachten Opfer eingelöst habe. Der Kaiser erklärte daraufhin Anfang September 1808 beschwichtigend, er wolle lediglich unliebsamen Überraschungen vorbeugen, zumal er einen Teil seiner Truppen nach Spanien habe werfen müssen und er den Rheinbundstaaten einen Krieg im eigenen Land ersparen wolle[59]. Fast gleichzeitig erlaubte er, daß Baden die auf seine Anordnungen getroffenen Mobilmachungsvorbereitungen zurücknahm. Seine Beziehungen zu Österreich, hatte er Großherzog Karl Friedrich geschrieben, seien freundschaftlich. Da der Großherzog aber sein Kontingent unter die Waffen gerufen habe, möge er die nächsten Wochen zu Übungen, vor allem zu »Feuerexerzitien«, verwenden. In seiner freimütigen, die wahren Verhältnisse beim Namen nennenden Antwort vom 14. September 1808 hob Karl Friedrich hervor, daß Baden auf Geheiß des Kaisers die größtmöglichen Anstrengungen unternommen habe. Doch sei es unmöglich, so fuhr er fort, »daß in der gegenwärtigen Sachlage solche Anstrengungen lange fortgesetzt werden können. Ein Drittel der Einkünfte des Landes wird verschlungen durch die Pensionen und die öffentlichen Schulden, welche ich kraft der Verträge mit Eurer Majestät zahlen muß: sie einzustellen, würde Elend und Verzweiflung in alle Familien bringen. Die Steuern sind vermehrt worden, Unzufriedenheit ist die Folge. Der öffentliche Kredit ist gleich Null, der Unbestand der Ereignisse vernichtet ihn. Die Abgaben sind im Rückstande, weil Handel und Umlauf gehemmt sind; keine Anleihe kann zustande kommen«[60].

Doch so sehr vor allem König Friedrich von Württemberg darauf bedacht war, Wien eine auf die Erhaltung des Friedens abzielende Politik zu bescheinigen, um Frankreich von einem neuen Waffengang gegen Österreich abzuhalten, die Feststellung Napoleons, daß die habsburgische Kaisermacht insgeheim einen Krieg vorbereite, war nicht aus der Luft gegriffen. Österreich hatte die Niederlage von 1805 nicht bewältigt, es suchte nach einer Gelegenheit, den Machtdünkel Napoleons zu dämpfen, seinem Imperium Grenzen zu setzen und selbst wieder eine stärkere politische Position im Konzert der Mächte zu erlangen. Am Wiener Hof gewann insbesondere durch die Erzherzöge Karl und Johann ein frankreich-feindlicher Geist die Oberhand. In gleichem Maß regte sich auch in der von dem reformfreudigen Grafen Philipp Stadion geleiteten österreichischen Regierung ein wachsender Widerstandswille gegen das Herrschaftssystem Napoleons. Im spanischen Volksaufstand gegen die französischen Unterdrücker sahen viele ein mahnendes und zugleich ermunterndes Feuerzeichen. In ähnlicher Weise wie die Spanier konnten auch die deutschen Stämme in gewaltsamem Aufbegehren das sie erniedrigende fremde Joch abschütteln. Seit 1808 verstärkte Österreich seine Rüstungen. Allein, ganz gegen seine sonstige Gewohnheit versäumte es, diplomatisch aktiv zu werden, um Verbündete sich zu bemühen und andererseits dem Imperator unsichere oder schwankende Alliierte abspenstig zu machen. Im Frühjahr 1809 hatte es seine Kriegsvorbereitungen getroffen. Doch es war isoliert. Sein einziger Bundesgenosse England verfügte über kein Heer, mit dem es ihm hätte Beistand leisten können. Erzherzog Karl, ein fähiger Heeresorganisator und Stratege, verschlechterte die Position seines Landes noch dadurch zusätzlich, daß er es versäumte, die militärische Initiative zu ergreifen und die Streitkräfte der süddeutschen Staaten zu zerschlagen, ehe Napoleon mit einem ausreichend starken Heer zur Stelle war.

Anfang Februar 1809 meinte König Friedrich, die akute Kriegsgefahr sei gebannt, der Ausbruch eines bewaffneten Konflikts wenigstens für einige Zeit hinausgeschoben[61]. Doch er täuschte sich. Napoleon hielt den Krieg für unvermeidlich. Am 14. Februar wünschte er exakte Angaben über die Stärke der württembergischen Truppen, ihre Gliederung, ihre Ausrüstung, den Anteil an Artillerie und anderes mehr[62]. Die Mobilisierung der Truppenkorps Badens und Württembergs war nicht zu umgehen. Am 9. März forderte die Oberregierung in Stuttgart sämtliche außerhalb der Rheinbundstaaten sich aufhaltenden Untertanen zur umgehenden Rückkehr in die Heimat auf[63]. Diese Aufforderung richtete sich in erster Linie an die in österreichischen Diensten stehenden Württemberger. In Österreich befanden sich damals in hohen Staats- und Militärstellen zahlreiche im Königreich Württemberg beheimatete Adlige. Allen Untertanen, die sich weigerten zurückzukehren, wurde als Strafe der Vermögenseinzug angedroht. Die österreichische Regierung betrachtete diese mit Strafandrohung verbundene Heimkehr-Beorderung der württembergischen Staatsangehörigen als einen feindseligen Akt und brach die diplomatischen Beziehungen zum Stuttgarter Hof ab[64].

Als eine Demütigung empfand es König Friedrich, daß Napoleon, ungeachtet seines Protests, General Vandamme wiederum den Oberbefehl über die württembergischen Truppen übertrug. Groß waren darüber auch Unmut und Verärgerung in der württembergischen Generalität. Nach den bitteren Erfahrungen mit dem groben und hinterhältigen französischen Haudegen, der übrigens aus Deutschland stammte (geboren 1770 in Kassel und dort auch 1830 gestorben), hatten sie die schlimmsten Befürchtungen. Napoleon stellte sich jedoch auf den Standpunkt, die württembergische Felddivision könne nur bei ihrer Unterstellung unter einen französischen General zweckentsprechend eingesetzt, angemessen verpflegt und untergebracht werden[65]. Sich zähneknirschend der Entscheidung des übermächtigen Alliierten fügend, betraute König Friedrich Generalleutnant von Neubronn mit dem Kommando über die württembergischen Truppen. Nachdrücklich schärfte er Generalen und Offizieren ein, sich gegenüber Vandamme höflich, respektvoll und zuvorkommend zu benehmen. Dagegen untersagte er ihnen unter Androhung strenger Bestrafung jede Art von Kriecherei und Schmeichelei. Offiziere, die Vandamme in unwürdiger Weise zu Willen waren und dadurch General von Neubronn die Erfüllung seiner Dienstobliegenheiten erschwerten, sollten ohne weiteres arretiert und nach Stuttgart gebracht werden. Dort sollten sie dann erfahren, wer ihr Souverän sei. Von Offizieren, die als Ordonnanzen zu Vandamme kommandiert wurden, erwartete der König, daß sie stets auf die Ehre ihrer Uniform und ihres Dienstes achteten. General von Neubronn hatte dem französischen Befehlshaber jede Einmischung in die inneren Angelegenheiten des Korps zu verwehren. Zu seiner Unterstützung gab ihm König Friedrich den ausschließlich der königlich württembergischen Befehlsgewalt unterstehenden Generalmajor von Theobald bei. In das Hauptquartier Napoleons ordnete er als Militärbevollmächtigten Oberst von Hügel und Oberstleutnant Graf von Beroldingen ab. Die beiden Stabsoffiziere mußten die Befehle für die württembergischen Truppen entgegennehmen und den König über den Gang der militärischen Operationen auf dem laufenden halten[66].

Seit Herbst 1808 kämpften 2000 badische Soldaten in Spanien. Ein stärkeres Ergänzungs- und Ersatzkontingent stand im Frühjahr 1809 vor dem Ausmarsch. Kein Wunder, wenn der Befehl Napoleons, nunmehr für den Krieg gegen Österreich 6000 bis 7000 Mann zu mobilisieren, das Großherzogtum hart traf. Dennoch wagte die Regierung in Karlsruhe keine Widerrede. Das badische Truppenkorps erhielt zunächst in der Person des Brigadegenerals Kister einen französischen Kommandeur. General von Harrant war darüber sehr ungehalten. Schließlich aber erreichte Markgraf Wilhelm von Baden während des Feldzugs bei Marschall Masséna, daß das Korps direkt dem Divisionsgeneral Legrand unterstellt wurde[67].

Von militärischen Dienstleistungen des badischen Erbprinzen im Hauptquartier oder im Kriegsheer Napoleons war nicht die Rede. Abgesehen davon, daß Karl in Karlsruhe in Vertretung seines kaum noch regierungsfähigen 81jährigen Großvaters Regentenpflichten wahrzunehmen hatte, zeigte er nach seiner unglücklichen Statistenrolle im Feldzug gegen Preußen kein Interesse, Erfahrungen in der Truppenführung zu sammeln. Napoleon dürfte darüber kaum böse gewesen sein.

Entsprechend ihrer Bevölkerungszahl hatten auch die beiden Hohenzollerischen Fürstentümer Soldaten zur Armee Napoleons zu stellen. In Hohenzollern-Sigmaringen wurde zu diesem Zweck das »höchstlandesherrliche Rekrutierungspatent« vom 3. Oktober 1806 »vervollkommnet«. Das Sigmaringer Wochenblatt gab am 26. März 1809 die Modalitäten der Rekrutenaushebung bekannt. Der eingangs festgestellte Grundsatz, nach dem jeder Untertan Kriegsdienste zu leisten hatte, war ähnlich wie im württembergischen Rekrutierungsgesetz von 1806 durch die Befreiung ganzer Bevölkerungsgruppen ad absurdum geführt. Nicht dem vom 17. bis zum 40. Lebensjahr sich erstreckenden Wehrdienst unterlagen die Adligen, die öffentlichen Beamten und ihre Söhne, die Schullehrer und die Meister in den herrschaftlichen Bergwerken, diejenigen Untertanen, die aus eigenem Vermögen Steuern zahlten, die einzigen Söhne von Witwen, die Hofbediensteten, die Studenten bei nachgewiesenen Fortschritten in den Wissenschaften, die ihre Kunst nicht handwerksmäßig ausübenden Künstler. Für die Aushebung waren jeweils vorrangig vorzumerken: »Fornikanten« (Männer, die sich eines Unzuchtvergehens schuldig gemacht hatten), ferner Verschwender, Spieler, Säufer und Nachtschwärmer, Feld- und Garten- sowie Wilddiebe, Einwohner, die sich ihrer Obrigkeit tätlich widersetzten. Ohne Zweifel handelte es sich bei dieser Bestimmung um ein Relikt aus dem 18. Jahrhundert, als man Taugenichtse, »Aushauser« und verbrecherische Elemente vorzugsweise ins Militär gesteckt hatte. Junge Leute, die nicht zum Kreis der Befreiten zählten, hatten, wenn sie »durch das Spiel« rekrutiert wurden, noch immer die Möglichkeit, sich mit obrigkeitlicher Genehmigung loszukaufen[68]. Die großzügig zugestandenen Befreiungen und Loskaufmöglichkeiten aber bildeten geradezu die Gewähr dafür, daß der Militärdienst im Hohenzollerischen ein negatives Privileg der Armen und ein Korrektionsmittel für schlecht beleumundete junge Leute blieb. Es ist deshalb kaum verwunderlich, wenn im Frühjahr 1809 von den zwangsrekrutierten Sigmaringer Untertanen auf dem Weg nach Wiesbaden, wo sie nassauischen

Truppenverbänden zugewiesen werden sollten, 13 das Weite suchten. Das Vermögen der Deserteure zog die Regierung ein[69].

Die Hauptschuld an dem neuen über Deutschland hereinbrechenden Krieg schrieb König Friedrich von Württemberg der »Extravaganz« Österreichs zu. Er war davon überzeugt, daß sich der habsburgische Kaiserstaat leichtfertig in ein für ihn verhängnisvolles Abenteuer eingelassen hatte. Für sein Land wie für die Rheinbundstaaten insgesamt beurteilte er die Situation günstig. »Wir sind mit Caesar, und alles wird gut gehen«, schrieb er am 19. März der Tochter Katharina[70]. Dennoch wäre ihm sehr viel lieber gewesen, wenn der Frieden hätte erhalten und gesichert werden können.

Der Krieg begann mit dem gewaltsamen Aufbegehren der Tiroler gegen die bayerische Herrschaft. Am 12. April zogen die »Insurgenten« in Innsbruck ein. Die von dem Aufstand völlig überraschten Bayern sahen sich zusätzlich durch Erzherzog Karl bedroht, der mit seiner Armee in ihr Land eindrang. Doch, wie bereits erwähnt, nutzte der Erzherzog die Vorteile nicht, die sich ihm in dieser ersten Feldzugsphase boten, einen großen Teil Süddeutschlands in seine Gewalt zu bringen, solange dieses noch des französischen Schutzschilds entbehrte. Er agierte vielmehr sehr vorsichtig, ja schwerfällig, verlor kostbare Zeit und gab so Napoleon die Chance, die Truppenkontingente der süddeutschen Staaten unter seiner Führung zu vereinigen und eigene starke Kräfte heranzuführen. Der französische Imperator ergriff die militärische Initiative, drängte den Erzherzog in mehreren siegreichen Gefechten zurück und säuberte Bayern von österreichischen Truppen. In raschem Vormarsch unterwarf er Oberösterreich. Am 13. Mai eroberte er Wien. Bei Aspern auf dem Marchfeld stellte sich Erzherzog Karl den andrängenden Franzosen entgegen. Erstmals erlitt Napoleon in offener Feldschlacht (21. und 22. Mai 1809) eine Niederlage. Doch der Kampfgeist und die militärische Überlegenheit der Franzosen waren ungebrochen. In der Schlacht von Wagram am 5. Juli besiegte Napoleon seinen Gegner. Österreich mußte um Waffenstillstand bitten. Der am 14. Oktober 1809 in Wien (Schönbrunn) geschlossene Frieden erlegte der habsburgischen Kaisermacht harte Bedingungen auf. Sie hatte Salzburg, Berchtesgaden und das Innviertel an Bayern, Istrien, Görz und Triest an Napoleon sowie Westgalizien an den König von Sachsen in dessen Eigenschaft als Herzog von Warschau abzutreten.

Die Mobilisierung der Streitkräfte Badens und Württembergs im Frühjahr 1809 vollzog sich ohne Schwierigkeiten. Bereits Mitte April, als das Gros der französischen Armee erst im Anmarsch begriffen war, standen sie Napoleon zur Verfügung. Vor der Schlacht von Abensberg am 20. April ermunterte der Kaiser der Franzosen die Truppen Bayerns und Württembergs in einer Ansprache, sich des Vorzugs würdig zu erweisen, an der Seite der Großen Armee kämpfen zu dürfen, und er sprach von der besonderen Ehre, die er ihnen dadurch zuteil werden lasse, daß er sich ihrem alleinigen Schutz anvertraue, bis seine eigene Militärmacht herangerückt sei. Die Württemberger zeichneten sich in einer Reihe von Treffen aus: zunächst bei Abensberg, dann bei Eggmühl (22. April) und schließlich bei Linz (17. Mai). König Friedrich war stolz auf die Leistungen seiner Truppen, und er bedachte sie reich mit Lob und Anerkennung. Dem Jägerregiment zu Pferd Herzog Louis, das sich bei Linz mit Bravour geschlagen hatte, verlieh er eine Ehrenstandarte mit dem Stern und Kreuz des Militärverdienstordens. Die Generale, zahlreiche Offiziere, aber auch viele Unteroffiziere und Soldaten bedachte er mit Orden und Ehrenzeichen. Den Generalen von Hügel und von Theobald ließ er goldene Ehrensäbel übergeben[71]. Doch er übersah auch nicht die schmerzlichen Opfer an Menschenleben, die der kriegerische Einsatz forderte. Seiner Tochter Katharina gegenüber beklagte er nach dem Gefecht bei Linz den Tod »sehr vieler tapferer Leute«, mit dem der Sieg habe erkauft werden müssen[72]. Die württembergischen Feldtruppen verhielten sich diesmal disziplinierter als im Feldzug gegen Preußen

1806/07. Zu Gewalttätigkeiten oder Übergriffen kam es offenbar nicht. Die Offiziere hatten ihre Mannschaften in der Hand.

Auch die badischen Soldaten gaben diesmal keinen Grund zu Klagen. Bewaffnung und Organisation wiesen keine größeren Mängel auf. Militärisch waren die Badener französischen Einheiten ebenbürtig. In mehreren Gefechten zeichneten sie sich aus, so bei dem vom Korps Masséna erzwungenen Innübergang und dem riskanten Sturm auf Ebelsberg an der Traun (3. Mai), der hohe Verluste kostete. Ein kühnes Unternehmen gelang den badischen Dragonern am 2. Mai beim Dorf Kalham: Sie überritten ein österreichisches Bataillon und nahmen es gefangen. Nach der Eroberung Wiens wurde General von Harrant beauftragt, den Semmeringpaß gegen die im Gebirge aufgebotenen Bauernmilizen zu sichern und die Verbindung zu dem aus Italien heranrückenden Eugen Beauharnais aufzunehmen. Danach beteiligte sich das badische Korps an dem Vorstoß nach Ungarn, der das Ziel verfolgte, die Vereinigung der Streitkräfte des Erzherzogs Johann mit der unter dem Oberbefehl seines Bruders Karl stehenden österreichischen Hauptmacht zu vereiteln. Dies gelang. Die Truppen von Erzherzog Johann wurden nach Preßburg abgedrängt (Schlacht bei Raab am 14. Juni). An der Schlacht von Aspern waren nur wenige badische Verbände beteiligt, sie gehörten zu den Truppenteilen, die den Rückzug der französischen Armee deckten. Die Badener taten sich auch in der Schlacht von Wagram und in den anschließenden Verfolgungsgefechten hervor[73].

Krieg und Rebellion innerhalb der eigenen Grenzen: Württemberg und Baden in militärischer Bedrängnis im Frühsommer 1809

In einer Proklamation forderte Erzherzog Karl im April 1809 die Deutschen auf, die Gelegenheit zu nutzen und das napoleonische Joch, mit ihm aber auch das der Rheinbundstaaten abzuschütteln. König Friedrich von Württemberg war empört, daß sich ausgerechnet Österreich, der Hort des konservativen Staatsgedankens, in seinem Kampf gegen Napoleon revolutionärer Propagandamittel bediente[74]. Er wußte, wie gefährlich von außen kommende Aufforderungen zu Ungehorsam und Aufruhr seinem Staat werden konnten. Sein hartes Regiment lastete schwer auf den Untertanen. Namentlich die Neuwürttemberger ertrugen es nur widerwillig. Viele von ihnen trauerten ihren einstigen Herren nach. Besonders große Sympathien genoß das habsburgische Kaiserhaus, und dies nicht bloß in den ehemals österreichischen Gebieten. Am Wiener Hof kannte man die Mißstimmung in Württemberg. Aus ihr propagandistisch, aufwiegelnd Kapital zu schlagen, erschien nur zu verlockend[75]. In einem Brief an Napoleon vom 28. April 1809 erregte sich König Friedrich über das aufrührerische Gift, das die Österreicher ausgestreut hätten. In Meersburg, in dessen Besitz sie vorübergehend gewesen seien, hätten sie die niederträchtige Proklamation Erzherzog Karls und eine noch mehr aufreizende Flugschrift drucken und beide in ganz Süddeutschland verbreiten lassen. In diesen Pamphleten hätten sie die Völker und Soldaten der Rheinbundstaaten offen zur Rebellion aufgestachelt und ihnen unter dem machtvollen Schutz Österreichs die gänzliche Unabhängigkeit zugesichert. Auf seine altwürttembergischen Untertanen hätten die Pamphlete keinen Eindruck gemacht, auch die Einwohner der ehedem österreichischen Gebiete hätten sie weithin unbeachtet gelassen. Anders verhalte es sich bei den Hohenlohern. Diese, insgeheim durch ihre früheren Landesherren ermutigt, setzten auf Österreich und hofften auf dessen Vordringen nach Südwestdeutschland. Deshalb hätten sie auch die Leistungen, die die derzeitige Situation von ihnen verlange, verweigert. Eine ähnliche aufrührerische Einstellung lege auch ein großer Teil der Angehörigen der früheren Reichsritterschaft an den Tag. Es sei ihm daher nichts anderes übriggeblieben, als ein 1400 Mann starkes Regiment in die zum Aufruhr neigenden Gebiete zu entsenden[76].

Sehr viel maßvoller reagierte Baden auf die Proklamation Erzherzog Karls. Man wußte zwar in Karlsruhe, daß in den früheren österreichischen Landesteilen im Breisgau und am Bodensee die Bevölkerung stark mit Österreich sympathisierte, mit einer Rebellion rechnete man jedoch nicht. Dennoch hielt es die Regierung für angezeigt, im Breisgau ihre militärische Präsenz zu demonstrieren. Der französische Gesandte am badischen Hof berichtete nach Paris, die öffentliche Meinung in Baden sei insgesamt sehr österreichorientiert und Frankreich ungünstig. Dies traf sicher nicht zu[77]. Allerdings ist davon auszugehen, daß auch in den badischen Kernlanden Vorbehalte und Abneigung gegen Napoleon vorhanden waren, vor allem daß die Teilnahme badischer Soldaten an den Kriegen nicht nur gegen Österreich, sondern auch gegen Spanien die Bevölkerung erbitterte und mit ohnmächtigem Zorn erfüllte.

Südwestdeutschland befand sich Ende April 1809 in einer prekären Situation. Die schlimmsten Gefahrenherde lagen jedoch außerhalb Badens und Württembergs. Im Allgäu und am Bodensee drohte ein Einfall der aufständischen Tiroler und Vorarlberger. Gegen eine solche Invasion aber mußten umgehend militärische Gegenmaßnahmen ergriffen werden. Dies war schwierig. Das Gros der Truppen stand bereits tief in Bayern und stieß im Verband der französischen Armee rasch gegen die österreichische Grenze vor. Zu Hause zurückgeblieben waren nur schwache militärische Kräfte. Am 28. April berichtete König Friedrich Napoleon, es stehe ihm, abgesehen von einem Garderegiment, nur noch ein Regiment zur Verfügung, und auch dieses werde er, um dem Wunsch des Kaisers nachzukommen, morgen nach Altdorf und Hofen in Marsch setzen. Als einen schweren Nachteil empfand er, daß er, abgesehen von seiner Leibgarde, über keine Kavallerie verfügte[78]. Er war dennoch entschlossen, die größtmöglichen Anstrengungen zu unternehmen, um die Lage in den Griff zu bekommen. Zunächst erwartete er, daß ihn Bayern und Franzosen nach Kräften unterstützten. Allein, hierin täuschte er sich. König Max Josef lehnte seine Bitte, ihm eine in Ulm befindliche Kavallerieeinheit mit 400 Pferden zur Grenzsicherung in Oberschwaben gegen die aufständischen Tiroler und Vorarlberger zu überlassen, mit dem Hinweis auf die in seinem Land sich ausbreitende Rebellion ab. Der bayerische König erklärte sich auch außerstande, andere seiner direkten Befehlsgewalt unterstehenden Truppen gegen die »Aufrührer« in Tirol und Vorarlberg einzusetzen. Er benötige, ließ er König Friedrich wissen, alle diese Militärverbände als Besatzungen der festen Plätze, als Ersatzkräfte für die gegen Österreich kämpfende Armee oder zur Verteidigung der zwischen seiner Hauptstadt München und der Tiroler Grenze gelegenen Gebiete[79]. Der württembergische König fand eine solche Einstellung seines bayerischen Nachbarn angesichts der beiden Ländern drohenden akuten Invasionsgefahr unverständlich. Er habe, schrieb er Max Josef am 4. Mai, alles tun wollen, um den in Tirol und Vorarlberg ausgebrochenen Unruhen »möglichst ein Ziel zu setzen«. Hierbei wäre ihm ein wirksamer Schutz der bayerischen Südprovinzen in gleicher Weise am Herzen gelegen wie der seiner eigenen. Da ihm jedoch Max Josef die unerläßliche Kavallerieunterstützung versage – er selbst verfüge über keine Kavallerie mehr –, könne er gegen die Aufständischen, die bereits die Gegend bis Feldkirch, Bregenz und Immenstadt kontrollierten und in »starken Haufen« bis Kempten und Lindau Streifzüge unternähmen, nicht offensiv werden, sondern müsse sich mit der Sicherung der Grenzen seines »Reichs« begnügen[80]. Der König von Bayern setzte indessen seine Hoffnung hauptsächlich auf die Franzosen. Am 8. Mai teilte Max Josef seinem Stuttgarter »Vetter und Bruder« in zuversichtlichem Ton mit, daß eine unter dem Befehl des französischen Generals Beaumont stehende Division demnächst einsatzbereit sei; ihr würde auch ein Bataillon bayerischer Linientruppen, ein neu aufzustellendes Jägerkorps sowie drei starke Abteilungen Gebirgsschützen zugewiesen. Eine wirksame Bekämpfung des Aufruhrs sei nunmehr gewährleistet[81]. König Friedrich vermochte mit einer so wenig konkreten Verteidigungsprognose nicht viel anzufangen, zumal sich die Lage im Süden zuspitzte. Am 25. Mai machte er seiner Verärgerung in einem Brief an Napoleon Luft. Er habe mit seinen Truppen, schrieb er, dazu beigetragen, daß die Österreicher aus Bayern vertrieben worden seien, doch jetzt sehe er sein eigenes Land den Übergriffen der Aufständischen preisgegeben, ohne daß ihm die Bayern zu Hilfe kämen. Seiner Tochter Katharina gegenüber äußerte er sich noch schärfer: »Der König von Bayern tut nichts«. Die wenigen bayerischen Truppen, bemerkte er weiter, die in den von den Tirolern und Vorarlbergern bedrohten Gebieten eingesetzt seien, taugten nichts. Neben zwei französischen Dragonerregimentern hätten die schwachen württembergischen Kräfte die ganze Last des Kampfes zu tragen. Dazu seien sie aber auf die Dauer außerstande[82].

Friedrich unternahm nunmehr die größten Anstrengungen zur Verteidigung seines Landes. Er ordnete die Mobilisierung aller militärischen Reserven an, so die der Landbataillone. Insgesamt rief er 25 000 Mann unter die Waffen, für das kleine Königreich eine beachtliche Zahl. Er organisierte sogar eine kleine »Kriegsflotte«, die auf dem Bodensee recht erfolgreich gegen die Vorarlberger Insurgenten operierte. Zunächst führte er über die im Süden, Osten und Norden Württembergs eingesetzten Truppen selbst den Oberbefehl, später übertrug er ihn dem Kronprinzen[83]. Daß viele von der Wehrpflicht befreite junge Adlige keine Anstalten machten, sich kriegsfreiwillig zu melden, erregte seinen besonderen Unwillen. Am 18. Juni forderte er die Säumigen unter Hinweis auf zahlreiche »schöne Beispiele wahrer Vaterlandsliebe« aus dem Bürger- und Bauernstand öffentlich dazu auf. »So hegen Seine königliche Majestät«, ließ er verlauten, »die Überzeugung, daß auch der Adel Ihres Reichs diesen Edlen nicht nachstehen und sich beeifern werde, dem Vaterlande seine Dienste in einem Augenblick zu widmen, wo dasselbe ihrer bedarf, um die Offiziere zu ersetzen, welche im mutigen Kampf für das Vaterland fielen, auf dem Bett der Ehre als Helden starben, und um die Braven anzuführen, welche nach dem Willen ihres Königs herbeieilen, neue Regimenter zu bilden und zur Verteidigung des Vaterlands bereitstehen«. Unmißverständlich forderte der König frühere Offiziere auf, sich für militärische Dienstleistungen zur Verfügung zu stellen; er ließ ihre Namen im Regierungsblatt veröffentlichen[84]. Doch mit Appellen und direkten persönlichen Aufforderungen ließ er es nicht bewenden. Am 26. Juni verfügte er, daß alle Edelleute, die »sich von der Befolgung des ergangenen Aufrufs dispensierten«, rückwirkend ab 10. April 1809 für Kriegsdauer den vierten Teil ihrer jährlichen Einnahmen als Extrasteuer zu entrichten hätten[85].

In einem Teil der neuwürttembergischen Gebiete regte sich der Widerstand gegen die rigorose Zwangsrekrutierung junger Männer für den Kriegsdienst. Besonders verhaßt war die Zwangsrekrutierung in den ehemals österreichischen Landesteilen, weil sich diese gegen die frühere Landesherrschaft richtete. Die führenden Köpfe der antiwürttembergischen Fronde nahmen Verbindung zu den Tiroler und Vorarlberger Aufständischen auf.

Der für das Königreich Württemberg gefährlichste Aufstand brach Ende Juni im Gebiet des Hoch- und Deutschmeistertums Mergentheim aus. Am 24. April 1809 hatte Napoleon von Regensburg aus die Aufhebung des Deutschen Ordens in den Staaten des Rheinbunds verfügt. Württemberg hatte er das Gebiet von Mergentheim zugewiesen. Schon zwölf Tage früher und acht Tage vor der mündlichen Zusage des Kaisers der Franzosen, daß das Fürstentum Mergentheim Württemberg zufalle, hatte König Friedrich die Besetzung des Fürstentums befohlen. Zum Generallandeskommissär wurde der Ludwigsburger Kreishauptmann Paul Friedrich Theodor Eugen Freiherr von Maucler (1783–1859) ernannt, ein Mann, der über politisches Fingerspitzengefühl verfügte und der zuvor schon wiederholt bei der Besitzergreifung neuerworbener Gebiete verwendet worden war. Die Besetzung des Deutschordensterritoriums verlief reibungslos. Die Bevölkerung, obgleich dem letzten Hochmeister Erzherzog Anton Viktor, dem Bruder des österreichischen Kaisers, und damit dem habsburgischen Kaiserhaus sehr zugetan, schickte sich in das Unvermeidliche. Indessen begnügte sich der württembergische König nicht mit der Besetzung und der provisorischen Inbesitznahme. Mitten im Krieg befahl er die staatsrechtliche Eingliederung des Fürstentums in sein Königreich. Im Mai 1809 wurden sämtliche Deutschordenswappen entfernt und durch königlich württembergische Hoheitszeichen ersetzt. Am 13. Juni, dem Namenstag des seitherigen Landesherrn, des Hochmeisters Anton Viktor, mußten die Deutschordensuntertanen König Friedrich huldigen. Der Unmut war groß, und dies vor allem deshalb, weil der Generallandeskommissär – aus Unkenntnis, wie er glaubhaft versicherte – ausgerechnet diesen Tag für den Huldigungsakt ausersehen hatte. Doch damit nicht genug. Ungeachtet der Warnungen Mauclers bestand der König auf der umgehenden Aushebung von 45 Rekruten. Die Konskription war im Gebiet des Deutschen Ordens bisher unbekannt gewesen. Die Mergentheimer Bürgerschaft widersetzte sich auch dieser Anordnung nicht. In den Landorten dagegen wurde sie zum zündenden Funken des Aufruhrs. Die Bauern rotteten sich zusammen und vereitelten mit Waffengewalt die Durchführung der Aktion. Sie entwaffneten die wenigen württembergischen Soldaten und Polizisten (Landdragoner und -füsiliere), die in den verschiedenen Dörfern die Aushebung zu überwachen hatten, zogen in großer Zahl nach Mergentheim und übernahmen dort für mehrere Tage die Herrschaft (26. bis 29. Juni). Unruhestifter und schlechte Elemente, zum Teil aus den benachbarten badischen Orten, ebenso einige österreichische Deserteure nutzten die Situation für ihre Zwecke. Sie stachelten die für die realen politischen Machtverhältnisse blinden Bauern noch weiter auf, stahlen, plünderten und trugen auch auf andere Weise zu der allgemeinen Unsicherheit bei. Die städtischen Behörden sowie der letzte Regierungspräsident des Hochmeistertums Freiherr Reuttner von Weil und der Ordensritter Freiherr von Hornstein vermochten die württembergischen Beamten, Soldaten und Polizisten nur mit Mühe durch bewaffnete Bürgerwachen zu schützen und das Schlimmste zu verhindern. Sie erwarteten, daß der König ihre Zwangslage erkennen werde, ebenso ihr Bemühen, die Aufständischen einigermaßen im Zaum zu halten. Allein, das württembergische Truppenkorps, das am 29. Juni in Mergentheim anlangte, fiel wie ein feindliches Heer über die Stadt her. Zu seiner teilweisen Entschuldigung läßt sich allenfalls geltend machen, daß es, nachdem es beim Anmarsch auf Mergentheim durch Gewehrschüsse, zum Teil aus dem Hinterhalt, empfangen worden war, in der Stadt selbst mit einer beträchtlichen Gegenwehr rechnete. Freilich hatten die Bauern nach dem ersten Feuerwechsel angesichts der gegen sie vorrückenden starken militärischen Kräfte die Flucht ergriffen. Die Soldaten hatten leichtes Spiel, bis zur Stadt vorzustoßen. Da die Tore nicht mehr rechtzeitig geöffnet werden konnten, verschafften sie sich mit Gewalt Zutritt. Wild um sich schießend und Säbelhiebe austeilend, verbreiteten sie Angst und Schrecken. Es gab zahlreiche Tote und Verwundete. Von Widerstand selbst von seiten der noch in der Stadt befindlichen kleinen Bauerngruppen konnte keine Rede sein. Erst nach einigen Stunden ebbten die Gewalttätigkeiten ab. Die Stadt sah sich auf Gnade und Ungnade ihrem neuen Landesherrn, König Friedrich von Württemberg, ausgeliefert, und dieser ließ sie seinen Groll noch lange spüren. Schlimm erging es den gefangenen Aufständischen. Ein von dem württembergischen Spezialkommissar, dem Minister Grafen von Taube, eingesetztes Kriegsgericht machte kurzen Prozeß. In einem mehr als fragwürdigen Schnellverfahren verurteilte es am 2. Juli sechs Bauern teils zum Tod durch den Strang, teils zum Tod durch Erschießen. Die Urteile wurden sofort vollstreckt. Etliche andere Gefangene erhielten langjährige bis lebenslängliche Festungsstrafen, die sie auf dem Hohenasperg zu verbüßen hatten. Bei den Hingerichteten und den Festungssträflingen handelte es sich aller Wahrscheinlichkeit nach nicht um die Rädelsführer, diese waren zumeist geflohen oder untergetaucht[86].

Der sogenannte Mergentheimer Aufstand und namentlich seine blutige Niederwerfung erregten weithin Aufsehen und ohnmächtige Empörung. Die Hauptschuld daran, daß es überhaupt zu einem gewaltsamen Aufbegehren im Gebiet des Deutschordens gekommen war, wurde allgemein König Friedrich angelastet. In der Tat hatte er durch die erzwungene Rekrutenaushebung die Landbevölkerung im Fürstentum Mergentheim aufs äußerste herausgefordert, und dies auch deshalb, weil die noch immer als Deutschordensuntertanen sich betrachtenden Bauern ihre Söhne nicht für den Krieg gegen Österreich, dem sie sich durch ihren letzten Hochmeister aufs engste verbunden fühlten, zur Verfügung stellen wollten. Besonders scharf wurden die überharten Maßnahmen gerügt, die König Friedrich angewandt hatte, um den Aufstand zu ersticken. Zu Recht empfand man, der württembergische Monarch habe hier mit einer Strenge ohne Maß gehandelt und dadurch seinen politischen Zielen weit mehr geschadet als genützt[87]. Friedrich selbst fühlte sich keineswegs als Triumphator. »Es ist immer grausam, gegen seine eigenen Untertanen mit Härte vorgehen zu müssen«, schrieb er König Max Josef. Den eigentlich Schuldigen sah er in Österreich. Der Kaiserstaat habe durch seine revolutionäre Propaganda den Aufruhr in Mergentheim ausgelöst. Ihm aber sei, so stellte er fest, gar keine Wahl geblieben, als die ersten Regungen der Rebellion zu ersticken, ehe diese auf Baden und auf Württemberg habe übergreifen können[88]. Lob und Anerkennung für sein tatkräftiges Durchgreifen zollte ihm Napoleon, dem er damit zweifellos genützt hatte[89].

Die Aufständischen im Fürstentum Mergentheim hatten gehofft, daß die von Böhmen nach Nürnberg vorgestoßenen Österreicher ihren Vormarsch in Richtung Westen fortsetzten und ihnen rechtzeitig zu Hilfe kämen. Diese Hoffnung hatte getrogen. Doch auch Ende Juni war die Gefahr eines Vorstoßes der Österreicher bis nach Nordostwürttemberg noch nicht völlig gebannt. König Friedrich konzentrierte alle verfügbaren Truppen in der Gegend von Ellwangen. Napoleon hatte ihm zudem gestattet, alle auf dem Weg zur Großen Armee durch Württemberg kommenden französischen Einheiten anzuhalten und bei der Abwehr eines österreichischen Angriffs einzusetzen. In einem Fall war dies bereits geschehen[90]. Indes konnte in Nordwürttemberg bald Entwarnung gegeben werden. Eine österreichische Invasion war nicht mehr zu befürchten. König Friedrich wandte nunmehr seine ganze Aufmerksamkeit dem unruhigen Bodenseeraum zu. In der ehemals österreichischen Landgrafschaft Nellenburg begegnete die von der württembergischen Regierung angeordnete Rekrutenaushebung und das Organisieren einer Territorialreserve, der Landbataillone, gleichfalls starken Widerständen. Mancherorts kam es zu offener Widersetzlichkeit. Gegenüber Napoleon klagte König Friedrich, daß die verworrenen Territorialverhältnisse im Nellenburgischen der Rebellion Vorschub leisteten und daß andererseits das Großherzogtum Baden in seinen Landesteilen die Aufständischen mehr oder minder gewähren lasse[91]. In Wirklichkeit hatte aber nicht Baden durch seine das Eigenleben der neuerworbenen Gebiete schonende Politik die aufrührerische Stimmung im nördlichen Bodenseeraum bewirkt, verschuldet hatte sie hauptsächlich Württemberg und dies durch die von ihm praktizierte Strenge bei der Eingliederung der neuen Gebiete in das Königreich. Sehr verhaßt hatte sich Kreishauptmann Graf Pückler gemacht. Den Krieg mit Österreich nahm die Regierung in Stuttgart zum Anlaß, ebenso harte wie demütigende Polizeimaßnahmen ins Werk zu setzen. Sie untersagte den Besitz von Feuerwaffen, verfügte die Einziehung von Wehr und Harnisch, die die Untertanen bis dahin hatten bereithalten müssen, und hob die Schützengesellschaften auf. Einzelne Nellenburger suchten Verbindung zu den aufständischen Vorarlbergern, doch kam es zu keinen festen Absprachen. Die Aufstellung von Landbataillonen rief im württembergischen Nellenburg eine zusätzliche starke Erregung hervor. Ähnlich wie im Fürstentum Mergentheim waren es auch hier die Bauern, die sich zusammenrotteten, sich bewaffneten und gewaltsam die Aushebung der Mannschaften für die Landbataillone zu verhindern suchten. Sie machten Stockach vorübergehend zum Herd des Aufruhrs. Graf Pückler nahm zwar vier Bauern gefangen und führte sie gefesselt mit sich, des Aufruhrs vermochte er aber nicht Herr zu werden. Ermuntert durch die Vorfälle in Stockach flackerten auch in der weiteren Umgegend Unruhen auf. In der Stadt Radolfzell zogen 200 Bauern mit klingendem Spiel ein, bemächtigten sich der dortigen Beamten und schleppten sie mit sich fort. Der Aufruhr ergriff rasch die ganze Landgrafschaft. Die Hauptmasse der Bauern hatte sich im Umkreis von Stockach versammelt, doch kontrollierten sie einen von Radolfzell bis in die Nähe von Überlingen sich erstreckenden Gebietsstreifen.

Eine Truppenabteilung unter dem Befehl des Günstlings des Königs, seines Generaladjutanten von Dillen, wurde in die Aufstandsgebiete entsandt. Ohne auf Widerstand zu stoßen, besetzte er am 9. Juli Stockach, anschließend Sernatingen, Sipplingen und Bodman. Die einzelnen Orte wurden durchsucht, Geiseln genommen und die am See vorgefundenen Schiffe beschlagnahmt. In Stockach setzte Dillen ein Kriegsgericht ein. Ihm wurden 300 Verhaftete vorgeführt. Es verhängte zahlreiche empfindliche Freiheitsstrafen, doch sprach es keine Todesurteile aus. Zum Teil hatten die Bauern auch Unterstützung bei der katholischen Geistlichkeit gefunden. Um ein Exempel zu statuieren, wurden die Kapuziner aus Stockach ausgewiesen, sie mußten ihren Aufenthalt in Schwäbisch Gmünd nehmen[92].

Gegen Ende Juni verstärkte sich der Druck der Vorarlberger und eines Teils der Tiroler Insurgenten auf das Allgäu und die Bodenseeregion. Die mit der Grenzsicherung betrauten schwachen württembergischen Kräfte und die ihnen beigegebenen badischen Einheiten gerieten in wachsende Bedrängnis. Ein Teil dieser Truppen wurde sogar vorübergehend in Lindau eingeschlossen; badische Gardegrenadiere befreiten ihn. Den Sturm auf Lindau wehrten die württembergischen und badischen Verteidiger ab. Aber am 29. Juni überrumpelten die Aufständischen das fast wehrlose Konstanz, nahmen die kleine Garnison gefangen und brachten sie zusammen mit den wenigen erbeuteten Waffen und den geringen Geldvorräten nach Bregenz. Fünf von insgesamt 20 Studenten aus Freiburg, die sich zu den Insurgenten durchschlagen wollten, wurden aufgegriffen, die übrigen flohen über den See nach Vorarlberg[93]. König Friedrich reagierte schnell. Er dirigierte alle in Württemberg befindlichen Truppen, auch seine sämtlichen Gardeeinheiten, ebenso die nicht sonderlich zuverlässigen und kampfbereiten Land- und Depotbataillone bzw. -eskadrons in die bedrohten Grenzgebiete. In Weingarten schlug er sein Hauptquartier auf. Von hier aus leitete er die Aktionen seines aus mehreren Brigaden bestehenden Korps, dem übrigens auch das 17. französische Dragonerregiment, ein badisches Gardebataillon sowie eine halbe Schwadron badischer Husaren eingegliedert waren. Bei den Gefechten der folgenden Tage vermochten die württembergischen Truppen die Vorstöße der Vorarlberger stets abzuwehren und ihre Stellungen zu behaupten. Mehrere Offiziere starben durch die Kugeln

Vorarlberger Scharfschützen, die es besonders auf die Anführer des Gegners abgesehen hatten[94].

In Karlsruhe und München war man beunruhigt. Man argwöhnte, der württembergische König werde sich die Gelegenheit zunutze machen, um sich territoriale Vorteile gegenüber seinen Nachbarn zu verschaffen. Sein Feldherrngebaren reizte zu Protesten, zumal Friedrich nicht nur bei der Abwehr von Angriffen der Insurgenten, sondern auch bei sonstigen militärischen Maßnahmen die landeshoheitlichen Rechte Badens und Bayerns außer acht ließ. So befahl er Waffenablieferungen und ordnete Hausdurchsuchungen auch in badischen Gebietsteilen an. Seiner Forderung, daß die württembergischen Soldaten auf Kosten Badens zu verpflegen seien, widersetzten sich die badischen Behörden. Doch der König ließ sie durch seinen Minister Graf von Taube scharf zurechtweisen. »Eine Regierung«, erklärte Taube, »die in so außerordentlicher Zeit durchschlagende Maßregeln nicht ergreifen könne und wolle, gebe dadurch lediglich zu erkennen, daß sie aufgehört habe zu regieren. Ein anderer also müsse über sie wachen!« Baden und Bayern hielten in gleicher Weise die Übernahme des Oberbefehls über die gegen die Vorarlberger operierenden Truppen durch den württembergischen König für eine Anmaßung. Dieser Oberbefehl stehe nach dem Willen Napoleons dem französischen General Beaumont zu. Doch Friedrich, dem es in erster Linie um den Schutz seines Landes ging, ließ dies nicht gelten. Er sah es auch als politisch kleinkariert an, daß man ihm aus München zu verstehen gab, Bayern wisse, was es zu tun habe, Württemberg solle nur für sich selbst sorgen[95]. Die Karlsruher Regierung instruierte den Kommandeur der Truppenabteilung, die sie im Juni in das Bodenseegebiet entsandte, dahingehend, er solle sich den Anordnungen des württembergischen Generals Scheler bei der Durchführung gemeinsamer Aktionen fügen, wenn die badischen Truppen jedoch einseitig exponiert würden und ein Übermaß an Kriegslasten zu tragen hätten, solle er sich von den Württembergern absondern und selbständig handeln[96]. In Karlsruhe wollte man den Vorwurf König Friedrichs der zu großen Nachgiebigkeit gegenüber aufrührerischen Elementen nicht auf sich sitzen lassen, zumal sich der König darüber auch bei Napoleon beschwert hatte und der französische Gesandte am badischen Hof eine Untersuchung und exemplarische Bestrafung der Untertanen des Großherzogs forderte, die mit Österreich sympathisiert hätten. Der Regierung in Karlsruhe blieb deshalb, um ihre politische Verläßlichkeit zu beweisen, nichts anderes übrig, als Beamte, die gegen frankreichfeindliche Elemente nicht scharf genug vorgegangen waren, zu verwarnen. Freiburger Studenten, die, wie bereits erwähnt, in der Absicht, sich den Aufständischen anzuschließen, nach Vorarlberg geflohen waren, entzog sie das akademische Bürgerrecht. Geistliche und Laien, die allzu offen für Österreich Partei ergriffen hatten, bestrafte sie[97]. Sie erklärte sich grundsätzlich einverstanden, daß die badischen Untertanen im Bodenseegebiet die von Württemberg getroffenen Sicherheitsvorkehrungen beachteten. Doch verwahrte sie sich dagegen, daß sich die Behörden des Nachbarstaats das Recht anmaßten, in badischen Orten Hausdurchsuchungen und die Entwaffnung der Einwohner vorzunehmen. An der Verpflegung der württembergischen Truppen wollte sich Baden nach einem angemessenen Aufteilungsschlüssel beteiligen. Möglichen Übergriffen aber sollte, Gewalt mit Gewalt, begegnet werden. Der badische Kommandeur Oberst von Stockhorn wurde nunmehr angewiesen, sich vielmehr in allen Angelegenheiten direkt mit General Beaumont ins Benehmen zu setzen und nur dessen Anordnungen Folge zu leisten. Erbprinz Karl unterrichtete Beaumont in diesem Sinn, wobei er bemerkte, die Maßnahmen von König Friedrich seien eher geeignet, den Aufruhr wieder aufflammen zu lassen, statt die Wogen endgültig zu glätten. Beaumont, im Begriff mit seinen Truppen nach Tirol aufzubrechen, hatte jedoch keinerlei Verständnis für die badisch-württembergischen

Querelen, zu denen noch die bayerisch-württembergischen kamen. Er entschied, Stockhorn solle im Einvernehmen mit den württembergischen Truppen handeln[98]. Diese Anweisung war genau im Sinne König Friedrichs. Er sah sich durch die französische Seite in seiner Auffassung bestätigt, daß ihm bei allen Militäraktionen gegen die Vorarlberger das ausschlaggebende Votum zukomme.

Am 18. Juli wurde den Vorarlbergern der fünf Tage zuvor zwischen Napoleon und Kaiser Franz geschlossene Waffenstillstand bekannt; sie stellten daraufhin größere Kampfhandlungen ein, zu einzelnen Plänkeleien und Gefechten kam es auch noch danach. König Friedrich kehrte nach Stuttgart zurück. Kronprinz Friedrich Wilhelm, der an seiner Stelle den Oberbefehl übernahm, schärfte er ein, an der Taktik der Grenzsicherung festzuhalten und sich keinesfalls an einer Offensive, wie dies jetzt die Franzosen und Bayern wünschten, zu beteiligen, so auch nicht an einer Besetzung Vorarlbergs. Die Kriegführung des württembergischen Königs am Bodensee und in Oberschwaben hatte ausgesprochen defensiven Charakter: Verteidigung seines Landes gegen Überfälle der Vorarlberger Insurgenten. Sein ursprünglicher offensiver Plan, den Krieg nach Vorarlberg und Tirol hineinzutragen und den Aufstand dort zu ersticken, war, wie wir gehört haben, an der mangelnden Unterstützung Bayerns, aber auch an dessen Mißtrauen gescheitert. So sehr er an einer weiteren territorialen Vergrößerung seines Landes interessiert war, Vorarlberg gehörte wohl kaum zu den Gebieten, die er seinem Königreich einverleibt hätte. Seine Neigung richtete sich wie bisher schon auf eine Arrondierung seines Landes nach Westen und Osten, und hier erwartete er nach seinem tatkräftigen kriegerischen Einsatz eine großzügige Entschädigung Napoleons[99]. Und in der Tat, der Kaiser der Franzosen zollte dem militärischen Engagement Friedrichs hohes Lob. Am 18. Juli 1809 schrieb er ihm: »Wenn ich gedacht hätte, daß Sie selbst Krieg führen wollten, hätte ich alle Truppen, die ich in Reserve gehabt hätte, Ihrem Befehl unterstellt, und ich bin sicher, daß sie nicht tatkräftiger, entschlossener und zweckentsprechender hätten eingesetzt werden können«[100]. Dabei hatte sich Friedrich auch 1809 als recht eigenwilliger Verbündeter des großen Feldherrn erwiesen, und er blieb es auch danach. So schützte er den Führer der Vorarlberger Insurgenten, Dr. Schneider, der sich den Württembergern ergeben hatte, vor dem Auslieferungsverlangen der Bayern und Franzosen und ließ ihn bald wieder frei. Sehr wahrscheinlich hat er ihm dadurch das Leben gerettet[101]. Die Behandlung Dr. Schneiders zeigt deutlich, daß Friedrich zwischen äußeren Feinden, zu denen er den Führer der Vorarlberger Aufständischen rechnete, und aufrührerischen Untertanen unterschied. Den äußeren Feinden versagte er nur selten seinen Respekt. Aufruhr im eigenen Land hingegen erstickte er mit harter, unbarmherziger Hand.

Neue württembergische Militärkonskriptionsordnung, Volksentwaffnung

Im Feldzug von 1809 war offenkundig geworden, daß das geltende württembergische Rekrutierungsgesetz von 1806 nicht den Anforderungen entsprach, die eine die Kräfte des Staats in extremer Weise beanspruchende kriegerische Verwicklung stellte. König Friedrich säumte nicht, daraus die ihm notwendig erscheinenden Konsequenzen zu ziehen. Am 20. August 1809 erließ er eine neue Militärkonskriptionsordnung[102]. In der Einleitung zu dieser Ordnung ließ er keinen Zweifel, daß die Befreiung einzelner Untertanenklassen von der Wehrpflicht unvereinbar sei mit dem hohen Zweck dieses Dienstes, der nicht nur jedem Staatsbürger Sicherheit der Person und des Eigentums gewähre, sondern der in gleicher Weise von jedem Untertanen eine tätige Mitwirkung fordere. Das seitherige Militärkonskriptionsgesetz habe »eine dem Gemeinwohl schädliche Abneigung gegen den Militärdienst als eine nur den geringen Volksklassen auferlegte Last« zur Folge gehabt. Dies stehe im Widerspruch mit seiner Absicht, alle Untertanen ohne Unterschied der Geburt vollkommen gleich zu behandeln.

Künftig war jeder Württemberger vom vollendeten 18. bis zum vollendeten 40. Lebensjahr wehrpflichtig. Ausgenommen blieben lediglich die ehemaligen reichsunmittelbaren Fürsten und Grafen. Doch wurde ihnen, den »Ersten und Edelsten des Königreichs«, nahegelegt, sich freiwillig zum Wehrdienst zu melden und damit »einer der ehrenvollsten Staatsbürgerpflichten« nachzukommen. Staatsbeamte der ersten acht Rangklassen und zum Teil auch noch der neunten Rangklasse (Rangreglement vom 18. Dezember 1808) durften für ihre Söhne um die Aufnahme in das Militärinstitut nachsuchen. Die ersten 54 Zöglinge dieses Instituts wurden auf Staatskosten zu Offizieren ausgebildet, für jeden darüber hinaus aufgenommenen Zögling war ein jährlicher Ausbildungsbeitrag von 350 Gulden zu leisten. Für die Beförderung zum Offizier sollten ausschließlich Kenntnisse und Fähigkeiten, vorzügliche Erfüllung der dem Soldaten obliegenden Pflichten und ausgezeichnete Tapferkeit vor dem Feind die Kriterien sein. Staatsbeamte wurden nicht in die Konskriptionslisten eingetragen. Für die Brüdergemeinde auf dem Hörnlishof im Schwarzwald galt die 1806 getroffene Regelung weiter. Die Wehrpflichtigen wurden in drei Klassen eingeteilt: erste Klasse die 21- bis 24jährigen, zweite Klasse die 18- bis 21jährigen und dritte Klasse die 25- bis 40jährigen. Maßgeblich für die Aushebung war allein die Diensttüchtigkeit, das Los blieb grundsätzlich verboten. Jungen Männern, die mit Genehmigung der Studienkommission studierten und später in den Staatsdienst eintreten wollten, wurde für die Zeit ihres Studiums eine bedingte Exemtion gewährt. Die Erlaubnis zum Studium sollte in der Regel künftig auf die Söhne der königlichen Beamten und Untertanen der ersten acht Rangklassen, teilweise auch noch der neunten Rangklasse, beschränkt werden. Juden durften sich gegen die Summe von 400 Gulden, die in die Kriegskasse zu entrichten war, loskaufen.

Die württembergische Militärkonskriptionsordnung von 1809 war in Deutschland ohne Beispiel. Sie ermöglichte es dem König, das Reservoir der Wehrpflichtigen seines Landes in einem bis dahin unvorstellbaren Maß auszuschöpfen. Andererseits verhalf König Friedrich mit ihr einer modernen Wehrgerechtigkeit zum Durchbruch. Freilich, die Angehörigen der oberen Bevölkerungsklassen empfanden sie als schlimme Fron. Von der Einstellung, daß der bisher auf die untersten Volksschichten abgewälzte, verachtete Militärdienst eine der vornehmsten staatsbürgerlichen Ehrenpflichten sei, wie sie dies von ihrem Landesherrn gesagt bekamen, waren sie noch weit entfernt.

Vielleicht hätte sich König Friedrich leichter getan, für seine moderne Auffassung von Wehrpflicht und Wehrgerechtigkeit Verständnis bei den Untertanen zu finden, wenn er sie ähnlich wie die preußischen Reformer in Verbindung mit dem in der Bevölkerung noch sehr lebendigen Volkswehrgedanken gebracht hätte. Doch gerade eine solche Verbindung widerstrebte ihm. Das Heer war für ihn ein obrigkeitsstaatliches Machtinstrument, das ausschließlich der Monarch zu handhaben hatte. Der Volksbewaffnung, wie sie in Altwürttemberg und auch in vielen neuwürttembergischen Gebieten noch bestand, lag hingegen das Selbstverteidigungsrecht der Untertanen zugrunde. Sie konnte, wenn sich aufrührerische Elemente ihrer bedienten, dem Staat gefährlich werden. Seitdem Friedrich in Paris im Sommer 1789 als Augenzeuge die Anfänge der Französischen Revolution erlebt hatte, war ihm die Angst vor einem gewaltsamen Umsturz der bestehenden Gesellschaftsordnung zu einer Art Trauma geworden. Der Mergentheimer Aufstand und die Unruhen im Nellenburgischen hatten seine Revolutionsfurcht noch gesteigert. Bereits Anfang 1809, also noch vor Ausbruch des Kriegs gegen Österreich und vor den Mergentheimer Ereignissen, verfügte er die Aufhebung der »für die gegenwärtigen Staatsbedürfnisse ohnehin nicht mehr brauchbaren Bewaffnung des Landvolks«. Die Bestimmungen der württembergischen Landesordnung und des württembergischen Landrechts, die jedem jungen Ehemann und neuangenommenen Bürger den Besitz von Wehr und Harnisch zur Pflicht gemacht hatten, setzte er außer Kraft. Die Schützengesellschaften büßten ihren öffentlichen Charakter ein, sie konnten nunmehr keine Beiträge aus öffentlichen Kassen mehr erhalten. König Friedrich war der Überzeugung, zum Besten der Untertanen überalterte und völlig unnütze Einrichtungen beseitigt zu haben. Die Bevölkerung Altwürttembergs sah es anders. Waffen zu besitzen und zu tragen war für sie ein Grundrecht, das ihr in Jahrhunderten nicht streitig gemacht worden war. Sie dieses Grundrechts zu berauben, empfand sie als einen Gewaltakt des absolutistischen Herrschers. Dem König genügte indessen die Entwaffnung des Landvolks noch nicht. Am 19. Juni 1809, mitten im Krieg, ordnete er die gänzliche Entwaffnung der Bevölkerung an. Zweifellos hatte ihm die damalige prekäre Situation, in der er sich mit inneren Unruhen und äußerer militärischer Bedrohung gleichermaßen konfrontiert sah, die Begründung für die rigorose Entscheidung geliefert. Den eigentlichen Anlaß gab sie aber nicht. Dieser war vielmehr von recht belangloser, um nicht zu sagen banaler Natur: ein in der Ludwigsburger Gegend vorgefallener grober Wildereiexzeß. Bei der Untersuchung dieses Vorfalls hatte der überaus mißtrauische König dank der Ermittlungen seiner zu äußerster Wachsamkeit angehaltenen Polizei festgestellt, daß »dem ausdrücklichen Befehl zuwider« beinahe alle Bewohner der Dörfer noch über Waffen, manche sogar über zwei bis drei Gewehre oder Büchsen verfügten. Die Behörden hatten jetzt ohne jeden weiteren Verzug für die Beschlagnahme der noch im Privatbesitz befindlichen Feuerwaffen zu sorgen. Lediglich die Adligen und Gutsbesitzer, denen das Jagdrecht zustand, sowie ein Teil der leitenden Beamten durften ihre Gewehre behalten. Der Waffeneinzug erfolgte rasch und reibungslos. Der König hielt an der von ihm verfügten Volksentwaffnung auch nach Kriegsende fest, ja er verschärfte das allgemeine Waffenverbot in der Folgezeit noch. Gewehrverheimlichern wurden drakonische Strafen angedroht[103]. Als besonders demütigend empfanden es die Untertanen, daß Friedrich im Rahmen der allgemeinen Volksentwaffnung auch die Auflösung der in den alt- wie in den neuwürttembergischen Landesteilen bestehenden traditionsreichen Schützengesellschaften verfügt hatte. Die Einwohnerschaft der erst 1810 württembergisch gewordenen ehemaligen Reichsstadt Ulm sah in der sofort befohlenen Auflösung ihres Schützenkorps »das kränkendste Mißtrauen« des neuen Landesherrn[104]. Der bayerische Staat, dem die Stadt zwischen 1803 und 1810 zugehört hatte, hatte die Existenz bürgerlicher Einrichtungen wie die des Schützenkorps nie in Frage gestellt. Auch Baden tastete die in seinen alten oder neuen Territorien bestehenden Bürgergarden und Bürgerwehren nicht an. Ebenso setzte es keine dem württembergischen Vorgehen vergleichbare rigorose Volksentwaffnung ins Werk.

VII. Der Rheinbund

Gründung

Mit dem Gedanken, das nichtpreußische und nichtösterreichische Deutschland, das sogenannte Dritte Deutschland, in einem Bund unter französischer Protektion zu organisieren, befaßte sich Napoleon bereits in Mainz im Herbst 1804[1]. Anfang Oktober 1805 entwickelte er Kurfürst Friedrich von Württemberg erste skizzenhafte Vorstellungen von einer »conféderation germanique«[2], und im folgenden Monat spielte in seiner Korrespondenz mit Außenminister Talleyrand der Entwurf über eine politische Neuordnung Süddeutschlands eine bedeutsame Rolle. Dieser Entwurf sah die Loslösung der drei Südstaaten vom Reich und ihre Einbindung in eine »unbedingte Allianz« mit Frankreich vor. Doch obgleich ihm die Vertreter Bayerns und Württembergs uneingeschränkt zustimmten, wurde er nicht weiter verfolgt[3]. Beim Friedensschluß mit Österreich im Dezember 1805 hielt es nämlich Napoleon aus außenpolitischen Gründen für opportun, den Reichsverband nominell bestehen zu lassen. Männer wie Friedrich von Württemberg begrüßten dies, weil ihnen der Reichsverband, so locker er war, noch immer einen gewissen Schutz gegen das übermächtige Frankreich verlieh. Indessen hatte Napoleon seinen Plan, das Reich vollends zu zerstören, keineswegs aufgegeben. Er ging ihn nur in anderer Weise an. Mit der Verdrängung der habsburgischen Kaisermacht aus Deutschland und Italien hatte er hierfür bereits entscheidende Voraussetzungen geschaffen[4].

Mitte Januar 1806 legte Talleyrand den Höfen in München, Stuttgart und Karlsruhe den Entwurf einer Konvention über ein Allianzsystem vor. Das geplante Bündnis sollte außer Bayern, Württemberg und Baden auch die Schweiz einschließen. Die Aufnahme weiterer Mitglieder war in Aussicht genommen. Die drei süddeutschen Staaten hatten wechselseitig auf alle Besitzansprüche zu verzichten. Über etwaige unter ihnen entstehende Streitigkeiten entschied eine in Paris zu errichtende Mediationskommission. Die deutschen Bündnispartner brauchten sich zwar nicht vom Reich loszusagen, da sie aber Zwistigkeiten nicht vor den Reichstag bringen durften und ihre Teilnahme an einem Reichskrieg ausgeschlossen war, bedeutete die Konvention einen Bruch mit der Reichsverfassung. Zahlenmäßig exakt bestimmt waren die Militärkontingente, die sie im Kriegsfall zu stellen hatten. Zwischen Rhein und Inn stand ihnen das ausschließliche Recht der Rekrutenaushebung zu. Dieses Recht bedeutete eine wesentliche Machterweiterung der drei Monarchen, es war zugleich eine Art Vorgriff auf die Mediatisierung der kleineren Fürsten[5].

Schon am 16. Januar 1806 unterzeichnete König Max Josef das Abkommen. Baden schloß sich am 21. Januar während des Aufenthalts Napoleons in Karlsruhe an. Reitzenstein hatte die Bestimmungen des Vertrags bereits einige Tage zuvor in München geprüft und ebenso wie Bayern gebilligt. In Karlsruhe herrschte Hochstimmung. Napoleon, sehr befriedigt darüber, daß er die Einwilligung der Markgräfin Amalie zur Ehe ihres Sohns mit Stephanie Beauharnais, einer Verwandten seiner Frau, erlangt hatte, sicherte Baden seine Hilfe bei der Inbesitznahme der auch von Württemberg beanspruchten Gebiete im Breisgau zu und stellte darüber hinaus Kurfürst Karl Friedrich bei einer weiteren Vergrößerung seines Landes die Königskrone in Aussicht[6]. Bei

Entwurf eines Triumphbogens in Stuttgart von Nikolaus F. Thouret, 1806

Napoleon als „Königsbäcker", kol. Radierung, James Gillray, 1806

Durant St André, chargé des pouvoirs de S. A. S. le Duc d'Aremberg.

Durant St André, muni des pouvoirs de M. le Comte de la Leyen.

Avons approuvé et approuvons le Traité ci-dessus en tous et chacun des articles qui y sont contenus; Déclarons qu'il est accepté, ratifié et confirmé et promettons qu'il sera inviolablement observé.

En foi de quoi Nous avons donné les présentes signées de notre main, contresignées et munies de notre Sceau Impérial.

En notre Palais de St Cloud, le dix neuvième Jour du Mois de Juillet et Mil huit cent dix.

Napoléon

Le Ministre des
Relations extérieures,
le Duc de Bassano prince de Bénévent

Par l'Empereur:
Le Ministre Secrétaire d'État,
Hugues B. Maret

Der Rheinbundvertrag vom 19. Juli 1805 mit der Unterschrift Napoleons

der Realisierung seines Allianzplans war man ihm deshalb gern zu Willen. Anders Württemberg. Normann machte bei den Gesprächen in München Mitte Januar 1806 schwerwiegende Bedenken gegen den Vertrag geltend. Besonders scharf kritisierte er die unter dem Vorsitz eines französischen Ministers tagende »perpetuierliche Kommission«, sie sei der »auffallendste, in seinen Folgen nachteiligste, die Souveränität und Inpedenz völlig untergrabende Punkt«. König Friedrich teilte die Bedenken seines Ministers. Er weigerte sich, dem Vertrag zuzustimmen, oder richtiger: Er machte seine Zustimmung von einer unerfüllbaren Forderung abhängig, der Einräumung des Gesamtgebiets zwischen Rhein und Inn als ausschließliches württembergisches Rekrutierungsgebiet[7]. Napoleon sah davon ab, stärkeren Druck auf Württemberg auszuüben. Das Abkommen war gescheitert[8].

Seit Mitte Februar 1806 tagte in München unter Leitung des französischen Gesandten Otto eine Konferenz der süddeutschen Höfe. Sie hatte unter anderem die Aufgabe, Territorialstreitigkeiten beizulegen und die einzelnen Rekrutierungsgebiete im Raum zwischen Rhein und Inn gegeneinander abzugrenzen. Die Verhandlungen kamen jedoch kaum voran. Um den toten Punkt zu überwinden, entschloß sich Otto, eine Konvention zu entwerfen. Dieser Entwurf sah vor, die drei Staaten unter Ausschaltung der Reichsinstanzen in eine enge rechtliche Verbindung zueinander zu bringen und die kleinen Reichsstände durch ein besonderes Föderativsystem mit Frankreich zu verbinden, um sie so vor den Mediatisierungsgelüsten der größeren zu schützen[9]. Wiederum zeigte sich Württemberg unzugänglich. Im Gegensatz zu seinen beiden Nachbarstaaten lehnte es nach längerem Stillschweigen Mitte April die Konvention ab. Inzwischen hatte sich die Einstellung Napoleons zu den kleineren Reichsständen geändert. Er betrachtete sie, die beiden Hohenzollern ausgenommen, jetzt allesamt als Parteigänger Österreichs. Deshalb entschied er sich, um politischen Gefahren für Frankreich vorzubeugen, für ihre Mediatisierung: Baden, Bayern und Württemberg sollten ihre Territorien unter sich aufteilen. Der Kaiser der Franzosen versprach sich von dieser Maßnahme eine noch stärkere Abhängigkeit der drei Staaten von Frankreich und eine dauerhafte Sicherung des französischen Einflusses auf Süddeutschland. Reitzenstein plädierte für eine gleichmäßige Aufteilung der zur Disposition stehenden Gebiete. Württemberg hingegen beanspruchte den Löwenanteil: 500 000 von insgesamt 700 000 Einwohnern. Die Verhandlungen der drei Staaten wurden nunmehr in Paris fortgesetzt. Doch ihre Vertreter konnten sich nicht einigen. Die Interessen waren zu unterschiedlich, Habgier und Mißgunst die bestimmenden Motive[10].

Am 22. Mai 1806 legte Talleyrand Napoleon den Entwurf eines Vertrags über die Bildung einer neuen Konföderation in Deutschland und über die Aufteilung der kleineren Reichsstände unter die verbündeten Könige und Fürsten vor. Der Entwurf ging davon aus, daß nicht nur der Reichstag seine Tätigkeit einstelle, sondern daß das Deutsche Reich überhaupt zu bestehen aufhöre[11]. Die Bündnispartner hatten auf alle Titel, Würden und Funktionen zu verzichten, in denen eine Bindung an den Reichsverband oder das Reichsoberhaupt zum Ausdruck kam. Im Bereich der Konföderation verloren Reichsgesetze ihre Gültigkeit. In die von ihm projektierte Konföderation bezog Talleyrand auch Hessen-Darmstadt, Berg-Kleve und Hessen-Kassel ein. Alle diese Staaten – und damit wohl auch Baden – sollten Königreiche werden. Der Gesandte Bayerns in Paris, Cetto, den Talleyrand bereits am 11. Juni 1806 von dem Projekt in Kenntnis setzte, lehnte es unter Hinweis auf seine Instruktion ab, eine das Ende des Deutschen Reichs vorsehende Akte zu unterzeichnen. Allein schon ehe der Entwurf einem weiteren Kreis zur Kenntnisnahme und zur Beratung übergeben wurde, distanzierte sich Napoleon von ihm.

Am 27. Juni wurde den Vertretern Bayerns und Württembergs ein vom Französischen

Außenministerium erarbeitetes Projekt vorgelegt, das erstmals unter »Rheinbund« firmierte. Bereits am 1. Juli gab das »Journal d'Empire« in seinen Spalten einen ersten knappen Hinweis auf die Gründung einer Föderation. Reitzenstein erfuhr erst am folgenden Tag Näheres. Der Entwurf sah den Zusammenschluß einer größeren Zahl von süddeutschen und rheinischen souveränen Fürsten unter dem Protektorat des Kaisers der Franzosen vor. Die künftigen Mitglieder des Bundes hatten sich zu verpflichten, sich innerhalb einer bestimmten Frist vom Reich zu trennen und auf alle Titel, Würden und Funktionen zu verzichten, die ihnen vom Reich oder Reichsoberhaupt übertragen worden waren. Als gemeinsame Institution war in Frankfurt ein Bundestag zu schaffen. Dieses Gremium bestand aus zwei Kollegien: aus dem Kollegium der Könige (die Könige von Bayern und Württemberg sowie die noch in den Königsrang zu erhebenden Landesherren von Baden, Berg und Hessen-Darmstadt) und aus dem Kollegium der Fürsten, dessen Vorsitz dem Chef des Hauses Nassau angetragen werden sollte. Der letzte Kurerzkanzler des Reichs, Dalberg, ein Bewunderer Napoleons, hatte als Fürstprimas mit dem Titel »Altesse Serenissime« das erste Kollegium zu leiten. Über die Aufnahme weiterer Staaten entschieden die Mitglieder. Ein Fundamentalstatut, dessen Ausarbeitung und Redaktion dem Fürstprimas oblag, bestimmte Rechte und Pflichten der Angehörigen des Bunds und legte dessen politische und verfassungsrechtliche Organisation fest. Dem Bund sollten auch die Königreiche Italien, Holland und Neapel angeschlossen werden. Da Frankreich als Protektionsmacht den entscheidenden Einfluß im Bund bekam, über dessen Militärpotential verfügte und die Souveränitätsrechte der Einzelstaaten stark beschnitt, nannte der bayerische Minister Montgelas die geplante politische Zusammenfassung des »Dritten Deutschland« eine französische Präfektur auf dem Boden des Alten Reichs[12]. Dennoch war der Widerstand gegen das französische Projekt gering. Die insgesamt wohl nicht schwerwiegenden Bedenken Reitzensteins wurden zu einem guten Teil beschwichtigt durch ansehnliche territoriale Erwerbungen, mit denen Baden im Rahmen der vorgesehenen Mediatisierung der in und an seinen Grenzen gelegenen kleineren Reichsstände bedacht werden sollte. Den Königstitel für seinen Fürsten, aber auch für die Souveräne von Hessen-Darmstadt und Berg konnte er Talleyrand leicht ausreden. Solange das badische Staatsgebiet nicht mindestens verdoppelt würde oder noch mehr an Ausdehnung gewann, hielt er diesen Titel für anmaßend, ja lächerlich. Er erinnerte sich an das Gespött, das die Annahme der Königswürde durch den Kurfürsten von Württemberg Ende 1805 bei den größeren europäischen Fürsten und namentlich beim Zaren hervorgerufen hatte. Hingegen bestand er auf einer unbedingten Gleichstellung seines Landes mit den beiden süddeutschen Königreichen, andererseits hätte er die Aufnahme Hessen-Darmstadts in das Kollegium der Könige nicht ungern hintertrieben[13].

Graf Wintzingerode, der württembergische Vertreter in Paris, war sich bewußt, daß sein König dem Rheinbundprojekt in der vorliegenden Fassung die Zustimmung versagte. Er bat, ihm zunächst den Entwurf in schriftlicher Form zugänglich zu machen, damit er ihn seinem Souverän vorlegen könne. Talleyrand lehnte jedoch brüsk ab. König Friedrich fühlte sich »überfahren«. Er entsandte seinen Außenminister Graf von Taube nach München, um den bayerischen König zu bestimmen, sich gemeinsam mit ihm dem Rheinbundprojekt zu widersetzen, weil dieses die von Frankreich garantierten Souveränitätsrechte der süddeutschen Staaten in unerträglicher Weise beschnitt und auf kaltem Wege mitten im Frieden, die endgültige Zerstörung des Reichsverbands ins Werk setzte, nachdem dessen Fortbestand ein gutes halbes Jahr zuvor im Preßburger Frieden verbrieft worden war. Zu seiner nicht geringen Verwunderung erfuhr er aber, daß der bayerische König durchaus unterschriftsbereit war. Die Verhandlungen, bekam Graf Taube zu hören, seien zu weit fortgeschritten, als daß es sich empfehle, durch einen förmlichen Widerspruch sichere Vorteile für höchst ungewisse Hoffnungen aufs Spiel zu setzen[14]. Der bayerische König versprach lediglich, seine Entscheidungen in den Fragen des Rheinbundvertrags mit Württemberg abzustimmen. Allein, auch dazu kam es nicht. Napoleon war nicht geneigt, sich auf weitere Verhandlungen einzulassen, er verlangte, dem Vertrag seine endgültige Fassung zu geben und ihn von den Gesandten und Bevollmächtigten der deutschen Staaten umgehend paraphieren zu lassen. Talleyrand, der schon vorher mit Drängen und Drohen nicht zurückgehalten hatte, beeilte sich, dem Wunsch seines Gebieters mit dem entsprechenden Nachdruck Geltung zu verschaffen. Der Vertrag war in Wirklichkeit ein Diktat Frankreichs. Der Graf von der Leyen bekam in barschem Befehlston zu hören: »Unterschreiben Sie die Zerreißung Deutschlands, die der Kaiser entschieden hat!« Am 12. Juli 1806 unterschrieben der bayerische, der badische, der hessen-darmstädtische und der kurerzkanzlerische Gesandte sowie die Bevollmächtigten von elf kleinen Staaten die Konföderationsakte. Das sich noch immer hartnäckig sträubende Württemberg stand allein. Politische Klugheit gebot ein rasches Nachgeben. Bereits jetzt war das kleine Königreich stark mit französischen Truppen belegt. Versteckte Drohungen Talleyrands, nach denen die militärische Präsenz Frankreichs noch wesentlich erhöht werden sollte, durften keineswegs auf die leichte Schulter genommen werden. Auch mußte mit Benachteiligung Württembergs bei der Aufteilung der Gebiete der kleinen Reichsstände gerechnet werden. Am 16. Juli erteilte König Friedrich Graf Wintzingerode die Vollmacht, den Vertrag zu unterzeichnen. Vier Tage später geschah dies[15]. Talleyrand hatte am 13. Juli gegenüber Napoleon die Rheinbundakte als das erstaunlichste Abkommen der letzten fünf Jahrhunderte gefeiert[16]. Friedrich von Württemberg dagegen empfand es als politische Vergewaltigung. Einen öffentlichen Protest wagte er nicht, doch in einem im königlichen Archiv hinterlegten Dokument verwahrte er sich feierlich gegen die ihm zugemutete Abtretung der Stadt Tuttlingen – die er dann doch noch abwenden konnte – und eines Teils ihres Oberamts, insbesondere aber hielt er in diesem Dokument fest, »daß die Uns abgenötigte Trennung vom Deutschen Reich und die Aufhebung der Unserem Königlichen Hause zustehenden kurfürstlichen Würde nie mit Unserem freien und guten Willen geschehen ist und niemals hat geschehen können«[17]. Auch Karl Friedrich von Baden litt sehr unter der Demütigung, sich vom Reich lossagen und auf den Kurfürstentitel verzichten zu müssen. Nur widerstrebend akzeptierte er die von Reitzenstein in den Vertrag gebrachte Großherzogswürde, die sich an dem Titel der früheren Großherzöge von Toskana orientierte. Ganz anders reagierte Landgraf Ludwig von Hessen-Darmstadt auf die ihm vertraglich zuerkannte Großherzogswürde. Er schrieb Napoleon einen Dankesbrief, in dem er sich hochbefriedigt nicht nur über die Rangerhöhung, sondern auch über die territoriale Vergrößerung seines Landes und die Aufnahme in die Föderation deutscher Fürsten unter französischem Protektorat äußerte[18]. Dabei hatte Ludwig erst im Januar 1806 seinen Neutralitätskurs aufgegeben und sich Frankreich angeschlossen, als ihm nach dem siegreichen Krieg Napoleons gegen Österreich keine andere Wahl mehr blieb[19].

Napoleon bestand auf einer möglichst raschen Ratifikation der Rheinbundakte. Bereits am 1. August 1806 lag sie dem Reichstag in Regensburg vor. Damit waren für den Kaiser der Franzosen die Voraussetzungen für die Abgabe der längst vorbereiteten Erklärung erfüllt, daß er das Reich nicht mehr anerkenne. Kaiser Franz blieb nur noch, die letzte Konsequenz zu ziehen: Am 6. August 1806 legte er die Krone des Heiligen Römischen Reichs Deutscher Nation nieder. In Stuttgart zeigte sich König Friedrich von der Abdankung Franz II. zutiefst betroffen. Obwohl er durch seine allerdings erzwungene Lossagung vom Reich mit den Anstoß zu dieser Entscheidung gegeben hatte, empfand er den nun unwiderruflichen Untergang des Reichs als einen schweren

Schlag für sein Land. Die letzte Stütze gegen die französische Vormacht war zerbrochen. Württemberg war Napoleon auf Gedeih und Verderben ausgeliefert[20].

Mit einem Federstrich wurde der überwiegende Teil der kleinen weltlichen Reichsstände in Süddeutschland ihrer politischen Existenz beraubt. Dies bedeutete einen Gewaltakt ohnegleichen. Für die Mediatisierung dieser Territorien gab es keinerlei rechtliche Handhabe. Reitzenstein, der Baden einen möglichst großen Anteil an den mediatisierten Gebieten verschaffen wollte und dies auch zuwege brachte, bekannte: »Die Sache ist auch nicht mit dem geringsten Scheine zu rechtfertigen, gibt das übelste Beispiel und dürfte in der Folge die jetzt teilnehmenden Fürsten außer der Lage setzen, sich auch nur einmal beschweren zu dürfen, wenn dereinst die nämliche Gewalttätigkeit von noch größeren gegen sie selbst ausgeübt wird«[21]. Skrupel zeigte jedoch kaum einer der von den Mediatisierungen profitierenden Fürsten. Im Gegenteil: Jeder nahm, was er nur irgendwie bekommen konnte. Da man sich aber gegenseitig über die Gebietsabgrenzungen nicht einigen konnte, mußte man die letzte Entscheidung Napoleon überlassen und geriet dadurch in gänzliche Abhängigkeit von dem Protektor des Rheinbunds. Zu Recht beklagte der badische Geheimrat Brauer den Verfall der politischen Sitten, »nicht einmal den Schein von Rechtlichkeit und Redlichkeit« suche man mehr zu bewahren[22]. Sehr treffend war auch seine Bemerkung: »Die deutschen Fürsten, die an ihrem alten Kaiser die geringste Machtanmaßung nicht dulden konnten, werden nun lernen müssen, das Gewicht der Worte Caesars sich zu vergegenwärtigen«[23].

In Südwestdeutschland verloren so bekannte Fürsten wie die Fürstenberg, die Hohenlohe oder die Waldburg ihre politische Selbständigkeit; ihre Territorien wurden den Rheinbundstaaten Baden und Württemberg zugeschlagen. Dagegen behaupteten sich erstaunlicherweise nicht nur die beiden Hohenzollern, sondern auch die als staatliches Zwerggebilde im Besitz der Grafen von der Leyen befindliche Grafschaft Geroldseck; sie erhielten die uneingeschränkte Souveränität zugesprochen und wurden Mitglieder des Rheinbunds. Die Grafen von der Leyen verdankten ihr politisches Überleben der Verwandtschaft mit dem Kurerzkanzler Dalberg und ihrem freundschaftlichen Verhältnis zum Hof Napoleons. Die Grafschaft Geroldseck brauchte übrigens als einziger Rheinbundstaat keine Soldaten für die Kriege Napoleons bereitzustellen. Diese Verpflichtung übernahm für sie im Bestreben, dem Fürstprimas und Kurerzkanzler Dalberg gefällig zu sein, Nassau-Weilburg[24]. Die Fürsten von Hohenzollern-Hechingen und Hohenzollern-Sigmaringen genossen trotz ihres geringen Territorialbesitzes schon im Alten Reich hohes Ansehen. Nach Württemberg und Baden waren sie die ranghöchsten Fürsten im Schwäbischen Kreis[25]. Dennoch wäre ihnen wohl auch 1806 das Schicksal der Mediatisierung kaum erspart geblieben, hätten sie nicht über einige bereits in anderem Zusammenhang erwähnte Aktivposten verfügt: die Ansicht Napoleons, daß es sich bei den schwäbischen Hohenzollern um ein österreichfeindliches Haus handelte, die verwandtschaftlichen Beziehungen zum preußischen Königshaus, das freundschaftliche Verhältnis der Sigmaringer Fürstin Amalie Zephyrine zu Kaiserin Josephine und zu anderen führenden Persönlichkeiten in Paris, so zu Talleyrand, die geplante Eheverbindung des Erbprinzen von Hohenzollern-Sigmaringen mit einer Nichte des Schwagers von Napoleon, Joachim Murat[26]. Fürst Hermann von Hohenzollern-Hechingen weilte Anfang Juli 1806 in Paris. Gelegenheit, in den Entwurf des Rheinbundvertrags Einblick zu nehmen, erhielt er aber nicht. Er wie auch Anton Aloys von Hohenzollern-Sigmaringen mußten froh sein, daß sie durch die von dem gemeinsamen Bevollmächtigten Fischler am 12. Juli geleistete Unterschrift unter den Vertrag dem drohenden Damoklesschwert der Mediatisierung entrinnen konnten. Recht günstig wirkte sich für Hohenzollern-Sigmaringen die Aufnahme in den Rheinbund aus.

Anton Aloys wurde eine ansehnliche Vermehrung seines Hausbesitzes, die Übertragung ehemaliger Lehen zu uneingeschränktem Eigentum sowie die Souveränität über die eigenen und die angrenzenden Gebiete zugestanden. Er erlangte an neuen Territorien die innerhalb der alten Grafschaft Sigmaringen gelegenen, von Österreich aber usurpierten Klöster Wald und Habsthal, ferner die Herrschaften Hohenfels und Achberg, die bislang einen Bestandteil der Deutschordenskommende Altshausen gebildet hatten. Seine Landeshoheit konnte er auf die Obervogteiämter Trochtelfingen und Jungnau des Fürsten von Fürstenberg, die Oberämter Straßberg und Ostrach des Fürsten von Thurn und Taxis sowie die Obervogteiämter Gammertingen und Hettingen des Freiherrn von Speth ausdehnen. Die Zahl der Einwohner des Fürstentums erhöhte sich um 11 000 auf knapp 33 000[27]. Im Vergleich dazu kam Hohenzollern-Hechingen schlecht weg. Der Rheinbundvertrag räumte ihm lediglich die volle Souveränität ein, jedoch mußte es auf jede territoriale Vergrößerung und alle sonstigen Hohenzollern-Sigmaringen großzügig gewährten Vorteile verzichten. Fürst Hermann empfand dies als bittere Benachteiligung, die er nie ganz verwand. Eine geringe Genugtuung für ihn bedeutete es, daß er nunmehr die Möglichkeit hatte, den Fürstentitel und das Prädikat »Durchlaucht« auf alle seine Kinder und Agnaten auszudehnen – eine infolge der hohen Taxe des Reichshofrats bis dahin unüberwindbare Hürde – und Nobilitierungen, also Erhebungen in den Adelsstand, auszusprechen[28].

Eines der durch den Rheinbundvertrag am meisten begünstigten Länder war Baden. Reitzenstein hatte durch sein monatelanges zähes Verhandeln, zum Teil wohl auch Antichambrieren, viel erreicht, wenn auch nicht bei weitem alles, was ihm vorgeschwebt hatte. Das nunmehrige Großherzogtum erlangte die Herrschaft Bonndorf, die Städte Bräunlingen und Villingen, das Fürstentum Heitersheim, die Deutschordenskommenden Freiburg und Beuggen. Seine landeshoheitlichen Rechte erstreckten sich nunmehr auch auf den größten Teil des Fürstentums Fürstenberg, auf die Herrschaft Hagnau, die Grafschaft Thengen, die Landgrafschaft Klettgau, die Ämter Neudenau und Billigheim, das Fürstentum Leiningen und die linksmainischen Besitzungen der Fürsten und Grafen von Löwenstein-Wertheim sowie über die nördlich der Jagst gelegenen Gebiete des Fürsten von Salm-Reifferscheid-Krautheim. Besonders vorteilhaft für die Arrondierung des badischen Staats erwies sich der Anfall der Fürstenbergischen Lande. Lediglich die Landgrafschaft Nellenburg fehlte noch, um im Süden eine feste Landbrücke zwischen dem Breisgau, dem Hochschwarzwald und der Baar mit dem westlichen Bodenseegebiet herzustellen[29].

Württemberg profitierte gleichfalls in erheblichem Maß von den Gebietszuteilungen des Rheinbundvertrags. Bayern mußte ihm die Herrschaft Wiesensteig, Baden die ehemalige Reichsstadt Biberach überlassen. Ferner wurden ihm die Deutschordenskommenden Kapfenburg und Altshausen sowie die von Bayern aufgehobene Abtei Wiblingen zugesprochen. Unter württembergische Landeshoheit kam eine größere Zahl von Fürstentümern, Herrschaften und ehemaligen Reichsstiften: Hohenlohe, Waldburg, Buchau, Marchtal, Ochsenhausen, Warthausen, Weingarten, Schussenried, Weissenau, Isny usw. – Die Reichsstifte waren, wie wir gehört haben[30], erst wenige Jahre zuvor durch den Reichsdeputationshauptschluß in weltlichen Besitz übergegangen. – Dagegen mußte das Königreich die im Preßburger Frieden erworbenen Gebietsteile um Bonndorf, Bräunlingen und Villingen an Baden abtreten. Die endgültige Grenzfestlegung mit Baden und Bayern erfolgte unter starker französischer Einwirkung nach schwierigen Verhandlungen[31].

In Karlsruhe nahmen die Geheimen Räte Brauer und Meier, beides Männer, die sich um den badischen Staat bereits hochverdient gemacht hatten, sehr kritisch Stellung zum Rheinbundvertrag. Wie der badische Gesandte Dalberg in Paris befürchteten sie, daß der Rheinbund auf den Trümmern des zerbrochenen Alten Reichs mit dem Zweck errichtet worden sei, je nach dem Bedürfnis des Protektors Geld und Mannschaft aus den alliierten Staaten herauspressen zu können. Ebenso bedenklich wie riskant erschien ihnen die Verpflichtung der Mitglieder des Rheinbunds, sich an allen Kontinentalkriegen des Französischen Kaiserreichs beteiligen zu müssen[32]. In seinem für Karl Friedrich bestimmten Gutachten vom 24. Juli 1806 hielt Brauer mit seiner Mißbilligung an der »aufgedrungenen Konvention« nicht hinter dem Berg. »Wenn schon«, so stellte er fest, »unsere alte Reichsverfassung dem Ton mit Eisen vermengt glich, die nicht zusammenhalten, so ist es der Fall in diesem neugeschaffenen Bundesstaat noch viel mehr, da der Mischmasch von kleinen und großen Ständen, die zusammengespannt werden und doch so mancher Bindungsmittel der alten Verfassung entbehren, die Möglichkeit einer nur wenige Jahrzehnte dauernden Eintracht nicht vorsehen lassen«. Brauer machte sich keine Illusionen darüber, daß schon die Aufhebung aller Reichsgesetze »reichlich Stoff zu Hader und Verwirrung« bieten werde, denn, so meinte er, die Staaten seien zu klein, »um ohne gemeinsame Normen in ihren Gebieten nach freier Willkür souverän zu sein, ohne daß damit der andere Nachbarstaat in seiner Hoheit gestört werde«. Er vermochte sich auch nicht vorzustellen, »wie Streitigkeiten der Bundesgenossen am Bundestag entschieden werden sollen«. Handelten die Bundestagsgesandten nach Instruktion, dann erscheine bei dem Konflikt der Interessen eine unparteiische Entscheidung unmöglich, entschieden sie aber »wie englische Parlamentsmitglieder« unabhängig nach ihrer Überzeugung, dann würde »ihr Gremium zum wahren Obersouverän der sogenannten souveränen Bundesgenossen«. Da Brauer jedoch keine der beiden Möglichkeiten für realistisch hielt, kam er zu dem zwingenden Schluß:»Am Ende wird der Bundestag die Scheinform sein, unter welcher der Protektor seine Entscheidung ins Mittel schiebt«. Letztlich waren der Bundestag wie der Rheinbund überhaupt die Exekutivorgane des Machtwillens Napoleons. Sie waren geschaffen worden, damit, wie Brauer dies formulierte, der Wille des Herrn Napoleon geschehe, »fiat voluntas Domini Napoleonis«[33].

Der Versuch Reitzensteins scheitert, die territorialen Voraussetzungen für ein Königreich Baden zu schaffen

Die umfangreichen Gebietserwerbungen, die Baden durch den Rheinbundvertrag erlangte, blieben weit hinter den Erwartungen zurück, die Reitzenstein für sein Land erstrebt hatte und erstrebte. Seit dem Frieden von Preßburg verfolgte er in zäher Beharrlichkeit den Plan, Baden ein territorialpolitisches Übergewicht über seinen Hauptrivalen Württemberg, und zwar ein möglichst großes, zu verschaffen. Nur so erschien es ihm möglich, das Verlangen des greisen Karl Friedrich nach der ihm bisher vorenthaltenen Königskrone zu befriedigen. Wir müssen zeitlich nochmals zurückblenden.

Im Spätherbst 1805 richtete Reitzenstein sein besonderes Augenmerk auf das Herzogtum Kleve-Berg. Er war sich bewußt, daß dieses Territorium zu weit entlegen war, um mit dem Kurfürstentum Baden vereinigt zu werden, aber es bot sich als Kompensationsobjekt für Hessen-Darmstadt an, dessen Gebiet Baden zu einem geschlossenen, weit nach Norden bis an den Main ausgreifenden Territorium verhelfen konnte. Dadurch aber würde Baden im System starker süddeutscher Mittelstaaten ein hervorragender Machtfaktor werden und im Hinblick auf seine geographische Lage für

Frankreich besonderes Gewicht bekommen, eine Art politische und strategische Schlüsselposition. Auch nach dem Preßburger Frieden betrieb Reitzenstein, durch zustimmende französische Äußerungen bestärkt, seinen Plan weiter. Doch Napoleon entschied anders. Im März 1806 überließ er Berg sowie den rechtsrheinischen Teil von Kleve als Herzogtum seinem Schwager Murat[34].

Die von Napoleon angebahnte und auch gegenüber der widerstrebenden Markgräfin Amalie durchgesetzte Heiratsverbindung von Kurprinz Karl mit Stephanie Beauharnais, auf die noch näher einzugehen sein wird, stärkte die Position Badens. Reitzenstein erwartete, daß der Kurprinz, der sich seit Anfang März 1806 in Paris aufhielt, wo dann im folgenden Monat die Hochzeit mit großem Pomp gefeiert wurde, die badischen Interessen bei seinen vielen persönlichen Begegnungen mit Napoleon, dem Adoptivvater Stephanies, mit allem Nachdruck zur Geltung brachte. Doch er stieß auf taube Ohren. Es war nicht so sehr die Schüchternheit des Prinzen als vielmehr seine Willensschwäche und Bequemlichkeit, an denen alle Bitten, Ermahnungen und Vorstellungen des Ministers abprallten. Karl hatte auch nicht das geringste Gespür für die Pflichten, die ihm seine Stellung als Thronfolger auferlegte. Reitzenstein, nunmehr selbst wieder in Paris, mußte allein versuchen, die Franzosen für die badischen Gebietswünsche zu gewinnen[35]. Sein vordringliches Anliegen sah er darin, Baden durch eine geschickte Arrondierungspolitik gegen den territorialen Ausweitungsdrang Württembergs abzusichern. Für besonders unbefriedigend hielt er die Situation im Süden. Hier lagen badische und württembergische Gebietsteile miteinander im Gemenge. Eine territoriale Ausdehnung und Abrundung Badens auf Kosten Württembergs im Süden waren in den Augen Reitzensteins die Voraussetzungen für die ihm vorschwebende Expansion seines Landes in Richtung Osten und Norden. Von einem großangelegten Gebietsaustausch ausgehend, spekulierte er mit den noch selbständigen Reichsstädten Frankfurt am Main und Nürnberg. Die erstere sollte Baden, die letztere Bayern zufallen. Doch wollte Baden auch Frankfurt Bayern überlassen, falls ihm dieses dafür Ulm abtrat. Ulm aber wollte Reitzenstein Württemberg anbieten, damit König Friedrich auf die besetzten Gebiete des Breisgaus, auf die Herrschaft Bonndorf und die Landgrafschaft Nellenburg zugunsten des Nachbarstaats verzichtete. Überhaupt wünschte er, daß die Südgrenze Württembergs mit der Donau zusammenfallen und sich Baden und Bayern in den Besitz der Gebiete auf dem rechten Donauufer teilen sollten. Mit diesen Vorstellungen drang er indessen in Paris nur zum geringen Teil durch. Baden bekam zwar den Breisgau sowie die Herrschaft Bonndorf, doch die Verdrängung Württembergs von der Schweizer Grenze mißlang. Mit seinen Plänen, Baden eine starke Ausdehnung nach Norden zu verschaffen, scheiterte Reitzenstein schließlich völlig. Das Spekulationsobjekt Frankfurt mußte er abschreiben. Auch aus einer möglichen Erwerbung Hessen-Darmstadts, Hanaus und Nassaus wurde nichts[36].

Allein, das bei den Verhandlungen in Paris bald sich abzeichnende Abblocken einer Expansion Badens im Norden war für Reitzenstein kein Grund zur Resignation. Er hatte noch ein anderes, ihm sogar gewichtiger erscheinendes Eisen im Feuer: den Erwerb der Schweiz[37]. Die seit dem Frieden von Preßburg von Frankreich und seinen Alliierten völlig eingekreiste Eidgenossenschaft war als Republik inmitten von monarchischen Staaten in ihrer Existenz in zunehmendem Maß gefährdet. Den Unwillen Napoleons hatte sie im Herbst 1805 erregt, weil sie nicht auf seinen ersten Wink als Bundesgenosse zur Verfügung gestanden, sondern auf ihrem Neutralitätsstatus beharrt und die eidgenössische Tagsatzung nicht den von ihm favorisierten Kandidaten zum General der Schweizer Truppen gewählt hatte, sondern einen ihr genehmen Offizier[38]. Der Kaiser der Franzosen hatte deshalb auch Ende 1805 der Schweiz keinerlei Gebietserweiterung zugebilligt[39]. Die Schweiz hätte zweifellos die Machtbasis Badens in ungewöhnlicher Weise erweitert und ihm nach der Vorstellung Reitzensteins die Möglichkeit verschafft, in den Kreis der Königreiche aufzusteigen. Daß sich Napoleon für diesen Plan erwärmte, hielt der badische Staatsmann nicht für unwahrscheinlich. Er setzte seine Hoffnung vor allem auf die künftige badische Kurprinzessin Stephanie. Ihr, der Adoptivtochter Napoleons, werde der Königstitel gut anstehen, meinte er. In einer für Napoleon bestimmten Denkschrift von Anfang April 1806 begründete er seine Forderung nach der Schweiz mit der dem badischen Haus zustehenden Königswürde. Hierbei vergaß er auch nicht zu erwähnen, daß die Schweiz alter zähringischer Besitz sei. Nur bei einer sehr wesentlichen Vergrößerung Badens, so argumentierte er, sowie bei einer beträchtlichen Vermehrung seiner Staatseinkünfte, und dies sei bei einer Angliederung der Schweiz gewährleistet, könne eine Erhebung zum Königreich gerechtfertigt werden. Für Frankreich habe eine Einbeziehung der Schweiz in den badischen Staat den Vorteil, daß die Eidgenossenschaft keine eigenständige politische Rolle mehr spiele, sondern daß Kurfürst Karl Friedrich ihre Politik bestimme.

Napoleon, aber auch die tonangebenden französischen Diplomatenkreise nahmen den Schweizer Plan Reitzensteins sehr ungünstig auf; sie betrachteten ihn als exorbitant: »Non, la totalité de la Suisse, c'est impossible« (Nein, die ganze Schweiz, das ist unmöglich). Napoleon soll gar gefragt haben, ob man denn in Karlsruhe den Verstand verloren habe[40]. In einer Privataudienz, die er am 25. April dem badischen Minister gewährte, ging es hauptsächlich um die Mediatisierungsfrage in Schwaben. Mit seinem Schweizer Projekt kam Reitzenstein keinen Schritt weiter[41]. Eine sehr erwünschte Alliierte erhielt er in der nunmehrigen Frau des Thronfolgers, Stephanie, für die Baden seiner geographischen Gestalt nach ein Land mit einer prächtigen Taille war, dem es aber an Körperfülle (embonpoint) mangle. Sie versprach, sich bei ihrem Adoptivvater für die Wünsche und Interessen ihres neuen Heimatstaats zu verwenden. Am liebsten wäre ihr freilich gewesen, wenn Württemberg Baden zugeschlagen und König Friedrich anderwärts entschädigt worden wäre. Hinsichtlich der Schweiz hätte sie sich zunächst mit den rechtsrheinischen Gebietsteilen begnügt. Kurprinz Karl verhielt sich weiterhin völlig passiv. Wenn auch keineswegs in enger Fühlungnahme mit Reitzenstein suchte der badische Gesandte Dalberg zur Verbesserung der politischen Situation seines Landes beizutragen. Bereits Anfang April konnte er nach Karlsruhe über ein Gespräch mit Madame Talleyrand berichten, in dem ihm diese eröffnet habe, daß innerhalb der nächsten drei Monate die Erhebung des badischen Hauses in den Kreis der Könige sicher sei[42].

Anfang Mai 1806 hatte Reitzenstein bei einer Audienz Gelegenheit, Napoleon seinen Schweizer Plan vorzutragen und eingehend zu erläutern. Nach einem Außenminister Edelsheim übermittelten Bericht kam er zunächst auf den noch sehr ungefestigten badischen Staat und den legitimen Wunsch des kurfürstlichen Hauses zu sprechen, ebenso wie das Haus Württemberg die Königswürde zu erlangen. Eine solche Standeserhebung habe allerdings eine beträchtliche territoriale Vergrößerung zur Voraussetzung. Der Kaiser nahm das Stichwort »Vergrößerung« auf und wies detailliert nach, daß Baden in letzter Zeit überaus reich mit neuen Territorien bedacht worden und in dieser Hinsicht auch besser als Württemberg gefahren sei, obwohl jenes einen ganz anderen Kern [ein ungleich größeres Kerngebiet] habe. Reitzenstein wandte unerschrocken ein, die Vorfahren des Hauses Baden hätten bereits eine glänzende Rolle in der Geschichte gespielt, als das württembergische Fürstengeschlecht noch völlig unbekannt gewesen sei. Im übrigen habe die Schweiz schon früher dem zähringischen Haus gehört. Napoleon gab sich den Ausführungen Reitzensteins gegenüber aufgeschlossen, vermied aber jede konkrete Zusage. Reitzenstein bat deshalb Edelsheim, Kurfürst Karl Friedrich keinesfalls über den Inhalt des Gesprächs zu unterrichten. Dazu sei noch Zeit, wenn sich das Projekt erfolgreich anlasse, jetzt aber würden vielleicht lediglich falsche Hoffnungen geweckt. Illusionslos stellte der Politiker Reitzenstein fest, die Saat sei nunmehr ausgesät, doch es bedürfe sorgsamen Pflegens und Begießens, damit sie aufgehe und sich entwickle[43].

In Karlsruhe bereitete die zunehmende geistige Hinfälligkeit des 78jährigen Kurfürsten Sorge. Man befürchtete einen neuen Schlaganfall. Der österreichische Gesandte berichtete am 29. Mai nach Wien, Karl Friedrich sei in letzter Zeit sehr niedergeschlagen, Paris habe mit Blick auf seinen schlechten Gesundheitszustand vorgeschlagen, er solle zugunsten seines Enkels abdanken[44]. Nicht mehr in der Lage, die Zügel des absolutistisch regierten Landes in der Hand zu halten, beschäftigten den Greis vornehmlich zwei Problemkreise: die Regelung der Erbfolge seiner Hochberger Kinder und die Aufnahme seines Hauses in den Kreis der Könige. Es bekümmerte ihn tief, daß sich die Lösung beider Komplexe so sehr verzögerte[45]. Napoleon fiel es schwer, die Sorge Karl Friedrichs um die Erbfolge seiner Kinder aus zweiter Ehe zu verstehen. Abgesehen davon, daß seit der Heirat des badischen Thronfolgers sein Interesse an dieser Frage gering war, hielt er es für überflüssig, hier ein Machtwort zu sprechen. Reitzenstein, der ihn damit im Auftrag seines Fürsten wieder hatte behelligen müssen, erklärte er vor dessen Abreise aus Paris, Baden sei souverän, Karl Friedrich könne deshalb die Erbfolge durch ein Hausgesetz regeln[46]. Ungeachtet der Tatsache, daß der Kurfürst den Anforderungen seines Regentenamts nicht mehr gewachsen war, vermochte die Aussicht auf einen Thronwechsel kaum zuversichtlich zu stimmen. Die negativen Eigenschaften des Thronfolgers traten mehr und mehr ans Licht. Der französische Gesandte Massias äußerte am 8. Juli 1806 in einem Bericht, Karl habe weder große Laster noch große Tugenden, allein schon durch seine Trägheit bringe er alle, denen das Wohl seines Landes am Herzen liege, zur Verzweiflung[47].

Von seiner Vorstellung, daß für den badischen Kurfürsten die Königskrone nur in Verbindung mit der Erwerbung der Schweiz oder eines anderen seinem Gebietsumfang nach vergleichbaren Landes erstrebenswert sei, ging Reitzenstein nicht ab[48]. Im Juni schien es, als sei er seinem Ziel nahegekommen. Selbst Kurprinz Karl war vorübergehend hellhörig geworden. Am 13. Juni schrieb er seiner Mutter: »Um unsere politischen Interessen ist es sehr viel besser als am Anfang bestellt, und ich darf Ihnen im Vertrauen sagen, daß wir hoffen können, die Schweiz als Königreich zu bekommen«. Möglicherweise hatte ihm Napoleon eine einigermaßen konkrete Zusicherung gemacht[49].

Im Juli 1806 oktroyierte Napoleon seinen Verbündeten den Rheinbundvertrag. Das Schweizer Projekt trat völlig zurück. Wie wir bereits gehört haben, hätte Reitzenstein seinem Fürsten im Rahmen des Rheinbundvertrags ohne allzu große Schwierigkeiten die Königskrone verschaffen können, war sie doch in den Vertragsentwürfen vorgesehen[50]. Doch er blockte ab. Baden in seinen derzeitigen Grenzen erschien ihm für ein Königreich ein zu unbedeutendes Territorium. Kurfürst Karl Friedrich war tief enttäuscht. Den Großherzogtitel, den er annehmen sollte, empfand er als demütigend. Allein, er mußte sich fügen[51]. Um ihn mit der neuen Würde wenigstens etwas zu versöhnen, regte Reitzenstein bei Frankreich als Anrede-Titulatur »Königliche Hoheit« an. – Die Rheinbundakte hatte für die neuen Großherzöge die Titulatur »Altesse Serenissime« (Durchlaucht) vorgesehen. – Er berief sich hierbei auf die Großherzöge von Toskana, die bereits diese Titulatur führten. Am 12. August 1806 stimmte Napoleon bei der Abschiedsaudienz, die er Reitzenstein gewährte, dem Prädikat »Königliche Hoheit« zu, versprach eine entsprechende Änderung im französischen Protokoll und im Titulaturbuch. Am 13. August 1806 nahmen nach einer zwischen den Höfen von Darmstadt und Karlsruhe getroffenen Absprache der seitherige Landgraf von Hessen-

Darmstadt und der bisherige Kurfürst von Baden den Großherzogstitel mit »allen der königlichen Würde anhängigen Rechten, Ehren und Vorzügen« an[52]. Das »Publicandum« vom 14. August und die Verordnung vom 22. August 1806 legten die neue Titulatur des badischen Großherzogs im einzelnen fest. Danach war in allen Eingaben die Anrede »Durchlauchtigster Großherzog«, im Kontext die Formulierung »Euer Königliche Hoheit«, als Anschrift »Seine Königliche Hoheit« vorgeschrieben. In den schriftlichen Ausfertigungen sollte der kleine Titel »Karl Friedrich von Gottes Gnaden Großherzog von Baden, Herzog von Zähringen« verwendet werden. Das Prädikat »Königliche Hoheit« blieb dem Herrscher vorbehalten. Der Thronfolger hatte Anspruch auf »Seine Hoheit«, alle nachgeborenen Prinzen und Prinzessinnen auf »Hoheit«[53].

Großherzog Karl Friedrich und seine Umgebung machten Reitzenstein heftige Vorwürfe, weil er die Erhebung Badens zum Königreich hintertrieben hatte. Der Minister war darüber sehr verstimmt. In einem Schreiben vom 24. August rechtfertigte er sich gegenüber Außenminister Edelsheim. »Ein Königreich«, schrieb er, »mit zwei sehr ausgedehnten Flügeln, dessen Hauptgebäude nur 4 bis 5 Meilen breit ist, die Hauptstadt eines Königreichs, deren einzige große Straße sich hauptsächlich aus Hütten zusammensetzt, die Notwendigkeit, zur gleichen Zeit um die Verminderung des [Militär-] Kontingents von 8000 auf 6000 Mann bitten zu müssen, eine haarsträubende Finanzsituation, die in naher Zukunft zu einem völligen Ausfall der ganzen Maschine führt, und bei all diesem der traurige Ehrgeiz nach einem Titel, der uns dem Gelächter ganz Europas aussetzen wird, wie kläglich!« Allein schon der Name eines Königs von Baden würde als sehr sonderbar empfunden werden, ähnlich der eines Königs von Darmstadt oder der eines solchen von Berg. Er wisse sehr wohl, daß er, falls er mit dem Königstitel und für die Frau Gräfin [zweite Frau von Kurfürst Karl Friedrich] mit dem Königintitel in der Tasche zurückgekehrt sein würde, er mit größter Auszeichnung empfangen worden wäre, doch er müsse seinem Pflichtbewußtsein den Vorzug geben. Vor fünf Jahren habe er die Erhebung des Hauses Baden in den Kurfürstenrang zu einem Zeitpunkt erreicht, als dies der Markgraf nicht für möglich gehalten habe. Er habe damit bewiesen, wie sehr ihm der Ruhm des fürstlichen Hauses am Herzen liege, aber dieses Mal habe die Sorge um die Bewahrung dieses Ruhms mit einer Standeserhöhung in erschreckendem Gegensatz gestanden. Es sei ihm wohl bekannt, daß der Kaiser die Königskrone versprochen habe, aber gerade deshalb habe man ihn unablässig auf das noch fehlende Königreich hinweisen und ihn zugleich bitten müssen, daß er uns zunächst eines verschaffe, denn er lege zweifellos schon wegen seiner [Adoptiv-] Tochter Wert auf die Annahme dieses Titels durch Baden. Württemberg besitze immerhin ein um 50 Quadratmeilen größeres Gebiet und 300 000 Einwohner mehr als Baden, auch habe es seine Hofhaltung seit 60 Jahren mit königlichem Prunk geführt. Dennoch betrachte er auch die württembergische Königswürde als eine große Dummheit. Mit Sicherheit würde Baden schon in den ersten Jahren von der Last des Titels erdrückt werden. Es wäre jedenfalls rühmlicher, wenn bei der nächsten Gelegenheit eine weitere beträchtliche Gebietsvermehrung den Großherzog in die Lage versetzte, zwar nicht den Titel eines Königs von Baden, wohl aber den eines Königs von Helvetien oder Alemannien anzunehmen[54].

Die Verteidigungsargumente Reitzensteins machen deutlich, daß er die Zurückweisung der Königswürde durch Baden geradezu als Mittel benutzte, um von Napoleon territoriale Zusagen in einer ungewöhnlichen Größenordnung zu erlangen. Der Kaiser sollte in der Frage der badischen Königswürde aktiv werden. »Wenn der Kaiser will, daß seine Tochter Königin wird, muß er ein Königreich geben«, war die durch nichts zu erschütternde Einstellung Reitzensteins. Karl Friedrich trug sich zeitweise mit dem Gedanken, in der Königsfrage persönlich an Napoleon heranzutreten oder die Dienste des Erbprinzen in Anspruch zu nehmen. Ein Schreiben, das er an den Kaiser richtete, blieb ohne Resonanz[55]. Nach seiner Rückkehr aus Paris konnte Reitzenstein Anfang September den Großherzog dazu bewegen, vorläufig in der Königsfrage keine weiteren Schritte zu unternehmen, zumal er andeutete, daß Napoleon die Erhebung Badens zum Königreich in absehbarer Zeit beabsichtige[56].

Zu einer solchen Erhebung kam es indessen nicht. Dennoch blieb der Wunsch im großherzoglichen Haus lebendig. Zu Beginn des Jahres 1807 griff der im Hauptquartier Napoleons weilende Gesandte Dalberg das Projekt Schweiz wieder auf. Im Benehmen mit Talleyrand hoffte er, dem Großherzog das erbliche Landammannamt der Eidgenossenschaft verschaffen zu können. Die Verfassung der Schweiz sollte unangetastet bleiben, ebenso ihr Neutralitätskurs. Eine Zivilliste von 1,5 Millionen Livres würde das einzige Opfer sein, das die Eidgenossenschaft ihrem neuen Landammann zu bringen hätte. Vom Königreich Schweiz sprach Dalberg nicht. Wahrscheinlich dachte er sich den Landammann als eine Art Übergangsform, die durch eine festere Bindung der Schweiz an Baden abgelöst werden sollte. Übrigens griff in einem Schreiben an Napoleon am 3. Mai 1807 auch Erbprinz Karl in Anlehnung an Dalberg den Gedanken auf, das erbliche Landammannamt mit dem Amt des badischen Regenten zu vereinigen[57]. Großen Wert legte Dalberg darauf, daß die Initiative, den badischen Großherzog mit dem erblichen Landammannamt zu betrauen, von der Schweiz selbst ausging. Durch die Errichtung ständiger badischer Gesandtschaften in Bern und Zürich und durch entsprechende geschickte Propaganda hoffte er dies zu bewirken. In Karlsruhe reagierte man zu seinem großen Ärger auf seinen Plan vom Februar 1807 zunächst überhaupt nicht. Erst als Talleyrand für seine guten Dienste bei der Übertragung des erblichen Landammannamts auf den Großherzog ein stattliches Stück Land am Bodensee forderte, befaßte man sich mit dem Plan. Die beiden Geheimen Räte Meier und Brauer kamen in den von ihnen erstellten Gutachten zu negativen Ergebnissen. Meier zog einen Erwerb Nellenburgs dem der Schweiz vor. Brauer stellte fest, daß die politische Neutralität der Schweiz das dem Rheinbund angehörende Baden bei einer Angliederung des Gebiets der Eidgenossenschaft in eine unerträgliche Lage brächte: Es stünde mitten drin zwischen aggressiver Rheinbund- und Schweizer Neutralitätspolitik. Auf einer vom Großherzog einberufenen Konferenz im Juni 1807, an der unter anderem Außenminister Edelsheim sowie die beiden Gutachter teilnahmen, wurde ein Erwerb der Schweiz unter besonderen Bedingungen gutgeheißen: keine anderweitige Landabtretung, monarchische Verfassung der Schweiz, von der Eidgenossenschaft ausgehender Wunsch, den badischen Großherzog zu ihrem Oberhaupt zu haben, Staatsvertrag über die Angliederung der Schweiz an Baden. Dalberg sollte die Schweizer Angliederung mit größter Vorsicht behandeln, zumal die abweisende Einstellung Napoleons zu dieser Frage bekannt war. Indes hatte der Gesandte kaum noch Gelegenheit, für seinen Plan zu werben. Im Juli 1807 mußte er nach Karlsruhe berichten, Napoleon wolle von dem Schweizer Projekt nichts mehr wissen. Er gab seine Bemühungen dennoch nicht sofort auf. Er versuchte den Nachfolger Talleyrands als französischer Außenminister, Champagny, für seinen Plan zu interessieren. Ohne Erfolg. In Karlsruhe hielt man am Projekt Schweiz fest. Der badische Gesandte in der Schweiz, Josef Albrecht von Ittner, hatte zu sondieren, ob vielleicht doch die Möglichkeit bestand, die Eidgenossenschaft für Baden zu gewinnen. Er deutete gewisse Indizien und Aussagen im Sinne der badischen Bestrebungen. Zweifellos aber war hier der Wunsch der Vater des Gedankens. Ittner übersah den politischen Selbständigkeitswillen der Schweizer völlig, er behauptete, der beste Teil der Nation schaue nach Deutschland, die Stimmung sei für Baden günstig, man erinnere sich in Dankbarkeit der Zähringer und lobe den Gerechtigkeitssinn Karl Friedrichs. Sehr bedeutsam nannte Ittner schließlich die handels- und militärpolitischen Vorteile einer Verbindung Badens mit der Schweiz. Zu Beginn des Jahres 1808 gab die badische Regierung das Projekt Schweiz endgültig verloren, zumal Napoleon seinen Unwillen gegen eine Weiterverfolgung des Projekts unmißverständlich kundgetan hatte. Ittner erhielt eine entsprechende Anweisung[58]. Die Eidgenossenschaft blieb Herr ihrer politischen Geschicke. Neue, freilich rasch sich wieder verflüchtigende Hoffnungen auf ein badisches Königtum weckte im September 1809 der französische Marschall Masséna, als er äußerte, eine Erhebung des Großherzogs zum König stehe möglicherweise nahe bevor[59].

Widerstand gegen den Ausbau des Rheinbunds

Nur unter hartem äußerem Zwang hatte König Friedrich, wie wir gehört haben, der Rheinbundakte seine Zustimmung erteilt, er bezeichnete die Akte als das »Todesurteil seiner politischen Existenz«[60]. Die mühsam errungene Souveränität wollte er keinesfalls durch einen mit schiedsgerichtlichen Kompetenzen ausgestatteten Bundestag und durch ein Fundamentalstatut, das die Rechte des Bundes, das heißt die Rechte Napoleons, über die Bundesstaaten festlegen sollte, verkümmern lassen. Hier wußte er sich mit den anderen größeren Rheinbundfürsten einig. Obwohl sich die meisten von ihnen Napoleon gegenüber sehr viel nachgiebiger zeigten als Friedrich von Württemberg und Eingriffe in ihre inneren Angelegenheiten häufig genug widerspruchslos hinnahmen, wollten sie sich gleichfalls nicht gerne auf kaltem Wege »mediatisieren« lassen. Der ihnen anhaftenden Grundübel, der unentwegten Gebietsstreitigkeiten, des wechselseitigen Mißtrauens und des gegenseitig sich den Rang Ablaufens, vermochten sie sich freilich nicht zu entledigen. Auch zu einem gemeinsamen Vorgehen in den Rheinbundangelegenheiten fanden sie sich nicht zusammen, immerhin gab es Ansätze dazu. So boykottierten Bayern und Württemberg den einberufenen Bundestag, der sich allerdings wegen »der kriegerischen Zeiten«, das heißt wegen des Kriegs gegen Preußen, rasch wieder auflöste. Napoleon erkannte, daß es politisch ratsam war, beim Ausbau des Rheinbunds behutsam zu Werk zu gehen, keinesfalls etwas zu überstürzen oder übers Knie zu brechen. Die militärische und politische Gefolgschaft der süddeutschen Staaten waren ihm dann am sichersten, wenn er diese als eigenständige Verbündete behandelte und zu jedem von ihnen einen direkten Draht unterhielt. Der im Herbst 1806 ausbrechende und sich ein Dreivierteljahr hinziehende Krieg gegen Preußen veranlaßte ihn, sein Rheinbundausbauprojekt auf Eis zu legen. Er bedurfte des Kräftepotentials der Süddeutschen. Im übrigen nahm ihn das Kriegsgeschehen voll in Anspruch.
Die siegreiche Beendigung des Kriegs im Sommer 1807 gab ihm die Möglichkeit, die Landkarte Deutschlands erneut stark zu verändern und gleichzeitig den Rheinbund um eine größere Zahl von Mitgliedern zu erweitern: Großherzogtum Würzburg, Königreich Sachsen, Königreich Westfalen sowie verschiedene andere mittel- und norddeutsche Staaten. Damit hatte er das sogenannte Dritte Deutschland ausnahmslos in der seinem Herrschaftssystem genehmen Organisationsform zusammengeschlossen. Dringlich erschien ihm der innere Ausbau des nunmehr 39 Staaten umfassenden Rheinbunds. Von den Mitgliedsstaaten wünschte er die Vorlegung von »Grundlinien für die organischen Gesetze des Bundes«. Als Nahziel strebte er ferner die Vereinheitlichung des Post- und Handelswesens innerhalb des Bundes, die Angleichung und exakte Festlegung des Rechts der Stände und der Mediatisierten sowie die Einführung des seinen Namen tragenden Gesetzwerks, des Code Napoléon, an. Den zu erwarten-

den massiven Widerstand König Friedrichs von Württemberg hoffte er mit Hilfe Bayerns, das sich stets verhältnismäßig gefügig zeigte, unterlaufen zu können. Doch er täuschte sich. Graf Montgelas, tief beunruhigt, suchte gegenzusteuern. Um die bedrohte Souveränität seines Landes zu retten, beeilte er sich, Entwürfe für eine Verfassung des Rheinbundes auszuarbeiten, die die einzelstaatliche politische Selbständigkeit nur geringfügig beeinträchtigten. In größter Hast – weiteren Forderungen Napoleons sollte möglichst vorgebeugt werden – bewog er außerdem König Max Josef, eine Staatsverfassung für sein Land zu verkünden. Der Kaiser der Franzosen vermochte offenbar den bayerischen Entwürfen für die Rheinbundverfassung keinen Gefallen abzugewinnen. Jedenfalls nahm er nie zu ihnen Stellung. Deutlich war ihm, daß er, wenn sich schon Bayern so ablehnend verhielt, seine Vorstellungen über den inneren Ausbau des Rheinbunds nur sehr mühsam werde durchsetzen können. Unterdessen verstrickte er sich bereits wieder in außenpolitische Schwierigkeiten. Im Frühjahr 1808 griff er in den in Spanien im bourbonischen Königshaus ausgebrochenen Familienzwist ein, beraubte die Bourbonen ihrer Regentenrechte und nahm das Land für seinen Bruder Josef in Besitz. Diese Gewalttat gab das Fanal zu einem Volksaufstand gegen die französische Fremdherrschaft. Da Großbritannien die Aufständischen unterstützte, gelang es Napoleon trotz des Einsatzes starker Truppenverbände nicht, in Spanien Ruhe und Ordnung wieder herzustellen. Erneut mußte er Militärkontingente verschiedener Rheinbundstaaten zur Verstärkung der französischen Truppen in Anspruch nehmen. Ein Weiterbetreiben seiner Organisationspläne für den Rheinbund erschien nicht angezeigt[61].

Im September/Oktober 1808 zelebrierte Napoleon das glanzvolle Fürstentreffen in Erfurt. Umgeben von einer großen Zahl von Rheinbundfürsten und in Anwesenheit von Zar Alexander von Rußland präsentierte er sich als der Heros und unbestrittene Herr Europas. Fast von allen Seiten devote Unterwürfigkeit und Ergebenheit. Der häßliche Krieg in Spanien wurde verdrängt, als kleiner Betriebsunfall deklariert, der längst unter Kontrolle sei. Doch kündigten sich neue mitteleuropäische Verwicklungen an. Kaiser Franz von Österreich war, sehr zum Ärger des Imperators, dem Treffen ferngeblieben, verweigerte die erwarteten Honneurs. In Wien sann man darauf, wie dem Machtstreben des napoleonischen Frankreichs Einhalt zu gebieten sei. Dem Kaiser der Franzosen war dies nicht verborgen geblieben, und er traf insgeheim seine Vorbereitungen. Nach außen drang hiervon freilich wenig. Im Gegenteil. Napoleon wollte den Anschein erwecken, als sei der Friede in Mitteleuropa auf längere Zeit gesichert. Diesem Zweck diente die Erneuerung des 1807 zwischen Frankreich und Rußland geschlossenen Tilsiter Schutz- und Trutzbündnisses. Zar Alexander verhielt sich dem großen Eroberer gegenüber deutlich zurückhaltender als im Vorjahr. Das Übermaß an Ehren, das er ihm erwies, ließ er sich gerne gefallen. Doch gerade dieses Übermaß mußte ihn mißtrauisch machen. Ihm kam es darauf an, seine eigene Politik zu betreiben. Keinesfalls aber wollte er der Erfüllungsgehilfe des politischen Willens Napoleons in Osteuropa sein. Ein Zusammengehen mit Frankreich schien ihm nur insoweit angezeigt, als es seinen eigenen Zielen förderlich war[62].

Erfurt war ein großes Spektakel. Unter den gekrönten Häuptern, die angereist waren, erregte König Friedrich von Württemberg schon durch seine äußere Erscheinung, seine Körpergröße und seinen Leibesumfang, Aufsehen. Napoleon behandelte ihn mit Auszeichnung. Bei der Aufführung des »Mahomet« am 9. Oktober gab er ihm den Platz zu seiner Linken, während zu seiner Rechten Zar Alexander saß und die Plätze neben diesem die Könige von Bayern und Sachsen sowie der Fürstprimas des Rheinbunds Dalberg einnahmen[63]. Drei Tage zuvor war Friedrich mit zahlreichen anderen Fürsten in Weimar gewesen, hatte dort an einer Jagd teilgenommen und einem Ball beigewohnt. Möglicherweise war er auch mit Goethe zusammengetroffen. Daß er ihn zumindest gesehen hat, dürfte indessen sicher sein, denn Napoleon, der den großen Dichter schon einige Tage früher in Erfurt zu einem Gespräch empfangen und ihm große Aufmerksamkeit erwiesen hatte, hatte sich auf dem Ball längere Zeit angeregt mit ihm und ebenso mit Christoph Martin Wieland unterhalten[64]. Der Politiker Friedrich war weniger an Persönlichkeiten des Geisteslebens interessiert als an Unterredungen mit Männern, die an den Schalthebeln der Macht in Europa saßen. Abgesehen von einem guten Einvernehmen mit Napoleon lag ihm vor allem an einer Bereinigung seines seit Anfang 1806 stark gestörten Verhältnisses zu Zar Alexander. Wider Erwarten ließ ihn der Neffe nicht mehr das Geringste von seiner einstigen Verstimmung spüren. Alexander empfing ihn mit der einem nahen Verwandten geziemenden Zuvorkommenheit und Liebenswürdigkeit. Friedrich war von seiner gewinnenden Freundlichkeit außerordentlich angetan. In einem Brief an die Gattin konnte er sich jedoch die Bemerkung nicht verkneifen, die Zarin sei weniger liebenswürdig als ihr Mann[65]. Wahrscheinlich hatte es Kaiserin Elisabeth nicht verstanden, denselben herzlichen Ton wie ihr Mann anzuschlagen. Für den württembergischen König war die Aussöhnung mit dem russischen Zarenhaus sehr wichtig. Der Rückhalt bei den mächtigen Verwandten in St. Petersburg ließ ihn das Ausgeliefertsein an den Kaiser der Franzosen weniger drückend empfinden. Auch erweiterte sich durch ihn wenigstens geringfügig sein politischer Handlungsspielraum.

Von Karlsruhe war das Erbprinzenpaar angereist. Der 80jährige Großherzog hatte die Reise nicht mehr wagen können. Markgräfin Amalie war schwer erkrankt; sie vermochte sich so der ihr lästigen Einladung zu entziehen. Erbprinzessin Stephanie fühlte sich in der Nähe ihres Adoptivvaters sehr wohl. Die ungezwungene und elegante Art ihres Auftretens trug ihr allgemeine Bewunderung ein. Zar Alexander machte ihr »in seiner ritterlich-sentimentalen Weise« angelegentlich den Hof, wie Frau von Freystedt berichtet[66].

König Friedrich war nach Erfurt gefahren, um mit Napoleon wegen der noch immer unerfüllten Gebietswünsche ins Gespräch zu kommen. Seit der siegreichen Beendigung des Feldzugs gegen Preußen harrte er ungeduldig der Entscheidung des Kaisers, Württemberg für die in diesem Krieg gebrachten Opfer eine angemessene territoriale Entschädigung zu gewähren. Da Bayern keine Bereitschaft zeigte, mit Württemberg über die in Aussicht genommenen Gebietsabtretungen zu verhandeln, richtete sich jetzt sein Verlangen auf das Fürstentum Fulda, die Grafschaft Hanau oder eine andere größere Herrschaft, über die noch nicht verfügt war[67]. Allein Napoleon wich konkreten Zusagen aus.

Die Anwesenheit eines großen Teils seiner Alliierten gab dem Kaiser der Franzosen Gelegenheit, über den weiteren Ausbau des Rheinbunds zu sprechen. Doch auch hier blieb es im Unverbindlichen. Der württembergische König rühmte sich später, er habe Napoleon dazu gebracht, von seinem Lieblingsprojekt Abstand zu nehmen. Ob dem so war, erscheint zumindest zweifelhaft. Friedrich hat mit Napoleon die Probleme der Rheinbundverfassung erörtert und aller Wahrscheinlichkeit nach seinen dezidierten Standpunkt dargelegt. Der Kaiser dürfte davon Kenntnis genommen haben, wohl aber kaum mehr. Wenn er das Projekt hätte forcieren wollen, hätte er sich von den Argumenten eines kleinen Alliierten kaum überzeugen lassen. Graf Montgelas erkannte sicher richtig, daß Napoleon angesichts eines sich abzeichnenden Waffengangs mit Österreich seinen Plan in Erfurt nur sehr vorsichtig lancierte, um die Verbündeten nicht vor den Kopf zu stoßen[68].

Nach dem Krieg gegen Österreich im Jahr 1809 packte Napoleon das heiße Eisen der verfassungsmäßigen Konsolidierung des Rheinbunds nicht mehr an. Der zu erwartende Widerstand der größeren Rheinbundfürsten war wohl kaum der Hauptgrund für sein Zurückweichen. Über die eigentlichen Beweggründe lassen sich nur Vermutungen anstellen. Die Aufstände in Tirol, Vorarlberg und anderen Gebieten im Herrschaftsbereich der süd- und westdeutschen Staaten hatten ihm die Gefahr von Volkserhebungen für sein Machtsystem vor Augen gerückt. Um solchen inneren Unruhen vorzubeugen oder sie wenigstens schon im Entstehungsstadium zu ersticken, mußte die Macht der Fürsten gestärkt werden. Eine feste Einbindung der einzelnen Staaten in das Rheinbundsystem schwächte jedoch die Position der Monarchen und begünstigte das Aufflackern neuer Unruhen[69].

Im Gegensatz zu den größeren Staaten des Dritten Deutschland wünschten die kleineren eine starke verfassungsmäßige Verklammerung durch den Rheinbund. Sie versprachen sich von ihr vor allem Schutz gegen die Expansions- und Herrschaftsgelüste ihrer mächtigeren Nachbarn, so die auch nach dem Abschluß des Rheinbundvertrags in ihrer politischen Existenz gefährdeten beiden hohenzollerischen Fürstentümer. Württemberg, aber auch Baden hätten sich zu gerne die hohenzollerischen Territorien oder wenigstens Teile von ihnen einverleibt. Bereits im Herbst 1806 kursierten erste Tauschpläne. 1807 wurde das Projekt bekannt, den Fürsten von Hohenzollern als Ersatz für ihr Land das Fürstentum Fulda anzubieten. Hinter dem Plan sollen König Jérôme von Westfalen und seine Frau Katharina gesteckt haben. Fürst Anton Aloys von Hohenzollern-Sigmaringen widersetzte sich mit Entschiedenheit allen Vorschlägen, sein Land gegen ein anderes zu vertauschen. Fürst Hermann von Hohenzollern-Hechingen hingegen war einem Ländertausch nicht ganz abgeneigt, doch erwartete er, daß ihm ein solcher Tausch höhere Einkünfte sicherte und daß sein künftiges Land an Gebietsumfang dem Sigmaringer Fürstentum gleichkam. Indessen versagte Napoleon seine Zustimmung zu allen diesen Tauschplänen und hielt seine Hand schützend über die kleinen Rheinbundstaaten[70].

Einen begrenzten Erfolg hatte der Protektor des Rheinbunds mit der von ihm propagierten Einführung des Code Napoléon. Hierbei ging er schrittweise vor. Von einer Übernahme des Gesetzwerks dispensierte er von vornherein das Königreich Sachsen, weil dessen ständische Verfassung die Einführung fremden Rechts sehr erschwerte. Auch Württemberg nahm er aus, weil er wußte, daß König Friedrich ein entsprechendes Ansinnen kategorisch zurückweisen würde. In Baden setzte er sich durch. Bayern erwog wenigstens die Einführung des Gesetzwerks, aber dabei blieb es auch. Über Verfassung und Verwaltung der einzelnen Rheinbundstaaten beanspruchte der Protektor ein Aufsichtsrecht. Er scheute sich nicht, seine Vorstellungen, wenn ihm dies geboten erschien, zu vermitteln oder aufzudrängen. Wichtig war ihm, daß die Staaten effektiv regiert und verwaltet wurden, damit sie die ihnen vertragsmäßig auferlegten militärischen Leistungen erbringen konnten[71]. Wie sehr er sich in Baden in die inneren Angelegenheiten des Landes einmischte, wird in anderem Zusammenhang noch näher auszuführen sein.

Daß der verfassungsmäßige Ausbau des Rheinbunds im wesentlichen auf dem Papier blieb, tat der beherrschenden Autorität Napoleons keinen Eintrag. Die überwiegende Zahl der Rheinbundfürsten, auch der größeren, gab sich ausgesprochen unterwürfig. Gelegenheiten, dem Protektor zu huldigen oder die persönliche Ergebenheit zu bekunden, wurden willig ergriffen. 1811 beispielsweise nach der Geburt seines Sohnes, des Königs von Rom, eilten die Fürsten pflichtschuldigst nach Paris, um ihre Glückwünsche zu überbringen, oder sie ordneten hochrangige Sondergesandte in die französische Hauptstadt ab. Jeder wollte möglichst rasch zur Stelle sein. So mußte der Vertreter Badens, Markgraf Wilhelm, überstürzt aufbrechen, damit ihm der württembergische Gesandte nicht zuvorkam. Dennoch ließ es sich nicht vermeiden, daß der Abgesandte des württembergischen Königs, Graf Görlitz, bei der Gratulationscour den Vortritt vor dem Markgrafen erhielt[72]. Zu einem geradezu unwürdigen Gedränge kam es bei den üblichen Empfängen des Kaisers, beim »Lever« (Aufstehen, Vormittagsempfang) und beim »Coucher« (Zubettgehen, Abendempfang). Die anwesenden Persönlichkeiten, selbst Könige, stürzten beim Ruf »Der Kaiser« nach vorne, um möglichst in die erste Reihe zu kommen, damit sie Napoleon auch bemerkte[73].

VIII. Der Gebietsschacher in Paris 1809/10 und die Festlegung der endgültigen Grenzen Badens und Württembergs

Argwohn und Mißtrauen belasteten in beinahe unerträglichem Maß die gegenseitigen politischen Beziehungen der süddeutschen Staaten seit dem Reichsdeputationshauptschluß von 1803 und insbesondere seit dem Preßburger Frieden von Ende 1805. Die häßliche, abstoßende Formen annehmende Rivalität bei der Erwerbung neuer Territorien steigerte sich bis ins Groteske. Anfang 1806 kam es zwischen Baden, Württemberg und Bayern zu Schießereien und zu anderen gewaltsamen Auseinandersetzungen bei der Besetzung der ihnen von Frankreich zugewiesenen Gebiete. In Wiblingen bei Ulm verloren bei solchen Schießereien zwei württembergische Soldaten ihr Leben. Französische Truppen mußten vorübergehend die Grenzen besetzen, um weitere gewaltsame Zusammenstöße der verbündeten süddeutschen Staaten zu verhindern. Freiherr Eugen von Maucler, einer der württembergischen »Landkommissäre« (mit der Besitzergreifung der Neuerwerbungen beauftragte Beamte) gibt in seinen Erinnerungen einen anschaulichen Situationsbericht: »Einzelne Orte wurden sukzessiv von Württemberg, Bayern und Baden okkupiert und reokkupiert. Ein kleiner Krieg zwischen diesen Regierungen war zum öffentlichen Skandal und zu großer Belästigung der Einwohner förmlich organisiert. Am leichtesten wurde man mit Baden fertig, was keine Truppen zur Disposition hatte, da die seinigen noch im Felde standen. Zwischen Württemberg und Bayern kam es dagegen zu häufigen Kollisionen. Wir waren instruiert, beharrlich zu sein, es aber nicht zu blutigen Konflikten kommen zu lassen, wie ein solcher zu Wiblingen in dem Kommissariatsbezirk des Regierungsrats Pistorius, der deshalb zurückberufen wurde, stattgefunden hatte. Eine solche Instruktion war schon an sich, noch mehr aber unter einem Herrn, wie wir ihn hatten, schwer zu befolgen. Am Ende kam man überein, daß der schwächere Teil vor dem stärkeren sich stets zurückziehen solle, und durch eingeleitete diplomatische Verhandlungen wurden die entstandenen Differenzen ausgeglichen«[1].

Die territorialen Interessengegensätze vor allem zwischen Baden und Württemberg waren nicht aufzulösen. König Friedrich drängte ungestüm nach Westen, und er hätte es am liebsten gesehen, wenn er Baden mit seinem Land hätte vereinigen können und Karl Friedrich anderwärts entschädigt worden wäre. Umgekehrt war eine sinnvolle Arrondierung Badens nur in östlicher Richtung, also auf Kosten Württembergs, möglich. Das Großherzogtum wünschte zur Sicherung seiner Besitzungen am Bodensee die Landgrafschaft Nellenburg, die Ämter Fischbach und Hofen, ebenso die Stadt Tuttlingen, dazuhin ein geschlossenes Territorium von Offenburg über Hornberg und Villingen bis zur Schweizer Grenze bei Schaffhausen. Reitzenstein, den Württemberg überall »genierte«, strebte im mittelbadischen Bereich eine beträchtliche Ausdehnung nach Osten an, damit Baden nicht länger wegen seiner Wespentaille bespöttelt werde. Unter Einbeziehung der württembergischen Ämter Freudenstadt, Neuenbürg, Herrenalb und Maulbronn wollte er die badische Grenze bis nahe an Heilbronn heranschieben. Schließlich beanspruchte er das Deutschordensfürstentum Mergentheim für seinen Großherzog[2].

Im Januar 1807 hatte König Friedrich den Titel eines souveränen Herzogs in Schwaben und Herzogs zu Hohenlohe angenommen. Karlsruhe und München hatten auf diese selbstherrliche Entscheidung des Württembergers sehr verärgert reagiert. Ein solcher Titel, war aus München zu hören, sei »präjudizierlich«, weil auch Bayern, Baden sowie einige andere souveräne Fürsten bedeutende Besitzungen in Schwaben hätten und weil die Ansprüche des habsburgischen Kaiserhauses auf den mit der österreichischen Landvogtei verbundenen Titel eines Fürsten in Schwaben durch den Preßburger Frieden und die Rheinbundakte hinfällig geworden seien. Bayern wies ferner darauf hin, mit dem Besitz der hohenlohischen Lande sei nie die herzogliche Würde verbunden gewesen, zudem teilten sich Bayern und Württemberg in die Souveränität dieser Gebiete. Die württembergische Regierung zeigte jedoch keinerlei Verständnis für die Einwände der beiden Nachbarstaaten, sie wies sie zurück. Die Annahme von Titeln wie die beanstandeten, argumentierte sie, sei Ausfluß der Souveränitätsrechte, im übrigen nenne sich König Friedrich nicht Herzog von Schwaben, sondern Herzog in Schwaben[3].

Daß im Preßburger Frieden Nellenburg Württemberg zugeschlagen worden war, empfanden die badischen Diplomaten als besonders mißlich. Sie bemühten sich in Paris um eine Korrektur. Doch Reitzenstein und nach ihm Dalberg und Hofer blieb ein Erfolg versagt. 1809 schrieb Dalberg in sein Tagebuch: »Baden hat Nellenburg gefordert, Württemberg hat erklärt, daß es es nicht abtreten würde, und der Kaiser hat dem Prinzen von Baden [Erbprinz Karl] gesagt, daß er niemanden zwingen könne, die Fürsten des Rheinbunds seien Souveräne«[4]. Napoleon war damals sehr ungehalten über die desolaten inneren Zustände Badens. Er gab deshalb zu verstehen, er gedenke vorläufig für das Großherzogtum nichts mehr zu tun, zumal es ihm »ansehnlich genug« erscheine, »um sich an der Grenze Frankreichs mit anderen Staaten zu erhalten«[5]. Die führenden badischen Politiker, so namentlich Reitzenstein, gaben dennoch die Hoffnung auf eine weitere Vergrößerung ihres Landes nicht auf. Nach dem Wiener Frieden vom 14. Oktober 1809 bot sich endlich eine konkrete Chance.

Im Krieg gegen Österreich im Frühjahr und Sommer 1809 hatte sich König Friedrich, wie wir gehört haben, militärisch ungewöhnlich stark engagiert und durch seine Abwehrmaßnahmen gegen die aufständischen Tiroler und Vorarlberger Napoleon gewissermaßen den Rücken freigehalten. Baden und Bayern hatten eine erheblich passivere militärische Rolle gespielt. König Friedrich erwartete daher, daß ihm Napoleon seinen kriegerischen Einsatz honoriere. Bereits am 18. Juli 1809, wenige Tage nach dem Abschluß des französisch-österreichischen Waffenstillstands, ließ er ihn dies wissen: »Jetzt ist der Zeitpunkt gekommen, zu dem das Schicksal Württembergs ein zweites Mal in Ihren Händen liegt, indem es von Eurer Majestät abhängt, daß Sie diesem Staat einen Umfang geben, der ihn befähigt, Ihnen von größerem Nutzen als bisher bei seinen beschränkten Kräften zu sein ...«[6]. Baden indes setzte auf seine weitgespannten dynastischen Verbindungen, so vor allem auf die Ehe des Thronfolgers mit der Adoptivtochter Napoleons. Allerdings mußte Reitzenstein, nunmehr wieder der leitende Minister Badens, davon ausgehen, daß Erbprinz Karl die Sache seines Landes nicht in gewünschter Weise bei seinem Schwiegervater vertreten würde. Andererseits schien die Erbprinzessin durchaus bereit, einen aktiven Part zu übernehmen, wenn es galt, dem Großherzogtum mehr »Embonpoint« (Körperfülle) zu verschaffen. Nur war die Politik nicht die Domäne Stephanies, aber Napoleon hatte viel für sie übrig, und es war zu hoffen, daß sie bei ihrem Adoptivvater für Baden einige territoriale Vorteile erreichte[7]. In Stuttgart zeigte man sich darüber beunruhigt. Königin Charlotte Mathilde sah in Stephanie eine Frau, die sich zwar recht leichtfertig gebe, aber von einem starken Ehrgeiz geleitet sei und ihr freundschaftliches Verhältnis zum Kaiser der Franzosen sehr wohl zu nutzen wisse. Die Königin hielt es daher für doppelt wünschenswert, wenn die württembergische Regentenfamilie endlich von der Nachbarschaft des badischen Großherzogshauses befreit würde. Die Badener könnten in der Gegend von Hanau oder auch in Sachsen entschädigt werden. Vor allem Sachsen bot sich nach Ansicht Charlotte Mathildes als Ersatzland für die badische Dynastie an, weil der sächsische König ohne weiteres zu größeren Landabtretungen in Deutschland veranlaßt werden könnte, nachdem ihm in Polen ein Riesengebiet zugefallen sei und er sich während des Kriegs gegen Österreich wenig vorbildlich verhalten habe[8].

Schon beim Tilsiter Friedensschluß 1807 hatte Napoleon, wie wir gehört haben, seine süddeutschen Verbündeten nicht beteiligt. Auf die Frage des badischen Gesandten Dalberg, was es zu verteilen gebe, hatte der französische Außenminister Talleyrand damals etwas von oben herab erwidert: »Fast nichts!«[9]. Auch der Wiener Friede im Oktober 1809 war ohne Mitwirkung der Rheinbundstaaten zustande gekommen. Napoleon behielt sich vor, über die Gebiete, die Österreich abzutreten hatte, nach Gutdünken zu verfügen. Auf der Heimreise von Wien nach Paris machte er am 23. Oktober 1809 in Stuttgart Station. König Friedrich ließ dem hohen Gast wie bei früheren Besuchen alle nur erdenklichen Ehren zuteil werden, und dieser gab sich generös. Bei der dreistündigen Unterredung stellte er dem württembergischen König 300 000 neue Untertanen in Aussicht. Auch hörte er sich den Wunsch Friedrichs, Baden dem Königreich Württemberg einzugliedern, wohlwollend an, äußerte allerdings Bedenken, ob eine Entschädigung der badischen Dynastie mit Hannover möglich sei. Lediglich der Forderung König Friedrichs auf die beiden Hohenzollern verschloß er sich von vornherein, ihre Eigenständigkeit wollte er gewahrt wissen. Wenn der allmächtige Protektor des Rheinbunds während seines Stuttgarter Aufenthalts dem württembergischen Monarchen begründete Hoffnungen auf umfassende Gebietsvergrößerungen machte, dann wohl kaum in erster Linie, um dessen militärisches Engagement in dem soeben beendeten Krieg zu belohnen, sondern um sich dessen Vermittlerrolle bei der ihm vorschwebenden Friedensinitiative gegenüber Großbritannien zu sichern. Als Schwiegersohn des englischen Königs besaß Friedrich von Württemberg einen guten Draht nach London[10], und Friedrich war zu einer solchen Vermittlerrolle bereit, freilich zu einem ihm angemessen erscheinenden Preis: die Annexion Badens. Um die ihm günstige Stimmungslage des Kaisers zu nutzen, entsandte er Graf Taube nach Paris. Diesen wies er an, für Württemberg als Ausgleich für die umfangreichen österreichischen Gebiete, auf die Bayern Anspruch erhob, westbayerische Grenzregionen zu fordern. Keinesfalls sollte Taube Gebietsabtretungen an Baden zugestehen, hingegen vorsichtig die Eingliederung Badens und die der beiden hohenzollerischen Fürstentümer in den württembergischen Staat zur Sprache bringen. König Friedrich war bei einer großzügigen territorialen Vergrößerung seines Landes zur Stellung eines wesentlich höheren Truppenkontingents bereit. Graf Taube vertrat die Wünsche seines Herrn mit allem Nachdruck. Nach bewährtem Muster suchte er sich durch Bestechungsgelder einflußreiche französische Hof- und Regierungskreise geneigt zu machen[11].

Die Aussicht, mit Hilfe Napoleons ihre Länder erheblich vergrößern zu können, bewog im Herbst 1809 zahlreiche Rheinbundfürsten zur Reise nach Paris, um dem Protektor ihre Ergebenheit zu bezeugen, vor allem aber um durch ihre persönliche Anwesenheit möglichst viel an territorialem Gewinn herauszuschlagen. Der leitende bayerische Minister Graf Montgelas spöttelte über die unfromme Wallfahrt der deutschen Souveräne[12]. Dabei hielt er es allerdings für selbstverständlich, daß sein König mit von der Partie war. Auf Einladung Napoleons, auf das Drängen seiner Tochter Katharina und auf die Empfehlung des Grafen Taube entschloß sich auch König Friedrich, seines schlechten Gesundheitszustands ungeachtet, Ende November zur Fahrt nach Paris. Er glaubte, dieses Opfer »den Interessen des Augenblicks« und seines Hauses bringen zu müssen, wäre es für ihn doch unerträglich gewesen, wenn sein Fernbleiben anderen Fürsten Verhandlungsvorteile verschafft hätte[13]. Napoleon empfing ihn mit großer Auszeichnung. Für die letzte Etappe seiner Reise hatte er ihm Equipagen und als Eskorte eine Abteilung seiner Garde entgegengesandt. Kaum war er in dem ihm als Wohnsitz während seines Parisaufenthalts eingeräumten Palais Luxemburg abgestiegen, stattete ihm der Kaiser einen Höflichkeitsbesuch ab. Neben ihm befanden sich auch die Könige von Bayern, Sachsen und Westfalen sowie der Fürstprimas Dalberg in der französischen Hauptstadt. Die unförmige Gestalt Friedrichs erregte Aufsehen. Belustigt erzählte man sich, er sei »ventre à terre« (in gestrecktem Galopp) in der Kathedrale Notre-Dame erschienen[14]. Erbprinz Karl von Baden fehlte. Freiherr Konrad von Andlaw, der badische Sondergesandte, hatte ihn mehrmals eindringlich gebeten, ja beschworen, doch mit seiner Frau nach Paris zu kommen, um die badischen Angelegenheiten stehe es nicht zum besten. Vergeblich. Schließlich machte sich Erbprinzessin Stephanie mit Einwilligung ihres Mannes allein auf den Weg. Die Denkschrift, die sie überreichte, nahm der Kaiser freundlich in Empfang. Ihre Mission selbst erwies sich als ziemlich erfolglos. Daran trug sie freilich keine Schuld. Die fortgesetzten Intrigen Bignons, des französischen Gesandten in Karlsruhe, hatten die badische Regierung und den Hof bei Napoleon in ein düsteres Zwielicht gerückt. Sie taten gerade jetzt ihre größte Wirkung. Andlaw ließ sich äußerlich davon nicht anfechten, doch insgeheim begann er zu resignieren[15].

Unterdessen mußte auch König Friedrich enttäuscht zur Kenntnis nehmen, daß die Trümpfe, die er in der Hand zu haben glaubte, nicht mehr stachen. Napoleon gab bei der Realisierung von Gebietsforderungen Bayern eindeutig den Vorzug vor Württemberg. Von einer Friedensinitiative gegenüber Großbritannien war keine Rede mehr. Damit brauchte der Kaiser der Franzosen auf den kleinen württembergischen Alliierten nicht länger besondere Rücksicht zu nehmen. König Friedrich brach Anfang 1810 verstimmt seinen Aufenthalt in Paris ab und kehrte nach Stuttgart zurück.

In der französischen Hauptstadt bemühten sich Graf Taube und Graf Montgelas, Einigung über Art und Umfang der Entschädigungsgebiete zu erzielen, die Bayern im Gegenzug für die ihm zufallenden österreichischen Gebiete an Württemberg abtreten sollte. Die Verhandlungen liefen sich jedoch rasch fest. Frankreich hatte das entscheidende Wort, und es einigte sich vorrangig mit Bayern. Anfang März 1810 wurde Taube von den seinem Land zugedachten Erwerbungen in Kenntnis gesetzt: Gebiete mit insgesamt 110 000 Einwohnern. Bayern war der doppelte Gewinn zuerkannt worden[16]. Graf Montgelas machte für das schlechte Abschneiden Württembergs in Paris zwei Gründe geltend: einmal die Weigerung der französischen Regierung, die württembergischen Forderungen zu unterstützen, und zum anderen die Stadt Ulm, die König Friedrich bei der Aufrechnung seiner territorialen Ansprüche sehr hoch bewertet worden war[17]. König Friedrich zeigte sich zutiefst enttäuscht. Der Tochter Katharina schrieb er: »Das also ist das Ergebnis von fünf Jahren Opfer, das Ergebnis von zwei Kriegen, in denen ich glaubte, der gemeinsamen Sache wesentliche Dienste geleistet zu haben, und günstigster Versprechungen. Ich weiß sehr gut, daß Klagen lächerlich ist ... ich schweige, aber ich werde den stärksten und unerschütterlichsten Widerstand gegen jeden Vorschlag einer [Gebiets-]Abtretung leisten, der sich gegen meine Grundsätze und die Interessen meines Landes richtet. Wenn der Kaiser zufällig mit Ihnen über mich spricht, antworten Sie bitte auf das ›Na gut, was sagt Ihr Vater?‹ Er ist tieftraurig, aber er schweigt, weil er zu klug ist, um merken zu lassen, wie groß seine Verärgerung darüber ist, sich in seinen berechtigten Hoffnungen enttäuscht zu sehen! Ich werde sicher nichts Unkluges tun, aber es liegt mir daran, daß der Kaiser weiß, was ich denke ...«[18].

Graf Taube setzte im März und April 1810 alles daran, den Anteil Württembergs an den zur Disposition stehenden Gebieten doch noch zu erhöhen. Allein, er rannte gegen eine festgefügte Abwehrfront an. Inzwischen war auch Erbprinz Karl in Paris eingetroffen. Die Situation des württembergischen Unterhändlers verschlechterte sich. Baden forderte die Landgrafschaft Nellenburg, und Napoleon zeigte sich der Erfüllung dieser Forderung nicht abgeneigt, er bezeichnete sie als Äquivalent für Ulm, das Bayern nur widerstrebend Württemberg überlassen wollte. Am 24. April 1810 schloß Württemberg in Compiègne seinen Vertrag mit Frankreich: Bayern hatte ihm Territorien mit insgesamt 155 000 Einwohnern abzutreten; es konnte dadurch seine Grenzen nicht unbeträchtlich nach Osten vorschieben. Gleichzeitig mußte es aber 45 000 Einwohner in zusammenhängendem Gebiet Baden und Hessen überlassen. Außerdem nötigte ihm Frankreich die Verpflichtung auf, die alten Schulden der bis 1793 württembergischen gefürsteten Grafschaft Mömpelgard zu übernehmen und Entschädigung für die dort eingezogenen Lehengüter zu leisten. Der Vertrag von Compiègne bildete den formalen Rahmen für den Gebietsaustausch zwischen Württemberg und seinen Nachbarn[19].

Noch erheblich schlechter als sein östliches Nachbarland fuhr Baden bei dem Pariser Länderschacher. Von den 45 000 Einwohnern, die Württemberg abzutreten hatte, erhielt es lediglich 30 000. 15 000 mußte es in zusammenhängendem Gebiet Hessen überlassen. Ferner zwang es Frankreich, die auf seinen ehemaligen linksrheinischen Besitzungen lastenden Schulden zu übernehmen, die auf rechtsrheinische Gebiete aufgenommenen Landesschulden der Bistümer Basel, Speyer und Mainz im Verhältnis des badischen Anteils zu bezahlen und weitere drückende finanzielle Verpflichtungen anzuerkennen. Die badische Regierung war bestürzt. Reitzenstein wollte einem solchen Vertrag, der seiner Ansicht nach den gänzlichen finanziellen Ruin des Großherzogtums zur Folge hatte, keinesfalls zustimmen. Der französische Außenminister Champagny drohte, der Kaiser werde Großherzog Karl Friedrich wieder zum Markgrafen machen, falls Baden den Vertrag in seiner jetzigen Form nicht akzeptiere. Noch schlimmere Gerüchte machten die Runde: Napoleon sei entschlossen, der staatlichen Existenz Badens ein Ende zu bereiten. Die Annexion Hollands durch Frankreich beunruhigte Andlaw. Er bat dringend, ihm die Vollmacht zum Abschluß des Vertrags zu erteilen: »Man bedenke, daß es besser ist zu vegetieren als nicht zu existieren«, schrieb er nach Karlsruhe. Reitzenstein lehnte ab. Doch alles Widerstreben half nichts. Die französische Regierung ließ sich nicht einmal zu kleinen Modifikationen herbei. Am 7. September 1810 unterzeichnete Andlaw den Vertrag. Am Tag darauf brachte er auch mit Hessen eine Einigung über die von Baden abzutretenden Gebiete unter Dach und Fach. Das Großherzogtum Hessen erhielt die leiningischen Ämter Amorbach und Miltenberg sowie das aus dem Flecken Kleinheubach bestehende löwensteinische Amt Heubach, das freiherrlich fechenbachsche Dorf Laudenbach und die fürstlich trautmannsdorffsche Gemeinde Umpfenbach. Dem Vertrag mit Hessen waren monatelange schwierige Verhandlungen zwischen beiden Staaten unter maßgeblicher Einflußnahme Frankreichs vorausgegangen[20]. Die ursprünglichen Bestrebungen Hessens, seine Grenze bis an den Neckar vorzuschieben und sich zu diesem Zweck die badischen Ämter Weinheim und Ladenburg einzugliedern, hatten durchkreuzt werden können; sie hätten für Baden in territorialpolitischer und wirtschaftlicher Hinsicht schmerzliche Einbußen bedeutet. Hessen behielt Hirschhorn am Neckar. Im Vergleich zu den Verhandlungen über einen badisch-württembergischen Gebietsausgleich waren die badisch-hessischen noch verhältnismäßig problemlos verlaufen. Baden forderte von Württemberg vor allem die Landgrafschaft Nellenburg. Dies lehnte König Friedrich mit Entschiedenheit ab. Er fürchtete bei einer Aufgabe dieses Territoriums eine starke Beeinträchtigung, ja eine Abschnürung des württembergischen Handels mit der Schweiz. Andererseits betrachtete Baden Nellenburg als die unerläßliche Landbrücke zwischen seinem oberen Fürstentum am Bodensee und seinem übrigen Staatsgebiet. Für Baden setzte sich der französische Gesandte Bignon in Karlsruhe ein. Über die Motive des Diplomaten, der in erbittertem Streit mit Minister Reitzenstein lebte, die badische Regierung ständig in Paris denunzierte und aus seiner Ansicht keinen Hehl machte, daß der Erbgroßherzog für sein Regentenamt ungeeignet, ja unfähig sei, läßt sich nur mutmaßen. Nicht ganz unwahrscheinlich ist, daß er, wie Reitzenstein glaubte, mit einer Einverleibung Badens in das französische Imperium rechnete und sich bereits als Präfekt des französischen Departments Baden sah. Doch spricht mehr dafür, daß er auf eine Absetzung der badischen Regierung durch Napoleon hinarbeitete und für sich die Übertragung der Generaladministration des Großherzogtums erhoffte. Die Annahme, daß es kaum im Sinn Napoleons sein konnte, das Land, in dem der Mann seiner Adoptivtochter Stephanie in Bälde den großherzoglichen Thron bestieg, seiner staatlichen Existenz zu berauben, hatte einiges für sich. Jedenfalls mußte König Friedrich nach einem sechsmonatigen zähen diplomatischen Ringen – auch die härtere Gangart seines neuen Pariser Unterhändlers Graf Levin Wintzingerode des Jüngeren hatte nichts bewirkt – und unmißverständlichen Drohungen Napoleons, Württemberg jeden Gebietsvorteil zu versagen, zähneknirschend nachgeben[21]. Am 2. Oktober 1810 kam der badisch-württembergische Vertrag zustande. Er räumte den württembergischen Untertanen bei ihrem Handelsverkehr durch das Oberamt Stockach gleiche Rechte wie den Badenern ein. Außerdem verpflichtete sich der badische Staat, die auf den Straßen von Tuttlingen über Engen nach Schaffhausen und ebenso von Riedlingen, Mengen über Meßkirch und Stockach nach Radolfzell bestehenden Zölle nur im Einvernehmen mit Württemberg zu erhöhen und die württembergischen Staatsangehörigen auch auf diesen Verbindungsstraßen in ihrer Handelstätigkeit nicht zu behindern. Baden dehnte seine landeshoheitlichen Rechte nunmehr außer auf die Landgrafschaft Nellenburg auf die Herrschaften Gutenstein, Stetten am kalten Markt, Teile der Herrschaften Schramberg, Kallenberg und Werenwag, den größten Teil der altwürttembergischen Oberämter Hornberg und St. Georgen, Teile der Oberämter Tuttlingen, Maulbronn und Güglingen sowie Teile der ehemaligen Reichsstadt Rottweil aus[22]. König Friedrich empfand, abgesehen von Nellenburg, die Abtretung von Gebietsteilen, die wie die Oberämter Hornberg und St. Georgen seit Jahrhunderten zum Herzogtum Württemberg gehört hatten, sehr schmerzlich. Bislang war es für ihn ein wiederholt beschworener Grundsatz gewesen, auch nicht ein Dorf der altwürttembergischen Stammlande preiszugeben[23].

Bereits am 18. Mai 1810, also viereinhalb Monate vor dem Abschluß des badisch-württembergischen Vertrags, hatten sich Bayern und Württemberg über die neue Gebietsabgrenzung zwischen beiden Staaten geeinigt. Schwerwiegende Probleme waren hier nicht zu bewältigen. Abgesehen von der ehemaligen Reichsstadt Ulm, die Bayern nur ungern an Württemberg abtrat, und der von bayerischem Gebiet umschlossenen alten württembergischen Herrschaft Weiltingen, ging es für keines der beiden Länder um den Verzicht von wirtschaftlich und verkehrsmäßig besonders wichtigen Territorien oder um die Preisgabe von Stammlanden. An das Hin- und Herschieben säkularisierter, mediatisierter sowie Preußen und Österreich nach den letzten Kriegen weggenommener Gebietsteile hatte man sich gewöhnt. Die Bevölkerung der betroffenen Gebiete ließ die verschiedenen Herrschaftswechsel gleichgültig, ja apathisch über sich ergehen, sie hatte ohnehin keine Wahl, von einem politischen Mitspracherecht ganz zu schweigen. Immerhin ließen gewisse Stimmungsindizien erkennen, ob ihr der neue Herr einigermaßen genehm war oder ob sie sich verängstigt und widerstrebend auf sein Regiment einstellte. Der König von Württemberg galt als gestrenger, ja harter Regent. Sein Untertan zu werden, wurde als besonders unglückliche Schicksalsfügung empfunden. So sahen auch die Bewohner bayerischer Grenzregionen einer Eingliederung in den württembergischen Staat mit recht gemischten Gefühlen entgegen. Dagegen unterwarf man sich nicht ungern dem sehr viel milderen Szepter des badischen Großherzogs. Die Nellenburger fühlten sich 1810 sichtlich erleichtert, die württembergische Staatsangehörigkeit mit der badischen vertauschen zu können[24].

Im Staatsvertrag vom 18. Mai 1810 erhielt Württemberg die folgenden Gebiete von Bayern zugesprochen: die vormals österreichischen Graf- und Herrschaften Tettnang und Argen, das Amt Gebrazhofen, die Freien auf der Leutkircher Heide, Teile der früheren preußischen Fürstentümer Ansbach und Bayreuth (vor allem die Oberämter Crailsheim und Creglingen), das Fürstentum Hohenlohe-Kirchberg, Teile der Fürstentümer Öttingen-Spielberg und Öttingen-Wallerstein, der Herrschaften Eglingen und Neresheim der Fürsten von Thurn und Taxis, die Grafschaft Kirchberg und die Herrschaft Dietenheim der Grafen Fugger, die ehemalige Abtei Söflingen, das Amt Ausnang der früheren Abtei Weingarten, die seit 1803 bayerische Herrschaft Oeffingen (bei Stuttgart) des Augsburger Domkapitels, Gebietsteile der aufgehobenen Abteien Elchingen und Kaisheim, einige Orte und Ortsteile des deutschordischen Oberamts Ellingen (Ämter Schneidheim, Ulm und andere), die einstigen Reichsstädte Bopfingen, Buchhorn, Leutkirch, Ravensburg, Ulm und Wangen sowie Teile der reichsstädtischen Gebiete von Dinkelsbühl, Lindau, Nördlingen und Rothenburg ob der Tauber. Die Grenze zwischen Württemberg und Bayern bildete künftig eine östlich von Waldmannshofen bei Bad Mergentheim zum Bodensee gezogene Linie. Württemberg überließ dem Nachbarstaat, wie bereits erwähnt, die von bayerischem Gebiet umschlossene altwürttembergische Herrschaft Weiltingen[25].

Keine Gebietserwerbungen erlangten 1809/10 die beiden hohenzollerischen Fürstentümer, und sie mußten sich schon deshalb damit zufriedengeben, weil sie ihre uneingeschränkten Souveränitätsrechte behielten, geschah es doch damals, daß die Häuser Salm-Salm, Salm-Kyburg, Arenberg und Oldenburg, ungeachtet ihrer Zugehörigkeit zum Rheinbund, dieser Rechte beraubt und ihre Territorien Frankreich einverleibt wurden[26].

IX. Souveränität nach innen, Abhängigkeit von außen

Die Regenten, ihr absolutistischer Regierungsstil

König Friedrich von Württemberg hatte die Zügel der Regierung fest in der Hand. In Stuttgart galt sein Wille und sonst keiner. Die Minister waren seine Berater und zugleich seine Diener. Der Schwerpunkt lag aber auf Diener. Sie hatten seine Befehle auszuführen. An seinem Hof, der zu den glanzvollsten Residenzen im damaligen Europa zählte und einen krassen Gegensatz zu der Armut des kleinen Königreichs bildete, gab es politische Intrigen oder Zwischenträgereien, doch drang davon wenig nach außen. Der König war der unbestrittene Mittelpunkt. Er zeigte sich über alles unterrichtet, war ungewöhnlich arbeitsam. Nichts geschah, was er nicht zuvor bestimmt, angeordnet oder gebilligt hätte. Mit Erfolg war er bemüht, Napoleon von jeder Einmischung in die inneren Angelegenheiten seines Landes fernzuhalten. Königin Charlotte Mathilde brachte dies im Juli 1809 auf die Formel: Friedrich habe dem Protektor gegenüber als einziger Rheinbundfürst »ein Verhalten fest und würdig eines Souveräns bewahrt«[1].

Ganz anders sah es in Baden aus. Hier regierte der greise Karl Friedrich nur noch dem Namen nach. Der Verfall seiner geistigen Kräfte war in stetigem Fortschreiten begriffen. Im Sommer 1806 gab der Gesundheitszustand des 78jährigen zu großen Bedenken Anlaß. Neben zunehmender körperlicher Schwäche machten sich Anzeichen einer Brustwassersucht bemerkbar[2]. Der Hofarzt Schrickel ging die Krankheit mit Digitalis purpurae an, einem Gift, welches das Gehirn schädigte. Das Gedächtnis des Großherzogs verschlechterte sich rapide[3]. Er war nur noch zu einem Teil Herr seiner Entschlüsse, sehr viel mehr der geschobene, denn der treibende Geist. Seine angeborene zaudernde Wesensart steigerte sich ins Groteske. Lebendig blieb in ihm seine Vorstellung vom aufgeklärten landesväterlichen Absolutismus. »Zweck der Regierung und des Gehorsams ist die Sicherheit und das Interesse aller«, hatte er einmal erklärt. Keine Institution sollte die ihm von Gott verliehenen Herrscherrechte beeinträchtigen[4]. Der Fürst hatte alles zu lenken und zu leiten. Daß es im Breisgau beim Anfall des Landes an Baden Anfang 1806 noch Stände gab, erregte seinen Unwillen. Ganz gegen seine sonstige schonend-zurückhaltende Handlungsweise ergriff er bei ihrer Aufhebung die schärfsten Maßnahmen seiner Regierungszeit, betrachtete er sie doch als das größte und gefährlichste Hindernis der Einordnung des Breisgaus in den badischen Gesamtstaat[5]. Der Verfall seiner geistigen Kräfte ließ seinen dynastischen Ehrgeiz verstärkt hervortreten. Die Steigerung des Ansehens und Ruhms seines Hauses sowie die Vergrößerung seines Landes bestimmten sein Denken und Handeln. Obschon zu einem bescheidenen, sparsamen Lebensstil neigend, fühlte er sich nunmehr verpflichtet – und seine zweite Frau beeinflußte ihn in diesem Sinn –, an Repräsentationsaufwand nicht hinter anderen Rheinbundfürsten zurückzustehen. Das Rang- und Titelwesen, ebenso das Staatswappen wurden der großherzoglichen Würde angepaßt, Zeremonien und Festlichkeiten gepflegt[6]. Der Hof nahm einen exquisiten Charakter an, er hatte kaum noch Verbindung zu der gebildeten bürgerlichen Oberschicht. Die verschiedenen Hofchargen hatten zum großen Teil verarmte Angehörige des landsässigen und des ehemaligen reichsunmittelbaren Adels, unter ihnen viele aus anderen deutschen Ländern stammende Männer, inne. An dem früher so sittenstrengen Hof gewannen zweifelhafte Elemente Einfluß. Cliquen bildeten sich und vergifteten die gesellschaftliche Atmosphäre[7]. In Paris hatte man ein scharfes Auge auf die Verhältnisse in der badischen Residenz. Der Karlsruher Hof, äußerte der französische Außenminister Champagny 1808 gegenüber dem badischen Gesandten, biete ein schlimmes Bild der Uneinigkeit, er kenne nur einen Hof, an dem diese Uneinigkeit noch größer sei, den württembergischen. Er zog ein großes Heft aus dem Schreibtisch, in dem über alle Personen an beiden Höfen Buch geführt wurde[8]. – Bei der Uneinigkeit am Stuttgarter Hof spielte Champagny offenbar auf die starken Spannungen zwischen König Friedrich und seinen beiden Söhnen an. –

Umgetrieben wurde Karl Friedrich von der noch immer nicht geregelten Frage der Erbfolge seiner Kinder aus zweiter Ehe. Markgräfin Amalie bezeichnete Anfang 1806 in einem Brief an ihre Tochter Zarin Elisabeth, die Erbschaftsfrage als »im Grund den Ausgangspunkt und das Ziel aller seiner Schritte«[9]. Nach langem Zögern erließ Karl Friedrich auf Anraten Napoleons und mit Einwilligung seiner Söhne Friedrich und Ludwig sowie seines Enkels Karl am 10. September 1806 eine Erbfolgeakte. In ihr war festgelegt, daß seine Söhne zweiter Ehe für den Fall, daß seine Söhne erster Ehe keine erbfolgefähigen Nachkommen hinterließen, zur Nachfolge auf dem Großherzogsthron berechtigt waren. Ungeachtet der ihm als Rheinbundfürst zuerkannten Souveränitätsrechte lag dem Großherzog sehr daran, daß diese Erbfolgeregelung nicht nur in den französischen Archiven hinterlegt, sondern daß sie vor allem auch von Napoleon feierlich anerkannt und garantiert wurde. Er nahm den Protektor des Rheinbunds gewissermaßen als Nachfolger des Kaisers des Heiligen Römischen Reichs Deutscher Nation in Anspruch, der Familienverträge seiner »Vasallen« zu bestätigen pflegte. Doch der Protektor verweigerte sich. Einmal wollte er wegen dieser badischen Familienangelegenheit keinesfalls mit Rußland in Konflikt geraten, zum andern hielt er eine solche Garantie für überflüssig, falls alle Angehörigen des großherzoglichen Hauses zugestimmt hätten. Letzteres aber bezweifelte er. Seine Verärgerung über das Ansinnen Karl Friedrichs nicht verbergend, fragte er den Gesandten Dalberg, ob denn Markgräfin Amalie und ihre auf den Kaiser- bzw. Königsthronen Rußlands, Bayerns und Schwedens befindlichen Töchter mit der Erbfolgeregelung einverstanden seien. Dalberg erwiderte ausweichend, sie würden einwilligen, in Karlsruhe wünsche man aber dennoch, daß die Regelung durch einen badisch-französischen Staatsvertrag bekräftigt werde. Napoleon hatte recht, das russische Zarenhaus wie das bayerische und schwedische Königshaus hätten gegen die Erbfolgeakte geharnischt Einspruch erhoben, wäre sie ihnen damals schon bekannt geworden. Er gestand nur zu, daß die Akte im französischen Staatsarchiv hinterlegt wurde. Eine rechtlich verbindliche Garantieerklärung ließ er sich weder jetzt noch später abringen. Unverständlich war ihm, daß Karl Friedrich und seine Berater der kaum aktuelle Bedeutung zukommenden Erbfolgeangelegenheit einen derart hohen politischen Stellenwert einräumten. »Ihr in Karlsruhe«, erklärte er, »seid alle voller Rätsel, ich verstehe Euch nicht und mag mich nicht in Eure Angelegenheiten mischen«[10].

Eine der wenigen anspruchslosen Vergnügungen, an denen der greise Großherzog noch Gefallen fand, war die Jagd. Im Herbst 1807 schoß er einen seltenen weißen Hirsch, einen Achtzehnender. Seinen Schießstand hatte er in einem eigens dafür hergerichteten Jagdwagen. Auf diesen an einer bestimmten Stelle plazierten Wagen wurden die abzuschießenden Tiere zugetrieben. Dem Monarchen fiel es so nicht schwer, eine größere Zahl von Hirschen, Rehen oder Wildschweinen zu erlegen[11].

Angesichts des fortschreitenden Verfalls der geistigen und körperlichen Kräfte Karl Friedrichs richteten sich die Hoffnungen der Untertanen auf den jungen Erbprinzen. Er sollte dem Großvater einen Teil der Regentenpflichten abnehmen, sich allmählich in das auf ihn zukommende Amt des absolutistisch regierenden Landesherrn einarbeiten. Leider fehlte dazu aber Karl der feste Wille, ebenso die Bereitschaft, Verantwortung zu übernehmen und zu tragen. 1805 bemerkte der französische Gesandte in Karlsruhe, Massias, der Prinz bringe durch seine passive Resistenz alle diejenigen zur Verzweiflung, denen das Wohl des badischen Landes am Herzen liege[12]. Die eigene Mutter, die allerdings die Hauptschuld daran trug, daß bei der Charakter- und Persönlichkeitsbildung Karls so viel versäumt, daß er nur unzulänglich auf sein künftiges Regentenamt vorbereitet worden war, räumte 1804 in einem Brief an die Tochter Elisabeth ein, daß der Charakter des 18jährigen noch sehr »unbestimmt« sei. Er gebe sich außergewöhnlich kalt und reserviert, vergnüge sich nur mit ganz wenigen Personen, habe den Familienfehler eines ausgeprägten Egoismus an sich, die Jagd sei seine große Leidenschaft, sonst nehme er nur noch gerne an einer Parade teil. Er stehe weder zur gewohnten Stunde auf, noch gehe er zur üblichen Zeit ins Bett. Wenn sie nicht darüber wache, würde er die Nacht zum Tage machen und umgekehrt[13]. Der badische Reichstagsgesandte und spätere Finanzminister Christoph Albrecht Freiherr von Seckendorff wünschte Anfang 1805, der alte Kurfürst möge noch zehn Jahre leben, weil der Erbprinz den Aufgaben eines Regentenamts vorläufig in keiner Weise gewachsen sei[14]. Reitzenstein gab sich die größte Mühe, den Prinzen seiner Lethargie zu entreißen. Doch seine Bemühungen waren vergebens. Am 15. August 1806 schrieb er ihm resignierend: »Euer Hoheit können Ihren Weg gehen, und nichts hindert mich daran, daß ich den meinen fortsetze, und dies um so eher, als ich nicht den Vorteil habe, badischer Untertan zu sein, und mich hier keine empfangenen Wohltaten, sondern geleistete Dienste festhalten«[15]. Wie wenig Karl mit einer schwierigeren Situation zurechtkam, beweist der groteske Hilferuf, den er im September 1806 an Napoleon richtete. Er klagte, daß sein Onkel Markgraf Ludwig nach wie vor in Karlsruhe die maßgebliche politische Rolle spiele. Wenn Seine Majestät nicht geruhten, Abhilfe zu schaffen, gehe Baden seinem Untergang entgegen, zumal sich die Krankheit des Großherzogs hinziehe. Mit diesem »Hilfeschrei« lud der Erbprinz den Kaiser der Franzosen geradezu ein, im Großherzogtum »nach dem Rechten zu sehen«. Zugleich aber stärkte er die Stellung des französischen Gesandten Massias, der seit längerem die finanzielle Mißwirtschaft und die unerfreuliche Entwicklung der innenpolitischen Verhältnisse in Baden sehr kritisch beobachtete und gerne die unguten Ratgeber Karls aus dessen Umgebung entfernt hätte[16]. Durch seine Teilnahme am Feldzug gegen Preußen 1806/07 schadete der Erbprinz, wie wir gehört haben[17], den badischen Interessen mehr als er ihnen nützte.

Was Baden in der napoleonischen Zeit geworden ist, verdankt es seinen leitenden Ministern, nicht seiner Dynastie. Das Fürstenhaus hatte nur geringen politischen Anteil an der Vergrößerung des Landes. Die altersbedingte geistige Unbeweglichkeit Karl Friedrichs und die lethargische Unfähigkeit seines Enkels wirkten sich gleichermaßen negativ aus. In einzelnen Fällen mußten die Minister beinahe zu Zwangsmitteln greifen, damit der Monarch die politischen Vorteile, die sich ihm boten, auch wahrnahm[18]. Bereits 1803 hatte Brauer den Gedanken, die Allgewalt des Herrschers zu beschränken. Hierbei blieb er aber noch durchaus auf dem Boden der traditionellen Staatsauffassung, nach der die Staatsautorität in der Person des Monarchen verkörpert wurde: er wollte sie nur in der Weise modifizieren, daß die Berater an der Verantwortung für den Staat beteiligt wurden[19].

Der Pariser Gesandte Dalberg, vom Gegner Napoleons und dessen Deutschlandpolitik schon längst zum Bewunderer des Kaisers der Franzosen und der von ihm geschaffenen Einrichtungen geworden, war von der im 1807 neuetablierten Königreich Westfalen eingeführten Verfassung stark beeindruckt. Sie erschien ihm für Baden wie für die anderen Rheinbundstaaten vorbildlich und durch den Geist der Zeit gerechtfertigt. Da Napoleon über die Finanzmisere des Großherzogtums und dessen insgesamt unerfreuliche innere Verhältnisse sehr aufgebracht war und es zeitweilig den Anschein hatte, als beabsichtige er, durch französische Kommissäre in Karlsruhe nach dem Rechten sehen zu lassen, drängte Dalberg auf das Erarbeiten und Inkraftsetzen einer Verfassung. Nachdem er im Juni 1808 wohl auf französischen Druck von Großherzog Karl Friedrich zum provisorischen Finanzminister und Kabinettsdirektor berufen worden war, räumte er der Verfassungsfrage Priorität ein. Kurz vorher, am 1. Mai 1808, hatte Bayern eine Verfassung nach westfälischem Muster erhalten. Ein bisher nach außen wenig in Erscheinung getretener Staatssekretär von Schmiz wurde auf Veranlassung Dalbergs mit der Abfassung eines Entwurfs beauftragt. Schmiz gründete seinen Entwurf auf überraschend modernes liberales Ideengut: Sicherheit der Person und des Eigentums, Gewissensfreiheit, uneingeschränkte Religionsausübung, Pressefreiheit, Gleichheit der Untertanen gegenüber der Steuer und in der Verwaltung. Beseitigung aller Vorrechte des Adels auf Ämter und Würden. Der Einfluß Dalbergs zeigte sich besonders deutlich in der Forderung, den Untertanen im Gesamtbereich der Rheinbundstaaten dieselben staatsbürgerlichen Rechte einzuräumen. Der provisorische badische Finanzminister stellte den Einheitsgedanken innerhalb des rheinbündischen Deutschlands über den der einzelstaatlichen Souveränität. Der Entwurf schlug eine noch stark von ständischen Vorbildern bestimmte Volksrepräsentation vor, die regelmäßig zusammentreten, über Haushalts- und Steuerangelegenheiten beraten und beschließen sollte. Der Hintergedanke war zweifellos, in die Staatsfinanzen und Aufwendungen für den Hof durch die Kontrolle der Volksrepräsentation mehr Ordnung zu bringen[20].

In der Landesherrlichen Verordnung vom 5. Juli 1808 über die Organisation der obersten Staatsbehörden wurde angekündigt: »Wir wollen ferner ... mittels einer Landesrepräsentation, wie sie in Westfalen und Bayern eingeführt worden, das Band zwischen uns und dem Staatsbürger noch fester wie bisher geknüpft wissen«[21]. Dies klang sehr hoffnungsvoll. Freilich, bei der Ankündigung einer Landesrepräsentation blieb es. Im Kabinettsrat wurde der Schmizsche Entwurf einer peinlich genauen Prüfung unterzogen. Kaum einer der Staatsräte wollte sich mit dem gefährlich anmutenden Werk identifizieren. Die Beratungen schleppten sich hin, und sie erfüllten ihren Zweck: Der Reformeifer Dalbergs erlahmte. Wesentliche Bestimmungen wurden nach und nach herausgestrichen. Ein neuer Entwurf war erforderlich, doch er befriedigte noch weniger. Die absolutistisch gesinnten Räte, die Mehrheit im Kabinettsrat, waren allenfalls mit beratenden Notabeln einverstanden. Der Großherzog sollte je nach Bedürfnis aus den drei Provinzen des Landes eine Anzahl verständiger, einsichtsvoller und rechtschaffener Bürger der verschiedenen Stände in der Zivil- und Kriminalgesetzgebung, ebenso in wichtigen Finanzfragen zu Rate ziehen. Diesen Notabeln waren auch alljährlich die Rechnungen über den Staatshaushalt zur Einsichtnahme vorzulegen. Nunmehr mußte Brauer einen dritten Entwurf erarbeiten. Der »Land-Rat«, den er vorschlug, sollte aus insgesamt 24 Abgeordneten bestehen: drei Großgrundbesitzern, neun Landwirten, neun Vertretern von Handel und Gewerbe sowie drei Repräsentanten der Wissenschaften. Er durfte beraten und, wenn es in das Konzept der Regierung paßte, auch Einsicht in den Staatshaushalt nehmen, ein Beschlußrecht stand ihm aber nicht zu. Daß Brauer nur sehr widerstrebend an die Verfassungsangelegenheit herangegangen war, bezeugte die sachliche und stilistische Unbeholfenheit des Entwurfs. Die Bestimmungen machten zudem deutlich, wie weit entfernt die badische Regierung noch vom modernen Verfassungsdenken war. Sie hatte kein Gespür für die politische Leistungsfähigkeit der Untertanen, war blind für deren Bereitschaft, Mitverantwortung für den Staat zu übernehmen; Furcht vor radikalen Strömungen beherrschte sie. Indes, auch der Brauersche Entwurf wurde rasch zu den Akten gelegt oder richtiger, er verschwand beim Erbherzog im Wust unerledigter Aktenvorgänge und wurde nie wieder hervorgeholt. Karl wechselte lieber das Zimmer, als daß er ein zweites Mal beiseitegeräumte unerledigte Schriftsätze studierte und sie mit seinem Votum versah. Seine Scheu vor Entscheidungen sollte in den nächsten Jahren die Regierung in noch manch mißliche Situation bringen. Das Verfassungsversprechen vom Juli 1808 wurde jedenfalls erst zehn Jahre später in einer völlig veränderten politischen Situation eingelöst[22]. Wenig Freunde erwarb sich Dalberg mit der von ihm entworfenen, am 5. Juli 1808 erlassenen neuen Rangordnung[23]. Sie suchte das Titelunwesen einzudämmen. Die Anrede »Exzellenz« wurde künftig lediglich Ministern zugestanden, außerdem durfte ein Rang nur noch in Verbindung mit einem Amt vergeben werden. Die Zurückgesetzten, so die seither den Titel Exzellenz führenden bürgerlichen Geheimen Räte, die nunmehr die Amtsbezeichnungen von Staatsräten oder auch Geheimen Referendarien erhielten, waren sehr verbittert. Sie warfen Dalberg vor, er begünstige in den obersten Verwaltungspositionen unter Zurückdrängung des altbadischen bürgerlichen Elements einseitig den Adel. Dieser Vorwurf war allerdings nur in beschränktem Umfang berechtigt[24].

Die Gräfin von Hochberg, die Frau Karl Friedrichs, hatte im Sommer 1808 die Berufung Dalbergs nach Karlsruhe begrüßt. Sie sah in ihm einen ihrer Günstlinge und hatte ihn bislang sehr gefördert. Jetzt erhoffte sie sich von ihm eine Stärkung ihrer Stellung am Hof, namentlich aber auch eine Befreiung von ihrer erneut drückenden Schuldenlast – ihr Mann hatte bereits früher für sie an Schulden die stattliche Summe von 1 Million Gulden bezahlt[25]. – Doch Dalberg dachte nicht daran, der Gräfin zu Willen zu sein, ihre Schuldenwirtschaft mitzutragen. Mitte August 1808 forderte er von ihr bei einer Begegnung im Schloß in Baden-Baden, in dem sich Großherzog Karl Friedrich mit dem engeren Hofstaat aufhielt, ihre finanziellen Verbindlichkeiten offenzulegen. Es kam zu einer heftigen Szene. Die Gräfin verweigerte jede Auskunft, erklärte in höchst gereiztem Ton, sie habe überhaupt keine Schulden. Aus der seitherigen Gönnerin erwuchs Dalberg eine erbitterte Feindin. Sie beschloß, den Minister und den mit ihm verbundenen Kabinettsminister Gemmingen zu stürzen. Die Ausführung des Plans übernahm ein Hofrat von Sternhayn, ehemals österreichischer Gesandtschaftsbeamter und nunmehr Kurdirektor in Baden-Baden sowie Leiter der dortigen Polizei. Die Frau Sternhayns, eine Italienerin, war mit der Gräfin von Hochberg eng befreundet. Die Gräfin selbst zog sich, nachdem sie den Stein ins Rollen gebracht hatte, zurück; sie konnte so die völlig Unbeteiligte mimen. Sternhayn tat sich mit einem charakterlich wenig erfreulichen, etwa 35 Jahre alten ehemaligen französischen Gardeoffizier Villaines zusammen, der zeitweilig in Baden-Baden den eleganten Müßiggänger spielte und in adligen Emigrantenkreisen verkehrte. Beim Großherzog eingeführt, verstand es Villaines durch seine Unterhaltungsgabe, den alten Herrn sich günstig zu stimmen. Irgendwie brachte er es fertig, von Karl Friedrich den förmlichen Auftrag zur Erarbeitung einer Verfassung zu bekommen; vielleicht hat er aber auch nur bestimmte Äußerungen des Fürsten in diesem Sinne ausgelegt. Ende August 1808 unterrichtete er in Straßburg den Polizeikommissar Popp von dem angeblichen Auftrag des Großherzogs. Popp seinerseits setzte den französischen Polizeiminister Fouché davon in Kenntnis. Möglicherweise erfuhren auch Außenminister Champagny und Napoleon von dem Vorhaben Villaines. Jedenfalls erhielt dieser die Erlaubnis, in badische Dienste zu treten. Zwei sachkundige Mitarbeiter fand er in dem in Ruhestand lebenden, bereits über 70jährigen früheren Abteilungsleiter des französischen Außenministeriums de Rayneval und dem 54jährigen François de Pons, einem durch verschiedene Veröffentlichungen hervorgetretenen Wissenschaftler. Beide hatten keine Ahnung von den badischen Verhältnissen, sie gingen aber davon aus, daß Villaines im Auftrag der badischen Regierung handelte, und hofften, mit ihrer Arbeit Dank und Anerkennung bei Napoleon und beim badischen Großherzog zu erlangen. Villaines, Rayneval und Pons machten sich an die Arbeit. In Straßburg, wohin sie sich begeben hatten, gesellte sich ihnen der Geheime Rat Herzog zu, der von Karl Friedrich dorthin geschickt worden war. In dem eigenhändigen Schreiben des Großherzogs, in dem Herzog der Befehl zu dieser Reise erteilt worden war, hatte es geheißen, er werde in Straßburg Näheres erfahren. Zweck seiner Sendung, so wurde ihm nun eröffnet, sei es, die Verfassungsentwürfe zu prüfen, da er im Gegensatz zu den Bearbeitern mit den Verhältnissen Badens vertraut sei. Villaines versicherte ihm, vom Großherzog mit allen Vollmachten ausgestattet zu sein. Auch behauptete der einstige Gardeoffizier, daß die französische Regierung in das Vorhaben eingeweiht sei und es billige. Indes konnte Herzog nicht verborgen bleiben, daß hier ein Komplott gegen Dalberg geschmiedet wurde und daß der Anstoß dazu nicht vom Großherzog, sondern von dessen Umgebung ausging. Dalberg selbst war Herzog verhaßt, weil er bei seinen Reformen in der Zentralverwaltung den Adel bevorzugt und weil er ihn durch das neue Rangreglement wie die anderen bürgerlichen Geheimen Räte des Prädikats »Exzellenz« beraubt hatte. Rayneval entwarf eine Proklamation, in der der Großherzog seinen Untertanen die Oktroyierung einer Verfassung nach westfälischem Muster ankündigte. Der Verfassungsentwurf wurde gemeinsam durchberaten, und Herzog hielt in einem Bericht an den Großherzog mit seiner Bewunderung für das große Werk nicht zurück. Bezeichnend für die Interessen, die hinter dem Entwurf standen, war die Bestimmung, nach der die auf den Namen des Großherzogs gemachten Schulden auf den Staat übernommen wurden. Dem Landesherrn sollten künftig Einkünfte aus dem Staatsschatz in Höhe von 1 Million Gulden im Jahr sowie der Ertrag der Domänen zufließen. Der Entwurf erkannte die Erbfolge der Kinder des Großherzogs aus der Ehe mit der Gräfin von Hochberg ausdrücklich und feierlich an. Erstaunlicherweise wurde der »Nation« sogar das Recht eingeräumt, den Monarchen zu ernennen, falls der Großherzog keinen legitimen Erben hinterlasse. Im übrigen hielt sich der Verfassungsentwurf in seinen Artikeln über Senat, Staatsrat, Volksvertretung und Behördenaufbau strikt an das Empire-Muster. Villaines verfaßte vorsorglich ein Schreiben, in dem der Großherzog nach Genehmigung der Verfassung auch noch um die Zustimmung Napoleons zu dem badischen Staatsgrundgesetz bat. Rayneval erarbeitete ein Promemoria, in dem dem Erbprinzen die Vorteile der Reform dargelegt wurden.

Am 5. November 1808 erschienen Sternhayn, Herzog und die drei Franzosen im Karlsruher Schloß, wohin Karl Friedrich inzwischen zurückgekehrt war. Der Großherzog, in einem völlig apathischen Zustand, ließ alles mit sich geschehen. Er unterschrieb drei Kabinettsordres. Die eine befahl Dalberg, umgehend auf seinen Gesandtenposten in Paris zurückzukehren, durch die beiden anderen wurde Gemmingen zum provisorischen Finanzminister und Herzog zum Kabinettsdirektor ernannt. Die im Schloß anwesenden Beamten waren wie vor den Kopf gestoßen, sie begriffen nicht, was gespielt wurde, vermuteten zu Recht Gesetzwidriges, Hochverräterisches. Sternhayn plante nun, den Großherzog nach Rastatt oder Baden-Baden bringen zu lassen, um den Staatsstreich erfolgreich zu Ende zu führen. Doch dazu kam es nicht mehr. Der Erbprinz – es war einer der seltenen Augenblicke, in dem er sich zu einem raschen und festen Entschluß aufraffte – versammelte am folgenden Morgen, dem 6. November, einem Sonntag, die Minister und leitenden Hofbeamten um sich. Es fiel ihm nicht schwer, die Drahtzieher des Komplotts zu entlarven und den Staatsstreich zu vereiteln. Die Strafen für die Hauptakteure waren ungewöhnlich milde: Sternhayn, für unbestimmte Zeit auf die Festung Dilsberg geschickt, konnte bald entfliehen. Herzog erhielt seinen Abschied. Die drei Franzosen, die beim Betreten französischen Gebiets auf Befehl Napoleons verhaftet und in Vincennes eingesperrt wurden, kamen nach einer gerichtlichen Untersuchung sofort wieder frei. Die Frau Sternhayns erhielt ihre freundschaftliche Verbindung zur Gräfin von Hochberg aufrecht. Als sie nach Frankreich übersiedelte, empfahl sie der Straßburger Polizeikommissar Popp aufs angelegentlichste den französischen Behörden[26].

Die Staatsstreichaffaire vom Herbst 1808, die die Geistesschwäche Karl Friedrichs auf höchst peinliche Weise ins Licht gerückt hatte, nahm Dalberg zum Anlaß, dem Erbprinzen die Gegenzeichnung sämtlicher wichtiger Regierungsverordnungen anzuraten[27]. Auf der anderen Seite war er bemüht, die Affaire im Interesse des Landes, doch insbesondere auch wegen seines eigenen Rufs – er sah sich in der Öffentlichkeit nur zu gern als den Retter des Großherzogtums – zu verharmlosen. An dem durch Intrigen und Parteiungen zerrissenen Karlsruher Hof fühlte er sich indessen immer unbehaglicher. Bereits im August 1808 hatte er die Verhältnisse dort folgendermaßen charakterisiert: »Die ganze Maschine ist aber eine kranke Maschine, wo natürliche Schwäche, Alter, unlautere Absichten die obersten Personen leitet«[28]. Er war nicht der Mann, sich gegenüber Hofintrigen und dem ungewöhnlichen Beharrungsvermögen des Geheimen Rats durchzusetzen. Er erwarb sich zwar Verdienste auf dem Gebiet der badischen Staatsfinanzen, aber wirklich in Ordnung brachte er sie nicht. Die Kalamitäten dauerten fort[29]. Die Übernahme des Kriegsministeriums durch den Erbprinzen, mit dem er sich ohnehin schlecht verstand, mißfiel ihm. Er sah Schwierigkeiten beim Militär durch den fürstlichen Chef vorprogrammiert, und er fürchtete massive französische Eingriffe. Auch die wachsenden Disharmonien in der Ehe des Erbprinzenpaars beunruhigten ihn. Einen Rückhalt verlor er durch die Rückberufung des französischen Gesandten Talleyrand, der ihn sehr geschätzt hatte. Ende Februar 1809 ersuchte er um die Erlaubnis, auf seinen Gesandtschaftsposten in Paris zurückkehren zu dürfen, da er seine außerordentliche Mission erledigt habe. Karl Friedrich genehmigte seine Bitte in überaus gnädiger Weise. Die Erbprinzessin Stephanie bedauerte seinen Weggang aus Karlsruhe, nicht so Karl, er schien fast erleichtert[30].

Die Frage, wer nunmehr die Leitung der Regierungsgeschäfte übernehmen sollte, entfachte heftige Streitereien unter den verschiedenen Cliquen am großherzoglichen Hof. Der Erbgroßherzog wünschte Reitzenstein, der zwei Jahre zuvor aus Enttäuschung den badischen Staatsdienst verlassen hatte und sich derzeit in Südfrankreich aufhielt. Die Aufforderung zur Rückkehr erreichte den früheren Minister auf Umwegen. Nur widerstrebend stimmte er zu. Er wolle, schrieb er Karl am 16. April 1809, nach Karlsruhe kommen, allerdings nur für einige Monate, ohne feste Anstellung, lediglich um den Zustand des Landes zu prüfen, dem Erbprinzen passende Heilmittel zu nennen, in der Stille eine solide Organisation aufzubauen und der Maschine den ersten Impuls zusammen mit einigen rechtschaffenen und talentierten Männern zu geben, die er für die Übernahme in badische Dienste vorschlagen wolle. Um jedes Aufsehen zu vermeiden, traf er in Rastatt und nicht in Karlsruhe mit Karl zusammen. Nach längerer Aussprache erklärte er sich bereit, die ihm zugedachte Aufgabe zu übernehmen, jedoch nicht als Kabinettsminister, nur provisorisch. Zwei Männer seines Vertrauens brachte er in die entscheidenden Positionen: Karl Wilhelm Freiherr von Marschall wurde Innenminister, der Straßburger Bankier Türkheim, der Mann von Goethes Lilli, Finanzminister. Im Herbst 1809 ließ er sich dann doch das Kabinettsministerium übertragen. Leider trat schon wenige Wochen nach seiner Rückkehr ein, was er befürchtet hatte: Erbprinz bzw. Erbgroßherzog Karl fiel in seine Tatenlosigkeit zurück. Weder der Prinz noch Markgraf Ludwig waren zu einer Reise ins Hauptquartier Napoleons zu bewegen, wo es galt, die Interessen Badens mit Entschiedenheit zu vertreten[31]. Reitzenstein setzte gegen große Widerstände seine Reformedikte durch, die den badischen Staat auf eine neue Grundlage stellten. – Über diese Edikte wird noch zu reden sein. – Auch er vermochte sich nur kurze Zeit zu halten.

Im Herbst 1810 schlug Napoleon bei der Abschiedsaudienz, die er dem badischen Sondergesandten Freiherrn von Andlaw gewährte, angesichts der Altersschwäche Karl Friedrichs und der Apathie des Erbprinzen Karl einen sehr harten Ton an. Der ausgezeichnete alte Großherzog, stellte er fest, könne nichts mehr tun, nicht einmal mehr richtig seinen Namen schreiben. Der Erbprinz solle arbeiten, oder es müsse eine Regentschaft bestellt werden. »Denn so kann es nicht weitergehen. Man hat es heute nicht mehr mit dem kleinen Haus Baden, sondern mit einem viel größeren Lande zu tun, das es verdient, daß man sich mit ihm beschäftigt«, und er wiederholte: »der junge [Prinz] soll arbeiten und mit seiner Frau gut zusammenleben, sie ist noch nicht schwanger, wenn sie nur ein Kind hätte«[32]. Andlaw trat unmittelbar darauf die Nachfolge Reitzensteins an.

Am 10. Juni 1811 starb, 83jährig, Karl Friedrich. Sein Enkel Karl, der neue Großherzog, erwachte für einige Wochen aus seinem dumpfen Dahinleben. Er ordnete für den Verstorbenen ein über die Maßen kostspieliges Leichenbegräbnis an, obwohl ein solches keineswegs in dessen Sinn war. Die Beisetzung erfolgte am 23. Juni in der Pforzheimer Schloßkirche. Die kurz aufgeflackerte Arbeitslust Karls erlosch rasch wieder. Seine Lethargie, sein stetes Mißtrauen, sein Hang zu kleinen Lastern, die allmählich seine Gesundheit untergruben, kehrten zurück. Er wurde zu »einem schwierigen und unberechenbaren Faktor der Staatsführung«[33]. Schlimm war seine groteske Ausmaße annehmende Geschäftsscheu. Interesse brachte er militärischen Dingen entgegen, doch es war lediglich ein spielerisches Interesse. So fand er insbesondere Gefallen an Uniformfragen. Die vielversprechenden Audienzen, die er nach seiner Regierungsübernahme eingeführt hatte, wurden rasch zur Farce. Die Untertanen, die von ihnen Gebrauch machen wollten, mußten oft tagelang warten, wenn sie überhaupt zugelassen wurden; manche reisten wieder ab, ohne den Monarchen gesehen und gesprochen zu haben. Markgraf Wilhelm urteilt: »Seine Unschlüssigkeit und seine Gewohnheit, alles hinauszuschieben, berührte jeden, der zum Handeln bestimmt war, äußerst peinlich, weil man nie wußte, woran man war. Manche Sympathien verscherzte er sich auch durch unbedachte Taktlosigkeiten. So machte es allgemein einen höchst ungünstigen Eindruck, daß er am 15. Juli 1811, noch mitten in der Trauerzeit für Karl Friedrich, ein großes mit Illumination verbundenes Fest veranstaltete, um dem Geburtstag seiner gerade in Baden-Baden weilenden Schwester, der Königin Karoline von Bayern, auf Schloß Favorite einen glanzvollen Rahmen zu geben«[34].

Nicht zuletzt um über den in starkem Maß fremden Einflüssen ausgesetzten jungen Großherzog eine Kontrolle ausüben zu können und den Absolutismus der Krone zu beschränken, wurde von Brauer mit dem Edikt vom 21. September 1811 ein Staatsrat geschaffen, eine Art wiederbelebter Geheimer Rat. Die die ganze Verwaltung überwölbende, auf den Kabinettsminister zugeschnittene Ministerialkonferenz wurde aus dem von Reitzenstein errichteten Organisationsgebäude herausgebrochen. Brauer wollte mit der neuen Institution sicher auch die Arbeit der überalterten Ministerkonferenz durch die Einbeziehung von Praktikern effektiver gestalten[35].

Schon bald nach der Thronbesteigung Karls kursierte das Gerücht, Napoleon sei über den jungen Fürsten sehr verärgert, er werde in Karlsruhe hart durchgreifen. Königin Katharina von Westfalen schrieb in ihr Tagebuch: »Der Kaiser ist mit dem Großherzog von Baden sehr unzufrieden, er scheint unter den Fürsten zu sein, die verschwinden müssen«[36]. Der französische Gesandte am Karlsruher Hof, de Moustier, agierte gegen Karl. Moustier beobachtete argwöhnisch das sich rasch verschlechternde Verhältnis des Großherzogs zu seinem leitenden Minister Andlaw. Dieser klagte dem Gesandten, Karl betrachte ihn als französischen Agenten, sein Sturz wäre schon längst erfolgt, fürchtete man in Karlsruhe nicht Frankreich. Doch Napoleon sah keinen Grund, den badischen Großherzog seine Macht spüren zu lassen, zumal kaum noch Klagen über dessen Ehe mit seiner Adoptivtochter Stephanie an sein Ohr drangen. Auch hatte sich endlich im Juni 1811 das erste Kind, die Tochter Luise, die spätere Frau des Prinzen Gustav von Schweden, eingestellt. Der Kaiser der Franzosen war vielmehr um einen freundlichen Ton bemüht. Moustier wurde nach Stuttgart versetzt. Der Nachfolger, Graf Nicolay, verhielt sich zurückhaltender, taktvoller[37].

Die Behandlung der Mediatisierten

Die Rheinbundakte gestand den süddeutschen Staaten die Mediatisierung der innerhalb ihrer Grenzen gelegenen Territorien der kleineren Reichsfürsten und der Reichsgrafen zu. Erstmals gelangten damit hochadlige Familien, die den regierenden Häusern ebenbürtig waren, unter badische, württembergische und hohenzollerische Landeshoheit. Der Verlust der Reichsunmittelbarkeit und die Eingliederung in größere Staatsgebilde waren für die Mediatisierten ein schwerer Schlag, eine bittere Demütigung. Um ihnen ihr Schicksal ein wenig zu erleichtern, räumte die Rheinbundakte ihnen eine privilegierte Stellung in dem Staat ein, dem sie nunmehr als Untertanen angehörten. König Friedrich von Württemberg war nicht bereit, die Bestimmungen der Rheinbundakte zu respektieren. Ein Privilegiertenstatus der Fürsten und Grafen war mit seinem Staatsverständnis und seiner Auffassung von den Rechten der Untertanen unvereinbar. Schon in den sogenannten Notifikationsschreiben vom 10. August 1806, in denen er ihre Mediatisierung ankündigte, gab er durch ein vollkommen neues Kanzleizeremoniell zu erkennen, wie er sich ihre künftige Stellung in seinem Staat dachte. Nur noch kümmerliche Relikte waren von den zwischen Reichsständen bisher gebräuchlich gewesenen Anredeformeln und respektvollen Höflichkeitsbezeugungen übrig geblieben. Friedrich bediente sich der im Schriftverkehr mit normalen Untertanen üblichen Formalien, die er lediglich um einige höflich-wohlwollende Wendungen und eine standesgemäße Anrede, wie beispielsweise »hochgeborener Fürst«, erweiterte. Er verweigerte den Mediatisierten sogar den Rang von gehobenen Vasallen[38]. Die meisten Fürsten und Grafen nahmen das demütigende Notifikationsschreiben widerspruchslos hin. Doch ein Aufbegehren war zwecklos. Der König ließ die Einsprüche und Proteste, die einige wagten, unbeachtet, oder er wies sie zurück. Anders der König von Bayern und der Großherzog von Baden. Sie respektierten Rang und Stand der Mediatisierten. In einer besonders peinlichen Situation sah sich Fürst Anton Aloys von Hohenzollern-Sigmaringen. Er war plötzlich der Souverän über einen Teil der Territorien der Fürsten von Thurn und Taxis sowie der der Fürsten von Fürstenberg geworden. Die beiden Fürsten, die bisher seine Reichsmitstände und ihm an Besitz und Einfluß zumindest ebenbürtig gewesen waren, hatten sich mit einem Schlag in die Rolle von privilegierten Untertanen zu schicken; sie waren seine Standesherren geworden. – Den Begriff »Standesherren«, der sich rasch als Bezeichnung für die Mediatisierten durchsetzte, prägte der Geheime Rat Brauer[39]. – Anton Aloys kündigte sich als neuer

Landesherr der Thurn und Taxis sowie der Fürstenberg in eigenartig umständlichen Formulierungen an, sie lassen sich aus der Verlegenheit erklären, in der er sich befand: »Da es der Vorsehung gefallen hat«, schrieb er, »durch den Staatsvertrag vom 12. Juli 1806 [die Rheinbundakte] meinem fürstlichen Hause Vergrößerungen und erweiterte Hoheitsbezirke ... zuzuwenden, ... so rückt jetzt der Zeitpunkt der Besitznahme heran ...« Und er schloß sein Schreiben: »Übrigens kann ich hierbei die aufrichtige Versicherung abzugeben nicht entstehen, daß, wenn die höhere Politik es verstattet hätte, mein Herzenswunsch gewesen wäre, das meinem Hause widerfahrene Schicksal auch auf dero fürstliches Haus ausgedehnt zu sehen«[40].

Die herabwürdigende und demütigende Behandlung, die der mediatisierte Adel in Württemberg erfuhr, war ohne Beispiel. Der König wurde in seiner harten Haltung durch einige seiner vornehmsten Ratgeber, so durch Graf von Normann-Ehrenfels, bestärkt. Beamte wie Johann August von Reuß, Vortragender Rat im Departement der Auswärtigen Angelegenheiten, die aus Gründen der politischen Klugheit größere Rücksichtnahme und eine wahrhaft königliche Großmut gegenüber den Mediatisierten empfahlen und auch auf mögliche außenpolitische Belastungen bei einer unterschiedlichen Behandlung der Fürsten und Grafen in den einzelnen Rheinbundstaaten aufmerksam machten, fanden kein Gehör[41]. Die Mediatisierten erwarteten, daß ihnen im neuen Staat etwa der Rechtsstatus zugestanden werde, den sie als Reichsstände bisher gegenüber dem Kaiser innegehabt hatten, daß sie also unter der Oberhoheit ihres nunmehrigen Souveräns eine Art landesherrliche Stellung behielten. Graf Joseph Carl Löwenstein beispielsweise pochte mit Nachdruck auf seine landeshoheitlichen Rechte. Keinesfalls wollte er althergebrachte und wohlerworbene Rechte preisgeben. Allein, König Friedrich wies ihn brüsk ab. Den Fürsten von Hohenlohe, die gegen ihre Degradierung zu Untertanen protestierten und für sich die den Standesherren in Bayern zuerkannten Rechte forderten, ging es um kein Haar besser. Ihr Verlangen, im Rahmen der einzelstaatlichen Souveränität landesherrliche Rechte eingeräumt zu bekommen, konnten die seitherigen reichsunmittelbaren Fürsten und Grafen nicht aus der Rheinbundakte ableiten; es hatte dort keine Stütze. Die Regenten der im Rheinbund zusammengeschlossenen Staaten brauchten bei der Bestimmung der staatsrechtlichen Stellung der Mediatisierten keine Beschränkung zu beachten. Nichts vermochte deshalb König Friedrich daran zu hindern, seine Konzeption von der Rechtsgleichheit der Untertanen auf die seiner Souveränität unterworfenen Fürsten und Grafen auszudehnen[42]. Zur Ehre des Königs wird man jedoch sagen müssen, daß es nicht in seiner Absicht lag, die Mediatisierten vorsätzlich und ohne Grund zu demütigen. Zahlreiche Übergriffe gingen auf das Konto der württembergischen Landeskommissäre, die bei der Inbesitznahme der fürstlichen und gräflichen Territorien sehr forsch, zum Teil sogar ausgesprochen anmaßend auftraten und damit, nicht selten aus Furcht vor der unberechenbaren Härte ihres Herrn, ihre Amtsbefugnisse weit überschritten. Friedrich lag daran, allenthalben seinen Souveränitätsrechten rasch und wirksam Geltung zu verschaffen. Zudem betrachtete er es als eine Selbstverständlichkeit, daß Fürsten und Grafen in ihrem Verhalten, namentlich aber in ihrer Einstellung zu dem Staat, dem sie jetzt angehörten, für alle übrigen Untertanen ein Vorbild waren. Nach der Rheinbundakte durften die Mediatisierten ihren Wohnsitz und ihre Dienstverhältnisse innerhalb der Rheinbundstaaten frei wählen. Friedrich bestand jedoch darauf, daß in jedem einzelnen Fall hierzu seine Zustimmung einzuholen war. Daß die Betroffenen einen solchen »Gnadenerweis«, wie sie ihn in der königlichen Zustimmung sahen, als besondere Demütigung empfanden, kümmerte ihn nicht. Seine Verfügung vom Herbst 1806, den Wohnsitz in Württemberg zu nehmen, allen auswärtigen Dienstverhältnissen zu entsagen und in seinen Dienst zu treten, ebenso auf alle »Charaktere« und

Orden von Staaten zu verzichten, die nicht dem Rheinbund angehörten, schloß alle Untertanen ein, war demnach keine Anti-Mediatisierten-Maßnahme[43].

Im Einklang mit den Bestimmungen der Rheinbundakte und dem ausdrücklichen Willen Napoleons befand sich der König, wenn er im Oktober 1806 strenge Maßnahmen gegen Fürsten ergriff, die sich seiner Anweisung widersetzten, den Dienst von Staaten zu quittieren, die nicht dem Rheinbund angehörten. Allerdings zeigte er in einzelnen Fällen durchaus Verständnis für die prekäre Situation der Betroffenen. Fürst Friedrich Ludwig von Hohenlohe-Ingelfingen (1746–1818) zog es vor, eher zugunsten seines Sohnes abzudanken, als auf seinen Generalsrang in der preußischen Armee zu verzichten. König Friedrich akzeptierte diese Entscheidung, zumal sich der Sohn des Fürsten beeilte, sein Dienstverhältnis zum preußischen König aufzukündigen und als Oberstleutnant in den württembergischen Dienst zu treten. Das tragische Schicksal Friedrich Ludwigs von Hohenlohe-Ingelfingen ist bekannt: Als Befehlshaber einer Heeresgruppe in der Schlacht von Jena und Auerstedt wurde er für die verheerende Niederlage Preußens mitverantwortlich gemacht. Als französischer Kriegsgefangener bekam er das Öhringer Schloß als Zwangsaufenthalt zugewiesen. Später zog er sich auf seine schlesischen Güter zurück, eine Verwendung im preußischen Dienst fand er nicht mehr[44]. Der österreichische Generalfeldmarschall-Leutnant Fürst Ludwig Aloys von Hohenlohe-Bartenstein (1765–1822) war gleichfalls nicht geneigt, den »ausländischen« Militärdienst zu verlassen. Er übertrug deshalb seinem nach der hohenlohischen Hausverfassung, nicht aber nach württembergischem Recht volljährigen Sohn Carl August Theodor die Regierung und Verwaltung seines Ländchens. König Friedrich verfügte die vorläufige Vermögensbeschlagnahme, hob diese aber nach Einsetzung einer Vormundschaft für den als Nachfolger vorgesehenen Erbprinzen wieder auf[45].

Der königlichen Huld sicher waren Fürsten und Grafen, die sich mit ihrer Untertanenrolle im württembergischen Staat abfanden und deren Dienstwilligkeit und Ergebenheit gegenüber ihrem Souverän nichts zu wünschen übrig ließ. Dem Sohn des Fürsten Karl von Hohenlohe-Kirchberg, der im Begriff war, seine Studien in Tübingen fortzusetzen, erlaubte der König im Oktober 1806, die Uniform eines Kapitäns seiner Jägergarde zu tragen. Dem Fürsten selbst verlieh er eine hohe Auszeichnung. Gerne entsprach er auch der devoten Bitte des Fürsten Joseph von Waldburg-Wolfegg, seiner neugeborenen Tochter die im Königshaus vertretenen Namen Mathilde Friederike Wilhelmine Pauline Katharina Charlotte geben zu dürfen. Zugleich sagte er dem Kind seinen besonderen Schutz zu[46].

Eine Demütigung besonderer Art mutete König Friedrich dem mediatisierten Adel am 6. Januar 1807 zu. Er beorderte die Häupter der fürstlichen und gräflichen Familien zur persönlichen Huldigung nach Stuttgart. Daß Baden und Bayern sehr ungehalten darüber waren, daß er hierbei auch Mediatisierte in seine Residenz zitierte, die ihren Hauptsitz im Gebiet der beiden Nachbarstaaten hatten, focht ihn nicht an. Das Zeremoniell, das er sich zu dem ihm hochbedeutsam erscheinenden Ereignis ausgedacht hatte, sollte den Fürsten und Grafen ihre nunmehrige Vasallen- und Untertanenrolle eindrücklich vor Augen rücken. Die Mediatisierten mußten in ihren eigenen Karossen vor dem königlichen Residenzschloß vorfahren, wurden dort von einem Herold und oben auf der Treppe noch von zwei Kammerjunkern in Empfang genommen. Im grünen Vorzimmer hatten sie sodann zu warten, bis sie durch zwei Zeremonienmeister in der Reihenfolge entsprechend dem Rang, den sie im Alten Reich bekleidet hatten, in den Thronsaal geleitet wurden. Bereits an der Tür mußten sie sich ein erstes Mal verbeugen, einige Schritte darauf ein zweites Mal, und schließlich hatten sie vor dem Thron, um den sie sich im Halbkreis aufstellten, eine dritte und diesmal sehr tiefe Verbeugung zu machen. Bei der letzten Verbeugung rührte der auf dem Thron sitzende

König »etwas den Hut«. Den anschließenden Huldigungsakt leitete Staats- und Konferenzminister Graf von Normann-Ehrenfels. Er sprach die Eidesformel vor, die die Fürsten und Grafen Wort für Wort »unter Aufhebung von drei Fingern« nachsprachen. Die Ablegung des Huldigungseids nahm der König mit entblößtem Haupt entgegen. Sodann berührte jeder der Huldigenden die auf dem Tisch neben dem Thron befindliche Königskrone. Hierbei »bewegte« der König den Hut. Mit einer nochmaligen tiefen Verbeugung endete die feierliche Zeremonie. Zu der »großen Tafel« am Mittag in der Galerie des Schlosses und zum abendlichen Ball und »Souper« bei Hof waren auch die Fürsten und Grafen geladen. König Friedrich kargte an diesem Tag nicht mit Gnadenerweisen: Beförderungen, Ordensverleihungen, Ernennungen zu Kammerherren und Wirklichen Adligen Geheimen Räten[47].

Dem »widerwärtigen Ereignis« wie es Fürst August von Hohenlohe-Neuenstein-Öhringen nannte, suchten sich manche Mediatisierte dadurch zu entziehen, daß sie ihr Fernbleiben mit ihrem hohen Alter oder mit Krankheiten entschuldigten und sich durch Verwandte vertreten ließen. Andere kamen, um den Triumph ihres prachtliebenden neuen Herrn zu dämpfen, in sehr einfacher Kleidung nach Stuttgart[48]. Den entschiedensten passiven Widerstand leistete der Fürst von Thurn und Taxis. Er verweigerte nicht nur den Huldigungseid, sondern er drohte auch mit einer Beschwerde bei Napoleon. Doch diese Drohung ließ König Friedrich unbeeindruckt. Die Huldigungspflicht sei ein Ausfluß »seiner auf das Innere sich beziehenden Souveränitätsrechte«, sie taste Napoleon niemals an, entgegnete er dem Fürsten. Er drohte nun seinerseits: Falls der Fürst von Thurn und Taxis nicht binnen vierzehn Tagen huldige, werde er seine im Königreich gelegenen Güter einziehen lassen. Der Fürst beugte sich[49]. Der König hatte recht: Napoleon überließ die Mediatisierten ihrem Schicksal. Die Beschwerden, die von ihnen nach Paris gelangten, verhallten ungehört. Der Kaiser der Franzosen sah keinen Grund, das Verhalten des württembergischen Monarchen zu rügen, im Gegenteil, er lobte mit einem mißbilligenden Seitenblick auf Baden das Bemühen Friedrichs, einen straff organisierten Staat zu schaffen, in den auch der frühere reichsständische Adel fest integriert war[50].

Die den Mediatisierten zunächst noch zugestandenen Sonderrechte beschnitt Friedrich mehr und mehr. Am 26. Juni 1807 sprach er ihnen die Beisätze und Titel ab, die an ihr früheres Verhältnis zum Reich erinnerten. Sie hatten ab sofort auf das Prädikat souveräner Herrscher »von Gottes Gnaden«, zu verzichten, ebenso durften sie im Verkehr mit Behörden von sich nicht mehr in der Mehrzahl, im Pluralis Majestatis, reden. Bei Hof hatten die Häupter der fürstlichen Familien Anspruch auf den ersten Rang, Nachgeborene dieser Familien aber nur auf den sechsten. Die Chefs der gräflichen Familien waren gleichfalls der sechsten Rangklasse zugewiesen. Nachgeborene Grafen und Angehörige ritterschaftlicher Geschlechter besaßen nur dann einen Rang, wenn sie in einem königlichen Dienstverhältnis standen. Wer von ihnen keinen Rang hatte, mußte hinter jedem Beamten, der Wappenknöpfe tragen durfte, zurücktreten. Auch konnten weder er noch seine Frau bei Hofe »präsentiert« werden[51]. Recht kleinlich mutete es an, daß der König im April 1807 Art und Dauer des Trauergeläuts für Fürsten, Grafen und Rittergutsbesitzer festlegte. Er wollte damit ausschließen, daß Mediatisierten dieselben posthumen Ehren wie den Mitgliedern der königlichen Familie erwiesen wurden[52]. Die wohl bitterste Demütigung fügte das königlich württembergische Hausgesetz vom 1. Januar 1808 den Fürsten und Grafen zu. Es sprach ihnen die bislang nie bestrittene Ebenbürtigkeit mit den Mitgliedern der regierenden Familien ab[53]. Bereits am 22. April jenes Jahres erfolgte ein weiterer schwerer Schlag. Der König setzte mit einem Federstrich alle Familiengesetze, Rechtsgewohnheiten und Erbverträge außer Kraft und dehnte zugleich die im württembergischen Landrecht enthaltenen Bestimmungen über die Erbfolge auch auf diese Familien aus[54]. Seit Juni 1808 mußten »alle königlichen Vasallen« bei Heiraten mit einer Adligen dies dem König anzeigen, bei Heiraten aber »unter ihrem Stand« um die »allerhöchste Erlaubnis« nachsuchen[55]. Grundlegend für die staatsrechtliche Stellung der Mediatisierten in Baden war die von Großherzog Karl Friedrich am 22. Juli 1807 erlassene »Standesherrlichkeits-Verfassung«[56]. Sie stimmte in vielen Punkten in auffallender Weise mit der bayerischen Deklaration vom 19. März 1807 überein. Statt der persönlichen Huldigung der Fürsten und Grafen, die in Württemberg so großen Anstoß erregt hatte, verlangte Karl Friedrich lediglich eine von den einzelnen »Familienhäuptern« der Mediatisierten eigenhändig unterzeichnete »Subjektionsurkunde«. In dieser Urkunde verpflichteten sie sich als Staatsbürger zur Treue und zum Gehorsam gegenüber dem »souveränen Landesfürsten«. Mit den persönlichen Rechten und Vorzügen der ersten Klasse des Adels ausgestattet, durften sie Titel und Wappen fortführen, die sie »vor ihrer Unterwerfung« gehabt hatten, mußten jedoch auf alle »Prädikate und Zeichen« verzichten, die sich entweder auf das »ehemalige Deutsche Reich« oder auf »abgetretene überrheinische, nicht den Stammnamen bezeichnende Besitzungen« bezogen. Ebenso hatten sie den »Beisatz« »regierende und von Gottes Gnaden« wegzulassen und sich wie in Württemberg im Verkehr mit dem Landesherrn und großherzoglichen Dienststellen der Ichform zu bedienen. Auf ihren Wunsch konnte ihnen in den Orten ihrer »Standesgebiete«, in denen sich eine Garnison befand, eine großherzogliche militärische Ehrenwache bewilligt werden. Doch war ihnen auch erlaubt, sich auf ihre Kosten ein Trabantenkorps von 25 bis 30 Mann zu halten. In Trauerfällen durften bei Angehörigen ehemaliger Reichsfürsten und -grafen das Kirchengeläut und die »Saiteneinstellung« halb so lange währen wie für Mitglieder des großherzoglichen Hauses. Die standesherrlichen Familiengesetze, die im Einklang mit der Rheinbundakte und den badischen Landesgesetzen waren, galten fort. Die Liegenschaften und Einkünfte der Standesherren wurden in gleicher Weise wie die der »Fürsten Unseres Hauses in ordentliche Schatzung gelegt«. Steuerfrei blieben die Residenzschlösser der Fürsten und Grafen einschließlich der zugehörigen Hofraiten, Hof- und Lustgärten. Im übrigen wurden den Standesherren die ihnen in der Rheinbundakte zugesprochenen Privilegien bestätigt. Sie behielten in ihren Gebieten die niedere und mittlere Gerichtsbarkeit, die Berechtigung zur Zehnterhebung und den Fortbezug der Lehensgefälle[57].

Der Ausbruch des Kriegs gegen Österreich im Frühjahr 1809 weckte in etlichen ehemaligen Reichsfürsten und -grafen die Hoffnung, mit Hilfe des habsburgischen Kaiserhauses, dem sie zum Teil offen ihre Sympathie bekundeten, ihre Mediatisierung rückgängig machen zu können. Napoleon blieb diese Anti-Rheinbundstimmung unter den Standesherren nicht verborgen. Besonders ungehalten war er über die Fürsten von Hohenlohe, den Grafen Stadion und andere mediatisierte Adlige, weil diese zum Teil noch immer in österreichischen Diensten standen oder in den Verdacht geraten waren, mit der habsburgischen Kaisermacht gemeinsame Sache zu machen. Er forderte König Friedrich zur Ergreifung strengster Maßnahmen gegen solche widerspenstigen oder aufrührerischen Standesherren auf. Friedrich kam dieser Aufforderung bereitwillig nach. Am 11. Mai 1809 berichtete er dem Protektor des Rheinbunds, er habe die Besitzungen aller Fürsten, Grafen und sonstigen Adligen, die im Dienst Österreichs verblieben seien, beschlagnahmt, und er habe anderen, deren Verhalten verdächtig erscheine, die Gerichtspflege und die Verwaltung in ihren Territorien entzogen[58]. In der Tat hatte der württembergische König am Vortag die sofortige Aufhebung der den Mediatisierten in der Rheinbundakte zugesicherten Patrimonialgerichtsbarkeit verfügt und zugleich die seitherige Steuerfreiheit der fürstlichen und gräflichen Besitzungen beseitigt. Die Aufhebung der Patrimonialgerichtsbarkeit begründete er mit der Vereinfachung und gleichförmigen Handhabung der Justizpflege[59]. Die Verärgerung Napoleons über einige mediatisierte Fürsten und Grafen verschaffte ihm die seit langem erwünschte Gelegenheit, den Adel vollständig in sein absolutistisches Herrschaftssystem einzugliedern. Vorbereitet hatte er diese Gewaltmaßnahme schon zwei Jahre zuvor, als er zur besseren Wahrnehmung seiner landesherrlichen Rechte, wie er argumentierte, in den Territorien der Mediatisierten besondere Souveränitätsoberämter und -kameralämter(-finanzämter) errichtet hatte[60]. Die Wegnahme der letzten Überreste ihrer einstigen Regierungsbefugnisse traf vor allem diejenigen Fürsten und Grafen hart, die sich bislang gegenüber ihrem Souverän loyal verhalten hatten. Widerwille und ohnmächtiger Zorn der Mediatisierten gegen das absolutistische Regime König Friedrichs verstärkten sich und bewirkten, daß immer weniger von ihnen bereit waren, sich dem König beim Aufbau eines modernen geschlossenen Staatswesens zu Seite zu stellen. Fast nur noch unter Zwang traten sie in seinen Dienst. Friedrich, aufgebracht über das störrische, feindselige Verhalten der Fürsten und Grafen und ohne Gespür für die entwürdigenden Demütigungen, die er ihnen zumutete, tat nichts, diese Konfrontation abzubauen, im Gegenteil, er suchte den Gehorsam der Mediatisierten durch rigorose Disziplinierungsmaßnahmen zu erzwingen. Ihre persönliche Bewegungsfreiheit engte er zunehmend ein. Seit Juni 1809 mußten sie für jeden selbst nur kurzfristigen Aufenthalt außerhalb Württembergs die Genehmigung des Innenministeriums einholen, und dieses war angewiesen, an solche »Urlaubserteilungen« strenge Maßstäbe anzulegen[61]. Im Herbst desselben Jahres erlegte der König den Mediatisierten auf, künftig jeweils einige Monate im Jahr in Stuttgart zuzubringen. Es mutet beinahe wie Hohn an, wenn er ihnen zu verstehen gab, sie könnten, nachdem sie sich auf ihren Besitzungen mit Gerichtsangelegenheiten nicht mehr befassen müßten, ihm durch ihre Anwesenheit in der Landeshauptstadt ihre persönliche Devotion bezeugen. Freilich versprach er sich von dem zeitweiligen Zwangsaufenthalt der Mediatisierten in Stuttgart vor allem auch, daß sich das teilweise noch enge Band zu ihren früheren Untertanen lockerte und sie selbst rascher in ihre Rolle von königlich württembergischen Untertanen hineinwuchsen[62]. Daß er damit den Kleinresidenzen im Land, seither zum Teil bemerkenswerte kulturelle Mittelpunkte, den Todesstoß versetzte, war ihm nicht unwillkommen. Aus ihrer Abneigung gegen diese besondere Art von Freiheitsberaubung machten die Betroffenen keinen Hehl. Allein, sie hatten sich zu fügen. Fürst August von Hohenlohe-Ingelfingen, der die königliche Anordnung zunächst ignorierte, wurde der Entzug eines Viertels seiner Einkünfte angedroht, falls er sich nicht zu einem viermonatigen Aufenthalt in Stuttgart bequemte[63]. Um wenigstens die Söhne der früheren Reichsfürsten seinem Dienst gefügig zu machen, bemühte sich der König, sie an seinen Hof zu holen und dort zu erziehen[64].

Eine starke adelsfeindliche Tendenz war bestimmend für das Rangreglement vom 1. August 1811, das dritte Rangreglement, das König Friedrich erließ (die beiden früheren waren von 1806 und 1808). In der ersten Rangklasse, der vornehmsten der insgesamt zehn Rangklassen, blieben lediglich die Chefs der fürstlichen Häuser, die bei der Mediatisierung »als regierende Herren angesehen worden waren« sowie Sitz und Stimme auf Reichs- und Kreistagen besessen hatten; sie hatten hier nach dem Feldmarschall und dem Capitaine des Gardes den dritten Platz inne. Nach ihrem Tod konnten jedoch ihre Söhne einen Rang in der I. Klasse nicht beanspruchen, sie blieben in der II. Klasse, der sie jetzt schon zugewiesen waren. Entsprechende Bestimmungen galten für die Chefs der gräflichen Familien. Die ehemals regierenden Grafen behielten ihren Rang in der IV. Klasse, ihre Söhne aber hatten sich, wenn sie kein Hof- oder Staatsamt bekleideten, mit dem Rang in der VII. Klasse, soweit sie die Adelsdekoration besaßen, sonst aber wie die Angehörigen der Ritterschaft und alle sonstigen das Prädikat »von«

in ihrem Namen führenden Persönlichkeiten, die in keinem öffentlichen Dienstverhältnis standen, mit dem Rang in der VIII. Klasse nach den Kornetts und Fähnrichs, den Stalljunkern, den Jagd- und »ordinären« Pagen zu begnügen[65].

Schon vor der Mediatisierung der Reichsritterschaft sowie der Reichsfürsten und -grafen war der fremde Adel an den Höfen in Stuttgart und Karlsruhe, aber auch im badischen und württembergischen Militär sowie in der Zivilverwaltung beider Länder zahlreich vertreten. Er war zum Teil bereits im 18. Jahrhundert hierher gekommen. In der Regel ohne Besitz und Land und allenfalls mit bescheidenen Mitteln ausgestattet, waren die auswärtigen Adligen von ihrem obersten Dienstherrn, dem König bzw. dem Großherzog, abhängig; sie zeichneten sich deshalb durch besondere Dienstwilligkeit aus. Die bedeutsame Rolle, die König Friedrich wie auch Großherzog Karl Friedrich dem einheimischen Adel am Hof, im Militär und in der Staatsverwaltung zugedacht hatten, von diesem aber nicht wahrgenommen wurde, übernahmen zu einem guten Teil fremde Adlige. Vor allem König Friedrich zog, wie bereits in anderem Zusammenhang erwähnt, viele Adlige aus Nord- und Ostdeutschland in seine Dienste und besetzte mit ihnen wichtige Schlüsselpositionen. Obgleich dem fremden Adel in Württemberg nicht vorgeworfen werden konnte, er mißbrauche seine Hof- und Staatsämter für eigensüchtige, dem Land schädliche Interessen, so ließ sich doch nicht bestreiten, daß er der vornehmste Erfüllungsgehilfe des selbstherrlichen politischen Regiments König Friedrichs war. In ähnlicher Weise waren dies übrigens auch die sogenannten bürgerlichen Aufsteiger, die auf dem Weg über den Personaladel in hohe Staatsämter einrückten.

Seine Stellung als souveräner Monarch ermöglichte es König Friedrich, Standeserhebungen vorzunehmen und Adelstitel zu verleihen. Schon 1806 ging sein Bestreben unverkennbar dahin, dem Geburtsadel einen Verdienstadel zur Seite zu stellen. Am 1. Dezember jenes Jahres führte er, wie wir bereits gehört haben, den Personaladel ein. Generale und Offiziere bis herunter zu den Stabshauptleuten und -rittmeistern, bei Gardeeinheiten sämtliche Offiziere durften ihrem Namen das Prädikat »von« vorsetzen. Sie genossen für ihre Person »alle Rechte und Vorzüge des wirklichen Adels«. Dieselbe Vergünstigung räumte der König den Geheimen Räten, den Direktoren und Vizedirektoren der Kollegien und Departements sowie den Trägern des Militär- und Zivilverdienstordens ein. Offiziere vom Rang eines Obersten aufwärts, Gardeoffiziere ab Hauptmann oder Rittmeister sowie Träger des Militärverdienstordens, ferner Zivilbedienstete vom Geheimen Rat oder Direktor an aufwärts, letztere allerdings nur beim Nachweis eines schuldenfreien Vermögens von 40 000 Gulden, konnten um die Erteilung des erblichen Adels nachsuchen[66].

Bei der Verleihung des württembergischen Militärverdienstordens wie auch des württembergischen Zivilverdienstordens machte der König keinen Unterschied zwischen Adligen und Bürgerlichen. Lediglich bei einem Orden, dem am 6. März 1807 gestifteten Großen Orden des Goldenen Adlers, der den von Herzog Eberhard Ludwig 1702 gestifteten Hubertus-Jagdorden ablöste, entschied er sich für eine Ausnahme: Er war dem Adel vorbehalten und sollte für »Tugend, Verdienste und Freundschaft« verliehen werden. Die Zahl der Ritter, die »fürstlicher, gräflicher oder edler Herkunft« sein oder die wenigstens den Rang eines Generalfeldmarschall-Leutnants bekleiden mußten, war auf 50 beschränkt. Nicht eingerechnet in diese Zahl waren die Mitglieder des Königshauses und anderer regierender Fürsten. Doch zunehmend auf Konfrontationskurs zum standesherrlichen Adel gehend, strich Friedrich im November 1812 das Adelsprivileg, die »Einschränkung in Absicht der Geburt«, wie er es formulierte[67].

Verdienste wogen bei König Friedrich schwerer als hohe Geburt. Bürgerliche, die sich im Hof-, Militär- oder Zivildienst hervorgetan hatten, sollten nicht hinter den Adligen zurückstehen, im Gegenteil, gegenüber Vertretern des Adels, die sich beharrlich dem königlichen Dienst verweigerten, war ihnen am Hof und in der Öffentlichkeit ein Vorrang einzuräumen. Darum rückten vereinzelt Männer bürgerlicher Herkunft bis in die erste Rangklasse vor, nachdem sie in den Adelsstand erhoben worden waren. Hingegen fielen Adlige, die nicht im königlichen Dienst standen, wie wir gesehen haben, in der Ranghierarchie immer weiter zurück. Sie behielten, soweit sie keiner fürstlichen oder gräflichen Familie angehörten, nicht einmal die Hoffähigkeit. Die Gleichsetzung von Geburts- und Verdienstadel (= Personaladel) im Rangreglement bedeutete indessen nicht, daß der König seine Offiziere und leitenden Beamten aus allen sozialen Schichten gewinnen wollte. Vornean stand bei seinen Personalvorstellungen trotz allem der Adel, sodann kam das gehobene Bürgertum, etwa die Angehörigen der altwürttembergischen Ehrbarkeit und die oberen Bevölkerungsklassen der ehemaligen Reichsstädte. Die unteren sozialen Schichten schloß er vom Aufstieg in den Offiziers- und Verwaltungsdienst weitgehend aus. Ihr berufliches Betätigungsfeld blieben weitgehend Landwirtschaft und Handwerk[68]. Die großzügige Zuerkennung des Personaladels an leitende Hof- und Staatsbeamte aus dem Bürgertum ergänzte das beschränkte Reservoir des Adels an qualifizierten und willigen Führungskräften, sie gewährleistete aber auch eine gewisse soziale Flexibilität. Das Bürgertum – in ähnlicher Weise übrigens auch in Baden – übernahm in wachsendem Maß Verantwortung für den Staat und begann damit in eine für das Land und seine Bevölkerung vorteilhafte Konkurrenz zum Adel zu treten.

1806 hatte sich Minister Reitzenstein zu dem Grundsatz bekannt, es sollte den ehemaligen kleinen Reichsständen eine verhältnismäßig selbständige Stellung im Staat belassen werden. Der Großherzog müßte den Mediatisierten gegenüber in die Funktion des seitherigen Reichsoberhaupts eintreten[69]. Dieser Grundsatz, der sich weitgehend mit den politischen Vorstellungen der seitherigen Reichsfürsten und -grafen deckte, wie wir wissen, hatte sich nicht aufrechterhalten lassen. Schon die Standesherrlichkeitsverfassung von 1807, das Werk Brauers, brachte die Mediatisierten in engere Verbindung zum badischen Staat. Ihre Territorien waren nicht länger staatsähnliche Gebilde innerhalb des Großherzogtums. Die innere Festigung des aus vielen heterogenen Bestandteilen zusammengesetzten Rheinbundstaats Baden machte aber eine noch stärkere politische Einbindung der Fürsten und Grafen erforderlich. Immerhin umfaßten die standes- und grundherrlichen Gebiete, also die Territorien der ehemaligen Reichsfürsten und -grafen sowie der ritterschaftlichen Familien, ein Drittel der Gesamtfläche des Großherzogtums[70]. In seiner Organisation vom November 1809 hob Reitzenstein die Patrimonialgerichtsbarkeit nicht auf, wie dies Württemberg einige Monate zuvor getan hatte, engte aber ihre Rechtsgrundlagen so stark ein, daß Standes- und Grundherren mit Recht um ihren Fortbestand fürchteten. Reitzenstein verfügte: »Alle Gerichtsbarkeit und polizeiliche Gewalt in Unseren Landen wird künftig bloß in Unserem Namen und aus Unserem Auftrag ausgeübt«. In seine das ganze Land umgreifende Verwaltungseinteilung bezog er die Bezirke der Standes- und Grundherren mit ein. Die standesherrlichen Behörden hatten sich streng in den Instanzenzug des Staats einzufügen. Die dem Adel belassene Gerichtsbarkeit war nur noch für die Fürsten und mächtigeren Grafen sinnvoll, mußte doch eine »Beamtung« wenigstens 7000 Menschen umfassen. Auch die persönlichen Vorrechte der Mediatisierten beschnitt Reitzenstein. Er nahm ihnen den privilegierten Gerichtsstand. Die Finanzmisere des badischen Staats zwang zum allmählichen Entzug der dem Adel anfänglich eingeräumten Steuervorteile. Nach dem Regierungsantritt von Großherzog Karl hatte der Adel weitere Schmälerungen seiner Rechte hinzunehmen: Aufhebung der Befreiung vom Militärdienst, Eintritt in auswärtige Kriegsdienste nur noch mit

Zustimmung des Großherzogs, Beschränkung der Zoll- und Akzisefreiheit, Beseitigung des Rechts, die Grundhuldigung entgegenzunehmen, Aufhebung des Kirchen- und Schulpatronats der Grundherren. Im Mai 1813 übernahm der Staat die uneingeschränkte Gerichts- und Verwaltungshoheit, die Patrimonialjustiz hörte auf[71]. Den Anstoß dazu soll Napoleon bei einer Begegnung mit Großherzog Karl in Mainz gegeben haben[72].

Auf den Tag genau vier Jahre nach dem Huldigungsakt vom 6. Januar 1807 zwang König Friedrich die Mediatisierten zu einer Zweitauflage dieses demütigenden, nach strengem Zeremoniell geregelten Spektakels, das ihn als eine Art Triumphator über Unterworfene zeigte. Seiner Tochter Katharina kündigte er den Huldigungsakt am 4. Januar 1811 mit folgenden Worten an: »Die Fürsten und Grafen, früher unabhängig, jetzt meine Vasallen, werden mir am 6. Januar huldigen, und an diesem Tag beginnt unser Karneval«[73].

Nach dem Übergang Württembergs zu den Alliierten im Herbst 1813 ließ der König gegenüber den Mediatisierten auch die letzten Rücksichten fallen, an die er sich bisher noch durch die Rheinbundakte wenigstens pro forma gebunden geglaubt hatte. Am 23. Dezember jenes Jahres ließ er die »Exemten« wissen, daß im Kriegsfall bloß noch die königlichen bzw. die dem Königshaus gehörenden Schlösser und Wohnungen von Militäreinquartierungen befreit blieben. Zu den sonstigen Kriegslasten hatten die Fürsten und Grafen nach dem gleichen Maßstab wie die übrigen königlichen Untertanen beizutragen. Dies galt auch für Vorspannleistungen und Naturallieferungen, die durchmarschierende oder stationierte Truppen beanspruchten[74].

Heinz Gollwitzer nennt Württemberg in der Zeit König Friedrichs des Purgatorium der mediatisierten Fürsten und Grafen. In keinem anderen Rheinbundstaat hätten sie eine ähnlich schlimme Behandlung zu erdulden gehabt[75]. Dies trifft sicher zu. Die harte Hand Friedrichs und sein mangelndes Einfühlungsvermögen in die Situation der plötzlich ihrer landeshoheitlichen Rechte Beraubten und in die Rolle von allenfalls noch privilegierten Untertanen Hineingedrängten haben den Mediatisierten zusätzliche Demütigungen zugefügt. Freilich, auch in Ländern wie in Baden, wo man ihnen mehr entgegenkam, wo man bemüht war, sie großzügiger zu behandeln, unterschied sich ihr bitterer Schicksalsweg in der napoleonischen Zeit in rechtlicher und faktischer Hinsicht nur wenig von dem ihrer württembergischen Standesgenossen. Auch hier büßten sie nach und nach fast alle ihre Privilegien ein. Die Schaffung moderner Staatsgebilde ließ nicht zu, daß sie gewissermaßen die Rolle von Unterlandesherren übernahmen. Andererseits mußten sie es als Genugtuung empfinden, daß ihre einstigen Untertanen von der Mediatisierung nur widerwillig Kenntnis nahmen, sich noch lange als Hohenloher, als Fürstenberger oder als Waldburger fühlten und ihren ehemaligen Landesherren noch nach Jahrzehnten bei feierlichen Anlässen Ehren erwiesen, als seien diese nach wie vor die regierende Herrschaft. Beispielsweise bereitete die Bevölkerung des Kinzigtals dem neuvermählten Paar Fürst Karl Egon von Fürstenberg und Markgräfin Amalie von Baden 1818 einen Empfang, wie er auch für die großherzogliche Familie nicht festlicher und aufwendiger hätte sein können[76].

Disziplinierung und gänzliche politische Entmündigung der übrigen Untertanen

Seit der Aufhebung der altwürttembergischen Verfassung und der Beseitigung der Landstände in den vormals vorderösterreichischen Landesteilen gab es in Württemberg und Baden keinerlei politische Repräsentation der Bevölkerung mehr. Es galt nur noch der Wille des absolutistischen Herrschers, und dieser erwartete von seinen Untertanen, daß sie ihm zu Diensten standen, wenn immer er ihrer bedurfte. Ein solches widerspruchsloses Gehorchen fiel vor allem den Angehörigen der städtischen bürgerlichen Oberschichten schwer, die bislang namentlich in den Reichsstädten in politischen Angelegenheiten den Ton angegeben hatten. Hinzu kam, daß sich die Neubadener und Neuwürttemberger, die seither in staatlichen Zwerggebilden beheimatet gewesen waren, nur widerstrebend in ein größeres Gemeinwesen einfügten, das ihnen ungewohnt hohe persönliche und finanzielle Leistungen abverlangte. Freilich, das Königreich Württemberg und das Großherzogtum Baden, aus einer Vielfalt heterogener Bestandteile zusammengestückelt, konnten nur allmählich die Geschlossenheit erlangen, die sie instand setzte, den Stürmen der Zeit standzuhalten, d. h. eine gewisse Konsolidierung zu erreichen. Die starke, sichere Hand des Regenten vermochte hierbei, wie das Beispiel Württemberg zeigt, förderlich zu sein. Politisch scharf beobachtende Zeitgenossen wie der Publizist Johann Gottfried Pahl widersprachen dem nicht. Im Gegenteil: Pahl erkannte der »Diktatur« des württembergischen Königs eine gewisse Berechtigung zu. Mit Blick auf die Aufhebung der altwürttembergischen Verfassung stellte er fest: »Dem vereinigten Ganzen aber neue, den Verhältnissen angemessene konstitutionelle Formen zu geben, ging in dieser ohnehin den Verfassungen ungünstigen Zeit um so weniger an, da in ihren reißenden Bewegungen der ganze Sinn der Regierungen auf die Erhaltung des Territorialbestands der Länder gerichtet sein, für den inneren Aufbau derselben aber erst das Vorübergehen der Stürme abgewartet werden mußte«. Die Württemberger, so meinte Pahl weiter, hätten keinen Grund, sich darüber zu beklagen, daß König Friedrich die Diktatur für sein Land übernommen habe. Allerdings wäre die unbarmherzige Härte, mit der Friedrich sein absolutistisches Regiment aufrichtete und behauptete, keineswegs notwendig gewesen. Deshalb könne man es den Menschen in Alt- und Neuwürttemberg auch nicht verdenken, wenn sie sich durch ein solches gewaltsames Regierungssystem beschwert fühlten[77].

Der Polizeistaat modernen Zuschnitts, den König Friedrich verwirklichte, bewirkte ein bis dahin unbekanntes Maß an öffentlicher Sicherheit und Ordnung, das Handel und Gewerbe, aber auch den einzelnen Untertanen zugute kam. Auf der anderen Seite unterwarf er die Bürger einem rigorosen Überwachungssystem. Ihre Bewegungsfreiheit wurde stark eingeengt, das gesellschaftliche Leben streng reglementiert und kontrolliert, jede verdächtig erscheinende Vereinigung aufgelöst. Bereits Anfang 1806 verbot der König jede Art von Volksversammlungen[78]. Die Auswanderung, die den Staat in den letzten Jahrzehnten vieler fähiger Köpfe und fleißiger Hände beraubt hatte, wurde 1807 untersagt[79]. Nach Ansicht König Friedrichs konnte eine freie Publizistik dem Land gefährlichen Schaden zufügen, zumal sie dem mächtigen französischen Verbündeten den Vorwand lieferte, in die inneren Verhältnisse Württembergs einzugreifen. Er unterdrückte deshalb die freie Presse. Was den Untertanen an politischer Information vermittelt wurde, bestimmte er. Publizisten hatten es schwer. Bereits 1803 verbot der damalige Kurfürst Friedrich die von Johann Friedrich Cotta, dem Verleger Goethes und Schillers, herausgegebene Allgemeine Zeitung. Cotta verlegte daraufhin die Redaktion seiner Zeitung von Stuttgart in die kurz zuvor bayerisch gewordene

Stadt Ulm und 1810 nach dem Übergang Ulms an Württemberg nach Augsburg[80]. Ständigen Ärger hatte Pahl mit seiner »Nationalchronik der Teutschen«. Er hatte sich Eingriffe, die oft geradezu grotesker Natur waren, und Streichungen durch die Zensur gefallen zu lassen. Außerdem wurde ihm auferlegt, keinesfalls Worte oder Formulierungen zu gebrauchen, die auf ein Abhängigkeitsverhältnis der Rheinbundstaaten gegenüber ihrem Protektor hindeuteten. Überdeutlich wurde ihm zu verstehen gegeben, König Friedrich besitze dieselbe politische Eigenständigkeit wie jeder andere Monarch[81]. Übel spielte die württembergische Zensur auch Buchdruckern mit. Willkürliche Eingriffe und Strafandrohungen bzw. -verfügungen waren hier an der Tagesordnung. 1808 verschärfte die Regierung die Zensurvorschriften noch. Von jetzt an mußten die Buchdrucker jede Schrift vor der Drucklegung der Zensurbehörde vorlegen. Seit 1809 war das in Zensurangelegenheiten federführende Zensurkollegium befugt, durch seine Bediensteten jederzeit die Buchdruckereien zu »visitieren« und sich die Druckerlaubnisscheine vorlegen zu lassen. Buchhandlungen mußten Einblick in die Kataloge und Büchervorräte gewähren. Wenn ein Buch bedenklich erschien, war seine weitere Verbreitung zu unterbinden[82]. Im Februar 1809 verfügte König Friedrich das Verbot der »Chronik der Teutschen«, weil ihm ein Artikel über die österreichischen Staatskräfte mißfallen hatte. Der Herausgeber Johann Gottfried Pahl, damals Pfarrer in Affalterbach (Lkr. Ludwigsburg), erhielt zudem einen derben Verweis, und er mußte sich sagen lassen, Seine Königliche Majestät empfehle ihm, »sich künftig mit seinem Stand angemessenen Gegenständen zu beschäftigen, als im Fache der Politik herumzuirren, worin er nichts zu suchen hat«[83]. Kultminister von Jasmund, ein einsichtiger und verständnisvoller Mann, der selbst seine Schwierigkeiten mit dem Regiment König Friedrichs hatte, bedauerte die »Mißhandlung« Pahls und äußerte ihm gegenüber freimütig, die durch ein Schattenbild der Souveränität geäfften deutschen Regenten besäßen im Grunde bloß die Position von französischen Präfekten. Der württembergische König, so fuhr Jasmund fort, sei ohne Zweifel ein Mann von großer Geisteskraft und Selbständigkeit des Willens, aber nie wende er seinen Blick von Napoleon ab, da er wohl wisse, daß seine ganze Existenz in der Hand des »gewaltigen Mannes« liege. Die ängstliche Rücksicht auf die französische Regierung sei es allein, die den König zum Verbot der »Chronik der Teutschen« veranlaßt habe[84]. Pahl kommentierte in der Rückerinnerung erbittert: »So verkümmerte und unterdrückte in jener argen Zeit auf der einen Seite rohe Gewalt und auf der anderen feiger und feiler Knechtssinn in dem württembergischen Vaterland das menschliche Recht der freiwilligen Mitteilung des Gedankens«[85].

Indessen machte König Friedrich nicht nur den »Zensierten« das Leben schwer, sondern auch den Zensoren. Wehe, wenn sie seine strengen Vorschriften mißachteten oder wenn sie eine Entscheidung trafen, die er aus politischen Gründen nicht zu billigen vermochte. Sie hatten mit scharfen Zurechtweisungen oder gar mit strengen Strafen zu rechnen. Freilich, manchmal wollte er mit Maßregelungen von Zensoren nach außen auch bloß demonstrieren, daß er jeden Verstoß gegen seine Direktiven für die politische Berichterstattung unnachsichtig ahndete. In Wirklichkeit aber zeigte er Verständnis für die Entscheidung des Zensors. In solchen Fällen folgte deshalb nicht selten der Gnadenerweis der Strafe auf dem Fuß[86].

König Friedrich war kein gewalttätiger Despot. Seine Repressionsmaßnahmen orientierten sich am Staatszweck. Zweifellos spielten ihm seine cholerische Natur, sein überzogenes Selbstbewußtsein und seine an osteuropäische Vorstellungen sich anlehnende Vorstellung vom Gottesgnadentum des Monarchen manchen Streich, reizten ihn zu mancher überscharfen Reaktion auf. Nie verlor er aber seine Verantwortung für den Staat, für die Untertanen, über die er herrschte, aus den Augen. Auch seine rigorose Pressezensur war nicht Selbstzweck. Kultminister Jasmund hatte recht. Der Hauptgrund für die Unterdrückung der freien Meinungsäußerung in Württemberg war die Furcht vor Napoleon. Friedrich wollte alles vermeiden, was auf dem Gebiet der Publizistik den Unwillen des Rheinbund-Protektors hätte hervorrufen oder diesen gar zum Eingreifen hätte veranlassen können. Wollte er den minimalen politischen Spielraum, den er besaß, zum Besten seines Landes nutzen, dann durfte sich seiner Meinung nach auch nicht der geringste Oppositionsgeist nach außen bemerkbar machen. Keinesfalls wünschte er badische Verhältnisse.

Napoleon war ein Feind der freien Presse. Schon als Konsul hatte er die Zahl der in Paris erscheinenden politischen Zeitungen auf 13 beschränkt und die Gründung neuer Blätter verboten. Als Kaiser würdigte er die Presse zum Sprachrohr seiner Regierungsgroßtaten herab. Sie hatte zu berichten, was ihm opportun erschien. Redakteure, die dagegen verstießen und eigene politische Urteile riskierten, wurden aufs strengste zur Rechenschaft gezogen. In den Rheinbundstaaten hatten französische Offiziere und Diplomaten ein wachsames Auge auf die Presse. Sie achteten sorgsam darauf, daß keine ihrem Gebieter unangenehme Zeile veröffentlicht wurde[87]. Besonders schlimm trieben sie es in Baden. In den Jahren 1803 bis 1806 war die badische Presselandschaft recht bunt. In den alten wie in den neuen Landesteilen bestanden Zeitungen. Von ihnen hatten allerdings nur die Mannheimer Blätter eine größere Bedeutung; sie brachten bereits Originalkorrespondenzen, waren mit Geschick redigiert und besaßen auch außerhalb der badischen Grenzpfähle Leser. Die 1803 von Brauer erarbeitete Bücherzensur galt als gemäßigt. Für den Bereich Zeitungen legte sie fest, daß nichts veröffentlicht werden sollte, was geeignet sei, die Regierung in Zwist mit dem Ausland zu verwickeln, bei benachbarten oder befreundeten Staaten Ärgernis zu erregen oder in Kriegszeiten das Interesse der Verbündeten zu schädigen. Bis kurz vor dem Ende des Alten Reichs kam es kaum zu Beanstandungen der Presse. Nach dem Beitritt Badens zum Rheinbund änderte sich dies jedoch grundlegend. Das Großherzogtum wurde zum Schauplatz einer gewaltsamen Presseknebelung durch den französischen Verbündeten. Dieser brachte hier seine im eigenen Land erprobten Grundsätze zur Anwendung. Die Berichte der in Karlsruhe beglaubigten Diplomaten Napoleons waren voll von Klagen und Beschwerden über Pressevergehen. Sie richteten sich ausschließlich gegen die Mannheimer Blätter – kein Wunder bei der Bedeutungslosigkeit der übrigen badischen Zeitungen. – In der Schußlinie befand sich besonders das »Journal politique de Mannheim«[88]. 1808 verlangte der Gesandte Talleyrand die Suspendierung des »Journals«. Die badische Regierung lehnte diese Forderung unter Hinweis auf die Verpflichtungen ab, die sie beim Anfall der Pfalz gegenüber der renommierten Zeitung eingegangen war. Sie verhängte lediglich ein kurzfristiges Verbot, unterwarf aber das »Journal« schärfsten Zensurbedingungen. Es war ihm künftig lediglich der Abdruck von Artikeln aus wenigen bonapartistischen Zeitungen (Moniteur Universel, Gazette de Hollande, Moniteur Westphalien sowie der offiziellen Presseorgane von Mailand und Neapel) erlaubt. Im Jahr darauf wurde die Zeitung wegen eines ihr angelasteten neuen Verstoßes gegen die Zensurvorschriften definitiv verboten. Bezüglich einer Wiederaufhebung des Verbots ließen die Franzosen diesmal nicht mit sich reden[89]. Die badische Regierung versuchte das »Journal« durch einen Trick zu retten. Sie erlaubte der Verlegerin, die Zeitung unter einem anderen Namen fortzuführen. An die Stelle des »Journal« traten die »Nouvelles litteraires et politiques«. Gleichzeitig wurde die in Mannheim erscheinende »Rheinische Bundeszeitung«, die den Zorn der Franzosen erregt hatte, in »Rheinische Correspondenz« umbenannt. Der Gesandte Bignon durchschaute das Spiel der badischen Regierung. Er benutzte den ersten Anlaß, um sein Mißfallen kundzutun. Diesen bot im März 1809 die »Mannheimer Zeitung«. Den Stein des

Anstoßes bildete ein aus der Wiener Hofzeitung entnommener Artikel über den spanischen Feldzug[90]. Die französische Regierung reagierte über die Maßen scharf. Sie bestand auf der Beseitigung sämtlicher Mannheimer Zeitungen, wobei sie ausdrücklich eine Umgehung des Verbots durch Namensänderungen ausschloß. Die Zeitungen beschuldigte sie, Artikel zu veröffentlichen, die die Interessen Frankreichs schädigten und dadurch zugleich ein feindseliges Verhalten gegenüber ihrem eigenen Land an den Tag legten. Doch wider Erwarten kam die badische Regierung der Verbotsanweisung nicht nach. Bignon mußte seine Beschwerde wiederholen. Außenminister Edelsheim bezichtigte in einer Note an die französische Regierung den Gesandten der gehässigen Darstellung, sprach von kränkenden Zumutungen, die drei angesehensten, fast einzigen Zeitungen des Landes auf unbestimmte Zeit unterdrücken zu müssen[91].

Während des Feldzugs von 1809 unterließ die badische Presse jede kritische Äußerung über die französische Politik. Dies war schon im Eigeninteresse der Redaktionen und Verlage notwendig. Bis Herbst 1810 blieben die badischen Zeitungen unbehelligt[92], doch dann brach der Sturm mit Ungestüm über sie herein. Den Anstoß gab die bis dahin nie beanstandete »Freiburger Zeitung«. Mißfallen hatten in Paris offensichtlich der warmherzige Nachruf auf Königin Luise von Preußen sowie zwei Artikel mit Berichten vom spanischen Kriegsschauplatz erregt. Der französische Außenminister Champagny erklärte, Baden verfüge über viel zu viele Zeitungen. Bei dem geringen Umfang des Landes genüge eine einzige Zeitung, zumal diese auch leicht zu überwachen sei. Napoleon nahm diese Feststellung auf und erhob sie zur kategorischen Forderung: künftig nur noch eine in Karlsruhe unter den Augen der Regierung erscheinende Zeitung für Baden, damit die Schmähungen und böswilligen Verleumdungen aufhörten, denen die französische Regierung ausgesetzt sei. Der Großherzog zeigte sich bereit, klein beizugeben, nicht so die badische Regierung, sie suchte, die Angelegenheit zu verschleppen. Napoleon war äußerst ungehalten, er bestand auf dem umgehenden Vollzug seiner Forderung. Jetzt zerbrach auch der Widerstand der Regierung. Am 27. Oktober 1810 dekretierte der Großherzog, daß am 31. Oktober alle badischen politischen Zeitungen, mit einer einzigen Ausnahme, ihr Erscheinen einzustellen hätten, ihre Existenz sei mit dem Staatswohl unverträglich. Die Verbreitung politischer Neuigkeiten übernehme künftig ausschließlich die »Karlsruher Zeitung«, sie solle als einziges Presseorgan des Landes bestehen bleiben, ab 1. Januar 1811 den Titel »Großherzogliche Badische Staatszeitung« führen und unter der ganz besonderen Aufsicht des Ministeriums der auswärtigen Angelegenheiten stehen. Die Bezirks- und Wochenblätter, die neben privaten und amtlichen Inseraten gelegentlich auch spärlich politische Nachrichten gebracht hätten, dürften künftig nur noch solche das Inland betreffende und in wörtlichen Auszügen aus der Landeszeitung »geschöpfte« Artikel übernehmen. Von einer Abfindung der geschädigten Zeitungsverleger durch den finanziell in einer deplorablen Lage befindlichen Staat war nicht die Rede. Lediglich der Reinertrag der neuen Staatszeitung sollte, soweit hinreichend, zur Entschädigung für die Schmälerung privilegierter Eigentumsrechte verwendet werden. Daß die Verleger bei einer solchen Regelung fast leer ausgingen, war vorauszusehen. Damit waren in Baden – übrigens dem einzigen Rheinbundstaat, in dem ein so radikales Vorgehen gegen die Presse praktiziert wurde – die unbequemen Organe der öffentlichen Meinung zum Schweigen gebracht. Bis zum Untergang der napoleonischen Herrschaft in Deutschland verblieb es bei der einen im französischen Sinne völlig gleichgeschalteten Zeitung[93].

Ganz auf der Linie der offiziellen Politik lag das seit 1. Januar 1809 erscheinende »Wochenblatt für das Fürstentum Sigmaringen«. Es war die erste in Sigmaringen gedruckte Zeitung. Das Blatt bildete das Organ der Fürstlichen Regierung für deren

Verordnungen und Erlasse. Es enthielt außerdem die Bevölkerung belehrende Aufsätze. In ihm veröffentlichte Berichte über politische Ereignisse hatten Seltenheitswert[94].

König Friedrich von Württemberg tat alles, um dem stets wachen Argwohn der Franzosen keine Nahrung zu geben. Anfang 1809 untersagte er Gespräche über politische Gegenstände. Solche Gespräche, hieß es in dem Erlaß des Polizeiministers vom 2. Februar jenes Jahres, seien unschicklich, mit den Pflichten ruhiger Bürger und guter Untertanen unvereinbar und sie arteten, vor allem wenn sie die Verhältnisse »der höchsten Mächten gegeneinander« zum Thema hätten, leicht ins Gefährliche aus. Die Regierung werde unnachsichtig durchgreifen, wenn es gelte, unnützen unbedachtsamen Schwätzern »Ziel und Maß zu setzen«[95]. Bei Drohungen blieb es nicht. Geheime Kundschafter hatten »gefährlichen« politischen Gesprächen nachzuspüren[96]. 1812 wurde ein Stuttgarter Perückenmacher, der sich über die Kriegsereignisse und die »politischen Konjunkturen« geäußert hatte, als »abschreckendes Beispiel für alle in den Tag hinein rässonnierenden Schwätzer« für unbestimmte Zeit auf der Festung Hohenasperg inhaftiert[97].

Auch in Hohenzollern-Sigmaringen war die Regierung darauf bedacht, unliebsame politische Meinungen zu unterdrücken. In einer Verordnung vom 23. Juli 1809 »gegen die Ruhestörer und Verbreiter falscher öffentliche Besorgnis erregender Nachrichten« hob Fürst Anton Aloys anerkennend hervor, daß sich die Untertanen willig den »Wohltaten« seiner »väterlichen Regierung mit unverändertem Gehorsam« unterwerfen würden. Leider gebe es auch Nörgler und Leute, die Unruhe stifteten und die obrigkeitlichen Anordnungen tadelten. Die Ruhestörer bestünden aus Leuten, die entweder nichts zu verlieren oder schon in früheren Zeiten durch mancherlei Vergehen sich ausgezeichnet hätten. Der Fürst warnte, ungeziemende Gespräche über öffentliche Angelegenheiten und obrigkeitliche Anordnungen besonders in Wirtschaften seien bei Strafe verboten[98].

Um während des Rußlandfeldzugs 1812 von der bei der Truppe und im Land verbreiteten napoleonfeindlichen Stimmung nichts nach außen dringen zu lassen, verfügte König Friedrich von Württemberg am 19. Juli jenes Jahres eine strenge Kontrolle aller ins Ausland gesandten Briefe durch die Postverwaltung[99]. Die große Mehrheit der Bevölkerung sah nicht hinter die Kulissen; sie hielt die drakonischen Polizeimaßnahmen des Königs im Bereich der öffentlichen Meinung für Willensäußerungen einer despotischen Herrschernatur. Nicht bewußt wurde ihr, daß diese Maßnahmen durch staatspolitische Notwendigkeiten veranlaßt waren, daß sich der König selbst in einer prekären Situation befand. Er wollte unter allen Umständen Herr im eigenen Haus bleiben, dies setzte jedoch voraus, daß er Napoleon jede Einflußnahme in die inneren Angelegenheiten seines Landes verwehrte. Freilich, in seiner Übervorsicht, aber auch in seiner rechthaberischen Art, die den Widerspruch allzu oft gewaltsam unterdrückte, schoß er über das Ziel hinaus. Die Überwachung der öffentlichen Meinung steigerte sich bis zur Erstickung jedes frei geäußerten politischen Gedankens. Hinzu kam, daß er die Untertanen auch durch andere harte Maßnahmen vor den Kopf stieß. Mit dem 1810 erlassenen und 1813 noch verschärften Gesetz über die Bestrafung von Staats- und Majestätsverbrechern nahm er für seine Person einen rechtlichen Sonderstatus in Anspruch, der bedenklich an den Typus des allgewaltigen osteuropäischen Monarchen erinnerte, dem die Untertanen zu unbedingtem Gehorsam verpflichtet waren[100].

Eine unglückliche Hand hatte der König auch bei Maßnahmen, mit denen er erzieherische, moralische Zielsetzungen verfolgte. Das Verbot des öffentlichen Tabakrauchens in Stuttgart gehörte hierbei noch zu den harmloseren Verordnungen[101]. Entsprechende Verbote gab es damals auch anderwärts. Mehr Verärgerung, namentlich in katholi-

schen Gegenden, löste der König dadurch aus, daß er 1809 alle öffentlichen Fastnachtslustbarkeiten, insbesondere alle »Vermummungen«, mit der Begründung untersagte, sie seien in polizeiwidrige Unordnungen ausgeartet. »Vermummungen« waren
künftig lediglich noch in geschlossenen Gesellschaften und bei Tanzveranstaltungen
in Privathäusern und Wirtschaften gestattet. Gleichzeitig wurden die traditionellen
oder, wie es hieß, »die an einigen Orten hergebrachten Narrenzünfte und Narrenge-
richte als unstatthaft aufgehoben«. Die Polizei mußte den Fastnachtslustbarkeiten ver-
doppelte Aufmerksamkeit widmen, um Exzesse zu verhindern[103]. Mit Mißmut und
Ärger nahm die Bevölkerung Kenntnis von der Polizeiverordnung vom 18. August
1809. Durch sie wurde allen Untertanen, die ein Gefährt besaßen, eingeschärft, sofort,
wenn sie dem Wagen des Königs begegneten oder diesem vorausfuhren, zur Seite zu
fahren und stehen zu bleiben, bis der Landesherr »vorüberpassiert« war. Die in letzter
Zeit wiederholt vorgekommenen Verstöße bezeichnete die Verordnung als Mangel an
Ehrfurcht vor der hohen Person des Monarchen[103]. Die an freiheitliche Verhältnisse
gewöhnten Württemberger ertrugen ein solches Zwangsjoch nur mit dem größten
Widerwillen. Sie sahen sich politisch völlig entmündigt, mehr oder weniger zu Herr-
schaftsobjekten erniedrigt. Dabei lag es nie in der Absicht des Königs, sein Volk vorsätzlich zu erniedrigen. Er bekannte vielmehr wiederholt, und wir haben keinen
Grund, an der Wahrheit seiner Worte zu zweifeln, sein Bestreben sei auf das Glück und
die Wohlfahrt seiner Untertanen gerichtet, und er bedauerte, daß ihn die fortwährenden Kriege Napoleons um die Früchte seiner Arbeit brächten[104].

Das Verhältnis König Friedrichs zu seinen Untertanen wurde zudem stark belastet
durch die ihm notwendig erscheinende glanzvolle fürstliche Repräsentation; sie stand
in keinem Verhältnis zu den wirtschaftlichen Hilfsquellen des kleinen Landes, dessen
1810 rund 1,3 Millionen zählende Einwohnerschaft zu einem großen Teil in Not und
Armut lebte. Friedrich wollte an höfischer Prachtentfaltung mit den hervorragendsten
Monarchien Europas wetteifern. Einen glanzvollen Hof hielt er staatspolitisch für
gerechtfertigt. Das Land hatte für den Aufstieg in den erlauchten Kreis der Königreiche Opfer zu bringen. Nur so konnte er sich in seinem Rang behaupten. Freilich kam
die höfische Repräsentation auch der Prachtliebe Friedrichs und seiner Vorstellung
vom Gottesgnadentum des Herrschers entgegen. Der Hof, den ein Heer von adligen
Kammerherren, Kammerjunkern und Pagen bevölkerte, bildete den Mittelpunkt des
Staats. Verwaltung und Militär waren ihm zugeordnet, in vielfältiger Weise mit ihm
verbunden. Leitende Staatsbeamte und Offiziere hatten Ehrenchargen am Hof inne
oder waren hier mit wichtigen Repräsentationsaufgaben betraut. Klangvolle, zum Teil
superlativische Hoftitulaturen verschafften ihren Trägern hohes Ansehen; sie trugen
aber auch dazu bei, den Glanz des Stuttgarter Hofs zu vermehren, der manchem
mediatisierten Fürsten und Grafen parvenühaft übersteigert vorkam. Der Hang zu verschwenderischer Prachtentfaltung, aber auch der hohe Stellenwert, den er seinem
königlichen Rang beilegte, verstellten Friedrich den Blick dafür, wie sehr er, abgesehen
von dem aufgeblähten Regierungsapparat, mit seinem unverhältnismäßig großen, aufwendigen Hofstaat das Volk bedrückte[105].

Ein weiteres Ärgernis war seine maßlose Jagdleidenschaft. Auch hier erschien ihm
kein Aufwand zu hoch. Rot- und Schwarzwildbestände mußten gehegt werden. Den
König bekümmerte es nicht, daß Wildschweine, Rehe und Hirsche die Felder verwüsteten und die Untertanen um einen guten Teil ihrer Ernteerträge brachten. Wilddiebe,
aber auch Bauern, die durch Schlingen, Fallen usw. dem Wild nachstellten oder es
durch Hunde von ihren Äckern vertrieben, wurden schwer bestraft. Einen immensen
Schaden verursachte das Wild namentlich in der Umgebung von Ludwigsburg, die der
König zu seinem Leibgehege bestimmt hatte. Doch nicht genug damit. Die Einwohner

der Landgemeinden hatten auch in einem selbst die schlimmsten Zeiten Herzog Carl Eugens übertreffenden Ausmaß Treiber- und Jagddienste zu leisten. Die Jagden präsentierten sich als abstoßendes Monsterspektakel, bei denen Wild zu Hunderten auf primitive Weise abgeschlachtet wurde. Der König, seine Höflinge und auch seine jungen Günstlinge fanden Gefallen an diesen gräßlichen Veranstaltungen. Hofdichter wie Friedrich Matthisson besangen sie als ruhmreiche Großtaten des Monarchen[106].

Baden praktizierte eine mildere Form von Polizeistaat als das benachbarte Württemberg. Der persönliche Freiheitsraum der Untertanen wurde weniger eingeengt, althergebrachte Rechte und Gewohnheiten blieben, soweit sie mit dem Staatszweck vereinbar waren und dem allmählichen Zusammenwachsen der einzelnen Landesteile nicht allzu hemmend im Wege standen, unangetastet[107]. Allerdings mußte die großherzogliche Regierung für die liberalere Handhabung der Staatsgewalt einen hohen Preis zahlen: die ständigen Eingriffe der Franzosen in die inneren Angelegenheiten des Landes.

Französische Eingriffe in die inneren Angelegenheiten der südwestdeutschen Rheinbundstaaten

Zu den bemerkenswertesten staatsmännischen Leistungen König Friedrichs von Württemberg zählt ohne Zweifel die Behauptung des innenpolitischen Handlungsspielraums gegenüber Napoleon. Kein anderer Rheinbundfürst hat so mannhaft und so erfolgreich die Eingriffe des Protektors in die inneren Angelegenheiten seines Landes abgewehrt. Er blieb Herr im eigenen Haus, und Napoleon respektierte, was er sonst nirgendwo tat, die Grenzen, die er zog. Sicher fiel dabei ins Gewicht, daß der württembergische König enge verwandtschaftliche Beziehungen zum russischen Kaiserhof und zum englischen Königshof sowie zu zahlreichen anderen größeren und kleineren europäischen Fürstenhäusern hatte. Der entscheidende Beweggrund war dies jedoch keineswegs. Der Kaiser der Franzosen schätzte die hohen intellektuellen Fähigkeiten und das sichere politische Urteil Friedrichs. Ihn ließ aber auch das selbstbewußte Auftreten des kleinen Potentaten nicht unbeeindruckt. Obwohl gänzlich von Frankreich abhängig, dachte König Friedrich niemals daran, den Vasallen zu spielen oder sich als solchen behandeln zu lassen. Die Korrespondenz, die Napoleon seit Herbst 1805 mit ihm führte, legt davon ein beredtes Zeugnis ab. Friedrich bediente sich in seinen Briefen einer freimütigen, offenen Sprache. Er scheute sich nicht, unangenehme Dinge beim Namen zu nennen und Kritik zu üben, wenn ihm dies erforderlich schien. Solange Europa zu seinen Füßen lag und es ihm mit leichter Hand gelang, selbst gegenüber den mächtigsten Monarchen des Kontinents seinen Willen durchzusetzen, nahm Napoleon an den kritischen Anmerkungen und den oft wenig erfreulichen Beobachtungen des geistreichen und vielseitig unterrichteten Württembergers kaum Anstoß. Er bemühte sich, ihm seinen Standpunkt darzulegen, Mißverständnisse aufzuklären und auszuräumen, offenkundige Mißstände abzustellen. Nicht selten diskutierte er mit ihm auch über politische Fragen, die ihn gerade beschäftigten. Später reagierte er zunehmend gereizter, gab sich zugeknöpft, doch den Respekt versagte er auch jetzt dem Korrespondenzpartner aus Stuttgart nicht. Andererseits wählte Friedrich nunmehr eine insgesamt vorsichtigere Sprache, zu einem unaufrichtigen oder gar servilen Zungenschlag ließ er sich jedoch nicht herbei[108].

Größten Wert legte er darauf, daß sich französische Generale und Offiziere in Württemberg gegenüber der Zivilbevölkerung keine Übergriffe zuschulden kommen ließen, daß sie die Rechte und Gepflogenheiten eines verbündeten Landes achteten. Bitten und Wünsche von Truppenkommandeuren Napoleons erfüllte er großzügig, unangemessene oder anmaßende Forderungen wies er brüsk ab. Anfang 1806 verfügte er, französische Offiziere, Kriegskommissare und sonstige Militärpersonen, die die Bevölkerung belästigten oder drangsalierten, sofort zu »arretieren«. Seine Anordnung begründete er damit, daß ein solches Verhalten des französischen Namens unwürdig sei und den Absichten Napoleons direkt zuwiderlaufe. »Unsere Untertanen«, erklärte er, »haben ihr letztes Stück Brot mit den französischen Truppen geteilt. Diese aber haben sie nicht nur ausgeplündert, ihrer kärglichen Habe beraubt, ihnen die Kleider abgenommen und das Vieh weggetrieben, sondern [sie] auch mißhandelt und tödlich verletzt. Kriegskommissare und Fourier-Offiziere haben sich gegen Unsere Untertanen Gewalttätigkeiten und Exzesse schreiendster Art erlaubt, sie machen ganz überflüssige Requisitionen und füllen sich dabei die Taschen mit Geld ...«[109]. Daß er sich selbst strikt an diese Anordnung hielt, zeigt folgender Fall: Ein französischer Oberst hatte in Feuerbach (Stadt Stuttgart) einen Bürger festnehmen lassen, weil er ihn verdächtigte, eine goldene Uhr gestohlen zu haben. Der König drohte dem Offizier durch den zuständigen Oberamtmann die sofortige Arretierung an, falls er den Mann nicht umgehend auf freien Fuß setze. Der Oberst fügte sich widerspruchslos und entschuldigte sich für seine Handlung. Der Feuerbacher war übrigens unschuldig. Die Uhr wurde später gefunden[110]. Ein österreichischer Agent konnte sich im April 1806 bei einer Erkundigungsreise in Süddeutschland nicht genug darüber wundern, wie rücksichtsvoll-schonend die Franzosen in Württemberg auftraten, während sie sich in dem an Einwohnerzahl und Gebietsumfang beträchtlich größeren Bayern so gut wie alles erlaubten. Der Agent führte das gegensätzliche Verhalten des mächtigen französischen Alliierten in den beiden einander benachbarten Ländern auf den »Kontrast der Charaktere« ihrer Regenten zurück[111].

König Friedrich hatte auch keine Hemmungen, sich wiederholt bei Napoleon über Marschall Ney zu beschweren. So beklagte er sich im Mai 1806, daß Ney mehreren tausend österreichischen Kriegsgefangenen gewaltsam den Eintritt nach Württemberg verschafft und sie dort zusammen mit französischen Truppen einquartiert habe. Solche Maßnahmen bedeuteten bei dem Übermaß an Militäreinquartierungen den wirtschaftlichen Ruin seiner ohnehin arg bedrängten Untertanen[112]. Das Verlangen des Marschalls, das Oberforstamt Zwiefalten solle eine große Jagd für ihn veranstalten, wies er ab, weil ihm dieser seine Bitte nicht direkt vorgebracht habe und weil gegenwärtig auch nicht die Zeit zum Jagen sei[113]. Den Oberforstmeister in Neuenstadt, der der Forderung des Kriegsministers Berthier, sechs bis acht Hirsche einzufangen und auf Kosten des Kaisers nach Straßburg zu liefern, nicht entschieden genug entgegengetreten war, tadelte er scharf wegen seines albernen und unbesonnenen Verhaltens. Wenn der Kaiser tatsächlich von ihm Wildbret wünsche, werde er sich unmittelbar an ihn, den König, wenden. Es stellte sich in der Tat heraus, daß Berthier die Hirsche nicht für Napoleon, sondern für seinen eigenen Wildpark hatte beschaffen wollen[114].

Am 14. August 1806 wurde der aus Schorndorf stammende Nürnberger Buchhändler Johann Philipp Palm (geb. 1768) auf Befehl Napoleons verhaftet, weil er die französenfeindliche anonyme Schrift »Deutschland in seiner tiefsten Erniedrigung« verlegt hatte, nach Braunau am Inn gebracht, dort vor ein französisches Militärgericht gestellt, von diesem, weil er sich weigerte, den Namen des Verfassers preiszugeben, entsprechend der Anordnung des Kaisers der Franzosen zum Tod verurteilt und am 26. August 1806 standrechtlich erschossen. Die Nachricht von der Hinrichtung Palms verbreitete sich wie ein Lauffeuer in ganz Deutschland und rief weithin Zorn und ohnmächtige Empörung hervor. Selbst an den Höfen der mit Napoleon verbündeten süddeutschen Staaten war das Entsetzen über die Bluttat groß[115]. Ein Württemberger, Peter Heinrich Merckle, Gastwirt zum Goldenen Löwen in Neckarsulm, geriet damals gleichfalls in Gefahr, ein Opfer französischer Willkür- und Rachejustiz zu werden. Er hatte ein Exemplar der Flugschrift »Deutschland in seiner tiefsten Erniedrigung« an den Handelsmann Schoderer in Donauwörth in Abschrift weitergegeben. Durch Schoderer war dann die Schrift in Donauwörth verbreitet worden. So bekamen auch die Franzosen Wind von der Sache. Sie verhafteten Merckle, ungeachtet des energischen Protests des zuständigen Amtmanns Kleiner, und brachten ihn nach Braunau, wo sie ihn ebenfalls zum Tode verurteilten. Kleiner tat alles in seiner Macht Stehende, Merckle zu helfen. So berichtete er den Vorfall sofort auch nach Stuttgart. König Friedrich war empört. Einen seiner Untertanen ohne weiteres festzunehmen, ihn unter flagranter Verletzung seiner landesherrlichen Souveränitätsrechte außer Landes zu schaffen und vor ein französisches Militärtribunal zu stellen, hielt er für unerhört. Er setzte bei Napoleon die Auslieferung Merckles an die württembergische Justiz durch. Bereits vier Wochen nach seiner Festnahme wurde der Gastwirt wieder auf freien Fuß gesetzt. Der Heilbronner Kaufmann Link, der mit Merckle in Geschäftsverbindung stand, diesem die napoleonfeindliche Flugschrift zugänglich gemacht hatte, gleichfalls nach Braunau abgeführt und zum Tod verurteilt worden war, kam schon zwei Tage nach seiner Einlieferung in Braunau wieder frei, weil sein Vergehen in einem milderen Licht erschien. Zu seiner Sicherheit ließ ihn König Friedrich nach seiner Überstellung nach Württemberg vier Wochen auf dem Hohenasperg festhalten[116]. Vorbeugend befahl der König auch die Inhaftierung von zwei Stuttgarter Kaufleuten, die die brisante Flugschrift einem ihnen bekannten französischen Offizier zum Lesen gegeben hatten, auf dem Hohenasperg, damit sie einem möglichen Zugriff der Franzosen entzogen waren. Nachdem die drohende Gefahr abgewendet war, erhielten sie ihre Freiheit zurück[117].

Im Gegensatz zu Württemberg war Baden der Willkür Napoleons beinahe schutzlos ausgeliefert. Bereits 1804 hatte sich dies bei der Verhaftung des Herzogs von Enghien gezeigt. Die durch die Verletzung ihres Territoriums aufs schwerste brüskierte badische Regierung hatte sich damals nicht einmal zu schwachen Protesten aufzuraffen gewagt[118]. Seit dem erzwungenen Bündnisvertrag im September 1805 befand sich Baden gänzlich im Würgegriff des napoleonischen Frankreich. Großherzog und Regierung hatten im wesentlichen zu befolgen, was von Paris aus verfügt wurde. Die französischen Gesandten am Karlsruher Hof gebärdeten sich als die richtungsweisende außen- und innenpolitische Instanz; sie hatten maßgeblichen Einfluß auf die Berufung und Entlassung von Ministern, sie rügten Mißstände am Hof, in der Verwaltung und beim Militär. Immer wieder veranlaßten sie Napoleon durch ihre Berichte zum Eingreifen. Seitdem Erbprinz Karl im Frühjahr 1806 seine Adoptivtochter Stephanie geheiratet hatte, fühlte sich der Kaiser in besonderem Maß verpflichtet, in Baden nach dem Rechten zu sehen. Und es gab in der Tat vieles zu beanstanden. Großherzog Karl Friedrich war der Bürde seines Amtes längst nicht mehr gewachsen, Erbprinz Karl unfähig, in die Bresche zu springen. Der Hof war, wie wir gehört haben, durch Parteien zerrissen. Die leitenden Minister, ohne festen Rückhalt beim Großherzog und beim Thronfolger, dafür aber in hohem Maß vom Wohlwollen des jeweiligen französischen Gesandten abhängig, wechselten häufig und fanden nicht immer ebenbürtige Nachfolger. Die katastrophale Finanzsituation des Landes beunruhigte Napoleon in besonderer Weise. Obwohl Markgraf Ludwig am Karlsruher Hof zu den Wegbereitern des Anschlusses an Frankreich gehört hatte, erweckte er zunehmend das Mißtrauen von Paris. Seine starke Stellung am Hof, vor allem auch sein großer Einfluß auf den Erbprinzen wurden mißfällig registriert. Der Kaiser der Franzosen sah in ihm einen der Hauptverursacher der badischen Finanzmisere. Bereits 1806 legte er ihm nahe, das Finanzressort in die Hände eines Ministers zu legen, der bessere Voraussetzungen für dieses schwierige Amt besitze[119]. Schließlich setzte er Anfang 1808 seine Verbannung auf seine Güter in Salem durch[120]. Wiederholt übte Napoleon heftige Kritik an der Regierung und am Hof in Karlsruhe. Zu Beginn des Jahres 1807 äußerte er, Baden sei noch kein Land, es bilde noch keine Einheit, und es werde schlecht regiert[121]. Im Januar 1808 sprach er von dem abstoßenden Bild, das der in Parteien zerrissene badische Hof biete[122]. Aus Paris warnte der Gesandte Dalberg vor den Spitzeln Napoleons. Die französische Polizei unterhalte in den badischen Städten Korrespondenten. Man wisse deshalb in der französischen Hauptstadt über die Interna von Hof und Regierung bestens Bescheid. Im März 1808 schickte Napoleon seinen Kammerherrn Auguste de Talleyrand, den Vetter seines früheren Außenministers, einen eitlen, ränkevollen Streber, der sich seinem kaiserlichen Herrn gegenüber besonders dienstbeflissen gab, nach Karlsruhe. Talleyrand, vom Kaiser beauftragt, sich genauestens über die inneren Verhältnisse des Großherzogtums und über das Ergehen der Erbgroßherzogin Stephanie zu informieren, führte in der badischen Residenz eine scharfe, anprangernde Sprache. Der darob zutiefst betroffene Großherzog ordnete als Sondergesandten General von Harrant nach Paris ab. Dieser hatte Napoleon seine demütigende Zusicherung zu übermitteln, daß alles geschehen werde, um die ans Licht gezerrten Mißstände zu beseitigen[123].

Talleyrand verschaffte sich rasch eine beherrschende Stellung am Karlsruher Hof. Im Mai 1808 empfahl er in einem Bericht, Napoleon möge Baden in seine politische Obhut nehmen. Der alte Großherzog bitte ihn ohnehin fortwährend um seine Unterstützung, da er sich vor seinen Ministern fürchte, in deren gänzlicher Abhängigkeit er sich befinde, er sei glücklich, daß er, Talleyrand, so viel von ihm halte, denn am Hof nehme ihn keiner mehr ernst. An die Spitze der Regierung müsse raschestens ein fähiger Mann treten, da Baden immer mehr auf den Abgrund zuschlittere. In Karlsruhe empfinde man dies selbst so. Eine solche günstige Gelegenheit müsse man nützen, um die Feinde Frankreichs aus der Regierung zu entfernen. Als seinen Kandidaten präsentierte er Dalberg. Er hoffte, daß sich der seitherige badische Gesandte in Paris nach dem Willen Napoleons lenken lasse und das Großherzogtum im Sinne Frankreichs regiere. Dem französischen Außenminister Champagny war die harte Gangart seines Gesandten in Karlsruhe unbehaglich. Er mahnte ihn zu größerer Zurückhaltung. Der Kaiser wolle keinesfalls den Anschein erwecken, als mische er sich in die inneren Angelegenheiten der Rheinbundstaaten, die Regenten sollten bei der Wahl ihrer leitenden Minister frei sein. Nur wenn sich der Großherzog für Dalberg entscheide, werde sich auch Frankreich positiv äußern. Es fiel Talleyrand nicht schwer, den Großherzog für die Berufung Dalbergs zu gewinnen, zumal die Umgebung des greisen Monarchen in dem Pariser Gesandten den Mann sah, der Ordnung in die badische Staatsverwaltung bringen und zugleich den Unwillen Napoleons besänftigen könnte. Freilich, das gefügige Werkzeug der französischen Politik, wie dies Talleyrand gewünscht und erwartet hatte, wurde Dalberg nicht[124].

Noch anmaßender als Talleyrand trat sein Amtsnachfolger Bignon in Karlsruhe auf. In dem eitlen Bewußtsein, der Repräsentant des mächtigsten Mannes Europas zu sein, stufte er den Stellenwert seines Amtes über die Maßen hoch ein. Seine Einbildung grenzte ans Groteske. Es war ihm unvorstellbar, daß in der badischen Residenz etwas von Belang ohne sein Wissen oder Zutun geschehen könne. Geradezu für ein Verbrechen wider seinen kaiserlichen Gebieter aber hielt er es, wenn Entscheidungen gefällt wurden, die gegen seinen Willen waren[125]. Die Instruktion, die ihm am 2. Februar 1809 für seine diplomatische Mission erteilt worden war, ging allerdings in eine ganz andere

Richtung. Seine Hauptaufgabe, so hieß es darin, müsse sein, »das gute Einvernehmen und die zwischen beiden Höfen bestehende Freundschaft zu unterhalten«. Aufgetragen wurde ihm unter anderem, über die derzeitige badische Staatsverwaltung detaillierte Berichte zu liefern, hierbei ein Augenmerk auf die möglichen Verbesserungen zu haben, namentlich auf alle Maßnahmen zu achten, die bereits getroffen worden seien oder die künftig noch getroffen würden, die im letzten Krieg das Großherzogtum unfähig gemacht hätten, seinen bundesgenössischen Verpflichtungen zu genügen. Am Hof zu Karlsruhe, so führte die Instruktion weiter aus, fehle es nicht an inneren Parteiungen, und da sie auf das Glück der Erbgroßherzogin Einfluß gewinnen könnten, so werde er sie zu überwachen haben. Ihm obliege es, nach Kräften alles zu fördern, was die Ruhe und Zufriedenheit der Adoptivtochter des Kaisers gewährleiste[126].
In seiner ungezügelten Überheblichkeit fällte Bignon harte Urteile über die badische Regierung. Einmal nannte er sie ein Ministerium der Invaliden[127]. Am 9. Dezember 1809 schrieb er nach Paris: »... ich bin überzeugt, daß für das Land weder Ordnung noch Glück zu erhoffen ist bis zu dem Augenblick, wo Seine Majestät [Napoleon] geruhen wird, in seine Angelegenheiten einzugreifen und ein Ministerium zu bilden, das den Interessen des Großherzogs dient, ohne sie von denen Frankreichs zu trennen«[128].
Noch stärker als Talleyrand war Bignon von dem Wunsche beseelt, Baden Frankreich einzuverleiben. Er sah sich zeitweise bereits als Präfekt des Oberrheins. Seine Berichte über die angeblich antifranzösische Gesinnung des Erbprinzen und der Minister sollte Napoleon zum Eingreifen bewegen. Mit großer Schärfe agitierte er gegen den im Frühjahr 1809 an die Stelle Dalbergs als leitenden Minister getretenen Reitzenstein. Nichts ließ er unversucht, um seinen Haßgegner in Mißkredit zu bringen. Den Hauptschaden trug der badische Staat davon. Bignon betrieb Politik auf eigene Faust. Napoleon hatte ihn hierzu nicht autorisiert. Für das souveräne Baden war das Ausgeliefertsein an einen untergeordneten französischen Diplomaten eine bittere Demütigung. Reitzenstein setzte sich gegen die verderbliche Einmischung Bignons hart zur Wehr und schirmte so sein Reformwerk ab, doch schließlich, 1810 unterlag er den Ränken des Gesandten[129]. Er war, wie wir gehört haben, die Wahl des Erbprinzen gewesen. Allerdings hatte ihm dieser, als er nach einigem Zögern der Übernahme des undankbaren Regierungsamts zugestimmt hatte, erklärt, er werde ihn, falls seine Ernennung dem Kaiser mißfalle, sofort wieder entlassen[130]. Eine solche Äußerung war symptomatisch für die damalige Situation Badens: seine gänzliche Abhängigkeit von Frankreich.
Der ständigen Angriffe Bignons müde, rechtfertigte Reitzenstein in einer am 31. Dezember 1809 an Napoleon, »den Gründer und Beschützer seines Landes«, gerichteten Denkschrift die von ihm ins Werk gesetzte Verwaltungsreform. Er bediente sich dabei einer sachlichen, jeden unterwürfigen Ton vermeidenden Sprache. Auf die Reformmaßnahmen wird noch in anderem Zusammenhang einzugehen sein[131]. Hier interessiert lediglich die Zurückweisung der Hauptvorwürfe, die ihm Bignon gemacht hatte, so verwahrte er sich namentlich gegen die Behauptung des Gesandten, er sei katholikenfeindlich. Dem Talent und der Rechtschaffenheit, so führte er aus, stehe in der Staatsverwaltung jede Position offen. Konfessionelle Gesichtspunkte spielten bei den Stellenbesetzungen keine Rolle. Bis hinauf in die höchsten Ämter befänden sich Katholiken. Das Vertrauen der Bevölkerung in ein Regiment – die Regierung Karl Friedrichs –, das seit 40 Jahren allen Bekenntnissen gleichen Schutz gewähre, werde nicht getäuscht werden. Reitzenstein schloß mit der Versicherung: »Das badische Kabinett ist erfüllt von dem Wunsch, die ungleichartigen Teile des Staates zu einem gefestigten Körper zu verschmelzen, ohne seine Kräfte zu schwächen, das öffentliche Vertrauen langsam, aber methodisch wieder zu beleben und den Beifall aller guten

Bürger zu verdienen. Indem es sich dem Wohle des Fürsten und des Staates widmet, verliert es nicht einen Augenblick das glückliche Bündnis mit Frankreich außer Auge, das die Gewähr seines künftigen Glücks ist«[132].

Die Denkschrift Reitzensteins dokumentiert die klägliche Rolle, die Baden als Rheinbundstaat spielte. Daß ein Minister mit dem Kaiser der Franzosen in direkte schriftliche Verbindung trat, wäre in Württemberg undenkbar gewesen. In Stuttgart war der König die unbestrittene oberste Instanz in allen außenpolitischen Angelegenheiten. Er allein bestimmte die Richtlinien der Politik seines Landes, er allein war im Gespräch mit Napoleon. In Baden dagegen stand der leitende Minister an vorderster Front. Er sah sich gezwungen, seine Maßnahmen gegenüber der französischen Schutzmacht zu rechtfertigen. Der Erbprinz, der seine Reformpläne hätte decken müssen, ließ ihn gänzlich im Stich. Bignon konnte ungehindert seine Intrigen fortsetzen, und er tat es. Scharf kritisierte er die Verwaltung des Großherzogtums, sie sei zu kostspielig, ein zu großer Kopf für einen schwachen Körper[133]. Als er dennoch in Karlsruhe nichts gegen Reitzenstein auszurichten vermochte, versuchte er über Außenminister Champagny Napoleon einzuschalten, um so den Sturz des verhaßten Staatsmanns von Paris aus zuwege zu bringen. Am 18. Januar 1810 erhielt er von dort die Weisung, sich in den »Geschäften« denjenigen Einfluß zu verschaffen, der dem Vertreter Frankreichs zukomme. Er bat daraufhin den Erbprinzen um eine Audienz, und dieser faßte den mit der Würde eines Regenten schwer zu vereinbarenden Entschluß, sich in Person zu dem Gesandten zu begeben. Bignon versicherte Karl in wohlgesetzten Worten des kaiserlichen Interesses und erklärte ihm, daß gerade deshalb Napoleon der Entwicklung in Baden nicht teilnahmslos zusehen könne. Der Erbprinz begriff das herabwürdigende Spiel überhaupt nicht, das Bignon mit ihm spielte. Er äußerte sich offenbar sehr unvorsichtig über einzelne Minister und erging sich im übrigen in harmlosen Plaudereien. Von dem Gespräch gab er Reitzenstein nicht einmal Kenntnis[134]. Bignon nutzte die Situation. Bei einer Unterredung vermittelte er Reitzenstein den Eindruck, als sei der Erbprinz auf alle seine Wünsche eingegangen. Der Minister gab daraufhin nach und stimmte einer Modifikation seiner neuen Verwaltungsorganisation zu. Der Gesandte berichtete triumphierend nach Paris, er habe ein vielköpfiges Untier erledigt. Reitzenstein fühlte sich und die Regierung aufs äußerste brüskiert. Im Verein mit seinen Ministerkollegen Edelsheim und Türkheim rang er dem Erbprinzen einen Brief ab, der Bignon in seine Schranken verwies. Der Gesandte ließ die letzten Rücksichten fallen. Sein Ziel war darauf gerichtet, den verhaßten Gegenspieler zu stürzen. In dem aus seiner Sicht günstigsten Augenblick griff Napoleon ein. Sein aufgestauter Unwille entlud sich über Reitzenstein. Napoleon nannte es höchst ungewöhnlich, daß der Minister eines fremden Staats an ihn zu schreiben gewagt hatte; er gab daher die Denkschrift an Außenminister Champagny zurück, wobei er bemerkte, wenn der Erbprinz seine Absichten hätte erfahren wollen, dann hätte er ihm ja selber schreiben können. Zugleich wies er Champagny an, dafür zu sorgen, daß in Baden bei Stellenbesetzungen die katholische Mehrheit nicht länger von der protestantischen Minderheit in flagranter Weise benachteiligt werde. Der Minister übermittelte die Willenserklärung seines Kaisers in verschärfter Form an den diplomatischen Vertreter Badens in Paris. In der von ihm übergebenen Note hieß es unter anderem: »Seine Majestät der Kaiser und König können nicht gleichgültig und ruhig zusehen, daß man als mißliebige Subjekte und sozusagen als Heloten diejenigen Untertanen behandelt, die Sie selbst dem Großherzogtum zugewiesen haben, und zwar keineswegs, um etwa Sklaven daraus zu machen ... Das System, das gegen sie eingeschlagen wird, wäre überdies von verderblichen Folgen für die Sicherheit und Ruhe des Großherzogtums begleitet, durch seine Rückwirkung aber auch für die benachbarten Länder und den Rheinbund ... Deshalb wünschen Sie, daß der Badische Hof unverzüglich ein entgegengesetztes System beliebe, auf jede Verfolgung und ungerechte Ausschließung verzichte, daß in den Ministerien wie in allen Klassen und der gesamten Ordnung der öffentlichen Ämter die Katholiken, die mehr als die Hälfte der ganzen Bevölkerung bilden, die Hälfte der Stellen bekleiden. Seine Majestät erwarten dies als ein Zeichen der Willfährigkeit von seiten des Badischen Hofes«. Der badische Sondergesandte Andlaw bemühte sich, Champagny davon zu überzeugen, daß die Berichte Bignons übertrieben seien, doch der Minister hielt an seiner scharfen Tonart fest. Er drohte, wenn die Katholiken weiter benachteiligt würden, sehe sich der Kaiser gezwungen, über die Baden zugewiesenen Gebiete anders zu verfügen[135].

Erbprinz Karl, eingeschüchtert und wie immer ohne Stehvermögen, gab klein bei. Er versicherte, den Wünschen Napoleons entgegenzukommen. Doch schon brach über Baden neues Unheil herein. Bignon berichtete Ende Februar 1810 nach Paris, Prinz Ludwig befördere ausschließlich ehemals hessische und preußische Offiziere, die in badische Dienste getreten seien. Ihnen gegenüber würden Offiziere, die sich in den Feldzügen 1805, 1806/07 und 1809 ausgezeichnet hätten, benachteiligt. Der Kaiser der Franzosen war erbost darüber, daß Prinz (Markgraf) Ludwig seinen alten Einfluß zurückgewonnen hatte und ihn in antifranzösischer Weise nutzte. Er befahl seinem Außenminister, sofort Schritte zu unternehmen, um den Prinzen aus allen seinen Ämtern und möglichst auch aus Baden zu entfernen. Sollte dies nicht geschehen, werde er Ludwig festnehmen und in einer französischen Festung inhaftieren lassen, wo dieser dann seine Verbrechen abbüßen könne. Champagny gehorchte. Doch gab er den Forderungen Napoleons eine etwas konziliantere Form, namentlich um Erbprinz Karl zu schonen. Markgraf Ludwig mußte sich wieder auf seine Güter zurückziehen. Die erneute Demütigung des badischen Hofes und der badischen Regierung blieb kein Geheimnis. In Karlsruhe sorgte Bignon dafür, daß sie publik wurde. Erbprinz Karl zeigte sich schmerzlich betroffen. Auf Drängen Reitzensteins, aber auch auf das seiner Mutter, der Markgräfin Amalie, entschloß er sich, die in Karlsruhe kurz Station machende Erzherzogin Marie Luise, die Braut Napoleons, zusammen mit seiner Frau nach Paris zu begleiten, um dort mit dem Kaiser zu sprechen. Zu seiner großen Erleichterung gab sich Napoleon ihm gegenüber wohlwollend und versöhnlich. Bignon hatte in Karlsruhe im wesentlichen seine Rolle ausgespielt. Erreicht hatte er, sieht man von der zweiten Verbannung des Markgrafen Ludwig und von dem Sturz zweier Minister ab, im Grunde sehr wenig. Das Reformwerk Reitzensteins hatte er nicht zu torpedieren vermocht. Höchst angenehm war ihm, daß Karl nach seiner Rückkehr aus Paris in seine gewohnte Schläfrigkeit zurückfiel. Mit Vorliebe griff er Gerüchte auf, um mit ihnen seine Berichte nach Paris zu garnieren, so eine angebliche Äußerung des Erbprinzen, Napoleon werde Baden nach dem Tod des alten Großherzogs seinem Reich einverleiben und ihn, Karl, mit einer Pension abfinden, oder das Gemunkel über eine bevorstehende Scheidung Stephanies. Freien Lauf ließ er seiner Spottsucht. Durch zwei Schatten von Herrschern, schrieb er in einem Bericht, werde das Großherzogtum zur gleichen Zeit geleitet, der eine falle in seine Kindheit zurück, der andere entwachse ihr nicht, derweilen aber spiele der Herr von Reitzenstein die Rolle des Großherzogs von Baden. Hinter dieser sarkastischen Feststellung verbarg sich die Verärgerung Bignons darüber, daß Reitzenstein noch immer im Amt war. Erst Ende 1810 trat der ihm so verhaßte Minister zurück[136].

Nachfolger Bignons wurde 1811 Baron Moustier, der Sohn eines Emigranten. Der neue Gesandte, Anfang 30, intelligent, aber maßlos eingebildet und ein Hitzkopf, suchte gleichfalls die erste Geige am Karlsruher Hof zu spielen. Sehr übel nahm er es Erbprinz, seit Juni 1811 Großherzog Karl, daß er ihm kaum Gehör schenkte und ihn oft monatelang nicht empfing. Er übte deshalb heftige Kritik an dem jungen Fürsten und beschwerte sich sogar bei dessen Gattin. Er berichtete in gehässigster Weise über die Umgebung des Großherzogs, auch schreckte er vor öffentlichen Drohungen und Verleumdungen nicht zurück[137]. Glücklicherweise blieb er nur kurze Zeit in Karlsruhe. Graf Nicolay, der ihn ablöste, urteilte milder über den badischen Hof und ging in seinen Berichten rücksichtsvoller mit Großherzog Karl um. Dieser empfand beim nächsten Zusammentreffen mit seinem kaiserlichen Schwiegervater in Würzburg im Frühjahr 1812 den Stimmungsumschwung sehr wohltuend[138].

Mit den hohenzollerischen Fürstentümern gab sich Napoleon nur wenig ab. Als Kleinstaaten waren sie ohnehin völlig von seinem Wohl und Wehe abhängig. Deshalb scheute er sich auch nicht, wenn ihm dies geboten erschien, in ihre Souveränitätsrechte einzugreifen. Hierfür ein Beispiel: Im Februar 1809 wurden auf Veranlassung des Kaiserlich Französischen Gouvernements sämtliche Oberämter des Fürstentums Hohenzollern-Sigmaringen beauftragt, eventuelle Besitzungen und Kapitalien »des vormaligen königlich-preußischen Ministers Baron vom Stein« zu beschlagnahmen[139].

X. Enge familiäre Bindungen der Regentenhäuser an den Kaiser der Franzosen

Baden

Ehestiftungen zwischen Fürstenhäusern waren schon immer ein Mittel der Politik gewesen. Im 18. Jahrhundert hatten sich ihrer die europäischen Herrscher, so beispielsweise Friedrich der Große oder Kaiser Josef II., bedient. Sie hatten auf diese Weise Bündnisse zuwege gebracht, in jedem Fall aber das Ansehen ihrer Häuser erhöht, ihre außenpolitische Stellung gestärkt. Der einem korsischen Patriziergeschlecht entstammende Napoleon Bonaparte verfolgte mit den zahlreichen Eheverbindungen, die er zwischen Angehörigen seiner Familie und europäischen Fürstengeschlechtern knüpfte, zwei Hauptziele. Er wollte zum einen bedeutende Regentenfamilien eng an sich binden, zum anderen – und daran lag ihm offenbar noch mehr – war er bemüht, die ihm auf Grund der bescheidenen Herkunft seiner Familie fehlende fürstliche Legitimität durch Heiraten zu erlangen. Noch ehe er sich und seiner Frau Josephine in feierlichem Pomp am 2. Dezember 1804 in der Kathedrale Notre Dame in Paris die Kaiserkrone aufs Haupt gesetzt hatte, begann er nach Ehepartnern altfürstlichen Geblüts für Mitglieder seines Hauses und seines engsten Freundeskreises Ausschau zu halten. So faßte er bereits im Sommer 1804 den Plan zu einer Heiratsverbindung zwischen dem kurfürstlichen Haus Wittelsbach und seiner Familie[1]: Sein aus der ersten Ehe seiner Frau Josephine mit dem Vicomte Alexandre de Beauharnais hervorgegangener Stiefsohn Eugen Beauharnais sollte der Mann der bayerischen Prinzessin Auguste werden. Ende 1804 unterbreitete Talleyrand im Auftrag seines Kaisers Kurfürst Max Josef ein verlockendes Angebot für den Fall, daß er sich mit dem Heiratsprojekt einverstanden erklärte: neben einer Vergrößerung des bayerischen Kurstaats unverbrüchliche Schicksalsgemeinschaft (correspondance parfaite de destinée) mit dem mächtigsten Kaiserreich Europas und enges Vertrauensverhältnis mit dem ersten Herrscher der Welt. Talleyrand sicherte ferner zu, Napoleon werde Eugen alle Vorzüge und Annehmlichkeiten eines Prinzen seines Namens einräumen und darüber hinaus für eine großartige Ausstattung der Prinzessin Auguste sorgen. Freilich fehlte auch die obligate Drohung nicht: Durch eine Weigerung, ja bereits durch Anzeichen seines Widerwillens werde der Kurfürst sich und seinem Haus nicht wieder gutzumachenden Schaden zufügen. Allein, Max Josef war weder durch Verlockungen zu gewinnen, noch ließ er sich durch Drohungen schrecken. Er zeigte Napoleon die kalte Schulter. Der Stolz des Fürsten aus altem Geschlecht verbot ihm, auf die Wünsche des französischen Emporkömmlings einzugehen. Dies war übrigens auch der Grund gewesen, warum er die Einladung Napoleons ausgeschlagen hatte, ihm im Herbst in Mainz seine Aufwartung zu machen und warum er einige Monate danach nicht zur Kaiserkrönung nach Paris gekommen war. In seiner Haltung wurde er durch seine zweite Frau, Kurfürstin Karoline, die Tochter der ihrer fürstlichen Würde stets sehr bewußten Markgräfin Amalie von Baden, bestärkt. Für Karoline war das von Napoleon angeregte Heiratsprojekt von vornherein indiskutabel. Sie fühlte sich jedoch nicht nur als Hüterin der legitimistischen Tradition, Napoleon war ihr persönlich verhaßt, hatte er doch den Mord an dem

Herzog von Enghien auf dem Gewissen, mit dem sie eine tiefere Neigung verbunden hatte[2].

Indessen hatte Max Josef noch andere, gewichtigere Gründe, das Heiratsprojekt Napoleons zurückzuweisen, ohne daß er diesen durch sein altfürstliches Legitimitätsdenken verletzte oder zum Zorn reizte. Seine Tochter Auguste war seit Oktober 1804 mit dem badischen Kurprinzen Karl verlobt[3]. Die Familienverbindung, die in den durch den Reichsdeputationshauptschluß an Baden gefallenen pfälzischen Gebieten, so in Mannheim, freudig begrüßt wurde[4], hatte die Mutter Karls mit viel Geschick zustande gebracht. Sie hatte für ihren Plan zunächst den Markgrafen Ludwig, dann mit dessen Hilfe, aber auch mit Geschenken und Versprechungen die zweite Frau von Kurfürst Karl Friedrich, die Gräfin von Hochberg, und schließlich den widerstrebenden Kurfürsten selbst gewonnen. Amalie hatte offensichtlich auch die Hände im Spiel gehabt, daß der bayerische Hof zur großen Verärgerung des preußischen wegen angeblicher päpstlicher Dispensschwierigkeiten im Sommer 1804 die Verlobung Augustes mit dem mecklenburgischen Erbprinzen absagte[5]. – Königin Luise von Preußen war die Schwester des mecklenburgischen Prinzen. –

Napoleon ließ sich von dem bayerischen Widerstand gegen seinen Heiratsplan nicht beirren. Im Dezember 1804 nutzte er die Anwesenheit des Markgrafen Ludwig von Baden in Paris, um Karl Friedrich sagen zu lassen, ihm wäre es sehr genehm, wenn aus der Heirat von Kurprinz Karl mit Auguste von Bayern nichts würde. Damit nicht genug. Am 6. Januar 1805 übergab ein Kurier ein Schreiben Talleyrands in Karlsruhe, das in noch massiverer Weise den badischen Kurfürsten aufforderte, von dem Heiratsprojekt Abstand zu nehmen und dies in geeigneter Weise dem Münchner Hof klarzumachen. Es könne, so war in dem Brief zu lesen, doch nicht im Interesse des badischen Fürstenhauses liegen, die Absichten des Kaisers zu durchkreuzen. »Die intime Verbindung, das vollständige Vertrauen, das unsere beiden Höfe eint, muß uns naturgemäß dazu führen, nur die gleiche Ansicht über Dinge zu haben, denen üblicherweise die Politik die Richtung weist«. Markgräfin Amalie, wie Reitzenstein, Edelsheim und der Kurprinz ins Vertrauen gezogen, war empört: »Ein rechtmäßiger Souverän würde dies nicht einmal von einem seiner Untertanen verlangen«. Obwohl zum Stillschweigen verpflichtet, nahm sie Verbindung zu Max Josef auf. »Wir rechnen auf Ihre Festigkeit«, schrieb sie ihm. Kurfürst Karl Friedrich zeigte sich entschlossen, diesmal dem despotischen Willen Napoleons zu widerstehen. Nachdem ihm Max Josef avisiert hatte, daß er an seiner Seite stehe, wies er in einem von Reitzenstein verfaßten, meisterhaft formulierten, sehr würdigen Schreiben das beleidigende Ansinnen aus Paris zurück[6]. Unmißverständlich stellte er fest, die Heirat seines Enkels mit der bayerischen Prinzessin erscheine ihm in jeder Hinsicht wünschenswert. Es sei mit seiner Ehre und mit den von ihm eingegangenen Verpflichtungen nicht zu vereinbaren, daß er von sich aus einen Schritt zur Auflösung der Verlobung tue. Wenn die Verlobung seines Enkels bislang noch nicht öffentlich bekanntgegeben worden sei, so hänge dies damit zusammen, daß seit der Absage der Verlobung der Prinzessin Auguste mit dem mecklenburgischen Prinzen erst kurze Zeit verstrichen sei. Doch bestehe jetzt Einigkeit zwischen dem bayerischen Hof und ihm, daß die badisch-bayerische Familienverbindung im Frühjahr öffentlich bekanntgemacht würde. Im übrigen habe Kurfürst Max Josef zugunsten des badischen Kurprinzen nicht nur die Heiratsabsprache mit dem mecklenburgischen Fürstenhaus widerrufen, sondern er habe auch das Werben großer Höfe um seine Tochter Auguste abgewiesen. Wenn der Kaiser für Auguste eine glänzendere Partie im Auge habe, werde der Kurprinz dem Glück der Prinzessin nicht im Wege stehen, und nur in einem solchen Fall werde er sich schweren Herzens in das Unvermeidliche fügen[7].

Das Schreiben des greisen Kurfürsten verfehlte in Paris seinen Eindruck nicht. Napoleon erkannte, daß im Augenblick gegen eine so festgefügte Widerstandsfront kaum anzukommen war. Er ließ die Angelegenheit zunächst in der Schwebe. Das Schreiben aus Karlsruhe blieb unbeantwortet[8]. Freilich, die Furcht vor dem Kaiser der Franzosen hatte sich des badischen Kurfürsten erneut bemächtigt. Statt die Situation zu nutzen und durch den förmlichen Abschluß und durch die öffentliche Bekanntgabe der Verlobung vollendete Tatsachen zu schaffen, wie dies Kurfürst Max Josef wünschte, tat er alles, das Heiratsprojekt zu verschleppen. Nur sehr zögernd und widerstrebend erteilte er die Zustimmung zu der Reise seines Enkels und seiner Schwiegertochter Amalie nach München, und er verlangte, daß sich Karl erst dann feierlich verlobe, wenn die ihm angemessen und erforderlich erscheinenden Schritte getan und wenn die Hauptpunkte des Heiratsvertrags festgelegt seien[9]. Monatelang hüllte sich Karlsruhe in Schweigen. Am bayerischen Hof wuchsen Ärger und Mißmut. Prinzessin Auguste fühlte sich in ihrem Stolz verletzt. Am 4. Juli 1805 schrieb sie ihrem Bruder: »Der badische Hof benimmt sich so, als wäre es eine Gnade, mich in seine Familie aufzunehmen ... und leider vergißt er, wer er ist, und daß es an den anderen zu bitten und an uns zu gewähren ist«[10]. Gerüchte machten die Runde. Im Februar 1805 bereits hatte Dalberg aus Paris berichtet, man höre von einer bevorstehenden Verlobung Eugen Beauharnais' mit einer deutschen Prinzessin. Es werde neben anderen auch der Name der Prinzessin Amalie von Baden genannt. Napoleon wolle im Falle einer Heirat Eugen Beauharnais zum König von Italien machen[11]. Die Gerüchte bestätigten sich nicht. Anfang Juni erfuhr schließlich Dalberg von Talleyrand, an Prinzessin Amalie, die Schwester des badischen Kurprinzen, sei bei den von Napoleon verfolgten Heiratsplänen nie gedacht gewesen[12]. Am 8. Juli 1805 beklagte sich Markgräfin Amalie in einem Brief an ihre Tochter Kaiserin Elisabeth von Rußland bitter, daß seine »Umgebung« (alentours) Kurfürst Karl Friedrich aus Furcht vor dem Zorn Napoleons mit aller Macht daran hindere, sich mit der öffentlichen Bekanntgabe der Verlobung des Kurprinzen und mit dem Abschluß des Heiratsvertrags einverstanden zu erklären. Sie fürchte, daß der bayerische Kurfürst dieses üble Spiel nicht mehr lange mitmache[13]. Am Tage darauf versicherte Karl Friedrich, sein langes Schweigen brechend, in einem eigenartig anmutenden Schreiben Kurfürst Max Josef, die Eheverbindung seines Enkels Karl mit Prinzessin Auguste sei sein vornehmster Herzenswunsch, und er werde sich strikt an die eingegangenen Verpflichtungen halten. Wenn er bislang gezögert habe und noch immer zögere, die Verhandlungen abzuschließen, so habe dies seinen Grund in dem ihn ungemein stark belastenden Schweigen Napoleons. Die Verantwortung gegenüber seinem Land, aber auch die Dankbarkeit, die er dem Kaiser der Franzosen schulde, zwinge ihn zu einer gewissen Rücksichtnahme. Der badische Kurfürst hoffte, demnächst Gelegenheit zu haben, Napoleon in dieser Angelegenheit bei der Durchreise durch Straßburg persönlich sprechen oder aber sie ihm durch seinen Pariser Gesandten Dalberg vortragen lassen zu können. Dalberg, um seine Meinung befragt, teilte die Befürchtungen seines Kurfürsten. Er warnte, sich den ehrgeizigen Plänen des »allmächtigen Mannes« entgegenzustellen[14].

Das Verhalten Karl Friedrichs und seiner Berater kam den Plänen Napoleons sehr zugute. Das lange Schweigen des Kaisers der Franzosen hatte sich ausgezahlt. Im Juli 1805 griff er das bayerische Heiratsprojekt wieder auf. Er entsandte seinen Kammerherrn Thiard nach Karlsruhe, um Karl Friedrich zum endgültigen Verzicht seines Enkels auf die Hand der Prinzessin Auguste zu veranlassen. Thiard hatte sich als eine Art Vergnügungsreisender zu tarnen und auf Umwegen in die badische Residenz zu reisen. Dort sollte er vor allem das Vertrauen des Markgrafen Ludwig und der Gräfin von Hochberg zu gewinnen suchen. Markgraf Ludwig brachte er leicht auf seine Seite, fürchtete dieser doch, daß er bei einem Zustandekommen der Ehe seines Neffen Karl mit Prinzessin Auguste stark an Einfluß einbüßen würde. Mit seinen Andeutungen, daß Napoleon bereit wäre, die Erbfolgefähigkeit der Kinder der Gräfin von Hochberg anzuerkennen, vermochte er auch Karl Friedrich für sich zu gewinnen. Der Kurfürst fand sich bereit, Max Josef schriftlich seines Worts zu entbinden, wenn dies dem bayerischen Kurfürsten mit Blick auf eine Ehe seiner Tochter Auguste mit Prinz Eugen im allgemeinen politischen Interesse wie in dem seines Hauses von Vorteil war. Die schwächliche Nachgiebigkeit ihres Schwiegervaters erregte den Zorn der Markgräfin Amalie. Sie beschwor den bayerischen Kurfürsten, gegenüber Thiard, »dem abscheulichen, unwürdigen und infernalen Menschen«, fest zu bleiben. Völlig apathisch verhielt sich Kurprinz Karl. Ihm schien gleichgültig, ob aus der angestrebten Ehe mit Auguste von Bayern etwas werde oder nicht. Seine Mutter behauptete zwar, die Einmischung Napoleons in seine persönlichen Angelegenheiten setze ihm ungemein zu, doch er nahm diese protestlos hin, ließ alles mit sich geschehen[15].

In einer fatalen Situation befand sich Kurfürst Max Josef. Er war bereits im Juli 1805 im Begriff, sich politisch eng an Frankreich anzuschließen. Im Monat darauf kam dann der Bündnisvertrag zustande, der ihn in gänzliche Abhängigkeit von Napoleon brachte. Dem Drängen des Kaisers der Franzosen, die politische Anlehnung an sein mächtiges Reich durch eine Familienallianz zu ergänzen, konnte er sich nicht mehr ernsthaft widersetzen. Wenn ihm dennoch für seine endgültige Entscheidung noch eine mehrmonatige Frist blieb, so verdankte er dies dem im September mit Österreich ausbrechenden Krieg. Napoleon war militärisch gefordert, das Heiratsprojekt hatte zurückzutreten. Die großen Waffentaten der französischen Armee brachten die öffentliche Meinung in Bayern auf die Seite des genialen Feldherrn. Am 8. November trafen in Linz Max Josef und Napoleon erstmals zusammen. Der sich bereits abzeichnende Sieg Frankreichs über den habsburgischen Kaiserstaat eröffnete dem bayerischen Kurfürsten, wenn er sich den Wünschen des mächtigen Verbündeten gefügig zeigte, verlockende politische Aussichten: eine wesentliche Vergrößerung seines Landes und die Königskrone. Bereits in Linz stimmte er, um den Unmut des Kaisers über seine bisherige ablehnende Haltung zu besänftigen, der Ehe seiner Tochter Auguste mit Eugen Beauharnais zu, allerdings unter der Voraussetzung, daß Auguste hierzu ihr Einverständnis erkläre. Und dabei blieb es auch. Der Kurfürst fürchtete den Widerstand seiner Frau und seiner Tochter, hatte er Auguste doch noch im September ehrenwörtlich versichert, eine Heirat zwischen ihr und Eugen Beauharnais »würde nie geschehen«. In der Tat scheint es in den auf die Linzer Begegnung folgenden Wochen zu ernsteren Konflikten in der kurfürstlichen Familie gekommen zu sein. Kaiserin Josephine wurde bei ihrem Besuch in München zwar mit allen Ehren empfangen, doch die Kurfürstin verhielt sich ihr gegenüber kühl, fast abweisend, und auch ihre Geschenke konnten diese und Prinzessin Auguste nicht freundlicher stimmen. Kurfürst Max Josef hielt die Gelegenheit für günstig, Napoleon wenigstens indirekt nochmals das quälende Dilemma anzudeuten, in dem er sich befand. Er sagte der Kaiserin, seine Tochter Auguste sei mit dem badischen Kurprinzen versprochen, und er liebe sie zu sehr, um ihre Neigung zu stören. Allein, Napoleon war nicht gesonnen, auf Gefühle und Empfindlichkeiten Rücksicht zu nehmen. Der bayerische Gesandte in seinem Hauptquartier, Freiherr von Gravenreuth, bekam harte Worte zu hören, und dieser warnte seinen Herrn, nicht alles aufs Spiel zu setzen: »Das Schicksal Bayerns ist in die Hände des Kaisers Napoleon gegeben. Dieser Monarch ist großmütig, aber er ist auch unnachsichtig, wenn er sich beleidigt glaubt …« Am Ersten Weihnachtsfeiertag übergab Marschall Duroc in München dem Kurfürsten den offiziellen Werbebrief Napoleons. Max Josef blieb nichts anderes mehr übrig, als seine Tochter Auguste eindringlich zu bitten, im Interesse ihrer Familie und Bayerns in die ihr noch kurz zuvor als schändlich bezeichnete Verbindung einzuwilligen. Widerstrebend fügte sie sich. Am 26. Dezember schrieb sie ihrem Vater: »Ich lege mein Geschick in Ihre Hände, so grausam es auch werden mag, es wird für mich erleichtert sein in dem Gedanken, daß ich mich geopfert habe für meinen Vater, meine Familie und mein Vaterland. Auf den Knien erbittet Ihr Kind Ihren Segen. Er wird mir helfen, mit Resignation mein trauriges Geschick zu ertragen«. Vergeblich versuchten die Kurfürstin und ihre Vertrauten, die französische Heirat doch noch zu vereiteln. Napoleon zeigte sich von dem Jawort von Prinzessin Auguste hochbefriedigt. Wenige Tage darauf kam er mit seiner Gattin nach München. So liebenswürdig und ungezwungen wie jetzt hatte er sich kaum einmal gegeben. Der voll zur Entfaltung kommende Zauber seiner faszinierenden Persönlichkeit gewann ihm viele Sympathien und machte allenthalben großen Eindruck. Freilich kam er in die bayerische Hauptstadt auch als siegreicher Feldherr, als der Befreier vom österreichischen Erbfeind, als der Wiederhersteller des bayerischen Königtums, und dies allein hätte schon genügt, ihm einen begeisterten Empfang zu bereiten. Von der ersten Begegnung mit Prinzessin Auguste war er sehr angetan. »Das wird, hoffe ich, ein schönes Paar«, äußerte er in einem Brief. Zusammen mit den Münchnern feierte er am 1. Januar 1806 die Erhebung Bayerns zum Königreich. Am 10. Januar traf Eugen Beauharnais in der bayerischen Hauptstadt ein. Vier Tage später fand mit großem Gepränge die Hochzeit statt. Unmittelbar vorher hatte Napoleon Eugen adoptiert und zum Vizekönig von Italien erhoben. Für König Max Josef hatte die Heirat noch einen zusätzlichen Landgewinn für den bayerischen Staat im Gefolge: Tirol[16].

»Die guten Dienste«, die das badische Kurfürstenhaus Napoleon bei der Realisierung seines bayerischen Heiratsprojekts geleistet hatte, wollte dieser auf seine Weise »lohnen«. Kurprinz Karl sollte, nachdem er aus Gründen der hohen Politik auf eine Ehe mit Auguste von Bayern hatte verzichten müssen, die Ehre zuteil werden, ähnlich wie Auguste durch eine besonders ausgezeichnete Heirat in ein enges Verwandtschaftsverhältnis zum Kaiser der Franzosen zu treten. Bereits im Dezember 1805 setzte Napoleon Kurfürst Karl Friedrich von seinem Plan in Kenntnis, die Nichte seiner Frau, Stephanie Beauharnais, mit Karl zu vermählen. Wiederum schickte er seinen Kammerherrn Thiard nach Karlsruhe[17]. Karl Friedrich zeigte sich offenbar kaum überrascht. Er hatte längst resigniert, war er sich doch bewußt, daß es ein selbstmörderisches Unterfangen war, sich dem erklärten Willen des mächtigen Alliierten zu widersetzen. Deshalb erhob er gegen den Plan keine grundsätzlichen Bedenken. Nur zwei Vorbedingungen stellte er: Dem neuen Projekt sollte erst nach der Verlobung der Prinzessin Auguste von Bayern mit dem Vizekönig von Italien und nach der förmlichen Erhebung der Nichte der Kaiserin zur »Prinzessin des Kaiserreichs« [= Frankreichs], das heißt zur kaiserlichen Prinzessin, nähergetreten werden. Daß sich der Kurfürst von einer Ehe seines Enkels mit Stephanie Beauharnais erhebliche Vorteile für sein Haus versprach, brachte er in einem Schreiben vom 26. Dezember 1805 an seinen im Hauptquartier Napoleons weilenden Minister Reitzenstein unmißverständlich zum Ausdruck[18]. Reitzenstein erkannte sofort den hohen politischen Stellenwert dieser Eheverbindung. Er riet dem Kurfürsten, seine Bedenken hintanzustellen und mit Blick auf den gewaltsamen territorialen Expansionsdrang des Königs von Württemberg, der Baden sehr zu schaffen machte, auf den Vorschlag Napoleons einzugehen. Nur so könnte sich Baden gegenüber Württemberg behaupten[19]. Markgräfin Amalie war über das neue Heiratsprojekt Napoleons außer sich. Sie suchte ihren Sohn zu einer sofortigen Absage zu bewegen. Er könne doch, so meinte sie, damit argumentieren, daß er nach dem Scheitern seiner Eheabsprache mit Auguste von Bayern außerstande sei, sich bereits jetzt für eine andere Bindung zu entscheiden. Allein, Karl, teils aus Furcht, teils aus Bewunderung für den »Tyrannen«, dazuhin unter dem verderblichen Einfluß seines Onkels Ludwig, wie Amalie ihrer Tochter Zarin Elisabeth am 31. Dezember schrieb, war dem Heiratsprojekt durchaus geneigt, und der alte Kurfürst verweigerte seiner Schwiegertochter ein Gespräch. Für Amalie war es unfaßbar, daß ihr Sohn erklärte, er sei bereit, für sein Land ein solches Opfer zu bringen, falls er seines Wortes gegenüber Auguste von Bayern entbunden werde. Karl hatte keinen Zweifel, daß dies geschehe, denn Napoleon mußte seiner Sache in München sicher sein, wenn er ihm bereits einen anderen Ehevorschlag unterbreitete. Dagegen gab sich Amalie noch am 31. Dezember 1805 der Illusion hin, Auguste werde gegenüber dem Werben des Kaisers der Franzosen fest bleiben. Doch noch an demselben Tag wurde sie eines Besseren belehrt. Sie erfuhr, daß die Prinzessin nachgegeben habe. In der ersten Gefühlsaufwallung dachte sie daran, sich vom Hof zurückzuziehen, denn, so sagte sie sich, wenn es ihr nicht gelinge, den Sohn von dieser schändlichen Heirat abzubringen, verliere sie auf ihn jeden Einfluß. Schmerzlich beklagte sie in ihrem Brief an die Tochter Elisabeth, daß am badischen Hof gegenwärtig alles der Furcht wie der Bewunderung Napoleons untergeordnet sei[20]. Ein Brief der Tochter Karoline, der Königin von Bayern, gab ihr nochmals Hoffnung. Karoline berichtete von einem sehr offenen Gespräch, das ihr Napoleon auf ihre Bitte hin nach seiner Ankunft in München gewährt habe. In diesem Gespräch habe sie den Kaiser auf das Unglück hingewiesen, das für ihren Bruder Karl eine Heirat Augustes mit Eugen Beauharnais bedeute, und dieser habe ihr versichert, er wolle sein bayerisches Heiratsprojekt keinesfalls gegen den Willen des badischen Kurfürsten und seines Enkels durchsetzen. Amalie hoffte, der Sohn werde die Chance nutzen und sich zumindest deutlich gegen eine Eheverbindung mit Stephanie Beauharnais aussprechen. Bei einer Unterredung, die Karl mit Napoleon zu einem Zeitpunkt hatte, als Auguste bereits die Frau von Eugen Beauharnais war – er war auf Drängen Amalies dem auf dem Weg nach Karlsruhe befindlichen Kaiser bis Augsburg entgegengereist –, äußerte er zwar sein Bedauern, daß er auf Auguste hatte verzichten müssen, willigte jedoch vorbehaltlos in eine Ehe mit Stephanie Beauharnais ein und bat Napoleon lediglich, er möge seine Mutter für diese Heirat gewinnen. Nach der Ankunft des Kaisers in Karlsruhe am 20. Januar 1806 hatte die durch das Verhalten des Sohns vor den Kopf gestoßene Markgräfin ein sehr freimütiges Gespräch mit ihm. Nach ihrer eigenen Schilderung gab sie Napoleon deutlich zu verstehen, daß sie gegen eine Heirat ihres Sohns mit der Nichte der Kaiserin Josephine sei, ihr schwebe vielmehr eine solche mit Charlotte von Bayern, der Schwester Augustes, vor. Charlotte sei ein gutes Menschenkind, begabter als Auguste und, wenn auch nicht hübsch, doch nicht unansehnlich (pas désagréable). Napoleon sah jedoch keinen Grund, von seinem Heiratsprojekt abzurücken. Der Kurfürst und der Kurprinz hätten zugestimmt, und dies sei doch wohl entscheidend. Im übrigen handle es sich bei der geplanten Ehe ihres Sohns mit Stephanie Beauharnais um eine politische Heirat, und die weitere Vergrößerung Badens, die die Folge dieser Verbindung sein werde, dürfte auch sie, die Markgräfin, für diese Ehe gewinnen[21]. Mit seiner letzten Bemerkung hatte der sich sehr liebenswürdig gebende Napoleon gegenüber der ehrgeizigen, auf das Ansehen und den Ruhm des badischen Hauses stets bedachten, aber im Grunde unpolitischen Fürstin den richtigen Ton getroffen. Nach den Erinnerungen der Frau von Freystedt soll Amalie ihre Vorbehalte gegen eine Heirat ihres Sohns mit Stephanie Beauharnais zu einem Teil mit den Vorurteilen begründet haben, die sie als alte Frau nicht mehr überwinden könne, und sie habe zu Napoleon geäußert, eine Zustimmung zu der beabsichtigten Ehe würde ihr leichter fallen, wenn Stephanie wenigstens von seinem Blut wäre. Darauf habe der Kaiser kurz und bündig erklärt: »Ich adoptiere sie«[22]. Nun kann es durchaus zu diesem für die beiden Gesprächspartner bezeichnenden Wortwechsel gekommen sein, sicher ist jedoch, daß bereits Ende Dezember 1805 Kurfürst Karl Friedrich in seinem Schreiben an Reitzenstein davon ausging, daß Stephanie zur kaiserlichen Prinzessin erhoben, also von Napoleon adoptiert werde. Ohne Frage lag dem Kaiser der Franzosen daran, daß die Markgräfin Amalie, die »Schwiegermutter Europas«, die über engste Familienbeziehungen zu mehreren der ersten Herrscherhäuser Europas verfügte, ihm gegenüber ihre feindselige Haltung aufgab. Deshalb stand er ihr in einem langen Gespräch so freimütig Rede und Antwort, deshalb erfüllte er ihr auch, wie wir von Markgraf Wilhelm erfahren, einige andere nicht im Zusammenhang mit der Heirat des Kurprinzen stehende Wünsche[23]. Interessant ist die Beschreibung, die Amalie von ihrem Gesprächspartner gibt. »Napoleon sieht nicht gut aus«, berichtete sie ihrer Schwester, der Großherzogin Luise von Sachsen-Weimar, »aber er hat durchdringende Augen und ein lebhaftes Mienenspiel, er ist klein und untersetzt ... Sein Lachen (nicht bei unseren Unterhaltungen, aber sonst sehr oft) [hat mir] eine Art Schrecken eingejagt, denn dann finde ich, daß er einen grausamen Zug um den Mund hat. Er hat einen gehetzten, manchmal unruhigen Ausdruck«[24].

Kurfürst Karl Friedrich und sein Hof bemühten sich, den Aufenthalt Napoleons in Karlsruhe so angenehm wie möglich zu gestalten. Der Kaiser und seine Frau wurden auf jede nur mögliche Weise geehrt und ausgezeichnet. Die ihnen dargebrachten Huldigungen waren überschwenglich. Bereits an der Landesgrenze waren sie durch einen Triumphbogen begrüßt worden, der die Umschrift trug »Napoleoni Triumphatori Augusto« (Napoleon dem erhabenen Triumphator).

Friedrich Weinbrenner, der große Baumeister, hatte die Hauptstraßen der Residenzstadt mit Triumphpforten schmücken und auf dem Schloßplatz einen »Friedenstempel« mit zwei »dem Friedensbringer für Deutschland und Frankreich« gewidmeten Altären errichten lassen[25]. Kurfürst Karl Friedrich wollte so den Herrscher Europas sich und seinem Haus günstig stimmen. Da er wußte, welch großen Einfluß Außenminister Talleyrand auf seinen kaiserlichen Herrn hatte, suchte er diesem durch ein erlesenes Geschenk, einen teuren Solitär, zu schmeicheln. Doch der vor allem durch Riesenbestechungsgelder verwöhnte Mann hielt dieses ihm zu bescheiden anmutende Geschenk nicht einmal eines Dankeswortes für wert[26].

Im Februar 1806 entsandte Karl Friedrich Minister Reitzenstein nach Paris. Er hatte dort als offizieller Brautwerber für den Kurprinzen der Kaiserin und ihrer Nichte Stephanie seine Aufwartung zu machen und, was noch wichtiger war, er hatte bei der Abfassung des Ehevertrags die badischen Interessen wahrzunehmen[27]. Freilich, es ging, wie wir bereits früher gehört haben, um mehr als um den Ehevertrag. Die Heirat des Kurprinzen mit der Adoptivtochter des Kaisers sollte dazu genutzt werden dem badischen Kurfürsten in doppelter Hinsicht Vorteile zu verschaffen: weitere Vergrößerung seines Staats und Anerkennung der Erbfolge der Kinder der Gräfin von Hochberg[28]. Schon am 1. März 1806 konnte Napoleon Kurfürst Karl Friedrich die Unterzeichnung des Ehevertrags mitteilen. Am 9. März wurde die Verlobung des badischen Thronfolgers mit der »kaiserlich französischen Prinzessin Stephanie Napoleon, adoptierte Tochter Ihrer kaiserlich königlichen Majestäten«, bei »solemner Cour« in Karlsruhe feierlich bekanntgegeben[29]. Reitzenstein drängte Kurprinz Karl, so rasch wie möglich nach Paris zu kommen. Er kenne, so schrieb er ihm, die unendliche Langeweile von Karlsruhe. Dort schlafe man nur gut, wenn man auf morgen verschoben habe, was man heute hätte erledigen können. Beschwörend fügte er diesen für einen Minister dem Thronfolger gegenüber sehr gewagten Worte hinzu: »Ihre teuersten Interessen stehen auf dem Spiel, wenn Sie auch nur einen Tag zögern ...« Und der Kurprinz säumte nicht, der forschen Aufforderung zu folgen. Wenn Reitzenstein allerdings geglaubt hatte, Karl werde als künftiger Schwiegersohn des Kaisers seinen Aufenthalt in der französischen Hauptstadt dazu nutzen, im persönlichen Gespräch mit Napoleon beträchtliche Gebietserwerbungen und sonstige Vorteile für Baden durchzusetzen, so sah er sich getäuscht. Der Prinz blieb untätig, ließ beinahe alle günstigen Gelegenheiten ungenutzt verstreichen. Der Minister geriet mehr als einmal beinahe in Verzweiflung. Die großen Gebietswünsche, die er sich für sein Land zurechtgelegt hatte, so die Erwerbung der Schweiz, erfüllten sich nicht[30]. Sicher hätte Kurprinz Karl, wenn er sich entsprechend engagiert hätte, nicht alle territorialen Wunschvorstellungen Reitzensteins realisieren können, aber vielleicht hätte er doch einiges erreicht.

Die erste Begegnung Karls mit seiner Braut verlief wenig glücklich. Das erst 16jährige Mädchen, bis dahin im vornehmen Mädchenpensionat der Madame Campan erzogen, war sehr gehemmt. Es brachte in Anwesenheit der Kaiserin kaum einige Worte heraus. Auch der Prinz wirkte stark gehemmt. Dazuhin machte er einen wenig vorteilhaften Eindruck. Die Kammerfrau der Kaiserin, Mademoiselle Avrilon, gab von dem 23jährigen in ihren Erinnerungen die folgende Beschreibung: »Er war jung, aber sehr dick, ein gewöhnliches Gesicht ohne Ausdruck. Er sprach wenig, er schien sich zu genieren und schlief ungefähr überall ein.« Daß er zunächst nach Art des Ancien Regime gepudertes Haar und einen Zopf mit einer schwarzen Nackenschleife trug, wie es damals noch am Karlsruher Hof üblich war, belustigte Stephanie. Als er dann aber den Zopf hatte abschneiden lassen und er das jetzt ungepuderte Haar »à la Titus« trug, fand sie ihn noch komischer. Die Verlobten hatten sich kaum etwas zu sagen. Deshalb waren die Mittagsbesuche, die Karl seiner Braut in der Woche vor der Hochzeit abzustatten hatte, damit sie einander besser kennenlernten, eine gräßliche Tortur. Beide atmeten auf, wenn die jeweilige Besuchszeit vorüber war[31].

Die Hochzeit am 7. und 8. April wurde mit dem größten Aufwand gefeiert. Napoleon ließ es an nichts fehlen. Indessen blieben die beiden jungen Menschen einander fremd. Stephanie vermochte ihre Abneigung gegen den ihr angetrauten verkrampften und apathischen Mann nicht zu überwinden, und dieser tat nichts, das streng erzogene, empfindsame, auch ein wenig launische Mädchen für sich zu gewinnen. Die vielen Festlichkeiten und gesellschaftlichen Zerstreuungen halfen einigermaßen glimpflich über die »Flitterwochen« hinweg. Kaiserin Josephine beobachtete mißfällig, daß Stephanie nur Augen für den Kaiser, ihren Adoptivvater, hatte, und mit ihm zu kokettieren begann. Napoleon, der sich zunächst das verführerische Spiel der nunmehrigen badischen Kurprinzessin nicht ungern gefallen ließ, war von den Vorhaltungen seiner Frau betroffen und redete gemeinsam mit dieser Stephanie ins Gewissen, ihren Gatten doch nicht so abweisend zu behandeln. Die junge Frau gelobte Besserung und gab sich jetzt auch redlich Mühe, ihren Mann für sich zu gewinnen. Doch Karl blieb verschlossen, kalt, teilnahmslos, er zeigte kein Gespür für ihre Wünsche und Neigungen, ließ sie mit ihren Fragen allein. Stephanie zog sich wieder zurück, die Lebenskreise der beiden Ehegatten berührten sich allenfalls noch äußerlich[32].

Daß die Hochzeit des Kurprinzen am 8. April stattfand, kränkte Kurfürst Karl Friedrich, nachdem er ausdrücklich darauf hatte hinweisen lassen, daß dies der Todestag seiner ersten Gattin sei[33]. Am Hof Napoleons hatte man jedoch keinen Grund gesehen, auf solche Empfindlichkeiten des alten Herrn Rücksicht zu nehmen. Die Heirat des Kurprinzen mit der Adoptivtochter Napoleons war in Baden allgemein populär. In der Bevölkerung empfand man große Genugtuung über die dem Herrscherhaus widerfahrene Auszeichnung, und man versprach sich von dieser Ehe Wunderdinge, von denen aber, wie Frau von Freystedt in ihren Erinnerungen feststellt, im ganzen wenig in Erfüllung ging[34]. Verärgert und mit großem Mißfallen reagierte man an den Höfen von Stockholm und St. Petersburg auf die französische Heirat. Doch billigte man dem altersschwachen und gänzlich von Frankreich abhängigen Kurfürsten Karl Friedrich mildernde Umstände zu[35].

Napoleon wollte Kurprinz Karl möglichst lange in Paris behalten. Hierbei ging es ihm nicht so sehr darum, eine gewisse Aufsicht über das junge Paar zu üben, sondern wohl vor allem darum, Karl durch den Einblick in die französische Staatsverwaltung besser auf seine Regentenpflichten in Karlsruhe vorzubereiten. Ende Juni veranlaßte ihn aber der stark sich verschlechternde Gesundheitszustand Karl Friedrichs, dem Kurprinzen und seiner Frau die Heimreise zu gestatten.

Mit großer Herzlichkeit begrüßte der kranke und an den Rollstuhl gefesselte Kurfürst Stephanie bei ihrer Ankunft in Karlsruhe. Die junge Frau meinte später, das Einleben am badischen Hof wäre ihr bestimmt leichter gefallen, wenn ihr die übrigen Mitglieder der kurfürstlichen Familie ein ähnliches Wohlwollen entgegengebracht hätten. Zu ihrer Begrüßung hatten sich die beiden Söhne des Kurfürsten, der mit einer Prinzessin von Hessen-Nassau kinderlos verheiratete Markgraf Friedrich und der unverheiratete Markgraf Ludwig eingefunden. Ludwig hatte das Kurprinzenpaar bereits an der Grenze empfangen und nach Karlsruhe begleitet. Anwesend war auch die Gräfin von Hochberg mit drei Söhnen und einer Tochter. Dagegen war Markgräfin Amalie unter dem Vorwand, ihre erkrankte Tochter in Darmstadt besuchen zu müssen, ferngeblieben. Amalie hatte noch nicht verwunden, daß Napoleon in der Heiratsangelegenheit ihres Sohnes seine Vorstellungen durchgesetzt hatte. Hinzu kam, daß der Kaiser der Franzosen jetzt auch noch verfügt hatte, daß Stephanie als Kaiserliche Hoheit im Rang ihr, der Markgräfin, voranging[36]. Als es später zu einer Begegnung der beiden Frauen kam, verhielt sich Amalie frostig und abweisend, dennoch mußte sie ihrer Tochter Elisabeth gegenüber zugeben, sie habe von ihrer Schwiegertochter einen guten Eindruck[37]. Enttäuscht war die an das großstädtische Pariser Leben gewöhnte Kurprinzessin von Karlsruhe. Bei ihrer abendlichen Ankunft war die Stadt festlich beleuchtet gewesen, und sie hatte geglaubt, in eine repräsentative Residenz eingezogen zu sein, doch am nächsten Morgen stellte sie beim Blick aus dem Fenster erstaunt fest, daß das, was sie am Abend für Paläste angesehen hatte, in Wirklichkeit armselige Holzhäuschen waren[38]. Sie empfand deshalb Erleichterung, daß der Kurfürst ihr und ihrem Mann die frühere pfälzische Residenzstadt Mannheim als Wohnsitz anwies: »... Die wohlgebaute Stadt in guter Lage hatte noch das Aussehen der Residenz eines größeren Fürsten als eines Markgrafen von Baden, aber der Krieg hatte Verwüstungen angerichtet. Ein großer Teil der Stadt war von Ruinen umgeben. Der Blick aus dem Schloß ging über weites Gelände mit Resten von Bastionen und Kasematten, jenseits deren die blauen Fluten des Rheins ruhig dahinfließen ...«[39].

Napoleon war sehr erfreut über den liebenswürdigen Empfang, den Kurfürst Karl Friedrich Stephanie bereitet hatte. Er schrieb ihm: »Sie wird oft Ihre Ratschläge nötig haben, und Sie werden immer in ihr eine Tochter finden, die bereit ist, Ihr Wohlwollen zu erwecken.« Karl ermahnte er, seine Frau zu lieben. Einen ganzen Verhaltenskatalog aber übermittelte er Stephanie: »Liebe Deinen Gatten; er verdient Deine Zuneigung! Mache Dich beim Kurfürsten beliebt, das ist Deine erste Pflicht, denn er ist Dein Vater und ein verehrungswürdiger Fürst! Behandle Deine Untertanen gut, denn nur zum Glück der Untertanen sind die Herrscher da! Passe Dich dem Lande an und finde alles gut, denn nichts ist anmaßender als immer nur von Paris und guten Genüssen zu sprechen, die man nicht haben kann. Verfalle nicht in diesen Fehler vieler Franzosen ... Man wird Dich nur in dem Maße lieben, als Du dem Land, in dem Du weilst, Deine Liebe und Achtung schenkst. Darin sind die Menschen besonders empfindlich«[40].

Das Verhältnis zwischen Karl und Stephanie besserte sich auch nach ihrer Umsiedlung nach Baden nicht wesentlich. Am 17. Juli 1806 berichtete Stephanie über einen »Friedensschluß« mit ihrem Mann[41]. Die Schwiegermutter Amalie urteilte, den Sohn in Schutz nehmend, sicher zu positiv, obschon nicht ganz unzutreffend, wenn sie äußerte, Karl behandle seine Frau gut, sei aber überhaupt nicht verliebt. Im Sommer 1806 hatte Stephanie eine Fehlgeburt[42]. Nach dem Ausbruch des Kriegs gegen Preußen, an dem Karl im Gefolge Napoleons teilnahm, hielt sich Stephanie auf Einladung von Kaiserin Josephine in Mainz auf. Die Kaiserin befand sich mit ihrem Hofstaat längere Zeit in der mit Militär überfüllten Stadt. Die 17jährige genoß das dort herrschende rege gesellschaftliche Leben[43]. Ihre Erzieherin Madame Campan hatte ein halbes Jahr früher von ihr folgendes Charakterbild gegeben: »... eine reiche, vielseitige Persönlichkeit, eine wunderliche Mischung von Leichtigkeit zum Lernen, Eigenliebe, Eifer, Trägheit, Liebenswürdigkeit, Gerechtigkeitssinn, Behendigkeit, Ehrgeiz und Frömmigkeit«[44].

Im August 1807 nahmen Karl und Stephanie in Paris an der Hochzeit der Prinzessin Katharina von Württemberg mit König Jérôme von Westfalen teil. Karl war der Brautführer der als nicht sehr attraktiv geschilderten Württembergerin. Stephanie kokettierte, offensichtlich um ihren Mann zu ärgern, ungeniert mit Jérôme. Katharina soll sich darüber über die Maßen aufgeregt haben. Kaiserin Josephine sah sich veranlaßt, Stephanie auf das Ungebührliche ihres Benehmens hinzuweisen[45]. Napoleon beobachtete mit wachsendem Unwillen das schlechte Verhältnis der beiden Ehegatten. Er verbarg auch seinen Ärger nicht darüber, daß eine zweite Schwangerschaft Stephanies ausblieb. Während ihres Parisaufenthalts lud er sie nur wenig an seinen Hof. Den Einfluß, den seine Frau in Frankreich geltend machen konnte, nutzte Karl auch nicht im mindesten.

Nach seiner Rückkehr aus Paris lebte das Thronfolgerpaar zeitweise getrennt. Karl nahm seinen Aufenthalt in Karlsruhe, während Stephanie in Mannheim Hof hielt. Das schmähliche Verhalten ihres Mannes setzte der jungen Frau sehr zu. Im November 1807 erlitt sie einen Nervenzusammenbruch[46]. Der Pariser Gesandte Dalberg schrieb warnend nach Karlsruhe, doch jede Kränkung Stephanies zu unterlassen, denn der Kaiser fühle sich durch eine solche selbst verletzt. Er wies auf das Schicksal des spanischen Königshauses hin. Dies, so meinte er, sei das Los einer Familie, in die durch Intrige und Parteigeist »Unordnung« getragen worden sei[47].

In einem Brief vom 6. Januar 1808 ging Napoleon mit Karl hart ins Gericht. Er warf ihm vor, seine Frau während einer sechswöchigen schweren Krankheit nicht einmal besucht, sie vielmehr der Willkür einiger schlimmer Intriganten überlassen, sie aber auch sonst arg vernachlässigt zu haben. Hätte er seinen Charakter schon früher gekannt, hätte er sich bestimmt davor gehütet, Karl eine ihm nahestehende Person zur Frau zu geben. Wenn er sich weiterhin in solch übler Weise aufführen wolle, solle er ihm doch seine Tochter zurückschicken, er sei ihrer unwürdig[48]. Zwei Jahre nach ihrer Hochzeit waren sich die beiden Ehegatten fremder denn je zuvor. In einem Brief an Napoleon nannte Karl seine Heirat ein politisches Geschäft, er könne es jedenfalls nicht anders betrachten[49]. »Eure Majestät«, schrieb der Erbgroßherzog, »haben meinem Großvater, meiner Mutter und mir schöne Versprechungen gemacht. Wir sollten durch das erste sich bietende Objekt vergrößert werden«. – Karl spielte auf den Erwerb der Schweiz an –[50]. Napoleon ließ aber nicht mit sich spaßen. »Man täusche sich nicht«, erklärte er, »wenn man sich vielleicht einbilde, daß eine französische Prinzessin sich glücklich schätzen müsse, mit einem deutschen Fürsten verheiratet zu sein, jeder Franzose sei noch immer so viel wert wie jeder Deutsche«. Erbost zeigte er sich über Markgräfin Amalie, weil diese Stephanie während deren schwerer Krankheit nicht einmal besucht habe. Wenn sie es schon nicht aus Liebe und Zuneigung für ihre Schwiegertochter tue, so solle sie es wenigstens aus Politik tun. Dies war eine deutliche Warnung.

Großherzog Karl von Baden (1786–1818, reg. ab 1811). Lithographie von C. Wagner, 1822

Großherzogin Stephanie von Baden (1789–1860), Gemahlin von Großherzog Karl. Kupferstich von Aloys Kessler nach einem Gemälde von Johann Heinrich Schröder

Allegorie auf die Vermählung des Kurprinzen Karl von Baden mit Stephanie Beauharnais. Zeichnung von Theodor Iwanoff, 1806

Baden befand sich in der Hand Napoleons, und das badische Fürstenhaus hatte sich widerspruchslos seinem Willen unterzuordnen. Mit nicht minder bösen Worten als die Markgräfin bedrohte der Kaiser der Franzosen die Gräfin von Hochberg: Wenn sie nicht von sich aus Schluß mache mit ihren Intrigen und ihrem schamlosen und lasterhaften Leben, so werde er es tun und sie in ein Kloster sperren. Die schlimmsten Vorwürfe jedoch erhob er gegen Markgraf (Prinz) Ludwig. Er sei, ließ er ihn wissen, das übelste Subjekt auf der Welt, er verführe den Thronfolger, zerstöre dessen Ehe, täusche das Vertrauen seines alten Vaters und ruiniere das ganze Land. Von seinem heftigen Tadel nahm Napoleon lediglich den Großherzog selbst aus. Doch seine Kritik am Verhalten des Erbprinzen und des Markgrafen Ludwig ersparte er auch ihm nicht. »Ihr Enkel«, schrieb er Karl Friedrich, »ist das Unglück einer Prinzessin, deren er nicht würdig ist. Die allgemeine Ansicht ist, daß die schlechten Ratschläge des Prinzen Ludwig die Ursache aller Vorkommnisse sind ... Was ich von den Intrigen des Prinzen höre, ist kaum glaublich; sein schlechter Charakter war mir bekannt, aber ich dachte, er wäre klug genug, mich nicht zur Einmischung in die inneren Angelegenheiten Ihres Hofes zu zwingen ... Ich weiß, wie sehr Eure Hoheit dieser Brief betrüben wird. Lange genug habe ich geschwiegen, nun aber bin ich verpflichtet zu reden«. Zunächst schien es, als verfehlten die Briefe Napoleons die beabsichtigte Wirkung nicht. Der Erbprinz bemühte sich mehr um die Ordnung der inneren Angelegenheiten seines Landes, doch bald sank er in die gewohnte Apathie zurück[51]. Karl Friedrich versprach in seinem in umständlicher, diplomatisch abgewogener Redeweise gehaltenen Antwortschreiben, dafür zu sorgen, daß sich Stephanie nicht mehr beklagen könne. Seinen Sohn Ludwig nahm er in Schutz. Ludwig, legte er dar, habe immer versucht, die Wünsche des Kaisers zu erfüllen. Dennoch werde er seinen Sohn aus Karlsruhe entfernen, auch wenn ihn dies in seinen alten Tagen hart treffe. Stephanie benahm sich während dieser turbulenten Tage, als Napoleon im Stil eines selbstherrlichen Familienoberhaupts in die Privatsphäre des badischen Großherzogshauses eingriff, völlig unbekümmert. Mit ihrem Mann für einige Wochen am Hof in Karlsruhe weilend, fand sie Zerstreuung in dem gesellschaftlichen Leben der Residenz. Als sie nach Mannheim zurückkehrte, gab ihr Karl auf Geheiß des Großherzogs das Geleit. Zu einer Aussöhnung des Thronfolgerpaars kam es nicht, doch bildete ihre Ehe nach außen kein schlimmeres Ärgernis mehr. Im Frühjahr 1808 wollte Stephanie in ihrem Hofstaat einschneidende personelle Veränderungen vornehmen. Hierbei wünschte sie, einige ihr unsympathische Persönlichkeiten, von denen sie argwöhnte, daß sie mit ihrer Schwiegermutter unter einer Decke steckten, durch Adlige aus ihrem pfälzischen Bekanntenkreis zu ersetzen. Die erbetene Zustimmung Napoleons blieb jedoch aus. – Der Kaiser hatte nach dem Ausbruch des Spanischen Kriegs andere Sorgen –, und so mußte sie mit ihrem seitherigen Hofstaat vorliebnehmen. Auch ihren grotesk anmutenden Wunsch, den Dienstsitz des französischen Gesandten von Karlsruhe nach Mannheim zu verlegen, mußte sie begraben. Um ihr den Aufenthalt in Mannheim angenehmer zu machen, gestattete der Großherzog, daß die Trümmer der Festungswerke vor dem Schloß beseitigt und an ihrer Stelle eine großzügige Gartenanlage geschaffen wurde. Die Gelder für diese Baumaßnahme waren durch eine Anleihe bei der Bürgerschaft aufzubringen. Stephanie hatte viel Freude an der Gestaltung des Schloßparks und beteiligte sich lebhaft an dem Projekt. Eine von ihr im Sommer 1808 geplante Reise an den Bodensee sollte, so wurde gemunkelt, den Vorwand für eine Flucht in die Schweiz liefern. Napoleon, dem das Gerücht gleichfalls zu Ohren kam, warnte sie eindringlich vor einem solch »verrückten« Entschluß. »Bleiben Sie bei Ihrem Gatten und geben Sie niemals Gelegenheit, daß man über Sie redet. Eine Frau darf niemals ihren Mann verlassen. Seien Sie vernünftig und benehmen Sie sich gut.« Daß Stephanie an eine Flucht gedacht hat, ist wenig wahrscheinlich. Um der Gerüchteküche keine weiteren Verdachtsmomente zu bieten, beschränkte sie sich auf einen Besuch der Stadt Meersburg[52].

Auf dem Erfurter Fürstenkongreß im September/Oktober 1808 verstand es die badische Erbgroßherzogin, durch ihre blühende Erscheinung die Blicke auf sich zu lenken. Besonders Zar Alexander machte ihr, wie wir gehört haben[53], sehr zum Mißfallen seiner badischen Frau den Hof. Freilich ging das Interesse des Zaren über ein romantisches Anschwärmen der Schwägerin nicht hinaus. Auf der Fahrt zu seinem zum Krieg gegen Österreich aufgebrochenen Heer machte Napoleon im Frühjahr 1809 kurz in Ettlingen Station, um dort die Markgräfin Amalie und seine Adoptivtochter zu treffen[54]. Seine Gedanken waren bei dem bevorstehenden Feldzug. Für Familienquerelen hatte er keine Zeit. Anders nach Beendigung des Kriegs. Er mied bei der Rückreise Karlsruhe, wählte dafür das Rastatter Schloß zum Nachtquartier. Markgraf Friedrich und Frau sowie die Gräfin von Hochberg mit ihren Kindern, die sich zu seiner Begrüßung in Rastatt eingefunden hatten, ließ er, um ihnen seine Verärgerung über die großherzogliche Familie kundzutun, ungebührlich lange im Vorzimmer warten. Zum Abendessen lud er lediglich Erbprinz Karl und seine Frau ein. Bei dieser Gelegenheit, wie auch danach auf der Weiterfahrt nach Straßburg, wohin sie ihn zu begleiten hatten, ermahnte er sie, doch eine bessere Ehe miteinander zu führen[55]. Während des österreichischen Feldzugs hatte sich Stephanie zeitweise in Straßburg aufgehalten, wohin Kaiserin Josephine ihren Hofstaat verlegt hatte, nachdem sie dem Kaiser nicht hatte ins Feld folgen dürfen[56]. Die 20jährige war sich damals, wie wir aus ihren fragmentarischen Tagebucheintragungen erfahren, sehr unglücklich vorgekommen und hatte das Gefühl gehabt, vom Leben, namentlich aber von ihrer Ehe, kaum noch etwas erwarten zu dürfen[57].

Anfang 1810 befand sich Stephanie auf Wunsch Napoleons in Paris. Ihr Mann hätte gleichfalls in die französische Hauptstadt reisen sollen, doch er schützte dringende Geschäfte vor, die ihn in Karlsruhe festhielten. Nachdem sich Napoleon von seiner Frau Josephine hatte scheiden lassen, entschied er sich, die österreichische Erzherzogin Marie Luise, die Tochter Kaiser Franz I., zu heiraten. Ihre Reise nach Paris zu dem ihr durch Stellvertretung angetrauten Gatten unterbrach Marie Luise Ende März 1810 kurz in Stuttgart und Karlsruhe. In beiden Residenzstädten wurde sie mit der gebührenden Auszeichnung empfangen. Sie war begleitet von Karoline Murat, Königin von Neapel, und dem leiblichen Vater Stephanies, Vicomte Claude de Beauharnais. Frau von Freystedt hatte den Eindruck, daß sich Vater und Tochter, ungeachtet ihrer großen äußeren Ähnlichkeit, völlig fremd waren[58]. Karl und Stephanie fuhren zusammen mit Marie Luise nach Paris, um an den dortigen Hochzeitsfeierlichkeiten teilzunehmen. Der Erbprinz hatte wenig Lust dazu gehabt, allein Reitzenstein hatte ihm hart zugesetzt, daß er diese in seinem eigenen Interesse wie in dem seines Landes liegende Reise unternehme. Der Minister scheute sich auch nicht, wie schon früher dem jungen Fürsten überdeutlich seine Meinung zu sagen und ihm recht schulmeisterlich Verhaltensmaßregeln zu erteilen. Das Wichtigste, so erklärte er ihm, sei, auch gegenüber dem Kaiser, daß er sich mit seiner Frau vertrage. »Sie erkennen wohl die Unmöglichkeit, daß nun alsbald wirkliche Zärtlichkeit Ihrer beiden Empfinden beherrsche, aber in Ermangelung eines Besseren und bis zur Annäherung Ihrer Charaktere müssen Sie sich gegenseitig ertragen, in ehelicher Gemeinschaft leben und sich vor den Augen der Öffentlichkeit, besonders des Kaisers, Beweise von Zuneigung geben. Auf dieser Reise müssen Sie darauf bedacht sein, zu diesem Übereinkommen die Zustimmung der Prinzessin zu erlangen ...« Dies fiel ihm nicht zu schwer, denn Stephanie war nach der Trennung Napoleons von ihrer Tante, bei der sie stets einen festen Rückhalt gehabt hatte, stärker als bisher auf ihren Mann angewiesen, dem Adoptivvater gegenüber befand sie sich jetzt in einer erheblich schwächeren Position. Jedenfalls gaben sich beide Ehegatten redlich Mühe, durch ihr gegenseitiges Verhalten keinen Anstoß zu erregen. Bei der Einsegnung trugen Stephanie und Auguste, Gattin des Vizekönigs Eugen von Italien und einstige Verlobte Karls, dem Kaiserpaar die Kroninsignien voraus. Beide Ehepaare, Karl – Stephanie und Eugen – Auguste erhielten ihre Plätze an der Hochzeitstafel nebeneinander zugewiesen. Welch eigenartiger Zufall! Karl kehrte bald nach den Hochzeitsfeierlichkeiten nach Karlsruhe zurück. Stephanie folgte zwei Monate später[59].

Im Oktober 1810 verbarg Napoleon bei der Abschiedsaudienz des badischen Gesandten Andlaw seinen Ärger darüber nicht, daß sich bei Stephanie noch immer kein Nachwuchs eingestellt hatte[60]. Indes sollte seine Ungeduld nicht mehr allzu lange auf die Folter gespannt werden. Am 6. Juni 1811 verkündeten 101 Kanonenschüsse, daß dem Thronfolgerpaar das erste Kind, eine Tochter, geschenkt worden war. Der französische Gesandte Bignon war die ganze Nacht nicht aus dem Schwetzinger Schloß gewichen, als die Erbgroßherzogin dort niederkam. Der alte Großherzog konnte das seinem Haus widerfahrene freudige Ereignis nicht mehr begreifen, er dämmerte vor sich hin, für kurze Augenblicke nur durchdrang ein Wahrnehmungsschimmer den Schleier der Geistesschwäche. Karl Friedrich starb wenige Tage nach der Geburt seines Urenkels. Die Stadt Mannheim schenkte Stephanie »zum Denkmal der Freude über die glückliche Entbindung« einen Garten mit Pavillon an der Schwetzinger Straße. In Karlsruhe wurde das große Ereignis festlich mit Dankgottesdienst und einer auch der Bürgerschaft frei zugänglichen Aufführung der »Zauberflöte« im Hoftheater begangen. Mit den Geldern aus einer bereits im April durchgeführten Sammlung konnte in Paris eine Wiege angefertigt werden, sie war der Wiege nachgebildet, die für den König von Rom, den Sohn Napoleons und Marie Luises, hergestellt worden war[61].

Nach der Thronbesteigung im Juni 1811 bezog das junge Großherzogspaar das Karlsruher Residenzschloß als endgültigen Wohnsitz. Im Sommer desselben Jahres unternahm Stephanie eine Huldigungsreise ins badische Oberland; sie besuchte unter anderem Freiburg, Breisach, Lörrach und Badenweiler[62]. Leider war es auch nach der Geburt des ersten Kindes um Friede und Einigkeit bei dem großherzoglichen Ehepaar nicht gut bestellt. Stephanie liebäugelte mit dem Gedanken, eventuell ihren Wohnsitz wieder nach Mannheim zu verlegen. Napoleon war sehr ungehalten, als er von solchen Gedankengängen seiner Adoptivtochter erfuhr, und er gebot ihr streng, ihre Wünsche denen ihres Mannes unterzuordnen. Sie solle, riet er ihr weiter, den größten Eifer und alle Koketterie aufbieten, ihrem Mann zu gefallen, was sie bisher unterlassen habe. Die getrennte Hofhaltung in Mannheim wurde zum Jahresende 1811 aufgelöst und mit der in Karlsruhe vereinigt[63].

Schon bald nach der Regierungsübernahme Karls begann sich das Verhältnis der beiden Ehegatten zueinander zu entkrampfen, sie begegneten sich verständnisvoll, freundschaftlich, ihre wechselseitige Bindung wurde stärker. Am 29. September 1812 gebar Stephanie ihren ersten Sohn. Die schwere Geburt kostete sie beinahe das Leben. Die Freude war groß, sie fand ihren Ausdruck in festlichen kirchlichen und weltlichen Veranstaltungen. Leider starb das Kind schon gut zwei Wochen später. Ein Jahr darauf, im Oktober 1813, schenkte Stephanie einer zweiten Tochter das Leben[64]. Zu ihrem Adoptivvater bemühte sie sich um ein gutes Verhältnis. Seitdem es um ihre Ehe besser stand, brauchte weder ihr Mann noch sie seinen Zorn zu fürchten. In den respektvollen Briefen, die sie ihm um die Jahreswende 1812/13 und im April 1813 schrieb, bekundete sie ihm Verehrung, Dankbarkeit und enge persönliche Verbundenheit[65].

Daß die Familie König Friedrichs von Württemberg von den Heiratsplänen Napoleons ausgenommen blieb, war kaum zu erwarten. Schon bald nachdem Friedrich im Oktober 1805 zur Militärallianz mit Frankreich gezwungen worden war, tauchten die ersten Gerüchte auf. Im November jenes Jahres wollte der bayerische Geschäftsträger in Stuttgart gehört haben, Napoleon trage sich mit dem Gedanken, seinen Bruder Jérôme mit der Tochter des Kurfürsten, Katharina, zu verheiraten[66]. Kurfürst Friedrich war einer solchen Verbindung wenig geneigt. Ihm schwebte vor, seine Tochter mit dem Kurprinzen von Bayern oder dem von Baden zu vermählen. Die Situation änderte sich grundlegend, als es Napoleon um die Jahreswende 1805/06 zuwege brachte, den Widerstand des nunmehrigen bayerischen Königshauses gegen eine Ehe zwischen Prinzessin Auguste von Bayern und seinem Stiefsohn Eugen Beauharnais zu brechen, und als wenig später der badische Kurprinz Karl bei einer Begegnung in Augsburg im Einverständnis mit seinem Großvater der ihm nahegelegten Eheverbindung mit Stephanie Beauharnais bereitwillig zustimmte. Minister Normann-Ehrenfels schrieb am 6. Januar 1806 aus München, Bayern habe sich durch die »Überlassung« der Prinzessin Auguste bei Napoleon den überwiegenden Einfluß verschafft. König Friedrich mußte befürchten, daß er gegenüber den beiden Nachbarstaaten politisch ins Hintertreffen geriet, wenn er sich gegenüber den Heiratsprojekten des Kaisers der Franzosen weiterhin ablehnend verhielt. Hinzu kam, daß er sich den Rheinbundplänen Napoleons mit einiger Aussicht auf Erfolg nur widersetzen konnte, wenn er anderweitig »Zugeständnisse« machte. Katharina mußte im Interesse ihres Hauses und des Königreichs Württemberg in eine Ehe mit dem jüngsten Bruder Napoleons einwilligen. Dem König fiel es jedoch nicht leicht, der Tochter dieses Opfer abzuverlangen, stand sie ihm doch von seinen drei Kindern am nächsten. Katharina ähnelte ihrer charakterlichen Veranlagung nach dem Vater. Sie besaß einen hochfahrenden Stolz, und sie konnte sehr grob und verletzend sein. Erbprinz Karl von Hohenzollern-Sigmaringen beklagte sich in einem Brief an seinen Vater vom 30. Oktober 1807 über die unhöfliche und verletzende Behandlung, die sie ihm und seiner Mutter in Paris zuteil werden ließ[67].

Bei dem Besuch Napoleons in Stuttgart vom 18. bis 20. Januar 1806 kam auch das Heiratsprojekt Jérôme–Katharina zur Sprache. König Friedrich stimmte ihm grundsätzlich zu, wünschte aber, daß Katharina selbst entscheide und daß andererseits Jérôme zum eigenständigen Fürsten erhoben werde. Napoleon wäre indes mehr an einer Ehe des württembergischen Kronprinzen mit einer seiner Verwandten interessiert gewesen. Er meinte, auf solche Weise einen frankreichfreundlichen jungen Fürsten besonders eng an sich binden zu können. Verborgen geblieben war ihm, daß sich die Einstellung des Kronprinzen gewandelt hatte, daß aus dem Verehrer des französischen Imperators dessen Feind geworden war. Überraschenderweise wies Kronprinz Friedrich Wilhelm dennoch das Heiratsprojekt Napoleons nicht von vornherein zurück. Mag sein, daß ihm, seiner gewandelten Einstellung ungeachtet, der Gedanke schmeichelte, in enge verwandtschaftliche Beziehungen zu dem mächtigsten Mann Europas zu treten, vielleicht war es aber auch nur jugendlicher Trotz, den Vater bei etwaigen anderen Heiratsplänen in Verlegenheit zu bringen. Um der Gefahr des Zugzwangs zu entgehen, entschloß sich König Friedrich im Februar 1806 »grünes Licht« für die Ehe Katharinas mit Jérôme zu geben und Paris die entsprechende offizielle Mitteilung zu machen. Gleichzeitig ließ er dem französischen Hof durch Graf Wintzingerode eine Erklärung des Kronprinzen übermitteln, in der dieser seine Absicht bekundete, seine Kusine Luise, die Tochter des Herzogs Wilhelm von Württemberg, zu heiraten. Doch kaum war

Wintzingerode abgereist, erklärte der Prinz, daß er an eine Ehe mit seiner Kusine Luise nicht denke, lieber wolle er eine Französin heiraten und diese dann nach dem Tod Napoleons zum Teufel jagen. König Friedrich fühlte sich durch den Sohn brüskiert, er befahl seinem Pariser Gesandten, in der Heiratsangelegenheit äußerst zurückhaltend zu taktieren. Napoleon verfolgte jedoch seine Pläne konsequent weiter. Im Mai 1806 oblag es dem Stuttgarter französischen Gesandten Didelot, sie König Friedrich zu unterbreiten. Didelot tat dies offensichtlich in einer recht forschen Weise, die jedes diplomatische Fingerspitzengefühl vermissen ließ. Außer der Ehe Jérôme–Katharina schlug der Gesandte vor, Kronprinz Friedrich Wilhelm solle ein Fräulein Tascher de la Pagerie, eine angeheiratete Nichte Napoleons, heiraten. Katharina erhob gegen eine Ehe mit Jérôme keine Einwände, und auch Friedrich Wilhelm zeigte sich nicht abgeneigt, dem Wunsch Napoleons zu entsprechen. Eine doppelte Familienbindung an Napoleon erschien König Friedrich mit Blick auf seine engen verwandtschaftlichen Beziehungen zum österreichischen und zum russischen Kaiserhaus sowie zum preußischen und englischen Königshaus höchst fatal. Er war sich bewußt, daß man in Wien und St. Petersburg, in Berlin und London allenfalls noch eine Ehe seiner Tochter mit einem Angehörigen der Familie Napoleon tolerierte, weil man die politischen Zwänge nicht übersehen konnte, denen er ausgesetzt war. Für eine Heirat des Kronprinzen mit einer Verwandten des selbsternannten Kaisers der Franzosen jedoch war von dort keinerlei Verständnis zu erwarten. Zudem lief König Friedrich Gefahr, daß er sein Regentenamt möglicherweise an den Sohn abtreten mußte, wenn dieser durch eine französische Ehe die besondere Protektion Napoleons genoß. Dies war für ihn eine durchaus realistische Überlegung, hatte ihn doch vor nicht einmal einem Jahr der Kaiser der Franzosen, weil er dessen politisches Konzept nur sehr zögernd und widerstrebend akzeptierte, vom Thron stoßen und durch den frankreichfreundlichen Sohn ersetzen wollen[68]. Friedrich taktierte sehr geschickt. Er billigte beide Heiratsprojekte, verknüpfte aber mit dem den Sohn betreffenden Konzept unerfüllbare territoriale Forderungen: die Annexion weiter süddeutscher Gebiete sowie die Souveränität über die Schweiz. Ein solcher Preis war Napoleon, wie Friedrich richtig vermutet hatte, zu hoch. Er distanzierte sich von den Vorschlägen Didelots und berief den Gesandten von Stuttgart ab. Die Schweiz stand für ihn nicht zur Disposition. Dies erfuhr übrigens bald darauf in einem schmerzhaften Lernprozeß auch Baden, das sich zeitweise schon kurz vor der Besitzergreifung der Eidgenossenschaft geglaubt hatte[69].

Indes kamen nicht einmal die Verhandlungen über eine Ehe Katharinas mit Jérôme voran. Friedrich sah in ihnen gleichfalls eine günstige Gelegenheit, sich ansehnliche Gebietserwerbungen zu sichern. Allein hierzu war Napoleon nicht bereit. Württemberg sollten gegenüber seinen Nachbarstaaten keine territorialen Vorteile eingeräumt werden. König Friedrich mußte schließlich mehr oder minder klein beigeben, und dies vor allem auch deshalb, weil er nach wie vor der entschiedenste Gegner der von Napoleon betriebenen Rheinbundpläne war. Als Regent eines kleinen, ganz von Frankreich abhängigen Landes konnte er nur in begrenztem Maß und allenfalls an einer »Front« Widerstand leisten. Am 9. September 1806 wurde in Paris der Ehekontrakt unterzeichnet. Kurz vor Beginn des Feldzugs gegen Preußen lernte König Friedrich den Prinzen Jérôme bei einem Zusammentreffen mit Napoleon kennen. Der König war angenehm überrascht. Jérôme trat ihm als gesellschaftlich gewandter und höflicher Mann entgegen. Die Abneigung, die er bisher gegen diese Heirat aus Staatsräson empfunden hatte, verminderte sich. Mit der Hochzeit hatte es Napoleon nicht eilig. Vorübergehend hielt er sogar Ausschau nach einer anderen Frau für seinen jüngsten Bruder. Im Auge hatte er hierbei die Tochter des ihm sehr viel ergebeneren sächsischen Königs. Dieser Plan scheiterte jedoch an der Einsprache von Zar Alexander und an der katholischen Konfession der Prinzessin. Die erste Ehe Jérômes bestand nach kanonischem Recht noch fort. Endlich am 23. August 1807 fand in Paris die feierliche Trauzeremonie von Katharina und Jérôme statt. Jérôme, inzwischen König des von Napoleon neugeschaffenen Königreichs Westfalen, übersiedelte mit seiner jungen Frau in seine Haupt- und Residenzstadt Kassel. Die Ehe Katharinas gewährte König Friedrich gegenüber Napoleon einen gewissen Rückhalt. Er brauchte in seinem Briefwechsel mit dem Protektor des Rheinbunds nicht jedes Wort auf die Goldwaage zu legen. Wenn er sich ein Mindestmaß an politischer Selbständigkeit behauptete und wenn er sich gegen französische Übergriffe mit Erfolg zur Wehr setzte, so verdankte er dies wenigstens zu einem Teil der Tochter und ihrem Mann. Der Schriftwechsel, den er mit ihr unterhielt, legt davon Zeugnis ab, freilich spricht aus ihm auch das enge, vertrauensvolle Verhältnis, das sich Vater und Tochter bewahrten.

Am 5. Juli 1808 heiratete Kronprinz Friedrich Wilhelm Prinzessin Charlotte von Bayern. Seine Schwester Katharina hatte hierzu die Zustimmung ihres Schwagers Napoleon erwirkt. Daß über dieser Ehe von Anfang an ein Unstern stand, war bald offenkundig. Friedrich Wilhelm war mit der 16jährigen vor allem deshalb die Ehe eingegangen, weil er vor weiteren Heiratsprojekten Napoleons, aber wohl auch solchen seines Vaters sicher sein wollte. Er hat die junge Frau, die unter ihrem wenig vorteilhaften Äußeren sehr litt, weder geliebt noch überhaupt als Menschen respektiert, und er hat wohl auch nie die Ehe mit ihr vollzogen. Nach dem Sturz Napoleons hat er sich von ihr getrennt, fast ist man versucht, seine eigenen Worte zu gebrauchen, er hat sie »zum Teufel gejagt«. Doch darüber wird noch in einem späteren Abschnitt des Buchs kurz zu berichten sein[70].

König Friedrich ermahnte seine Tochter Katharina vor ihrer Eheschließung, sie solle sich die Liebe, die Freundschaft und die Zärtlichkeit ihres Mannes zu gewinnen suchen, darin allein liege ihr Glück begründet. Nicht minder wichtig für sie sei es aber, sich das Wohlwollen Napoleons zu bewahren[71]. Schwer kam Friedrich der Abschied von der Tochter an. Er wie auch Königin Charlotte Mathilde, die Stiefmutter, die sich sehr um Katharina angenommen hatte, vermochten mit Blick auf die Zukunft des »lieben Kindes« ein banges Gefühl nicht zu unterdrücken[72].

Über den leichtlebigen, verschwenderischen Hof, den König Jérôme in Kassel unterhielt, drangen bald Gerüchte nach Stuttgart. König und Königin zeigten sich besorgt. Die Königin fragte sich, ob Jérôme bloß von »schlechten Subjekten« umgeben sei oder ob er sich in einem derartigen Zustand von Abhängigkeit befinde, daß er seiner selbst nicht mehr Meister sei. Ihrer Ansicht nach sollte er sich um mehr Klugheit bemühen, denn sonst könnte es geschehen, daß er von einem Tag zum anderen gezwungen werde, sein Land zu verlassen. Die Königin sah Katharina in einer derart schlecht harmonierenden Hofgesellschaft fortwährend Intrigen ausgesetzt. Die Gesundheit der jungen westfälischen Königin schien den seelischen Belastungen nicht gewachsen. König Friedrich schickte 1808 seinen Leibarzt nach Kassel, und dieser kam zu der beruhigenden Diagnose, der Gesundheitszustand Katharinas werde sich wieder festigen und auch die Krämpfe, unter denen sie seit einiger Zeit litt, würden verschwinden[73].

Daß Napoleon seinen Bruder gängelte und zunehmend auf die Regierung des Königreichs Westfalen Einfluß nahm, mißfiel Katharina, und sie verschwieg dies auch ihrem Vater nicht. Überhaupt äußerte sie sich über den Protektor des Rheinbunds zunehmend kritischer. In ihrem Brief vom 31. Oktober 1809 schrieb sie, der Kaiser betrachte seine fähigsten Generale als seine Werkzeuge, deren er sich nach Gutdünken bediene. Sie wünschte, daß sich die Fehler Napoleons nicht nachteilig auf den Vater und sein Land auswirkten[74]. Für ihren Mann empfand sie eine starke Zuneigung und dies, obwohl sie ihn aus Gründen der Staatsräson hatte heiraten müssen und obwohl er sie keineswegs immer so behandelte, wie sie es als liebende und verständnisvolle Frau hätte erwarten können.

Während des Kriegs gegen Österreich im Frühjahr und Sommer 1809 brachen im Königreich Westfalen Aufstände aus. Sie konnten zwar alle unterdrückt werden, doch die Stellung Jérômes war angeschlagen. Königin Charlotte Mathilde urteilte hart über den westfälischen König. Seine Unfähigkeit und seine vielen Fehler seien schuld, wenn Napoleon in Kassel nach dem Rechten sehe. Mitleid hatte sie mit Katharina, die ihren Mann, ungeachtet seiner offenkundigen Fehler, stets in Schutz nahm und oft auf den Rat von Menschen hörte, die ihr nur schadeten[75]. Von Stuttgart aus blickte man mit Sorge nach Kassel. Die Verhältnisse am dortigen Hof gestalteten sich immer unerfreulicher. König Friedrich vermied es, in seiner Korrespondenz mit seiner Tochter Angelegenheiten, die Jérôme betrafen, zur Sprache zu bringen. Im Juli 1810 wich er einmal von diesem Grundsatz ab. Er hatte erfahren, daß Josef, der König von Holland, seinen Bruder Jérôme in Kassel besuchen wollte, um politische Gespräche mit ihm zu führen. Friedrich wußte, wie empfindlich Napoleon auf ein solches von ihm nicht autorisiertes Treffen reagierte. Deshalb beschwor er die Tochter, sie solle ihrem Mann nachdrücklich anraten, nichts zu tun, was dem Kaiser mißfallen könnte[76].

Hohenzollern-Sigmaringen

Das Bestreben Napoleons, seine engere und weitere Verwandtschaft durch Ehen mit den vornehmsten europäischen Fürstenfamilien zu verbinden, kam der in Paris lebenden Fürstin Amalie Zephyrine von Hohenzollern-Sigmaringen sehr gelegen. Sie sah in der Stiftung einer solchen Ehe einen großen Vorteil für ihr Haus. Einmal vermochte dieses seine territorialpolitische Stellung im deutschen Südwesten zu festigen, zum andern konnte es mit großer Wahrscheinlichkeit dem in der ersten Hälfte des Jahres 1806 den beiden hohenzollerischen Fürstenhäusern drohenden Damoklesschwert der Mediatisierung entrinnen. Daher ging auch im Gegensatz zu den Regentenhäusern von Baden, Bayern und Württemberg der Anstoß zu einer solchen Heirat aus Staatsräson nicht von Napoleon, sondern wesentlich von Amalie Zephyrine aus[77]. Zusammen mit Kaiserin Josephine heckte sie den Plan aus, ihren Sohn Karl mit einer Verwandten der kaiserlichen Familie zu verheiraten. Zunächst war offensichtlich an Stephanie Tascher de la Pagerie (1788–1832), eine Nichte der Kaiserin, gedacht. Zumindest scheint Stephanie die erste Wahl Josephines gewesen zu sein. Diese Frau hätte jedoch ihren Sohn, wie Amalie Zephyrine später rückblickend meinte, unglücklich gemacht. Die Fürstin will deshalb die Eheangelegenheit bewußt verschleppt haben, bis Stephanie Tascher de la Pagerie durch das Haus Arenberg eine andere Napoleon und seiner Frau zusagende Heiratschance geboten wurde. Ende Mai 1806 setzte Amalie Zephyrine ihren Mann, Fürst Anton Aloys, von dem Plan des Kaisers der Franzosen in Kenntnis, Erbprinz Karl mit der Nichte seines Schwagers Joachim Murat und nunmehrigen Herzogs von Kleve und Berg zu vermählen. Sie empfahl Anton Aloys eindringlich, den Heiratsplan zu akzeptieren. Der Erbprinz sei mit ihm einverstanden. Gebe er, der Fürst, seine Einwilligung, könne er des ständigen Schutzes Napoleons sicher sein. Über die kleinbürgerliche Herkunft der Braut müsse man hinwegsehen und nur den Schwager des Kaisers im Auge haben. Freilich, eine Ablehnung war gar nicht denkbar. »Ich glaube«, ließ sie wissen, »daß die Weigerung unmöglich ist, ohne daß man unglückliche Folgen ohne Zahl dadurch bereitet«. Die künftige Frau von Erbprinz Karl zählte erst 13 1/2 Jahre, sie war die Tochter des schon vor ihrer Geburt verstorbenen Kaufmanns und Gastwirts Peter Murat und erhielt ihre Erziehung wie andere junge Mädchen des Verwandten- und Freundeskreises Napoleons in dem Mädchenpensionat der Madame Campan. Gesehen hatte sie von der fürstlichen Familie in Sigmaringen noch niemand. Eine Teilnahme an der in Paris stattfindenden Hochzeit lehnte Anton Aloys trotz des Drängens seiner Frau kategorisch ab. Lieber wolle er abdanken und die Regierung dem Sohn überlassen, erklärte er. Indessen mußte die Hochzeit wegen der allzu großen Jugend der Braut aufgeschoben werden; sie wurde erst im Februar 1808 gefeiert. Die nunmehr von Napoleon zur Prinzessin erhobene Antoinette Murat zählte damals gerade 15 Jahre. Von dem hohen politischen Stellenwert der Verbindung profitierte aber das Haus Hohenzollern-Sigmaringen schon seit Mitte 1806, dem Zeitpunkt, zu dem Anton Aloys dem Heiratsprojekt zugestimmt hatte. Bei der Ziviltrauung in den Tuilerien am 3. Februar 1808 waren fast alle Angehörigen der Familie Napoleons anwesend. Die kirchliche Trauung vollzog am folgenden Tag Kardinal Fesch, der Onkel des Kaisers. Die Ausstattung der Braut durch Napoleon und den Großherzog von Berg fiel zur Zufriedenheit des Sigmaringer Hofs aus. Doch auch Anton Aloys hatte beträchtliche Opfer zu bringen. Der im französischen Militärdienst stehende Erbprinz wurde nach der Hochzeit auf seinen Wunsch im Stab des Onkels seiner Frau in Spanien verwendet. Er wollte durch seinen kriegerischen Einsatz seine »Anhänglichkeit an den Kaiser« unter Beweis stellen. Im Sommer 1808 erhielt er Urlaub und besuchte erstmals mit seiner jungen Frau die Heimat. Fürst Anton Aloys nahm die Schwiegertochter in seiner Residenz Sigmaringen mit großer Herzlichkeit auf, und er bewahrte ihr zeitlebens eine liebenswürdig-freundschaftliche Zuneigung.

XI. Die innere Organisation der Rheinbundstaaten Baden und Württemberg

Verwaltung und Rechtspflege

Unter schonender Rücksichtnahme auf das geschichtlich Gewachsene und Gewordene versuchte Johann Friedrich Nikolaus 1803 in seinen allerdings nur zum Teil zur Ausführung gekommenen 13 Organisationsedikten die alt- und neubadischen Landesteile miteinander zu verschmelzen. Unangetastet blieb die Kollegialverfassung der Behörden. Die der Aufsicht des zuständigen Landvogts unterstehenden seitherigen Reichsstädte behielten ihren Magistrat, auch waren ihnen weitgehende Selbstverwaltungsrechte eingeräumt[1].

Die weitere Vergrößerung Badens in den Jahren 1805 und 1806, seine Erhebung zum Großherzogtum und sein Anschluß an den Rheinbund veranlaßten Minister Reitzenstein, eine eng an das französische Vorbild sich anlehnende Reform der Landesverwaltung vorzuschlagen. An die Stelle der drei Provinzen sollte eine Einteilung des Großherzogtums in Kreise treten. Nicht mehr zeitgemäß erschien Reitzenstein der nach dem Kollegialprinzip und ohne jede Arbeitsteilung seine Geschäfte führende Geheime Rat. Er war durch ein modernes Staatsministerium zu ersetzen, das aus vier bürokratisch organisierten Departements bestand. Auch die Mittelbehörden sollten einen straffen bürokratischen Aufbau erhalten. Reitzenstein setzte sich jedoch mit seinen Vorschlägen nicht durch. Brauer behielt das entscheidende Votum, er verteidigte mit Erfolg die hergebrachte Organisationsform der Zentralverwaltung. Lediglich eine Gliederung des Geheimen Rats in Departements gestand er zu: Finanz-, Justiz-, Staats- und Polizeidepartement. Damit waren aber noch keine modernen Fachministerien geschaffen, denn innerhalb der einzelnen Departements galt ebenso wie beim Plenum des Geheimen Rats die kollegiale Geschäftsbehandlung unverändert fort. Das Plenum des Geheimen Rats blieb für eine Anzahl wichtiger, genau festgelegter Gegenstände zuständig, andere zog es an sich, oder sie wurden ihm, wenn das betreffende Departement eine Entscheidung nicht zu treffen vermochte, zugewiesen. Die von Brauer entworfenen sieben Konstitutionsedikte (1807-1809) bestimmten die Grundsätze der Verwaltungsorganisation des Großherzogtums; sie bewahrten einen guten Teil der mannigfaltigen Besonderheiten der in den badischen Staat eingegliederten Territorien[2].

Wie bereits in anderem Zusammenhang erwähnt, war Baden um 1806 stark verschuldet; es vermittelte den Eindruck eines ungefestigten, mehr schlecht als recht regierten Landes. Der in der Person Karl Friedrichs verkörperte patriarchalische Absolutismus zeigte bedenkliche Schwachstellen, seitdem der greise Großherzog seinen Regentenpflichten nicht mehr voll gewachsen war. Unkontrollierbare Einflüsse von Einzelpersönlichkeiten und Hofkreisen wirkten sich verhängnisvoll aus. Auch in der Regierung konnte sich für längere Zeit kein befähigter Mann durchsetzen, der die Außen- und Innenpolitik koordinierte und sich die erforderliche Richtlinienkompetenz sicherte. Besonders schlimm – auch dies wurde bereits gesagt – war, daß sich die französischen Gesandten mit teilweiser Billigung Napoleons die Rolle von Mit- und Nebenregenten anmaßten und unbedenklich in die inneren Angelegenheiten des Landes eingriffen.

Einige von ihnen beanspruchten sogar ein wesentliches Mitspracherecht bei der Besetzung der Stelle des leitenden Ministers in Karlsruhe, so bei der Berufung Emmerich von Dalbergs im Juni 1808[3]. Dalberg hatte den festen Willen, in Baden, dessen innere Verhältnisse ihm durch Unordnung und Anarchie gekennzeichnet schienen, »Tätigkeit und Kraft in den Gang der oberen Behörde zu bringen«. Sein ehrgeiziger Plan zielte darauf ab, aus dem Großherzogtum durch Übernahme der französischen Verwaltungsorganisation einen rheinbündischen Musterstaat zu machen. Mit großer Energie und mit Elan setzte er seine Reformen ins Werk[4]. Bedeutsam war die von ihm eingeführte Ministerialverfassung. Das Geheimratskollegium als »oberste Staatsbehörde« wurde aufgehoben. An seine Stelle traten fünf bürokratisch organisierte Ministerien: die Ministerien der Justiz, der auswärtigen Angelegenheiten, des Innern, der Finanzen und des Kriegswesens. Ein Kabinettsrat, der aus dem Kabinettsminister, dem Kabinettsdirektor, mehreren vom Großherzog berufenen Staatsräten sowie aus zwei Kabinettssekretären und zwei weiteren Sekretären bestand, wurde vom Kabinettsminister geleitet; er hatte den Landesherrn in allen wichtigen Angelegenheiten zu beraten. Zur Vorbereitung und Beratung staatspolitisch grundlegender oder besonders wichtiger Gegenstände wurde ein Staatsrat ins Leben gerufen, dem die Mitglieder des Kabinettsrats, die Staatsminister, die Ministerialdirektoren, der Vorstand des Oberkirchenrats, die Präsidenten der Landeskollegien und ihre Direktoren angehörten. Dalberg selbst übernahm die Ämter des Finanzministers und des Kabinettsdirektors[5].

Indessen erlahmte der Reformeifer des frankreichfreundlichen Mannes bald. Hofintrigen und namentlich der Staatsstreichversuch vom November 1808, von dem bereits die Rede war[6], verleideten ihm die Arbeit in der badischen Residenz. Anfang März 1809 enthob ihn der Großherzog wunschgemäß seiner Regierungsämter. Das abgebrochene Reformwerk sollte nach dem Willen des Erbgroßherzogs Reitzenstein wieder aufnehmen und zu einem befriedigenden Abschluß führen. Der engagierte Minister hielt nichts von den behutsamen Reformen im Stil Brauers, die möglichst viel von den territorialen Besonderheiten und den traditionellen Verwaltungsstrukturen hatten erhalten wollen. Ihm kam es auf eine schnelle und radikale Verschmelzung der alt- und neubadischen Territorien und die Schaffung eines straff organisierten kraftvollen Einheitsstaats an. Der patriarchalische Absolutismus mußte durch den modernen rheinbündischen Absolutismus ersetzt werden. Zugleich war Vorsorge zu treffen, daß der Staat, der infolge der zunehmenden Altersschwäche seines Monarchen des entscheidungsfähigen Herrschers entbehrte, keinen Schaden nahm. Das Organisationsedikt Reitzensteins vom 26. November 1809 stellte, den Zentralismus französischer Prägung verwirklichend, den Behördenaufbau auf eine völlig neue Grundlage. Das Großherzogtum wurde in insgesamt zehn Kreise aufgeteilt, die Kreise wieder in Bezirke gegliedert. Die bisherigen Provinzen verschwanden. Historische Organismen wurden, wie Haebler es formuliert, durch eine moderne Organisation abgelöst[7]. Die Behörden aller Instanzenstufen erhielten durchgängig eine straffe, rein bürokratische Organisation. Auch die Gemeinden wurden fest in die staatliche Verwaltung integriert. Nach französischem Muster wurde alle Macht an der Spitze, das heißt in der Regierung, konzentriert. Dies ermöglichte Einheitlichkeit, Übersichtlichkeit und Kontrolle. Oberste Staatsbehörde war die Ministerialkonferenz, der die fünf die gesamte Staatsverwaltung leitenden Ministerien zugeordnet waren. Die Ministerialkonferenz leitete der Kabinettsminister. Dieses Amt übernahm selbstverständlich Reitzenstein. Er hatte den direkten Zugang zum Landesherrn. Sein Kabinett arbeitete ihm zu. Die Fachminister besaßen einen streng abgegrenzten Geschäftsbereich. In der Ministerialkonferenz, einer beratenden Körperschaft des Kabinettsministers, tagten sie gemeinsam mit dem Kabinett. Der Kabinettsminister hatte alle politischen Fäden in der Hand; er bestimmte die Politik der Regierung. Reitzenstein wollte im deutschen Südwesten den am straffsten organisierten Zentralstaat, ein napoleonisches Imperium im kleinen, verwirklichen. Um seine politische Konzeption durchzusetzen, scheute er auch vor großen Personalveränderungen in der Verwaltung, namentlich in den Zentralbehörden, nicht zurück. Die Sonderrechte der mediatisierten Fürsten und Grafen wurden stark beschnitten: »Alle Gerichtsbarkeit und polizeiliche Gewalt Unseres Landes wird künftig bloß in Unserem Namen und aus Unserem Auftrag ausgeübt«. Über die patrimonialen Gerichte übte der Staat eine verstärkte Aufsicht aus. Konflikte, die sich mit Mediatisierten wie beispielsweise dem Fürsten Löwenstein ergaben, wurden mit Hilfe der staatlichen Autorität erstickt[8].

Obgleich sich Reitzenstein bei seiner Verwaltungsreform am napoleonischen Frankreich orientierte, geriet er, weil er sie streng geheim, also auch ohne Einflußnahme des französischen Gesandten Bignon, vorbereitete und durchführte, von französischer Seite scharf unter Beschuß. Schuld daran war Bignon. Er intrigierte gegen den Reformer in übelster Weise und schwärzte ihn in Paris als Franzosenfeind und Katholikenfresser an. Hierbei machte er sich auch die kritischen und bösartigen Stimmen der innerbadischen Gegner zunutze, die über Reitzenstein wegen des Verlusts ihrer privilegierten Stellen in der Verwaltung oder wegen drohender Versetzungen erbittert waren. In der bereits früher erwähnten Denkschrift vom 31. Dezember 1809 verteidigte Reitzenstein gegenüber Napoleon seine Reform. Ein groteskes Unterfangen. In der Denkschrift schlug er vor, wenigstens ein Jahr zuzuwarten und erst dann, wenn sich die Reform habe bewähren können, zu urteilen. Nachdrücklich verwahrte er sich dagegen, er habe eine allgemeine Umwälzung beabsichtigt. Im Gegenteil, erklärte er, ihm sei daran gelegen gewesen, den Folgen einer verlängerten Anarchie zuvorzukommen. Die erste Anregung zu der Reform verdanke er übrigens einem Hinweis des Kaisers, den dieser vor drei Jahren dem Erbgroßherzog bei einer Audienz in Saint Cloud gegeben habe. Auch habe er sich bei der Verwaltungsreform das französische Präfektensystem zum Vorbild genommen[9].

Der Erbgroßherzog stellte sich nicht hinter seinen Minister. Bignon konnte ungestört weiter intrigieren. Ende 1810 trat Reitzenstein zurück. Das Reformwerk aber, für das er so hart gekämpft hatte, blieb bestehen. Es konnte nun seine innere Lebenskraft bewähren. Bignon mußte seinem Gegner attestieren: »Bis zum letzten Augenblick blieb er Herr von allem, weil er alles wagte«[10]. Dies war ein unfreiwilliges Lob.

Die Nachfolge Reitzensteins als Leiter der badischen Politik trat Freiherr von Andlaw an. Dieser hatte, wie wir gehört haben, 1809/10 als Sondergesandter für das Großherzogtum in Paris die Verhandlungen über die in Süddeutschland zur Verteilung anstehenden Gebiete geführt. Bei der Abschiedsaudienz hatte ihn Napoleon aufgefordert, in Baden nach dem Rechten zu sehen und vor allem die Finanzen zu ordnen. Sein anderthalbjähriger Aufenthalt in der französischen Hauptstadt hatte Andlaw die Einsicht vermittelt, daß für eine gedeihliche Arbeit in Karlsruhe eine enge Anlehnung an Frankreich die Voraussetzung bildete. Er hielt deshalb guten Kontakt zum französischen Gesandten. Dagegen mißtraute er dem Erbprinzen, ebenso den meisten Ministern und Räten[11]. Nun war der als gedankenarm und beruflich wenig engagiert charakterisierte Freiherr[12] nicht der Mann, das Reformwerk Reitzensteins fortzusetzen. Glücklicherweise tat er auch nichts, es zu zerstören oder rückgängig zu machen. Maßgeblichen Einfluß erlangte jetzt wieder der von Reitzenstein in den Hintergrund gedrängte Brauer. Er war der heimliche Kabinettsminister. Der hervorragende Jurist und Verwaltungsexperte konnte als Bürgerlicher kein Ministeramt erlangen, doch als Geheimer Rat bzw. Staatsrat leistete er grundlegende gesetzgeberische Arbeit. Wenn auch ganz anders veranlagt als Reitzenstein, noch stark dem vorrevolutionären Denken verhaftet und sich nur widerstrebend der Ordnung der neuen politischen Verhältnisse zuwendend, lag ihm das Wohl Badens nicht weniger am Herzen als dem vorwärts drängenden Exponenten des rheinbündischen Absolutismus.

Zwei Monate nach der Thronbesteigung von Großherzog Karl wurde durch Edikt vom 21. September 1811 eine Organisationsänderung der Regierungsorgane verfügt; sie zeigte deutlich die Handschrift Brauers. Die Ministerialkonferenz wurde durch einen aus den vier Ministern und aus zehn Staatsräten bestehenden Staatsrat ersetzt. Dieser war zuständig für alle Änderungen in der Staatsverfassung und für alle Gesetzgebungsfragen. Der Großherzog behielt sich vor, weitere Gegenstände vor der Beratung jeweils für den einzelnen Fall zu bestimmen. Sämtliche Gegenstände, die bislang an den Großherzog und an die Ministerialkonferenz gelangt waren, mußten hinfort ausnahmslos dem Geheimen Rat zugeleitet werden. Das neuerrichtete Geheime Kabinett war das Kernstück der Organisationsänderung. Es setzte sich aus drei Geheimen Kabinettsräten zusammen, die jeweils Sitz und Stimme in den Ministerien hatten und dessen Beschlüsse dem Monarchen persönlich vortrugen. Brauer, einer der drei Geheimen Kabinettsräte, vertrat das Innen- und das Justizministerium, seine beiden Kollegen, wie er bürgerlichen Standes, repräsentierten das Finanz- und das Außenministerium. Das Geheime Kabinett bildete das eigentliche Beraterorgan des Monarchen, es verschaffte Brauer einen starken, doch keinen übermächtigen politischen Einfluß. Der alle amtlichen Bürden und Pflichten scheuende Großherzog besaß in seinen bürgerlichen Räten erfahrene und zugleich bescheidene Diener, die ihm seine innere Unsicherheit weniger bewußt machten als die adligen Minister, mit denen er nur höchst ungern konferierte. Ein tatkräftiger, willensstarker Regent hätte sich aus dem Kabinett ein Instrument seines selbstherrlichen Machtstrebens schaffen können. Dies war indes bei einem Mann wie Großherzog Karl nicht zu befürchten. Andererseits dürfte sich Brauer, der Karls Vertrauen seit dessen Thronbesteigung genoß, mit diesem Organ eine Schlüsselposition versprochen haben, nachdem ihm als Bürgerlichem der Zugang zu einem Ministeramt versperrt war. Er kannte die Schwächen des jungen Großherzogs nur zu gut und wußte, daß sie lediglich durch befähigte und loyale Ratgeber einigermaßen ausgeglichen werden konnten. Dies galt im übrigen nicht nur für den Geheimen Kabinettsrat, sondern auch für den Staatsrat. In ihm saßen neben den adligen Ministern, die meist fortgeschrittenen Alters waren und keine hohe Sach- und Fachkompetenz besaßen, bürgerliche Fachbeamte, die auf den Feldern der Politik, der Verwaltung und der Rechtspflege über ausgezeichnete Kenntnisse und Erfahrungen verfügten. Psychologisch günstig war, daß die Staatsräte aus Altbaden wie aus den neuerworbenen Landesteilen kamen und daß ein erheblicher Teil der katholischen Konfession angehörte. Die französische Regierung konnte jetzt keineswegs mehr den allerdings schon zuvor weithin unberechtigten Vorwurf erheben, die Katholiken würden benachteiligt, seien von der Mitwirkung in der Regierung und von wichtigen Positionen in der Verwaltung ausgeschlossen. Die Minister verloren mit der Schaffung des Staats- und Geheimen Kabinettsrats stark an Gewicht. Sie konnten die ihnen bedeutsam erscheinenden Gegenstände nicht mehr in der Ministerialkonferenz vortragen, besaßen überhaupt nicht mehr die Möglichkeit, gemeinsam zu beraten. Allzu leicht konnten sie von ihren kollegialisch beschließenden Ministerien überstimmt werden. Sie waren innerhalb ihrer eigenen Behörde wie im Staatsrat isoliert[13].

Mit der Neuorganisation der Regierungsorgane wollte Brauer auf den jungen Landesherrn erzieherisch wirken, das heißt er wollte ihn für ein selbständiges patriarchalisches Regiment erwärmen. Dies mißlang. Angesichts der beklemmend zutage tretenden Unfähigkeit des Großherzogs, das Land zu regieren, hätte nun das Geheime Kabinett ein beherrschender, vielleicht sogar der eigentliche politische Machtfaktor werden können. Diese Gefahr bestand jedoch nicht. Brauer und seine Kollegen waren charaktervolle, loyale Männer, die ihre Grenzen kannten und sie nicht in ungebührlicher Weise überschreiten wollten. Dennoch machte die Neuorganisation böses Blut. Sie war über den Kopf der Minister hinweg geschaffen worden. Nicht einmal der Freiherr von Andlaw war zuvor von ihrer Einführung unterrichtet gewesen. Er sah deshalb in ihr ein Mißtrauensvotum gegen sich, auch wenn ihm der Großherzog beschwichtigend erklärte, man habe die Angelegenheit nicht an die große Glocke hängen wollen. Durch den politischen Machtverlust der ihm angehörenden Minister fühlte sich aber auch der Adel brüskiert. Daß der französische Gesandte de Moustier nach bewährter Manier gegen Brauer agitierte, weil er bei der Neuorganisation nicht hatte mitreden können, verwundert kaum. Indessen glätteten sich die Wogen einigermaßen, zumal Großherzog Karl mit dem Abklingen seiner Eheschwierigkeiten in ein besseres Verhältnis zu Napoleon gelangte und dieser infolge neuer militärischer Verwicklungen den internen Problemen einzelner Rheinbundstaaten kaum noch sein Augenmerk zuwenden konnte[14].

Anders als Baden, das seine moderne Staatlichkeit im wesentlichen seinen leitenden Beamten, namentlich Brauer und Reitzenstein, verdankte, war das moderne Württemberg in erster Linie das Werk seines ersten Königs. Bereits bei der Organisation Neuwürttembergs in den Jahren 1803 bis 1805 hatte König Friedrich gezeigt, daß er, der Exponent des aufgeklärten Absolutismus, seinen Staat in der damals in Europa vorherrschenden rationalistischen Weise zu organisieren verstand. Nach der Beseitigung der altwürttembergischen Verfassung dehnte er das in Neuwürttemberg erprobte Verwaltungssystem auf das Gesamtland aus. Von grundlegender Bedeutung war das Organisationsmanifest vom 18. März 1806, an dessen Zustandekommen neben dem König auch Minister Normann beteiligt war. An die Stelle des Geheimen Rats, der bis dahin das Bindeglied zwischen dem Landesherrn und den Landständen gebildet hatte, trat als oberste Staatsbehörde das Staatsministerium. Es bestand aus den Chefs der Departements, der Fachministerien, sowie den vom König ernannten Mitgliedern und war das Vollzugsorgan des königlichen Willens. Die Geschäftsbereiche der Regierung waren in sechs Departements gegliedert: Auswärtige Angelegenheiten (= Kabinettsministerium), Inneres, Justiz, Krieg, Finanzen und Geistliche Angelegenheiten. In die Zuständigkeit des Geistlichen Departements fielen die Angelegenheiten des »Kultus sowohl der evangelischen wie der katholischen Religion und anderer im Staat tolerierter Gemeinden«, die Universität Tübingen sowie sämtliche Schul- und Bildungseinrichtungen. Die Geschäftstätigkeit des Departements des Innern verteilte sich auf die Oberlandesregierung und das Oberlandesökonomiekollegium. Das Königreich wurde verwaltungsmäßig in zwölf Kreise gegliedert, denen jeweils ein Kreishauptmann vorstand[15]. Jeder Kreis umfaßte eine Anzahl von Ober- und Stabsbeamtungen. 1808 wurde die Zahl der Oberamtsbezirke von 140 auf 65 vermindert. Hierbei wurde darauf gesehen, daß die einzelnen Bezirke nach Fläche und Bevölkerungszahl keine großen Unterschiede aufwiesen. Auch nach dem Gebietszuwachs von 1809/10 blieb es bei den 65 Oberämtern. Ihre Organisation entsprach altwürttembergischem Vorbild[16].

Das Organisationsmanifest vom 27. Oktober 1810, dem Entwürfe des Innenministers Karl Graf von Reischach zugrunde lagen, ersetzte die bisherigen zwölf Kreise durch eine gleich große Zahl von Landvogteien, die in Anlehnung an die französischen Verhältnisse die Namen von Flüssen und Gebirgen bekamen. Der verantwortliche Leiter der neuen Instanz war der Landvogt[17]. Wenige Monate danach, am 26. Januar 1811, verlieh König Friedrich den sieben Städten Stuttgart, Ludwigsburg, Tübingen, Ellwangen, Ulm, Heilbronn und Reutlingen das Prädikat »Unsere gute Stadt«[18]. Auch hier war wiederum Frankreich das Vorbild gewesen. Es war übrigens höchst bezeichnend, daß König Friedrich in den ersten Jahren nach Gründung des Rheinbunds, als Napoleon versuchte, auf die Verwaltung der Rheinbundstaaten allgemein maßgeblichen Einfluß zu nehmen und diese Staaten auf gewisse Organisationsformen festzulegen, möglichst eigenständige Wege ging, und erst, nachdem der Kaiser der Franzosen, zumindest im Fall Württemberg, keine derartigen Versuche mehr unternahm, freiwillig manche französische Einrichtung für sein Land übernahm[19].

Am 1. Juli 1811 erhielten die Departements des Innern und der Finanzen eine neue Organisation. Den Landvögten, die wie bisher dem Ministerium des Innern völlig untergeordnet blieben, wurde das Ernennungs- und Bestätigungsrecht über die Mehrzahl der Magistrate und der Schultheißen (Bürgermeister) eingeräumt. Die Aufsicht über die Gemeindeverwaltungen übten aber weiterhin die Oberamtmänner aus. Die altwürttembergische Gemeindeselbstverwaltung war fast ganz beseitigt. Der Staat König Friedrichs bildete jetzt einen von oben bis unten, bis ins letzte Dorf, straff durchorganisierten Verwaltungsmechanismus. Selbst die Dorfschultheißen galten jetzt als »herrschaftliche Diener«[20].

Dem napoleonischen Conseil d'état (Staatsrat), einem Sachverständigengremium, war der von Friedrich am 1. Juli 1811 ins Leben gerufene Staatsrat nachgebildet. Er setzte sich aus dem Staatsministerium und aus solchen Männern zusammen, die den Titel von Staatsräten führten. Welche Mitglieder des in zehn Sektionen gegliederten Staatsrats zu den jeweiligen Sitzungen zu erscheinen hatten, bestimmte der König. Er legte auch die Termine der einzelnen Tagungen fest und lud dazu ein. In diesem Gremium, das in abgewandelter Form, wie wir gehört haben, knapp drei Monate später auch in Baden eingeführt wurde, sollten Gesetzentwürfe und Reformpläne besprochen werden, ehe sie mit der Verkündung durch den absolutistischen Herrscher Gesetzeskraft erlangten[21].

Die Modernisierung und Vereinheitlichung der Verwaltung Württembergs, die König Friedrich ins Werk setzte, war kein revolutionäres Unterfangen. Der König tastete die geistigen Grundlagen Altwürttembergs nicht an, im Gegenteil, er nutzte sie für seinen Staatsneubau. So übernahm er den bestehenden Beamtenapparat. Freilich, durch die Zentralisierung und Bürokratisierung – in gewissem Sinn kann man sogar von einer Mechanisierung sprechen – der Staatsverwaltung, die nach seinen Vorstellungen möglichst reibungslos zu funktionieren hatte, erstickte er weithin Eigeninitiativen und leistete dadurch im administrativen Bereich, so namentlich auch in den Gemeinden, in Altwürttemberg und sehr viel mehr noch in den neuwürttembergischen Landesteilen einer zunehmenden Staatsverdrossenheit Vorschub. Die Bevölkerung sah ihre Einkünfte immer mehr vermindert, hingegen ihre Abgaben entsprechend erhöht.

König Friedrich erwartete von seinen Beamten Tüchtigkeit, Unbestechlichkeit, unermüdliche Einsatzbereitschaft und Diensteifer. Nachlässigkeit, Bequemlichkeit und Pflichtvergessenheit bestrafte er streng. Jede Art von Schlendrian in der öffentlichen Verwaltung war ihm ein Greuel. Ungeachtet seines hochfahrenden Wesens und seiner Strenge nahm er kaum einmal einem seiner Beamten einen sachlich begründeten Widerspruch gegen eine von ihm verfügte Maßnahme übel. Er wünschte, auch wenn dies oft so schien, keine blinden Werkzeuge seines Willens, er erwartete vielmehr, daß seine Beamten eine eigene Meinung hatten und diese auch frei und ungezwungen vertraten. Bei der Besetzung leitender Posten im öffentlichen Dienst entschied allein die berufliche Tüchtigkeit, Herkunft und geistige Heimat spielten keine Rolle. Im württembergischen Staatsdienst hatten Bürgerliche dieselben Aufstiegschancen wie Adlige. Die Einführung des Personaladels 1806 glich auch äußerlich die Unterschiede der gesellschaftlichen Herkunft aus. Das »von« stellte bürgerliche Bedienstete in gehobenen Positionen Adligen gleich. Daß Friedrich bei der Auswahl seiner Minister und sonstigen Spitzenbeamten häufig auf »Ausländer« zurückgriff, ist richtig. Sicher fiel dabei ins Gewicht, daß die »Ausländer« ihm unbedingt ergeben waren, doch kam hinzu, daß das Reservoir an einheimischen qualifizierten Kräften unzureichend war[22]. In Baden hatte es von einem strengen Berufsethos erfüllte Beamte bereits in markgräflicher Zeit gegeben. Karl Friedrich hatte an seine »Diener« hohe berufliche und menschliche Anforderungen gestellt. Brauer, der große Reformer, gehörte zu den Vertretern des öffentlichen Dienstes, die in dieser Beziehung vorbildlich wirkten und die Tugenden lebten, die sie von ihren Untergebenen erwarteten[23]. Die schwache monarchische Spitze Badens in der Rheinbundzeit wirkte sich nachteilig auf das berufliche Engagement des Beamtentums aus. Insgesamt blieb aber auch hier der öffentliche Dienst, vor allem der tonangebende markgräflich-altbadische, leistungsfähig und einsatzwillig. Bürgerliche hatten hohe Stellungen inne, allein sie blieben gegenüber dem Adel benachteiligt. So waren sie nicht ministeriabel.

Die Erlangung der Souveränität nach dem Untergang des Alten Reichs verschaffte auch den Fürsten von Hohenzollern-Hechingen und Hohenzollern-Sigmaringen ein bis dahin nie gekanntes Maß an Selbständigkeit im Innern ihrer Staaten. In dem gebietsmäßig auf seinem seitherigen Stand verbliebenen Fürstentum Hohenzollern-Hechingen brauchte sich die Verwaltung auf keine veränderte Situation einzustellen, wohl aber in dem auf das Doppelte seines früheren Gebietsumfangs angewachsenen Fürstentum Hohenzollern-Sigmaringen. Hier galt es ähnlich wie in den beiden Nachbarländern Baden und Württemberg das vergrößerte Territorium zu einem einheitlichen Staat zu formen. Doch nur zögernd und recht unvollkommen wurde die erforderliche administrative Neuorganisation vorgenommen. An der Ämtereinteilung und auch an der zentralen Instanz der Landesverwaltung änderte sich nichts. Eine Reihe von neuen Einrichtungen wurde eingeführt, so 1807 eine Generallandeskasse, 1809 eine Allgemeine Schulordnung oder 1810 eine Allgemeine Zollordnung und eine Allgemeine Stadtordnung, die gleichförmige Bestimmungen für die Verwaltung der fünf Städte des Landes traf und eine strenge Staatsaufsicht vorschrieb[24].

Die Schaffung der Rechtseinheit der aus vielen heterogenen Territorien zusammengestückelten Rheinbundstaaten Baden und Württemberg war eine vordringliche staatspolitische Aufgabe. In Württemberg geschah dies rasch und problemlos. Am 1. Januar 1807 wurde das altwürttembergische Landrecht auf den Gesamtstaat übertragen. Einzelne Lokalstatuten und Rechtsgewohnheiten, die diesem nicht entgegenstanden, behielten auch weiterhin ihre Gültigkeit[25]. Durch Ministerialdekret vom 9. August 1807 wurde die Zuständigkeit der patrimonialherrlichen Gerichtsbarkeit exakt festgelegt, das heißt erheblich beschränkt. Künftig durften Angehörige des Militärs, die königlichen Souveränitätsbeamten von Patrimonialgerichten nicht mehr belangt werden. Auch war es solchen Gerichten verboten, Verbrechen gegen den Staat und den Landesherrn sowie schwere Verbrechen gegen die öffentliche Sicherheit, Verletzungen der Souveränitätsrechte und der hohen königlichen Regalien zu behandeln und abzuurteilen[26]. König Friedrich betrachtete die Handhabung von Recht und Gerechtigkeit als die erste und heiligste Aufgabe des Regenten. Von einem geradezu alttestamentlichen Gerechtigkeitssinn erfüllt, vertrat er die Ansicht: »Gesetzmäßige Strenge ist Wohltat für die Untertanen, Nachgiebigkeit, Schlaffheit ein Unglück«[27]. Friedrich war seit der Erhebung des Landes zum Kurfürstentum bestrebt, die noch immer gültige »Peinliche Gerichtsordnung Kaiser Karls V.«, die »Carolina«, durch ein den Bedürfnissen der Zeit angemessenes Strafgesetzbuch zu ersetzen. Die Schwierigkeiten, die einem Werk von solch grundlegender staatspolitischer Bedeutung im Wege standen, waren jedoch weit größer als ursprünglich angenommen. Erst 1839, 23 Jahre nach dem Tod Friedrichs, bekam Württemberg ein eigenes Strafgesetzbuch. Um indessen nicht im Veralteten und Verkrusteten steckenzubleiben, nahm der König seit 1806 mittels Einzelgesetzen und –verordnungen die ihm unerläßlich erscheinenden Reformen auf kriminalrechtlichem Gebiet tatkräftig in Angriff. In der Strafrechtspflege und im Strafvollzug verhalf er einem humaneren Geist zum Durchbruch. Manche aufklärerische Neuerung, die Karl Friedrich von Baden bereits in der zweiten Hälfte des 18. Jahrhunderts in seinem Land durchgesetzt hatte, holte er nach. So verfügte er 1809 die Abschaffung von Tortur und Folter, und er begründete diese Maßnahme damit, daß solche Quälereien mit den besseren Begriffen von Gerechtigkeit und Menschlichkeit unvereinbar seien[28].

Baden tat sich bei der Schaffung der Rechtseinheit erheblich schwerer als Württemberg. Das Gewicht des altbadischen Kernlands für den neuen Gesamtstaat war bei weitem nicht mit dem Altwürttembergs zu vergleichen. Einen ersten Schritt auf dem Weg zur Rechtseinheit bedeutete das achte kurbadische Organisationsedikt vom 21. März 1803 über »die Verwaltung der Strafgerechtigkeitspflege«. Es hatte den Zweck, »die herkömmlich mildere Anwendungsart« der »Carolina« zu sichern und »ihr eine solche feste und gleichförmige Richtung zu geben, wobei jeder Untertan gegen Willkürlichkeiten und Aufzüglichkeiten geschützt sei, und um damit zu bewirken, daß im ganzen Umfang unserer jetzigen Staaten wegen einerlei Vergehen auch nur einerlei gerechte Vergeltung erduldet werden dürfe«[29].

Schwieriger gestaltete sich die Vereinheitlichung des Privatrechts. Bei der Eingliederung des seitherigen vorderösterreichischen Breisgaus kam Brauer im April 1806 der unerträglich »buntscheckige Zustand« zum Bewußtsein. Für eine »baldige und radikale Kur«, um der Rechtsverwirrung zu steuern, erschien ihm die neue französische Zivilgesetzgebung, der »Code Napoléon«, am geeignetsten. Freilich mußte diese seiner Ansicht nach den badischen Verhältnissen angepaßt, das heißt sie mußte entsprechend der »Verfassung, Religion und Sitten des Kurstaats« modifiziert werden. Daß sich ausgerechnet der Mann, der sich innerlich so vehement gegen den Anschluß seines Landes an das napoleonische Frankreich wehrte, für den »Code Napoléon« aussprach, verwundert sehr. Allein er sah, daß die einheimischen Kräfte nicht ausreichten, um in kurzer Zeit ein eigenständiges neues Privatrecht zustande zu bringen. In dem französischen Gesetzwerk aber erkannte er ein System rechtlicher Grundelemente, das aus dem Geist der Zeit heraus gestaltet war und sich auch in überarbeiteter Form auf andere staatliche bzw. gesellschaftliche Verhältnisse übertragen ließ. Das Votum Brauers fand allgemein Billigung. Infolge seiner starken dienstlichen Beanspruchung mußte der große Reformer die Arbeit an dem Gesetzwerk zurückstellen. Im Dezember 1807 ließ Napoleon Großherzog Karl Friedrich wissen, mit der Annahme seines Gesetzbuchs werde er ihm, dem Kaiser, etwas sehr Angenehmes erweisen. Der starke französische Druck veranlaßte die badische Regierung, die Bearbeitung und Einführung des »Code Napoléon« zu beschleunigen. Die Aufgabe wurde einer von Brauer geleiteten Kommission übertragen[30]. Brauer glich den »Code Napoléon« den Bedürfnissen Badens an. Frankreich hatte während der Revolution die bäuerlichen Grundlasten beseitigt. In Baden bestanden sie noch fort. Brauer berücksichtigte deshalb in dem Gesetzwerk die Zinsen, Zehnten, Fronen und andere Lasten wie Grund- und Erbdienstbarkeiten – fremd wirkende Elemente, die die Zeit des Liberalismus wieder ausschied. Er schonte die hergebrachten Rechte und Lebensumstände des Adels, seine Stammgüter, ebenso die Besonderheiten des bäuerlichen Besitzes, so der geschlossenen Hofgüter im Schwarzwald (ungeteilte Vererbung auf einen Erben bei Abfindung der Miterben »zum kindlichen Anschlag«). Bestimmungen, die mit deutschen Rechtsvorstellungen schwer in Einklang zu bringen waren, milderte oder veränderte er. Ihm kam es darauf an, ein brauchbares Gesetzbuch zu schaffen, das zugleich die Rechtseinheit verwirklichte.

Jérôme Bonaparte und Prinzessin Katharina von Württemberg. Gemälde von Weygandt, 1810

Vermählung des Prinzen Jérôme Bonaparte mit Prinzessin Katharina von Württemberg am 12. August 1807.
Lithographie nach dem Gemälde von Regnault

Daß es kein vollkommenes sein konnte, war ihm klar. Am 1. Januar 1810 wurde der »Code Napoléon« als Landrecht des Großherzogtums Baden eingeführt[31].

Im argen lag die öffentliche Sicherheit zu Beginn des 19. Jahrhunderts. Sein Territoriengewirr hatte Südwestdeutschland zu einem Eldorado für unstet umherziehende Vaganten, Bettler und Diebesbanden gemacht. Die »napoleonische Flurbereinigung« räumte mit der Vielstaaterei auf, die Lösung des Problems der öffentlichen Sicherheit fiel den Hauptnutznießern dieser Flurbereinigung, Baden und Württemberg, zu. Durch drakonische Polizeimaßnahmen, so durch die Einrichtung von Zwangsarbeitshäusern, sowie durch harte Strafen suchte König Friedrich von Württemberg der Plage der Landstreicherei und des weitverbreiteten Bettelns zu steuern[32]. Die badische Regierung rückte diesem Problem gleichfalls entschlossen, doch weniger rigoros zu Leibe. Bettler und Vagabunden wurden im allgemeinen von den badischen Behörden etwas rücksichtsvoller angefaßt, als dies in Württemberg der Fall war[33].

In den badischen Markgrafschaften gab es bereits im 18. Jahrhundert in den Hatschieren, zeitweise ergänzt durch Landhusaren, staatliche polizeiliche Vollzugsbeamte, deren ursprüngliche Aufgabe die »Auffahung der Vaganten und Bettler« sowie die »Ausrottung des herrenlosen Gesindels« war. In den vorderösterreichischen Gebieten des Breisgaus und der Ortenau blieb nach dem Anfall an Baden ein Teil der dort mit denselben Aufgaben betrauten »Landreiter« und »Fußgänger« im Dienst. 1812 errichtete der badische Staat für Polizei-, Zoll- und Akziseangelegenheiten eine gemeinsame Sicherheitstruppe; sie wurde von Ober- und Unterinspektoren geleitet und bestand aus Polizeigardisten zu Fuß sowie solchen zu Pferd[34]. In Württemberg rief König Friedrich 1807 nach dem Muster der französischen Gendarmerie ein militärisch organisiertes, jedoch dem Innenministerium unterstelltes 200 Mann starkes Landjägerkorps ins Leben. Zwei Jahre später wurde die Polizeitruppe verstärkt und in Landdragonerkorps umbenannt. Außerdem erhielt sie eine ergänzende Abteilung zu Fuß, die Landfüsiliere. Seit 1812 führte die Truppe die Bezeichnung Gendarmeriekorps[35].

Kirchen und Religionsgemeinschaften

Vor dem Reichsdeputationshauptschluß war die Bevölkerung des Herzogtums Württemberg rein evangelisch. In der Markgrafschaft Baden bekannte sich die Mehrheit der Einwohnerschaft zum Protestantismus (118 500 Lutheraner und 1250 Reformierte), eine starke Minderheit zum Katholizismus (rund 70 500). Die Gebietserwerbungen der Jahre 1803 bis 1810 veränderten in beiden Ländern die konfessionelle Bevölkerungsstruktur grundlegend. In dem auf etwa 1,34 Millionen Einwohner angewachsenen Königreich Württemberg gehörten 1810 über zwei Drittel der evangelisch-lutherischen und nicht ganz ein Drittel der römisch-katholischen Kirche an. Das reformierte Bekenntnis war im Land kaum vertreten (rund 2000 Untertanen). In dem 1811 962 000 Einwohner zählenden Großherzogtum Baden war es genau umgekehrt. Gut zwei Dritteln Katholiken stand ein knappes Drittel Protestanten gegenüber (evangelisch-lutherische und reformierte Christen)[36].

Seit der Vereinigung der Markgrafschaften Baden-Baden und Baden-Durlach im Jahr 1771 war, wie wir gehört haben, Baden ein paritätischer Staat. Markgraf Karl Friedrich, selbst tiefgläubiger lutherischer Christ, bemühte sich, seine katholischen Untertanen nach Recht und Gesetz zu behandeln und sie den protestantischen Landesangehörigen gleichzustellen. Spannungen und Schwierigkeiten blieben nicht aus. Jedoch aufs ganze gesehen, lernten beide Konfessionen rasch, in einem gemeinsamen Staat zu leben. Im Herzogtum Württemberg hingegen hatte die lutherische Landeskirche bis 1803 bestimmenden Einfluß auf alle Lebensbereiche der Untertanen, sie drückte dem Staat gewissermaßen ihren Stempel auf. Manche Zeitgenossen sahen im 17./18. Jahrhundert in Württemberg das evangelische Pendant zum katholischen Spanien. Der Reichsdeputationshauptschluß änderte an der beherrschenden Stellung der württembergischen lutherischen Landeskirche wenig. Das seitherige Herzogtum Altwürttemberg blieb eine geschlossene staatliche Einheit. Die neuwürttembergischen Gebiete wurden, wie bereits ausgeführt, als eigenständiger Staat, Neuwürttemberg, organisiert. In diesem neuwürttembergischen Staat hatten die Katholiken die Mehrheit. Erst die gewaltsame Aufhebung der altwürttembergischen Verfassung ermöglichte König Friedrich 1806 die Zusammenfassung der alt- und neuwürttembergischen Landesteile zu einem absolutistisch regierten württembergischen Gesamtstaat. Die in Neuwürttemberg bereits drei Jahre zuvor eingeführte konfessionelle Parität dehnte er nunmehr auf das ganze Königreich aus. In dem Religionsedikt vom 15. Oktober 1806 räumte er den drei »anerkannten christlichen Konfessionen«, dem evangelisch-lutherischen, dem römisch-katholischen und dem reformierten Glaubensbekenntnis, völlige Gleichberechtigung ein. Lediglich bei der Mischehenregelung gestand er der evangelisch-lutherischen Kirche, der er selbst angehörte, einen Vorzug zu[37].

In Baden bildete zwar die lutherische Kirche vor 1803 keine politische Macht wie in Württemberg, dennoch sah auch sie sich nach 1803 mit stark veränderten Verhältnissen konfrontiert. Sie konnte sich jetzt auch nur noch auf eine Minderheit der Bevölkerung stützen. Die katholischen Einwohner hatten die protestantischen zahlenmäßig erheblich überflügelt. Außerdem teilten sich seit dem Anfall der Pfalz die Protestanten in zwei Konfessionen: rund vier Fünftel Lutheraner und ein Fünftel Reformierte. Diese konfessionelle Dreiteilung schuf Probleme. Der Großteil der leitenden badischen Beamten waren Lutheraner. Ihre streng staatskirchlichen Vorstellungen setzten sich weitgehend durch. Maßgeblichen Einfluß auf die Neugestaltung der kirchlichen Ordnung in dem vergrößerten Land übte der Geheime Rat Brauer aus, von dessen großer reformerischer Leistung in den verschiedenen innenpolitischen Bereichen bereits wiederholt die Rede war. Der bibelfeste Lutheraner stand Kurfürst/Großherzog Karl Friedrich in seiner toleranten, aufklärerischen Gesinnung, seinem Pflicht- und Verantwortungsbewußtsein, aber auch in seinem christlichen Impetus sehr nahe. Ihm kam es darauf an, dem kirchlichen und religiösen Leben einen festen gesetzlichen Rahmen zu geben, der dem Staat nutzbringend und der Bevölkerung förderlich war. Die Kirche war ihm sehr viel mehr als eine bloß moralische Instanz, sie war ihm die Vermittlerin eines lebendigen Glaubens an Jesus Christus, den Sohn Gottes. Er übersah schwierige Gegensätze wie Kirche und Staat, Römische Kurie und Landesfürst keineswegs, aber er bemühte sich um ihre Lösung. Seine Kirchengesetzgebung zielte auf die friedvolle Koexistenz verschiedener christlicher Konfessionen in einem Staat. Von Anfang an strebte er ein enges, vertrauensvolles Zusammengehen zwischen Lutheranern und Reformierten an. Er wollte beide Konfessionen in einer Union vereinigen. Dies gelang in der turbulenten Zeit nicht, doch entscheidende Voraussetzungen für eine später zustande kommende Union schuf er[38]. Der Evangelisch-Lutherische Kirchenrat in Karlsruhe und das Evangelisch-Reformierte Kirchenratskollegium in Heidelberg, beides Staatseinrichtungen, blieben bestehen. Ihre Befugnisse in Kirchen-, Schul- und Ehesachen wurden aber jeweils für ihre Konfession auf das ganze badische Staatsgebiet ausgedehnt[39].

Auch die katholische Kirche wurde strenger Staatsaufsicht und -bevormundung unterworfen, für die »Verwaltung aller Staatsrechte in Kirchen- und Schulsachen« in Bruchsal in Analogie zum Evangelisch-Lutherischen Kirchenrat in Karlsruhe als Staatsbehörde eine Katholische Kirchenkommission gegründet. Ihr territorialer Zuständigkeitsbereich umfaßte die Mark- und die Pfalzgrafschaft. Dagegen nahm ihre Aufgaben im Oberen Fürstentum das Hofratskollegium in Meersburg wahr[40].

Nach 1806 hatten sich die Kirchen noch rigoroser staatlicher Bevormundung zu beugen. Im Ersten Konstitutionsedikt vom 14. Mai 1807 wurde die »Kirchenherrlichkeit des Staats« festgeschrieben[41]. Nunmehr behielt sich die badische Regierung die Ernennung sämtlicher ständiger »Kirchen- und Schulbeamten« vor. Das Edikt hob die Katholische Kirchenkommission auf und teilte ihre Aufgaben verschiedenen Behörden zu, insbesondere den Provinzialregierungen. Doch dabei blieb es nicht. Ende 1809 wurde als Abteilung des Ministeriums des Innern ein »Katholisches Kirchliches Departement« errichtet (seit 1812 »Katholische Kirchensektion«), unter dem die Kreisdirektorien und landesherrlichen Dekane das Kirchen- und Schulwesen zu überwachen hatten[42]. In ähnlicher Weise wurden die evangelisch-lutherische und die evangelisch-reformierte Staatskirche organisiert.

Den riesigen Besitz der katholischen Kirche in Südwestdeutschland, namentlich auch den der Klöster und Stifte, zogen mit der Säkularisation der badische und der württembergische Staat und die hohenzollerischen Fürstentümer an sich. Viel wertvolles Kulturgut, vor allem Bücher, Handschriften und wertvolle Kunstgegenstände, wurden verschleudert oder gar vernichtet. Baden verfuhr bei der Aufhebung der geistlichen Institutionen insgesamt rücksichtsvoller als Württemberg. Im Gegensatz zum Nachbarland ließ es einzelne Konvente zunächst bestehen; sie wurden jedoch später größtenteils gleichfalls aufgehoben, oder sie starben allmählich aus, da ihnen die Aufnahme von Novizen untersagt war. Frauenklöstern wurde erlaubt, auf schulischem Gebiet weiterhin tätig zu sein. Schon wenige Jahrzehnte nach der »napoleonischen Flurbereinigung« gab es im Großherzogtum Baden keine baulich intakte Klosteranlage mehr. Die Hauptschuld daran trifft den badischen Staat, er hätte den Verfall wie die Zerstörung wertvoller Bausubstanz verhindern können. Freilich fehlte es in vielen Fällen an einer zweckmäßigen Verwendung der Anlagen[43]. Als einziges Kloster in Baden überdauerte schließlich das Zisterzienserinnenkloster Lichtental (Stadt Baden-Baden) die Säkularisation. Seine Erhaltung verdankte es in erster Linie der Tatsache, daß es bis 1372 die Grablege der Markgrafen von Baden gewesen war, außerdem wurde ihm zugute gehalten, es sei »nie aus den Grenzen devoter Dankbarkeit gegen das fürstliche Haus ausgewichen«[44]. Abt Berthold Rottler von St. Blasien fand sich mit der am 10. Oktober 1806 verfügten Aufhebung des reichsbegüterten und angesehenen Benediktinerklosters auf dem Schwarzwald nicht ab. Er brachte die wertvollsten Kostbarkeiten des Klosters nach St. Paul in Kärnten. Im September 1807 übersiedelte er mit 35 seiner Mönche dorthin[45]. St. Paul besteht noch heute.

In gleicher Weise wie Karl Friedrich von Baden betrachtete Friedrich von Württemberg die Kirchen als Staatsanstalten, die Geistlichen als Staatsbeamte. Die Kirche war die Dienerin des Staats; sie bildete gewissermaßen sein geistliches Fundament. Sie hatte zu tun, was der König und seine engsten Berater für gut fanden. Die evangelische Landeskirche Württembergs büßte größtenteils ihre Selbstverwaltung ein. Ihren reichen Besitz an Land und Einkünften, das Kirchengut, eignete sich 1806 der Staat an. Friedrich rechtfertigte diese Maßnahme damit, daß die Aufgaben auf den Gebieten des Schul-, Kranken- und Wohlfahrtswesens, dem die Erträge des Kirchenguts gedient hätten, auf den Staat übergegangen seien. Auch müßten die Mittel des Kirchenguts mit Rücksicht auf die nunmehr bestehende konfessionelle Parität allen Staatsbürgern in gleicher Weise zugute kommen[46].

Die neuen katholischen Untertanen des württembergischen Königs hatten bislang den fünf Bistümern Konstanz, Augsburg, Würzburg, Worms und Speyer angehört. Hinzu kamen noch die katholischen Einwohner der exemten Fürstpropstei Ellwangen. Gleichfalls fünf Bistümer, Konstanz, Straßburg, Speyer, Worms und Würzburg, hatten Anteil am Gebiet des nunmehrigen Großherzogtums Baden. Seit dem Reichsdeputationshauptschluß strebten Baden und Württemberg für ihr jeweiliges Staatsgebiet die Beseitigung der alten Diözesanverbände und die Begründung eines oder mehrerer Landesbistümer an. Napoleon mischte hierbei in starkem Maße mit. Da er mit den in der Schwebe befindlichen Konkordatsplänen Badens und Württembergs den inneren Ausbau des Rheinbunds und andere machtpolitische Ziele verquickte, brachte er alle Lösungsversuche zum Scheitern[47].

König Friedrich empfand es als unerträglich, daß seine katholischen Untertanen von auswärtigen Bischöfen abhängig waren. Um diese Bindungen zu lockern, verfügte er, daß diese Bischöfe im württembergischen Staatsgebiet ihre Tätigkeit nur noch mit staatlicher Zustimmung, dem »Placet«, ausüben durften[48]. Ähnliches geschah in Baden, obgleich hier mehrere Bischofssitze im Land lagen[49]. Friedrich trug auch keine Scheu, in rein geistlichen Angelegenheiten Verfügungen zu treffen, ohne dazu auch nur die Einwilligung der zuständigen Bischöfe einzuholen. So verbot er den Katholiken den Besuch nichtwürttembergischer Wallfahrtsorte und nach Einbruch der Dunkelheit jede Andachtsübung außerhalb des Hauses. Er befahl, daß an Sonn- und Feiertagen Predigt und Katechese gehalten und diese nicht durch andere Andachtsübungen verdrängt wurden[50]. Selbst Fragen wie Ehedispense oder die Feier der Heiligen Nacht und der Auferstehung Christi regelte er selbständig.

Nachdem alle Verhandlungen über die Errichtung eines Landesbistums fehlgeschlagen waren, nahm König Friedrich im Jahr 1812 den Tod des Bischofs von Augsburg zum Anlaß, um in eigener Machtvollkommenheit in Ellwangen ein Generalvikariat ins Leben zu rufen. Mit der Wahrnehmung der Geschäfte des Generalvikars und der Übernahme der bischöflichen Funktion beauftragte er den Fürstbischof von Tempe, Franz Karl Fürst von Hohenlohe-Waldenburg. Das Generalvikariat, mit dem nach einer Kultministerialverfügung vom 23. Januar 1814 die im Königreich Württemberg gelegenen Teile des durch den Tod des Bischofs 1808 vakanten Bistums Würzburg vereinigt werden sollten, wurde von der Kurie erst 1816 bestätigt[51].

In Baden war der Fürstprimas Karl Theodor von Dalberg (1744–1817), Inhaber des 1803 von Mainz nach Regensburg übertragenen Erzbistums Mainz, kirchlich die beherrschende Persönlichkeit. Als Mainzer Erzbischof unterstanden ihm zugleich die rechtsrheinischen Teile der Diözese Worms, außerdem hatte er seit 1799 den Bischofsstuhl in Konstanz inne. Maßgeblicher Einfluß kam hier seinem Generalvikar Ignaz Heinrich Freiherr von Wessenberg (1774–1860) zu, dem Vertreter eines josephinisch-aufklärerischen Katholizismus. Wessenberg suchte reformerisch zu wirken. Er hob das Bildungsniveau des Klerus, führte die deutsche Sprache in der Liturgie ein, förderte Predigt, Katechese und Kirchengesang, auch schränkte er die Zahl der Feiertage und Wallfahrten ein. Der badische Staat ließ ihm bei seinen innerkirchlichen Reformen, die durchaus im Sinne der Zeit und des staatlichen Kirchenregiments waren, verhältnismäßig freie Hand. Seit dem Tod des Bischofs von Straßburg Prinz von Rohan 1803 wurden die rechtsrheinischen Teile des Straßburger Bistums gleichfalls der Konstanzer Diözesanverwaltung unterstellt. Der Speyerer Bischof Wilderich von Waldersdorf verwaltete den rechtsrheinischen Rest seiner Diözese von Bruchsal aus. Das Generalvikariat Bruchsal, dem bereits 1808 die geistliche Betreuung der badischen Gebietsteile des Bistums Würzburg übertragen worden war, blieb auch nach seinem Ableben (1810) bestehen. Es war im wesentlichen zuständig für die Katholiken des badischen Unterlands[52].

Im Gegensatz zu Baden fehlten in Württemberg Ausbildungsstätten für den Priester-nachwuchs. König Friedrich gründete deshalb 1812 in Ellwangen eine katholische Landesuniversität. Im gleichen Jahr wurde auf dem nahegelegenen Schönenberg das seit langem geplante Priesterseminar eröffnet[53]. Die Religionsfreiheit ermöglichte den Katholiken nunmehr auch den Zuzug in die altwürttembergischen Landesteile, die Abhaltung öffentlicher Gottesdienste sowie die Bildung von Kirchengemeinden in diesen Gebieten. Am 1. Oktober 1811 weihte der Titularbischof von Tempe Franz Karl Fürst von Hohenlohe-Waldenburg die erste katholische Kirche in Stuttgart: St. Eber-hard[54]. Stuttgart zog damit in etwa mit der badischen Landeshauptstadt Karlsruhe gleich. Dort hatte Kurfürst Karl Friedrich bereits 1804 die Errichtung einer katholi-schen Pfarrkirche gestattet. Der Grundstein zu dem Gotteshaus, der Stephanskirche, wurde allerdings erst 1808 gelegt, die Kirchweihe erfolgte am 26. Dezember 1814, dem Namenstag von Großherzogin Stephanie[55].

Noch selbstherrlicher als gegenüber der katholischen Kirche gebärdeten sich Landes-herren und Regierungen in Baden und Württemberg gegenüber der evangelischen Kir-che. In Württemberg führte König Friedrich 1809 eine von Oberhofprediger Süskind unter größtem Zeitdruck erarbeitete neue aufklärerische Liturgie ein. Die Mehrheit der evangelischen Bevölkerung nahm sie mehr oder minder bereitwillig an. Doch in pietistischen Kreisen regte sich der Widerstand. Der König ergriff harte Maßnahmen, ihn zu brechen. Pfarrer Friedrich von Winzerhausen, den nachmaligen ersten Pfarrer von Korntal, der öffentlich gegen die neue Liturgie protestierte, enthob er seiner Stelle, dem Oberkonsistorium, das gegenüber Friedrich hatte Milde walten lassen wollen, erteilte er eine scharfe Rüge[56].

Großherzog Karl Friedrich war in seiner schlichten evangelischen Frömmigkeit, sei-nem Bemühen um ein gottwohlgefälliges Leben, stark vom Pietismus beeinflußt. König Friedrich hingegen stand der pietistischen Glaubensrichtung fremd, ja abwei-send gegenüber. Er sah sie ebenso wie den »Mystizismus« als »verderblich für den Zweck des Staates« und als mit dessen Interessen unvereinbar an[57]. Doch zu Toleranz in Glaubensdingen erzogen, lag es ihm fern, die Anhänger des Pietismus zu bedrücken oder auch nur offen zu benachteiligen. Ihm sinnvoll erscheinenden Anliegen ver-schloß er sich nicht. 1806 beispielsweise erlaubte er der Herrnhuter Brüdergemeinde, die seit längerem in Württemberg Eingang gefunden hatte, die Errichtung einer Kolo-nie im Schwarzwald. Der von ihr gewählte Name »Nain« für die neue Siedlung gefiel ihm allerdings nicht, sie hatte deshalb den Namen »Königsfeld« anzunehmen (im Rah-men des Gebietsaustausches von 1810 kam die Neugründung an Baden)[58]. Auch wenn er kein Freigeist wie sein Großonkel Friedrich der Große war, so stimmte er doch mit dem großen Preußenkönig in dem Grundsatz überein, daß jeder Staatsbürger nach sei-ner »Façon« selig werden könne. Religion war für ihn nie Privatsache, sie hatte viel-mehr einen elementaren Staatszweck zu erfüllen. »Glauben kann jeder, was er will, gehorchen aber muß jeder«, erklärte er einmal[59]. Extreme religiöse Richtungen, die die Zweckbestimmung des Staates in Frage stellten oder sich ihr sogar entgegenstellten, konnten deshalb nach seiner Auffassung staatliche Duldung oder gar Förderung kei-nesfalls für sich in Anspruch nehmen. Viel Ärger bereiteten ihm Sekten, die, begün-stigt durch chiliastische Zeitströmungen, während seiner Regierungszeit zahlreiche Anhänger gewannen. Mit am staatsfeindlichsten verhielten sich die Separatisten um den Bauern Georg Rapp in Iptingen bei Vaihingen an der Enz. Sie blieben nicht nur Predigt und Abendmahl fern, sondern störten auch den Gottesdienst in den evangeli-schen Kirchen, verweigerten Kindstaufe, Konfirmation und Schulbesuch. Ebenso lehnten sie den staatlichen Huldigungseid ab, obrigkeitlichen Anordnungen wider-setzten sie sich. 1803/04 wanderte Rapp mit dem größten Teil seiner Anhänger nach

Amerika aus, die Zurückgebliebenen folgten 1807. Auch in zahlreichen anderen Orten bildeten sich um die Wende vom 18. zum 19. Jahrhundert separatistische Gruppen. Die zeitweise recht aufsässigen Separatisten in Rottenacker (Alb-Donau-Kreis), die mit denen in Nordheim bei Heilbronn in Verbindung standen, mußten durch Militär »zur Räson« gebracht werden[60]. Unnachsichtig wurde gegen Extremisten eingeschritten, die obrigkeitliche Anordnungen mißachteten, sich widerspenstig oder gar aufsässig verhielten[61]. Auf königlichen Befehl kamen Separatisten, die sich gegen Landesgesetze auflehnten, auf den Hohenasperg; sie wurden bei »königlichen Arbeiten« in Stuttgart, Ludwigsburg und auf dem Schloßgut Monrepos verwendet. Diejenigen von ihnen, die mehr als ein Jahr Arbeitshaft verbüßten, hatten Galliotenkleidung (Sträflingskleider) zu tragen. Schläge und barbarische Behandlungsmethoden richteten bei ihnen nichts aus. Erst als man sie rücksichtsvoller behandelte, ihnen in gewissem Sinn Narrenfreiheit einräumte, kam der größere Teil von ihnen nach und nach von seinen extremistischen Vorstellungen ab und konnte freigelassen werden. Wehrpflichtige, die den Fahneneid verweigerten, mußten, wenn andere Zwangsmittel wie Prügelstrafe oder Einsperren nichts halfen, ihre Militärdienstzeit als Festungssträflinge absitzen. Doch befahl der König, sie keineswegs zu quälen oder vorsätzlich zu mißhandeln[62].

Kurfürst/Großherzog Karl Friedrich lehnte es ab, gegenüber Separatisten gewaltsam vorzugehen. Im Februar 1805 verfügte er, daß solche Untertanen durch »keinerlei Zwangsmittel von ihrem Irrwahn abgebracht« werden sollten. Allerdings hätten sie die Obrigkeit und ihre Anordnungen zu respektieren, ihre Kinder in öffentliche Schulen zu schicken, dürfe die »Fortübung ihrer Meinungen und Gebräuche unter landesherrlichem Schutz« die Ordnung der bürgerlichen Gemeinschaft nicht verletzen, ihre Versammlungen die Gottesdienste nicht stören[63].

Nachdem in Frankreich die Revolution die Ghettomauern gesprengt hatte, konnten auch die süddeutschen Staaten die in ihren Grenzen lebenden Juden nicht länger als mehr oder minder rechtlose, lästige Fremdlinge behandeln. Die Zeit verlangte nach einer zumindest allmählichen Angleichung ihrer rechtlichen und gesellschaftlichen Stellung an die der christlichen Untertanen. Baden ging beispielgebend voran. Schon im Januar 1804 ordnete Kurfürst Karl Friedrich die Aufhebung des Judenleibzolls an[64]. Seit 1807 »konstitutionsmäßig geduldet«, wurden die Juden im Jahr darauf als »erbfreie Staatsbürger« anerkannt. Sie durften nunmehr Grundbesitz erwerben, Handel und Gewerbe treiben, Staatsämter in der Exekutive verwalten, auch hatten sie Anspruch auf den Schutz des Staates. Im Verhältnis zu ihren Wohngemeinden waren sie »Schutzbürger«, sie besaßen noch kein Gemeindewahlrecht und hatten keinen Anteil am Bürgernutzen. Die Verleihung des Ortsbürgerrechts an einzelne Juden behielt sich der Großherzog vor. Immerhin war den Juden jetzt ein Heimatrecht verbrieft. Im neunten Konstitutionsedikt vom 13. Januar 1809, dem sogenannten Judenedikt, zog die israelitische Religionsgemeinschaft mit den drei anerkannten christlichen Konfessionen gleich: Sie war jetzt ebenfalls »konstitutionsmäßig aufgenommen« und erhielt eine Landesorganisation. Als geistliche Oberbehörde trat der jüdische Oberrat ins Leben. An seiner Spitze stand der Obervorsteher, ein Rabbiner oder ein gebildeter Laie. Unter der Aufsicht der Regierung hatte der Oberrat, der jährlich einmal zusammentrat und sonst durch einen fünfköpfigen Ausschuß handelte, über die Aufteilung der Synagogenbezirke, die Festsetzung der Abgaben, die Kirchenzucht, die Studienpläne der Religionslehrer zu befinden und die Regierung in jüdischen Angelegenheiten zu beraten. Zum ersten Obervorsteher ernannte der Großherzog den Oberhoffaktor Elkan Reutlinger. Die Eigenverantwortung der jüdischen Religionsgemeinschaft für ihre Belange wurde 1812 schmerzlich beschnitten: Ein christlicher Ministerialkommissär übernahm die Leitung der Sitzungen des Oberrats und unterzeichnete alle von dem Gremium gefaßten Beschlüsse. Das »Judenedikt« ordnete auch die Schulpflicht der jüdischen Kinder an. Bis zur Begründung israelitischer Volksschulen hatten sie christliche zu besuchen. Begabten jüdischen Kindern stand jetzt auch das Hochschulstudium offen. Größter Wert wurde darauf gelegt, daß junge Juden einen handwerklichen oder landwirtschaftlichen Beruf erlernten und nicht länger im sozialen Abseits blieben. Sie sollten in Zukunft nicht mehr auf den kümmerlichen Not- und Schacherhandel oder gar auf den Bettel angewiesen sein. Die den Juden auferlegten diskriminierenden Heiratsbeschränkungen fielen weg. Einsprüche und Proteste christlicher Kreise, namentlich von seiten der Verwaltung, wies die Regierung ab, oder sie ließ sie unbeachtet[65].

Auch König Friedrich war bemüht, die triste soziale und wirtschaftliche Situation der im Königreich Württemberg ansässigen 8000 Juden – etwa die Hälfte der in Baden lebenden Juden – grundlegend zu verbessern. Er wollte im Hinblick auf die jüdischen Einwohner von dem »hauptsächlich auf Intoleranz und einen durch Vorurteile und schiefe Ansichten beschränkten Geist des Zeitalters« wegkommen. 1807 bestimmte er: »Jedermann, der imstande ist, Güter zu bauen oder bauen zu lassen, er sei wes Glaubens er wolle, wenn er königlicher Untertan ist oder die Rechte oder die Vorteile eines Untertans im allgemeinen zu genießen hat, soll auch befugt sein, Güter im Reich zu besitzen«[66]. Bereits im Juni 1806 hatte er die Oberlandesregierung beauftragt, »eine die Verhältnisse der Juden in den gesamten königlichen Staaten umfassende Ordnung zu entwerfen«. Der zwei Jahre später vorgelegte Entwurf mißfiel ihm jedoch. Er enthalte zu viel Intoleranz, bemängelte er. Das zu einem Gutachten aufgeforderte Obertribunal riet, von einer Neubearbeitung abzusehen, weil die lokalen und die wirtschaftlichen Verhältnisse eine einheitliche Regelung unangebracht erscheinen ließen. Der König entschloß sich, durch Einzelverordnungen die rechtliche, gesellschaftliche und wirtschaftliche Situation seiner jüdischen Untertanen zu verbessern. 1808 hob er den Leibzoll auf, der bis dahin noch in einigen Teilen des Königreichs bestanden hatte. 1809 räumte er den Juden das Recht ein, bürgerliche Gewerbe zu treiben und in die Zünfte einzutreten. 1812 erließ er einheitliche Bestimmungen über Schutzgeld und Aufnahmegebühr. Gleichzeitig beseitigte er die meisten der bisher noch den Juden auferlegt gewesenen sonstigen Abgaben. Wichtig war, daß nunmehr jeder jüdische Einwohner den Status eines Schutzjuden erhalten konnte, wenn er die zu seinem Fortkommen erforderlichen Mittel besaß[67].

Wie andere Fürsten seiner Zeit unterhielt König Friedrich enge Beziehungen zu jüdischen Bankiers und Heereslieferanten. Sein besonderes Vertrauen genoß die Hechinger Hoffaktorenfamilie Kaulla. Sie gründete 1802 mit seiner finanziellen Hilfe die Württembergische Hofbank. Als ersten Juden in Württemberg verlieh Friedrich 1806 fünf Mitgliedern der Familie die vollen Bürgerrechte[68]. An den Vorverhandlungen über den Übertritt Württembergs in das Lager der Verbündeten im Herbst 1813 hatte Hofbankier und Heereslieferant Kaulla wesentlichen Anteil. Er führte im Auftrag seines Königs erste Sondierungsgespräche mit dem österreichischen Außenminister Metternich[69].

Eine noch wesentlich bedeutendere Rolle als in Württemberg spielten jüdische Hoffaktoren in Baden. Sie haben dem badischen Staat hervorragende Dienste geleistet. Ohne ihre Millionenanleihen hätte dieser die schwere Finanzkrise, an der er, wie wir gehört haben, viele Jahre laborierte, nicht durchstehen und schließlich überwinden können. Vier Namen sind hier hervorzuheben: Elkan Reutlinger, David Seligmann Freiherr von Eichthal, Israel Jacobson und Salomon Haber. Der wichtigste Geldgeber (allein 8,4 Millionen Gulden) war mit Abstand Haber. Besondere Bedeutung für Baden kam Elkan Reutlinger zu. Er gewährte dem Großherzog nicht nur beachtliche Anleihen, sondern er übernahm auch wiederholt diplomatische Sonderaufträge. So wurde er zu Verhandlungen in Wien, Prag, Warschau und Paris herangezogen, bei denen es um die Realisierung finanzieller Ansprüche Badens ging. Seine Beziehungen zu auswärtigen Finanzkreisen und sein geschäftliches Geschick machten ihn hierfür besonders geeignet[70].

Schul- und Bildungswesen

Schon als Markgraf hatte Karl Friedrich dem Schulwesen seine besondere Aufmerksamkeit zugewandt. In seinem Land sollten jedem Kind die Elementarschulkenntnisse im Lesen, Schreiben und Rechnen vermittelt, vor allem aber sollte ihm eine gründliche Unterweisung in christlicher Glaubens- und Sittenlehre zuteil werden[71]. Aufgeschlossen war er für Neuerungen auf pädagogischem Gebiet. Bereits 1769 wurde in Karlsruhe ein evangelisches Lehrerseminar eröffnet, dem sich 1788 in Baden-Baden eine katholische Präparandenanstalt zugesellte, die später nach Rastatt verlegt wurde[72]. Auch die höheren Schulen erfuhren die Förderung des Markgrafen. Ein Anliegen war ihm hier eine gute Lehrerversorgung. 1792 berief er beispielsweise den nachmaligen Prälaten Johann Peter Hebel, den bekannten Dichter, an das Karlsruher Gymnasium[73].

Sehr unterschiedlich war es um die schulische Erziehung der Kinder in den geistlichen und weltlichen Territorien bestellt, die zwischen 1802/03 und 1810 an Baden und an Württemberg fielen. In manchen dieser Territorien war das Schulwesen vernachlässigt und das Analphabetentum noch weit verbreitet. Selbst in einer Stadt wie Mannheim hatten die Schulen einen schlechten Ruf. Die Lehrer waren kümmerlich besoldet und genossen keinerlei Ansehen. Zucht und Ordnung fehlten. Es gab in der Stadt fünf katholische, drei reformierte und drei lutherische Schulen. Heruntergekommen waren auch die reformierte und die lutherische Lateinschule sowie das katholische Gymnasium[74]. Rasche Abhilfe tat not. Mit dem am 13. Mai 1803 erlassenen 13. Organisationsedikt gab Brauer dem Schulwesen des Kurfürstentums Baden eine feste Grundlage. Er betrachtete »die gemeinen und die wissenschaftlichen Lehranstalten« bis einschließlich der Universität Heidelberg als einen einheitlichen Organismus. Neben der Volksschule, damals noch Trivialschule genannt, erkannte er eine Vielfalt mittlerer Anstalten an: lateinische Schulen, Pädagogien, Gymnasien und Lyzeen; er trug damit der schulischen Hinterlassenschaft der im Kurfürstentum aufgegangenen Territorien Rechnung[75]. Zweck der Volksschule sollte es sein, »den Stadtbürger oder den Landmann in die Kenntnis alles desjenigen zu setzen, was ihm für seinen Lebensberuf als Christ und Staatsbürger zu wissen notwendig ist, ohne ihn jedoch zu einer Geistesentwicklung hinaufzuschrauben, wobei seine Berufsarbeit versäumt oder ihm unschmackhaft gemacht würde«. Das Edikt sah auch vor, ergänzend zu den Volksschulen Sonntags- und Abendschulen zu errichten und Ausbildungsmöglichkeiten »in einer der Gegend angemessenen Handarbeit« zu schaffen. Den Kindern unbemittelter Eltern, die häufig durch Betteln lästig fielen, sollte damit Gelegenheit zum Erlernen eines nützlichen Broterwerbs geboten werden[76]. Die Lehrerausbildung, die Volksschulen und die Schulaufsichtsbehörden waren nach Konfessionen getrennt. Doch begann die Schulverwaltung schon bald, die lutherischen und die reformierten Volksschulen zusammenzulegen. Bei der beschränkten Schülerzahl der höheren Schulen ließ sich das streng konfessionelle Prinzip nicht immer aufrechterhalten. Nach Möglichkeit wurde am konfessionellen Charakter der höheren Schulen nicht gerührt, doch begünstigte der badische Staat die Bildung überkonfessioneller höherer Lehranstalten. In Mannheim wurde im November 1807 ein solches simultanes Lyzeum eröffnet; es nahm Schüler aller drei christlichen Konfessionen und auch Juden auf[77]. Der 1807 unternommene Versuch, die evangelischen und katholischen Schüler einer gemeinsamen Verwaltung zu unterstellen, wurde bereits zwei Jahre später wieder aufgegeben, die zu diesem Zweck errichtete Generalstudienkommission, die aus einem Direktor und drei geistlichen Kirchenräten bestand, aufgehoben[78].

Lebhaftes Interesse bei der Lehrerschaft in Baden fand die von dem Schweizer Pestalozzi entwickelte Lehrmethode. Eine Reihe von Lehrern legte sie ihrem Unterricht zugrunde. Mit Genehmigung und Unterstützung des Ministeriums des Innern wurden 1809/10 mehrere »Schulmänner« und »Schulkandidaten« nach Yverdon entsandt, um sich dort während eines längeren Aufenthalts mit der Methode Pestalozzis vertraut zu machen. Das großherzogliche Geheime Kabinett hatte nur sehr widerstrebend zugestimmt. Ihm schien das Unterrichtssystem des berühmten Schweizers noch keineswegs ausgereift. Die Erfahrungen der nach Yverdon abgeordneten Pädagogen waren insgesamt sehr positiv. Zu einer allgemeinen Übernahme der Pestalozzischen Lehrmethode in Baden kam es vorläufig dennoch nicht. Immerhin fand sie eine größere Verbreitung im Land. Besonders gepflegt wurde sie in der Rastatter Präparandenanstalt[79].

In Württemberg entzog König Friedrich im Jahr 1806 dem Konsistorium die oberste Leitung des Schulwesens und wies sie dem neugebildeten Geistlichen Departement zu. Doch verblieb dem Konsistorium ein entscheidendes Mitspracherecht in Angelegenheiten der evangelischen Volksschulen. Friedrich war bestrebt, die Volksschulen in seinem Land auf ein einheitliches zeitgemäßes Niveau zu bringen. Sehr hilfreich für eine effektivere schulische Erziehung erschien ihm die Lehrmethode Pestalozzis. 1808 besuchte er auf einer Schweizerreise in Hofwyl im Kanton Bern das Fellmannsche Institut. Dem bisher dort tätig gewesenen Württemberger K. A. Zeller übertrug er das Amt des Schulinspektors in Heilbronn. Zeller errichtete dort eine aus hundert Schülern verschiedener Klassen gebildete Musterschule, in der die Pestalozzische Methode angewandt wurde. Auch Kurse für Lehrer bot er an[80]. Ende 1808 empfahl das Ministerium für geistliche Angelegenheiten auf Weisung des Königs »Schullehrern und Kandidaten des Schulstands« die Teilnahme an diesen Kursen, »um sich mit den Fortschritten der neuen Zeit in dem Fach der öffentlichen Erziehung und insbesondere mit der Pestalozzischen Methode bekanntzumachen«[81]. Überraschenderweise verlor der König bald sein Interesse an den pädagogischen Neuerungen Pestalozzis. Am 1. Februar 1812 untersagte er ihre weitere Anwendung in den Schulen. Möglicherweise hatte ihn die »Verwirrung«, die sie mancherorts unter den Lehrern angerichtet hatte, oder die vielen Widerstände gegen ihre Einführung dazu veranlaßt. Sie behielt jedoch unter Pfarrern und Lehrern zahlreiche Anhänger, und diese praktizierten sie auch weiterhin, ohne davon viel Aufhebens zu machen[82].

1808 und 1810 erließ König Friedrich allgemeine Schulordnungen für katholische und evangelische Elementarschulen; sie sollten ein einheitliches Unterrichtssystem im gesamten Königreich gewährleisten und die vielen Gebrechen beseitigen, die einer gedeihlichen Entwicklung des Schulwesens bis dahin hemmend im Wege gestanden hatten. Auch die Lehrerbildung ordnete der König neu. An die Stelle der im wesentlichen praktisch-handwerklichen Ausbildung des Lehrernachwuchses bei den amtierenden Schulmeistern trat eine dreijährige Unterweisung in öffentlichen Lehrerseminaren oder in einer vom Oberkonsistorium genehmigten privaten Ausbildungsanstalt. Für das nach Ostern 1811 in Esslingen zu eröffnende Hauptschullehrerseminar sollten die besten Bewerber ausgewählt werden. Die Ausbildung, die sich auf ältere und neuere pädagogische Erkenntnisse, insbesondere auf die Pestalozzische Methode, stützte, war kostenlos. Bedürftigen Seminaristen konnte eine finanzielle Beihilfe gewährt werden. Neben Esslingen blieben die Seminare im Stuttgarter Waisenhaus und in Öhringen bestehen[83]. Im Stuttgarter Waisenhaus wurde im folgenden Jahr noch ein Musikalisches Lehrinstitut errichtet[84].

Die 1477 von Graf Eberhard im Bart gegründete Universität Tübingen war seit jeher die hohe Schule Württembergs. Sie hatte durch Jahrhunderte eine prägende Kraft auf das Land gehabt, die lutherische Geistlichkeit, aber auch die juristischen Ratgeber der Regenten und die leitenden Beamten hatten durch sie ihre akademische Ausbildung bekommen. Die Markgrafschaft Baden hingegen hatte nie eine Universität besessen. Ihre Studierenden hatten »ausländische« hohe Schulen, so vor allem die Universität Heidelberg, besucht. Durch die »napoleonische Flurbereinigung« änderte sich für Baden die Situation grundlegend. Durch den Reichsdeputationshauptschluß 1803 gelangte die Universität Heidelberg, durch den Preßburger Frieden Ende 1805 die Universität Freiburg unter seine Landeshoheit. Für die zerrütteten Finanzen des jungen Großherzogtums war die Unterhaltung zweier Universitäten eine schwere Bürde. Daß der badische Staat eine solche Bürde dennoch auf sich nahm, muß ihm hoch angerechnet werden. Es war eine beispielhafte kulturpolitische Leistung.

Heidelberg, die älteste Universität auf deutschem Boden (gegründet 1386), befand sich zu Beginn des 19. Jahrhunderts in schlimmer Verfassung. Sie hatte ihre Güter und Naturaleinkünfte auf linksrheinischem Gebiet verloren, war stark verschuldet und übte nur noch eine sehr geringe Anziehungskraft auf Studierende aus. Die Immatrikulationszahlen lagen zwischen 1793 und 1803 im Durchschnitt weit unter 100. 1793 waren lediglich 37 Studierende eingeschrieben. Kurfürst Max Josef erkannte die Notlage der Universität und war zu einem Zeitpunkt, als schon feststand, daß Bayern die Pfalz an Baden abzutreten hatte, mit Erfolg bemüht, sie aus ihrer finanziellen Misere zu befreien. Er überließ ihr den Oggersheimer Kirchenschatz und die oberrheinischen Gefälle des Bistums Speyer. Kurfürst Karl Friedrich stand nach dem Übergang Heidelbergs an Baden in seiner Fürsorge für die Universität seinem bayerischen Standesgenossen nicht nach. Im 13. Organisationsedikt vom 13. Mai 1803, eine Art zweiter Gründungs- und Stiftungsurkunde, wurden ihre Verhältnisse neu geordnet[85]. Erstmals wurde ihr eine feste finanzielle Dotierung für Personal- und Sachaufwendungen gewährt[86]. Den größten Teil dieser Summe übernahm der Staat, den Rest hatten die Kirchen (je 2/5 die Katholiken und die Lutheraner, 1/5 die Reformierten) aufzubringen, weil die Studierenden großenteils Theologen waren. Eingeteilt wurde die Hochschule in fünf Sektionen: die kirchliche mit neun, die staatsrechtliche mit fünf, die medizinische mit sechs, die staatswirtschaftliche mit drei bis vier und die allgemeine Sektion mit sechs bis sieben Lehrstühlen. In der theologischen Fakultät sollte jeder Lehrstuhl jeweils mit einem Katholiken und einem Protestanten, im Fach Dogmatik mit je einem Katholiken, einem Lutheraner und einem Reformierten besetzt werden. Entsprechend seiner toleranten Gesinnung wünschte Kurfürst Karl Friedrich im Bereich der Wissenschaft ein friedliches Nebeneinander und eine völlige Gleichbehandlung der Konfessionen. Die allgemeine Sektion, seit 1807 als philosophische Fakultät bezeichnet, hatte alle Gegenstände der geistigen und sinnlichen Erkenntnis nach ihren allgemeinen Modifikationen »zu lehren, mithin anzuleiten, sie ohne Rücksicht auf einen besonderen Zweck der Anwendung im Staat richtig aufzufassen«. Die Rektorwürde bekleidete der regierende Kurfürst. Der aus der Mitte des Senats zunächst halbjährlich, dann jährlich zu wählende Prorektor hatte unter allen Staatsbeamten in Heidelberg den höchsten Rang. Die Universität behielt eine eigene beschränkte Gerichtsbarkeit. Wert wurde auf ein ordentliches Betragen der Studierenden gelegt. Doch waren die in dieser Hinsicht erlassenen Vorschriften nicht engherzig.

Kein Verständnis hatte der badische Staat für das Verbindungswesen. Ihm erschien es als »Quelle von Mißbräuchen, Zeit- und Geldverlust, nicht selten von Sittenverderbnis, in jedem Fall aber von Uneinigkeit oder Zwietracht«. Strenge Strafbestimmungen galten vor allem den im 18. Jahrhundert vorherrschend gewesenen geheimen Orden und den Landsmannschaften, in denen, abgesehen von einem rohen Ton und schlechte Manieren, üble Ausschreitungen und Prügeleien an der Tagesordnung waren. Als Regelstudienzeit waren für Theologen drei Jahre, für Juristen und Mediziner dreieinhalb Jahre und für Studierende der Staatswirtschaft zweieinhalb Jahre festgesetzt. Badische Studierende hatten ihre Studienzeit in Heidelberg zu absolvieren. Lediglich ein auswärtiges Semester war ihnen erlaubt. 1810 bereits fiel dieser »Universitätsbann«. Jetzt waren die Studenten beim Wechsel ihrer Alma mater frei.

Durch die Bücher der aufgehobenen Klöster Allerheiligen, Ettenheimmünster, Lichtental und Schwarzach wuchs die Universitätsbibliothek auf weit über 40 000 Bände an. Außerdem standen jetzt bescheidene Mittel zum Kauf von Neuerscheinungen zur Verfügung. Erfolglos waren die Bemühungen des badischen Staats, die im Dreißigjährigen Krieg nach Rom gebrachte und im Vatikan verwahrte berühmte pfälzische Handschriftensammlung, die Palatina, zurückzuerlangen. Erst 1815/16 erhielt die Universitätsbibliothek einen Teil der wertvollen Handschriften zurück. Das wachsende Interesse für die Geisteswissenschaften führte 1807 zur Errichtung eines philologisch-pädagogischen Seminars. Die Sammlungen des physikalischen Kabinetts konnten durch Ankäufe und Sammlungen erheblich vermehrt werden. Den größten Aufschwung nahmen die medizinischen Institute, sie waren allerdings bisher völlig vernachlässigt worden. Das alte Dominikanerkloster wurde angekauft und seine zur ebenen Erde gelegenen Räumlichkeiten zu einem »anatomischen Theater« hergerichtet. Ebenso fand in dem Gebäude die 1805 von Mannheim nach Heidelberg verlegte Entbindungsanstalt nebst Hebammenschule Aufnahme. Gleichfalls 1805 wurde eine Poliklinik errichtet. Auch ein botanischer Garten entstand damals neu.

Entscheidend für das Aufblühen der Universität war indes, daß Gelehrte von Rang gewonnen werden konnten, die Heidelberg als Stätte wissenschaftlicher Forschung und Lehre weithin bekanntmachten. Ein wesentliches Verdienst bei der Gewinnung bedeutender Wissenschaftler kommt Sigismund von Reitzenstein, dem großen badischen Staatsmann, zu. Er kehrte 1804 von einer einjährigen Italienreise zurück und ließ sich in Heidelberg nieder. Engagiert, doch ohne offiziellen Auftrag, wirkte er in freundschaftlichem Einvernehmen mit dem bekannten Philosophen Creuzer an der Besetzung der Lehrstühle mit, und es zeigte sich, daß er auch hier eine glückliche Hand hatte. Dank seiner Bemühungen kamen der Pandektist Thibaut, der Philosoph Frieß und der Dichter Johann Heinrich Voß nach Heidelberg. Voß übernahm keinen Lehrauftrag, er wollte jedoch der Universität als »Aushängeschild« dienen, da »eine neue Akademie wie ein neues Gebäude ein wenig Blankes vom Giebel herabschimmern lassen muß«[87]. Die Berufung einiger anderer Berühmtheiten mißlang, so die der Juristen Anselm Feuerbach und Savigny. Reitzenstein war frei vom Mißtrauen der Bürokratie; er wünschte für die Professoren ein hohes Maß an Freiheit in Forschung und Lehre, für die Studierenden ein solches bei der Gestaltung ihres Lebens und Lernens. Allein, nach seiner Rückkehr in die aktive Politik im Herbst 1805 regten sich die Gegenkräfte. Die freiheitlichen Rechte in der Universitätsverfassung wurden einzuengen versucht. Reitzenstein mußte den Vorwurf hören, er habe bei seinen Berufungen einseitig Ausländer und Rationalisten berücksichtigt. Im Herbst 1806 zeichnete sich die Gefahr ab, daß der Universität Heidelberg mißgünstig gesinnte Hofkreise sogar die Aufhebung der Hochschule durchsetzen könnten. Reitzenstein wollte dies unter allen Umständen verhindern. Von September 1806 bis Mai 1807 verwaltete er das Amt des Kurators. In stetem Kampf gegen seine Widersacher führte er nicht nur die Neuordnung der Universität durch, sondern er sicherte sie auch. Die katholisch-theologische Fakultät wurde nach Freiburg verlegt. Nach der Eingliederung des Breisgaus standen dort die vorderösterreichischen Studienfonds zur Verfügung. Die so in Heidelberg freiwerdenden Mittel konnten für andere Fakultäten verwendet werden. Wichtiger aber war noch, daß die Universität Heidelberg nunmehr durch Lehrende wie Studierende eine stark norddeutsche und protestantische Ausrichtung erhielt. Mit ihr war, von Reitzenstein sicher unbeabsichtigt, ihre Entwicklung im 19. Jahrhundert vorprogrammiert. Heidelberg war, wie es Schnabel formuliert, die einzige süddeutsche Universität, in welcher Norddeutschland Fuß faßte[88]. Reitzenstein suchte die Universität ausschließlich auf die humanistische Weltanschauung zu gründen. Er war davon durchdrungen, daß die Menschheit durch wissenschaftliche Forschung und durch den Umgang mit den edelsten Geistern des Altertums glücklicher und besser, freier und zufriedener werde. Solange er in Heidelberg weilte, gelang der Ausgleich zwischen Aufklärung und Romantik. Danach aber brach zwischen beiden Geistesrichtungen der offene Streit aus. Der Neuordnung der Universität Heidelberg widmete Reitzenstein deshalb so viel geistige Kraft, weil er hoffte, von der von ihm reformierten Schule werde »die bessere wissenschaftliche Kultur des südlichen Deutschlands ausgehen«. Bezeichnend für seine Auffassung vom Staat war die Feststellung: »Nächst einer weisen und wohltätigen inneren Administration, wozu aber schon die Beförderung der Wissenschaft als innerer Bestandteil gehört, können Regenten durch nichts mehr als durch letztere insonderheit ihren Ruhm verherrlichen, und dieser ist bleibender als jener des Eroberers«[89]. Dem Staat sollte bewußt gemacht werden, daß »die Universität seinen Interessen und seinen Bedürfnissen entspricht«. Aus diesem Grund förderte Reitzenstein neben der juristischen vornehmlich die philosophische Fakultät, weil für ihn das Studium des Altertums das Wissen um seiner selbst willen bedeutete und er in der Antike die Gesetzmäßigkeit und die ungebrochene Einheit eines harmonischen Menschentums fand, die seiner Generation das Leben im Staat sinnvoll und lebenswert machte[90]. Bei seinen Maßnahmen orientierte er sich vornehmlich an Göttingen. Heidelberg sollte dieser in der zweiten Hälfte des 18. Jahrhunderts führenden deutschen Universität ebenbürtig werden, sie möglichst sogar überflügeln. Bewußt warb er von dort für seine Hochschule wissenschaftliche Lehrkräfte ab. Die Zeitumstände, die politische Instabilität in Mittel- und Norddeutschland kamen ihm dabei zu Hilfe. Gelehrte aus Göttingen, aber etwa auch aus Jena vertauschten ihre dortigen Lehrstühle nicht ungern mit solchen in dem ruhigeren Heidelberg. Nicht realisieren konnte Reitzenstein seinen Plan, in Heidelberg nach dem Vorbild Göttingens eine »Sozietät der Wissenschaften« ins Leben zu rufen.

Sein Aufbauwerk wurde zunehmend attackiert. Hofkreise intrigierten gegen ihn. Anfang Mai 1808 sah er sich als Kurator zum Rücktritt gezwungen. Doch mit der Aufgabe des Kuratels erlosch sein Interesse an Heidelberg keineswegs. Auch in den folgenden Jahren und Jahrzehnten nahm er lebhaften Anteil an der Entwicklung der Universität[91]. Eine nochmalige Übernahme des Kuratels im Jahr 1811 verhinderte der damalige leitende Minister Andlaw. Er machte Reitzenstein vor allem zum Vorwurf, einheimische Professoren durch norddeutsche verdrängt zu haben. Über die Universität selbst vermittelte er dem französischen Gesandten de Moustier ein sehr schlechtes Bild[92]. Dabei stand außer Frage, daß Heidelberg seit seinem Übergang an Baden einen bemerkenswerten Aufschwung genommen hatte, der auch weiterhin anhielt. 1810 verlor es mehrere Professoren an die neugegründete Berliner Universität. Die Heidelberger Hochschule wurde eine Art Pflanzschule für die Universität der preußischen Hauptstadt. Reitzenstein sah die Abwanderung von Wissenschaftlern aus Heidelberg höchst ungern; er empfand dies geradezu als eine persönliche Niederlage[93]. Großherzog Karl Friedrich blieb der Heidelberger Universität sehr zugetan. Zu bedauern war nur, daß er infolge des Verfalls seiner geistigen Kräfte als wohlwollender und hilfreicher Schirmherr mehr und mehr ausfiel. 1807 stiftete er vier Preismedaillen »zur Erweckung des Fleißes und literarischen Geistes und Wetteifers«; sie wurden alljährlich an seinem Geburtstag verliehen. Großherzog Karl bestätigte nach seiner Thronbesteigung 1811 diese Stiftung[94].

Die wissenschaftliche Anziehungskraft der Heidelberger Universität verstärkte sich zunehmend. Die Studentenzahlen waren in stetigem Ansteigen begriffen. Im Sommersemester 1811 waren in Heidelberg 332 und in Freiburg 271 Studierende immatrikuliert. Während der Großteil der Freiburger Studenten aus Baden kam (225) und nur ein verhältnismäßig kleiner Prozentsatz aus dem »Ausland« (46), verhielt es sich in Heidelberg genau umgekehrt: 105 »Inländern« standen 227 »Ausländer« gegenüber. Von den 332 Studenten gehörten allein 172 der juristischen Fakultät an, 50 waren Kameralisten, 47 Mediziner, 43 Theologen und 20 Philosophen. In Freiburg bildeten die katholischen Theologen mit 89 die stärkste Studentengruppe, hinter ihr rangierten die Mediziner (68), die Juristen (66) und die Philosophen (48)[95]. Noch stärker überwogen in Heidelberg im Wintersemester 1814/15 die »Ausländer«: 265 von insgesamt 328 Studierenden[96].

Nach dem Anfall der Universität Freiburg an Baden Ende 1805 war ihr Fortbestehen zunächst in Frage gestellt. Ein Land von der Größe Badens konnte schwerlich zwei Universitäten unterhalten. Daß Freiburg das bittere Los sehr viel eher treffen würde als die ältere, literarisch bedeutendere und eine höhere Studentenzahl aufweisende Universität Heidelberg, galt als sicher[97]. Die Universität Freiburg säumte denn auch nicht, sofort nach dem Preßburger Friedensschluß eine Deputation nach Karlsruhe zu entsenden. Aber wie erwartet, bekam die Deputation nur Unerfreuliches zu hören: Die mit großem Kostenaufwand reorganisierte Universität Heidelberg reiche für die Bedürfnisse des badischen Kurstaats, insbesondere auch für die verschiedenen Konfessionen, vollkommen aus; ihre theologische Fakultät habe drei Abteilungen: eine katholische, eine lutherische und eine reformierte. Freiburg gab indessen das Feld noch nicht verloren. In einem Promemoria sollte auf die verfügbaren Gebäude und wissenschaftlichen Einrichtungen, ebenso auf die Gefälle im Württembergischen hingewiesen werden, mit deren Verlust bei einer Aufhebung der Hochschule zu rechnen wäre. Ferner wollte die Universität an einflußreiche Fürsprecher appellieren: an Erzherzog Karl und an Kurerzkanzler Dalberg. Auch die Stadt Freiburg setzte sich für die Erhaltung der Hochschule ein. Eine hoffnungsvolle Wende bedeutete die Mitteilung der badischen Regierung vom 21. Mai 1806. Man wolle, so hieß es darin, die auswärtigen Renten vorerst retten. Gelinge dies, und eröffneten sich darüber hinaus finanzielle Möglichkeiten zur Unterhaltung der Hochschule, ohne daß die Staatskasse zu sehr beschwert werde, solle die Universität bestehen bleiben. Entscheidend für diese positive Wende war das Votum von Kurfürst Karl Friedrich gewesen. Er hatte sich für die Erhaltung nicht nur der Heidelberger, sondern auch der Freiburger Universität ausgesprochen. Hierbei habe er geäußert, beide Hochschulen gehörten nicht Baden allein, sondern der Menschheit. »Fern sei der Gedanke, eine derselben aufzuheben, wir wollen ihrer sorgsam pflegen und sie instandsetzen, Tüchtiges zu leisten, damit das Licht der Wissenschaft, der wahren Aufklärung, von ihnen ausgehend, sich fortan über Deutschland verbreiten möge«. In Freiburg und weit darüber hinaus war die Freude groß. Erzherzog Karl, noch immer Rektor der Universität, gab in einem Schreiben seiner Genugtuung Ausdruck.

Die Regierung in Karlsruhe vermochte in einer Hinsicht der Hochschule wirksam zu helfen, nämlich bei der Vermehrung ihrer Bücherbestände, und dies tat sie. Aus den Bibliotheken der aufgehobenen Breisgauklöster bekam Freiburg die Bücherschätze, auf die die großherzogliche Hofbibliothek keinen Wert legte. Mit dem Ausbau der Universitätsbibliothek war jedoch noch wenig bewirkt. Die finanzielle Situation der Hochschule verschlechterte sich durch Zinsausfälle und Kriegslasten rapide, sie führte schließlich zur gänzlichen Zahlungsunfähigkeit. Um wenigstens die nötigsten Zahlungen leisten zu können, sah sich die Universität zu großen Kapitalaufnahmen gezwungen. Es war zeitweise nicht einmal möglich, den ordentlichen Professoren ihre Gehälter auszuzahlen. Weniger wichtige Stellen mußten unbesetzt bleiben, Pensionszahlungen ausgesetzt werden. Ungeachtet ihrer verzweifelten Lage wurde die Universität noch zu Kriegskontributionen und zur Verpflegung französischer Truppen herangezogen, die im Breisgau kantonierten. Württemberg beschlagnahmte zunächst die Renten und Gefälle der Hochschule in seinem Territorium. Im Mai 1806 gab es sie frei. Jetzt konnte die Universität auch erstmals wieder die Pensionen vollständig ausbezahlen. Nur allmählich kam sie aus dem finanziellen Tief wieder heraus.

Ende 1806 legte Erzherzog Karl das Rektoramt nieder. An seine Stelle trat Großherzog Karl Friedrich. 1807 erhielt die Universität in der Person des vormaligen Johanniterkanzlers Geheimrat von Ittner einen Kurator. Ittner setzte sich stets tatkräftig in Karlsruhe für die Belange der Hochschule ein. Im Juli 1810 ernannte das Ministerium einen besonderen Amtmann bei der Universität; er war für Disziplinarangelegenheiten zuständig. Vergeblich hatte die Hochschule diese Ernennung zu verhindern gesucht, weil sie ein solches Amt für überflüssig hielt. Der Lehrplan erfuhr nach dem Muster der Universität Heidelberg eine völlige Neugestaltung. Die »obligaten« Lehrfächer waren künftig in einem halben Jahr, einem Semester oder Halbjahreskurs, jeweils vollständig zu lesen. Seit dem Wintersemester 1810/11 waren den Professoren bestimmte Lehrbücher vorgeschrieben, nach denen sie sich in ihren Vorlesungen zu richten hatten. 1808 wies die Regierung die philosophische Fakultät an, einer der Professoren solle Vorlesungen in Pädagogik halten. 1807 war die katholische Abteilung der Heidelberger theologischen Fakultät nach Freiburg verlegt worden. Die Gesamtzahl der Lehrkräfte stieg auf etwa 30 an. Einen ausgezeichneten Ruf hatte der Theologieprofessor Geistlicher Rat Leonhard Hug. Sein Hauptwerk »Einleitung in die Schriften des Neuen Testaments« erschien erstmals 1808. Neben ihm besaß einen großen Namen sein Freund Ferdinand Geminian Wanker, Professor der Moral. An der philosophischen Fakultät wirkte der weitaus bedeutendste Gelehrte der Universität: Karl von Rotteck. Unerfreulich waren die langwierigen und teilweise erbitterten Rangstreitigkeiten vor allem zwischen den von Heidelberg nach Freiburg versetzten und den bereits in Freiburg befindlichen Professoren. Bei der Wahl und der Besetzung von Dekansstellen mußte wiederholt das Ministerium die Entscheidung treffen. Die Zahl der Studenten pendelte sich in den Jahren 1807 bis 1811 zwischen 200 und 250 ein. Zwischen den verschiedenen Fakultäten gab es nur geringe zahlenmäßige Unterschiede. Die meisten Studenten waren an der theologischen und der philosophischen Fakultät eingeschrieben. Heidelberg war die Hochburg der Juristen, dagegen konnte es bei den Medizinern nicht mit der Schwesteruniversität konkurrieren.

Gegenüber dem großherzoglichen Haus befleißigte sich die Universität Freiburg großer Ergebenheit. Feiern anläßlich des Geburtstags des Landesherrn, aber auch Napoleons waren eine Selbstverständlichkeit. Ebenso wurde sonstiger Ereignisse in der Regentenfamilie gebührend gedacht. Am 22. Juni 1811 hielt Professor Rotteck bei einer von der Universität veranstalteten Trauerfeier die Gedenkrede auf Großherzog Karl Friedrich. Insgeheim freilich gehörten die Sympathien eines Großteils der Professoren und der Studenten wie auch der Freiburger Bevölkerung noch immer dem Haus

Habsburg. Dies wurde 1809 offenkundig. 20 Studenten machten sich damals nach Vorarlberg auf, um mit den Aufständischen gemeinsame Sache zu machen. Fünf von ihnen wurden unterwegs aufgegriffen, die anderen erreichten wohl größtenteils ihr Ziel. Vergeblich reklamierte die Universität von 1812 an ihre Einkünfte im Elsaß. Auch der König von Württemberg sperrte erneut die ihr zustehenden Grundgefälle sowie ihre sonstigen Gerechtsame in seinem Land. Ihre Patronatsrechte an den Pfarreien Rottenburg und Ehingen zog er an sich. In Freiburg wurden diese Willkürmaßnahmen als besonderer Affront empfunden, hatte doch die Universität den Wunsch des Königs, dem Rektor und vier Theologieprofessoren seiner neuen katholischen Hohen Schule in Ellwangen die Doktorwürde zu verleihen, bereitwillig erfüllt und hierbei auf die üblichen Gebühren verzichtet. Erst 1819 wurden ihr die entfremdeten Grund- und Patronatsrechte in Württemberg wieder zugestanden.

Mit der Staatsauffassung König Friedrichs war es unvereinbar, daß junge Württemberger im Ausland studierten oder sich dort gar akademische Titel erwarben. Geradezu als vaterländische Pflicht bezeichnete er es, daß Untertanen ihre Studien an der Landesuniversität absolvierten. Im Dezember 1806 verbot er »allen königlichen Dienern und Untertanen«, Doktortitel und andere akademische Würden von fremden Universitäten anzunehmen und zu führen. Lediglich die Mitgliedschaft in gelehrten Gesellschaften und in anderen höheren Institutionen außerhalb Württembergs erlaubte er[98]. Ein Jahr später, am 24. Dezember 1807, verfügte er, daß Landesuntertanen, die eine Anstellung »in den königlichen Staaten« erstrebten, wenigstens zwei Jahre in Tübingen studierten. Zugleich untersagte er den Besuch »fremder ausländischer Universitäten«. Eine Ausnahme gestand er lediglich Studierenden der katholischen Theologie zu, solange im Land keine »katholischen christlichen Lehrstühle aufgestellt« seien. Studenten, die sich zu Studienzwecken im »Ausland« aufhielten, hatten in die Heimat zurückzukehren und sich an der »vaterländischen hohen Schule« einschreiben zu lassen[99].

Für den in Tübingen herrschenden freieren Geist hatte König Friedrich kein Verständnis. Er erwartete, daß auch an der Universität Zucht und Ordnung, daß militärische Subordination geübt wurde. Der Besuch der Vorlesungen war nach seiner Ansicht »zur Erhaltung der sittlichen Ordnung unter den Studierenden ebenso sehr wie zur Beförderung ihrer wissenschaftlichen Bildung« notwendig. Er bestimmte deshalb die Mindestzahl von Vorlesungen, die je Halbjahr zu hören waren. Studenten, die sich nicht daran hielten, waren von der Hochschule zu entfernen[100]. Sehr verärgert zeigte sich der König darüber, daß die Universität Tübingen die ihr übertragene Justizpflege so nachlässig handhabe. Er drohte ihr, falls sich dies nicht bessere, mit dem Entzug aller ihrer Privilegien. Studenten, die sich außerhalb Tübingens Gewalttätigkeiten und Unordnungen zuschulden kommen ließen, sollten sofort arretiert und von der Obrigkeit »gesetzlich behandelt« werden[101]. Schon 1806 hob der König die korporative Universitätsverfassung auf; sie hatte der Hochschule bislang eine weithin unabhängige Stellung im Staat sowie eine eigenständige Verwaltung ihres Vermögens und ihrer Einkünfte garantiert, aber auch zu manchen Mißbräuchen geführt. Ein dem Ministerium für geistliche Angelegenheiten unterstellter Kurator hatte hinfort den Lehrbetrieb zu leiten und zu beaufsichtigen. Die Rechtsprechung der Universität wurde stark beschnitten. Erster Kurator wurde Ludwig Timotheus Spittler, ein namhafter Historiker und ehemaliger Göttinger Professor. Spittler brachte den Anliegen der Universität großes Verständnis entgegen und nahm sich ihrer Belange nach Kräften an[102]. Bis zu seinem Tod im März 1810 blieb das Verhältnis zwischen Landesherr und Universität im wesentlichen frei von größeren Spannungen. Dies änderte sich 1811. Ein von wenig politischem Fingerspitzengefühl zeugender, höchst unglücklich formulierter Bericht des Senats erregte den Zorn des Monarchen. Ein bloßes Gerücht, nach dem Studenten künftig nicht mehr wie bisher erst nach Abschluß ihres Studiums, sondern auch schon zuvor zum Militärdienst eingezogen werden konnten, hatte den Senat veranlaßt, vor den nachteiligen Folgen für den Staat, aber auch für die Universität zu warnen. Die Studenten, so hieß es in dem Bericht, stimme die Aussicht, Soldat zu werden, apathisch, sie nehme ihnen alle Lust zum Studieren. Die Universität müsse befürchten, daß sie unter solchen Umständen ihre Aufgabe, für den Staat zusätzliche und geschickte Diener heranzubilden, nicht erfüllen könne. Der König möge sich doch den dargelegten Gründen nicht verschließen. Nun stand es damals um den Offiziersnachwuchs, wie wir gehört haben, in Württemberg schlecht. Eine Ausnahme der Studenten vom Wehrdienst vermochte die Regierung nicht zuzugestehen. König Friedrich reagierte mit verletzender Schärfe. Wenn sich der Senat herausnehme, schrieb er, königliche Verfügungen als nachteilig hinzustellen, »als den Umsturz der höchsten Lehranstalt Württembergs bedrohend, ... so müssen Wir es bedauern, diejenigen, denen Wir nicht allein den wissenschaftlichen Unterricht, sondern auch die Pflicht, gehorsame Untertanen zu erziehen, aufgetragen haben, durch Parteilichkeiten und Individualitäten auf Abwege verleitet zu sehen, die dem Staat gefährlich werden und Unseren allerhöchsten Rechten zu nahe treten könnten. Vielleicht sollten Wir bloß dem strengen Recht nach handeln, ein Institut aufheben und reformieren, welches den ihm vorgesetzten Zweck so ganz verfehlt«. Er gehe jedoch davon aus, daß eine böswillige Minderheit eine gutwillige Mehrheit irregeleitet habe, deshalb wolle er die Universität als Institution schonen. Weil es aber die Mitglieder des Senats als einzige seiner Untertanen gewagt hätten, »Unsere mit dem vollen Bewußtsein Unseres Gewissens nur allein auf allgemeine Erhaltung und Wohl des Staats abzweckende Regentenverfügungen zu tadeln«, müsse eine Strafe sein. Deshalb verfüge er die sofortige Amtsenthebung des derzeitigen Rektors. Künftig dürfe der Rektor nicht mehr durch den Senat gewählt werden, sondern er sei jeweils für eine sechsmonatige Amtsdauer vom Kultminister zu ernennen. Ferner solle durch eine Kommission ein Plan zu der ihm längst vorschwebenden Reform der Universität ausgearbeitet werden[103].

Die angekündigte Kommission wurde umgehend gebildet. Der von ihr vorgelegte Plan fand die Billigung des Königs. Mit den am 17. September 1811 erlassenen »Organischen Gesetzen für die Universität Tübingen« verlor die Hochschule die ihr bislang noch verbliebenen Überreste ihrer korporativen Verfassung. Ihr nunmehriger Status entsprach dem einer staatlichen Lehranstalt. Als ihr Kurator fungierte der Präsident der dem Kultministerium nachgeordneten Oberstudiendirektion, der sie wie andere Schulen unterstellt war. Alle Privilegien und Sonderrechte, die ihr bislang noch zuerkannt gewesen waren, büßte sie ein. Die Verfügung über das Universitätsvermögen ging an die Staatsfinanzverwaltung über. Auf der anderen Seite war sich König Friedrich der hervorragenden Bedeutung der Tübinger Hochschule für den von ihm geschaffenen Staat sehr wohl bewußt. Deshalb suchte er ihren wissenschaftlichen Bedürfnissen nach Möglichkeit Rechnung zu tragen. Er errichtete zwei neue Lehrstühle, ließ der Bibliothek reiche Schenkungen zukommen, begründete das »Klinikum«, ließ den botanischen Garten erweitern, eine Mineraliensammlung anlegen und astronomische Instrumente anschaffen. Auch geizte er trotz der schweren finanziellen Bürde, die die fortwährenden Kriege Württemberg auferlegten, nicht mit Geldzuweisungen. Durch Fakultätspreise, die alljährlich an seinem Geburtstag zur Verteilung kamen, vermittelte er der wissenschaftlichen Forschung an der Universität zusätzlichen Auftrieb. Mit dem Geheimrat Freiherrn von Wangenheim erhielt Tübingen wiederum einen engagierten, vielseitig gebildeten und charakterlich untadeligen Kurator; ihm hatte die Universität viel zu verdanken[104].

Von geistiger, namentlich auch akademischer Freiheit hielt König Friedrich wenig.

Universitäre Forschung und Lehre hatten dem Staat zu dienen, einen eminent wichtigen Staatszweck zu erfüllen. In dieser Beschränkung räumte er den Wissenschaften einen hohen Stellenwert ein. Er selbst interessierte sich besonders für Geschichte, für die Kriegs- und Naturwissenschaften sowie die Kameralistik, doch auch andere Wissenschaften beschäftigten ihn. Gerne unterhielt er sich mit Gelehrten, von ihren Erkenntnissen suchte er zu profitieren[105].

Geistiges und kulturelles Leben

Mittelpunkt des geistigen und kulturellen Lebens waren noch immer die Fürstenhöfe. Musik, Theater, aber auch bildende Kunst und Literatur fanden hier ihre besondere Förderung und Pflege. Der Hof Karl Friedrichs von Baden hatte in der zweiten Hälfte des 18. Jahrhunderts auf Literaten, Künstler, Naturwissenschaftler, Philosophen und Theologen eine starke Anziehungskraft ausgeübt. Der Markgraf und vor allem seine erste Frau, Prinzessin Karoline von Hessen-Darmstadt, waren geistig und künstlerisch vielseitig interessiert. Nach dem frühen Tod der Markgräfin (1783) büßte der Hof viel von seiner gleichermaßen anregenden wie ansprechenden Atmosphäre ein. Parteiungen, einander befehdende Gruppen traten zunehmend hervor und drängten das musische Element zurück. Zu Beginn der Rheinbundzeit hatte der greise Karl Friedrich den bestimmenden Einfluß an seinem Hof verloren. Die Standeserhöhung von der Markgrafen- über die Kurfürsten- zur Großherzogswürde vermehrte den äußeren Glanz des Karlsruher Hofs, sein geistiges und kulturelles Niveau sank hingegen ab. 1804 gab es in Karlsruhe kein Theater. Die Hofgesellschaft bot mit der Einübung und Aufführung von französischen Stücken bescheidenen Ersatz. Hofbälle brachten Abwechslung in den einförmigen Alltag. Die viel Zeit beanspruchenden Mahlzeiten, an denen gewöhnlich eine große Zahl von Hofangehörigen und Gästen teilnahm, wurden von Tafelmusik umrahmt[106]. 1808 ging die Karlsruher theaterlose Zeit zu Ende. Am 30. Oktober jenes Jahres wurde das von Friedrich Weinbrenner erbaute Theater mit Spindlers Singspielen »Fest der Weihe« und »Triumph der Liebe« eingeweiht. Unzufriedenheit mit der Theaterleitung veranlaßten zwei Jahre später den großherzoglichen Hof, das Theater in seine Regie zu übernehmen und die Intendanz Oberst Karl Freiherr von Stockhorn zu übertragen. Am 9. November 1810 wurde die erste reguläre Karlsruher Theaterspielzeit mit der Oper »Achilles« von Fernando Paer eröffnet[107].
Mannheim, die einstige pfälzische Residenz und nunmehr die größte Stadt Badens, litt sehr unter der wenig spektakulären Rolle, die es als Grenzstadt des badischen Kurfürstentums/Großherzogtums zu spielen hatte. Es hatte zunächst erwartet, daß Kurfürst Karl Friedrich den Sitz der Regierung und des Hofs in seine Mauern verlegte oder daß er sich wenigstens zeitweise hier aufhielt und es neben Karlsruhe als Residenzstadt anerkannte. In kultureller Hinsicht konnte es sich leicht mit Karlsruhe messen. Sein Nationaltheater, sein repräsentatives Schloß, seine Sternwarte und anderes mehr wären dem Hof sehr zustatten gekommen. Doch Karl Friedrich zeigte keinerlei Neigung, Mannheim seinen Residenzcharakter zurückzugeben. Persönliche, psychologische und vor allem politische Gründe ließen ihn dies nicht geraten erscheinen. 1806 wurde die ehemalige Hauptstadt der Pfalz in bescheidenem Maß entschädigt: Das Erbprinzenpaar Karl und Stephanie wählte sie zu seiner Residenz[108].
Am glanzvollen Hof König Friedrichs von Württemberg, der im Sommer in Ludwigsburg und im Winter in Stuttgart residierte, besaß das Theater einen hohen Stellenwert.

Der König selbst nahm entscheidenden Einfluß auf das Engagement der Künstler, die Rollenverteilung und das Repertoire. Stücke, die ihm mißfielen, mußten abgesetzt werden. So ließ er im April 1808 das Drama »Die Mitschuldigen« von Johann Wolfgang von Goethe »wegen Unsittlichkeit« vom Spielplan streichen. Von jetzt an durften nur noch Schauspiele aufgeführt werden, die der Bücherfiskal Hofrat Lehr angesehen und »für unschuldig« erklärt hatte[109]. Kunstverständnis und Geschmack besaß König Friedrich in hohem Maße. Oper und Schauspiel erlebten unter ihm eine Blüte. Im Bereich der Oper hatten der Hof und das Stuttgarter Publikum Gelegenheit, Werke fast aller bedeutenden Komponisten der jüngsten Zeit kennenzulernen, so »Titus« und »Idomeneus« von Mozart, »Iphigenie in Tauris« von Gluck, »Wirt und Gast oder Aus Scherz Ernst« von Jakob Meyerbeer, »Abu Hassan« und »Silvana« von Carl Maria von Weber, ferner die hervorragendsten Opern der zeitgenössischen französischen und italienischen Komponisten. Reichhaltig war auch das Repertoire an Schauspielen. Hier standen freilich neben großen Schöpfungen der dramatischen Kunst auch mehr belanglose, unterhaltsame Stücke. Ein zwiespältiges Verhältnis hatte König Friedrich zu den Schillerschen Dramen. Die revolutionären Frühwerke »Die Räuber« sowie »Kabale und Liebe« lehnte er ab, gegen die Aufführung der Spätwerke hatte er keine Einwände. Andere Dramen wie die Wallenstein-Trilogie gab er nach langem Widerstreben frei. Goethe fand erst allmählich seine Zustimmung. Einige seiner Dramen gelangten seit 1807 zur Aufführung: unter anderen »Götz von Berlichingen«, »Clavigo«, »Egmont«, »Die Geschwister«. Vertreten waren ferner Werke von Lessing, Shakespeare, Racine, Calderon[110]. Bekannte Künstler hielten sich zeitweise am württembergischen Hof auf. Von 1807 bis 1812 wirkte hier als Hofkapellmeister der gebürtige Mannheimer Franz Danzi, ein ausgezeichneter Musiker. Sein Nachfolger war der berühmte Konradin Kreutzer, der während seiner vierjährigen Dienstzeit in Stuttgart auch einige seiner Opern zur Aufführung bringen konnte. Von 1807 bis 1810 hielt sich in der württembergischen Landeshauptstadt der junge Komponist Carl Maria von Weber auf; er stand als Geheimsekretär im Dienst des Herzogs Louis, eines Bruders von König Friedrich[111].

Während des Sommeraufenthalts des Hofs in Ludwigsburg lud der König die fremden Gesandten, ihre Frauen und hoffähige Fremde regelmäßig zur Teilnahme am »Spectacle« ein. Anschließend zog er sie zur »Nachttafel«. Ein Teil der hoffähigen Untertanen und leitenden Hofbediensteten durfte dazu »ungebeten« erscheinen[112]. Zu den Hofbällen wurden neben Angehörigen der obersten Rangklassen, dem Diplomatischen Korps und hoffähigen Fremden vor allem Kammerherren und jüngere Offiziere eingeladen, damit es nicht an Tänzern mangelte[113].

Die Rheinbundepoche war eine geistig ungemein bewegte Zeit, eine Blütezeit von Literatur, Philosophie und Musik. In der Dichtung erwuchs der Klassik in der Romantik eine Art Gegenströmung. In der Architektur setzte sich der klassizistische Empirestil durch. Die großen Zentren des deutschen Geisteslebens lagen außerhalb Badens und Württembergs. Eine Ausnahme bildete allenfalls Heidelberg, das unter dem bestimmenden Einfluß seiner aufstrebenden Universität zu einem Mittelpunkt der späteren Romantik wurde. Hier kamen im Jahr 1805 Clemens Brentano, Achim von Arnim, Josef Görres, Josef Freiherr von Eichendorff und zeitweise die Brüder Grimm zusammen. 1808 gab hier Arnim die »Zeitung für Einsiedler« heraus, das bedeutsame, wenn freilich auch nur kurzlebige Organ der späteren Romantik. In Heidelberg schlossen Brentano und Arnim einen engen beständigen Freundschaftsbund, und hier veröffentlichten sie gemeinsam eine Sammlung alter und neuer volksliedhafter Lieder »Des Knaben Wunderhorn« (1806–1808), die auf Form und Geist der deutschen Lyrik stark prägend wirkte[114]. Auch Johann Dietrich Gries, der geistvolle Übersetzer des Ariost und Tasso, sowie der Däne Jens Baggesen, der wie sein bekannter Landsmann Oehlenschläger in deutscher Sprache dichtete, übersiedelten nach Heidelberg. An der Universität wirkte Görres, »blaß, jung, wildbewachsen, feurigen Auges«, wie ihn der Student Eichendorff schildert. Der nachmalige berühmte katholische Publizist, 1814 bis 1816 Herausgeber des liberalen »Rheinischen Merkur«, verfaßte in Heidelberg zahlreiche natur- und geisteswissenschaftliche Schriften und war Mitarbeiter der »Zeitschrift für Einsiedler«. Eichendorff nahm von der reizvollen Stadt am Neckar und ihrer herrlichen Umgebung tiefe Eindrücke in sich auf, die ihm bis ins Alter vor Augen blieben und seine dichterische Phantasie beflügelten. Das nahegelegene Stift Neuburg wurde damals zur Romantikerklause. Das Mittelalter begann zum faszinierenden Erlebnis zu werden. Das Lebensgefühl der Romantik ergriff rasch auch die Studenten. Ein neuer schwärmerischer Geist, der sich in Naturliebe, begeisternden Lebensbünden und innigen Freundschaften, verzückten Gefühlsaufwallungen, einem starken Hang zum Mystischen äußerte, breitete sich aus. Manches Übersteigerte, Ungesunde haftete ihm an[115].

Mit der reichen Entfaltung der geistigen Kultur Deutschlands zu Beginn des 19. Jahrhunderts sind Namen aus unserem Land, namentlich aus Altwürttemberg, untrennbar verbunden[116]. Einige wenige seien genannt: Friedrich Schiller, Christoph Martin Wieland, Friedrich Hölderlin, Georg Wilhelm Friedrich Hegel, Friedrich Wilhelm Schelling. Sie alle, auch der erst im Zustand geistiger Umnachtung in das Land seiner Väter zurückkehrende bedauernswerte Friedrich Hölderlin erfüllten ihre große geistige Bestimmung fern der schwäbischen Heimat, ihre literarischen und philosophischen Werke dem ganzen deutschen Volk und darüber hinaus der Menschheit zueignend. Ungeachtet des starken politischen Drucks, der Knebelung der Presse und der rigorosen Polizeimaßnahmen gegenüber freiheitlichen Lebensäußerungen, namentlich in Württemberg, war das kulturelle Leben auch in Südwestdeutschland überaus rege. Die Kreise des gehobenen Bürgertums zeigten sich literarischen Fragen aufgeschlossen. Groß war das Bedürfnis nach anspruchsvoller Geselligkeit. Die führenden Bürgerhäuser öffneten sich Schriftstellern, Dichtern, bildenden Künstlern und Musikern. Im Königreich Württemberg war neben Stuttgart eine Reihe ehemaliger Reichsstädte getreten, die eine bedeutende kulturelle Tradition einbrachten. Vor allem in Ulm hatte in der zweiten Hälfte des 18. Jahrhunderts das Interesse am Literarischen einen hohen Stellenwert erlangt. Indes hatte das rund 20 000 Einwohner zählende Stuttgart den Vorzug, königliche Residenz und Landeshauptstadt zu sein. Es blieb deshalb der unangefochtene kulturelle Mittelpunkt des Königreichs. In der vergleichsweise kleinen Stadt hatten alle Männer und Frauen, denen die Beschäftigung mit literarischen, künstlerischen oder wissenschaftlichen Fragen ein Anliegen war, persönliche Kontakte zueinander. Und die Zahl solcher vielseitig begabter, an einem regen Gedankenaustausch interessierter, die Formen gehobener Geselligkeit pflegender Stuttgarter war groß; sie gehörten den unterschiedlichsten Berufen an. Einige Häuser zeichneten sich durch besondere Attraktivität im kulturell-geselligen Bereich aus: das Haus von August Hartmann, dessen Vater Johann Georg Hartmann bereits den literarischen Interessen in geselliger Runde eine Heimstätte geboten hatte, das Haus des Juristen und juristischen Schriftstellers Eberhard Friedrich Georgii, dem seine Anhänglichkeit an die Ende 1805 von König Friedrich gewaltsam beseitigte Verfassung den Beinamen »der letzte Württemberger« eingetragen hatte, und das Haus des Kaufmanns Gottlob Heinrich Rapp. Im Haus Rapps fanden Dichter und Schriftsteller in großer Zahl, unter ihnen Schiller und Goethe bei ihren Besuchen in Stuttgart, gastliche Aufnahme, Rapp, der Schwager des Bildhauers Dannecker, besaß für einen Kaufmann ein ungewöhnliches Kunstverständnis, er erwarb sich um das künstlerische Schaffen und um die Kunstpflege in seiner Vaterstadt hervorragende Verdienste. Auch als Schriftsteller betätigte er sich, zunächst auf dem Gebiet des Gartenbaus, später auf dem der Kunst. Enge Beziehungen unterhielten die einheimischen Stuttgarter literarischen und künstlerischen Kreise zu auswärtigen Künstlern, die sich in der Stadt niederließen, so zu dem königlichen Hofdichter Friedrich Matthisson, der aus der Magdeburger Gegend stammte, zu dem Berliner Georg Reinbeck, Dichter und Ästhetiker, in Stuttgart Professor am Oberen Gymnasium, oder zu dem Kurator der Tübinger Universität Karl August Freiherr von Wangenheim.

1810 verlegte Johann Friedrich Cotta, der Verleger der deutschen Klassiker, seinen Wohnsitz und den größten Teil seines Geschäfts nach Stuttgart. Die württembergische Hauptstadt wurde nunmehr zum Zentrum des süddeutschen Buchhandels. Zahlreiche bedeutende Dichter, Schriftsteller und Gelehrte, die mit Cotta in geschäftlicher Verbindung standen, besuchten jetzt Stuttgart. Der große Verleger förderte auch die einheimischen Talente. Ein großer Erfolg wurde das 1807 ins Leben gerufene »Morgenblatt für gebildete Leser« (später »Morgenblatt für gebildete Stände«); es berücksichtigte das breite Spektrum der unterhaltenden und belehrenden Literatur und ließ in seinen ersten Jahrgängen vor allem den Stuttgarter Literatenkreis zu Wort kommen: unter anderen Karl Christian Heinrich Grüneisen, einen schriftstellernden Beamten im Kultministerium, den Publizisten Rehfues, die schwäbischen Dichter Friedrich Christoph Weisser, Johann Christoph Friedrich Haug und Carl Philipp Conz, die Dichter Matthisson und Reinbeck.

Zu den großen Publizisten seiner Zeit gehörte der Pfarrer Johann Gottfried Pahl (1768–1839). Er trat insbesondere als politischer Schriftsteller hervor. Mit seiner in Schwäbisch Gmünd gedruckten »Chronik der Teutschen«, erregte er, wie wir gehört haben[117], den Zorn König Friedrichs. Er mußte 1809 seinen Versuch aufgeben, in den gebildeten Bevölkerungsschichten gemäßigte liberale und nationale Gesinnungen zu verbreiten. Auf den nicht politischen Bereich ausweichend, setzte er sein schriftstellerisches Wirken fort, bis nach dem Ende der Rheinbundzeit die strengen Zensurbestimmungen gelockert wurden.

Daß die napoleonische Epoche mit ihren fortwährenden Kriegen großen Werken der Architektur, namentlich dem Städtebau, nicht förderlich war, liegt auf der Hand. Auf der anderen Seite verlangte freilich der gesteigerte Repräsentationsanspruch der Rheinbundfürsten gerade auf architektonischem Gebiet nach einem angemessenen Ausdruck. Ihm sollte wenigstens in bescheidenem Maß Rechnung getragen werden. In Baden geschah damals, ungeachtet der Finanznot des Landes, Erstaunliches. Ein großer Baumeister, Friedrich Weinbrenner (1766–1826), begann im Auftrag Karl Friedrichs, seines Landesherrn, die fürstliche Residenz Karlsruhe zu einer großzügig gestalteten Empirestadt auszubauen und zu erweitern. Zwischen 1803 und 1813 stieg die Einwohnerzahl der Stadt von 4500 auf 13 000 an[118].

In der zweiten Hälfte des 18. Jahrhunderts zeigte der 1715 gegründete barocke Fürstensitz Karlsruhe noch ein durch und durch höfisches, absolutistisches Gepräge. Von seinem Mittelpunkt, dem Schloß, strahlten Straßen und Alleen aus. Kaiser Josef II. äußerte 1777 bei seinem Anblick: »Welch eine superbe Anlage!« Die Menschen, die sich, dem Aufruf des Stadtgründers Karl Wilhelm folgend, hier niedergelassen hatten, waren fürstliche Diener und Beamte sowie Handel- und Gewerbetreibende, die für die wirtschaftlichen Bedürfnisse des Hofs arbeiteten. Den Charakter einer Landeshauptstadt besaß Karlsruhe noch nicht. Es fehlte ihm das Pendant zum Hof, eine ausgedehnte, mit der erforderlichen Infrastruktur ausgestattete bürgerliche Wohnstadt, die über ihre Angelegenheiten eigenverantwortlich befand und entschied. Eine solche erhielt es erst nach 1800 mit dem Ausbau der Stadt. Dieser war gleichermaßen ein

Anliegen des Markgrafen (Kurfürsten) Karl Friedrich wie der nach größerer Unabhängigkeit vom Hof strebenden Einwohnerschaft[119].

Der Karlsruher Friedrich Weinbrenner, Sohn eines Hofzimmermeisters mit eigenem Betrieb, den er nach dem frühen Tod der Eltern vorübergehend selbst leitete, bildete sich mit großer Energie und bewundernswerter Zielstrebigkeit in Wien, Dresden, Berlin, vor allem aber in Rom zum Baumeister aus. Während seines fünfjährigen Aufenthalts in Rom (1792–1797) wurde ihm die Antike zum Erlebnis; sie durchdrang seine Gedankenwelt und wies seinem künstlerischen Schaffen die Richtung[120]. Lavater war bei einer persönlichen Begegnung in Zürich von dem jungen Architekten so beeindruckt, daß er ihn Markgraf Karl Friedrich aufs wärmste empfahl. »Ich habe die Ehre«, schrieb er dem Markgrafen, »Ihre Durchlaucht zu versichern, daß ich wenige Künstler kenne, die mehr ruhig prüfende Vernunft, mehr Kenntnis, Geschmack, Fleiß und Bescheidenheit besitzen. Ein solcher Mann ist eine wahre Akquisition für einen Staat, eine wahre Ehre für Baden. Es ist gut, daß ich nicht reich bin und nicht bauen kann, aber wenn ich könnte, so wäre Weinbrenner gewiß mein Mann«[121].

Zunächst schien es, als werde Karlsruhe nur eine kurze Episode im Berufsweg des jungen Architekten. Die provisorische Anstellung im Dienst des badischen Markgrafen in untergeordneter Position befriedigte ihn offenbar wenig, er kündigte sie nach Jahresfrist wieder auf, um Bauaufträge in Straßburg zu übernehmen. Ehe er sich indessen für einen verlockenden Ruf nach Hannover entschied, bot ihm 1800 Karl Friedrich, veranlaßt durch seine zweite Frau, die Gräfin von Hochberg, die Leitung des Ausbaus der Stadt Karlsruhe an. Weinbrenner nahm an[122].

Markgraf Karl Friedrich schwebte im Rahmen einer umfassenden Erweiterung seiner Residenzstadt die Schaffung eines neuen Marktplatzes als städtebaulicher Mittelpunkt vor; auf ihm sollten die wichtigsten öffentlichen Gebäude vereinigt werden. Einen dafür grundlegenden Entwurf hatte Weinbrenner bereits 1797 vorgelegt[123]. Der Reichsdeputationshauptschluß und die großen Gebietserweiterungen der Jahre 1805 bis 1810 machten Karlsruhe zur Hauptstadt eines ansehnlichen deutschen Mittelstaats. Seine politische und kulturelle Bedeutung als großherzogliche Residenz und als Regierungssitz eines nunmehr knapp 1 Million Einwohner zählenden Landes wuchs entsprechend an. Ein starkes Bevölkerungswachstum setzte ein. Für den jungen Architekten bedeutete die ihm übertragene Aufgabe eine einmalige Chance. Keinem anderen Berufskollegen seiner Zeit wurde die Gelegenheit zuteil, eine ganze Stadt planerisch zu gestalten und auszubauen, eine Stadt als ein einheitliches Kunstwerk gewissermaßen aus einem Guß zu schaffen. Die Gesamtkonzeption wie die bauliche Ausführung des letzten Bürgerhauses lagen in seiner Hand. Das Werk, das ein Höchstmaß an künstlerischer Phantasie und Gestaltungskraft, aber auch an organisatorischen Fähigkeiten, an Umsicht und Tatkraft voraussetzte, war nichts weniger als eine Art zweiter Stadtgründung. Die durch die barocke Anlage vorgegebene Regelmäßigkeit und Symmetrie behielt Weinbrenner bei. Lange Straße und Schloßstraße – die spätere Kaiser- und Karl-Friedrich-Straße – legte er dem neuen Stadtplan als Achsen zugrunde. Die Stelle, an der sich diese beiden Straßen kreuzten und an der sich zuvor die Kirche und der Friedhof befunden hatten, bestimmte er zum Mittelpunkt der Stadt: den Marktplatz mit Rathaus und der tempelartigen Evangelischen Kirche. Die Bebauung dieses Platzes nahm etwa zwei Jahrzehnte in Anspruch. 1802 wurde mit der Erstellung der Privathäuser am Marktplatz begonnen, 1807 der Grundstein zu der Evangelischen Kirche gelegt, die neun Jahre später eingeweiht werden konnte. Das 1805 in Angriff genommene Rathaus war erst 1825 bezugsfertig[124]. Gleichfalls in der Rheinbundzeit begann Weinbrenner mit der Erstellung der meisten seiner anderen Monumentalbauten. Zwischen 1808 und 1814 entstand beispielsweise an der Erbprinzenstraße die dem römischen Pantheon nachempfundene katholische Stephanskirche. Ecke Kronen- und Kaiserstraße hatte Weinbrenner übrigens bereits 1798 an der Stelle des baufälligen jüdischen Gemeindehauses eine Synagoge im klassizistischen Stil errichtet[125].

Im Bestreben, Einheitlichkeit und Geschlossenheit der Stadtanlage zu gewährleisten, gab Weinbrenner auch für die äußere Gestaltung der Privathäuser genaue Vorschriften. Hierbei ging er von einem einheitlich durchgebildeten Straßenbild aus. Innerhalb der einzelnen Straßen sollten Fassadentypen und Stockwerkshöhen übereinstimmen. Die Höhe der Häuser hatte der Breite und Lage der jeweiligen Straßen zu entsprechen. Städtebauliche Mittelpunkte waren die öffentlichen Plätze mit ihren Monumentalbauten, ihnen waren die Straßen nach einem abgestuften System zugeordnet. Die vornehmen Bürgerhäuser am Marktplatz erhielten vier Stockwerke. Für die Gebäude in den Hauptstraßen waren drei Stockwerke vorgesehen. Lediglich in der umgestalteten Nähe des Schlosses sollten die Häuser in einstockiger Bauweise ausgeführt werden, damit die Architektur der großherzoglichen Residenz voll zur Geltung kam. Auf ein, allenfalls zwei Stockwerke mußten die Handwerker und die kleinen Leute ihre in den Nebenstraßen zu erstellenden Häuser beschränken. Seine Baukonzeption konnte Weinbrenner freilich nur in den neuen Stadtteilen ungehindert verwirklichen. Bereits bestehende Gebäude unterschiedlicher Gestalt in den älteren Teilen der Stadt ließen sich schon im Hinblick auf die häufig wenig günstige wirtschaftliche Situation ihrer Besitzer nicht einfach abtragen und durch stilgerechte neue Gebäude ersetzen. Kopfzerbrechen machte dem Baumeister, daß sich in der Langen Straße, der heutigen Kaiserstraße, das Gewirr »von großen und kleinen Häusern, von Neubauten und Ruinen« nicht beseitigen ließ. Er hätte gern dieses unschöne Bild durch zwei durchgehende Kolonnadenreihen kaschiert. Doch dazu fehlte wie bei vielem anderen das Geld[126].

Ungeachtet seines an der Antike orientierten klassizistischen Bauideals, das sich durch einfache, strenge Formensprache auszeichnete, stand Weinbrenner noch stark in der Tradition des älteren Städtebaus. Der Einfluß des Barock ist bei ihm noch deutlich faßbar in den Grundformen der Straßenanlage und des Häuserbaus, aber auch in vielen Details. So weist beispielsweise der Rondellplatz mit seinen geschweiften Hausfassaden konzeptionell in den Barock zurück, ebenso sind die hohen Bogenfenster, die insbesondere in Verbindung mit Balkonen geschaffen wurden, Stilelemente der barocken Palastarchitektur. Diese künstlerische Rückkoppelung erwies sich als vorteilhaft, weil sie es ermöglichte, die ältere Stadtanlage mit der neukonzipierten zu einer harmonischen Einheit zu verschmelzen. Weinbrenners schöpferische Kraft hat die verschiedenen Stilelemente organisch vereinheitlicht und so, wie Goldschmit urteilt, »für jede sachliche Aufgabe den einfachsten, ungesuchtesten und darum auch künstlerisch vollkommensten Ausdruck gefunden[127]. Dem ihm vorschwebenden Idealbild einer klassizistischen Stadt ist er bei der Gestaltung der öffentlichen Plätze am nächsten gekommen. Bei den hier errichteten Monumentalbauten konnte er sich am ungezwungensten antiker Stilformen bedienen. Durch die Verbindung klassischer Säulenhallen mit römischen und romanischen Türmen, die für seine öffentlichen Gebäude charakteristisch ist, hat er der badischen Landeshauptstadt ihr architektonisches Kenn- und Wahrzeichen gegeben. Die Riesenaufgabe, die sich ihm beim Ausbau Karlsruhes stellte, vermochte er als einzelner nicht zu bewältigen. Die zahlreichen Mitarbeiter, deren er bedurfte, suchte er in seinem Geist künstlerisch zu schulen. Auch hier entfaltete er ein bemerkenswertes Geschick. In seiner Schule sind die namhaftesten Architekten der nächsten Generation herangebildet worden. Einige von ihnen, so namentlich F. Arnold, haben die von ihm begonnenen Werke, die er nicht mehr zum Abschluß bringen konnte, vollendet[128].

Auf architektonischem, städtebaulichem Gebiet ist während der Rheinbundzeit, sieht man von Karlsruhe ab, in Baden wenig Spektakuläres in Angriff genommen oder gar realisiert worden. Bedeutsam für die Entwicklung der Stadt Mannheim war die noch in kurpfälzischer Zeit begonnene Schleifung der Festungswerke, Mannheim wurde damit eine offene Stadt; ihr Verhältnis zum Rhein änderte sich von Grund auf. Die Kaufmannschaft stellte bereits Überlegungen an, auf dem freigelegten, der Stadt gehörenden Gelände einen Hafen zu bauen. Aber es dauerte noch mehrere Jahrzehnte, bis dieser zukunftsweisende, die Stadt aus ihrer wirtschaftlichen Misere herausführende Plan verwirklicht werden konnte[129]. Mit der Wende vom 18. zum 19. Jahrhundert setzte der Aufschwung Baden-Badens zur weltbekannten Bäderstadt ein. Erste repräsentative Bauten, so 1808 das von Weinbrenner geschaffene Palais Hamilton, entstanden[130]. Bis zum modernen Weltbad der Jahrhundertmitte war es freilich noch ein ordentliches Stück Wegs.

Einen hohen Stellenwert hatten Architektur und Bildende Kunst für König Friedrich von Württemberg, waren sie doch in besonderer Weise geeignet, sein Bedürfnis nach verschwenderischer fürstlicher Repräsentation zu befriedigen. Politisch und, wenn man so sagen darf, ideologisch in den Kategorien des napoleonischen Empire denkend, wünschte Friedrich, daß zumindest im Interieur seiner Residenzschlösser das Barock durch den klassizistischen Stil der Zeit ersetzt werde. Hofbaumeister Thouret (1767–1845), Sohn eines herzoglichen Kammerdieners und Zögling der Hohen Carlsschule, mußte entsprechend seinen Vorstellungen das Neue Schloß in Stuttgart, ebenso die Schlösser in Ludwigsburg, Monrepos, Freudental und auf der Solitude ausbauen bzw. im Empirestil umgestalten. Allerdings zog er den mit einer lebhaften Phantasie begabten und mit einer ungewöhnlichen Arbeitskraft ausgestatteten Baumeister auch zur Ausgestaltung von Jagdfesten, Operninszenierungen und ähnlichen künstlerischen Gelegenheitsarbeiten heran[131]. In dem baulich lange Zeit stark vernachlässigten Stuttgart, nunmehr Hauptstadt eines innerhalb weniger Jahre auf das Doppelte seines früheren Gebietsumfangs angewachsenen Landes, entfaltete König Friedrich eine rege, wenn auch keineswegs spektakuläre Bautätigkeit. Besonders am Herzen lag ihm der Ausbau der Umgebung des Residenzschlosses. Er ließ die Königstraße verlängern, die Schloß-, die untere Friedrichs-, die Kronen- und die Charlottenstraße anlegen, die Schloßanlagen neu gestalten, außerdem betrieb er den Ausbau anderer Stadtteile, so namentlich der neuen sogenannten Tübinger Vorstadt zwischen der jetzigen Tübinger-, Paulinen- und Hauptstätterstraße, die Gestaltung des Wilhelmsplatzes und die Anlage der Eberhardstraße. Eine zusätzliche Attraktion Stuttgarts war der auf seine Initiative geschaffene botanische Garten mit seinen vielen exotischen Gewächsen. Seine Baumaßnahmen leiteten die ungestüme Expansion der Stadt im Lauf des 19. Jahrhunderts ein[132].

In hohem Ansehen am königlichen Hof stand der Bildhauer Johann Heinrich Dannekker (1758–1841), der wie Thouret aus einfachen Verhältnissen stammte (Sohn eines herzoglichen Stallmeisters) und der seine schulische Ausbildung gleichfalls der Hohen Carlsschule verdankte. Immer wieder übertrug ihm König Friedrich bedeutsame künstlerische Aufträge[133].

Wirtschaftliche und soziale Angelegenheiten, Verkehr

Zu Beginn des 19. Jahrhunderts bildete die Landwirtschaft die Haupterwerbsquelle der Bevölkerung in Baden und Württemberg. Gewerbe und Handel hatten ihre Zentren in den Städten, waren aber noch vergleichsweise wenig entwickelt. Als Verkehrsadern bedeutsam waren Rhein und Neckar. Die zwischen Frankreich und dem Reich am 15. August 1804 geschlossene »Konvention für die Rheinschiffahrts-Oktroi« garantierte die freie Rheinschiffahrt; sie beseitigte alle früheren Verträge und Sonderrechte, ausgenommen das Mainzer und Kölner Stapelrecht. Von dem Vertrag profitierte insbesondere Mannheim, aber auch andere weiter südlich am Rhein gelegene Orte. Mannheim wurde 1805 zum Sitz eines der neuen Oktroi-Erhebungsämter bestimmt. Die Belange des Handels und des Schiffsverkehrs nahm die von 1804 bis 1810 bestehende badische Schiffahrtskommission, gleichfalls mit Sitz in Mannheim, wahr. Danach zog die Regierung den Aufgabenbereich der Kommission an sich. 1808 fielen in Karlsruhe zwei gewichtige Entscheidungen: Mannheim, Schröck und Freistett wurden als einzige Ladestationen am badischen Rheinufer anerkannt, außerdem wurde Mannheim zum Speditionsplatz für die Neckarschiffahrt erklärt; alle Neckargüter von und zum Rhein waren hier umzuladen. Dieser Zwangsstapelplatz nach Kölner Muster sicherte Mannheim den beherrschenden Einfluß auf dem Neckar, er belastete aber geradezu unzeitgemäß den freien Handel und Schiffsverkehr auf dem Fluß. Gegen dieses Monopol kämpfte Württemberg im Interesse der Stadt Heilbronn viele Jahre vergebens an. Seine wirtschaftlichen Vorteile hätte Mannheim noch sehr viel besser nutzen können, hätte es an Rhein und Neckar über Hafeneinrichtungen für einen größeren Warenumschlag verfügt. Die nicht abreißende Kette von Kriegen und Feldzügen ließ entsprechende Pläne in den Hintergrund treten. Erst 1816 konnten an den Ladeplätzen bescheidene Verbesserungen in Angriff genommen werden. Ein Hafen wurde erst 1834 bis 1839 gebaut[134].

Gegenüber dem Rheinanlieger Baden befand sich Württemberg in einer verkehrsungünstigen Situation. Zwar durchzogen einige bedeutende Handels- und Heerstraßen sein Staatsgebiet, doch hielt sich ihr Verkehrsaufkommen in bescheidenen Grenzen. Von den Flüssen war lediglich der Neckar von Stuttgart an talabwärts schiffbar. Um die Verkehrsungunst zu mildern, hatten bereits im 18. Jahrhundert die Herzöge Karl Alexander und Carl Eugen mit dem Bau von einigermaßen wetterfesten Straßen (Chausseen) begonnen, doch erst König Friedrich erkannte, welch hervorragende staats- und wirtschaftspolitische Bedeutung einem gut ausgebauten Straßennetz zukam. Zum einen trug es den Bedürfnissen eines wachsenden Fernhandelsverkehrs Rechnung, zum anderen erleichterte es die rasche wirtschaftliche Verflechtung der neuerworbenen Gebietsteile mit dem altwürttembergischen Kernland und ihr politisches Zusammenwachsen. Das Postregal der Fürsten von Thurn und Taxis nahm König Friedrich, nachdem er die Souveränität über sein Land erlangt hatte, nicht länger hin. Er ersetzte es durch eine staatliche Post. Mit der Leitung dieser die französische Bezeichnung »Poste Royale« führenden Einrichtung, in der auch das 1807 abgeschaffte private Botenwesen aufging, betraute er eine »Reichsoberpostdirektion«. Die neuen Straßen und Postlinien waren für die damalige Zeit vorbildlich; sie trugen dem König viel Lob ein[135].

Baden schlug einen anderen Weg ein. Anfang Mai 1806 legte Napoleon unter Hinweis auf die Finanzmisere des Landes der Karlsruher Regierung dringend nahe, den Thurn und Taxis das Postwesen wegzunehmen und es zu verstaatlichen[136]. Doch Kurfürst Karl Friedrich hatte sich bereits gebunden. Kurze Zeit später übertrug er Fürst Karl Alexander von Thurn und Taxis das Amt des Erblandpostmeisters in Baden als Thronlehen. Napoleon verbarg sein Mißfallen nicht. Der Fürst von Thurn und Taxis war ihm verhaßt, weil er ihm eine österreichfreundliche Gesinnung unterstellte. Er wollte ihn und seine Familie möglichst ihrer politischen und wirtschaftlichen Einflußmöglichkeiten berauben[137]. Erst im September 1811, drei Monate nach dem Tod Karl Friedrichs, verfügte Großherzog Karl die Übernahme der »Posten« in staatliche Regie[138]. Als Oberbehörde wurde in Karlsruhe eine Postdirektion (seit 1814 Oberpostdirektion) eingerichtet. Baden übernahm von der Taxisschen Verwaltung die Postgebäude[139].

Seit dem Anfall einer Vielzahl geistlicher und weltlicher Territorien in den Jahren 1803 bis 1810 wies Baden eine Musterkollektion recht unterschiedlicher Gewerbeordnungen auf. Gebieten, in denen striktester Zunftzwang herrschte, standen solche mit reiner Gewerbefreiheit gegenüber[140]. Einen Einschnitt bedeutete das VI. Konstitutionsedikt von 1808. Es bezeichnete die Zunftverfassung als »zur Zeit« noch unentbehrlich und dehnte sie deshalb auf das ganze Land aus. Die Gewerbe teilte es grob in zünftige und nichtzünftige. Nichtzünftig waren die ländlichen Kleingewerbe wie das Besenbinden und Zundermachen, aber auch hochentwickelte, außerhalb der Zunftordnung gewachsene Gewerbezweige wie die Schwarzwälder Holzuhrenherstellung und die Pforzheimer Bijouteriefabrikation. Für den fabrikmäßigen Betrieb konnte einzelnen Unternehmern auch in zünftigen Gewerbezweigen »Nachsicht gegen den Zunftverband« gewährt werden. Unter Fabrik verstand das Edikt einen Betrieb, »der so ins Große geht, daß einzelne Arbeiter nur einzelne Teile des Gewerbs ausschließlich verrichten«, während »die von den Gewerbsherren geleitete Zusammenstimmung dann das Ganze vollendet«. In der Arbeitsteilung wurde auch hier das entscheidende Merkmal des zunftfreien Fabrikbetriebs gesehen. Für die Regierung aber war es wichtig, »Fabriken« zu haben, die eine möglichst große Zahl von Arbeitern beschäftigten. Deshalb wollte sie ihnen entgegenkommen[141].

Auch in Württemberg blieb generell die Zunftverfassung bestehen. Um sein aus einer Vielzahl von Territorien zusammengestückeltes Land zu einer Wirtschaftseinheit zu formen und den Binnenhandel nach Kräften zu steigern, entschloß sich König Friedrich 1808, dem Beispiel Bayerns zu folgen und die inneren Zollschranken niederzulegen. Von jetzt an wurden lediglich noch an den Landgrenzen Zölle erhoben. Da Friedrich dem Gewerbe des Königreichs aufhelfen wollte, suchte er es durch hohe Einfuhrzölle vor der Konkurrenz des benachbarten »Auslands«, also auch vor der Badens und Bayerns, zu schützen. Dem Abschluß von Handelsverträgen war er wenig geneigt. Lediglich mit Bayern verständigte er sich über einen Salzvertrag[142]. 1812 visierte er gesprächsweise Handelsverträge mit der Schweiz und mit Italien an[143]. Zu konkreten Verhandlungen führten diese Überlegungen nicht. Bezeichnend für die württembergische Schutzzollpolitik sind einige Einzelmaßnahmen: 1806 verfügte König Friedrich, daß auf jeden eingeführten Zentner Stahl und Eisen ein Einfuhrzoll gelegt, daß außerdem jede importierte Sense und Sichel mit einem Stempel der königlichen Fabrik in Christophstal bei Freudenstadt versehen und von ihnen jeweils eine Stempeltaxe von 4 bzw. 2 Kreuzern erhoben werden solle. Offensichtlich wurde diese Anweisung zu wenig beachtet. Deshalb wiederholte sie der König im folgenden Jahr. Hierbei dehnte er die Stempeltaxe auch auf Strohmesser, Strohblätter, eiserne Pfannen und Schmelzpfannen aus (Taxen zwischen 3 und 6 Kreuzer je Stück)[144]. 1812 wurde auf eingeführtes Porzellan, ebenso auf »ausländische« Steingut- und Fayencewaren ein Zoll von 25 Prozent der Ankaufspreise gelegt. Im gleichen Jahr erging ein Verbot über die Einfuhr fremden Nankins (Baumwollgewebes). Begründet wurde dieses Verbot damit, daß König Friedrich in Cannstatt »zur Erhöhung der vaterländischen Industrie« eine Nankin-Fabrik habe errichten lassen, in der eine den Bedarf des Königreichs hinreichend deckende Menge von Nankin hergestellt werde[145]. Ungeachtet der hohen Schutzzollschranken entwickelte sich der Außenhandel Württembergs, insbesondere der Getreideexport in die Schweiz, nicht ungünstig. Das Land hatte Jahr für Jahr einen beträchtlichen Ausfuhrüberschuß zu verbuchen[146].

1808 begann auch Baden, seine Binnenzölle durch ein Grenzzollsystem zu ersetzen.

Hierbei mußte freilich auf die geopolitische Lage des Landes Rücksicht genommen werden. Baden war für den Fernhandel ein Durchgangsland. Hohe Grenzzölle konnten den Transitverkehr in starkem Maße beeinträchtigen und zu empfindlichen Einnahmeausfällen führen. 1808 wurden an der Schweizer Grenze erstmals Zollabgaben erhoben, sie waren bewußt niedrig gehalten. Zwei Jahre darauf machte sich die Steuerdirektion an die Ausarbeitung eines einheitlichen Grenzzolltarifs. Dies war dringend erforderlich. Nach Finanzminister von Sensburg, dem Schöpfer der neuen badischen Landzollordnung, gab es im ganzen Land niemand, der »über das buntscheckige Zollwesen« der verschiedenen neubadischen Landesteile verläßlich Aufschluß erteilen konnte. Die Zolltarife waren sehr unvollständig und ungleich, keiner trug den »in- und ausländischen Handelsinteressen« Rechnung, auch entsprachen »einige Zollgattungen« nicht mehr dem »Geist der Zeit« und waren den Wirtschaftsbeziehungen zu den Nachbarstaaten nachteilig[147]. Die badische Landzollordnung vom 2. Januar 1812 beseitigte sämtliche Zollstätten im Land. Künftig wurden nur noch an den Grenzen Zollabgaben erhoben: Eingangs-, Ausgangs- sowie Durchfuhrzölle. Die Zollordnung sollte Industrie und Handel beleben und heben, sie berücksichtigte verständlicherweise spezielle Bedürfnisse der badischen Wirtschaft. So verbot sie auf Grund des Salzregals die Einfuhr von Salz, andererseits wegen ihrer Knappheit die Ausfuhr von Lumpen. Mangel herrschte im Land auch an Porzellanerde, an gedörrtem Krapp, an Pottasche, Schafwolle, Eisenerz und Roheisen. Daher wurde die Ausfuhr dieser Güter mit 1 Gulden je Zentner besonders hoch besteuert. Bei anderen Gütern schwankten die Ausfuhrzölle zwischen 8 und 48 Kreuzern je Zentner. Begünstigt wurde der Export verschiedener Gewerbeerzeugnisse wie Bijouterien, Eisenwaren, Eisendraht, Tabakwaren und Wolltücher. Die Ausfuhrzölle lagen bei diesen Gütern an der unteren Grenze. Bei den Einfuhrzöllen verhielt es sich umgekehrt. Begehrte Rohstoffe wurden niedrig, bestimmte auch im Land in ausreichender Menge angebotene Gewerbeerzeugnisse hoch besteuert. Das Hauptgewicht legte die Zollordnung von 1812 indessen auf die billige Ein- und Ausfuhr landwirtschaftlicher Produkte. Soweit Gegenseitigkeit gewährleistet war, blieb der Handel von Getreide, Holz und ähnlichem zwischen Baden und den Schweizer Kantonen sogar zollfrei. Der Stadt Konstanz wurde, um ihren Handel wie ihre Industrie zu fördern und zu heben, im Jahr 1813 der freie Handelsverkehr mit dem Ausland eingeräumt[148]. Die französischen und württembergischen Schutzzölle für gewerbliche Erzeugnisse, die badische Lieferanten von den Märkten beider Länder ausschlossen, veranlaßten Baden jedoch bald zu »Retorsionszöllen«[149]. Für die innere Konsolidierung des badischen Staats bedeutete neben der Abschaffung der Binnenzölle die Vereinheitlichung der indirekten Steuern und Abgaben einen wesentlichen Schritt nach vorne. Dies geschah durch die am 4. Januar 1812 erlassene Akzisordnung und die Ohmgeldordnung vom 6. März 1812. Die Ohmgeldordnung legte einheitliche Abgaben für den Ausschank von Wein, Obstwein, Bier, Branntwein und Essig fest. Die Akzisordnung beseitigte manche untragbare seitherige indirekte Steuer, brachte Klarheit in das System der indirekten Steuern. Freilich verminderte sie in diesem Bereich die steuerliche Belastung nicht, sondern verstärkte sie eher noch, auch dehnte sie sie auf Gebiete aus, die bisher von ihr nicht erfaßt gewesen waren. Für die Bevölkerung war besonders mißlich, daß gleichzeitig die Bürde der direkten Steuern von Jahr zu Jahr drückender wurde[150].

Der von Napoleon verhängten Handelssperre gegen England, der sogenannten Kontinentalsperre, hatten sich 1807 auch Baden und Württemberg anzuschließen. Den Untertanen wurde jede mittelbare oder unmittelbare Handelsverbindung mit England oder englischen Handelshäusern verboten. Ausdrücklich untersagt wurde darüber hinaus bei Strafe der Konfiskation die Ausfuhr englischer Waren nach Frankreich[151]. Wiederholt wurden solche Waren beschlagnahmt und vernichtet. König Friedrich von Württemberg hatte jedoch ein gewisses Verständnis für die schwierige Lage der Kaufleute. Es kam vor, daß er ihnen, um sie vor zu großem wirtschaftlichem Schaden zu bewahren, einen Teil der vernichteten Produkte finanziell vergütete[152].

Mit der Kontinentalsperre verfolgte Napoleon die Absicht, einseitig die französische Industrie zu stärken und ihr Vorteile zu verschaffen. Die Rheinbundstaaten hatten demgegenüber wirtschaftliche Nachteile in Kauf zu nehmen. Doch wurden diese zu einem Teil ausgeglichen durch einen Entwicklungsschub auf technisch-industriellem Gebiet. Der Ausfall der englischen Industrieerzeugnisse und die Abschnürung vom überseeischen Markt mit seinem Angebot an Kolonialwaren regte den technischen Erfindungsgeist auch in Südwestdeutschland an. Die ersten mit Betriebs- und Arbeitsmaschinen ausgestatteten Fabriken entstanden. 1805/06 richtete der Mechaniker Richard Brenneisen in dem säkularisierten Kloster Allerheiligen eine mechanische Fabrik ein, verlegte sie aber bald in das verkehrsmäßig günstiger gelegene Kloster Frauenalb. Brenneisen konstruierte in Allerheiligen eine Baumwollkartätschmaschine für Wasser- und Handbetrieb. 1807 lieferte er seine erste Maschine, eine Schlumpff- und Streichmaschine für die Wollespinnerei, ab. Die Maschine, die für das Karlsruher Gewerbehaus der Gräfin von Hochberg bestimmt war, erregte Aufsehen. Maschinen für die Wollindustrie waren damals in Baden noch ganz unbekannt. In Frauenalb betrieb Brenneisen zugleich eine Wollspinnerei mit Handspinnmaschinen. Mit Spinnerei und Maschinenbau konnte der Mechaniker jedoch sich und seine Familie nur kümmerlich ernähren. Sein Unternehmen kam auf keinen grünen Zweig[153].

Mehr Glück hatte der Schweizer Mechaniker Johann Georg Bodmer, ein technischer Erfinder von hohen Graden. 1809 zog er von Zürich mit elf sechsspännigen Wagen voll Hausrat, Werkzeugen und im Bau befindlichen Maschinen in das verlassene Benediktinerkloster St. Blasien. Hier in vordem österreichischen oder geistlichen Gebieten des südlichen Schwarzwalds hatte im 18. Jahrhundert die Handspinnerei geblüht und den Bewohnern einen ansehnlichen Verdienst gesichert. Jetzt lag die Gewerbetätigkeit darnieder, die enge Verbindung zur Schweizer Textilindustrie drohte abzureißen. Die Klöster, die sich der Not der armen Bevölkerungsschichten angenommen hatten, waren verschwunden. Hilfe zur Selbsthilfe durch die Einführung neuer Gewerbezweige war dringend geboten. Die Regierung hielt nach Unternehmern Ausschau, die in leerstehenden Klöstern oder sonstigen ungenutzten Gebäuden Arbeits- und Produktionsstätten einrichteten[154]. Bodmer gründete in St. Blasien die erste mechanische Maschinenfabrik Badens, außerdem eine Gewehrfabrik, »insgesamt eine industrielle Anlage ganz eigener Art, die über 40 Jahre hinweg in der badischen Industrie eine besondere Rolle spielen sollte«[155]. Trotz seiner großen technischen Begabung hätte sich Bodmer bei der abwartenden Aufmerksamkeit der badischen Regierung möglicherweise in St. Blasien nicht halten können, wäre ihm nicht in der Zeit wirtschaftlicher Bedrängnis der Hoffaktor David Seligmann, einer der reichsten Männer des Landes, zu Hilfe gekommen und hätte dieser seinem Unternehmen nicht eine solide finanzielle Grundlage gegeben. Bodmer war eine rastlose Erfindernatur. Um die Verwertung seiner Erfindungen kümmerte er sich wenig, da es ihn fortgesetzt zu neuen Experimenten trieb. Viele seiner Erfindungen blieben ungenutzt und mußten nach Jahrzehnten nochmals gemacht werden. Mit dem wirtschaftlich denkenden Kaufmann Seligmann, den in erster Linie die Rentabilität der Fabriken in St. Blasien interessierte, kam es zu Spannungen und Konflikten. Bodmer fühlte sich nicht als Fabrikant oder technischer Betriebsleiter, ihn faszinierte die Chance, als Erfinder in technisches Neuland vorzustoßen. Bereits 1814 hatte er beispielsweise eine Kanone konstruiert, die von hinten zu laden war, eine Erfindung, die erst Jahrzehnte später beim Militär Eingang fand[156].

Der badischen Regierung schwebte vor, St. Blasien den Charakter einer industriellen Musteranstalt des Schwarzwaldes zu geben. Sie wollte die moderne Technik, das »besondere Kunstgeschick« des Maschinenbaus, auf die häusliche Erwerbstätigkeit der für »Kunstarbeiten« so talentierten Gebirgsbewohner übertragen. Daß mit der Einführung der Spinnmaschine eine neue Zeit, das Maschinenzeitalter, angebrochen war, das revolutionäre Veränderungen der wirtschaftlichen und gesellschaftlichen Verfassung zur Folge hatte, war ihr dabei nicht bewußt. 1812 berichtete eine Regierungskommission: »Alle einzelnen Werkstätten greifen harmonisch ineinander und bilden dadurch ein harmonisches Ganzes, das durch Bodmers Kunstgenie und seltene Tätigkeit belebt und geleitet wird. Vollendung der Arbeit bemerkt man überall, weil alles, selbst die kleinsten Instrumente, mittels Maschinen gemacht wird. Erfreulich ist es daher für den Beobachter, in einer so einsamen und von der Natur so stiefmütterlich behandelten Gegend so viele nützliche Tätigkeit und so vielseitige, dem menschlichen Erfindungsgeiste Ehre machende, mechanische Verrichtungen zu erblicken«. Außer den Maschinenwerkstätten bestand eine mechanische Spinnerei. Sie beschäftigte 40 Personen, meist Kinder. – Kinderarbeit galt zu Beginn des 19. Jahrhunderts als nichts Verwerfliches, man sah in ihr vielmehr die Möglichkeit, Jungen und Mädchen armer Familien vom Betteln abzuhalten und sie an sinnvolle Arbeit zu gewöhnen. – Ein weiterer Ausbau der Spinnerei war beabsichtigt. Seligmann klagte über die Dieberei und Trägheit der Kinder, dennoch nahm ihre Zahl ständig zu[157]. Vier Jahre später, 1816, zeigten sich Regierungsvertreter noch mehr von den industriellen Anlagen St. Blasiens beeindruckt: »Schon jetzt«, stellten sie fest, »leistet dieses Establement der Umgebung mehr als das Kloster in seiner höchsten Blüte, schon jetzt ist die gefährliche Lücke ausgefüllt, welche dadurch entstand, daß die Revenuen desselben nicht mehr auf dem Schwarzwald verzehrt werden. Aber noch wichtiger als dieser Ersatz ist die Art, wie er den Bewohnern der Gegend zum Teil wird: Das Kloster St. Blasien nährt die Arbeitsamen, pflegt die Betriebsamkeit«. 1812 hatte die »Fabrikbevölkerung« 246 Menschen gezählt, jetzt waren es 809. 592 waren in den drei Fabriken selbst beschäftigt, 9 in den Büros, 45 in der Landwirtschaft, 21 als Handwerker, außerdem wohnten auf dem Fabrikgelände noch 142 Frauen und Kinder. Die Arbeiter kamen nicht nur aus der näheren und weiteren Umgebung, sondern auch aus anderen deutschen Ländern, aus der Schweiz und aus Frankreich. Die kostbarsten Kräfte waren die in der Maschinenfabrik tätigen 73 Arbeiter[158]. Die Maschinenfabrik stellte Maschinen teils für den eigenen Bedarf, teils für den Verkauf her (Spinn- und Werkmaschinen). Die Zahl der einheimischen Meister hatte die der hier tätigen ausländischen Fachkräfte überflügelt. Die Spinnerei wies nunmehr 12 000 Spindeln auf. 960 Spindeln konnten jeweils von einer Person bedient werden. Die Spinnereiarbeiter waren noch immer meist Kinder. Die Produkte gingen hauptsächlich in die Schweiz. Dies bewies, daß die Waren gehobenen Ansprüchen genügten. Die Gewehrfabrik, die erst vor einigen Jahren dem Unternehmen Bodmer-Seligmann angeschlossen worden war, beschäftigte 195 Menschen, unter ihnen 68 Wehrpflichtige. Auch hier hatten die einheimischen Arbeitskräfte die ursprünglich in der Überzahl vorhandenen ausländischen (französischen) Fachkräfte abgelöst. Mit dem Fabrikunternehmen war eine größere Landwirtschaft verbunden; sie gewährleistete die Versorgung der »Fabrikbevölkerung«, die hier auch wohnte. Die Verheirateten führten ihren eigenen Haushalt, die Ledigen lebten in Gemeinschaftsunterkünften und erhielten Gemeinschaftsverpflegung. Die Leitung des Unternehmens sorgte aber auch für die schulische und seelsorgerische Betreuung der Werksangehörigen. Vor allem die geistige und moralische Erziehung der Belegschaft war Seligmann ein Anliegen. Viele der erwachsenen Arbeiter hatten keine Schule besucht. Eine allgemeine Schulpflicht hatte es im Gebiet des Klosters St. Blasien und in anderen entlegenen Teilen des Schwarzwalds nie gegeben[159]. Die Fabrik St. Blasien wurde 1850 stillgelegt. Einige Jahre später nahm sie jedoch ihren Betrieb in vermindertem Umfang wieder auf. Der Weltwirtschaftskrise vermochte sie aber nicht mehr standzuhalten. 1933 ging sie endgültig ein[160].

Das Jahr 1809 war für Baden in technisch-industrieller Hinsicht bedeutsam. Damals entstanden die ersten mechanischen Fabriken: Bodmer errichtete die mechanische Spinnerei St. Blasien, die wir bereits ausführlich dargestellt haben, außerdem wurde die Indiennemanufaktur Merian & Koechlin in Lörrach durch eine von Mülhausen im Elsaß stammende Rouleauxdruckmaschine auf mechanischen Betrieb umgestellt. Mit diesen beiden mechanischen Fabriken begann für Baden das Maschinenzeitalter[161]. Wie stand es aber 1809 um die fabrikartige Industrie des Großherzogtums? Eine Gewerbestatistik, die, ohne zwischen Fabrik, Manufaktur und Verlag zu unterscheiden, die nichtzünftigen Gewerbe aufführt, vermittelt interessante Aufschlüsse. Sie nennt 163 Fabriken mit insgesamt 6848 Arbeitern. Allerdings handelt es sich bei keinem von diesen Unternehmen um eine Fabrik im modernen Sprachgebrauch. Soweit es nicht wie bei der Textilindustrie Verlage waren, rechneten sie zur Kategorie der Manufakturen (Tabak-, Zichorie-, Fayence-, Bijouterie- und andere Manufakturen), oder es waren Papiermühlen und Hammerwerke. Läßt man die drei Textilverlage mit 2045 Arbeitern, die als ein Unternehmen betrachteten 2084 Strohflechter sowie die 13 Granatschleifereien mit insgesamt 99 Arbeitern unberücksichtigt, blieben 146 Manufakturen mit zusammen 2646 Arbeitern übrig. Die einzelnen Betriebe zählten durchschnittlich 18 Arbeiter. Die stärkste Konzentration wies mit 71 Manufakturbetrieben der Mittelrheinkreis auf, in dem Pforzheim und Lahr eine Vorrangstellung mit ihren Bijouterieateliers bzw. Tabakwerken einnahmen und in dem auch 10 der 19 Papiermühlen ihren Standort hatten. Im Oberrheinkreis befanden sich 41 Manufakturen. Neben der Heimindustrie waren hier vor allem die Eisenwerke (Hütten, Hammerwerke, Blechschmieden und Drahtziehereien) vertreten. Lediglich 34 Betriebe zählte der Niederrheinkreis. Einen Schwerpunkt bildete hier die Tabakindustrie in Mannheim sowie die Rotfärberei und die Saffianfabrikation[162]. Der größte Einzelbetrieb des Landes war 1809 die Lörracher »Zitz- und Cottonfabrik« von Merian & Koechlin; sie beschäftigte 150 Arbeiter. Ihr stand mit 141 Arbeitern das großherzogliche Eisenwerk Kandern nur wenig nach. Das private Eisenwerk des Basler Handelshauses Merian in Wehr im Bezirk Säckingen meldete 58 bis 150 Arbeiter, die »Zitz- und Cottonfabrik« Jakob Ludwig Macaire & Sohn in Konstanz 85 Arbeiter. Die »chemisch-technische Ökonomie-Anstalt« des Freiherrn von Villiez in Mannheim beschäftigte durchschnittlich 50 Arbeiter. Insgesamt zählten 41 Manufakturbetriebe mehr als je 20 Beschäftigte[163].

Im Jahr 1809 erlangten 33 Prozent der badischen Bevölkerung ihren Lebensunterhalt vom Kleingewerbe (einschließlich Handel), 1 Prozent von Manufakturen, 2 Prozent von Heimindustrie, 52 Prozent von der Landwirtschaft, 5 Prozent waren in freien Berufen und im öffentlichen Dienst tätig, 7 Prozent waren Witwen, Rentner und Fremde. Freilich lag der Prozentsatz der Heimarbeit treibenden Einwohner erheblich höher, ebenso der Anteil der Gewerbetreibenden, weil bei beiden Kategorien viele gleichzeitig in der Landwirtschaft tätig waren[164].

Für Württemberg liegen über die nichtzünftigen Gewerbe aus der Rheinbundzeit keine exakten statistischen Angaben vor. Die Verhältnisse dürften aber ähnlich wie in Baden gewesen sein. 1813 wurden in Württemberg 124 Fabrikbetriebe und Manufakturen gezählt[165]. Von der Kontinentalsperre profitierten einige Gewerbezweige, so vor allem die Kattundruckerei sowie die Hersteller baumwollener Erzeugnisse. 1810 gelang es dem Stuttgarter Kaufmann Karl Bockshammer, eine englische mechanische Baumwollspinnmaschine ins Land zu schmuggeln und sie in Berg bei Stuttgart aufzustellen. Die Maschine lief ab 1811 mit 3660 Spindeln und beschäftigte von Anfang an 190 Arbeiter. Zur gleichen Zeit beteiligte sich Bockshammer an einer weiteren Spinnerei in Esslingen (Firma Schöllkopf & Bockshammer), die 80 Arbeitern Verdienstmöglichkeiten bot. Eine weitere mechanische Baumwollspinnerei mit 100 Arbeitern, die die beiden Tabaksfabrikanten Frank und Duncker in Salach bei Göppingen gründeten, nahm 1813 den Betrieb auf. In demselben Jahr wurde von der zuvor in Sulz ansässig gewesenen Kattunfabrik Meebold, Hartenstein & Co in ihrem nunmehrigen Standort Heidenheim ebenfalls eine mechanische Baumwollspinnerei errichtet[166]. Den Schritt ins Maschinenzeitalter tat danach Württemberg etwa zeitgleich mit Baden: 1810 bis 1813. Ihre Produktion konnten während der Kontinentalsperre namentlich auch Tuchmanufakturen ausdehnen, beispielsweise die 1807 von Kaufmann Steudel in Esslingen gegründete Tuchmanufaktur, die von Handelsmann Braun 1806 in Calw errichtete Tuchfabrik oder die königliche Tuchfabrik in Ludwigsburg. Auch die Lederbranche hatte Hochkonjunktur[167].

König Friedrich war bestrebt, durch das Aussetzen von Geldpreisen dem Gewerbe zusätzliche Anreize zu geben. 1812 veranstaltete er im Stuttgarter Alten Schloß eine Landesausstellung, auf der »Professionisten und Handwerker« »zur fortdauernden Unterhaltung und immer höheren Vervollkommnung der bildenden Künste sowie zur mehreren Ausbreitung der Industrie ihre gelungensten Kunstwerke und Produkte« der Öffentlichkeit zeigten. Der König ergänzte sie durch Gegenstände, die württembergische »Künstler« in den letzten Jahren hergestellt hatten und die er in seinen »Appartements« aufbewahrte. Die Ausstellung war offenbar ein Erfolg; sie wurde deshalb in den folgenden Jahren wiederholt[168].

Untertanen, die mit technischen Erfindungen und Verbesserungen hervortraten, bedachte der König nicht selten mit Geldgeschenken. 1811 übersandte er einem Tischlermeister aus Mergelstetten, der eine verbesserte Spinnmaschine für Schaf- und Baumwolle konstruiert hatte, 20 Louisdors. Der Pfarrerstochter Friederike Charlotte Hiller in Nordheim bei Heilbronn ließ er im gleichen Jahr für die Entdeckung eines blauen Farbstoffes 110 Gulden zukommen. Ferner gestattete er ihr, am Wettbewerb um den von Napoleon ausgesetzten Preis für die Erfindung eines Ersatzes für Indigo, dessen Einfuhr durch die Kontinentalsperre unterbunden war, teilzunehmen. Die Handelsblockade gegen England zwang auch sonst zur Suche nach Ersatzstoffen für Kolonialwaren, so etwa für Rohrzucker. Im alten Klostergebäude in Denkendorf wurden damals unter Leitung des Geheimrats August Hartmann Versuche zur Gewinnung von Zucker aus Runkelrüben angestellt[169]. König Friedrich nahm an all diesen Experimenten regen Anteil. Mehr noch indessen lag ihm, wie bereits in anderem Zusammenhang angedeutet, am Herzen, Gewerbe und Handel in seinem Land größere Entfaltungsmöglichkeiten zu verschaffen. Königin Charlotte Mathilde zollte dem Bemühen des Gatten auf diesem Gebiet besondere Anerkennung. Vielen Menschen, die sonst betteln müßten oder zu noch Schlimmerem gezwungen wären, verhelfe er dazu, auf ehrliche Weise ihr Brot zu verdienen, schrieb sie im Jahr 1810. Im Jahr darauf rühmte sie den Aufschwung, den die Fabriken in der Umgebung von Freudenstadt dank seiner unablässigen Anstrengungen genommen hätten. Sie dachte dabei vermutlich an die Gewehrfabrik in Christophstal, die allerdings 1811 zusammen mit der in Ludwigsburg errichteten Gewehrfabrik nach Oberndorf am Neckar in das ehemalige Augustinerkloster verlegt wurde, und an das dort befindliche Stahl- und Eisenwerk. Der König weitete die Produktion der Ludwigsburger Porzellanmanufaktur aus, sorgte für die Verbesserung der Schmelzöfen in Wasseralfingen und der Salzwerke in Schwäbisch Hall. Aufs ganze gesehen ist freilich die Zahl der gewerblichen Unternehmen, die ihr Entstehen seiner Initiative verdankten, nicht groß. Zu erwähnen wäre außer den bereits genannten Betrieben das 1812 gegründete Salzbergwerk in Friedrichshall[170]. König Friedrich wollte den staatlichen Fabriken, Werkstätten, Berg- und Hüttenwerken keine zu große Ausdehnung geben, ihm erschien es wichtiger, durch die Verbesserung der Verkehrssituation sowie der Absatz- und Marktverhältnisse dem privaten Gewerbe belebende Impulse zu vermitteln, die dem Land und seinen Bewohnern zugute kamen.

Nur höchst widerstrebend fügte sich König Friedrich, wie wir gehört haben, 1810 in die Abtretung von Nellenburg an Baden. Der Verlust der ehemals österreichischen Landgrafschaft gefährdete seiner Ansicht nach den für Württemberg recht bedeutsamen Handel mit der Schweiz. Er hatte jedoch zu schwarz gesehen. Baden machte Württemberg in der Frage des Transithandels mit der Schweiz erhebliche Zugeständnisse. Um jedoch die Getreideausfuhr in die Schweiz noch mehr zu steigern und um darüber hinaus dem Fernhandel nach Italien ein Tor zu öffnen, vereinigte der König im Juli 1811 die frühere Reichsstadt Buchhorn mit dem Klosterort Hofen (Kloster 1806 aufgehoben) zur Stadt Friedrichshafen. Die Häfen der beiden Orte bildeten von jetzt an einen gemeinsamen Hafen, der zum Freihafen erklärt wurde[171]. Die neue Stadt sollte nach dem Willen des Königs ein Zentrum des Bodenseehandels werden. Er schenkte ihr deshalb in baulicher wie vor allem auch in wirtschaftlicher Hinsicht besondere Aufmerksamkeit.

Armselig waren die Lebensverhältnisse eines Großteils der bäuerlichen Bevölkerung. In weiten Teilen Südwestdeutschlands galt die Realteilung. Sie hatte bewirkt, daß die landwirtschaftlichen Güter immer wieder unter die Erben geteilt wurden, daß sich Zwergbetriebe herausgebildet hatten, die ihren Besitzern nicht einmal mehr ein Existenzminimum sicherten. In Teilen des Schwarzwalds, in Oberschwaben und in Ostwürttemberg, wo sich das Anerbenrecht behauptet hatte, waren ansehnliche Höfe erhalten geblieben. Doch hatte hier der Hoferbe gegenüber den anderen Kindern vermögensrechtliche Vorteile. Nur ein geringer Teil des Grunds und Bodens in Südwestdeutschland war Eigentum der bäuerlichen Bevölkerung. Die Hauptmasse des landwirtschaftlichen Grundbesitzes gehörte geistlichen und weltlichen Herrschaften. Seit der Säkularisierung der geistlichen Herrschaften war deren Grundeigentum in die Verfügungsgewalt der Staaten übergegangen, zu deren Gunsten die Säkularisationen vorgenommen worden waren. Der bäuerlichen Bevölkerung war der nunmehr ausschließlich im Eigentum weltlicher Herrschaften befindliche Grundbesitz zur Bewirtschaftung in unterschiedlichen Rechtsformen, Erblehen, Zinsgütern, vereinzelt auch noch Fallehen, überlassen. Die Belastung dieser Güter mit Geld- und Naturalabgaben war beträchtlich. Hinzu kam, daß auch vom bäuerlichen Eigenbesitz der Zehnte des Ertrags zu leisten war.

Die Bewirtschaftung der Feldmarkung erfolgte nach dem vielhundertjährigen System der Dreifelderwirtschaft: Winterfrucht, Sommerfrucht, Brache. Doch wurde mit der Einführung des Kartoffel- und Kleeanbaus im 18. Jahrhundert zunehmend auch das Brachfeld angebaut. Die Getreideerträge waren noch recht gering. Die Bedeutung einer verbesserten Bodenbearbeitung und Düngung war weithin erkannt, ihre praktische Umsetzung steckte aber noch in den Anfängen. Eine große Rolle spielte der Weinbau. Mit Ausnahme des Schwarzwalds, der Schwäbischen Alb, des Schwäbischen Walds und anderer höher gelegener Landschaften wurde er fast überall betrieben. Der Getreide- und insbesondere der Weinbau waren sehr witterungsabhängig. Hagelschlag, Frühjahrsfröste, zu feuchte oder zu trockene Jahre beeinträchtigten in hohem Maß die Erträge. Allzu oft geschah es, daß die Landbevölkerung unter Mißernten und Fehlherbsten zu leiden hatte. Aus den Lebenserinnerungen von Markgraf Wilhelm von Baden erfahren wir beispielsweise, daß von 1811 bis 1816 »kein Wein mehr gewachsen«

war. 1817 gab es erstmals wieder einen guten Weinherbst, und obgleich der Wein sehr sauer war, fand er dennoch reißenden Ansatz. Wenig entwickelt war die Viehzucht. Verzahnt miteinander waren Kleingewerbe und Landwirtschaft. Auf den Dörfern gab es ein Überangebot an Handwerkern, die meist nur kümmerliche Verdienste aus ihrer beruflichen Arbeit erlangten und deshalb auf den landwirtschaftlichen Nebenerwerb angewiesen waren. Auch in den Kleinstädten betrieben die Handwerker in der Regel im Nebenberuf zugleich Landwirtschaft.

Mittellose oder geringbemittelte arbeitsunfähige Alte, Kranke und kinderreiche Witwen mußten von den Gemeinden unterstützt werden. Die Armut war in manchen Gegenden, so im Mittleren Neckarraum, bedrückend. In zahlreichen Orten fristete ein Teil der Armen sein Leben durch Betteln[172]. In der Markgrafschaft Baden hatte Karl Friedrich bereits in der ersten Hälfte des 18. Jahrhunderts vieles für eine bessere medizinische Betreuung und Versorgung der Bevölkerung getan. Diese Errungenschaften kamen auch den in den Jahren 1803 bis 1810 neuerworbenen Gebietsteilen zugute. Darüber hinaus wurde in der Rheinbundzeit die öffentliche Gesundheitsfürsorge weiter ausgebaut. 1803 errichtete Baden einen »Sanitätsrat«, meist Sanitätskommission genannt, als Zentralstelle für die öffentliche Gesundheitsfürsorge. Zwei Jahre später traten die allgemeinen Grundsätze über die Organisation des Sanitätswesens in Kraft. 1806 wurde das gesamte Medizinalrecht in einer Medizinalordnung zusammengefaßt; sie enthielt unter anderem eine Legalinspektions- und Totenschauordnung, eine Apothekenordnung, eine Tierärzteordnung und eine Gesellschaftsordnung[173].

In Württemberg holte Kurfürst/König Friedrich den Vorsprung des Nachbarlandes auf dem Gebiet der Gesundheitsfürsorge der Untertanen rasch nach. In einer Instruktion vom 23. Juni 1807 für das im Vorjahr errichtete Medizinaldepartement (seit 1811 Sektion des Medizinalwesens), das für die Verwaltung der Medizinalanstalten und des Sanitätswesens zuständig war, wurden auf die Veranlassung des Königs Bestimmungen über die beruflichen Voraussetzungen für Ärzte, Wundärzte, Barbiere, Hebärzte (Geburtshelfer), Tierärzte, Apotheker und Hebammen in Kraft gesetzt. Zugleich wurden Maßnahmen gegen Kurpfuscher getroffen, Ermittlungen über die Ursachen endemischer Krankheiten angeordnet und Vorschriften beim Ausbruch von Seuchen erlassen[174]. Um die Bevölkerung vor Gesundheitsschädigungen zu schützen, befahl der König 1808 die »Abstellung der Kirchhöfe« (Friedhöfe) innerhalb der Städte und Dörfer. – In Baden waren bereits 1804 Beerdigungen innerhalb der Kirchen verboten und die Verlegung der »Totenäcker« außerhalb der Städte und Dörfer angeordnet worden[175]. – Die württembergische Generalverordnung vom 14./22. März 1814 regelte das Gesundheitswesen auf dem Land. Jedes Oberamt erhielt im Oberamtsarzt einen Gesundheitsbeamten, der insbesondere die Medizinalanstalten und die mit der Gesundheitspflege in seinem Bezirk betrauten Personen zu beaufsichtigen, die Apotheker sowie die Wundärzte (Chirurgen) und deren Instrumente nachzuprüfen sowie die Hebammen zu unterrichten und zu examinieren hatte[176]. In den badischen Bezirksämtern nahmen die »Physici« entsprechende Aufgaben wahr[177].

Von einer zwangsweisen Einführung der Pockenschutzimpfung sah König Friedrich mit Rücksicht auf die starken Widerstände in der Bevölkerung ab. Doch wünschte er, daß die Ärzte durch kostenlos verbreitete Schriften hier aufklärend und belehrend wirkten[178]. 1814 ließ er öffentliche Impfanstalten einrichten und die unentgeltliche Impfung von Armen anordnen. Der Impfzwang wurde erst 1818, zwei Jahre nach seinem Tod, durch König Wilhelm I. verfügt[179]. In Baden war dies bereits zehn Jahre früher geschehen, und im April 1815 hatte die Regierung in Karlsruhe Untertanen, die ihre Kleinkinder vorsätzlich der Pockenschutzimpfung entzogen, mit einer Strafe von 1 bis 8 Gulden bedroht[180].

XII. Badische und hohenzollerische Truppen in Spanien

Die Thronwirren in Spanien verschafften Napoleon die Möglichkeit, seinen Machtbereich auf die Iberische Halbinsel auszudehnen. Er ließ das Land militärisch besetzen, zwang im März 1808 den spanischen König Karl IV. und dessen Sohn Ferdinand zum Thronverzicht und erhob seinen Bruder Josef, bisher König von Neapel, zum König von Spanien. Allein, seine Rechnung, das Land mit leichter Hand seinem politischen Willen unterwerfen zu können, ging nicht auf. Ein Volksaufstand brach aus. Er richtete sich gegen die Fremdherrschaft als solche, hatte aber auch sehr konkrete Ursachen, so die Gewaltmaßnahmen der Franzosen, insbesondere ihr hartes Besatzungsregiment sowie die Einbeziehung Spaniens in die Kontinentalsperre, die sich höchst nachteilig auf seine Wirtschaft auswirkte und es von seinen Kolonien abschloß. Die Aufständischen wandten sich um Hilfe an Großbritannien. Eine englische Armee unter General Wellesley, dem nachmaligen Lord Wellington, landete in Spanien. Die Franzosen sahen sich von allen Seiten angegriffen und bedrängt. Um die Herrschaft seines Bruders Josef zu sichern, bedurfte Napoleon erheblicher Truppenverstärkungen. Er griff deshalb auch auf das militärische Kräftepotential der Rheinbundstaaten zurück. König Friedrich von Württemberg besaß den Mut (vielleicht war es aber auch mehr sein politisches Geschick), dem Protektor Truppen zu verweigern. Napoleon zeigte sich zunächst verstimmt, bestand aber nicht auf seiner Forderung, zumal ihn Friedrich auf dem Erfurter Kongreß im September/Oktober 1808 unter Hinweis auf das politisch undurchsichtige Verhalten Österreichs davon zu überzeugen suchte, daß Württemberg ebenso wie Sachsen und Bayern seine Truppen im Lande behalten müsse[1]. Keinen Widerspruch gegen das Ansinnen des Kaisers der Franzosen wagte Großherzog Karl Friedrich von Baden. In einem Schreiben vom 14. September 1808 teilte er ihm mit, es stünden bereits 2000 Mann »zur Verfügung Eurer Majestät«, und er wolle diesen Truppen noch ein 400 Mann starkes Kavallerieregiment hinzufügen. Der Großherzog verschwieg nicht, daß die fortwährenden Rüstungen – Napoleon hatte mit Blick auf Österreich auch die vorsorgliche Mobilisierung des restlichen badischen Truppenkontingents befohlen – sein Land finanziell vollends gänzlich zu ruinieren drohten: »Der öffentliche Kredit ist gleich Null, der Unbestand der Ereignisse vernichtet ihn«. Die Aussicht, daß die auf Kriegsfuß gesetzten badischen Truppen bei der Niederwerfung des spanischen Aufstands eingesetzt werden könnten, beunruhigte Karl Friedrich. Eindringlich bat er den Kaiser, im Hinblick auf das »Widerstreben«, mit dem der Soldat dorthin marschiere, die Badener von einem kriegerischen Einsatz auf der Iberischen Halbinsel zu verschonen. In bemerkenswerter Freimütigkeit kritisierte er das schlimme Verhalten der französischen »Heere«, die »alle Provinzen mißhandelt und mehr eingetrieben« hätten, »als wenn sie als Feinde marschierten«. Er ließ keinen Zweifel, daß seiner Ansicht nach die Schuld an dem spanischen Volksaufstand bei Frankreich lag[2].
Doch als Großherzog Karl Friedrich diesen Brief schrieb, befanden sich unter dem Kommando von Oberst Heinrich von Porbeck ein badisches Infanterie-Regiment (Nr. 4) und eine Fußbatterie längst auf dem Weg nach Spanien. Sie hatten am 28. August 1808 bei Kehl den Rhein überschritten und erreichten nach 48tägigem Fußmarsch

quer durch Frankreich am 13. Oktober Irun, den ersten größeren spanischen Ort. In den folgenden Tagen wurden die Truppen der Rheinbundstaaten und Hollands zur deutschen Division formiert; der Befehl über sie wurde dem französischen General Leval übertragen[3]. Den badischen Soldaten blieb nicht die Zeit, sich einigermaßen zu akklimatisieren. Bereits am 24. Oktober erhielten sie in der Schlacht von Zornoza ihre Feuertaufe. Eine Woche später folgte die Schlacht von Durango. Zur Überraschung der Franzosen schlugen sich die Badener mit großer Bravour. An Kampfgeist und militärischer Tüchtigkeit standen sie den französischen Truppen nicht nach. Einer der hervorragendsten Generale Napoleons, Marschall Lefèbvre, ein Elsässer, der sie aus dem Feldzug von 1806/07 in schlechter Erinnerung hatte, zollte ihnen hohes Lob: »Jetzt seint'r keine wüste Ketzer mehr, jetzt seint'r brave Lüt!«[4]. Im ersten Bulletin der in Spanien kämpfenden französischen Armee vom 9. November 1808 hieß es: »Die Truppen des Rheinbunds haben sich ausgezeichnet, ganz besonders das badische Korps«. Marschall Lefèbvre ehrte die deutschen Soldaten dadurch, daß er je ein badisches und ein nassauisches Bataillon zu seiner Leibwache bestimmte. Napoleon verlieh den Badenern 22 Kreuze der Ehrenlegion[5].

Rasch stieß das Heer des Kaisers der Franzosen auf die spanische Hauptstadt Madrid vor. Am 10. Dezember bezog die deutsche Division in der Stadt Quartier. Nach mehrmonatigen Abwehrkämpfen gegen die von Süden gegen Madrid vordringenden feindlichen Verbände hatten die Badener ruhmreichen Anteil an der für die Franzosen siegreichen Schlacht von Medellin am 28. März 1809. Vier Monate später, am 27. Juli 1809, griff König Josef das von General Wellesley geführte englisch-portugiesisch-spanische Heer, das den Tajo aufwärts gegen Madrid anrückte, bei Talavera an. Die zweitägige Schlacht, die die Streitkräfte beider Seiten aufs äußerste forderte, endete unentschieden. Die deutsche Division, der auf Befehl Napoleons einige Wochen später der Name »Rheinische Bundesdivision« beigelegt wurde, befand sich im Brennpunkt des Kampfgeschehens und erlitt hohe Verluste. Der Führer des badischen Kontingents, Heinrich von Porbeck, fiel; die Ernennungsurkunde zum Generalmajor, die Napoleon beim Großherzog für ihn erwirkt hatte, konnte dem 37jährigen nicht mehr ausgehändigt werden. Mit ihrer Niederlage endete für eine zweite von Süden her auf Madrid vorrückende spanische Armee die Schlacht von Almonacid. Die verheerendste Niederlage aber erlitten die Spanier drei Monate darauf, am 19. November 1809, bei Ocana, 40 Kilometer südlich von Madrid. Freilich nutzten die Franzosen ihre beiden Siege nicht aus, um durch rücksichtsloses Nachstoßen die fluchtartig zurückweichenden gegnerischen Streitkräfte vollends zu zerschlagen. Immerhin gerieten allein bei Ocana 20 000 Spanier in Kriegsgefangenschaft. Auf französischer Seite fehlte, seitdem Napoleon im Januar 1809 Spanien verlassen hatte, eine starke einheitliche Führung. Hinzu kam, daß die Franzosen ihre Verluste nicht mehr ausgleichen konnten, der Truppenersatz aus der Heimat blieb aus. Napoleon benötigte das Gros seiner Kriegsmacht im Feldzug gegen Österreich. Die Badener leisteten auch in den Schlachten von Almonacid und Ocana Hervorragendes. Ein wenig rühmlicher Auftrag wurde ihnen nach Ocana zuteil. Zusammen mit anderen Kontingenten der Rheinischen Bundesdivision hatten sie knapp 16 000 spanische Kriegsgefangene, unter ihnen viele kranke und marschunfähige Soldaten, nach Südfrankreich (Bayonne) zu eskortieren. Ständig durch Guerillas bedroht, die ihre Landsleute gewaltsam zu befreien suchten, stellte der 21tägige Marsch an sie harte Anforderungen. Noch weit übler erging es den Gefangenen. Nach einem Befehl des französischen Oberkommandos war jeder Gefangene, der wegen Ermattung dem Zug nicht mehr folgen konnte, zu erschießen. 2000 Spanier verloren auf diese Weise ihr Leben. Ende Dezember 1809 kehrten die badischen Soldaten mit ihrem neuen Kommandeur, General von Neuenstein, nach Spanien zurück. Hatten die spanischen Guerillas schon zuvor die Rheinbundsoldaten aus dem Hinterhalt nicht viel weniger grausam als die Franzosen bekämpft, so schworen sie ihnen nach dem ominösen Gefangenentransport blutige Rache[6].

Bereits im Frühjahr 1809 hatte Oberst von Porbeck in seinen Berichten ein düsteres Bild von den Zuständen im Operationsgebiet der badischen Truppen gezeichnet: »Verhältnisse, wo Meuchelmord und alle Greuel, die sich die Einbildungskraft nur denken kann, an der Tagesordnung« waren. Mancher Soldat fiel bereits im ersten Jahr des Spanienfeldzugs hinterhältigen Anschlägen der Aufständischen zum Opfer[7]. Doch dies war erst der Auftakt zu einem immer schrecklichere, immer gnadenlosere Formen annehmenden Partisanenkrieg; er trat nach den Schlachten des Jahres 1809, in denen die Spanier und ihre Verbündeten meist besiegt worden waren, zu einem Teil an die Stelle der kriegerischen Auseinandersetzung der regulären Heere. Der Guerillaführer Mina, der von den Bewohnern Kastiliens anerkannte »König der Berge«, erließ den folgenden Aufruf: »Ich erkläre den Krieg auf Tod und Leben allen französischen Offizieren, Soldaten und deren Kaiser. Jeder Offizier und Soldat, der mit oder ohne Waffen in der Hand gefangen wird, sei es im Kampfe oder anderwärts im Land, wird an der Landstraße in Uniform gehangen, und man wird seinen Namen und Regiment auf seinen Körper heften. Wer sich herausnimmt, diesen Erlaß zu kritisieren, wird erschossen. Wer Partei solcher Verurteilten nimmt, wird mit acht Jahren Eisen bestraft. Dieser Erlaß muß alle vierzehn Tage in den Kirchen verlesen werden ...« Der Haß der einheimischen Bevölkerung steigerte sich unablässig. Zurückgelassene Verwundete und Kranke der französischen und rheinbündischen Truppen wurden von den Bauern erschlagen. Soldaten, die spanischen Widerstandskämpfern in die Hände fielen, wurden auf grausame Weise gequält und umgebracht. »Die Wut der Bauern«, so wird berichtet, »ging so weit, daß sie unseren Soldaten lebend Augen und Nägel ausrissen, Glied für Glied verstümmelten und aufspießten«[8]. Am 19. Mai 1810 wurden ein Leutnant, vier Unteroffiziere sowie 46 Soldaten der ersten Voltigeur-Kompanie von 400 »Briganten« niedergemacht[9]. Die Guerillas bedienten sich bei ihrem sehr wirksamen Kleinkrieg unterschiedlicher Taktiken und Kampfesweisen. In Galizien, Biscaya und Katalonien taten sie sich als gewandte Bergsteiger und »Tirailleurs« (Plänkler) hervor, in Kastilien als die besten Schützen, die oft tagelang auf den Gegner lauerten. In der Mancha, in Andalusien, Granada und in ganz Südspanien waren ihre Raubüberfälle gefürchtet, ihre Kavallerie zeichnete sich durch große Schlagkraft aus. Die katholischen Geistlichen standen auf seiten des Volkes, sie waren seine geistigen Anführer im Kampf gegen die verhaßte Fremdherrschaft[10]. Die Situation für die französischen Armeen verschlechterte sich seit 1810 zunehmend. Die Guerillas und die englische Armee, die an verschiedenen Stellen Truppen landete und ihre Gegner in Atem hielt, gewannen allmählich die Oberhand.

Indes war es nicht nur die ständige und allgegenwärtige Bedrohung durch einen fanatisierten, von glühendem Haß erfüllten Feind, der den Badenern so sehr zusetzte, vieles andere kam hinzu: das ungewohnte Klima, die zeitweise schlechte Verpflegung, mangelhafte sowie unzweckmäßige Bekleidung und Bewaffnung. Den Strapazen der weiten Märsche waren viele Soldaten nicht gewachsen; Krankheiten grassierten. Im Januar 1809 hatte das badische Kontingent bereits 200 Mann verloren, 700 Mann lagen in Lazaretten, lediglich 900 waren noch einsatzfähig[11]. Der Gesundheitszustand der Angehörigen des badischen Kontingents blieb schlecht, er bereitete den Verantwortlichen manchen Verdruß. Schon im November 1808 klagte Oberst von Porbeck in einem Bericht nach Karlsruhe: »Es zerreißt alles an Montierungsstücken, besonders des gemeinen Mannes, daß wir nächstens ganz zerlumpt sein werden«. Ähnliche und noch bitterere Klagen gelangten in den folgenden Jahren in die Heimat. »Die Stiefel sind zerfetzt«, hieß es einmal. Bei anderer Gelegenheit wurde berichtet: »Die Röcke der Kanoniere sind total zusammengerissen, das ewige Biwakieren hat ihnen vollends den Garaus gemacht ... Die Kasketten sind wegen ihrer Schwere und Ungeeignetheit für die Soldaten in der spanischen Hitze unerträglich, sie schrumpfen ein und gehen den Soldaten nicht mehr vom Kopf«. Doch was an Ersatzuniformen aus der Heimat kam, war, abgesehen von wenigen Ausnahmen, unzureichend oder von schlechter Beschaffenheit. Die Soldaten mußten sich ihre Kleidung im wesentlichen selbst besorgen. Die Not setzte die strengen Uniformbestimmungen außer Kraft. Beutestücke ergänzten oder ersetzten fehlende Uniformteile, Schuhe usw. Abgesehen von den blauen Uniformröcken, zu denen sich Stoff in Spanien fand, zeichnete sich die Bekleidung der Badener durch eine bunte Vielfalt aus. Der den Offizieren erlaubte einfache blaue Rock ohne Zierat rettete übrigens manchem von ihnen das Leben, da die Scharfschützen der Guerillas die Offiziere, auf die sie es besonders abgesehen hatten, häufig nicht von den Mannschaften unterscheiden konnten[12]. Sehr mißlich war das unterschiedliche Kaliber bei den Gewehren, Kanonen und Haubitzen der badischen und französischen Truppen. Die Badener mußten deshalb ihre in Schmalkalden gefertigten Gewehre durch schlechtere französische ersetzen. Ähnliches geschah bei den Geschützen. Unpraktisch waren die Säbel der badischen Kanoniere; sie wurden deshalb durch Beutestücke ersetzt[13]. Im allgemeinen herrschte zwischen den verschiedenen im Heer Napoleons vertretenen Völkern, Franzosen, Holländern, Italienern, Polen und Deutschen, während des Spanienkriegs ein gutes Einvernehmen. Die französischen Offiziere, die die Rheinbundtruppen befehligten oder in sonstiger enger Verbindung zu ihnen standen, behandelten die Badener zuvorkommend und zeichneten sie vor anderen Kontingenten aus. Oberst von Porbeck und sein Nachfolger erbaten wiederholt badische Orden für diese Offiziere. Schwierigkeiten machte den Badenern am Anfang das fremde französische Reglement, zumal dieses nicht in deutscher Übersetzung zugänglich war[14].

Auf Verlangen Napoleons schickte Baden im Februar 1809 eine 700 Mann zählende Ersatzabteilung nach Spanien, im Jahr darauf nochmals 700 Mann[15]. Die Regierung in Karlsruhe tat dies mit dem größten Widerstreben. Allein, sie mußte sich fügen. Der Erbgroßherzog hatte nicht den Mut, angesichts der Finanzmisere Badens ein unmißverständliches Nein zu sagen. Die Bitte der Karlsruher Regierung, Frankreich möge wenigstens die zugesagten Unterhaltsgelder für die badischen Truppen in Spanien bezahlen, wurde brüsk abgewiesen, die Franzosen nötigten Baden sogar noch zu zusätzlichen finanziellen Aufwendungen. Von vornherein aussichtslos waren die Bemühungen von Großherzog Karl Friedrich und seinem Enkel Karl, Napoleon für eine Freigabe der badischen Truppen und ihre Rückkehr in die Heimat zu gewinnen. Jedes derartige Ansuchen stieß in Paris auf taube Ohren und hatte gewöhnlich nur eine zusätzliche Belastung des ohnehin spannungsvollen badisch-französischen Verhältnisses zur Folge[16].

Seit Anfang 1810 kämpften auch die Militärkontingente der beiden hohenzollerischen Fürstentümer in Spanien. Sie hatten 1809 im Verband der nassauischen Truppen am Krieg gegen Österreich teilgenommen und waren nach Friedensschluß nach der Iberischen Halbinsel in Marsch gesetzt worden (nassauisches 2. Infanterieregiment). Ihre Stimmung war schlecht. Auf dem Marsch durch Deutschland und Frankreich desertierten 26 hohenzollerische Soldaten[17]. In den ersten Jahren hielten sich die französischen Forderungen nach Ersatz- und Ergänzungsmannschaften in Grenzen. 1812 änderte sich dies. In jenem Jahr hatten 155 Mann allein aus Hohenzollern-Sigmaringen nach Spanien zu ziehen[18]. Die Hohenzollern gerieten unmittelbar nach ihrem Eintreffen in Spanien in den heftig entbrannten Partisanenkrieg, auf den sie in keiner Weise

vorbereitet waren. Ständig von Überfällen bedroht, waren sie wie andere Kampfverbände oft von ihren rückwärtigen Verbindungen abgeschnitten, litten sie unter Ver-
pflegungs- und Versorgungsengpässen. Große Schwierigkeiten bereitete zeitweise die
Munitionsbeschaffung. Häuser wurden nach Blei und Zinn durchstöbert, selbst
Orgelpfeifen wurden nicht geschont. Des öfteren mußten die Soldaten eiserne Kugeln
schmieden. Eine größere Zahl der Hohenzollern geriet in Gefangenschaft und wurde
gezwungen, in gegnerische Verbände einzutreten. Insgesamt nahmen die hohenzollerischen Soldaten an 32 Gefechten teil, 16 von ihnen erhielten Kriegsauszeichnungen.
Sergeant Lorenzer aus Hausen am Andelbach bekam in Anerkennung seiner hervorragenden Tapferkeit und wegen der wiederholten Verwundungen, die er erlitten hatte,
eine Jahresrente von 100 Francs aus der französischen Kriegskasse[19].
Im Frühjahr 1810 wurde die Rheinische Bundesdivision in die Provinz Mancha verlegt,
um dort während knapp zwei Jahren Besatzungsdienst zu leisten. Der Kleinkrieg setzte
der Division hart zu. Anteil an den blutigen Schlachten im Westen und Süden Spaniens
hatte sie nicht. Ende 1811 zählte das badische Regiment noch 1100 Mann. Eine militärische Entscheidung zu ihren Gunsten mißlang den Franzosen. 1812 zog Napoleon
60 000 Mann seiner besten Truppen aus Spanien ab, weil er ihrer in dem bevorstehenden Krieg gegen Rußland bedurfte. Rekruten bildeten einen teilweisen Ersatz. Obwohl
die Franzosen noch immer über bedeutende Streitkräfte in Spanien verfügten, gerieten
sie gegenüber der vereinigten englisch-spanisch-portugiesischen Militärmacht und den
diese unterstützenden, nach vielen Tausenden zählenden Guerillas ins Hintertreffen.
Im März 1813 mußte König Josef endgültig Madrid den andrängenden Feinden überlassen. Bei Vitoria fügte der englische Heerführer Wellesley am 20. Juni 1813 den Franzosen eine vernichtende Niederlage zu. König Josef entging mit knapper Not der
Gefangennahme. Die Trümmer des französischen Heeres zogen sich fluchtartig aus
Spanien zurück. Die seit dem Verlassen Madrids die Nachhut der Armee König Josefs
bildende deutsche Division überschritt am 6. Juli 1813 mit den letzten französischen
Truppen die spanisch-französische Grenze[20].
Napoleon entzog nunmehr seinem Bruder Josef den Oberbefehl über die französische
Spanien-Armee und übertrug ihn dem aus Deutschland herbeieilenden Marschall
Soult. Der Marschall, bis vor einem halben Jahr Armeeführer auf der Iberischen Halbinsel, formierte das schwer angeschlagene Heer neu und bereitete sich mit 55 000 Mann
zum erneuten Einfall in Spanien vor. Die Badener bildeten zusammen mit nassauischen
und Frankfurter Truppen einen Teil der Reserve. Das Gesetz des militärischen Handelns lag jedoch bei der englisch-spanisch-portugiesischen Armee. Sie drängte die
Franzosen von der spanischen Grenze zurück und faßte selbst Anfang Oktober 1813
in Südfrankreich Fuß. Um diese Zeit brach die Herrschaft Napoleons in Deutschland
zusammen. Nach der Niederlage in der Völkerschlacht von Leipzig (16. bis 18. Oktober 1813) mußten die Franzosen hinter den Rhein zurückweichen. Alle ihre deutschen Verbündeten, so auch Württemberg, Baden und Hohenzollern, fielen von Napoleon ab. Am 18. November 1813 befahl Großherzog Karl dem kommandierenden
Offizier seines 4. Linien-Infanterieregiments »in Spanien oder wo dasselbe sich gegenwärtig befinden mag«, zu den Truppen der »Allerhöchsten Alliierten Mächte überzugehen und von da in das Vaterland zurückzukehren«. Der Befehl ihres Großherzogs
erreichte die badischen Truppen indes nicht. Sie kämpften deshalb im Verband des
französischen Heers weiter[21]. Nachrichten über das Ende der napoleonischen Herrschaft im rechtsrheinischen Deutschland sickerten aber durch. Am 10. Dezember 1813
liefen das Regiment Nassau, dem, wie erwähnt, auch Soldaten aus Hohenzollern angehörten, und das Bataillon Frankfurt zu den Engländern über. Am Tag darauf wurden
die badischen Truppen von den Franzosen entwaffnet und zu Kriegsgefangenen

erklärt. Die Offiziere kamen in die Normandie, die Mannschaft in die Bourgogne. Bei der Entwaffnung gelang es, die Reste der Regimentsfahne von der Stange zu lösen, sie zu verstecken und schließlich nach Karlsruhe zu bringen. Erst am 14. Mai 1814 sahen die überlebenden badischen Spanienkämpfer die Heimat wieder[22]. Die Franzosen zollten ihren langjährigen badischen Waffengefährten selbst dann noch Respekt, als sie diese zu Kriegsgefangenen gemacht hatten. Sie erkannten nicht nur ihren hervorragenden militärischen Einsatz während mehr als fünf Jahren, sondern vor allem auch die Tatsache an, daß sie aus dem Verband der französischen Armee ausschieden, »ohne ihre Fahnen zu entehren« (so noch 1904 ein französischer Militärhistoriker)[23]. Von den 3526 Badenern, die am spanischen Feldzug teilnahmen, starben insgesamt 748 (darunter 30 Offiziere) vor dem Feind, über 1000 wurden einmal oder wiederholt verwundet, 314 desertierten oder wurden als vermißt gemeldet. Wegen Krankheit wurden 400 während des Feldzugs in die Heimat zurückgeschickt. 362 Soldaten und Offiziere gerieten in Spanien in Kriegsgefangenschaft[24].

Abenteuerlich gestaltete sich das Schicksal der hohenzollerischen Soldaten, die zu den Engländern übergegangen waren. Zusammen mit ihren nassauischen Kameraden wurde ein Teil von ihnen mit Schiffen nach Sizilien gebracht; er trat zu Fuß von dort den Rückweg nach Deutschland an. Andere suchten über Frankreich in die Heimat zu gelangen. Der Rest kam erst nach England und von dort über Holland nach Hause. Von 873 deutschen Soldaten, die im Februar 1814 auf vier Schiffen zum Heimtransport verladen wurden, verlor über ein Viertel bei Schiffsbrüchen, die Stürme und Schneegestöber an der holländischen Küste verursachten, sein Leben. Unter den Umgekommenen befanden sich 14 Soldaten aus Hohenzollern[25].

XIII. Die Katastrophe in Rußland 1812

Bereits ums Jahr 1805 erkannte der französische General Dupont, daß Frankreich und mit ihm Europa keine Ruhe finden werde, solange Napoleon politisch und militärisch die Zügel in Händen halte. »Wir haben«, so äußerte er, »durch die Revolution unser Glück gemacht, aber wir waren noch nicht imstande, es zu genießen. Österreich, Rußland und England sind allein fähig, dem Ehrgeiz unseres Kaisers einen Damm entgegenzusetzen, in dem seine Willkür endlich eine Grenze findet. Geschieht dies nicht, so sehe ich für sie und uns keine Ruhe. Denn dieser Mensch muß immer einen Entwurf wie das Kind eine Puppe haben, mit dem er spielt und der ihn beschäftigt, und so führt er uns von einem Ende Europas zum anderen, ohne daß wir die Ruhe, die wir so sehr wünschen, genießen können«[1].

König Friedrich von Württemberg beunruhigten die Unrast und die zunehmend ins Maßlose sich verlierenden Pläne Napoleons. Schon den Krieg in Spanien hielt er für ein groteskes Abenteuer. Er sah, wie sich der Kaiser der Franzosen auf der Iberischen Halbinsel in eine militärisch und politisch gleichermaßen fatale Situation hineinmanövrierte und wie seiner Machtbesessenheit unzählige Menschenleben geopfert werden mußten. Mit Mühe hatte er Württemberg aus dem Spanien-Krieg heraushalten können. Doch schon 1810 warf ein weiterer, noch schlimmerer europäischer Konflikt seine düsteren Schatten voraus: der Krieg des französischen Imperiums mit dem zaristischen Rußland. Die von Napoleon verfügte Kontinentalsperre, die wachsenden Interessengegensätze der beiden kontinentalen Großmächte Frankreich und Rußland in Polen und im Orient sowie der rücksichtslose französische Ausdehnungsdrang in Italien und Norddeutschland, wo Napoleon sogar den mit dem Zarenhaus eng verwandten Oldenburger Großherzog seines Landes beraubte, unterhöhlten das 1807 zwischen dem Kaiser der Franzosen und Zar Alexander geschlossene Bündnis. Bereits 1811 befahl Napoleon umfassende Rüstungen. Im Frühjahr jenes Jahres zwang er Württemberg, ein Regiment nach Danzig, dem französischen Waffenplatz an der Ostsee, zu entsenden, um die dortige Garnison zu verstärken. Den Widerstand des württembergischen Königs, der seine Behauptung »Rußland mobilisiert« in Zweifel zu ziehen wagte, brach er mit massiven Drohungen. »Wenn mir die Bundesfürsten«, schrieb er nach Stuttgart, »auch nur den geringsten Zweifel über ihre Vorkehrungen für eine gemeinsame Verteidigung lassen, werden sie sich zugrunde richten, denn ich ziehe Feinde unzuverlässigen Freunden vor«. König Friedrich fühlte sich sehr verletzt, und er ließ dies den Protektor auch wissen, im übrigen blieb ihm keine andere Wahl als die, sich zu fügen[2]. Auch Baden blieb 1811 trotz seines militärischen Engagements in Spanien von der Truppenstellung nicht verschont. Es mußte im Frühsommer jenes Jahres ein Infanterieregiment (Nr. 2) nach Ostpreußen in Marsch setzen. Das Regiment übernahm an der Ostsee zunächst Küstenschutzaufgaben[3].

Der verlustreiche Kleinkrieg in Spanien, aber auch die wachsenden Spannungen Frankreich-Rußland ließen vor allem in Baden die Zahl der Deserteure stark ansteigen. Im März 1811 wies die Regierung die Gemeinden an, »Militärausreißer«, gleichgültig ob diese von dort gebürtig waren oder sich nur dort aufhielten, innerhalb von zweimal 24 Stunden zu verhaften. Gemeinden, die der Anordnung nicht nachkamen, wurde eine Strafe von 50 Gulden angedroht. Als Deserteure waren nach einem gleichzeitigen

Erlaß des Kriegsministeriums auch alle beurlaubten Soldaten zu betrachten, die sich im Fall der Einberufung nicht rechtzeitig bei ihren Regimentern einfanden[4].

Zu Beginn des Jahres1812 hielt Napoleon den Krieg mit Rußland für unvermeidlich. Für den großen Waffengang griff er vor allem auf das militärische Kräftereservoir der Rheinbundstaaten zurück. Darüber hinaus gewann er durch besondere Verträge auch Österreich und Preußen für eine aktive Beteiligung. Friedrich von Württemberg, einer der wenigen Rußlandkenner im Lager des Rheinbunds, beurteilte das geplante kriegerische Unternehmen skeptisch, und er rechnete mit immensen Opfern an Menschen sowie exorbitanten finanziellen Aufwendungen. Für Württemberg, so vertraute er am 16. Februar 1812 der Tochter Katharina an, werde der Krieg gegen das russische Zarenhaus nur negative Ergebnisse zeitigen, und er fügte bitter hinzu: »In meinem Alter bedrückt es einen sehr, wenn man die Hoffnung aufgeben muß, für das Glück seiner Untertanen zu arbeiten«[5]. Obwohl er Napoleon Heeresfolge zu leisten hatte, weigerte er sich, Rußland als feindliche Macht zu deklarieren. Als der seit knapp einem Jahr in Stuttgart akkreditierte russische Gesandte Daniel Alopeus bei Kriegsausbruch Württemberg verließ, gaben er und der württembergische Außenminister die wechselseitige Erklärung ab, daß sich ihre Souveräne als nicht im Krieg miteinander befindlich betrachteten[6].

Im Februar 1812 hatten Baden und Württemberg ihre Kontingente zu mobilisieren. Am 1. März inspizierte König Friedrich die ausmarschbereiten Truppen in Öhringen. Zusammen mit dem seit einem Jahr in Danzig garnisonierenden Infanterieregiment und den später nachgesandten Ersatzmannschaften umfaßte die württembergische Felddivision 15 800 Mann, 3400 Pferde und 32 Geschütze. Um nicht wieder einen französischen General als Befehlshaber aufoktroyiert zu bekommen, übertrug der König das Kommando über das württembergische Truppenkorps Kronprinz Friedrich Wilhelm. Die Division nahm ihren Weg über Würzburg durch den Thüringer Wald nach Leipzig. Als 25. Division wurde sie zusammen mit zwei französischen Divisionen dem von Marschall Ney befehligten III. Armeekorps der Großen Armee zugewiesen[7]. Ungeachtet seines schlechten Gesundheitszustands war König Friedrich Mitte Mai nach Würzburg gereist, um dort Napoleon vor dem Beginn des Rußlandfeldzugs nochmals sehen und sprechen zu können. Doch der Kaiser der Franzosen änderte kurzfristig von Mainz aus seine Reiseroute, so daß Friedrich keine Gelegenheit mehr hatte, mit ihm zu konferieren. In Dresden angelangt, hielt Napoleon nochmals glanzvoll Hof. Mit Genugtuung vermerkte er, daß neben dem ihm treu ergebenen sächsischen Monarchen ihn auch sein Schwiegervater, Kaiser Franz I. von Österreich, und König Friedrich Wilhelm III. von Preußen durch ihre Anwesenheit beehrten. Der württembergische König übermittelte schriftlich seine guten Wünsche für den bevorstehenden Feldzug[8].

Im Verhältnis zu Württemberg stellte Baden ein erheblich kleineres, insgesamt 7166 Mann umfassendes Truppenkorps ins Feld, es setzte sich zusammen aus drei Infanterieregimentern (darunter einem bereits in Ostpreußen befindlichen Regiment), einem Jägerbataillon sowie einer Artilleriekompanie mit 10 Geschützen. Den Oberbefehl über die badische Brigade übernahm auf Wunsch von Großherzog Karl der vierte Sohn Karl Friedrichs, der noch nicht ganz 20jährige Graf Wilhelm von Hochberg, der nachmalige Markgraf Wilhelm von Baden. Chef des Generalstabs der badischen Feldbrigade wurde Oberstleutnant Ludwig von Grolmann, ein hervorragend befähigter und kenntnisreicher Offizier[9]. Sehr mangelhaft war die Ausrüstung der ausmarschierten Truppen; sie konnte durch Nachlieferungen, so im Mai 1812 durch die von 2000 neuen französischen Gewehren, verbessert werden[10]. Um den Rekrutenersatz zu sichern, wurde durch eine Verordnung vom 28. Juni 1812 die »Milizpflichtigkeit« mit geringen Ausnahmen auf alle Wehrpflichtigen vom vollendeten 19. bis zum vollendeten 23. Lebensjahr ausgedehnt. Frei vom Militärdienst blieben, abgesehen von jungen Männern, die das erforderliche körperliche Mindestmaß von 5 Schuh 2 Zoll des neuen Landmaßes nicht aufwiesen, lediglich die Söhne der Standesherren, die »wirklich besoldeten Staats- und Hofdiener« sowie die bei der großherzoglichen Familie angestellten »Livreediener«, wobei künftig keine »Milizfähigen« mehr zu »Livreedienern« angenommen werden durften. Auf einzige Söhne von 60jährigen oder älteren Vätern und von Witwen sowie auf die ältesten Söhne »elternloser, einen gemeinschaftlichen Haushalt führender Familien« sollte nur im äußersten Notfall zurückgegriffen werden. Im Hinblick auf den Mangel an Geistlichen wurden Theologiestudenten vorläufig zum Wehrdienst nicht herangezogen. Eine entsprechende Ausnahme sollte bei den übrigen »dermalen besetzten oder übersetzten Studienfächern« gemacht werden, falls es bei diesen zu ähnlichen Nachwuchsschwierigkeiten wie bei den Theologen komme. Im Gegensatz zu Württemberg blieb es den Wehrpflichtigen erlaubt, taugliche Ersatzmänner zu stellen. Die Wohlhabenden und Gebildeten konnten damit den Militärdienst auf die Armen und Ungebildeten abwälzen[11]. Ende Juli 1812 mußte Baden eine außerordentliche Kriegssteuer von 600 000 Gulden ausschreiben, damit das Land die stark angewachsenen Militärausgaben bestreiten konnte[12].

Die Badener marschierten über Frankfurt, Gießen, Kassel und Stettin nach Danzig. Dem IX. Armeekorps des Marschalls Victor zugeteilt, gehörten sie zu der Reserve der Großen Armee, die dieser erst Ende August 1812 nach Rußland folgte. Die württembergische Felddivision setzte ihren Marsch von Leipzig aus durch die Niederlausitz fort und gelangte über Westpolen nach Ostpreußen. Bereits am 25. Juni 1812 überschritt sie die Memel. Der Vormarsch durch westrussisches Gebiet erlegte den Württembergern harte Entbehrungen auf. Meist die Nachhut bildend, fanden sie in der Regel verlassene, verwüstete und ausgeplünderte Orte vor. Die Zahl an Kranken und Erschöpften stieg sprunghaft an. Ruhr und Nervenfieber grassierten. Bei Tag quälte die Soldaten glühende Hitze, bei Nacht setzte ihnen empfindliche Kälte zu. Staub und Dürre wechselten mit verheerenden Wolkenbrüchen, die die Wege in Morast verwandelten. Mitte Juli erkrankte der Kronprinz an Nervenfieber, er mußte zurückbleiben und schließlich in die Heimat zurückkehren. Das Divisionskommando übernahm General von Scheler. Die Stimmung der Truppe sank auf einen Tiefpunkt. Im Kreis der Offiziere wurde offen Kritik an dem verwegenen Rußlandabenteuer Napoleons geübt, sein überragendes Feldherrntalent in Zweifel gezogen. Die offenkundige Benachteiligung der Division bei der Zuweisung von Quartieren und bei der Versorgung mit Lebensmitteln belastete das Verhältnis zu den französischen Kriegsgefährten. Napoleon blieb die defaitistische, stark franzosenfeindliche Stimmung bei den Württembergern nicht verborgen. In einem an Kronprinz Friedrich Wilhelm gerichteten Schreiben machte er seiner Verärgerung Luft. Der Geist der württembergischen Truppen sei nicht mehr derselbe wie in früheren Feldzügen, schrieb er. Einzelne Offiziere führten schlimme Reden. Er nannte Beispiele für aufrührerische, verräterische Äußerungen und forderte, unverantwortliche, verbrecherische Elemente drakonisch zu bestrafen, äußerstenfalls davonzujagen, damit nicht das ganze württembergische Offizierskorps durch diesen schlechten Geist infiziert werde. Die Schuld, daß es überhaupt so weit habe kommen können, lastete er dem Kronprinzen an. Bewußt demütigend war sein Hinweis auf die gänzliche Abhängigkeit Württembergs und seines Herrscherhauses vom Rheinbund und insbesondere von ihm, dem Protektor des Bundes. Indes ließ er es nicht bei Demütigungen und verhüllten Drohungen bewenden. Hart fuhr er den Kronprinzen an: »Wenn Euer Hoheit nicht ein festes Herz und einen unbezwinglichen Willen in der gegenwärtigen Situation haben, wird Ihnen ein Unglück zustoßen«[13].

König Friedrich war bestürzt. Der Zorn des übermächtigen Alliierten mußte besänftigt werden. In einem Schreiben vom 23. Juli versicherte er ihm, gegen die Generale und Offiziere, die sich verfehlt hätten, werde unnachsichtig eingeschritten, zwei Generale, die sich besonders schlimm vergangen hätten, würden vor ein Kriegsgericht gestellt, dessen Urteile er bereits im voraus bestätigt habe, die Disziplin im württembergischen Truppenkorps werde mit aller Härte gewahrt. Den Sohn nahm der König jedoch in Schutz: Der Kronprinz teile seine Auffassung über Gehorsam und Pflichterfüllung beim Militär. Irgendwelcher Ordnungswidrigkeiten könne man ihn nicht beschuldigen. Für mangelnde Manneszucht bei Truppenteilen, die man seinem Kommando entzogen habe, sei er nicht verantwortlich zu machen. Zum Beweis der Freundschaft, die er seinem treuesten Verbündeten entgegenbringe, möge Napoleon dem Kronprinzen die erforderlichen Informationen übermitteln, damit dieser die Schuldigen nach dem Grad ihrer Verfehlung zur Rechenschaft ziehe[14]. König Friedrich hatte keinen Zweifel, daß sich der heftige Tadel des Kaisers der Franzosen am Geist der württembergischen Felddivision vor allem gegen die Person des Kronprinzen richtete. Fraglich war ihm nur, wann der Kronprinz in so hohem Maß das kaiserliche Mißfallen auf sich gezogen habe. Vielleicht reichte die Abneigung Napoleons in die Zeit des Paris-Aufenthalts Friedrich Wilhelms zurück, vielleicht hatte sie aber auch ihre Ursache im späteren Verhalten des Prinzen. Jedenfalls durfte über die kaiserliche Ungnade keinesfalls leichthin hinweggegangen werden. Doch als noch weit schlimmer empfand der König den kaum bezähmbaren Haß des Sohnes gegen den Protektor des Rheinbunds. In seinem Brief vom 9. August, der den Kronprinzen allerdings nicht mehr bei der Truppe antraf, warnte er ihn vor einem Spiel mit dem Feuer. Es sei mehr als gefährlich, den Kaiser, wie dies in der Umgebung des Prinzen geschehen sei, durch offenherzige Äußerungen über dessen Kriegsführung, dessen politische Pläne sowie auch über dessen Politik überhaupt herauszufordern. König Friedrich hatte Beweise, daß die Vorwürfe Napoleons nicht aus der Luft gegriffen waren. In Briefen aus Rußland, in die er sich Einsicht verschafft hatte, waren ihm »unerlaubte, ja verbrecherische Äußerungen« der höchsten Offiziere geradezu in die Augen gesprungen. Eine Ungeheuerlichkeit! Seine Generale wußten, daß es ihnen nicht gestattet war, »die maßgeblichen Grundsätze anzufechten, wenn der Herr und Souverän in irgendeiner Sache seine Partei ergriffen« hatte. Sie hatten Anordnungen auszuführen, »zu gehorchen und vor allem sich keine kecken Urteile zu erlauben, und dies um so weniger, als die Empfindlichkeit des Kaisers nach dieser Richtung bekannt ist und die Klugheit gebietet, jedes Mißfallen zu vermeiden«. Den Sohn erinnerte König Friedrich eindringlich daran, daß die politische Existenz des württembergischen Regentenhauses ausschließlich von Napoleon abhänge. »Durch ihn allein bin ich in den Stand versetzt worden, den Staat zu gründen, dessen Herrscher Du einst sein sollst«. Er wünsche, so fuhr der König fort, daß der Sohn das von ihm begonnene Werk fortsetze, das könne er aber nur, wenn er sich des guten Willens und der Achtung des Kaisers versichere. Er habe nie versucht, durch niedrige Mittel und eigene Demütigung die Freundschaft Napoleons zu erlangen und doch habe dieser seiner Art zu denken, Gerechtigkeit widerfahren lassen. König Friedrich legte dem Sohn nahe, bei nächstbietender Gelegenheit, die Generale und Offiziere um sich zu versammeln, sie von der schweren Verärgerung des Kaisers in Kenntnis zu setzen, sie zur strengsten Pflichterfüllung und zu stillschweigendem Gehorsam zu ermahnen[15].

Zu einer solchen »Vergatterung« kam es indessen nicht mehr. Der Kronprinz hatte, wie erwähnt, die Truppe schon verlassen, als der Brief eintraf. Eigenartigerweise hatte Napoleon nunmehr am württembergischen Offizierskorps nichts Schwerwiegendes mehr auszusetzen. Seine massiven Vorwürfe scheinen in der Tat ausschließlich gegen die Person des Kronprinzen Friedrich Wilhelm gerichtet gewesen zu sein, dessen schwere Erkrankung ihm offensichtlich nicht unlieb war. Freilich, in den folgenden Wochen überstürzten sich die Ereignisse und der Oberbefehlshaber der Großen Armee hatte Wichtigeres zu tun als Stimmungserkundung zu betreiben. Gegenüber König Friedrich und selbst gegenüber dem Kronprinzen gab er sich ausgesprochen freundlich. Dem Prinzen schrieb er am 29. August, er werde es jederzeit mit Vergnügen sehen, wenn er an die Spitze der Division zurückkehre, die sich in so lobenswerter Weise hervorgetan habe[16]. Hätte tatsächlich die Aussicht bestanden, daß Friedrich Wilhelm zurückkehrte, wäre ihm sicherlich das Wort »Vergnügen« nicht so leicht über die Lippen gekommen.

Daß sich die Russen kampflos in das Innere ihres Landes zurückzogen und die Große Armee zwangen, ihnen nachzustoßen, brachte Napoleon, der sich rasch eine Entscheidungsschlacht erhofft hatte, in eine fatale Situation. Die langen, strapaziösen Märsche, die zunehmenden Versorgungsmängel und Krankheiten setzten den Franzosen und ihren Verbündeten sehr zu. Viele Soldaten waren den physischen und psychischen Anforderungen nicht gewachsen. Der Kräfteverschleiß der Fronttruppen war groß. Tausende blieben auf den Etappenstationen krank oder erschöpft zurück. Der Kampfgeist der gelichteten Regimenter sank ab. König Friedrich war über die konsequent verfolgte Rückzugsstrategie der Russen nicht verwundert, er hatte sie, wie ihm die Gattin Mitte Juli bestätigte, vorausgesehen[17].

Bis Ende Juli 1812 war die württembergische Division, die inzwischen Witebsk erreicht hatte, auf 5000 Mann geschrumpft. Dabei hatte sie bis dahin überhaupt noch keine Feindberührung gehabt. Für zwölf Tage bezog sie in Liozna ein Lager. Die Erkrankung des Kronprinzen ermöglichte es Napoleon, die Befehlsgewalt über die Division dem französischen General Marchand zu übertragen; General von Scheler wurde ihm unterstellt. Erstmals gerieten die Württemberger vom 17. bis 19. August ins Feuer. In der für die Franzosen siegreichen Schlacht von Smolensk erlitten sie hohe Verluste. Die Zahl der Kampffähigen verminderte sich auf 2400 Mann, davon 1400 Infanteristen. Einzelne Kompanien wiesen nur noch drei bis sechs Mann auf. Auf Anordnung Napoleons wurde deshalb die gesamte württembergische Infanterie zu einem aus drei Bataillonen bestehenden Regiment zusammengefaßt, die überzähligen Offiziere dem Regiment als Ersatzleute beigegeben. König Friedrich war über die hohen Verluste und Ausfälle seiner Truppen tief beunruhigt. Er machte den Generalen von Scheler und von Kerner (Kerner war der württembergische Generalquartiermeister) scharfe Vorhaltungen, doch die beiden Generale waren machtlos. Gegen Hunger und Krankheiten, nach wie vor die schlimmsten Feinde der Truppe, konnten sie wenig ausrichten[18]. Ungeachtet aller Strapazen hatte sich die geschrumpfte Schar der Württemberger als ein militärisch festgefügtes, diszipliniertes Korps behauptet. In der blutigen Schlacht von Borodino (7. September) zeichnete sie sich durch hervorragende Tapferkeit aus. Sie hielt eine von den Franzosen bereits aufgegebene Schanze und bewahrte den König von Neapel vor der Gefangenschaft. Ihre Verluste freilich lagen wiederum sehr hoch. Zum Glück behielt General von Scheler trotz seiner Verwundung das Kommando über die Truppe bei.[19]

Auch bei Borodino mißlang Napoleon der vernichtende Schlag gegen die gegnerischen Armeen. Die Russen zogen sich vollkommen geordnet zurück, die Franzosen wagten ihnen nur zögernd zu folgen. Am 14. September zog der Kaiser der Franzosen mit seinen Garden in das größtenteils verlassene Moskau ein: ein beinahe gespenstiger Einzug! Von Siegesstimmung war wenig zu verspüren. Der Frieden blieb eine Fata morgana. Das militärische Kräfteverhältnis hatte sich seit Beginn des Feldzugs zugunsten des Gegners verschoben. Unter den Truppen, die in die russische Hauptstadt einrückten, waren die württembergischen Jäger zu Pferd Herzog Louis, die bereits früher aus dem Verband der württembergischen Division herausgelöst und mit anderen nicht-französischen Kavallerieeinheiten zur »Brigade étrangère« zusammengefaßt worden waren. Die württembergische Division selbst, das heißt ihre Reste, bezogen Quartier in der Kasaner Vorstadt. Viele Soldaten erhielten seit dem Überschreiten der russischen Grenze erstmals wieder ein Dach über den Kopf und konnten sich nach langen Wochen der Kleider entledigen. Der Brand von Moskau, der bereits kurz nach dem Einzug Napoleons gelegt wurde, verwüstete weite Teile der Stadt. Württembergische Feldzugsteilnehmer behielten ihn als gräßliches Schauspiel und als Fanal für den ungebrochenen russischen Widerstandswillen in Erinnerung[20]. Napoleon hatte das tapfere Verhalten der Württemberger in der Schlacht bei Borodino nicht vergessen. In Moskau zeichnete er nicht weniger als 72 von ihnen mit dem Kreuz der Ehrenlegion aus. Den Offizieren bewilligte er an Dotationen Jahresrenten in einer Gesamthöhe von 100 000 Francs, davon allein 20 000 Francs für General von Scheler. Bei der Parade am 18. Oktober ernannte er Scheler außerdem zum französischen Reichsgrafen. König Friedrich stand Napoleon an Großmut nicht nach. Durch Dekret vom 24. Oktober 1812 erhob er den General in den Grafenstand des Königreichs und gewährte ihm eine Dotation von 60 000 Gulden. Den Generalmajors von Breuning, von Kerner und von Koch verlieh er die erbliche Freiherrnwürde. Dem »Armeekorps« sprach er »für das ausgezeichnete brave Benehmen« Dank und Anerkennung aus, zahlreiche Offiziere und Mannschaften ehrte er durch die Verleihung von Orden[21]. So stolz er auch auf seine Feldtruppen war, ihre hohen Verluste bedrückten ihn sehr. In einem Brief an die Tochter Katharina gab er seiner tiefen Betroffenheit und zugleich seiner Friedenssehnsucht beredt Ausdruck[22].

Der bevorstehende Winter drohte die Versorgung der Truppen in dem weithin zerstörten Moskau zum unlösbaren Problem zu machen. Napoleon mußte die Konsequenz ziehen und den Rückzug antreten, ehe es zu spät war. Indes, das Eingeständnis, daß das gigantische Unternehmen gegen das Zarenreich gescheitert war, kam ihn schwer an. Erst am 19. Oktober verließ er mit seinen Garden die Stadt und gab damit das Zeichen zum allgemeinen Aufbruch in Richtung Westen. Die württembergische Division, bei der sich inzwischen eine größere Zahl von Wiedergenesenen eingefunden hatte, bestand zu diesem Zeitpunkt aus 1500 Mann Infanterie, knapp 400 Reitern sowie 400 Artilleristen mit 30 Geschützen. Die Russen nutzten die ihnen durch den Rückzug der Franzosen sich bietende einzigartige Chance. Sie verwickelten die Zurückweichenden in ständige Abwehrgefechte, zwangen sie durch eine bewegliche Kriegsführung zu einer Rundumverteidigung. Unterstützt wurde die reguläre russische Armee durch Kosaken und Bauern, die einen erbarmungslosen Kleinkrieg gegen die verhaßten Eindringlinge entfesselten. Diese überfielen vor allem kleine versprengte Einheiten, machten sie nieder oder nahmen sie gefangen. Bei Wjasma griffen die Russen mit starken Kräften an und schlugen zwei französische Armeekorps in die Flucht, doch vermochte ihnen das dritte Armeekorps, vor allem die Württemberger, einigermaßen standzuhalten und den Rückzug zu decken. Mit dem Anfang November hereinbrechenden Winter behinderten tiefer Schnee und grimmige Kälte die Rückzugsbewegungen der Großen Armee. Die Soldaten waren auf solche extremen Witterungsbedingungen in keiner Weise vorbereitet. Am 11. November erreichte das Gros der Armee Napoleons Smolensk. Die württembergische Division war auf 1000 Mann zusammengeschmolzen. Nachdem sie ihren Wagenpark und ihr gesamtes Gepäck schon früher verloren hatte, mußte sie nunmehr ihre letzten Geschütze den Russen überlassen. In Orscha sammelte Napoleon seine Armee nochmals. Das waffentragende württembergische Kontingent bestand jetzt, am 21. November, aus 307 Mann[23].

In den Hauptstädten der Rheinbundstaaten erwartete man bis in den Spätherbst hinein Siegesmeldungen aus dem fernen Rußland. Mit der Möglichkeit einer sich anbahnenden militärischen Katastrophe rechneten nur wenige. Die Nachricht vom Einzug Napoleons in Moskau war überall gebührend gefeiert worden. In Karlsruhe hatte man das große Ereignis mit 200 Kanonenschüssen und einem Te Deum in der Schloßkirche festlich begangen. Dem Gottesdienst hatte, abgesehen von der Markgräfin Amalie, die sich weigerte, die Niederlage ihres Schwiegersohns zu feiern, der gesamte Hof beigewohnt[25]. Die Aufgabe Moskaus durch Napoleon begründete die »Badische Staatszeitung« am 12. November 1812 damit, daß sich der Kaiser jeweils dorthin begeben müsse, »wo große Operationen seine Gegenwart erforderten«, und noch gegen Ende November 1812 konnte man in dieser Zeitung lesen, bei der Armee stehe alles gut[26].

Das erste Bataillon des bereits 1811 nach Ostpreußen beorderten 2. badischen Infanterieregiments war die einzige badische Einheit, die den Rußlandfeldzug in der Nähe Napoleons mitmachte; es hatte den kaiserlichen Kriegsschatz zu bewachen und auf dem Rückzug von Moskau in der Umgebung des Kaisers für Ruhe und Ordnung zu sorgen[27]. Das zweite Bataillon des Regiments vereinigte sich im Oktober 1812 mit der in Smolensk liegenden badischen Feldbrigade. Als Heeresreserve hatte das IX. Armeekorps, dem die badische Brigade angehörte, lange keine Feindberührung. Es lag in Smolensk in Wartestellung. Erst nachdem Napoleon Moskau verlassen hatte, mußte es in Aktion treten. Ihm oblag es, gegen das Gros der Armee Napoleons gerichtete russische Umgehungsversuche zu vereiteln und den französischen Rückzug zu decken. Am 30. Oktober stießen die Badener erstmals mit feindlichen Truppen zusammen. Auch in den folgenden Wochen wurden sie wiederholt in Gefechte verwickelt. Marschall Victor lobte die badische Brigade, nur auf sie könne er sich verlassen[28]. Am 25. November bildete das IX. Armeekorps, immer noch ein relativ intakter Truppenkörper von 43 000 Mann, an der Beresina eine Art Auffangstellung für die von Osten heranziehenden Heerestrümmer der Großen Armee. Graf Wilhelm von Hochberg erschütterte der Anblick der noch vor wenigen Monaten als unbesiegbar geltenden Kriegsmacht: »Es defilierte gerade die polnische Armee; ich ließ meine Brigade halten, um ein bisher noch nie erlebtes Schauspiel näher zu beobachten. Es mögen ungefähr 20 Adler gewesen sein, welche von Unteroffizieren getragen wurden, denen mehrere Generale, teils zu Fuß, teils zu Pferde folgten. Mehrere dieser höheren Offiziere trugen Damenmäntel von Seidenzeug, mit Zobel besetzt. Dann kam eine größere Zahl unbewaffneter Soldaten, im ganzen vielleicht 500 Mann, der Rest eines Armeekorps, das mit 30 000 bis 40 000 Mann ins Feld gerückt war! Das Wetter war an jenem Tage herrlich, und die Sonne beleuchtete mit ihrem hellen Schein diese für uns so betrübende Szene. Kaum waren wir in Biwak eingerückt, so sahen wir andere Korps in gleichem aufgelöstem Zustand an uns vorüberziehen«[29].

Die Badener befanden sich noch in einigermaßen ordentlicher Verfassung. Die Infanterie zählte 2240 Mann, die alle noch vollständig bewaffnet waren. Am 23. November war, ein seltener Glücksfall, bei der Brigade ein bereits Anfang Juli in Karlsruhe aufgebrochener Nachschubkonvoi von 41 Wagen angekommen. Er führte eine beträchtliche Menge Zwieback, Suppengries sowie Schuhe mit sich. Diese im Augenblick der größten Not eintreffenden Versorgungsgüter waren für die Truppe von unschätzbarem Wert. Während die ganze Armee an Lebensmitteln und Schuhwerk den schlimmsten Mangel hatte, waren die Badener damit in hinreichender Menge versehen. Insbesondere der Suppengries, eine Erfindung des hessischen Oberstleutnants von Jossa, eine mit gesalzenen und geräucherten Fleischteilchen vermischte Grütze, rettete manchem Soldaten das Leben. Schon eine sehr geringe Menge genügte, um, in gekochtem

Schneewasser aufgelöst, aus ihr eine wohlschmeckende, nahrhafte Suppe zu bereiten. Über diesen Suppengrieß verfügten nur die Badener[30].

Die russische Heerführung setzte alles daran, der zurückflutenden Großen Armee an der Beresina die totale Vernichtung zu bereiten. Indes vermochte Napoleon durch den vorgetäuschten Brückenschlag bei Borissow die Russen in die Irre zu führen und dadurch Zeit zu gewinnen, um bei Studjenka über den dort etwa 100 Meter breiten, 2 Meter tiefen, eistreibenden Fluß, unter Verwendung des Holzes eingerissener Hütten zwei Brücken schlagen zu lassen. Dieser Brückenbau ohne technisches Gerät (Boote usw.) war eine Meisterleistung französischer Pioniere. Zunächst stand am 26. November eine erste Brücke für die Infanterie und die Kavallerie zur Verfügung, drei Stunden später 200 Meter weiter südlich eine zweite für die Artillerie und den Train. Mehrmals brach die südliche Brücke unter der Last der übersetzenden Wagen und Geschütze; sie konnte aber dank des selbstlosen, todesmutigen Einsatzes der im eiskalten Wasser arbeitenden Pioniere stets wieder repariert werden. Die Russen drängten mit starken Kräften beiderseits der Beresina gegen die Armee Napoleons. Doch gelang es den Franzosen, zunächst auf dem Ostufer des Flusses und nach dem Übergang eines Teils der noch einigermaßen intakten Truppenkorps auch auf dem Westufer eine wirksame Verteidigung und Abwehr zu organisieren, so daß ein Großteil der Armee auf den Behelfsbrücken den Fluß überqueren konnte. Die Badener, noch 2240 kampffähige Soldaten zählend, bildeten zunächst das Rückgrat der Verteidigung auf dem Ostufer der Beresina. Nachdem sie im Verband des IX. Armeekorps am Abend des 27. November auf das rechte Ufer übergesetzt hatten, erhielten sie in der Morgenfrühe des folgenden Tages den Befehl, nochmals auf das Ostufer zurückzukehren, damit die vom Ansturm der Russen bedrohten Brücken noch kurzfristig gehalten werden konnten[31]. War schon das Überqueren des Flusses in westlicher Richtung ungemein schwierig gewesen, so erwies sich die Rückkehr auf das Ostufer als kaum noch möglich. Graf von Hochberg berichtet: »Der Andrang von einer ganz ungeordneten Masse von Menschen von allen Nationen und Sprachen, die wild durcheinander gemischt waren, ist schwer zu beschreiben. Viele Blessierte und Kranke wurden von den Brücken ins Wasser gestoßen, das große Eisschollen mit sich führte, dabei schneite es ununterbrochen heftig. Mehrere Male brachen die Brücken unter der Last zusammen, und es dauerte immer lange, bis den Pontonniers, die schon sehr ermattet und ohne alle Nahrung waren, die Wiederherstellung gelang. Mit seltenster Hingebung, bis an die Brust im Wasser, arbeiteten diese wackeren Leute mit dem größten Eifer und opferten sich einem gewissen Tode, nur um die Armee zu retten. Einzelne Reiter versuchten, mit ihren Pferden durch das Wasser zu schwimmen, blieben aber im Schlamm stecken, kurz: wo man hinsah, erblickte man Szenen des Jammers und Elendes«[32]. Nach unendlichen Mühen gewann die Brigade schließlich das östliche Ufer. Der badischen Artillerie, die noch vollständig intakt war, gelang dies nicht mehr. Doch konnte sie vom westlichen Ufer des Flusses aus den Abwehrkampf der Infanterie und Kavalleristen unterstützen. Die Badener warfen sich mit der größten Bravour dem andrängenden Feind entgegen und brachten dessen Angriff zum Stehen. Ihr Husarenregiment wurde dabei fast gänzlich aufgerieben, auch sonst erlitten sie schwere Verluste. Am 28. November gegen Mitternacht erhielt Graf von Hochberg, der einzige noch diensttuende General des IX. Armeekorps, den Befehl zum Rückzug auf das Westufer. Da die kleinere Brücke bereits unbrauchbar war, mußten die Soldaten die größere benutzen. Um aber diese zu erreichen, hatten sie »sich durch eine Masse aufgehäufter Fuhrwerke, Menschen und Pferde durchzuarbeiten, die zertrümmert, verwundet oder getötet durcheinander lagen; in der Dunkelheit konnte dies nur Mann für Mann geschehen«. Schließlich erreichte die auf 900 Mann geschrumpfte badische Brigade als Nachhut des

IX. Armeekorps das Westufer. Unzählige hilflose Menschen hatten nicht mehr über den Fluß gerettet werden können. Graf von Hochberg nannte es einen »herzzerreißenden Anblick, so viele Verwundete und Kranke ... dem Feind nun preisgegeben zu sehen. Keine Feder vermag den Jammer zu beschreiben, der sich dem Auge darbot, als die Russen von dem linken Ufer Besitz nahmen. Die in Gefangenschaft geratene Masse isolierter Soldaten kann ohne Übertreibung auf 10 000 Mann veranschlagt werden. Vierzig Kanonen und die meisten Wagen aller Generale nebst einem Teil der kaiserlichen Kriegskasse blieben stehen, so daß die Beute sehr groß gewesen sein muß«[33].

Nach dem Übergang über die Beresina lösten sich nach und nach auch die letzten intakten Kampfverbände auf. Die kleine Schar der Badener, weiterhin mit Nachhutfunktionen betraut, lieferte noch am 4. Dezember bei Molodetschno dem vordringenden Feind ein erfolgreiches Abwehrgefecht. Dann aber zerbrach die extreme Kälte auch ihren Widerstandswillen. Frisch herangeführte Rheinbundtruppen übernahmen, so gut dies noch möglich war, die Nachhut. Frierende, hungernde und apathische Flüchtlinge schleppten sich in größeren oder kleineren Gruppen nach Westen[34]. Erstaunlicherweise ging keine der sechs Fahnen der badischen Infanterie verloren. Die Soldaten lösten sie von den Stangen, banden sie sich um den Leib und brachten sie so in die Heimat[35]. Der Tod hielt unter den Elendsgestalten überreiche Ernte. Mitte Dezember erreichten 300 Württemberger preußischen Boden. Zurückgeblieben in Rußland waren einige hundert Verwundete, Kranke und Gefangene. Alle anderen Angehörigen der württembergischen Felddivision waren in den Kämpfen gefallen, an Krankheiten gestorben oder den Strapazen des Rückzugs erlegen[36]. Bei den Badenern sah es ähnlich aus. Als Graf von Hochberg Ende Dezember 1812 seine Brigade in Marienwerder an der Weichsel sammelte, bestand sie einschließlich ihrer Ergänzungs- und Depotmannschaften noch aus 42 Offizieren, 111 Unteroffizieren, 15 Spielleuten und 369 Soldaten. Von den Männern war aber ein erheblicher Teil verwundet oder krank[37]. Einige Hundert kamen später aus Spitälern oder aus der Kriegsgefangenschaft zurück, alles in allem überlebten den Rußlandkrieg allenfalls 800 bis 1000 badische Teilnehmer. Unter den Umgekommenen befand sich auch Oberstleutnant von Grolmann. Der Generalstabschef der badischen Brigade erlag in Wilna im Februar 1813 nach schwerem Siechtum den Folgen seiner Verwundung[38]. Zahlreiche Offiziere und Soldaten starben in russischer Kriegsgefangenschaft. Glücklicherweise konnte durch versöhnliche Menschlichkeit das bittere Los der Kriegsgefangenen etwas gelindert werden. So nahm Anfang 1813 der kommandierende russische Vorpostengeneral in Bromberg einen vom badischen Kriegsministerium übersandten und für die kriegsgefangenen großherzoglichen Offiziere bestimmten Wechsel von 10 000 Gulden auf Ersuchen eines französischen Generals entgegen und leitete ihn weiter[39]. Zum Retter vieler badischer Kriegsgefangener wurde der aus Bretten gebürtige in Pensa (an der Sura, Gebiet der mittleren Wolga) ansässige Schneidermeister Franz Egetmeier (1760–1818). Er nahm sich vor allem badischer Offiziere an, die durch Pensa kamen[40].

Die Nachricht von der Katastrophe in Rußland suchte man am Karlsruher Hof zunächst geheimzuhalten. Erst zu Beginn des neuen Jahres 1813 sickerte die schreckliche Neuigkeit durch. Großherzog Karl nahm das grausame Geschick seiner Truppen völlig apathisch auf. Es entlockte ihm keine Äußerung der Teilnahme, der Trauer oder des Unwillens[41]. In einem Schreiben vom 16. Januar 1813 sprach er zwar von einem »schmerzhaften Verlust für jeden gutdenkenden Badener«, entschieden mehr Sorge bereitete ihm aber, wie diese Verluste wenigstens teilweise zu ersetzen seien[42].

Die beiden hohenzollerischen Fürstentümer brauchten keine Soldaten für den russischen Feldzug zu stellen. Lediglich Fürst Friedrich von Hohenzollern-Hechingen zog mit der Großen Armee im Frühjahr 1812 nach Osten. Er kehrte Anfang 1813 krank und dienstuntauglich in die Heimat zurück. Über den Rückzug Napoleons aus Rußland berichtete am 14. März 1813 das Wochenblatt für das Fürstentum Sigmaringen in knappen Sätzen: Am 21. Oktober 1812 habe die französische Hauptarmee den Rückzug von Moskau aus angetreten. Die bald darauf hereingebrochene Kälte habe ungeheure Verluste zur Folge gehabt. Kavallerie und Artillerie gebe es überhaupt nicht mehr. Am 13. Dezember habe sich die Große Armee hinter die Weichsel zurückgezogen und damit Danzig den Russen preisgegeben[43].

König Friedrich von Württemberg konnte sich nicht vorstellen, daß seine Division weitgehend vernichtet war, daß ihre wenigen Überlebenden, waffenlose und ausgemergelte Elendsgestalten, den rettenden deutschen Grenzen zuirrten. Bis kurz vor Weihnachten 1812 ging er davon aus, daß die Division zwar einen erheblichen Teil, wenn nicht einen Großteil ihres Mannschaftsbestands eingebüßt, daß sie aber noch immer einen geschlossenen militärischen Körper bildete und ihr weiterer kriegerischer Einsatz gewährleistet sei, wenn ihr die erforderliche Ergänzungsmannschaft zugeführt werde. Als er daher hörte, daß General von Scheler Generalquartiermeister von Kerner zur mündlichen Berichterstattung an ihn abgesandt habe, wies er die württembergischen Militärdienststellen und diplomatischen Vertretungen in Mittel- und Norddeutschland an, sie sollten Kerner seinen strengen Befehl bekanntgeben, unverzüglich wieder zur Felddivision zurückzukehren. Der Befehl erreichte den Generalquartiermeister jedoch nicht, und als der durch einen Prellschuß am Oberschenkel Verwundete am 26. Dezember in Stuttgart anlangte, empfing ihn der König höchst ungnädig: »Warum haben Sie meine Armee verlassen, General?« Der so hart Getadelte entgegnete: »Majestät haben keine Armee mehr«. Mit einer solchen Antwort hatte der Monarch nicht gerechnet. Mühsam nach Fassung ringend, trat er an eine Fensternische und verweilte, die Augen mit der Hand bedeckend, dort lange. Die Enkelin Kerners, die Schriftstellerin Tony Schumacher, hat diese bedrückende Szene beschrieben[44]. Der Unmut des Königs über den jungen General schwand, an seine Stelle trat fürsorgliche Anteilnahme. Er ließ dem gesundheitlich schwer Angeschlagenen »zur Bezeugung der allerhöchsten Zufriedenheit« und zur Wiederbeschaffung seiner »Equipage« 3000 Gulden anweisen[45].

Freilich, zum Zeitpunkt der Ankunft des Generals von Kerner in Stuttgart konnte König Friedrich kaum noch Illusionen über das Ausmaß der Katastrophe in Rußland haben. Das am 18. Dezember im Pariser »Moniteur« veröffentlichte 29. Bulletin aus dem Hauptquartier Napoleons hatte, die seitherigen unverwüstlichen Siegesfanfaren jäh zum Verstummen bringend, in brutaler Offenheit eingestanden, daß die Große Armee bis auf kümmerliche Überreste vernichtet war. Unter dem Eindruck der hier enthüllten schrecklichen Wahrheit mutete der Schlußsatz »Die Gesundheit Seiner Majestät war nie besser« wie menschenverachtender Hohn an[46]. Napoleon hatte bereits am 5. Dezember, wenige Tagesmärsche von Wilna entfernt, das Oberkommando über die Armee dem König von Neapel übergeben und war nach Paris geeilt, um neue Rüstungen ins Werk zu setzen und so den Schaden aus dem militärischen Debakel in den Weiten Rußlands in Grenzen zu halten. Seine Zuversicht war ungebrochen. Er sah sich bereits wieder an der Spitze eines gewaltigen Heeres, seine Feinde zu Paaren treibend[47].

Der Übergang über die Beresina am 28. November 1812. Lithographie nach der Zeichnung von Faber du Faur

Das Königstor in Stuttgart. Radierung von W. Nilson, um 1810

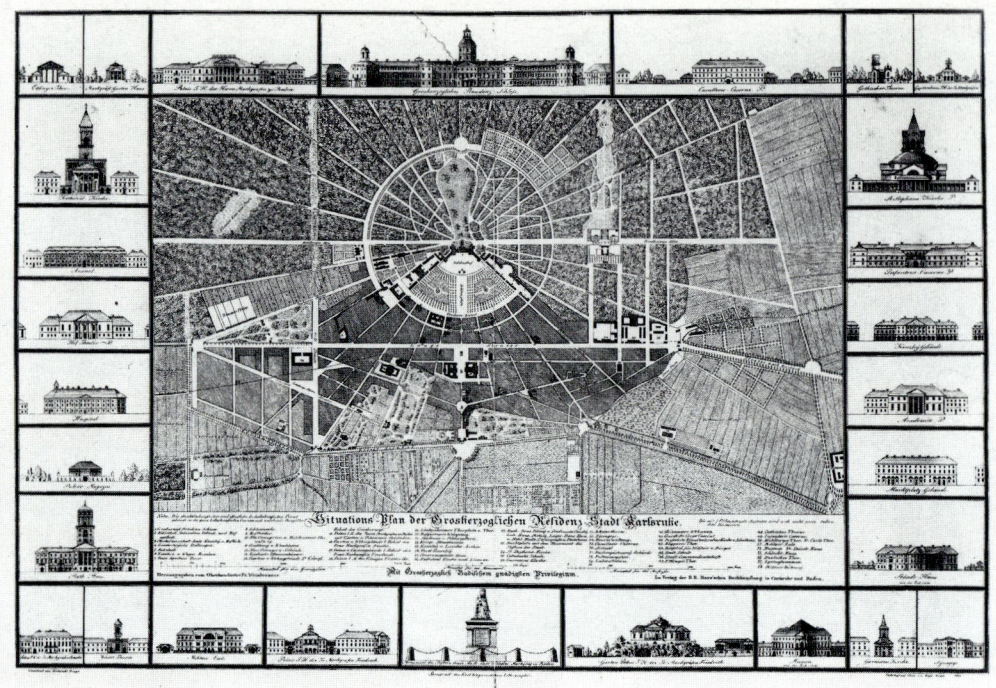

Plan der Stadt Karlsruhe von Friedrich Weinbrenner, 1822

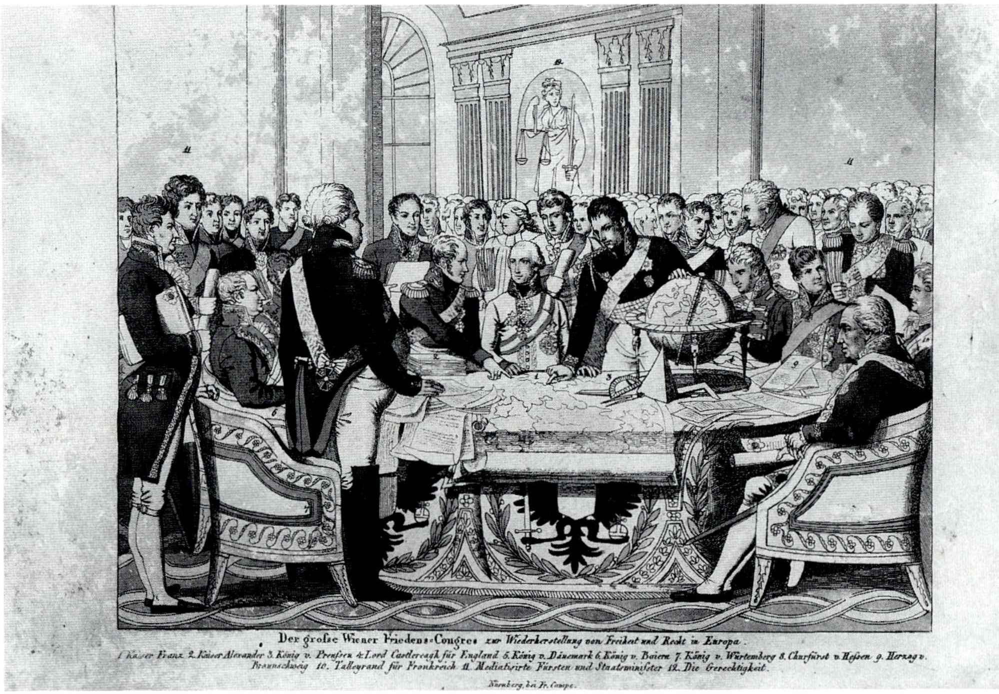

König Friedrich auf dem Wiener Kongreß 1814

XIV. Das Ende des Rheinbunds

Der letzte Feldzug im Dienst Napoleons

König Friedrich von Württemberg machte keinen Hehl daraus, wie sehr es ihm widerstrebte, daß er »seinen guten und getreuen Untertanen« unverschuldet neue Lasten auferlegen mußte. Allein, er hatte keine Wahl. Der Protektor des Rheinbunds verlangte es. Am 30. Dezember 1812 schrieb der König eine »allgemeine Vermögenssteuer in Verbindung mit einer nur die höheren Klassen betreffenden Besoldungs- und Pensionssteuer« aus. Hierbei erklärte er aber ausdrücklich, alle Lasten mit seinen Untertanen teilen zu wollen[1]. Seiner tiefen Betroffenheit über die Katastrophe in Rußland gab er öffentlich Ausdruck. Er ließ eine Liste der umgekommenen oder in Gefangenschaft geratenen Offiziere veröffentlichen, sagte alle Feierlichkeiten anläßlich des siebten Jahrestags der Annahme der Königswürde am 1. Januar 1813 ab und unterließ es als einziger Rheinbundfürst, Napoleon seine Anteilnahme zur Vernichtung der Großen Armee zu übermitteln. Eine franzosenfeindliche Stimmung erfaßte weite Kreise der Bevölkerung. In einem Schreiben an seinen in Sondermission bei Napoleon weilenden Außenminister Grafen Zeppelin sprach König Friedrich über das täglich zunehmende »Mißvergnügen« in Stuttgart und auf dem platten Land »mit allem, was französisch ist … Man fängt an, an verschiedenen Orten, … unter andern in Biberach, Aufrufe an das Volk anzuschlagen, worin man von Befreiung von dem drückenden Joche unter Mithilfe von Österreich spricht«[2]. Die Georgii, Cotta, Wangenheim, Varnbüler und andere seien von einem glühenden Haß gegen Napoleon und dessen Despotismus erfüllt, berichtete Fürst Hatzfeld im Frühjahr 1813 nach Berlin[3]. Napoleon zeigte sich sehr verärgert darüber, daß der württembergische König nicht einfach über das Rußland-Desaster hinweg zur Tagesordnung überging. Er forderte von ihm eine Erklärung darüber, warum die Feiern am Tag der Annahme der Königswürde abgesagt, warum er unverblümt seine Mißbilligung über neue Rüstungen zum Ausdruck gebracht habe. Doch König Friedrich sah keine Veranlassung, seine Maßnahmen zu begründen oder zu entschuldigen. Dem französischen Gesandten in Stuttgart, de Moustier, warf er vor, ihm durch seine tendenziöse Berichterstattung bei Napoleon sehr geschadet zu haben. Hätte de Moustier die Situation in Württemberg zutreffend beurteilt, hätte er an seiner, des Königs, Loyalität gegenüber dem Kaiser der Franzosen keinen Zweifel äußern können[4].

In einem Schreiben vom 18. Januar 1813 stellte Napoleon dem württembergischen König nicht nur die Bedrohung durch den äußeren Feind, sondern auch die Gefahren eines sich ausbreitenden Geistes der Revolution und der Anarchie vor Augen. Gegen beides schütze, so belehrte er den König, nur die festgefügte äußere und innere Abwehrfront der rheinischen Allianz. Friedrich handle selbstmörderisch, wenn er sich nur halbherzig in diese Abwehrfront einreihe oder sich gar aus ihr zurückziehe[5]. Ungeachtet seiner Revolutionsfurcht, machte der Einschüchterungsversuch des Protektors des Rheinbunds auf König Friedrich nur geringen Eindruck. Er hatte längst erkannt, daß die politische Entwicklung einen für Napoleon ungünstigen Verlauf nahm. Seinem Außenminister Zeppelin gegenüber äußerte er: »Frankreich wird sich von seinen großen Alliierten verlassen finden und zum Frieden gezwungen sein«[6]. Ein Bündniswechsel von Österreich und Preußen erschien ihm nur noch eine Frage der Zeit. Diplomatische Kontakte vorsichtig nutzend, ließ er die österreichische Regierung wissen, daß er nur so lange an Napoleon festhalten wolle, als ihn dieser zu schützen vermöge. In Wien nahm man gerne von einer solchen Erklärung Kenntnis und bot dem württembergischen König insgeheim eine Garantie seines Besitzstandes an[7].

Die Verärgerung Napoleons über König Friedrich bekam der württembergische Gesandte in Paris, Graf Wintzingerode, weiterhin bei jeder Gelegenheit zu verspüren. Um den aufmüpfigen Monarchen in Stuttgart zur Räson zu bringen, drohte der Kaiser der Franzosen gar, die württembergischen Landstände und ebenso den ehemaligen reichsunmittelbaren Adel wieder in ihre früheren Rechte einzusetzen[8]. König Friedrich ließ sich von dem beleidigt-aufreizenden Ton Napoleons nicht anstecken. Punkt für Punkt wies er in einem Schreiben vom 26. Januar 1813 seine Anschuldigungen und Unterstellungen zurück. Hierbei betonte er das enge Vertrauensverhältnis, das ihn und sein Volk verbinde und das ihm ermöglicht habe, dem Land die größten Opfer abzuverlangen. Eine Aufwiegelung Württembergs scheitere, wie die Erfahrungen nach dem Ausbruch der Französischen Revolution gezeigt hätten, an der Treue, die die Einwohner ihrem angestammten Herrscherhaus entgegenbrächten, dessen Untertanen die meisten von ihnen schon seit 800 Jahren seien. Im übrigen habe er alles getan, Umtriebe unruhiger Köpfe und revolutionäre Machenschaften von Geheimgesellschaften und anderen staatsgefährlichen Vereinigungen im Keim zu ersticken. Die größten Schwierigkeiten bereite nach der Vernichtung seiner Armee in Rußland die Aufstellung, Ausbildung und Bewaffnung einer neuen kriegstüchtigen Streitmacht. Er habe keine Zeit verloren, das Truppenkontingent, zu dem ihn der Rheinbundvertrag verpflichte, zu reorganisieren. Dennoch werde er frühestens am 15. April imstande sein, zehn Bataillone Infanterie, drei Kavallerieregimenter, zwei Brigaden (Abteilungen) leichter Artillerie und eine Batterie der Linienartillerie ins Feld zu stellen. Besonders nachteilig auf den Neuaufbau des Truppenkorps wirke sich der Mangel an Offizieren aus, noch sehe er keine Möglichkeit, diesem wirksam abhelfen zu können[9].

Mit seinem Brief erregte König Friedrich erst recht den Unwillen Napoleons. Vor allem seine Bemerkung, daß ein Großteil der Württemberger schon seit 800 Jahren Untertanen seiner Familie sei, scheint den großen Emporkömmling in Rage gebracht zu haben. Er beschied den württembergischen Gesandten zu sich und überschüttete ihn mit Vorwürfen. Ihn schmerze besonders, erklärte er, daß ihn ein so hochbegabter, willensstarker Fürst, für den er sehr viel getan habe, jetzt im Stich lasse. Er habe Friedrich die meisten Beweise seiner Freundschaft gegeben, mit ihm habe er als einzigem seiner Verbündeten seine Pläne, seine Politik erörtert. König Friedrich, von der zornigen Reaktion des Protektors überrascht, bemühte sich, die Wogen zu glätten. In einem weiteren Brief bezeugte er, seine Worte sorgsam abwägend, Napoleon seiner persönlichen Anhänglichkeit und seiner unverbrüchlichen Bündnistreue. Ihn schmerze, schrieb er, daß der Kaiser an seiner Loyalität zweifle, obwohl er sich seit acht Jahren alle nur erdenkliche Mühe gebe, seine Vertragsverpflichtungen peinlich genau zu erfüllen. Um seine Ergebenheit und seinen guten Willen noch nachdrücklicher zu beweisen, ließ er Napoleon den Brief durch seinen Staats- und Kabinettsminister Graf Zeppelin überbringen. Mit diesem Schreiben traf Friedrich die Mentalität des Kaisers der Franzosen besser als mit seinen früheren Briefen. Den entscheidenden Durchbruch aber dürfte Graf Zeppelin erzielt haben. Ihm gelang es, Napoleon von den lauteren Absichten seines Königs zu überzeugen, aber auch von der das französischwürttembergische Verhältnis vergiftenden Tendenzberichterstattung des französischen Gesandten in Stuttgart[10].

Keine Schwierigkeiten hatte Napoleon mit Großherzog Karl. Dieser gebärdete sich als willenlos ergebener Vasall. Am 4. Januar 1813 schrieb er dem kaiserlichen Schwiegervater: »Mein größter Ehrgeiz besteht darin, durch meinen Eifer und durch meine unabänderliche Ergebenheit den Beifall Eurer Majestät zu erringen«. Einen guten Monat später: »Ich, der ich durch die süßesten und geheiligsten Bande den hohen Geschicken Eurer Majestät und des durch Sie gegründeten Hauses verbunden bin, bin völlig durchdrungen von der Notwendigkeit, daß alle verbündeten Staaten auch ihrerseits diejenigen Anstrengungen machen werden, welche die Umstände erfordern«[11]. Für Baden versprach er, die militärischen Forderungen Napoleons mit allen ihm verfügbaren Mitteln zu erfüllen. Die Sorge des Kaisers vor dem Anwachsen einer umstürzlerischen Bewegung suchte er zu zerstreuen. Bei der strengen Zensur auf allen Gebieten des öffentlichen Lebens sei hier nichts zu befürchten, meinte er. Dabei konnte der badischen Regierung genauso wenig wie der württembergischen die stark franzosenfeindliche Stimmung der Bevölkerung verborgen geblieben sein. Die ungeheuren Verluste an Menschenleben in Rußland überging der Großherzog mit Stillschweigen, dagegen gab er in beredten Worten seiner uneingeschränkten Bewunderung für die Person und das Werk des Kaisers der Franzosen Ausdruck[12]. Im April 1813 reiste das Großherzogspaar nach Mainz, um dem dort weilenden Adoptiv- bzw. Schwiegervater seine Aufwartung zu machen. Napoleon empfing Karl und Stephanie freundlich und wohlwollend[13].

Die Neuaufstellung des badischen Truppenkontingents gestaltete sich ungewöhnlich schwierig. Am 23. Dezember 1812 war ein 1160 Mann starkes Ergänzungsbataillon von Karlsruhe abmarschiert. Nach dem unmittelbar darauf bekanntgewordenen Debakel in Rußland wäre es richtig gewesen, das Bataillon zurückzurufen, damit es bei der Neuformierung des badischen Heeres die Kader bildete. Dazu konnte sich aber Großherzog Karl nicht durchringen. Die Franzosen schickten das Bataillon als Teil der Besatzung nach Glogau[14]. Die wenigen Offiziere und Mannschaften, die im Februar/März 1813 aus Rußland zurückkehrten, waren zu einem großen Teil dienstuntauglich. Bei dem Mangel an geeigneten Führern und Unterführern mußte deshalb bei der militärischen Neuorganisation improvisiert werden. Es war ohne Zweifel eine bemerkenswerte Leistung, daß bereits Anfang April 1813 ein erstes Teilkontingent von 3080 Mann unter dem Kommando des Generals von Stockhorn kriegseinsatzbereit war und ausmarschieren konnte. Ende Juli 1813 folgte ein 2700 Mann zählendes zweites Truppenkontingent[15]. Die Waffen, mit denen die badischen Soldaten ausgerüstet wurden, stammten aus französischen Beständen; im Großherzogtum waren die Waffenvorräte erschöpft[16]. Bei der Rekrutierung der jungen Männer mußte zum Teil hart durchgegriffen werden. Die Strafbestimmungen gegen Privatpersonen und Gemeinden, die Deserteuren Unterstützung gewährten oder sie nicht zur Anzeige brachten, wurden verschärft[17].

Auch Württemberg stand bei der Neuaufstellung seines Heeres vor schwer zu lösenden Problemen. Wie Baden mußte es Frankreich bitten, ihm Waffen zur Verfügung zu stellen. Bei den ersten Infanterie- und Kavallerieeinheiten, die König Friedrich im März und April 1813 auf Kriegsfuß brachte und in Richtung Nordosten in Marsch setzte, handelte es sich um völlig unzureichend ausgebildete Truppen, bei den Kavalleristen, wie der König feststellte, um Rekruten, die man auf neue Pferde gesetzt habe, sich aber kaum im Sattel halten könnten und keine Vorstellung von kavalleristischen Bewegungen besäßen. König Friedrich sprach dies Napoleon gegenüber in aller Offenheit aus und nahm dabei bewußt in Kauf, daß ihm dieser seinen Defaitismus übelnahm. Doch der Kaiser der Franzosen hatte jetzt andere Sorgen. Die württembergischen Kriegsanstrengungen erkannte er uneingeschränkt an. Er bot Friedrich sogar an, falls einer seiner Söhne das Kommando über die württembergischen Truppen übernehmen wolle, werde er ihn direkt einem seiner Marschälle unterstellen. Friedrich lehnte jedoch dankend ab. Die unerfreulichen Erfahrungen seines ältesten Sohnes im Frühsommer 1812 genügten ihm. Zum Kommandeur des württembergischen Truppenkorps bestimmte er General von Franquemont, einen natürlichen Sohn seines Onkels Carl Eugen[18].

Napoleon zeigte sich zuversichtlich. Daß Preußen inzwischen auf die Seite Rußlands getreten war, schreckte ihn nicht. Die vereinigten preußisch-russischen Armeen hoffte er, in die Knie zwingen zu können, und selbst in einem möglichen Anschluß Österreichs an die preußisch-russische Allianz sah er keinen militärischen Block, der seinem Imperium hätte gefährlich werden können. In der Tat schien es, als habe sich im Frühjahr 1813 das Schlachtenglück erneut mit den französischen Waffen verbündet. In dem Treffen von Lützen am 2. Mai gewann Napoleon über Preußen und Russen die Oberhand. Ein entscheidender Sieg war es aber nicht. Die unterlegenen Armeen zogen sich geordnet zurück. Napoleon triumphierte dennoch. Daß er den Sieg mit einem Drittel seines Heeres erfochten hatte, war für ihn ein wundersames Omen. Er sah sich nach einer Folge nicht allzu schwer errungener Siege bereits wieder an der Weichsel[19]. König Friedrich vermochte seinen Optimismus nicht zu teilen. Er gratulierte ihm zwar zu seinem großen Erfolg, empfahl ihm aber aus der Position der Stärke den Verständigungsfrieden anzustreben. Ein Eingreifen Österreichs in den Krieg an der Seite Preußens hielt er für eine sehr konkrete Möglichkeit[20].

Um nicht wiederum den Vorwurf Napoleons wegen des »esprit politique«, des politischen Geistes, in seinem Truppenkorps auf sich zu ziehen, schärfte er den Offizieren unbedingten und stillschweigenden Gehorsam gegen seine ihnen von ihren Vorgesetzten übermittelten Befehle ein. Jede Äußerung, die dem Ansehen der mit Württemberg verbündeten Mächte abträglich war, sollte aufs strengste bestraft werden. Die eines solchen Delikts Schuldigen waren als Staatsverbrecher in Ketten an den König zu schicken, damit dieser »die wohlverdiente Lebensstrafe den Kriegsgesetzen gemäß« über sie verhängte[21]. Der Briefverkehr zwischen Heimat und Feldtruppen unterlag schärfster Überwachung[22].

Das württembergische Korps, das am 19. April Mergentheim in Richtung Würzburg verließ, umfaßte 7260 Mann und 1400 Pferde; es wurde Anfang Mai als 38. Division dem von General Bertrand befehligten IV. Korps eingegliedert. General von Franquemont erhielt für den Fall, daß die Franzosen zum Rückzug gezwungen werden sollten, eine geheime Instruktion, nach der er mit seinen Truppen in die Heimat zurückkehren oder, falls ihm dies verweigert werde, sich mit seinen Offizieren für kriegsgefangen zu erklären hätte[23]. In der für Napoleon siegreichen Schlacht von Bautzen am 21. Mai 1813 erhielten die Württemberger ihre Feuertaufe. Die kriegsungewohnten Soldaten taten sich durch erstaunliche Tapferkeit hervor. Napoleon zeigte sich von ihrer militärischen Leistungsfähigkeit und ihrem kämpferischen Elan sehr beeindruckt. Er bedachte sie reich mit Auszeichnungen und Geldgeschenken. Freilich, ihre Verluste waren sehr hoch. Rund ein Fünftel wurde verwundet oder fand den Tod. Nach Borodino war Bautzen die ruhmreichste Waffentat der Württemberger. König Friedrich erhob General von Franquemont in den Grafenstand des Königreichs[24]. Auch nach Bautzen war der Friede noch in weiter Ferne. Daß die Preußen und Russen keineswegs geschlagen waren, bewiesen sie durch verschiedene erfolgreiche Reiterattacken. Die Württemberger hatten am 31. Mai ein verlustreiches Gefecht bei Jauer zu bestehen. In der Hoffnung, seine Armee durch Ergänzungsmannschaften aus Frankreich und den

Rheinbundstaaten wesentlich verstärken und damit die militärische Situation zu seinen Gunsten verändern zu können, bot Napoleon seinen Gegnern einen Waffenstillstand an. Dieser kam dann auch am 4. Juni zustande. Aus Württemberg langte nunmehr die zweite Abteilung der Feldtruppen, insgesamt 4360 Mann und 1330 Pferde, an. Ihre von General Graf von Normann-Ehrenfels befehligte Reiterbrigade hatte das Pech, von den Franzosen gegen preußische Freischaren eingesetzt zu werden, die im Rücken der französischen Armee operierten. Dieser Einsatz während des Waffenstillstands, so der gegen die kühnste dieser Kampftruppen, die Freischar des Majors von Lützow, bekannt durch den »Überfall« von Kitzen, brachte die Brigade in Mißkredit; sie wurde beschuldigt, eigenmächtig den Waffenstillstand gebrochen und die Lützower überfallen zu haben. Dem war aber nicht so. Den Befehl zum Unschädlichmachen des Freikorps hatten die Franzosen gegeben, die es jetzt nach außen abstritten[25]. König Friedrich war sehr verärgert darüber, daß die nachgesandten Truppen nicht seiner Division angeschlossen, sondern als mobile Kolonne verwendet, ja zu einer Art Gendarmeriedienst mißbraucht wurden. Er bestand mit Erfolg auf ihrer Eingliederung in die württembergische Division. Den beiden Generalen Doering und Graf von Normann-Ehrenfels warf er ein »schwaches Benehmen« vor, weil sie den Franzosen bei unmilitärischen, schmählichen Aktionen zu Willen gewesen waren. Dabei übersah er allerdings gänzlich, daß allein Napoleon und die französischen Generale das Sagen hatten. Indes, auch in der Folgezeit wurden Teile der württembergischen Kavallerie zu Sonderaufträgen und Einzelkommandos herangezogen. Daß dies geschah, schrieb König Friedrich in Verkennung der tatsächlichen Verhältnisse dem mangelnden Durchsetzungsvermögen des jungen Reitergenerals Graf von Normann-Ehrenfels zu. Wiederholt tadelte er ihn hart, machte ihn vor allem für Ausschreitungen verantwortlich, die sich seine Soldaten hatten zuschulden kommen lassen[26]. Sehr ungehalten war der König übrigens auch darüber, daß eine Reihe von Offizieren um ihren Abschied einkam, weil sie nicht gegen Preußen, ihr ehemaliges Vaterland, kämpfen wollten. Für den Gewissenskonflikt dieser Männer hatte er nicht das geringste Verständnis. Er erteilte ihnen den erbetenen Abschied voll Ingrimm und zu den demütigendsten Bedingungen[27].

Bei Ablauf des Waffenstillstands befand sich Napoleon auch im Krieg mit Österreich. König Friedrich war sich bewußt, daß dies möglicherweise den Anfang vom Ende der napoleonischen Herrschaft bedeutete. Ihm widerstrebte daher, sich noch stärker auf der Seite Napoleons militärisch zu engagieren. Seine Wünsche nach weiteren Truppen wies er unter Hinweis auf etwa von Bayern her drohende militärische Gefahren ab. Der Krieg schleppte sich hin. Die Generale Napoleons mußten einige Schlappen einstecken, er selbst erfocht bei Dresden einen Sieg. Friedrich empfahl dem Kaiser in seinen Briefen dringend, alle Möglichkeiten für den baldigen Abschluß eines dauerhaften Friedens zu nutzen. Die Hilfsquellen seines Landes seien erschöpft, ließ er ihn wissen[28]. Am 6. September erlitt die württembergische Division in der für die Franzosen blutigen Schlacht von Dennewitz furchtbare Verluste: 2304 an Toten, Verwundeten und Gefangenen, mehr als ein Drittel ihres Bestandes. Ihr tapferes Ausharren auf »dem blutigen Sand von Dennewitz«, an den man sich in Württemberg noch lange mit Schrecken erinnerte, trug ihr hohe Anerkennung ein. So stolz König Friedrich auf die Leistungen seiner Soldaten war, ihre exorbitant hohen Verluste bekümmerten ihn, er lastete sie der französischen Führung, vor allem Marschall Ney, an. Sie habe »ungeheure Fehler« begangen, stellte er fest[29]. Wegen der unsicheren Lage des eigenen Landes forderte er nunmehr die Rückkehr der württembergischen Truppen in die Heimat. Der Abfall Bayerns von der Rheinischen Allianz, zunächst bloß auf Grund von Indizien erschlossen, war Anfang Oktober kaum noch anzuzweifeln. Friedrich mußte mit dem Einfall bayerischer und österreichischer Truppen in Württemberg rechnen. In seinem Brief vom 3. Oktober verhehlte er Napoleon nicht, daß er alles daransetzen werde, seinen Untertanen die Schrecken eines Krieges zu ersparen. Dem Kaiser der Franzosen mußte klar sein: König Friedrich behielt sich für den Fall einer akuten Bedrohung seines Landes durch bayerische und österreichische Truppen die uneingeschränkte Handlungsfreiheit vor, das heißt, er war entschlossen, notfalls auch das Bündnis mit Frankreich aufzukündigen, wenn er damit Schaden von seinem Land abwenden konnte[30].

In den nächsten Tagen und Wochen überstürzten sich die Ereignisse. Am 14. Oktober gab es keinen Zweifel mehr: Bayern und Österreich hatten einen Bündnisvertrag geschlossen. Württemberg war durch eine Invasion bayerischer und österreichischer Truppen bedroht. König Friedrich sah sich zu politischen Konsequenzen gezwungen. Wie bisher spielte er mit offenen Karten. Napoleon schrieb er, ihm bleibe, wenn er von seinen Untertanen die Geißel des Kriegs fernhalten wolle, keine andere Möglichkeit mehr als die, mit den Alliierten Verhandlungen aufzunehmen, um diese zur Anerkennung der Neutralität seines Landes zu bewegen. Seine erste und heiligste Pflicht sei, sein Königreich vor der sicheren Vernichtung zu retten. Dem Kaiser der Franzosen versicherte er: »Meine Gefühle ändern sich nicht, aber meine Schritte müssen sich nach den unabweisbaren Notwendigkeiten richten«. Er wiederholte seine Bitte, die württembergischen Truppen freizugeben und ihnen die Rückkehr in die Heimat zu ermöglichen. Gleichzeitig erklärte er Napoleon, er sehe sich außerstande, weiterhin aktiv am Krieg teilzunehmen. Diplomatisch-verbindliche Höflichkeit wahrend, fügte er seinem Schreiben die Versicherung an: »Möchten doch glücklichere Umstände wieder zu einer Ordnung der Dinge führen, in der ich Eurer Kaiserlichen Majestät beweisen könnte, daß meine Gefühle für Ihre Person dieselben geblieben sind«. Dieser Satz ist Friedrich von manchen Seiten sehr übel vermerkt und als Doppelzüngigkeit, eine Art politische Rückversicherung im Notfall, ausgelegt worden[31]. Dem war wohl kaum so. Friedrich hatte das ungleiche Bündnis mit dem die Welt in stetiger Unruhe haltenden großen Eroberer seit Jahren als kaum noch erträgliche Bürde empfunden, von der er sich gerne schon früher befreit hätte, wäre ihm dies möglich gewesen. Unter der Herrschaft Napoleons, dessen war er sich bewußt, konnte Europa nicht zu friedlichen Verhältnissen zurückfinden, bestand für sein Land keine Aussicht auf eine gedeihliche Entwicklung.

Als der Brief Napoleon erreichte, war die mit der Niederlage der Franzosen endende Schlacht von Leipzig (16. bis 19. Oktober 1813) bereits geschlagen, und die französische Armee befand sich auf dem Rückzug hinter den Rhein. Das Gebäude des Rheinbunds stürzte wie ein Kartenhaus in sich zusammen. Den Abfall seiner deutschen Verbündeten, namentlich den der Könige von Bayern und Württemberg, nahm Napoleon mit ingrimmigem Zorn zur Kenntnis. Er hatte sehr viel für diese Fürsten getan, hatte ihnen vor allem zu beträchtlichen Gebietserwerbungen verholfen. Dies hinderte sie nicht, ihn, ihren Wohltäter, wie er meinte, jetzt kaum daß sich das Kriegsglück von ihm abgewandt hatte, im Stich zu lassen. Zu Königin Katharina von Westfalen äußerte er mit Blick auf das Verhalten ihres Vaters, wer zuletzt lache, lache am besten[32].

Baden blieb bis in den Herbst 1813 hinein der gehorsame Gefolgsstaat Frankreichs. Schon wegen seiner engen Verwandtschaft zum Haus Napoleon wagte Großherzog Karl keinerlei Einsprüche oder Vorbehalte gegen Politik und Kriegsführung seines Schwiegervaters. Im Frühjahr 1813 nahm die badische Brigade im Verband des von Marschall Ney geführten III. Armeekorps an den Schlachten von Lützen und Bautzen teil und erlitt hierbei empfindliche Verluste. Die Kavallerie (Dragonerregiment) war von der Infanterie und Artillerie getrennt, sie bildete mit einem französischen Husarenregiment eine leichte Kavalleriebrigade. Nach dem Sieg bei Bautzen konnte die

Festung Glogau entsetzt werden. Das dort eingeschlossene Ersatzregiment verstärkte das badische Kontingent nicht unerheblich[33]. Im August 1813 langte die zweite badische Brigade im Kriegsgebiet an. Den Befehl über sie, aber auch über das gesamte großherzogliche Kontingent führte Graf Wilhelm von Hochberg. Die im Frühjahr ins Feld gerückte Brigade hatte lediglich über schlecht ausgebildete Soldaten verfügt. Den Soldaten, im wesentlichen noch Rekruten, hatten, wie dies auch bei den Franzosen üblich war, auf dem Marsch ins Feld und in den Quartieren das Exerzieren und die Gewehrgriffe beigebracht werden müssen. Um den Ausbildungsstand der zweiten Brigade war es nicht viel besser bestellt. Die Soldaten waren im Durchschnitt blutjung, zudem fehlte es an Offizieren und Unteroffizieren. Die Leutnante befanden sich in der Regel erst seit März im Dienst; sie kamen meist aus dem Schul- und Schreiberfach. Ihre mangelnde militärische Tüchtigkeit ersetzten sie nicht selten durch ein rohes Verhalten gegenüber den ihnen anvertrauten Soldaten, sie leisteten deshalb einem schlechten, leuteschinderischen Geist in der Truppe Vorschub, einem Geist, wie er bis dahin im badischen Heer nicht üblich gewesen war[34].

Im Herbstfeldzug 1813 gehörte das badische Kontingent wechselnden Korps und Divisionen an. Meist wurden seine beiden Brigaden getrennt eingesetzt, ebenso (wie schon bisher) die Kavallerie. Doch wurden den Brigaden wiederholt auch französische Einheiten unterstellt, so vor allem dem Grafen Wilhelm von Hochberg, aber auch dem 35jährigen Generalmajor von Heimrodt (am 3. September 1813 in Teplitz an den Folgen seiner bei Kulm erlittenen Verwundung gestorben). Graf von Hochberg betrieb im September 1813 vergeblich die Vereinigung der beiden badischen Brigaden zu einem Kampfverband. Er hatte erwartet, daß ihn sein Großherzog hierbei unterstützte. Doch im Gegensatz zum König von Württemberg, der mit Vehemenz, wie wir gehört haben, einen geschlossenen Einsatz seiner Truppen verlangte, kümmerte den badischen Großherzog die militärische Verwendung seines Kontingents wenig[35]. Die Entscheidung, ob geschlossener Einsatz oder Aufspaltung in mehrere taktische Einheiten, überließ Karl gerne den Franzosen. Wichtiger war ihm, daß die Waffentaten des Schwiegervaters in Karlsruhe gebührend gefeiert und jeweils die Glückwünsche pflichtschuldigst übermittelt wurden. So gratulierte er Napoleon zu den Siegen bei Lützen und Dresden[36]. Den Sieg bei Dresden verkündeten 101 Kanonenschüsse den Karlsruhern[37].

Zu Beginn der Schlacht bei Leipzig erlitt vor allem das Infanterieregiment des Grafen von Hochberg bei der Verteidigung der Stadt schwere Verluste. Die Badener waren stark in die Kämpfe verwickelt. Dem Grafen von Hochberg gelang es, die beiden Brigaden trotz erheblicher Schwierigkeiten zu vereinigen, doch mußte er am 19. Oktober die Waffen strecken und sich mit seinen Soldaten in preußische Kriegsgefangenschaft begeben, nachdem ein Rückzug aus der Stadt wegen der gesprengten Elsterbrücken für das die Nachhut der französischen Armee bildende Kontingent nicht mehr möglich war. Lediglich das Dragonerregiment entging diesem Schicksal, es konnte mit den Franzosen nach Westen abziehen. In Fulda trennte es sich von der französischen Armee und schlug den Weg in Richtung Heimat ein. Der Gedanke, mit seinen Truppen zu den Alliierten überzugehen, ist dem jungen Grafen von Hochberg nicht gekommen, oder aber er hat ihn als mit seiner militärischen Dienstauffassung unvereinbar verworfen. Seine Entscheidung, das Los der Kriegsgefangenschaft zu wählen, ist vor allem von deutschpatriotischen Kreisen kritisiert worden, im allgemeinen aber, so im Lager der Alliierten, hat sie ihm Respekt verschafft[38].

Die württembergische Division hatte während der dreitägigen Leipziger Schlacht bei den ihr übertragenen Verteidigungsaufgaben nur geringe Feindberührung. Seit dem 18. Oktober hatte sie im Verband des IV. Korps den Rückzug der französischen Armee nach Westen zu sichern. Am 23. Oktober erreichte Graf von Franquemont in der Nähe von Gotha der Befehl König Friedrichs, mit seinen Truppen den Rückmarsch in die Heimat anzutreten. In Fulda trennten sich die Württemberger von den Franzosen. General Bertrand, der Befehlshaber des IV. Korps, verabschiedete sich von den seitherigen Waffengefährten mit einem sehr freundschaftlich gehaltenen Schreiben. Am 31. Oktober betrat das noch 32 Offiziere, 1166 Mann sowie 352 Pferde zählende Truppenkorps bei Mergentheim wieder württembergischen Boden. An demselben Tag stieß bereits eine württembergische Brigade in Aschaffenburg zu den Truppen der verbündeten Mächte. Damit nahm Württemberg den bewaffneten Kampf gegen Napoleon auf[39].

Bei den Ende Oktober 1813 in die Heimat zurückgekehrten Truppen fehlte die von dem jungen Reitergeneral Graf von Normann-Ehrenfels geführte Reiterbrigade. Sie hatte am 18. Oktober auf dem Höhepunkt der Schlacht bei Leipzig einem zahlenmäßig weit überlegenen Feind gegenübergestanden. Um unnützes Blutvergießen zu vermeiden und um dem König eine intakte Brigade zu erhalten, hatte sich der Graf im Einverständnis mit seinen Offizieren entschlossen, dem Beispiel sächsischer und westfälischer Truppenteile zu folgen und zu den Alliierten überzugehen. König Friedrich war empört. Ein solches Verhalten ließ sich mit seinen strengen militärischen Ehrbegriffen nicht vereinbaren. Entgegen dem Wunsch der österreichischen Heerführung, die Brigade solle auf alliierter Seite den Kampf fortsetzen, bestand er auf ihrer umgehenden Rückkehr nach Württemberg. Graf von Normann-Ehrenfels floh. Die beiden Regimenter wurden bei ihrer Ankunft in Ludwigsburg entwaffnet und pro forma aufgelöst, die Offiziere vorübergehend arretiert, die beiden Regimentskommandeure entlassen bzw. schimpflich kassiert[40]. Hätte sich Kaiser Franz von Österreich nicht für Graf von Normann-Ehrenfels und die Regimentskommandeure verwendet, wären die Strafen noch sehr viel härter ausgefallen. Nach Ansicht des Königs hätte zumindest Graf von Normann-Ehrenfels den Tod durch den Strang verdient gehabt. Mit seinem drakonischen Durchgreifen gegenüber der Führung der Reiterbrigade fand König Friedrich kaum irgendwo Verständnis, geschah doch der Frontwechsel der Reiterbrigade zu einem Zeitpunkt, zu dem er selbst schon mit Napoleon gebrochen und mit den Alliierten Verhandlungen aufgenommen hatte. Ein königlicher Gnadenerweis aus politischen und psychologischen Gründen wäre hier sehr wohl am Platz gewesen.

Der Übergang zu den Alliierten

Der Abschluß des Allianzvertrags zwischen Bayern und Österreich am 8. Oktober 1813 brachte Württemberg in eine fatale Situation. Das Gros seiner Feldtruppen stand in Sachsen, es war deshalb der drohenden Invasion bayerisch-österreichischer Streitkräfte fast wehrlos preisgegeben. König Friedrich fühlte sich zu Recht zwischen zwei Feuern. Noch konnte er sich nicht offen gegen Napoleon entscheiden. Er war jedoch fest entschlossen, alles zu tun, um den Krieg von seinem Land fernzuhalten. Keinesfalls wollte er sich, wie er der Tochter schrieb, zu falschen Handlungen und Zweideutigkeiten hinreißen lassen. Er kenne seine Pflichten gegenüber seinen Untertanen, daher komme für ihn ein Verlassen Württembergs unter keinen Umständen in Frage[41]. Seit August 1813 hatte der König die württembergische Ostgrenze durch einen militärischen Kordon sichern lassen. Als ihm aber Mitte Oktober das Herannahen einer 50 000 Mann starken, von dem bayerischen General Wrede befehligten Armee gemeldet wurde, ordnete er, um Zusammenstöße zu vermeiden, den Rückzug dieser Sicherungstruppen auf Positionen im Raum von Esslingen, Cannstatt und Ludwigsburg an. Bereits am 17. Oktober verlangte Wrede in einem an den württembergischen Außenminister Graf Zeppelin gerichteten Schreiben Auskunft über die Zweckbestimmung der an der württembergischen Grenze zusammengezogenen württembergischen Truppen. Zeppelin antwortete postwendend: König Friedrich habe bereits den General Neuffer beauftragt, Kontakt zu einem österreichischen oder preußischen General aufzunehmen, um zu verhindern, daß Württemberg als Feindstaat behandelt werde. Mit Bayern erübrige sich eine entsprechende Vereinbarung, da sich ja dieses Land mit Württemberg nicht im Kriegszustand befinde. Große Hoffnungen, für sein Land die Anerkennung eines Neutralitätsstatus zu erreichen, machte sich König Friedrich wohl kaum. Dennoch wollte er die ihm sich bietenden Verhandlungsmöglichkeiten ausschöpfen. Allein, Wrede zeigte für das vorsichtig-lavierende Verhalten Württembergs keinerlei Verständnis. In einem am 23. Oktober in Stuttgart eingegangenen Schreiben forderte er von König Friedrich in ultimativer Form eine verbindliche Erklärung darüber, daß Württemberg dem Bündnis mit Napoleon entsagt habe und auf die Seite der Alliierten trete. König Friedrich war über den seitherigen Rheinbundpartner aufs äußerste aufgebracht. 1805 hatte sich Bayern ohne den geringsten Skrupel und lange vor Württemberg Napoleon angeschlossen, und nunmehr war es beim Frontwechsel wiederum in ähnlicher Weise vorgeprescht, ohne der Regierung in Stuttgart von seinen politischen Plänen auch nur eine Andeutung zu machen. Daß es, um sich bei seinen neuen Verbündeten gut einzuführen, den Nachbarstaat sogar mit einem militärischen Einfall bedrohte, steigerte noch den Unwillen des Königs. Angesichts der an der Ostgrenze seines Königreichs aufmarschierten Armee blieb ihm aber nichts anderes übrig, als raschestens die ihm abverlangten demütigenden Konsequenzen zu ziehen. Am 23. Oktober schloß sein Außenminister mit General Wrede eine vorläufige Militärkonvention: Württemberg entsagte dem Bündnis mit Frankreich und erklärte seinen Austritt aus dem Rheinbund. Außerdem verpflichtete es sich, ein Truppenkorps von 3000 Mann Infanterie, 500 Reitern und einer Batterie zu der Armee Wrede stoßen zu lassen. Graf Zeppelin war sich übrigens bewußt, daß das Votum Bayerns, ungeachtet des anmaßenden Auftretens seines Heerführers, nicht allzu viel galt. Er mußte raschestens das österreichische Hauptquartier ausfindig machen, damit die Konvention die Bestätigung durch den Kaiserstaat bekam. In Stuttgart war König Friedrich in großer Sorge. Noch fehlten ihm verläßliche Nachrichten über den Ausgang der Leipziger Schlacht. Vielleicht hatte sich Napoleon wiederum siegreich behauptet, und er mußte nun als abgefallener Bundesgenosse das Schlimmste für sich und sein Land gewärtigen. Endlich am 25. Oktober erhielt er die beruhigende Nachricht, daß der Kaiser der Franzosen in der Schlacht unterlegen war und daß sich das französische Heer in vollem Rückzug in Richtung Rhein befand. Sein Hofbankier Kaulla, den er bereits am 11. Oktober zu Friedens- und Bündnissondierungen in das Hauptquartier des österreichischen Außenministers Metternich entsandt hatte, kam am 26. Oktober nach Stuttgart zurück und übermittelte ihm die Zusicherung Österreichs, es hege keinen Groll gegen ihn, nehme ihn vielmehr gern in den Kreis seiner Alliierten auf[42].

Am 2. November schloß Graf Zeppelin in Fulda im Auftrag seines Königs den Allianzvertrag mit Österreich. Der Vertrag garantierte dem König von Württemberg »die Souveränität und den freien und ruhigen Besitz seiner Staaten«. Für den Fall, daß sich Gebietsabtretungen nicht vermeiden ließen, sollte der König vollen Ersatz bekommen. Württemberg hatte damit ähnliche Zusicherungen wie Bayern bei dessen vier Wochen früher mit Österreich abgeschlossenem Vertrag erlangt. Die Gefahr für König Friedrich, sein Land ganz oder doch teilweise zu verlieren, war abgewendet. Österreich erkannte Württemberg als gleichberechtigten Bündnispartner im Kampf gegen Napoleon an. Der militärische Teil des Vertrags garantierte eine gewisse Eigenständigkeit der württembergischen Truppen. Sie unterstanden dem Befehl des »Obergenerals« der österreichischen und alliierten Armee, gleichzeitig aber führte ein württembergischer General über sie das unmittelbare Kommando. Kaiser Alexander von Rußland trat wenige Tage später dem württembergisch-österreichischen Vertrag bei, und am 21./ 26. November billigte ihn auch der preußische König[43]. König Friedrich konnte aufatmen. Die äußere und innere Souveränität Württembergs blieb ihm ungeschmälert erhalten. Wie bisher konnte er seinen Staat streng autokratisch regieren. Die Erwartungen der deutschen Patrioten, für die der Krieg gegen Napoleon den großen nationalen Aufbruch bedeutete und die dafür zu großen Opfern bereit waren, erfüllte sich für Südwestdeutschland nicht. Hier wurden weiterhin alle freiheitlichen Regungen unterdrückt. Die Untertanen mußten zu Diensten stehen und unbedingten, stillschweigenden Gehorsam leisten, wenn der König seine »Bataillen« schlug. Indessen glaubte Friedrich – und dies spricht für seinen rechtlichen Sinn –, seinem Volk Rechenschaft über die Gründe geben zu müssen, die ihn zum Bruch des Bündnisses mit Napoleon und zu seinem Anschluß an die Alliierten bewogen hatten. Er tat dies in seinem Manifest vom 6. November 1813. Freimütig schilderte er die Zwangslage, in die das militärisch fast schutzlose Württemberg geraten sei, als sich im Herbst 1813 bayerische Truppen seinen Grenzen genähert hätten. Die von ihm getroffenen Maßnahmen hätten sich ausschließlich an der Erhaltung und an dem Wohl des Staates orientiert. Er erwarte deshalb auch von seinem Volk, daß es ihm weiterhin unverminderte Treue und Anhänglichkeit entgegenbringe und auch die etwa erforderlichen Opfer auf sich nehme. Das Streben der verbündeten Mächte sei auf einen gesicherten, dauerhaften Frieden gerichtet, und diese Aussicht müsse jeden anspornen und ihn für die Beschwernisse des Augenblicks unempfindlich machen, besonders wenn »der biedere Württemberger bedenkt, daß er durch die schonende Hand eines Königs geleitet wird, der kein anderes Interesse kennt als das seines Volks«[44]. So aufrichtig diese Worte auch waren, fanden sie doch bei einem Volk, das so lange und so viele Opfer für fremde Zwecke hatte bringen müssen, nur einen schwachen Widerhall.

Am 18. November 1813 traf König Friedrich in Begleitung des Kronprinzen und mit großem Gefolge in Frankfurt ein, um den dort versammelten Monarchen, den Kaisern von Österreich und von Rußland sowie dem König von Preußen seine Aufwartung zu machen. Er wurde von allen drei Monarchen sehr freundlich aufgenommen. Besonders Kaiser Alexander, sein Neffe, versprach ihm die uneingeschränkte Unterstützung bei allen seinen Anliegen. Friedrich, der sich offenbar nur schweren Herzens zur Fahrt in die Mainmetropole entschlossen hatte, fühlte sich sehr erleichtert. Er hatte allem Anschein nach nicht mit einem so ungezwungen wohlwollenden Empfang gerechnet[45].

Die Badische Staatszeitung in Karlsruhe verbreitete noch eine Woche nach Leipzig französische Siegesmeldungen. Erstmals am 27. Oktober sprach sie recht unbestimmt von »großen Vorteilen der Alliierten« und der Preisgabe der Stadt Leipzig durch Napoleon[46]. Die badische Bevölkerung zeigte sich großenteils politisch desinteressiert. Von einer ausgeprägt franzosenfeindlichen Stimmung konnte keine Rede sein. Die deutschpatriotische Bewegung besaß lediglich in den größeren Städten, so vor allem in Heidelberg, Anhänger[47]. Das rasche Vordringen der Bayern und Österreicher beunruhigte die großherzogliche Regierung. Am 25. Oktober ersuchte sie die französische Regierung über deren Gesandten in Karlsruhe, dem Land einen Neutralitätsstatus zuzuerkennen.

Napoleon ließ das Ersuchen unbeantwortet. Am 3. November, nachdem auch Württemberg und Hessen zu den Alliierten übergegangen waren, wiederholte Großherzog

Karl dem kaiserlichen Schwiegervater in einem Brief in beredten Worten diese Bitte. »Nur in einer Neutralität, deren sich auch ein anderer Verbündeter Eurer Majestät, die Schweiz, erfreut, kann ich ein Heil für meine Untertanen und eine sich für meine Person geziemende Haltung sehen«. Karl berichtete, daß er in gleicher Sache auch Verbindung zu den Alliierten aufgenommen habe. »Mir scheint«, fuhr er fort, »daß es am besten den Interessen Eurer Majestät entspräche, wenn ich auch von den Alliierten als neutral anerkannt werden könnte und wenn so die neutrale Grenzlinie von der Schweiz bis an den Main verlängert würde, so daß das Elsaß gedeckt wäre. Das ist gleichzeitig der einzige Weg, mein Land von dem gänzlichen Verderben zu retten«. Der Appell des Großherzogs an den Edelmut des Kaisers war jedoch erfolglos. Napoleon schlug seine Bitte schroff ab. Der französische Gesandte mußte ihm am 5. November 1813 mitteilen, der Kaiser erwarte unbedingte Gefolgschaftstreue, ein Abfall Badens hätte für den Großherzog, der wisse, wie viel er Napoleon verdanke, die schlimmsten Folgen. Karl habe, wenn er seine Sicherheit gefährdet sehe, mit seinen Truppen auf das linke Rheinufer überzusetzen, im übrigen erwarte der Kaiser, daß der Großherzog in der gegenwärtigen Lage das tue, »wozu ihn die Bande des Bluts und seiner Ehre verpflichteten«. Freilich, nach Äußerungen des Marschalls Kellermann und anderer Offiziere rechneten die französischen Militärs mit einem baldigen Übertritt Badens zu den Alliierten. Nach der Ansicht Kellermanns blieb dem Großherzog gar keine andere Wahl. Der Marschall meinte sogar, daß selbst Napoleon dies so beurteile[48].
In gleicher Weise wie Württemberg wollte General Wrede auch Baden zum Anschluß an die Alliierten zwingen. Am 27. Oktober 1813 forderte er die badische Regierung ultimativ auf, den französischen Gesandten zur Abreise aufzufordern und ihre Truppen zu den Alliierten stoßen zu lassen. König Max Josef war jedoch mit dem forschen Vorgehen seines Generals nicht einverstanden, er wies ihn an, Baden schonend zu behandeln, da ein Übertritt dieses Landes zu den Alliierten bereits zum gegenwärtigen Zeitpunkt mit Blick auf seine geographische Lage unmöglich erscheine. Bayern, so stellte der König fest, betrachte sich nicht als mit Baden im Kriegszustand befindlich. Es genüge, wenn es den alliierten Truppen den Durchmarsch gestatte. Einen entsprechenden Standpunkt nehme auch Österreich ein. König Friedrich Wilhelm von Preußen erkannte in einem Gespräch mit dem kriegsgefangenen Grafen von Hochberg am 21. Oktober die »peinliche Lage« Badens an, die Alliierten wollten, erklärte er, dieser Lage des Großherzogtums tunlichst Rechnung tragen. Er räumte deshalb auch den in alliiertem Gewahrsam befindlichen badischen Truppen eine dreiwöchige Frist bis zu ihrer Abführung nach Rußland ein und ließ dies auf Vorschlag des Grafen von Hochberg durch zwei auf ihr Ehrenwort entlassene kriegsgefangene Offiziere (General von Schäffer und Major Holzing) nach Karlsruhe mitteilen. Baden war damit wenigstens vorübergehend eine faktische Neutralität eingeräumt[49].
Am 5. November trat in Karlsruhe unter dem Vorsitz des Großherzogs und in Anwesenheit der Markgrafen Ludwig und Friedrich, der beiden Onkel des Großherzogs, der Staatsrat zusammen. Großherzog Karl hätte am liebsten an Frankreich festgehalten, allerdings nicht aus Dankbarkeit oder aus Anhänglichkeit an Napoleon, sondern weil er Angst vor der ihm jetzt zugemuteten Entscheidung hatte. Allein, Reitzenstein, der kühle, unbestechliche Rechner, hatte längst erkannt, daß Baden seine politische Existenz nur behaupten konnte, wenn es sich raschestens den Alliierten anschloß. Die Kanonen Straßburgs waren jetzt weniger zu fürchten als die Waffenmacht der Verbündeten. Wie dereinst beim Anschluß an Napoleon sich ausschließlich von den Interessen des ihm anvertrauten Landes und seiner Dynastie leiten lassend, plädierte Reitzenstein in seinem Vortrag leidenschaftlich für den Bruch mit Frankreich und den Übertritt zu den Alliierten. Der Staatsrat billigte einstimmig seinen Antrag. Ausschlagge-

bend für die badische Regierung bei ihrer Entscheidung waren realpolitische Erwägungen, so die Erhaltung der einzelstaatlichen Souveränität, deutschpatriotische Gesichtspunkte lagen ihr fern. Sie bezog freilich in ihr politisches Kalkül ein, daß in der Bevölkerung eine deutschpatriotische Einstellung weitverbreitet war und daß diese zu einer revolutionären Gefahr werden konnte, wenn ihr nicht durch den Anschluß an die Alliierten der Wind aus den Segeln genommen wurde. Daß deutschpatriotische Kreise um den Freiherrn vom Stein die Verbindung zu entsprechenden Kreisen der Rheinbundstaaten suchten, war ihr bekannt, sie galt es zu verhindern[50].

Am 5. November 1813 rückten bayerische und österreichische Truppen in Mannheim ein. Sie verhielten sich korrekt und nahmen keine Requisitionen vor, doch drohte ihr Befehlshaber, er werde Baden, falls es nicht binnen vierzehn Tagen der Koalition beitrete, als feindliches Land behandeln. Der französische Gesandte Nicolay forderte nunmehr umgehend seine Pässe. Da sich der Großherzog, so begründete er den mit seiner Abreise verbundenen Abbruch der diplomatischen Beziehungen, ungeachtet der Anwesenheit feindlicher Truppen in seinem Land, weigere, auf das linke Rheinufer überzutreten und den Schutz Frankreichs anzunehmen, müsse er als Feind Frankreichs betrachtet werden. Am 5. November händigte Außenminister Edelsheim, der übrigens nie ein Freund des badisch-französischen Bündnisses gewesen war, Nicolay die gewünschten Pässe aus. Bemüht, höflich-verbindliche Formen zu wahren, gab er der Hoffnung Ausdruck, die Abwesenheit des Gesandten von Karlsruhe werde nicht von langer Dauer sein[51]. Die Bevölkerung machte aus ihrer Sympathie für die alliierten Truppen keinen Hehl. In Karlsruhe wurden bei ihrer Ankunft Kosakenoffiziere umjubelt. Badische Offiziere bewirteten ihre russischen Kameraden. In Freiburg schlugen beim Eintreffen österreichischer Truppen die alten Sympathien für das habsburgische Kaiserhaus wieder durch; die Bürger der Stadt bereiteten den Österreichern einen begeisterten Empfang[52]. Im ganzen Land setzte sich eine franzosenfeindliche Stimmung durch. Das großherzogliche Haus, namentlich aber Großherzogin Stephanie, die Adoptivtochter Napoleons, befand sich in einem schweren Gewissenskonflikt: für oder wider Napoleon? Doch es blieb nur die letztere Entscheidung. Stephanie war von den widerstrebendsten Gefühlen hin- und hergerissen. Sie zögerte dennoch nicht, dem Adoptivvater den Gehorsam aufzusagen und sich ihrem Mann zur Seite zu stellen. »Ich war Gattin, Mutter und Fürstin, konnte nicht alle meine Pflichten im Stich lassen«, äußerte sie später. Sie meisterte die für sie schwierige Situation mit »viel Vernunft und Takt«[53].

Die abrupte Abreise des französischen Gesandten erleichterte die endgültige Entscheidung Badens für die Alliierten; sie wirkte sich auch günstig auf das Verhalten der alliierten Truppen im Land aus. Der Oberbefehlshaber des österreichisch-bayerischen Heeres, General von Frimont, der an die Stelle des bei Hanau verwundeten Fürsten Wrede getreten war, untersagte alle Requisitionen im Großherzogtum. Eile tat not. Am 6. November reiste der befähigtste Unterhändler Badens, Reitzenstein, ins alliierte Hauptquartier nach Frankfurt. Schon bei den ersten Sondierungen merkte er, daß die Anerkennung eines Neutralitätsstatus für sein Land illusorisch war. Auch herrschte im Hauptquartier eine Baden wenig günstige Stimmung. Metternich machte Reitzenstein Vorhaltungen, weil er erst jetzt kam. Der badische Staatsmann fürchtete, keine Konvention abschließen zu können, sondern zu einer Kapitulation gezwungen zu werden. Hätte Baden nur noch ein wenig länger gezögert, so meinte er, wäre es in Sequester genommen und dem Zentralverwaltungsrat des Freiherrn vom Stein unterstellt worden. Stein aber mußte nach der Ansicht Reitzensteins auf alle Fälle aus dem Spiel bleiben, von ihm, dem gefährlichsten Feind der Rheinbundstaaten, hatte Baden nichts Gutes zu erwarten. Als Reitzenstein hörte, daß sich der Freiherr wiederum dem

Hauptquartier der Alliierten anschließen werde, beunruhigte ihn dies über die Maßen. Baden mußte damit rechnen, daß Österreich den Breisgau und Bayern die Pfalz zurückforderten. Eine persönliche Begegnung zwischen Großherzog Karl und Zar Alexander, um das Klima zwischen den beiden nahverwandten Fürstenhäusern grundlegend zu verbessern und um dadurch Schaden von Baden abzuwenden, erschien ihm dringend geboten. Er schickte General von Schäffer mit einem Brief nach Karlsruhe. Der Brief tat seine Wirkung. Der Großherzog entschloß sich zur Reise nach Frankfurt, freilich erst nach langem selbstquälerischem Hin und Her. Zar Alexander ließ sich von einer Verärgerung über den Schwager nichts mehr anmerken, er nahm ihn bestens auf und versprach ihm auch in politischen Angelegenheiten seine uneingeschränkte Unterstützung. Karl, der offenbar mit harten Vorwürfen gerechnet und vor einer ihm vom Zar abverlangten Rechtfertigung gebangt hatte, war überrascht und erfreut. Wenn sich der Zar versöhnlich, ja freundschaftlich gab und Karl die Vergangenheit nicht nachtrug, so hatte die Markgräfin Amalie an diesem Sinneswandel ihres Schwiegersohns entscheidenden Anteil; sie war vom Zaren hochgeachtet, ihren Rat nahm er gerne an. Am 15. November legten die Alliierten einseitig den Wortlaut der Verträge fest, die mit den künftig noch der Allianz beitretenden Rheinbundstaaten abgeschlossen werden sollten. Der Vertrag, den Reitzenstein am 20. November 1813 für Baden unterschrieb, entsprach dem am 15. November festgelegten Muster. Eine Änderung oder Verbesserung der Vertragsbestimmungen konnte er, falls er es überhaupt versucht hat, nicht durchsetzen. Immerhin enthielt der Vertrag, wenn nicht rechtlich, so doch faktisch dieselben Zusicherungen, wie sie Württemberg gemacht worden waren. Es war allerdings nicht eine Vereinbarung zwischen Gleichrangigen wie der württembergische Vertrag, sondern eine Art Unterwerfung. Die territoriale Integrität Badens war mit ihm noch nicht verbrieft, doch die akute Gefahr für den Fortbestand des Großherzogtums und seiner Dynastie war beseitigt. Der Freiherr vom Stein beobachtete zornig und enttäuscht, wie die gekrönten Häupter der Alliierten, die Kaiser von Österreich und von Rußland sowie der König von Preußen, nach und nach beinahe alle Rheinbundfürsten in Gnaden in ihren Bund aufnahmen und sie in jeder Hinsicht großmütig behandelten. »Alle diese Prinzlein«, schrieb er am 27. November 1813 seiner Frau, »sind schwache Leute, sehr erstaunt, daß man so viele Umstände mit ihnen macht und ihnen ein viel ehrenvolleres Dasein zugesteht, als sie es durch ihr erbärmliches Betragen verdienen«. Er empfand es als bitter, daß sich die ehemaligen Rheinbundfürsten mit Geschick maßgeblichen Einfluß auf die künftige Neugestaltung Deutschlands sicherten. Der von ihm und seinen Gesinnungsgenossen erhoffte nationale Aufbruch Deutschlands drohte an ihren Partikularinteressen, freilich auch an der Politik der Großmächte zu scheitern[54].

In einer durch ihre diplomatischen Vertretungen an den verschiedenen Höfen zu verbreitenden Erklärung gab die badische Regierung Rechenschaft über die realpolitischen Beweggründe, die sie zum Bündniswechsel veranlaßt hatten. Hierin betonte sie nachdrücklich, daß Baden seine Verpflichtungen als Bündnispartner Frankreichs während der vergangenen Jahre loyal erfüllt habe, daß es andererseits aber auch die Pflicht des Regenten sei, »alle Mittel aufzubieten, um seine Untertanen von den Nöten des Krieges zu retten«. Deshalb habe dieser keine andere Wahl gehabt, als sich der Koalition anzuschließen. »Das erste Bedürfnis aller Nationen« sei ein dauerhafter Friede. In besonderer Weise gelte dies für Baden, das auf Grund seiner geographischen Lage durch Kriege vor anderen Staaten gefährdet sei. Es hoffe, daß die Opfer, die ihm der jetzige Krieg auferlege, die letzten auf dem Weg zu diesem die Freundschaft und das gute Einvernehmen zwischen den Völkern gewährleistenden beständigen Frieden seien[55].

Gleichzeitig erließ Großherzog Karl einen Aufruf an das badische Volk. In ihm begründete er ebenfalls eingehend seinen Übertritt zu der Koalition. Doch anders als bei der Erklärung standen hier als Motive neben der »Erhaltung Badens die Erkämpfung deutscher Freiheit und Unabhängigkeit« im Vordergrund: Worte, die in kaum einer anderen Regierungsverlautbarung zu hören oder zu lesen waren. Der Großherzog verschwieg nicht, daß Baden als Grenzstaat größte Verteidigungsanstalten zu unternehmen habe. Nur so werde es »zur Herstellung eines allgemeinen Friedens, zur Begründung eines dessen Dauer sichernden politischen Gleichgewichts, welches die Freiheit des Handels schützend, die National-Industrie und den gesunkenen Wohlstand wieder aufrichtet«, entscheidend beitragen[56].

Daß deutschpatriotische Zielsetzungen für Großherzog Karl und seine Regierung in ähnlicher Weise wie für König Friedrich von Württemberg Lippenbekenntnisse waren, steht außer Zweifel. Beiden Fürsten ging die Erhaltung der einzelstaatlichen Souveränität über alles. Im Frankfurter Vertrag vom 20. November, den Karl fünf Tage später ratifiziert hatte, mußte Baden im voraus Maßnahmen gutheißen, die zur Aufrechterhaltung und Unabhängigkeit Deutschlands erforderlich sein sollten, und es mußte sich, falls erforderlich, in Gebietsabtretungen fügen. Die Gefahr einer territorialen Verstümmelung des Großherzogtums durch die Abtretung der Pfalz und des Breisgaus war nach wie vor groß[57]. Die Regierung in Karlsruhe suchte gegenzusteuern. So setzte sie einige zu österreichfreundliche Beamte ab, oder sie bestrafte sie. Kaiser Franz von Österreich selbst dämpfte die Erwartungen auf eine Rückkehr des Breisgaus unter österreichische Herrschaft. Als ihm und seinen Truppen in Freiburg ein jubelnder Empfang bereitet wurde, gab er sich nicht als rechtmäßiger Landesherr, wies seine ehemaligen Untertanen vielmehr auf ihre Pflichten gegenüber ihrem jetzigen Souverän hin[58]. Nach dem Anschluß Badens an die Alliierten erhielten die kriegsgefangenen badischen Truppen ihre Freiheit zurück; sie durften in die Heimat zurückkehren. Das seither über ihnen hängende Damoklesschwert, die ultimative Forderung, entweder in preußische Dienste zu treten oder Kriegsgefangene zu bleiben und nach Rußland abgeführt zu werden, war damit endlich entfernt[59].

Fürst Friedrich von Hohenzollern-Hechingen verspürte, nachdem er dienstuntauglich aus Rußland zurückgekehrt war, keine große Lust mehr, sich nochmals für den Dienst im Heer Napoleons zur Verfügung zu stellen. Die politisch-militärische Situation bewog ihn im Herbst 1813 – der französische Kriegsminister hatte am 22. September seinen Urlaub für eine Badekur in Italien verlängert –, auch Verbindungen zu einflußreichen Verwandten in Österreich und Preußen aufzunehmen. Beim Herannahen der österreichischen Truppen zog sich Friedrich in die Schweiz zurück. Nach der Leipziger Schlacht erbat er seinen Abschied aus der französischen Armee. In seinem Schreiben an den französischen Kriegsminister bezeichnete er sich als denjenigen Rheinbundfürsten, welcher wie kein anderer seine Ergebenheit gegenüber dem Kaiser unter Beweis gestellt habe. An Napoleon schrieb er, es werde für ihn immer tröstlich sein, daß er dem größten Monarchen gedient habe, solange ihm dies möglich gewesen sei – bei der Verehrung, die er für den Kaiser der Franzosen hegte, ohne Zweifel ein aufrichtiges Bekenntnis. Später als sein Hechinger Vetter, Anfang November 1813, entschloß sich Anton Aloys von Hohenzollern-Sigmaringen, Kontakt zu Preußen und Österreich anzuknüpfen, um seinem Land die Behandlung als Feindstaat zu ersparen. Ihm wie auch Friedrich von Hohenzollern-Hechingen kam es auf rasche konkrete Ergebnisse an. In einem Brief an Kaiser Franz von Österreich ersuchte Friedrich um »Schutz und Gnade«. Die Kuriere beider Fürsten meldeten aus dem alliierten Hauptquartier, der Übertritt zu den Verbündeten vollziehe sich auf der Grundlage »vollständiger Konservation«, Beitrittsakte zur Unterschrift lägen bereit, Verhandlungen seien nicht mehr möglich, doch hätten sich alle Souveräne denselben Bedingungen zu unterwerfen. Am 29. November schloß Hohenzollern-Hechingen, am 2. Dezember Hohenzollern-Sigmaringen seinen Allianzvertrag der Reihe nach mit Österreich, Preußen und Rußland. In entsprechender Weise wie dem Großherzog von Baden war den beiden hohenzollerischen Fürsten die Souveränität über ihre Territorien garantiert. Die ihnen hinsichtlich der künftigen »Organisation von Teutschland« auferlegten Einschränkungen entsprachen gleichfalls den Bedingungen, die Baden hatte akzeptieren müssen. Fürst Anton Aloys und Fürst Friedrich reisten nach Frankfurt, um ihre politische Kehrtwendung den Häuptern der alliierten Mächte persönlich zu demonstrieren. Besonderen Wert legten sie auf eine gute Aufnahme durch den stammverwandten Preußenkönig. Dieser war auch bereit, ihnen zu helfen. Doch er empfing lediglich Anton Aloys, Friedrich hingegen wollte er nicht sehen. Dem Hechinger hatte er seine Napoleonhörigkeit noch nicht verziehen[60].

Gegen Napoleon: Die Feldzüge von 1814 und 1815

Nach dem Debakel in Rußland hatte König Friedrich von Württemberg Napoleon nur noch widerstrebend Heeresfolge geleistet. Immer wieder hatte er militärische und politische Gründe geltend gemacht, damit er sein ins Feld zu entsendendes Kontingent zahlenmäßig möglichst beschränken konnte. Jetzt handelte er in gegenteiliger Weise: Er unternahm die größten Anstrengungen, um rasch ein ansehnliches kriegsbereites Heer verfügbar zu haben. Innerhalb weniger Wochen standen ihm 12 000 Mann, später sogar mehr als 24 000 Mann zu Gebot. Die Alliierten zollten seinen Anstrengungen Beifall. Sie behandelten Württemberg großzügig. Kronprinz Friedrich Wilhelm wurde der Oberbefehl über das IV. Korps übertragen, dem neben Württembergern auch Österreicher angehörten[61]. Friedrich empfand darüber große Genugtuung. Napoleon hatte das württembergische Kontingent, abgesehen vom Beginn des Rußlandfeldzugs, der Befehlsgewalt französischer Generale unterstellt. Jetzt wurden die Württemberger von ihrem eigenen Kronprinzen kommandiert, und dieser befehligte auch Österreicher. Dem Verlangen Friedrichs nach militärischer Gleichbehandlung durch die Großmächte war hinlänglich Rechnung getragen. Freilich, Mißklänge im Verhältnis zu den Alliierten blieben dennoch nicht aus. Der württembergische König erregte sich vor allem darüber, daß bayerische und österreichische Truppenkommandeure beim Durchmarsch durch Württemberg auf seine Souveränitätsrechte wenig Rücksicht nahmen, daß sie beispielsweise Orte mit Truppen belegten, Naturallieferungen und Vorspanne beanspruchten oder zu ihrem Vergnügen in königlichen Forsten jagten. Seine Proteste im Hauptquartier des Fürsten Schwarzenberg, des österreichischen Befehlshabers, fanden keine Beachtung. Schwarzenberg gab ihm zu verstehen, sie seien kleinlich, dem Ziel des gemeinsamen Kampfes gegen Napoleon alles andere als förderlich[62]. Der König mußte schmerzlich zur Kenntnis nehmen, daß er als kleiner Verbündeter beim Pochen auf seine politisch-militärische Eigenständigkeit den Bogen nicht allzu stark überspannen durfte.
Auf Drängen der Alliierten entschloß sich Friedrich Anfang 1814 auch zur Aufstellung eines Landsturms[63]. Er organisierte dieses zur Verwendung innerhalb des Königreichs bestimmte, rund 100 000 Mann umfassende Wehraufgebot nach streng militärischen Gesichtspunkten und bewaffnete es wegen des Mangels an Gewehren mit Piken. Über den geringen militärischen Wert dieser Massenorganisation machte er sich keine

Illusionen, allerdings war sie für ihn auch kein bloß »papierenes« Wehraufgebot, mit dem er einer Forderung aus dem alliierten Lager Genüge tun wollte. Der Landsturm erfüllte in seinen Augen durchaus einen sinnvollen Zweck. Deshalb gab er ihm auch einige der befähigsten württembergischen Generale und leitenden Verwaltungsbeamten zu Befehlshabern. Der Kampf gegen Napoleon erforderte die Mobilisierung der Wehrkraft der Bevölkerung in einem bis dahin unbekannten Maß, aber diese Mobilisierung war Sache des absolutistisch regierten Staats. Reguläres Heer wie Landsturm bildeten seine Machtinstrumente. Das Volk zur bewaffneten Erhebung gegen das napoleonische Frankreich aufzurufen und ihm zu einem Teil die Organisation seines Wehraufgebots zu überlassen, ließ sich mit der Staatsauffassung König Friedrichs nicht vereinbaren; dies hätte für ihn die Revolution bedeutet oder wenigstens eine Vorstufe dazu.

Erheblich mehr Schwierigkeiten als in Württemberg bereitete die Organisation eines kriegseinsatzfähigen Truppenkorps in Baden. Nur ein kleiner Teil der Feldtruppen befand sich im Spätherbst 1813 wieder in der Heimat. Mehrere Tausend badische Soldaten kämpften noch in Spanien oder waren in preußischer Kriegsgefangenschaft. Erst Ende Dezember 1813 kamen die seitherigen Kriegsgefangenen nach Baden zurück. Leider litten viele von ihnen an Hautkrankheiten und an Nervenfieber; sie mußten stationär behandelt werden und waren vorläufig oder aber überhaupt nicht mehr kriegsverwendungsfähig[64]. Es fehlte an qualifizierten Offizieren und Unteroffizieren. Kaum zu beheben war der Mangel an Waffen und Uniformen. Nach dem Allianzvertrag vom 20. November 1813 mußte das Großherzogtum 8000 Mann Linienmilitär und 8000 Mann Landwehr, außerdem je 2000 Mann an Reserven bereitstellen[65]. Die badische Landwehr diente zur Ergänzung des Linienmilitärs. Nach dem Landwehredikt vom 9. Dezember 1813, das sich an die preußische Landwehrordnung vom 17. März 1813 anlehnte, waren zum Dienst in der Landwehr die Jahrgänge verpflichtet, die vor 1791 geboren waren und das 40. Lebensjahr noch nicht überschritten hatten. Das reguläre Militär hingegen bezog seine Rekruten von den Geburtsjahrgängen 1791 bis 1794, doch waren Angehörige dieser Jahrgänge, die vom regulären Wehrdienst befreit oder die ausgelost waren, ebenfalls landwehrpflichtig. Die Organisation und Aufstellung der Landwehr oblag dem Innenministerium. Zu dem auf Kriegsdauer beschränkten Landwehrdienst sollten zunächst Freiwillige herangezogen werden. Indessen war, abgesehen von dem 300 Mann starken Jägerkorps zu Pferd, das ausschließlich aus Freiwilligen gebildet wurde, die Zahl der Freiwilligen gering. In der Regel mußten die Landwehrmänner in gleicher Weise wie die Rekruten des Linienmilitärs ausgehoben werden. Ihre Bekleidung und Ausrüstung vermochten nur die wenigsten Landwehrleute auf eigene Kosten oder durch Spenden zu beschaffen. So erwuchsen auch hier dem Staat erhebliche Ausgaben. Jüngere, insbesondere unständige Beamte stellten eine große Zahl brauchbarer Offiziere[66]. Die hohenzollerischen Fürstentümer sahen sich im Dezember 1813 gleichfalls veranlaßt, in ähnlicher Weise wie Baden ihrem aus Linienmilitär gebildeten Kontingent ein gleich starkes Landwehrkontingent zur Seite zu stellen. Der Landwehr wies Fürst Anton Aloys in einer Verlautbarung für Kriegsdauer »den ehrenhaften Beruf« zu, »für Freiheit und Verfassung des Vaterlands in der Reihe der verbündeten Mächte zu kämpfen«. Im Januar 1814 rief der Fürst aus Männern vom vollendeten 18. bis zum vollendeten 60. Lebensjahr einen Landsturm ins Leben und gab Anweisungen für seine Bewaffnung und Organisation[67]. Die Begeisterung für den Landwehrdienst war übrigens in Baden beinahe ebenso gering wie die für den regulären Militärdienst. Zahlreiche Landwehrpflichtige entzogen sich bereits der Aushebung, oder sie desertierten. So entfernten sich beim Marsch ins Elsaß Anfang 1814 113 Landwehrmänner aus dem Wiesekreis von der Truppe[68].

Die Organisation eines Landsturms zögerte Großherzog Karl lange hinaus. Deutsch-patriotische Kreise um den Freiherrn vom Stein zeigten sich sehr enttäuscht. Es wurde dem Großherzog deshalb zu seinem großen Ärger selbst Württemberg als Vorbild vor Augen gerückt. Endlich am 12. Februar 1814 erließ er die entsprechende Verordnung[69]. Ähnlich wie in Württemberg war der badische Landsturm, in den nicht im Linienmili-tär und in der Landwehr dienende Männer vom vollendeten 17. bis zum vollendeten 60. Lebensjahr einzureihen waren, eine rein obrigkeitsstaatliche Wehreinrichtung, deren Gliederung in Brigaden und Bataillone sich mit der Verwaltungseinteilung des Landes in Kreise und Oberämter deckte. Die alles in allem knapp 190 000 Mann umfassende Massenorganisation blieb größtenteils auf dem Papier. Lediglich einige Bataillone wurden zu tatsächlichen Dienstleistungen, so zu Kriegsgefangenentrans-porten und zur Bewachung von Etappenstationen, herangezogen[70].

Die württembergischen Truppen stießen im Verband der österreichischen Armee von Neubreisach und Epinal aus Anfang 1814 nach Frankreich vor. Sie taten sich in mehre-ren Gefechten und Schlachten hervor: La Rothière (Brienne), Montereau, Arcis sur Aube und Fère Champenoise; sie erlitten aber hierbei empfindliche Verluste[71].

Die Führung der badischen Truppen, denen auch die Kontingente der hohenzolleri-schen Fürstentümer und Liechtensteins angeschlossen waren, lag wiederum in den Händen des Grafen von Hochberg. Die übereilt aufgestellten Verbände waren zunächst kaum einsatzfähig. Erst nach und nach konnten die schlimmsten organisa-torischen und technischen Mängel beseitigt und die Mindestzahl an kriegsverwendungs-fähigen Soldaten erreicht werden. Der russische General Wittgenstein, dessen Oberbe-fehl die Badener unterstanden, zeigte sich ungehalten, daß die Truppen des Grafen von Hochberg nicht rascher die ihnen übertragene Einschließung und wirksame Belage-rung der festen Plätze im Elsaß und in der Pfalz, so namentlich die von Straßburg, Pfalzburg und Landau, ins Werk setzten. Erst ab Februar 1814 war ihnen dies möglich. Der die Belagerer nicht allzusehr strapazierende Festungskrieg spielte sich in ritterli-chen Formen ab, zumal Badener und Franzosen noch wenige Monate zuvor Seite an Seite gekämpft hatten. So warnte im März 1814 General Broussier, der französische Festungskommandant von Straßburg, den Grafen von Hochberg vor einem auf ihn geplanten Attentat durch einen badischen Deserteur. Meldungen über Siege der Ver-bündeten oder der Franzosen gab man durch Geschützsalven bekannt. Vor der Abgabe solcher Salven wurde jeweils zuvor die andere Seite unterrichtet. Die Wünsche russi-scher Generale nach Gänseleber konnte Graf von Hochberg nur dadurch befriedigen, daß er sich diese Delikatesse mit Hilfe der in Straßburg eingeschlossenen Franzosen beschaffte. Das schon am 1. Januar 1814 ausmarschierte Karlsruher Leibgrenadierba-taillon und eine reitende Batterie beteiligten sich im Verband der preußischen Garde-brigade am Vormarsch in Frankreich; vor Paris zeichnete sich das Bataillon durch eine kühne Angriffsaktion aus[72].

Am 31. März 1814 fiel die französische Hauptstadt. Unter den ersten Truppen, die nach Paris einmarschierten, befanden sich zwei württembergische Infanteriebatail-lone. Napoleon entsagte der Herrschaft über Frankreich. Die Alliierten bestimmten die Insel Elba zu seinem künftigen Aufenthalt. Dort in dem ihm erblich eingeräumten Fürstentum durfte er weiterhin die Regierungsgewalt ausüben[73].

Die Einnahme von Paris und das Ende des Kriegs wurden in Karlsruhe jubelnd gefeiert. In der badischen Residenzstadt war die deutsch-patriotische Begeisterung groß. Noch bitterer als anderswo hatte man hier die Bedrückung durch die französi-sche Fremdherrschaft, die Demütigungen durch Napoleon und seine »Statthalter«, die französischen Gesandten, die zeitweise in Baden die Rolle einer Nebenregierung gespielt hatten, empfunden. Die Aufrufe zum freiwilligen Beitritt zur Landwehr hatten in Karlsruhe ein nachhaltiges Echo ausgelöst. Noch mächtiger scheint allerdings die Woge deutschpatriotischer Begeisterung in der Universitätsstadt Heidelberg gewesen zu sein. In Freiburg war es vor allem der Universitätsprofessor Karl von Rotteck, der seine Stimme für gesamtdeutsche Belange erhob. Er gab im Benehmen mit dem alliierten Hauptquartier die »Teutschen Blätter« heraus; sie propagierten nationales, antifranzösisches und liberales Gedankengut[74].

Mit dem Sieg über Napoleon konnten auch die von Graf Wittgenstein angeordneten Arbeiten an den Befestigungsanlagen im Höllental, bei Villingen und Offenburg eingestellt werden. Diese Befestigungen, bei deren Bau eine große Zahl von Menschen eingesetzt war, hätten im Fall des Rückzugs das russische Korps Wittgenstein aufnehmen sollen[75]. Die Durchzüge und Einquartierungen fremder Truppen, ein buntes Gemisch von Völkern und Uniformen, die seit November 1813 Baden geradezu überflutet hatten, hörten auch mit Kriegsende nicht auf, ließen aber allmählich nach.

Am 31. Mai 1814 schlossen die Alliierten mit dem neuen französischen König, Ludwig XVIII., Frieden. Frankreich wurde recht milde behandelt. Es behielt alle Gebietsteile, die 1792 innerhalb seiner Staatsgrenzen gelegen hatten, auch das von ihm annektierte ehemalige württembergische Mömpelgard. Doch bekam Baden die Stadt Kehl zurück. König Friedrich von Württemberg erwartete, daß er für die großen Opfer, die sein Land im gemeinsamen Kampf gegen Napoleon gebracht hatte, territorial angemessen entschädigt werde. Seine Hoffnungen setzte er vor allem auf seinen Neffen, den russischen Zaren. Den Alliierten suchte er plausibel zu machen, daß Württemberg eine wichtige militärische Grenzsicherungsfunktion im Westen übernehmen müsse, um einem ersten französischen Angriff standzuhalten, bis die Armeen der Großmächte herangerückt seien. Dazu sei er aber nur imstande, wenn er wenigstens über eine Einwohnerzahl von 3 bis 4 Millionen verfüge, und damit ein Heer von 30 000 bis 40 000 Mann unterhalten könne. – Er griff in einer veränderten politischen Konstellation einen Plan wieder auf, den er im Spätherbst 1805 Napoleon unterbreitet hatte. – Doch Zar Alexander war nicht bereit, ihm zu einer Vergrößerung seines Landes zu verhelfen. Er hatte sich in Absprache mit dem Kaiser von Österreich und dem König von Preußen hinsichtlich der süddeutschen Staaten, zumindest was deren Größenverhältnisse anbetraf, auf den Status quo festgelegt[76].

Der Friede in Europa war nur von kurzer Dauer. Anfang März 1815 verließ Napoleon die Insel Elba und landete an der Küste der Provence. Die ihm entgegengesandten französischen Truppen gingen zu ihm über. Am 20. März 1815 zog er im Triumph in Paris ein. Ohne Schwertstreich fiel ihm die Herrschaft über ganz Frankreich zu. König Ludwig XVIII. floh in die Niederlande. Der neuetablierte Kaiser sicherte ein gemäßigtes politisches Regiment in seinem Reich zu und versprach, den äußeren Frieden zu wahren. Die alliierten Mächte aber waren nicht gewillt, sich mit der durch die Machtusurpation in Frankreich geschaffenen unsicheren Situation in Europa abzufinden. Sie hatten schon am 13. März 1815 ein Ächtungsdekret gegen den gemeinsamen Feind erlassen und mobilisierten ihre Streitkräfte. In der Schlacht von Waterloo südlich von Brüssel besiegten das englische und das preußische Heer unter Wellington und Blücher am 18. Juni 1815 die französische Armee. Napoleon sah sich zur erneuten Abdankung gezwungen. Er wurde von den Engländern, in deren Schutz er sich begeben hatte, auf das Felseneiland St. Helena im Atlantik gebracht. Dort starb er nach sechsjähriger Verbannung. Am 10. Juli 1815 zogen die Kaiser von Österreich und Rußland sowie der König von Preußen an der Spitze ihrer Truppen wiederum als Sieger in Paris ein. Im Zweiten Pariser Frieden vom 20. November 1815 wurde Frankreich auf die Grenzen von 1790 beschränkt und zur Zahlung der alliierten Kriegskosten verpflichtet.

König Friedrich von Württemberg begann sofort nach dem Bekanntwerden der Rückkehr Napoleons nach Frankreich im März 1815 mit der Mobilisierung seiner Streitkräfte. Er wußte, was für ihn und sein Haus auf dem Spiel stand, wenn der französische Usurpator nochmals die Oberherrschaft über Europa gewann. Zunächst war Südwestdeutschland bei der Verteidigung seines Territoriums ausschließlich auf sein eigenes militärisches Kräftepotential angewiesen. Anfang April standen 17 000 Badener und 24 000 Württemberger bereit, einem französischen Angriff die Stirn zu bieten. Freilich war unstrittig, daß sie allenfalls in der Lage waren, bei einem gegen Süddeutschland gerichteten Vorstoß der Armeen Napoleons hinhaltenden Widerstand zu leisten, bis ihnen die Truppen der Großmächte zu Hilfe kamen. Im Lauf des Monats Mai rückte dann das Gros der österreichischen Armee nach Württemberg und Baden vor. Der österreichische Oberbefehlshaber Fürst Schwarzenberg schlug sein Hauptquartier in Heidelberg auf. König Friedrich war Schwarzenberg wenig gewogen, weil dieser bereits 1814 seine Befehlsgewalt einzelstaatlichen Souveränitätsrücksichten übergeordnet hatte und über seine wiederholten Proteste hinweg zur Tagesordnung übergegangen war. Indessen fiel 1815 die Entscheidung in Belgien. Die kriegerischen Aktivitäten der dem österreichischen Heer angegliederten württembergischen Truppen hielten sich in Grenzen: militärische Sicherungsaufgaben am Oberrhein, Bekämpfung französischer Heeresverbände im Elsaß. Am 28. Juni 1815 hatten die Württemberger bei Straßburg, am Suffelbach, ein verlustreiches Gefecht zu bestehen. Dank der Subsidien, die England dem Königreich Württemberg vertraglich zusicherte, konnte König Friedrich über sein reguläres Truppenkorps hinaus in aller Eile noch ein 9000 Mann starkes »Landesdefensionskorps« aufstellen und Anfang Juli in Richtung Kehl in Marsch setzen[77]. Das Korps sollte am Oberrhein militärische Sicherungsfunktionen übernehmen. Da der König jedoch eigenmächtig handelte und sich die uneingeschränkte Verfügungsgewalt über die Truppen vorbehielt, erregte sein Engagement Argwohn und Mißtrauen. Fürst Schwarzenberg war sehr ungehalten über das württembergische Sonderunternehmen, und in Karlsruhe fürchtete man, König Friedrich wolle mit der Aktion seinen Forderungen nach einer Vergrößerung seines Landes den entsprechenden Nachdruck verleihen. Lediglich Zar Alexander lobte die militärische Aktivität des Onkels. Schon Mitte Juli ordnete der König grollend den Rückmarsch des »Landesdefensionskorps« in die Heimat an. Er wollte und konnte nicht einsehen, daß er militärisch, ganz bestimmt aber politisch besser gefahren wäre, wenn er seine sämtlichen Truppen dem Oberbefehl Schwarzenbergs unterstellt und nicht mit diesem während des ganzen Feldzugs wie schon während des vorigen wegen des kleinlich anmutenden Pochens auf seine Souveränitätsrechte im Streit gelegen hätte[78].

Querelen innerhalb der großherzoglichen Familie waren die Ursache, daß Großherzog Karl den Oberbefehl über die badischen Truppen nicht dem Grafen von Hochberg, sondern General von Schäffer übertrug. Der Graf war darüber sehr verärgert. Gerne hätte es Kronprinz Friedrich Wilhelm von Württemberg gesehen, wenn ihm das badische Korps und mit ihm auch die hohenzollerischen Einheiten unterstellt worden wären. Sein Ansinnen wies jedoch der Großherzog brüsk ab. Am 26. Juni 1815, acht Tage nach der Schlacht von Waterloo, überschritt die badische Felddivision bei Basel den Rhein, um wiederum Straßburg zu belagern. Am 9. Juli vereitelte sie einen Ausfall der Festungsbesatzung; es war dies ihre letzte bedeutende Waffentat im Kampf gegen Napoleon. Insgesamt hatte Baden 23 050 Mann ins Feld gestellt: ein Truppenkorps von 18 350 Mann sowie ein Reservekorps von 4700 Mann[79]. Um die Militärausgaben finanzieren zu können, hatte Baden am 19. April 1815 eine Kriegssteuer in Höhe von 1,8 Millionen Gulden ausschreiben müssen. Infolge der kurzen Dauer des Feldzugs und des nur vorübergehenden Einsatzes der Feldtruppen vermochte sich jedoch das Großherzogtum mit einem Teil der Steuer zu begnügen[80].

König Friedrich von Württemberg erwartete, daß die Alliierten jetzt endlich seine Forderungen nach einer ansehnlichen Vergrößerung seines Landes erfüllten. Seine Hoffnungen setzte er wiederum in erster Linie auf den russischen Kaiser. In einem Brief vom 3. Juli wies er auf die unverhältnismäßig großen Leistungen für den Kriegszweck hin: 31 000 Mann habe das kleine Königreich mobilisiert, obwohl Großbritannien lediglich den Aufwand für ein Kontingent von 20 000 Mann bestreite. Seine finanziellen Hilfsquellen seien erschöpft. Der Zar könne dank seiner machtvollen Stellung Württemberg ohne weiteres wieder aufhelfen und seine Existenz sichern[81]. Nochmals wollte Friedrich den Neffen für seinen Plan gewinnen, Württemberg eine solch starke territoriale Position im deutschen Südwesten zu verschaffen, daß es eine Grenzsicherungs- und Grenzwächterfunktion gegenüber Frankreich übernehmen konnte. Einbezogen in das württembergische Staatsgebiet sollte nach seiner Vorstellung Kehl und Breisach, vielleicht auch Belfort und Mömpelgard mit dem südlichen Teil des Elsasses werden.

Um einen besseren Schutz des deutschen Südwestens zu gewährleisten, empfahl er, das ganze Elsaß sowie Deutsch-Lothringen von Frankreich abzutrennen und deutschen Staaten anzugliedern. Friedrich versah seine Gesandten und Militärbevollmächtigten in den alliierten Hauptquartieren mit entsprechenden Instruktionen. Kronprinz Friedrich Wilhelm, sonst mit dem Vater selten einer Meinung, unterstützte nachdrücklich seinen Vorschlag nach einer Loslösung des Elsasses und der deutschsprachigen Teile Lothringens von Frankreich. Mit einer von Graf Wintzingerode verfaßten und unter seinem Namen veröffentlichten Denkschrift zur Frage gesicherter Grenzen für Süddeutschland warb der Kronprinz bei den verbündeten Monarchen und ihren politischen Beratern um Verständnis für den württembergischen Standpunkt. Allein, abgesehen von Preußen, das sich aber gegenüber Österreich und Rußland nicht durchzusetzen vermochte, fanden die württembergischen territorialpolitischen Wünsche und Vorstellungen kein positives Echo. Nicht einmal die Bemühungen König Friedrichs, Mömpelgard für sein Haus wieder zu erlangen, hatten Erfolg. Die Großmächte entschieden: Elsaß und Lothringen, ebenso Mömpelgard bleiben Bestandteile des französischen Staats. Resigniert stellte Friedrich im Oktober 1815 fest: »So sind alle Anstrengungen wieder umsonst gewesen. Süddeutschland ist so wenig gegen Frankreich geschützt als es bisher war«[82]. Erneut hatte er die bittere Erfahrung machen müssen, wie gering das politische Gewicht war, das er, der Regent eines Landes mit rund 1,4 Millionen Einwohnern, in die politische Waagschale zu werfen in der Lage war. Die Großmächte hatten beschlossen, bezüglich Südwestdeutschlands am Status quo festzuhalten, und dabei blieb es. Der König von Württemberg mußte sich mit den harten Realitäten abfinden. Indessen bildeten die maßvollen Friedensschlüsse der Jahre 1814 und 1815 die Grundlage für eine jahrzehntelange friedliche Entwicklung in Mitteleuropa.

Das Schicksal der von Napoleon gestifteten Ehen nach dem Sieg der Alliierten

Karl von Baden und Stephanie Beauharnais

Großherzogin Stephanie von Baden verlor mit dem Übertritt Badens zu den Alliierten ihren Rückhalt bei ihrem Adoptivvater Napoleon und bei dessen Familie. Sie unternahm nicht den geringsten Versuch, ihrem lange schwankenden Mann ein Festhalten am Bündnis mit Frankreich und eine Flucht auf linksrheinisches Gebiet anzuraten.

Nie, soll sie geäußert haben, werde sie ihren Mann dem schändlichen Vorwurf aussetzen, als einziger deutscher Fürst sein Land verlassen zu haben. Wilhelm von Humboldt, preußischer Gesandter in Wien, gewann von ihr auf der Durchreise durch Karlsruhe im Dezember 1813 einen sehr guten Eindruck. Die nicht schöne, aber hübsche Frau gebe sich natürlich und ungekünstelt und scheine Geist zu besitzen; sie zeige gerne, daß sie eine Deutsche sein wolle, ihre bald drei Jahre alte Tochter spreche kein Wort Französisch. Allgemein anerkannt wurde, daß sich Stephanie in der für sie äußerst schwierigen Situation im Spätherbst 1813 sehr taktvoll benahm. Gänzliche politische Zurückhaltung übend, erließ sie einen Aufruf zur Bildung eines badischen Frauenvereins, der für die Bedürfnisse der im Feld stehenden Truppen sorgen sollte und der dann auch Beachtliches leistete[83]. Die anfänglich so unglückliche Ehe hatte sich gefestigt. Karl stand seiner Frau zur Seite[84]. Der preußische Geschäftsträger Varnhagen von Ense sah dies schon einige Jahre später (1816) so: »Weit entfernt, seine Gattin weniger zu ehren, weil sie den mächtigen Beschützer verloren hatte, schloß er sich nur um so inniger an sie an, und nie war Stephanie entschiedener die Großherzogin, als sie es nicht mehr durch Napoleon war«[85].

Anfang Februar 1814 kam Kaiserin Elisabeth von Rußland für mehrere Monate nach Baden, um ihrer Mutter, Markgräfin Amalie, nahe zu sein, solange ihr Mann, Zar Alexander, mit seinem Heer in Frankreich gegen Napoleon kämpfte. Die Kaiserin verlieh dem Hof von Markgräfin Amalie in Bruchsal, an dem sich zeitweise auch ihre Schwestern aufhielten, Glanz. Zar Alexander selbst weilte wiederholt dort und in Karlsruhe. Elisabeth, damals von ihrem Mann vernachlässigt, empfand die Ehe ihres Bruders mit der Adoptivtochter Napoleons als unerträgliche »Mesalliance«; sie behandelte Stephanie kalt und unhöflich. Im Verein mit ihren Schwestern legte sie Karl nahe, sich von seiner Frau scheiden zu lassen. Doch dieser, sonst ewig unentschlossen, sich apathisch treiben lassend, wies das Ansinnen mit Entschiedenheit zurück[86]. Als Elisabeth 1815 erneut nach Baden kam, nutzte sie einen Ausflug nach Karlsruhe, um Stephanie ihre bescheidene französische Herkunft vorzuhalten und ihr die Gesinnung einer deutschen Fürstin abzusprechen. Großherzog Karl war über die seiner Frau zugefügten Demütigungen empört. Statt der kaiserlichen Schwester, wie es diese gewünscht hatte, das Schloß Baden als Wohnsitz einzuräumen, ließ er es durch Stephanie beziehen[87]. Daß die Großherzogin 1815 nach dem endgültigen Thronverzicht Napoleons auf den Titel »Kaiserliche Hoheit« verzichten mußte, bekümmerte sie wenig, wie ihr Mann führte sie nunmehr den Titel »Königliche Hoheit«. Ihre Zugehörigkeit zur Familie Bonaparte verleugnete sie dennoch nicht. Ende 1815 kam ihre Adoptivschwester Hortense, die frühere Königin von Holland, nach ihrer Ausweisung aus Frankreich nach Konstanz. Die Schweiz hatte ihr eine Niederlassung versagt. Auch in Baden wurde sie ihr verweigert. Immerhin erreichte Großherzog Karl beim Bundestag in Frankfurt, daß sie den Winter über im Land bleiben durfte. Stephanie ermahnte die Adoptivschwester zur Geduld – von einem Besuch in Konstanz sah sie aus politischen Gründen ab. – Die Großherzogin nahm an, daß sich bis zum Frühjahr »die Leidenschaften gelegt« hätten und viele Dinge vergessen seien. So kam es denn auch. Der Aufenthalt der Exkönigin in Konstanz wurde stillschweigend verlängert, und diese konnte sich schließlich auf dem nahegelegenen Arenenberg auf dem Schweizer Ufer des Untersees ankaufen. Arenenberg wurde zu einem Zentrum der Familie Bonaparte. Stephanie weilte oft und gerne dort[88].

Nach dem frühen Tod des Gatten (1818) zog sich die verwitwete Großherzogin mit ihren Kindern wiederum nach Mannheim zurück. Dort starb sie hochgeachtet 1860. Von den fünf Kindern, die sie ihrem Mann zwischen 1811 und 1817 schenkte, starben die beiden Söhne bereits nach wenigen Wochen (1812) bzw. nach einem Jahr (1816/17).

Die drei Töchter dagegen wuchsen gesund heran und heirateten in europäische Fürstenfamilien ein: Luise (1811–1854) wurde die Frau des österreichischen Feldmarschall-Leutnants Prinz Gustav Wasa von Schweden, Josephine (1813–1900) die Frau des Fürsten Karl Anton von Hohenzollern-Sigmaringen und Marie (1817–1888) die Frau von Wilhelm Douglas Herzog von Hamilton[89].

Jérôme Napoleon und Katharina von Württemberg

König Friedrich von Württemberg erwartete nach dem Sturz Napoleons im Frühjahr 1814 mit Bestimmtheit, daß sich seine Tochter Katharina von ihrem Mann Jérôme, dem ehemaligen König von Westfalen, trennen werde. Am 15. April 1814 empfahl er ihr in einem Brief, dem Beispiel der Tochter des österreichischen Kaisers Franz, Marie Luise, der seitherigen Gattin Napoleons, zu folgen. Diese, so schrieb er, müsse noch weiter als sie herabsteigen, sei zudem bereits Mutter, was sie im Begriff sei zu werden, dennoch kehre sie zu ihrem Vater, zu ihrer Familie zurück. Kein Bonaparte dürfe jemals wieder regieren, dafür sorge die Allianz, der er angehöre. Allein, Katharina war fest entschlossen, ihren Mann nicht zu verlassen. Noch ehe sie der Brief des Vaters erreichte, teilte sie diesem ihren unabänderlichen Beschluß nach Stuttgart mit. Sie sei, erklärte sie, vor sieben Jahren aus politischen Gründen verheiratet worden, seitdem aber habe sie ihren Mann liebgewonnen, auch trage sie ein Kind von ihm unter dem Herzen. Er sei bisher ihr Glück gewesen, und er werde es bleiben[90]. König Friedrich hatte für solche »Illusionen« wenig Verständnis. Da er Zar Alexander und den Kronprinzen auf seiner Seite wußte, hoffte er, daß der mächtige Neffe oder aber der Sohn der »Verblendeten« die Augen öffnete. Er entsandte seinen Wirklichen Geheimrat von Linden zu diesem Zweck in das Hauptquartier des Zaren nach Frankreich. Die Tochter selbst beschwor er in einem Brief am 20. April, doch seinen Rat anzunehmen, seinen guten Absichten zu vertrauen. Er sah sie von einer unbegreiflichen, zerstörerischen Leidenschaft beherrscht. Die Unterstellung, sie sei aus staatspolitischen Gründen zur Ehe mit dem Bruder Napoleons gezwungen worden, wies er mit Entschiedenheit zurück. Er habe ihr damals für ihre Entscheidung über Annahme oder Ablehnung des Heiratsantrags drei Tage Bedenkzeit gegeben, und er hätte auch ein »Nein« von ihrer Seite akzeptiert. In gleicher Weise sei er, wie sie wisse, in der Frage einer Ehe zwischen ihrem Bruder, dem Kronprinzen, und dem Fräulein Tascher verfahren. Sie, Katharina, habe jedoch der Heirat zugestimmt. Seit ihrer Hochzeit mit Jérôme sei er über alle Details ihrer Ehe unterrichtet gewesen. Friedrich wollte damit der Tochter zu verstehen geben, daß sie ihm gegenüber ihren Mann nicht in Schutz zu nehmen brauche, er wisse über dessen unerfreuliches Verhalten als Ehegatte genauestens Bescheid. Doch auch mit seinem ungünstigen Urteil über den König Jérôme hielt er nicht hinter dem Berg. Übertrieben hart klang schließlich seine Drohung, er werde dafür sorgen, daß niemals wieder ein Bonaparte die württembergische Grenze überschreite. Jérôme selbst nannte er den Bruder des Tyrannen, der der Schrecken der Welt gewesen sei[91].

In den folgenden Wochen gelangten verwirrende Nachrichten nach Stuttgart. So wollte König Friedrich am 24. April aus sicherer Quelle erfahren haben, daß sich Jérôme nach Amerika eingeschifft habe. Für den König war die bange Frage, begleitete Katharina ihren Mann oder hatte sich dieser von ihr losgesagt und allein das Weite gesucht. Friedrich erhoffte sich das Letztere. Indessen wurde rasch bekannt, daß an der Nachricht von der Amerikafahrt Jérômes kein wahres Wort war. Katharina, im

Begriff, Frankreich zu verlassen, wurde durch einen früheren Stallmeister ihres Mannes ausgeraubt. König Friedrich war fest davon überzeugt, daß Jérôme seine Hände im Spiel gehabt hatte – eine an den Haaren herbeigezogene Verdächtigung, die sich rasch als haltlos herausstellte. Der ehemalige König von Westfalen hatte inzwischen offenbar Kenntnis von dem ihm geltenden bösen Verdikt seines Schwiegervaters bekommen. Am 3. Mai 1814 zahlte er ihm mit gleicher Münze heim. Niemand wisse besser als Friedrich selbst, schrieb er, daß er die Hand Katharinas nie begehrt und daß er deshalb die Heirat so lange wie möglich verzögert habe. Doch habe er Katharina in den letzten sieben Jahren in gleichem Maß wie sie ihn glücklich gemacht. Seine Ehe habe ihm keinerlei politische Vorteile verschafft, doch habe er Katharina zur Königin gemacht, sein Bruder ihn, ihren Vater, zum König erhoben. Jérôme schloß die Frage an, ob Friedrich denn in den Zeiten seines Glücks daran gedacht habe, die Tochter von ihm zu trennen – eine für König Friedrich überaus peinliche Frage[92].

Das Ehepaar Jérôme–Katharina wählte im Juni 1814 mit Genehmigung der österreichischen Regierung das Schloß Eggenberg bei Graz zu seinem vorläufigen Wohnsitz, zwei Monate später übersiedelte es nach Triest. Dort schenkte Katharina am 20. Oktober 1814 ihrem ersten Kind, einem Knaben, das Leben. Jérôme gab dem Schwiegervater von diesem glücklichen Ereignis Kenntnis[93]. Dieser hatte indessen noch keineswegs die Hoffnung aufgegeben, Katharina ihrem Mann abspenstig machen zu können. Am 25. November 1814 sprach er in einem Brief von dem großen Vorzug ihrer fürstlichen Herkunft. In ihren Adern, so ließ er sich vernehmen, fließe nicht nur sein Blut, sondern auch das fast aller bedeutenden Souveräne Europas. Dies verleihe ihr einen besonderen Schutz, an dem auch der »Fremde«, das heißt ihr Mann, Anteil habe. Die Anfänge der alten Dynastien verlören sich im Dunkel der Zeiten, die Eintagsexistenz erfolgreicher Abenteurer ende ebenso schnell wie sie beginne[94]. Daß er zu solchen Abenteurern Napoleon rechnete, war allzu deutlich.

Nach der Rückkehr Napoleons nach Frankreich im März 1815 entfloh Jérôme, eine Krankheit vortäuschend, mit Wissen und Willen seiner Frau auf einem neapolitanischen Schiff dem österreichischen Machtbereich. Auf abenteuerlichen Wegen gelangte er zu seinem Bruder und nahm an der Schlacht bei Waterloo teil, in der er verwundet wurde[95]. Katharina, die in Triest zurückgeblieben war, wurde nun von der österreichischen Polizei überwacht und mußte ihren Wohnsitz nach Graz verlegen. König Friedrich war tief beunruhigt: Die Tochter unter Polizeiaufsicht. Damit konnte er sich nicht abfinden. Er machte ihr heftige Vorwürfe. Sie habe, schrieb er ihr, das österreichische Gastrecht mißbraucht, weil sie der Flucht ihres Mannes Vorschub geleistet habe. Nur der Rücksichtnahme des Kaisers Franz gegen ihn, seinen Schwager, habe sie es zu verdanken, daß sie nicht sehr viel härter angefaßt worden sei. Friedrich war entschlossen, die Tochter nach Hause zu holen, und Kaiser Franz erhob hiergegen keine Einwände. Katharina beugte sich nur widerstrebend dem Willen des Vaters. Allein, die Rückkehr unter die väterliche Obhut war in jedem Fall der österreichischen Polizeiaufsicht vorzuziehen. Ehe sie den württembergischen Boden betrat, wiederholte sie gegenüber dem Vater den »Schwur«, sich durch keine Macht von ihrem Mann, gleichgültig welches Schicksal ihm beschieden sei, zu trennen. »Der Tod oder mein Mann ist die Devise meines Lebens!«[96].

Am 26. Mai traf Katharina in Begleitung des Ehepaars von Geismar, das König Friedrich zu ihrer Betreuung nach Österreich entsandt hatte, in Göppingen ein. Sie nahm ihren Wohnsitz im dortigen Schloß, das sorgsam für ihren Aufenthalt hergerichtet worden war. Gerührt über so viel Fürsorge, verlief ihre erste Begegnung mit dem Vater freundlich. Friedrich schien froh und glücklich zu sein, die Tochter und den Enkel in seinem Land zu wissen. Freilich hielt er ein strenges Auge auf ihre Umgebung. Wenn immer er den geringsten Verdacht auf napoleonfreundliche Umtriebe witterte, griff er unnachsichtig durch. Den ersten Sekretär Katharinas von Stoelting beispielsweise ließ er in der Nacht vom 23. auf den 24. Juni 1815 verhaften und bei Ulm über die Grenze schaffen. Nach aufgefangenen Briefen soll er geplant haben, den kleinen Sohn Katharinas zu entführen. Proteste der Tochter vor allem gegen den zu ihrem Obersthofmeister ernannten General von Bruselle wies der König schroff zurück. Bruselle war von ihm für seinen Dienst mit den strengsten Instruktionen versehen worden.

Jérôme hatte sich nach Waterloo an wechselnden Orten in Frankreich, zeitweise auch in Paris, versteckt, um möglichen Anschlägen der Royalisten zu entgehen. Graf Wintzingerode, der württembergische Gesandte in Paris, stellte die Verbindung zu seinem Schwiegervater her. Dieser gestattete ihm überraschenderweise die Einreise nach Württemberg. Am 22. August 1815 traf Jérôme in Göppingen ein. König Friedrich begrüßte ihn mit einem in freundschaftlichem Ton gehaltenen Schreiben auf württembergischem Boden. Er unterrichtete ihn von gewissen Auflagen, die die Alliierten Württemberg bezüglich seines Aufenthalts gemacht hätten und die zu beachten seien, im übrigen aber wünsche er, daß er sich hier wohlfühle[97].

Bei Jérôme stellte sich bald nach seiner Ankunft im Lande seines Schwiegervaters die Enttäuschung ein. Er hatte erwartet, daß er sich verhältnismäßig frei bewegen dürfe, stattdessen fand er sich in einem scharf bewachten und von der Außenwelt weitgehend abgeschirmten Schloß wieder. Seine Frau und er fühlten sich in strengem Hausarrest. Dies änderte sich auch nicht grundlegend, nachdem ihnen anstelle des Göppinger Schlosses das repräsentative Ellwanger Schloß, an dessen reizvoller Lage Katharina besonderen Gefallen fand, als Wohnsitz angewiesen worden war. Ihre Bewachung wurde jetzt großzügiger gehandhabt, aber vor allem Jérôme kam sich nach wie vor als Gefangener vor. Auf die Beschwerden von Tochter und Schwiegersohn reagierte König Friedrich höchst unwillig. Er ließ keinen Zweifel, daß er in Jérôme so etwas wie einen Staatsgefangenen sah und keinesfalls, wie dieser meine, einen politischen Asylanten. Die Art der Behandlung ihres Mannes, so belehrte er Katharina, entspreche der Verpflichtung, die er gegenüber den Großmächten eingegangen sei, nachdem er sich bereiterklärt habe, den Schwiegersohn in seinem Land aufzunehmen[98].

Die Stimmung des Fürstenpaares wurde zunehmend gereizter. Jérôme hielt im Herbst 1815 dem König nicht zu Unrecht vor, er werde in Württemberg erheblich schlechter als seine in anderen Ländern befindlichen Geschwister behandelt. Seit Frühjahr 1816 zeigte sich König Friedrich Plänen Jérômes und Katharinas, sich in Österreich niederzulassen, durchaus geneigt. Da Jérôme seit 1815 den Fürstentitel nicht mehr führen durfte, erhob er ihn am 1. August 1816 zum Fürsten von Montfort. Dies erleichterte die Ausreise der Ehegatten sehr. Am 2. August 1816 nahm Katharina mit ihrem Sohn Abschied von dem um sie besorgten, wenngleich so strengen Vater; es sollte ein Abschied fürs Leben sein. Von ihrem ersten Aufenthalt in Österreich, von Hainburg bei Wien, aus schrieb sie König Friedrich am 27. September 1816. In dem Brief bat sie den Vater, ihr eine freundschaftlich-wohlwollende Gesinnung zu bewahren und weiterhin mit ihm in brieflicher Verbindung bleiben zu dürfen. Auch kündigte sie ihm an, daß sie voraussichtlich im April 1817 aufs neue Mutter werde[99]. Es war der letzte Brief, der König Friedrich von der Tochter Katharina erreichte. Bereits am 30. Oktober 1816 raffte den König nach kurzer Krankheit der Tod hinweg. Katharina hielt ihrem Mann zeitlebens die Treue. Sie starb 1835, 52jährig, in Lausanne und fand ihre letzte Ruhestätte im Ludwigsburger Schloß. Jérôme erlebte noch den Glanz des zweiten französischen Kaiserreichs. Napoleon III. ernannte ihn zum Marschall von Frankreich und erhob ihn zum kaiserlichen Prinzen mit dem Recht der Thronfolge. 1860 starb der einstige König von Westfalen.

Friedrich Wilhelm von Württemberg und Charlotte von Bayern

Kronprinz Friedrich Wilhelm von Württemberg hatte, wie wir gehört haben[100], in den Heiratsplänen Napoleons während der Jahre 1805 bis 1808 eine bedeutsame Rolle gespielt. König Friedrich war bei dem Gedanken, den Thronfolger durch eine Ehe an das Haus Bonaparte zu binden, schon mit Blick auf das ihm nahverwandte russische Zarenhaus nicht wohl gewesen. Er fühlte sich deshalb auch erleichtert, als sich der Sohn nach langem Schwanken und wenig erfreulichem Flirten mit Heiratsideen Napoleons, seinem Wunsch folgend, für die noch nicht einmal 16 Jahre alte Tochter Charlotte des Königs Max Josef von Bayern entschied. Er versprach sich von dieser Familienverbindung mit dem bayerischen Königshaus eine positive Auswirkung auf das seit 1805 recht gespannte Verhältnis zwischen den beiden Nachbarstaaten. Indes hatte der Kronprinz seine künftige Frau überhaupt noch nicht gesehen, und er zeigte überraschenderweise auch keinerlei Interesse, sie vor einer Entscheidung persönlich kennenzulernen. Die junge Prinzessin war darüber sehr beunruhigt. Sie besaß einen guten Charakter, ein ausgeglichenes, zurückhaltendes Wesen und war intelligent. Über ihr wenig vorteilhaftes äußeres Erscheinungsbild machte sie sich keine Illusionen. Dem mit dem Brautwerbungsschreiben des württembergischen Königs nach München entsandten Freiherrn Eugen von Maucler war es unverständlich, daß der Kronprinz den Vorschlag Charlottes, sich mit ihr zu treffen und von dieser Begegnung seinen endgültigen Heiratsentschluß abhängig zu machen, in den Wind geschlagen hatte[101]. Maucler gewann von der Prinzessin menschlich einen sehr günstigen Eindruck, »allein ihre Häßlichkeit war nicht zu bestreiten und ließ mich nichts Gutes von der Zukunft erwarten«. König Max Josef gab gern seine Zustimmung zu der vom württembergischen Königshaus angeregten Eheverbindung. In Stuttgart verbarg König Friedrich seine Genugtuung über die erfolgreiche Mission Mauclers nicht. Dagegen war der Kronprinz sichtlich verärgert. Maucler hatte den Eindruck, daß er seine Entscheidung bereits bereute[102]. Das Einverständnis Napoleons zu der geplanten bayerisch-württembergischen Heirat erwirkte übrigens die Schwester Friedrich Wilhelms, Katharina von Westfalen[103].

Im Juni 1808 fand in München die Hochzeit statt. Kronprinz Friedrich Wilhelm brachte seiner jungen Frau auch nicht die geringste Neigung entgegen. Er begegnete ihr äußerst kühl und abweisend. Ihre Gegenwart mied er, so gut ihm dies möglich war. In Anwesenheit von Dritten behandelte er sie, nicht einmal ein Mindestmaß an Höflichkeit beachtend, oft aufs unwürdigste. Seine Ehe war ihm offenbar von Anfang an nichts mehr als ein formalrechtlicher Schutz gegen weitere Heiratspläne Napoleons. Die Prinzessin blieb am Stuttgarter Hof weithin sich selbst überlassen. Hätten sich nicht König Friedrich und vor allem Königin Charlotte Mathilde der Schwiegertochter angenommen, wäre es um ihren Alltag noch trister bestellt gewesen. Nach dem Übertritt Württembergs zu den Alliierten im Herbst 1813 brauchte Kronprinz Friedrich Wilhelm nicht länger eine Einmischung Napoleons in seine persönlichen Angelegenheiten zu befürchten. Es scheint, daß er bereits damals erste Schritte zur Auflösung seiner anscheinend nie vollzogenen Ehe mit Charlotte von Bayern unternahm. Nach dem Sieg über Napoleon im Frühjahr 1814 begegnete er in London seiner russischen Kusine, der Großfürstin Katharina, Witwe des Prinzen Georg von Oldenburg. Die beiden jungen Menschen fanden aneinander Gefallen und schlossen sich zu einem engen Freundschaftsbund zusammen. Kronprinz Friedrich Wilhelm wollte möglichst bald die Kusine heiraten. Dazu mußte er von Charlotte freikommen. Die Kronprinzessin in Stuttgart war ihrer mit ständigen Demütigungen verbundenen Rolle längst überdrüssig und suchte ihrerseits nach Wegen, eine erträgliche Wende in ihrem Geschick herbeizuführen. Bei der Rückkehr Friedrich Wilhelms Anfang Juli in die Heimat unternahm Charlotte einen letzten Versuch, ihren Mann für sich zu gewinnen. Sie begrüßte den Heimkehrer mit großer Herzlichkeit. Doch dieser wies sie kalt und barsch ab. Kundgebungen wie die der Prinzessin, soll er zu ihr gesagt haben, könnten nur dann einen Wert haben, wenn sie aus liebevollem Herzen kämen und an ein solches gerichtet würden[104]. Schlimmer konnte die junge Frau kaum mehr gedemütigt werden. Ihre letzten Skrupel fielen weg. Sie willigte in die vom Kronprinzen geforderte Auflösung ihrer Ehe ein. König Friedrich war bemüht, den rechtlichen Weg der Ehescheidung auf eine für Charlotte möglichst schonende Weise zu ebnen. Zudem fand er sie finanziell großmütig ab. Die päpstliche Kurie, die im Fall der Katholikin Charlotte ein entscheidendes Wort mitzusprechen hatte, erklärte schließlich die Ehe für nicht vollzogen und damit rechtlich nicht zustande gekommen. Friedrich Wilhelm heiratete im Januar 1816 in St. Petersburg seine Kusine Katharina. Auch Charlotte bot sich noch in demselben Jahr eine neue Heiratsmöglichkeit: Der zum dritten Mal Witwer gewordene Kaiser Franz von Österreich hielt um ihre Hand an. Sie willigte ein und wurde mit ihrer Hochzeit am 29. Oktober 1816 Kaiserin von Österreich. Kronprinz Friedrich Wilhelm, seit 30. Oktober 1816 König Wilhelm I. von Württemberg, fühlte sich aus einer peinlichen Situation befreit. Er war sich bewußt, daß er sich Charlotte gegenüber schlimm verhalten hatte und daß sie ihm nunmehr manches Böse antun konnte. »Ich würde mich vor jeder anderen Frau fürchten«, äußerte er, »die an ihre nunmehrige Stelle gelangte und der gegenüber ich so viel Unrecht getan hätte wie in diesem Fall. Aber ich bin ihrer sicher. Der Edelmut ihres Herzens dient mir zur Gewähr, und sie wird mit ritterlicher Nachsicht mein seitheriges Benehmen vergessen«[105]. Dies war ein hohes Lob auf den untadeligen Charakter der jungen Kaiserin, ausgesprochen von dem Mann, durch den ihr in ihren besten Jugendjahren ein so unverdient schweres Los bereitet worden war. Das Verhältnis zwischen dem Münchner und dem Stuttgarter Hof blieb noch lange durch die unglückliche Ehegeschichte Charlottes von Bayern belastet[106].

Südwestdeutschland nach dem Ende der Napoleonischen Ära

Die beinahe ununterbrochene Folge von Feldzügen seit 1792 hatte den südwestdeutschen Ländern ungeheure finanzielle Lasten aufgebürdet. Württemberg vermochte seinen Staatshaushalt notdürftig in Ordnung zu halten, dagegen hatte sich Baden in eine nur schwer zu überwindende Finanzkrise hineinmanövriert. Die Staatskasse war leer. Die Rückstände wuchsen von Tag zu Tag an. Der badische Staat hatte 1,5 Millionen Gulden Schulden; eine Haushaltssanierung war unerläßlich. Auch mußte üblen Geschäftemachern, die sich schamlos bereicherten, das Handwerk gelegt werden. Noch hatte man sich in Baden zur Ein- und Durchführung eines unüberschreitbaren Etats nicht durchringen können[107]. Freilich, die Überschuldung des Großherzogtums, seine Finanzmisere, war seit dem Reichsdeputationshauptschluß ein Problem, das sich offenbar nicht in den Griff bekommen ließ. Unbestreitbar war, daß Südwestdeutschland, auch wenn es kriegerische Aktionen kaum in Mitleidenschaft gezogen hatten, ausgeblutet war und daß seine Volkswirtschaft schlimmen Schaden genommen hatte. In Baden wie in Württemberg bezweifelte man, daß sich die schweren Opfer, die den beiden Staaten im Kampf gegen Napoleon abgefordert worden waren, gelohnt hatten.

Die offene Flanke Südwestdeutschlands war geblieben, da sich die Großmächte dem Verlangen der beiden Länder, das Elsaß von Frankreich abzutrennen, versagt hatten. Württemberg, aber auch Baden hätten, wie bereits erwähnt, gerne ihre Staatsgrenzen über den Rhein hinweg nach Frankreich vorgeschoben. Freiherr von Hacke, seit dem Tod Edelsheims Anfang Dezember 1814 badischer Außenminister, hatte seinem nach der Königskrone begierigen Großherzog ein zum Greifen nahes elsässisches Königreich vorgegaukelt[108]. In Südwestdeutschland fürchtete man, ohne das Glacis des Elsaß' neuen französischen Invasionen fast schutzlos preisgegeben zu sein. Durch den Bau starker Grenzfestungen ließ sich nach Ansicht von Männern wie dem badischen Staatsmann Liebenstein wenigstens eine gewisse Sicherung erreichen. Liebenstein forderte bereits 1814 einen dreifachen Festungsgürtel: am Rhein, auf den Höhen des Schwarzwalds und in Bayern mit den Festungspunkten Augsburg, Ansbach und Nürnberg[109].

Baden drohte noch eine andere Gefahr: die Aufteilung seines Staatsgebiets, insbesondere die Abtrennung des Breisgaus und der Pfalz. In den ehemaligen vorderösterreichischen Gebieten war die Anhänglichkeit an das Haus Habsburg noch sehr stark. Als Kaiser Franz am 15. Dezember 1813 nach Freiburg kam, wurde er, wie bereits in anderem Zusammenhang erwähnt, als der angestammte Herrscher begrüßt und umjubelt. Nur mit großem Widerwillen hatte die katholische Bevölkerung das protestantische badische Herrscherhaus akzeptiert. Die alten Beamten in den vorderösterreichischen Landen waren unzufrieden, weil Protestanten in ihre Reihen traten. Der Adel blieb aufs engste Österreich verbunden und schloß sich von anderen Ständen ab[110]. In Mannheim kam es 1814/15 zu Kundgebungen, auf denen die Rückgliederung der rechtsrheinischen Pfalz nach Bayern gefordert wurde. Solche politischen Willensäußerungen kamen Bayern sehr gelegen[111]. Die Wiedererlangung der 1803 im Reichsdeputationshauptschluß verlorenen pfälzischen Stammlande mit Heidelberg und Mannheim bildete ein vorrangiges Ziel der bayerischen Politik, und dies vor allem auch deshalb, weil Bayern im Osten und Süden umfangreiche Gebiete (Salzburg mit dem Innviertel sowie Tirol) an Österreich zurückgeben mußte. Zunächst hatte München keine Möglichkeit, seine Forderungen durchzusetzen, weil Baden kein territoriales Äquivalent angeboten werden konnte und zudem Zar Alexander seine schützende Hand über das großherzogliche Haus hielt. Bayern und Österreich waren sich jedoch darüber einig, daß das erstere Rechtsansprüche auf die Pfalz, das letztere solche auf den Breisgau geltend machen konnte, wenn die nunmehr regierende badische Hauptlinie im Mannesstamm erlosch. Die Wahrscheinlichkeit war groß, daß ein solcher »Erbfall« bald eintrat. Großherzog Karl besaß bis jetzt keine männlichen Nachkommen. Dasselbe galt für die beiden Brüder seines Vaters. Die nächsten Erben waren die Söhne von Großherzog Karl Friedrich aus seiner zweiten, jedoch nichtebenbürtigen Ehe mit der von Kaiser Franz zur Reichsgräfin von Hochberg erhobenen Luise Karoline Geyer von Geyersberg. Karl Friedrich hatte seine Söhne aus dieser zweiten Ehe 1796 und nochmals 1806, nach Erlangung der Souveränität seines Staats, für erbfolgefähig erklärt, doch war es ihm, wie wir gehört haben, trotz unablässigen Bemühens nicht gelungen, die Anerkennung ihrer Ebenbürtigkeit und Erbfolgefähigkeit international durchzusetzen[112].

Seit der Befreiung vom Joch Napoleons wachte Friedrich von Württemberg mit Argusaugen über dem so schwer errungenen Kleinod der ungeschmälerten Souveränität seines Königreichs. Dieses Kleinod wollte er sich durch nichts und durch niemand verkümmern lassen. Natürlich war Württemberg zu klein, um ohne Schutzmacht existieren zu können. Aber die Wahl der Schutzmacht wollte Friedrich von den Interessen seines Landes abhängig machen. Derzeit versprach er sich bei Rußland den stärksten politischen Rückhalt. Österreich mißtraute er seit den schlechten Erfahrungen des Zweiten Koalitionskriegs, und Preußen war ihm wegen des freiheitlich-deutschpatriotischen Geistes suspekt, der dort während der Feldzüge von 1813/14 und 1815 einen so großen Einfluß gewonnen hatte und den er von seinem Land möglichst fernhalten wollte. Indes konnte die Zeit kommen, in der er sich von Rußland abwenden und den Schutz einer anderen Großmacht suchen mußte. Jede Art der politischen Mediatisierung lehnte er ab. Deshalb wehrte er sich vehement gegen die Wiederaufrichtung eines Reichs, selbst gegen die Schaffung irgendeines die Souveränität seines Landes einschränkenden Staatenbunds[113]. Er wußte, daß er hier nicht allein stand. Die Souveräne und leitenden Minister der größeren ehemaligen Rheinbundstaaten, so die Bayerns und Badens, vertraten eine ähnliche Auffassung. Lediglich die kleineren früheren Rheinbundstaaten plädierten für die Restauration des alten Reichsverbands, weil sie sich von ihm einen Schutz vor den Übergriffen der mächtigeren Staaten versprachen[114].

Beim Abschluß des Ersten Pariser Friedens am 30. Mai 1814 hatten sich die dort vertretenen Mächte auf die Einberufung eines allgemeinen Kongresses in Wien geeinigt, der die noch strittigen Gebietsfragen regeln, dem europäischen Staatensystem eine feste Grundlage schaffen und die künftige staatliche und verfassungsrechtliche Organisation Deutschlands festlegen sollte. Der Kongreß trat erst im Herbst 1814 zusammen. Für ein Dreivierteljahr wurde Wien zum politischen Mittelpunkt Europas. Hier traf sich alles, was in Staat und Gesellschaft Rang und Namen hatte; es war ein eindrucksvolles Stelldichein des europäischen Hochadels. Neben dem Gastgeber, Kaiser Franz I. von Österreich, trugen Zar Alexander von Rußland und König Friedrich Wilhelm III. von Preußen durch ihre Anwesenheit zum Glanz des Kongresses bei. Doch auch andere gekrönte Häupter fanden sich ein, unter ihnen König Friedrich von Württemberg und nach langem Zögern auch Großherzog Karl von Baden. Vor allem König Friedrich kam es darauf an, die Interessen seines Hauses und Landes mit allem Nachdruck zu vertreten. Noch hoffte er, die Großen davon überzeugen zu können, daß Württemberg zu einem starken Grenzbollwerk gegen Frankreich ausgebaut werden müsse und daß zu diesem Zweck eine wesentliche Verbreiterung seiner territorialen Basis erforderlich sei. Er gehörte zu den ersten Fürsten, die in der habsburgischen Kaisermetropole an der Donau ihren Einzug hielten. Er kam mit stattlichem Gefolge und suchte es an verschwenderischem Gehabe seinen mächtigsten Standesgenossen gleichzutun. Freilich der von ihm ventilierte Gedanke, Württemberg um das Großherzogtum Baden zu vergrößern und Großherzog Karl auf dem linken Rheinufer zu entschädigen, fand bei den Repräsentanten der Großmächte, die andere, schwerwiegendere Fragen bedrängten, kein zustimmendes Echo. Selbst sein Minimalprogramm, die Rückgliederung der Landgrafschaft Nellenburg an Württemberg sowie die Annexion der hohenzollerischen Lande, stieß auf taube Ohren[115]. Vertreter Badens auf dem Wiener Kongreß war zunächst der Freiherr von Hacke, ein ränkereicher, intriganter Mann, der für die Anliegen seines Landes allenfalls bei Talleyrand, dem mit allen politischen und diplomatischen Wassern gewaschenen Außenminister Frankreichs, Gehör fand. Er mußte Anfang November durch die Freiherren von Marschall und von Berckheim abgelöst werden. Insbesondere der mit dem Freiherrn vom Stein befreundete Marschall verstand es, dank seines diplomatischen Geschicks und persönlichen Fingerspitzengefühls, sich als Sprecher Badens rasch Geltung zu verschaffen. Allein auch er mußte die Erfahrung machen, daß für die Großmächte die Probleme Badens wie die Süddeutschlands überhaupt von nachgeordneter Bedeutung waren[116]. Eine unglückliche Rolle in Wien spielte Großherzog Karl. Die vielen Anreize zu Vergnügungen, zum oberflächlichen Amüsement wurden ihm zum Verhängnis. Eine ungarische Kurtisane gewann nach den Berichten der Geheimpolizei der österreichischen Hauptstadt zeitweise starken Einfluß auf ihn. Er erkrankte. Man sprach von einer Vergiftung. Sein Kammerdiener erschoß sich. Durch seine völlige Untätigkeit, seine Apathie machte er sich viele Feinde. Zar Alexander lud ihn nicht einmal zu dem Essen ein, das er aus Anlaß des Jahrestags der Leipziger Schlacht im Oktober 1814 gab[117]. Verärgert und eifersüchtig war er auf den jungen Grafen von Hochberg, den Befehlshaber der badischen Truppen in den Feldzügen der beiden letzten Jahre, der gesellschaftlich eine sehr gute Figur machte und überall wohlgelitten war[118]. In anderer Weise, aber gleichfalls sehr zu seinem Vorteil unterschied sich übrigens der in Wien weilende Kronprinz Friedrich Wilhelm von Württemberg von seinem Vater, König Friedrich. Während der König, wie schon erwähnt, sehr selbstherrlich auftrat und durch sein Verhalten den ihm vorausgegangenen Ruf, ein fürstlicher Despot zu sein, eher noch verstärkte denn abschwächte, verstand es der Sohn, der ohnehin durch die militärischen Lorbeeren, die er sich im Kampf gegen Napoleon erworben hatte, große Sympathien genoß, sich durch seine liberalen, in die deutschpatriotische Richtung gehenden Äußerungen Ansehen zu verschaffen. Die Haltung des Kronprinzen war jedoch zwiespältig. Er verfocht nach außen eine deutsche Politik Württembergs, wobei ihn wahrscheinlich die Wunschvorstellung bestimmte, die Leitung einer künftigen deutschen Bundesarmee übertragen zu bekommen, insgeheim und vor allem gegenüber dem Zaren setzte er sich jedoch durchaus im Sinne der Politik seines Vaters ein[119].

Anfang 1815 verbreitete sich das Gerücht, Großherzog Karl wolle abdanken. Dem Gerücht wurde in Baden, aber auch in Wien nicht ungern Glauben geschenkt. Graf Wilhelm von Hochberg nannte als Gründe die große Unzufriedenheit über das Auftreten und Benehmen Karls in der österreichischen Hauptstadt, ebenso die Abneigung gegen ihn im eigenen Land. »Wo man hinkam, hörte man Übles von ihm«. Vorgeworfen wurde dem Großherzog namentlich auch, daß er »moralisch höchst anrüchige Menschen« in seine Dienste nahm und auf sie hörte. Die Karlsruher Zeitung dementierte in ihrer Ausgabe vom 4. Februar 1815 das Abdankungsgerücht. Es sei falsch und unbegründet, ließ sie ihre Leser wissen[120].

Im September 1814 hatten sich auch die Fürsten Friedrich von Hohenzollern-Hechingen und Anton Aloys von Hohenzollern-Sigmaringen nach Wien auf den Weg gemacht. Sie hatten schwere Sorgen: Die politische Eigenständigkeit ihrer kleinen Länder war gefährdet. König Friedrich von Württemberg hätte Hohenzollern allzu gern seinem Land einverleibt. Schon vor dem Ersten Pariser Frieden gab es Bestrebungen, zumindest die kleineren Rheinbundstaaten zu mediatisieren. Fürst Friedrich von Hohenzollern-Hechingen knüpfte über einen im preußischen Militärdienst stehenden Vetter Kontakte zu König Friedrich Wilhelm III. von Preußen. Der König zögerte zunächst, war dann aber doch bereit, sich für die stammverwandten schwäbischen Hohenzollern zu verwenden. Auf dem Wiener Kongreß, auf dem über das Schicksal der kleinen früheren Rheinbundstaaten entschieden wurde, vermochten die beiden Hohenzollern ihre Souveränität und ihre Territorien ungeschmälert zu bewahren. Die Hoffnungen des Hechinger Fürsten, der zum Besten seines Hauses und seines Landes notfalls auch zugunsten seines Sohnes abgedankt hätte, auf eine kleine Gebietserweiterung oder auf eine finanzielle Zuwendung, um die Finanzprobleme seines Ländchens meistern zu können, erfüllten sich nicht[121].

Am erbittertsten wurde in Wien um die politische Zukunft Sachsens und Polens gerungen. Preußen wollte sich ganz Sachsen einverleiben, Rußland seine Herrschaft über ganz Polen ausdehnen. Einer solchen Lösung widersetzten sich Österreich, Großbritannien und das dank des überragenden staatsmännischen Geschicks Talleyrands rasch wieder in den Kreis der Großmächte Europas aufgestiegene Frankreich. Vorübergehend drohte um die Jahreswende 1814/15 ein Krieg zwischen den beiden Machtblöcken, schließlich aber wurde ein akzeptabler Kompromiß gefunden; er ließ ein Rumpfsachsen bestehen und teilte Polen, abgesehen von einem selbständig bleibenden Zwergstaat um Krakau, unter Rußland, Österreich und Preußen, wobei dem Zarenreich der Löwenanteil zufiel. Die übrigen territorialen Streitpunkte und Fragen waren von erheblich geringerer politischer Brisanz; über sie erzielten die Großmächte verhältnismäßig rasch Einvernehmen. Bedeutsam für Südwestdeutschland war, daß Preußen mit der Inbesitznahme eines großen Teils der Rheinlande eine starke Position an der deutschen Westgrenze übernahm, wogegen sich Österreich nach dem Osten zurückzog. Fürst Metternich liebäugelte wohl zunächst mit dem Gedanken, Salzburg bei Bayern zu belassen, dafür aber aus dem Breisgau und aus der Pfalz ein neues Vorderösterreich zu schaffen, das seinen Rückhalt an der Festung Mainz gehabt hätte. Der Habsburger Staat hätte damit eine Grenzsicherungsfunktion gegenüber Frankreich übernommen und sich zugleich einen starken politischen Einfluß auf Süddeutschland bewahrt. Indessen gaben Kaiser Franz und seine militärischen Berater einer Arrondierung Österreichs im Osten den Vorzug, und Metternich ließ sich von dieser territorialpolitischen Konzeption gerne überzeugen[122]. Die habsburgische Kaisermacht erhielt lediglich ihre »Anwartschaft« auf den Breisgau für den Fall des Aussterbens des badischen Fürstenhauses aufrecht. Diesem altösterreichischen Land fühlte sich offenbar Kaiser Franz sehr verbunden. Noch 1818 äußerte er gegenüber dem badischen Gesandten in Wien, Freiherrn von Tettenborn, als man ihm 1805 den Breisgau genommen habe, sei es ihm gewesen, als schneide man ihm ein Stück aus dem Leibe[123]. Ein Fleckchen Erde am Oberrhein wurde Österreich 1815 zugesprochen: das ihm seit 1814 unterstellte und auf dem Wiener Kongreß mediatisierte Fürstentum Hohengeroldseck, Besitztum der Fürsten von der Leyen. Indes hatte es die 4460 Einwohner zählende Herrschaft bereits vier Jahre später auf Grund des Frankfurter Territorialrezesses an Baden abzutreten. Großes Interesse hatte die Schweizer Eidgenossenschaft an der bis 1805 vorderösterreichischen Stadt Konstanz. Ihrem Vorstoß auf dem Wiener Kongreß, Baden zur Abtretung oder zur Veräußerung der Stadt zu bewegen, blieb der Erfolg versagt[124].

Bei seinem Widerstand gegen die Schaffung eines mit umfassenden Kompetenzen ausgestatteten Bunds deutscher Staaten wußte sich König Friedrich von Württemberg mit den Souveränen der Nachbarstaaten und deren leitenden Ministern einig. Wie diese war er allenfalls bereit, einem Bund völlig selbständiger deutscher Fürsten zuzustimmen. Für indiskutabel erklärte der württembergische König selbst die gemäßigten Pläne der preußischen Staatsmänner, namentlich die Wilhelm von Humboldts, die deutschen Länder in einem lockeren Bund zu organisieren, den Bund mit einer straffen Militärgewalt sowie einem Bundesgericht auszustatten und seine Mitgliedsstaaten zur gleichmäßigen Einführung landständischer Verfassungen zu verpflichten. Jeder Eingriff eines künftigen Deutschen Bundes in die inneren Angelegenheiten seines Landes, so in das Verhältnis von Regent und Untertanen, war Friedrich unerträglich. Der Gang der Verhandlungen, bei denen allein die Großmächte das Sagen hatten, mißfiel ihm mehr und mehr. Vergeblich versuchte er, eine eindeutige Stellungnahme Rußlands zugunsten seiner Vorstellung von einem Bund selbständiger deutscher Fürsten zu gewinnen. Am 16. November 1814 zog er seinen Vertreter aus dem Fünferausschuß deutscher Staaten, der die Organisationsform eines künftigen deutschen Staatenbunds zu erarbeiten hatte, zurück. Als einen weiteren Tiefschlag empfand er, daß der Rangstreit zwischen den Kronen Hannover und Württemberg zugunsten Hannovers entschieden wurde. Enttäuscht und verärgert verließ er am 26. Dezember 1814 die österreichische Hauptstadt. Er begnügte sich in den folgenden Monaten damit, von Stuttgart aus den grollenden, mißmutigen und zugleich mißtrauischen Konferenzbeobachter zu spielen[125].

Die Rückkehr Napoleons nach Frankreich im März 1815 veranlaßte Österreich und Preußen zu einer raschen Verständigung in der sogenannten deutschen Frage. Am 8. Juni 1815 kam die »Deutsche Bundesakte« zustande. 38 souveräne deutsche Fürsten und freie Städte schlossen sich zu einem »unauflöslichen Bund mit dem Zweck« der Erhaltung der äußeren und inneren Sicherheit Deutschlands und der Unabhängigkeit und Unverletzbarkeit der einzelnen deutschen Staaten zusammen. Der nunmehr errichtete Deutsche Bund deckte sich weithin mit den Vorstellungen der süddeutschen Mittelstaaten und des habsburgischen Kaiserstaats. Die auf die Schaffung einer starken deutschen Zentralgewalt gerichteten Bestrebungen der deutschpatriotischen Wortführer, die Anliegen der Kleinstaaten, das einstige Reich wieder aufzurichten, doch selbst die gemäßigten Pläne der preußischen Staatsmänner für einen mit einem Minimum an Gemeinschaftskompetenzen ausgestatteten Staatenbund waren auf der Strecke geblieben. Die nunmehr begründete lockere völkerrechtliche Vereinigung besaß als einziges Gemeinschaftsorgan den künftig in Frankfurt tagenden Bundestag, einen ständigen Gesandtenkongreß unter österreichischem Vorsitz. Dem Bund gehörten die Großmächte Österreich und Preußen jeweils nur mit denjenigen Landesteilen an, die bis 1806 Bestandteile des Deutschen Reichs gewesen waren. Die Führung der Geschäfte wurde einem engeren Rat des Bundestags übertragen; in ihm hatten die elf größeren Staaten je eine, die kleineren zusammen sechs Stimmen. Entscheidungen über die organischen Bundeseinrichtungen sowie über Krieg und Frieden mußten von dem 70 Stimmen umfassenden Plenum mit Zweidrittelmehrheit beschlossen werden. Für Verfassungsänderungen war sogar Einstimmigkeit Voraussetzung. Der Bund verfügte nach außen über das Gesandten- und Vertragsrecht. Den Mitgliedsstaaten war verboten, Bündnisse zu schließen, die sich gegen die Sicherheit des Bundes oder einzelner Bundesstaaten richteten. Der Ausbau der Bundeskriegsverfassung blieb einer späteren Regelung vorbehalten. Schließlich legte die Bundesakte fest, daß in den Mitgliedsstaaten »landständische Verfassungen stattfinden« sollten[126].

Obgleich die Deutsche Bundesakte dem politischen Unabhängigkeitsdrang König Friedrichs weitgehend Rechnung trug, behagte sie ihm dennoch ganz und gar nicht. Er nannte sie ein Unding, eine »Spiegelfechterei Metternichs«. Daß sie der Vertreter Bayerns bereits am 10. Juni und Großherzog Karl von Baden am 26. Juni 1815 unterzeichnet hatten, focht ihn nicht an. Am 1. September 1815 endlich tat das kleine Königreich diesen seinem Monarchen so widerwärtigen Schritt. Allerdings machte er hierbei einige Vorbehalte gegen Bestimmungen, die innenpolitische Angelegenheiten der Bundesstaaten berührten. Von seinem oppositionellen Verhalten rückte König Friedrich auch danach nicht ab. Er ernannte zwar einen Bundestagsgesandten, die Erklärung über den Beitritt seines Landes zum Bund ließ er aber erst am 1. Oktober 1816, wenige Wochen vor seinem Tod, überreichen. In der Instruktion, die er dem ersten württembergischen Bundestagsgesandten, von Linden, mitgab, stellte er nochmals unmißverständlich fest, daß er die Rückkehr zu der »veralteten, auf die jetzigen Verhältnisse ganz unpassenden Form der ehemaligen deutschen Reichsverfassung« ablehne. Noch schärfer verwahrte er sich gegen Bestrebungen, je wieder »eine sogenannte deutsche Nation zu formieren«. Er erklärte, daß er sich niemals zu mehr als zu einem föderativen System unabhängiger deutscher Staaten bereitfinden werde. Friedrich sah sich jetzt nicht mehr in erster Linie als deutschen, sondern als europäischen Regenten[127].

Am Ende der napoleonischen Kriege waren das Großherzogtum Baden und das Königreich Württemberg noch sehr »unfertige«, das heißt sehr ungefestigte staatliche

Gebilde. Bislang hatte es der äußere politische Zwang ermöglicht, die beiden aus einer Vielzahl heterogener territorialer Bestandteile zusammengestückelten Staaten nach den Spielregeln des aufgeklärten Absolutismus zu regieren. Nunmehr war dieser äußere Zwang weggefallen. Die innerstaatliche Macht ließ sich nicht länger bloß auf das bürokratisch-monarchische System stützen, die verwaltungsmäßige Integration mußte durch eine parlamentarisch-repräsentative Integration ergänzt werden. Dies hieß, die Untertanen waren durch die Gewährung staatsbürgerlicher Rechte an der Mitverantwortung für den Staat zu beteiligen, sie waren zu einem von einem gemeinsamen Staatsbewußtsein erfüllten Staatsvolk, einer Art »Nation« zu formen. Das Volk sollte also neben Dynastie und Bürokratie treten, um die partikulare Staatlichkeit, die Einzelstaatlichkeit, zu festigen, sie in staats- und verfassungsrechtlicher Hinsicht vor allem auch gegenüber gesamtdeutschen Bestrebungen, wie sie während und nach den Befreiungskriegen von der deutschpatriotischen Bewegung ausgingen, unanfechtbar zu machen. Dies lag durchaus im Interesse der dynastischen Selbstbehauptung, entsprach aber auch dem politischen Selbstverständnis der früheren Rheinbundstaaten. Überraschenderweise suchte König Friedrich von Württemberg als erster süddeutscher Landesherr die staatspolitische Konsequenz aus der veränderten Situation zu ziehen. Ihm kam es darauf an, vollendete Tatsachen zu schaffen, ehe ihm ein Bund deutscher Staaten, wie er auf dem Wiener Kongreß anvisiert wurde, in landespolitischer und verfassungsrechtlicher Hinsicht Beschränkungen aufzwang. Am 15. März 1815 legte er den von ihm einberufenen Landständen eine Verfassung vor, die sich im wesentlichen an die Charte Ludwigs XVIII. von Frankreich vom Vorjahr anlehnte. Doch die mediatisierten Fürsten und Grafen lehnten das »Gnadengeschenk« des Herrschers ebenso ab wie die Vertreter des Bürgertums. Sie beriefen sich unter Hinweis auf den Tübinger Vertrag von 1514 auf das »gute alte Recht« und forderten, von der Bevölkerung nachdrücklich unterstützt, die Wiederherstellung der altwürttembergischen Verfassung und ihre Ausdehnung auf die neuerworbenen Gebiete. Die durch die Zeitverhältnisse bedingten Änderungen des Staatsgrundgesetzes sollten nach ihrer Vorstellung im Vertragsweg zwischen Krone und Ständen vereinbart werden. König Friedrich zeigte sich solchen an die rechtlichen Grundlagen seiner Herrschaftsansprüche rührenden Forderungen unzugänglich. Erst nach jahrelangen Verfassungskämpfen kam unter seinem Sohn und Nachfolger, König Wilhelm I. (1816–1864), in der Form des Kompromisses der von den Ständen angestrebte Verfassungsvertrag zustande. Am 25. September 1819 erhielt das Königreich Württemberg eine moderne Repräsentativverfassung, in die jedoch eine Anzahl altständischer Elemente integriert war.

In Baden nahm das Volk am Zustandekommen der Verfassung nicht in gleicher Weise wie in Württemberg aktiven Anteil. Dynastie und Bürokratie schlugen hier in existentiellem Interesse den Weg zum Verfassungsstaat ein. Wie wir gehört haben, befand sich Baden am Ende der Napoleonischen Ära in einer prekären Situation. Der Hauptlinie des Herrscherhauses drohte das Aussterben. Die Thronfolge der unebenbürtigen hochbergischen Nebenlinie war nicht gesichert. Zwischen Bayern und Österreich bestanden feste Absprachen darüber, beim Erlöschen des badischen Regentenhauses die rechtsrheinische Pfalz und den Breisgau an sich zu ziehen. Seitdem Bayern 1816 die linksrheinische Pfalz von Österreich übergeben worden war, hatte sich sein Interesse an der ihm als Landbrücke hochwillkommenen rechtsrheinischen Pfalz noch verstärkt. Großherzog Karl legte, nachdem im Mai 1817 der einjährige Thronerbe Alexander gestorben war, in einem am 4. Oktober jenes Jahres erlassenen Haus- und Familientraktat das Erbfolgerecht der Hochbergischen Nebenlinie fest und bestätigte die Unteilbarkeit und die Unveräußerlichkeit des Landes. Doch ein solches Hausgesetz genügte nicht, um die bayerischen und österreichischen Gebietsforderungen im »Erbfall« abweisen zu können. Die Zustimmung des Volkes zur Erhaltung des territorialen Bestands des Großherzogtums mußte hinzutreten. Der Leitgedanke zielte ähnlich wie in Württemberg auf den Abschluß eines Vertrags zwischen Herrscher und Volk. Freilich waren die Voraussetzungen gänzlich andere. In Baden hatte der Landesherr an einem schnellen Zustandekommen der Verfassung, wie wir gehört haben, ein ungleich stärkeres Interesse als die Untertanen, auch wenn diesen an der Einräumung staatsbürgerlicher Rechte sehr gelegen war. Die badischen Stammlande besaßen keine den altwürttembergischen Landen vergleichbare ständische Tradition. Deshalb konnte es auch hier nicht zu dem für Württemberg so bezeichnenden Bündnis zwischen den Wortführern des »guten alten Rechts« und den mediatisierten Reichsfürsten und -grafen, damit aber auch nicht zu einer Konfrontation von Repräsentanten der Bevölkerung und dem Monarchen wegen der dem Land zu gewährenden Verfassung kommen. In Baden bestimmte ausschließlich die Bürokratie die Verfassung nach Form und Inhalt. Das von Karl Friedrich Nebenius (1784–1857) entworfene Staatsgrundgesetz wurde bereits am 22. August 1818 von Großherzog Karl in Kraft gesetzt. Mit ihm verlieh der Monarch, der auch weiterhin alleiniger Träger der Staatsgewalt blieb, den Untertanen festumrissene staatsbürgerliche Rechte und beteiligte sie an der Verantwortung für das Land. Die Untertanen andererseits verbürgten sich für den Fortbestand der Dynastie und die territoriale Unversehrbarkeit des Großherzogtums. Von grundlegender Bedeutung waren hierfür die Paragraphen 3 und 4 der Verfassung. Sie erklärten Baden ausdrücklich für »unteilbar und unveräußerlich in allen seinen Teilen« und die Regierung für erblich in der großherzoglichen Familie nach dem Hausgesetz vom 4. Oktober 1817. Damit war das Erbfolgerecht der hochbergischen Familie auch verfassungsrechtlich verankert.

Die von den Schöpfern der badischen und der württembergischen Verfassung gehegten Erwartungen erfüllten sich in vollem Umfang: Dynastie, Land und Volk wuchsen zu einer organischen Einheit zusammen. Außerdem wurden beide Verfassungen zu Mustern für andere deutsche Länder, die wie beispielsweise die beiden hohenzollerischen Fürstentümer, aber auch die meisten norddeutschen Staaten erst durch die Revolution von 1830 oder erst gar durch die von 1848 dem Volk verfassungsmäßige Rechte einräumten[128].

Großherzog Karl unterzeichnete die Verfassung bereits als Schwerkranker. Die Unterschrift hatte ihm buchstäblich abgerungen werden müssen[129]. Schon einige Jahre zuvor war es sehr schwer gewesen, ihn zu einer Regierungshandlung, einem Entschluß zu bewegen. Graf Wilhelm von Hochberg erinnert sich, daß er sich etwa 1815 wochenlang nur mit der Jagd abgab[130]. Das Hausgesetz vom 4. Oktober 1817 war keineswegs seiner Initiative zu verdanken. Reitzenstein, der Baumeister des badischen Staats, hatte ihm dringend dazu geraten und schließlich seine Entscheidung erwirkt. Die Grafen von Hochberg, nunmehr Markgrafen von Baden, dankten dem großen Staatsmann; sie hatten sich jahrelang vergeblich um die Anerkennung ihrer Ebenbürtigkeit durch Karl bemüht[131]. Die Verabschiedung von Hausgesetz und Verfassung hoben das auf einen Tiefpunkt abgesunkene Ansehen des Großherzogs. Er erlebte noch, daß die Großmächte auf dem Aachener Kongreß im November 1818 auf Veranlassung von Zar Alexander das Erbfolgerecht der Hochberger Linie anerkannten. Die kurz zuvor noch drohende Gefahr, daß sich Bayern bei seinem Tod die pfälzischen Gebiete gewaltsam aneignen würde, war damit abgewendet. – Im September 1818 hatten Baden und das ihm hier zur Seite stehende Württemberg militärische Verteidigungsmaßnahmen getroffen, um einen möglichen bayerischen Einmarsch zu verhindern.

Ungetrübt blieb in den letzten Lebensjahren das Verhältnis Karls zu seiner Frau. Sie hielt treu zu ihm und nahm sich seiner aufopfernd an, als sich seine Krankheit, eine

Brustwassersucht, im Lauf des Jahres 1818 zunehmend verschlimmerte. Allmählich gaben die Schwägerinnen und schließlich sogar die Schwiegermutter ihr feindseliges Verhalten auf und begannen Stephanie besser zu behandeln. Prinzessin Amalie, die ledige Schwägerin, verband sich ihr sogar freundschaftlich. Im Herbst 1817 hatte die Großherzogin ihrem Mann noch eine Tochter geschenkt. Karl starb am 8. Dezember 1818. Die Nachfolge trat sein Onkel Ludwig an[132].

Im Lauf der Jahre vernarbten die schrecklichen Wunden, die die napoleonischen Kriege Südwestdeutschland geschlagen hatten. Anders als in Norddeutschland hatte die Bevölkerung hier den großen Kaiser der Franzosen nicht ausschließlich oder überwiegend als Bedrücker erlebt. Sicher, die jungen Männer hatten seinen Fahnen folgen müssen. Viele von ihnen waren nicht wiedergekehrt, sie hatten ihr Leben auf den Schlachtfeldern halb Europas verloren, waren in den Spitälern gestorben oder in den Eiswüsten Rußlands elend zugrunde gegangen. Doch in der Erinnerung der Überlebenden verblaßten die Schreckensbilder. Zurück blieb die Gloriole eines genialen Feldherrn, in dessen Dienst sie gestanden hatten. Stolz trugen die alten Offiziere und Soldaten das Kreuz der Ehrenlegion und andere vaterländischen oder »ausländischen« Tapferkeitsauszeichnungen. Weit verbreitet war in der Zeit der Restauration und des Vormärz in Süddeutschland der Napoleonkult. Bilder des großen Kaisers hingen in vielen Bauernstuben. Auf den Jahrmärkten gaben Bänkelsänger seine Leutseligkeit und seine Verbundenheit mit dem einfachen Soldaten zum besten. Allenthalben wucherten Legenden.

Allmählich fühlten sich in den durch die napoleonische Flurbereinigung geschaffenen Mittelstaaten Baden und Württemberg auch die Bürger heimisch, die in den von den beiden Staaten mediatisierten oder säkularisierten Territorien lebten. Ein badisches und ein württembergisches Staatsbewußtsein prägte sich aus. Die hier bereits 1818 und 1819 zustande gekommenen Verfassungen gaben beiden Ländern einen Vorsprung vor Staaten in Mittel- und Norddeutschland. Die Landtage Badens und Württembergs wurden in Deutschland zu Schrittmachern des parlamentarischen Systems. Sie bereiteten den Boden für Freiheit und Einheit des deutschen Volkes. Die Anfänge dieser Entwicklung aber reichten zurück in die Zeit der Französischen Revolution und Napoleons. Damals wurde in gewaltsamem, schmerzhaftem Prozeß Altes, Überlebtes abgestoßen und Neuem, Zukunftweisendem zum Durchbruch verholfen, entstanden in Süddeutschland politische Gebilde, die die innere Kraft entwickelten, im Lauf einiger Generationen den absolutistisch-monarchischen Obrigkeitsstaat durch eine freiheitliche Demokratie abzulösen. So lebt Napoleon in Südwestdeutschland nicht nur als Unterdrücker und als maßloser Eroberer fort, sondern doch auch als eine befreiende, zu neuen Ufern drängende Persönlichkeit, die unsere Heimat in ihrem geistigen und politischen Selbstverständnis tiefgreifend umgestaltet hat. Wie kaum eine andere geschichtliche Gestalt hat er in unserem heutigen Bundesland Baden-Württemberg unverwischbare Spuren hinterlassen.

Anmerkungen

I. Der deutsche Südwesten am Ende des Alten Reichs

1 Für das folgende: *Hölzle*, Der deutsche Südwesten am Ende des alten Reichs; *Bader*, Der deutsche Südwesten in seiner territorialstaatlichen Entwicklung; Handbuch der Historischen Stätten Baden-Württemberg S. XXXII–XLVII.
2 *Bader*, S. 197.
3 *Grube*, Der Stuttgarter Landtag S. 1 ff.; *Dehlinger*, Württembergs Staatswesen I S. 94 f.
4 *Borck*, Der Schwäbische Reichskreis S. 27 ff.
5 *Hartung*, Deutsche Verfassungsgeschichte S. 52 f.; *Bader*, S. 191 ff.
6 Politische Korrespondenz Karl Friedrichs I S. 3 ff. und 14; *Andreas*, Badische Politik unter Karl Friedrich S. 425 f.
7 Ebd. S. 426; Politische Korrespondenz Karl Friedrich I S. 5 ff.
8 Ebd. S. 11; *Andreas*, Badische Politik unter Karl Friedrich S. 426.

II. Die Revolutionskriege: Südwestdeutschland zwischen Frankreich und Österreich

1 *Hölzle*, Das alte Recht und die Revolution S. 91 ff.; *Grube*, Der Stuttgarter Landtag S. 450 f.
2 *Baier*, Die revolutionäre Bewegung in der Ortenau S. 313; *Arndt*, Vom markgräflichen Patrimonialstaat zum großherzoglichen Verfassungsstaat Baden S. 170.
3 Politische Korrespondenz Karl Friedrichs I S. 340.
4 Ebd. S. 340 f.
5 Ebd. S. 332 ff. und 406 f., VI S. 51.
6 Ebd. I S. 421 und 429.
7 Ebd. S. 449.
8 Ebd. S. 451.
9 *Schneider*, Württembergische Geschichte S. 373.
10 Politische Korrespondenz Karl Friedrichs I S. 485 f.
11 Ebd. II S. X.
12 Ebd. I S. 499 ff.
13 Ebd. II S. VIII ff.
14 Unter den Greifen S. 16.
15 Politische Korrespondenz Karl Friedrichs II S. 46.
16 Ebd. II S. 116.
17 Ebd. II S. 116.
18 Ebd. S. 115; *Sauer*, Revolution und Volksbewaffnung S. 18 f.
19 Ebd. S. 164 f. und 177 f.
20 *Lenz*, Kleinstaat S. 683.
21 Politische Korrespondenz Karl Friedrichs II S. 137.
22 Ebd. VI S. 80.
23 Ebd. II S. 332 f.
24 Ebd. S. 360 und 367.
25 Ebd. S. XXVII ff.
26 Ebd. S. 333.
27 Ebd. S. XXX und 335; *Lenz*, Kleinstaat, S. 686.
28 Politische Korrespondenz Karl Friedrichs II S. XXXI f.; VI S. 95.
29 Ebd. II S. XXXV und 387; *Lenz*, Kleinstaat S. 687; *Goldschmit*, Karlsruhe S. 20 f.
30 *Naujoks*, Die Rezeption der Französischen Revolution S. 80 f.
31 Politische Korrespondenz Karl Friedrichs II S. 403 f.
32 Ebd. S. 374 ff.; *Bitterauf*, Rheinbund S. 40–45; *Haebler*, Ein Staat wird aufgebaut S. 18 f.; *Arndt* S. 80 f.
33 *Martens*, Geschichte der ... kriegerischen Ereignisse S. 637 ff.; *Schneider*, Württembergische Geschichte S. 390 f.
34 *Hölzle*, Das alte Recht S. 154 ff.; *Grube*, Der Stuttgarter Landtag S. 452; *Sauer*, Der schwäbische Zar S. 126.
35 Politische Korrespondenz Karl Friedrichs II S. XXXVII und 372.
36 Ebd. S. 449; Denkwürdigkeiten des Markgrafen Wilhelm S. 7 f.
37 Ebd. S. 8; Unter den Greifen S. 19.
38 Politische Korrespondenz Karl Friedrichs II S. XXXIX und 460 f.
39 Ebd. S. XLI f.
40 *Sauer*, Der schwäbische Zar S. 132.
41 Politische Korrespondenz Karl Friedrichs II S. XL f. und 453.
42 Ebd. S. 460 ff.
43 Ebd. S. 505.

44 Ebd. S. 505 und 558; *Sauer,* Der schwäbische Zar S. 132.
45 Ebd. S. 134 ff.
46 Politische Korrespondenz Karl Friedrichs II S. 538; *Haebler* S. 17 f.
47 Politische Korrespondenz Karl Friedrichs II S. 509, 526, 528 und 541 f.
48 Ebd. S. 558.
49 *Blaese,* Zar Alexander I. und Baden S. 519.
50 Politische Korrespondenz Karl Friedrichs II S. XLV f., 629, 633 und 638 ff.
51 *Probst,* Familienpolitik S. 19.
52 Politische Korrespondenz Karl Friedrichs VI S. 134.
53 Badische Biographien I S. 19.
54 Politische Korrespondenz Karl Friedrichs II S. 564 und 573 f.
55 Ebd. S. 581 und 584.
56 *Haebler* S. 19 f.
57 Politische Korrespondenz Karl Friedrichs II S. 624 f.
58 *Schnabel,* Reitzenstein S. 45 f.
59 *Hölzle,* Das alte Recht S. 202 f.
60 Politische Korrespondenz Karl Friedrichs III S. X.
61 Ebd. S. VII f.; *Sauer,* Der schwäbische Zar S. 138.
62 Politische Korrespondenz Karl Friedrichs III S. XIII f.
63 *Schnabel,* Reitzenstein S. 45.
64 Politische Korrespondenz Karl Friedrichs III S. XVI; *Arndt* S. 172; *Obser,* Revolutionäre Propaganda S. 199–258.
65 *Grube,* Der Stuttgarter Landtag S. 464 ff.
66 *Schneider,* Württembergische Geschichte S. 402 ff.
67 *Berner,* Fall und Zerstörung des Hohentwiel S. 253 ff.
68 *Schneider,* Württembergische Geschichte S. 411 ff.
69 Ebd. S. 413 ff.
70 Politische Korrespondenz Karl Friedrichs III S. XXIII, 147 und 294 f.
71 Ebd. S. 199 f.
72 *Bitterauf* S. 55.
73 Politische Korrespondenz Karl Friedrichs III S. XXIX ff.
74 Ebd. S. 304.
75 Ebd. S. 309 und 317.
76 Ebd. S. 279.
77 Ebd. S. 282 und 321 f.
78 Ebd. S. 286, 296 f. und 325 f.
79 Ebd. S. 288 f.
80 Ebd. S. 329.
81 Ebd. S. XLVIII f.
82 Ebd. S. LIX.
83 *Kallenberg,* Hohenzollern S. 380.
84 Politische Korrespondenz Karl Friedrichs III S. LV f.

III. Der Reichsdeputationshauptschluß

1 *Andreas,* Baden nach dem Wiener Frieden S. 23.
2 Politische Korrespondenz Karl Friedrichs IV S. XIII.
3 *Windelband,* Anfall des Breisgaus S. 7.
4 *Sauer,* Der schwäbische Zar S. 167 f.
5 *Arndt,* S. 187.
6 *Sauer,* Der Schwäbische Zar S. 168 ff.
7 *Dizinger,* Denkwürdigkeiten S. 106 f.
8 Ebd.; *Sauer,* Der schwäbische Zar S. 171 f.
9 Politische Korrespondenz Karl Friedrichs IV S. 53 f.
10 *Sauer,* Der schwäbische Zar S. 172
11 *Blaese,* Zar Alexander I. und Baden S. 528.
12 *Sauer,* Der schwäbische Zar S. 172 f.
13 Ebd. S. 173.
14 Politische Korrespondenz Karl Friedrichs II S. 633.
15 *Blaese* S. 542.
16 Ebd.
17 Politische Korrespondenz Karl Friedrichs IV S. XXI; *Windelband,* Anfall des Breisgaus S. 33 f.
18 *Blaese* S. 542.
19 Politische Korrespondenz Karl Friedrichs IV S. XXVI f.
20 Ebd. S. XXV und 70.
21 Ebd. S. XVII und XXI.
22 *Kleinschmidt,* Karl Friedrich von Baden S. 154.
23 Politische Korrespondenz Karl Friedrichs IV S. XXXII.
24 *Bitterauf* S. 78.
25 *Andreas,* Baden nach dem Wiener Frieden 1809 S. 21.

26 *Schmid,* Säkularisation S. 28.
27 Politische Korrespondenz Karl Friedrichs IV S. XXIX.
28 *Haebler* S. 28 f.
29 *Windelband,* Anfall des Breisgaus S. 51 f.
30 *Gönner* und *Haselier,* Baden-Württemberg S. 35.
31 *Andreas,* Baden nach dem Wiener Frieden S. 17.
32 *Andreas,* Verwaltungsorganisation S. 53.
33 Politische Korrespondenz Karl Friedrichs IV S. XVII; *Arndt,* Vom Patrimonialstaat zum Verfassungsstaat S. 197.
34 Politische Korrespondenz Karl Friedrichs IV S. 177.
35 Ebd. S. XLIV f.; *Haebler,* S. 27 ff.
36 *Hölzle,* Das alte Recht S. 300.
37 *Schneider,* Württembergische Geschichte S. 258.
38 *Krieger,* Badische Geschichte S. 66 und *Haebler* S. 29.
39 *Kallenberg* S. 364 f. und 380.
40 Ebd. S. 380–388.
41 Ebd. S. 395 f.
42 Ebd. S. 397 ff.
43 Territorien – Ploetz I S. 282 und 316.
44 *Schell,* Reichsstädte S. 8 und 178 f.
45 Vgl. S. 16.
46 *Windelband,* Anfall des Breisgaus S. 20.
47 Politische Korrespondenz Karl Friedrichs IV S. XXXVII ff.
48 *Haebler* S. 31.
49 Ebd. S. 30 f.; *Schnabel,* Reitzenstein S. 26; Denkwürdigkeiten des Markgrafen Wilhelm S. 25; Politische Korrespondenz Karl Friedrichs IV S. XXXVIII ff.

IV. Innen- und außenpolitische Probleme der südwestdeutschen Länder 1803–1805

1 Denkwürdigkeiten des Markgrafen Wilhelm S. 23 f.; *Fiedler,* Kurfürst und Großherzog S. 43.
2 Allgemeine Deutsche Biographie 15 S. 241-248; *Andreas,* Verwaltungsorganisation S. 25 ff.
3 Ebd. S. 29 f.
4 Politische Korrespondenz Karl Friedrichs IV S. XXVII.
5 *Freystedt,* Erinnerungen S. 153; *Andreas,* Verwaltungsorganisation S. 33 ff.; Allgemeine Deutsche Biographie 15 S. 248 ff.
6 *Sauer,* Der schwäbische Zar S. 152 ff. und 167 ff.
7 Badische Biographien 1 S. 117 ff.; *Andreas,* Brauer S. 633 ff.; *Haebler* S. 95 ff.
8 *Andreas,* Verwaltungsorganisation S. 54 f., 63 ff. und 71 ff.; *Andreas,* Brauer S. 629 ff.; *Haebler* S. 95 ff.; *Arndt* S. 510.
9 *Hauck,* Mannheim S. 89.
10 *Jürgens,* Dalberg S. 19.
11 *Miller,* Neuwürttemberg S. 9; Literarische Beilage des Staatsanzeigers 1901 S. 257.
12 *Miller* S. 9 ff. und 27 ff.
13 *Pahl,* Denkwürdigkeiten S. 209 ff.
14 *Miller* S. 37 ff.; *Hölzle,* Das alte Recht S. 308.
15 *Miller* S. 39 ff.
16 Ebd. S. 51 ff.
17 Ebd. S. 212 ff.; *Willburger/Tüchle,* Geschichte der katholischen Kirche in Württemberg S. 74.
18 *Miller* S. 227 ff.
19 *Roth von Schreckenstein,* Normann-Ehrenfels S. 213 f.
20 *Sauer,* Der schwäbische Zar S. 195.
21 Für das Folgende *Grube* S. 475–783 und *Hölzle,* Das alte Recht S. 309–326.
22 *Kirchner,* Der Hochverratsprozeß gegen Sinclair.
23 *Grube* S. 482 f.
24 *Hölzle,* Der deutsche Südwesten am Ende des alten Reichs S. 99 ff.
25 *Windelband,* Anfall des Breisgaus S. 76 f.
26 *Kallenberg* S. 375.
27 Ebd. S. 399.
28 Ebd. S. 399 f.
29 Ebd. S. 405 f.
30 Politische Korrespondenz Karl Friedrichs V S. XI ff.
31 *Jürgens* S. 40.
32 Politische Korrespondenz Karl Friedrichs V S. XIV f.
33 Badisches Regierungsblatt 1804 S. 81 f.
34 Politische Korrespondenz Karl Friedrichs V S. XIV f.
35 Ebd. S. XVI; *Freystedt* S. 32.
36 Politische Korrespondenz Karl Friedrichs V S. XV ff.
37 *Sauer,* Der schwäbische Zar S. 204-213.
38 Politische Korrespondenz Karl Friedrichs V S. 82.
39 *Obser,* Mainzer Zusammenkunft S. 617.

40 Politische Korrespondenz Karl Friedrichs V S. XX; *Andreas*, Verwaltungsorganisation S. 31.
41 *Windelband*, Anfall des Breisgaus S. 61.
42 *Bitterauf* S. 142.
43 *Hölzle*, Das alte Recht S. 322.
44 Politische Korrespondenz Karl Friedrichs V S. 136.
45 *Jürgens* S. 57; *Bitterauf* S. 148 f.
46 Ebd.; *Waller* S. 55; *Windelband*, Anfall des Breisgaus S. 61.
47 *Probst*, Familienpolitik S. 66.

V. Napoleon zwingt Baden und Württemberg in seine Gefolgschaft

1 *Schnabel*, Reitzenstein S. 49.
2 Politische Korrespondenz Karl Friedrichs IV S. XIV.
3 *Probst* S. 12.
4 *Schnabel*, Reitzenstein S. 58.
5 *Probst* S. 9.
6 *Bitterauf* S. 160 f.
7 *Steiner*, Königreich Helvetien S. 25.
8 *Probst* S. 22.
9 *Sauer*, Der schwäbische Zar S. 215 f.
10 Ebd. S. 216.
11 Politische Korrespondenz Karl Friedrichs V S. 264 und 270.
12 Ebd. S. XXXIII ff.
13 Ebd. S. 291 ff.
14 Ebd. S. 315.
15 *Sauer*, Der schwäbische Zar S. 217 f.
16 Ebd. S. 218.
17 Ebd. S. 219.
18 Politische Korrespondenz Karl Friedrichs V S. 319 f.
19 *Waller* S. 18.
20 *Bitterauf* S. 174.
21 Politische Korrespondenz Karl Friedrichs V S. XLII ff.
22 *Schneider*, Aus der württembergischen Geschichte S. 73.
23 *Sauer*, Der schwäbische Zar S. 219.
24 Politische Korrespondenz Karl Friedrichs V S. 465.
25 Ebd. S. 466 f.
26 Ebd. S. 342 f.
27 Ebd. S. XXXVII und 344.
28 Ebd. S. 348; *Freystedt* S. 39; Denkwürdigkeiten des Markgrafen Wilhelm S. 32; *Schnabel*, Reitzenstein S. 67.
29 *Sauer*, Der schwäbische Zar S. 280.
30 *Dizinger* S. 88; Literarische Beilage des Staatsanzeigers 1911 S. 292.
31 *Schloßberger*, Der Allianzvertrag des Kurfürsten Friedrich S. 1 ff.; *Hölzle*, Das alte Recht S. 310.
32 *Sauer*, Der schwäbische Zar S. 222 ff.
33 Correspondance de Napoléon 11 S. 284; Memoiren … Ludwig Freiherrn von Wolzogen S. 24 f.
34 *Hölzle*, Das alte Recht S. 332 f.; *Sauer*, Der schwäbische Zar S. 224 ff.
35 Correspondance de Napoléon 11 S. 285.
36 *Schneider*, Aus der württembergischen Geschichte S. 80.
37 *Pfister*, König Friedrich S. 114.
38 *Schloßberger*, Der Allianzvertrag S. 89 ff.
39 *Sauer*, Die Neuorganisation des württembergischen Heerwesens S. 395 ff.
40 Unter den Greifen S. 11 ff.; *Fiedler*, Revolution – Krieg – Friede S. 34.
41 *Goldschmit*, Karlsruhe S. 27; Unter den Greifen S. 17 f.
42 Ebd. S. 28 f.
43 Ebd. S. 45.
44 Politische Korrespondenz Karl Friedrichs V S. XLIII f.
45 Ebd. S. XXXVIII, XLIV, 343 und 470 f.; Denkwürdigkeiten des Markgrafen Wilhelm S. 32 f.; *Waller* S. 31.
46 Ebd.
47 Badischer Militär-Almanach Jahrgang 9 (1862) S. 83 ff.
48 *Waller* S. 33 f.; Politische Korrespondenz Karl Friedrichs V S. XXXVIII.
49 *Schneider*, Württembergische Geschichte S. 428.
50 *Windelband*, Anfall des Breisgaus S. 69; Politische Korrespondenz Karl Friedrichs V S. 248 f.
51 Ebd. S. XXXVII; *Waller* S. 37 f.; *Windelband*, Anfall des Breisgaus S. 65.
52 Politische Korrespondenz Karl Friedrichs V S. 349.
53 *Sauer*, Der schwäbische Zar S. 230.
54 Ebd.
55 Ebd. S. 230 f.
56 *Bitterauf* S. 226.
57 Ebd. S. 228 f.
58 Ebd. S. 219 f.
59 Ebd. S. 234 f.

60 Ebd. S. 223 und 231.
61 Ebd. S. 214.
62 *Schneider,* Württembergische Geschichte S. 428.
63 *Sauer,* Der schwäbische Zar S. 231.
64 Ebd. S. 231 f.
65 *Wierichs,* Napoleon und das dritte Deutschland S. 11 ff.; Politische Korrespondenz Karl Friedrichs V S. XXXVIII.
66 Ebd. S. 369 ff.
67 Ebd. S. 364 f.
68 *Freystedt* S. 39 ff.
69 *Dizinger* S. 93.
70 *Schloßberger,* Der erste Besuch der Kaiserin Josephine.
71 *Schneider,* Aus der württembergischen Geschichte S. 85 ff.
72 *Waller* S. 63.
73 *Schloßberger,* Die Entzweiung Kaiser Alexanders von Rußland mit König Friedrich von Württemberg ...
74 *Sauer,* Der schwäbische Zar S. 234.
75 *Schneider,* Württemberg und der Preßburger Friede S. 404 f.
76 Politische Korrespondenz Karl Friedrichs V S. 395 und 478 f.
77 *Montgelas,* Denkwürdigkeiten S. 118.
78 *Schneider,* Württemberg und der Preßburger Friede S. 406.
79 *Sauer,* Der schwäbische Zar S. 235 f.
80 Ebd. S. 236.
81 Ebd.
82 Politische Korrespondenz Karl Friedrichs V S. XL f.
83 Ebd. S. 402 ff.
84 *Wierichs* S. 32 f.
85 *Steiner* S. 67; *Wierichs* S. 37 ff.
86 Politische Korrespondenz Karl Friedrichs V S. XL f.; *Waller* S. 40 ff. und 63.
87 Politische Korrespondenz Karl Friedrichs V S. 428 f.
88 *Schnabel,* Reitzenstein S. 71.
89 *Waller* S. 39.
90 Ebd. S. 40 ff.
91 Die Lebenserinnerungen der Freiherren Friedrich und Eugen von Maucler S. 122 f.
92 Politische Korrespondenz Karl Friedrichs V S. 429.
93 Badisches Regierungsblatt 1803–1810 S. 195.
94 *Kallenberg* S. 401 f.
95 Ebd. S. 402 ff.
96 Ebd. S. 404 f.
97 Ebd. S. 452 f.
98 Ebd. S. 409 f.
99 *Schneider,* Württemberg und der Preßburger Friede S. 407 f.
100 *Sauer,* Der schwäbische Zar S. 237.
101 Ebd. S. 238 f.
102 *Schneider,* Württemberg und der Preßburger Friede S. 406 f.; *Hölzle,* Das alte Recht S. 336 f.
103 *Grube* S. 484.
104 Ebd. S. 484 f.; *Hölzle,* Das alte Recht S. 336 ff.
105 Ebd. S. 338 f.; *Grube* S. 485 f.; *Huber,* Deutsche Verfassungsgeschichte I S. 329.
106 Württembergisches Regierungsblatt 1815 S. 9.
107 *Sauer,* Der schwäbische Zar S. 242 f.
108 Ebd.; Schwäbische Kronik 5. Januar 1806.
109 Literarische Beilage des Staatsanzeigers 1888 S. 137 f.
110 Vgl. S. 97.
111 *Schloßberger,* Die Entzweiung Zar Alexanders ... S. 169 ff.

VI. Auf Befehl Napoleons gegen Preußen 1806/07 und gegen Österreich 1809

1 *Reyscher,* Sammlung württembergischer Gesetze XIX, 2 S. 859 ff.
2 *Sauer,* Neuorganisation S. 401.
3 *Reyscher,* XIX, 2 S. 872 f.
4 Ebd. S. 874 f.
5 Ebd. S. 908 f., 911, 1223 und 1231.
6 Badisches Regierungsblatt 1803–1810 S. 85 ff.
7 Unter den Greifen S. 32.
8 Ebd. S. 109.
9 *Sauer,* Neuorganisation S. 407 f.
10 Ebd. S. 408 f.
11 *Reyscher* XIX. 2 S. 905 f.
12 *Kallenberg* S. 422.
13 *Pfister,* König Friedrich S. 131 und 144.
14 Denkwürdigkeiten des Markgrafen Wilhelm S. 61.

15 *Pfister*, König Friedrich S. 144.
16 Korrespondenz König Friedrich – Napoleon S. 3; *Roth von Schreckenstein* S. 238.
17 *Pfister*, König Friedrich S. 144 f.
18 *Sauer*, Der schwäbische Zar S. 266.
19 *Jürgens* S. 137 f. und 152 ff.
20 Unter den Greifen S. 46.
21 Denkwürdigkeiten des Markgrafen Wilhelm S. 40 f.
22 Unter den Greifen S. 37.
23 Ebd. S. 16 und 40.
24 Denkwürdigkeiten des Markgrafen Wilhelm S. 40 f.
25 *Waller* S. 88 f.; Unter den Greifen S. 37; Denkwürdigkeiten des Markgrafen Wilhelm S. 45.
26 Unter den Greifen S. 37 f.; *Waller* S. 88 f.
27 *Andreas*, Verwaltungsorganisation S. 189; *Jürgens* S. 138.
28 *Waller* S. 89 ff.; Denkwürdigkeiten des Markgrafen Wilhelm S. 45.
29 Ebd. S. 42 f.; *Kleinschmidt* S. 204.
30 *Jürgens* S. 90.
31 Ebd. S. 139 f.; *Waller* S. 91 ff.
32 *Kleinschmidt* S. 204.
33 *Kallenberg* S. 422 ff.
34 *Sauer*, Der schwäbische Zar S. 267; Korrespondenz König Friedrich – Napoleon S. 88.
35 *Dizinger* S. 166 f.
36 *Pfister*, Denkwürdigkeiten S. 346.
37 *Pfister*, König Friedrich S. 151 ff.
38 *Alberti*, Tagebuchaufzeichnungen über den Feldzug von 1806/07 S. 34.
39 Korrespondenz König Friedrich – Napoleon S. 89.
40 *Schnabel*, Reitzenstein S. 115 f.
41 Korrespondenz König Friedrich – Katharina III S. 52.
42 *Dizinger* S. 168 und 222 f.
43 *Haebler* S. 121.
44 *Kleinschmidt* S. 208.
45 Unter den Greifen S. 55.
46 Badisches Regierungsblatt 1808 S. 61 ff.
47 Ebd. S. 65–76.
48 Ebd. S. 263–267.
49 Badisches Regierungsblatt 1803–1810 S. 615.
50 Unter den Greifen S. 54.
51 Badisches Regierungsblatt 1803–1810 S. 615 f.
52 Württembergisches Regierungsblatt 1810 S. 109.
53 *Sauer*, Neuorganisation S. 410 ff.
54 *Hölzle*, Württemberg im Zeitalter Napoleons S. 37; Korrespondenz König Friedrich – Napoleon S. 101 f.
55 Korrespondenz König Friedrich – Katharina III S. 79 f.
56 Vgl. S. 255–260.
57 Literarische Beilage des Staatsanzeigers 1907 S. 289.
58 Nachruf auf König Friedrich von Württemberg (1817) S. 26.
59 Korrespondenz König Friedrich – Napoleon S. 102 ff.
60 *Kleinschmidt* S. 214 f.
61 Korrespondenz König Friedrich – Katharina III S. 200.
62 Korrespondenz König Friedrich – Napoleon S. 121.
63 Württembergisches Regierungsblatt 1809 S. 85.
64 *Hölzle*, Württemberg im Zeitalter Napoleons S. 37 f.
65 Korrespondenz König Friedrich – Katharina I S. 217 ff.
66 *Pfister*, König Friedrich S. 179 f.
67 Denkwürdigkeiten des Markgrafen Wilhelm S. 82.
68 *Pfaff*, Die napoleonische Zeit S. 37.
69 Ebd. S. 37 und 40; Hohenzollerische Heimat 1962 S. 33.
70 Korrespondenz König Friedrich – Katharina III S. 103 f. und 196.
71 *Pfister*, König Friedrich S. 185; Korrespondenz König Friedrich – Katharina III S. 118.
72 Ebd.
73 Unter den Greifen S. 61 f.
74 Korrespondenz König Friedrich – Katharina S. 109.
75 *Montgelas* S. 192 f.
76 Korrespondenz König Friedrich – Napoleon S. 156 f.
77 *Waller* S. 130 f.; *Andreas*, Verwaltungsorganisation S. 17; *Kleinschmidt* S. 233.
78 Korrespondenz König Friedrich – Napoleon S. 156 f.
79 Ebd. S. 157; *Sauer*, Der schwäbische Zar S. 276.
80 Ebd.
81 Ebd.
82 Korrespondenz König Friedrich – Katharina III S. 120.
83 *Hölzle*, Württemberg im Zeitalter Napoleons S. 38 f.
84 Württembergisches Regierungsblatt 1809 S. 245 ff.

85 Ebd. S. 262.
86 [von *Kleudgen*] Die Württemberger in Mergentheim. Geschrieben von einem Augenzeugen 1810 (1818); Aufzeichnungen über den Mergentheimer Aufstand von Paul Friedrich Theodor Eugen Freiherr von *Maucler*; Berichte des Oberamtmanns Kuhn sowie der Hofräte *Herzberger* und *Taglieber* (Manuskript im Besitz von Frau Mia von *Maucler*, Blaustein-Herrlingen).
87 *Roth von Schreckenstein* S. 239; *Dizinger* S. 237 f.
88 *Sauer*, Der schwäbische Zar S. 279.
89 *Montgelas* S. 115.
90 *Sauer*, Der schwäbische Zar S. 279.
91 Korrespondenz König Friedrich – Napoleon S. 189.
92 *Andreas*, Baden nach dem Wiener Frieden 1809 S. 23 ff.
93 *Kleinschmidt* S. 232.
94 *Hölzle*, Württemberg im Zeitalter Napoleons S. 39; *Pfister*, König Friedrich S. 198 f.
95 *Andreas*, Baden nach dem Wiener Frieden 1809 S. 26.
96 Ebd. S. 22 f.
97 *Waller* S. 132 f.
98 *Andreas*, Baden nach dem Wiener Frieden 1809 S. 27.
99 *Hölzle*, Württemberg im Zeitalter Napoleons S. 33; *Pfister*, König Friedrich S. 198 f.
100 Korrespondenz König Friedrich – Napoleon S. 104.
101 *Hölzle*, Württemberg im Zeitalter Napoleons S. 99; *Pfister*, König Friedrich S. 198 f.
102 *Reyscher* XIX, 2 S. 1004 ff.
103 *Sauer*, Revolution und Volksbewaffnung S. 26 ff.
104 *Reichard*, Geschichte der Kriege und der Bürgerbewaffnung Ulms S. 310.

VII. Der Rheinbund

1 *Obser*, Mainzer Zusammenkunft S. 607 ff.
2 *Sauer*, Der schwäbische Zar S. 248.
3 *Waller* S. 49 f.
4 *Bitterauf* S. 248.
5 Politische Korrespondenz Karl Friedrichs V S. XLVIII f.; *Wierichs* S. 46 ff.
6 Ebd. S. 48 f.; Politische Korrespondenz Karl Friedrichs V S. XLVIII.
7 *Wierichs* S. 49 f.
8 Politische Korrespondenz Karl Friedrichs V S. XLVIII f.
9 Ebd. S. XLIX f.; *Wierichs* S. 87 f.
10 *Waller* S. 67 f.; *Wierichs* S. 88 f.
11 Ebd. S. 90 f.
12 Ebd. S. 95 ff.
13 Ebd. S. 99 ff.
14 *Montgelas* S. 138 f.
15 *Hölzle*, Württemberg im Zeitalter Napoleons S. 20 f.; *Haebler* S. 70 f.
16 *Wierichs* S. 104.
17 *Hölzle*, Württemberg im Zeitalter Napoleons S. 21; Besondere Beilage des Staatsanzeigers 1889 S. 291 ff.
18 *Wierichs* S. 100 und 104 ff.
19 Ebd. S. 76 f.
20 *Hölzle*, Württemberg im Zeitalter Napoleons S. 21 f.
21 *Schnabel*, Reitzenstein S. 78 f.
22 Ebd. S. 79.
23 Politische Korrespondenz Karl Friedrichs V S. 717.
24 *Andreas*, Baden nach dem Wiener Frieden 1809 S. 16 f.; *Jürgens* S. 211.
25 *Kallenberg* S. 366.
26 Ebd. S. 365.
27 Ebd. S. 414 ff.
28 Ebd. S. 417 f.
29 *Waller* S. 72.
30 Vgl. S. 47 ff.
31 *Sauer*, Der schwäbische Zar S. 255 f.
32 *Steiner* S. 124.
33 Politische Korrespondenz Karl Friedrichs V S. 717 ff.
34 *Wierichs* S. 63 f.
35 *Waller* S. 57 ff.
36 Ebd. S. 60 ff.
37 Ebd. S. 62.
38 *Steiner* S. 40 ff. und 50 f.
39 Ebd. S. 64.
40 *Wierichs* S. 57 ff.; *Waller* S. 62 ff.; *Steiner* S. 104.
41 Politische Korrespondenz Karl Friedrichs V S. 612 ff.; *Wierichs* S. 60.
42 Ebd.; *Steiner* S. 105 ff.
43 Politische Korrespondenz Karl Friedrichs V S. 631 f.
44 Ebd. S. 486.

45 Ebd. S. 586 f. und VI S. 288.
46 *Schnabel*, Reitzenstein S. 80 f.
47 *Steiner* S. 107.
48 Ebd. S. 126 f.
49 Politische Korrespondenz Karl Friedrichs VI S. 312; *Steiner* S. 119 f.
50 Vgl. S. 139 f.
51 Politische Korrespondenz Karl Friedrichs VI S. 360 f.; *Andreas*, Verwaltungsorganisation S. 149.
52 *Wierichs* S. 118 ff.
53 Badisches Regierungsblatt 1803–1810 S. 223 ff.; *Wierichs* S. 121 f.
54 Politische Korrespondenz Karl Friedrichs VI S. 363 f.; *Steiner* S. 129; *Wierichs* S. 117; *Waller* S. 73.
55 *Wierichs* S. 112 ff.
56 Ebd. S. 117.
57 *Steiner* S. 152 ff.; *Wierichs* S. 117; *Jürgens* S. 144 ff.
58 *Waller* S. 101–108.
59 *Wierichs* S. 117.
60 *Hölzle*, Das Napoleonische Staatssystem S. 281.
61 Ebd. S. 281 ff.
62 *Fournier*, Napoleon II S. 256 ff.
63 Schwäbischer Merkur 1911 Nr. 242, 13.
64 *Fournier* II S. 260 f.
65 *Sauer*, Der schwäbische Zar S. 271 f.
66 *Freystedt* S. 56; *Haas*, Stephanie S. 38.
67 Korrespondenz König Friedrich – Napoleon S. 192.
68 *Hölzle*, Das Napoleonische Staatssystem S. 283 f.
69 Ebd. S. 284.
70 *Kallenberg* S. 420 f., 425 und 464.
71 *Waller* S. 78 f.
72 Denkwürdigkeiten des Markgrafen Wilhelm S. 113 und 115.
73 Ebd. S. 116.

VIII. Der Gebietsschacher in Paris 1809/10

1 Im Dienst des Fürstenhauses und des Landes Württemberg. Die Lebenserinnerungen der Freiherren Friedrich und Eugen von Maucler S. 121.
2 *Andreas*, Baden nach dem Wiener Frieden 1809 S. 21.
3 Hauptstaatsarchiv Stuttgart: G 243 Bü 125.
4 *Waller* S. 96 ff. und 101.
5 Ebd. S. 99 f.
6 Korrespondenz König Friedrich – Napoleon S. 194.
7 *Andreas*, Baden nach dem Wiener Frieden 1809 S. 37.
8 Hauptstaatsarchiv Stuttgart: G 245 Bü 21.
9 *Waller* S. 99.
10 *Hölzle*, Württemberg im Zeitalter Napoleons S. 40.
11 Ebd.
12 *Andreas*, Baden nach dem Wiener Frieden 1809 S. 37.
13 Korrespondenz König Friedrich – Katharina III S. 132 f.
14 *Andreas*, Baden nach dem Wiener Frieden 1809 S. 37.
15 Ebd. S. 38 f.
16 *Hölzle*, Württemberg im Zeitalter Napoleons S. 41.
17 *Montgelas* S. 229.
18 Korrespondenz König Friedrich – Katharina III S. 145.
19 *Andreas*, Baden nach dem Wiener Frieden 1809 S. 40 ff.
20 Ebd. S. 42 ff. und 70 f.; *Schnabel*, Reitzenstein S. 147 ff.
21 *Andreas*, Baden nach dem Wiener Frieden 1809 S. 50 ff.
22 Ebd. S. 55 ff.; *Hölzle*, Der deutsche Südwesten S. 108.
23 *Sauer*, Der schwäbische Zar S. 172 f.
24 *Andreas*, Verwaltungsorganisation S. 16 f.
25 *Hölzle*, Württemberg im Zeitalter Napoleons S. 41; *Hölzle*, Der deutsche Südwesten S. 103 f.
26 Kallenberg S. 430.

IX. Souveränität nach innen, Abhängigkeit von außen

1 *Sauer*, Der schwäbische Zar S. 260.
2 Politische Korrespondenz Karl Friedrichs V S. 489; *Steiner* S. 106.
3 *Haebler* S. 135 f.
4 *Andreas*, Verwaltungsorganisation S. 434 f.; *Arndt* S. 176 und 183.
5 Ebd. S. 202; *Andreas*, Verwaltungsorganisation S. 136 ff.
6 *Arndt* S. 188.
7 *Andreas*, Verwaltungsorganisation S. 36 f.; *Schnabel*, Reitzenstein S. 103.
8 *Waller* S. 110.

9 Ebd. S. 56.
10 *Waller* S. 93 ff.; *Jürgens* S. 140.
11 Denkwürdigkeiten des Markgrafen Wilhelm S. 45.
12 *Probst* S. 79.
13 Politische Korrespondenz Karl Friedrichs VI S. 195 f.
14 Ebd. S. 229.
15 *Schnabel*, Reitzenstein S. 76 f.
16 *Andreas*, Verwaltungsorganisation S. 122 f.
17 Vgl. S. 115.
18 *Waller* S. 14.
19 *Arndt* S. 173 f., 214 ff. und 226.
20 Ebd. S. 442 ff.; *Jürgens* S. 188 f.; *Haebler* S. 132 f.
21 Badisches Regierungsblatt 1808 S. 185 f.
22 *Arndt* S. 444; *Jürgens* S. 189; *Haebler* S. 133 f.; *Andreas*, Verwaltungsorganisation S. 219 ff.
23 Badisches Regierungsblatt 1808 S. 177 ff.
24 *Jürgens* S. 184.
25 Denkwürdigkeiten des Markgrafen Wilhelm S. 55.
26 Denkwürdigkeiten des Markgrafen Wilhelm S. 57 f.; *Andreas*, Verwaltungsorganisation S. 227 ff.; *Haebler* S. 134 ff.; *Jürgens* S. 192 f.; *Waller* S. 136 f.
27 *Andreas*, Verwaltungsorganisation S. 233; *Jürgens* S. 193.
28 *Andreas*, Verwaltungsorganisation S. 234.
29 Ebd.
30 Ebd. S. 233 ff.; *Arndt* S. 442.
31 *Schnabel*, Reitzenstein S. 124 f.; *Haebler* S. 139 f.
32 *Andreas*, Verwaltungsorganisation S. 326 f.; *Haebler* S. 151 f.; *Waller* S. 135.
33 *Haebler* S. 152 f.; *Andreas*, Verwaltungsorganisation S. 325 und 329 f.; Denkwürdigkeiten des Markgrafen Wilhelm S. 121 f.
34 Ebd. S. 123 und 282; *Andreas*, Verwaltungsorganisation S. 344 f.
35 *Arndt* S. 462.
36 *Steiner* S. 157.
37 *Andreas*, Verwaltungsorganisation S. 330 und 337 f.
38 *Schweinitz*, Die staatsrechtliche Stellung der Mediatisierten S. 269 ff.
39 *Gollwitzer*, Standesherren S. 20.
40 *Kallenberg* S. 417.
41 *Schweinitz* S. 272 f.
42 Ebd. S. 275.
43 Ebd. S. 275 ff.
44 *Sauer*, Der schwäbische Zar S. 375.
45 *Schweinitz* S. 278.
46 *Sauer*, Der schwäbische Zar S. 376.
47 Ebd. S. 376 f.
48 *Schweinitz* S. 279.
49 *Sauer*, Der schwäbische Zar S. 377.
50 *Schweinitz* S. 281.
51 Württembergisches Regierungsblatt 1807 S. 225 f.
52 Ebd. S. 77.
53 *Schweinitz* S. 281.
54 Württembergisches Regierungsblatt 1808 S. 221 f.
55 Ebd. S. 351.
56 Badisches Regierungsblatt 1803–1810 S. 336 ff.
57 *Schmid*, Die Säkularisation und Mediatisation in Baden S. 84 f.
58 Korrespondenz König Friedrich – Napoleon S. 159 und 162 f.
59 Württembergisches Regierungsblatt 1809 S. 189 f.
60 *Hölzle*, Württemberg im Zeitalter Napoleons S. 88.
61 *Schweinitz* S. 282.
62 Ebd. S. 283.
63 Ebd.
64 Ebd. S. 283 f.
65 Württembergisches Regierungsblatt 1811 S. 401 ff.
66 *Reyscher* XV, 1 S. 64 und XIV, 2 S. 905 f.
67 Württembergisches Regierungsblatt 1807 S. 269 ff. und 1812 S. 549.
68 *Sauer*, Der schwäbische Zar S. 358; *Wunder*, Privilegierung S. 343.
69 *Arndt* S. 204 f.
70 Ebd. S. 478.
71 Ebd. S. 478 ff.
72 Denkwürdigkeiten des Markgrafen Wilhelm S. 228.
73 Korrespondenz König Friedrich – Katharina III S. 165.
74 Württembergisches Regierungsblatt 1814 S. 1.
75 *Gollwitzer* S. 54 ff.
76 Ebd. S. 76.

77 *Pahl*, Denkwürdigkeiten S. 295 f.
78 Literarische Beilage des Staatsanzeigers 1905 S. 340 (*Hartmann*, Vor 100 Jahren).
79 *Hölzle*, Württemberg im Zeitalter Napoleons S. 111 f.
80 Literarische Beilage des Staatsanzeigers 1902 S. 420 (*Hartmann*, Vor 100 Jahren).
81 *Pahl*, Denkwürdigkeiten S. 195.
82 Württembergisches Regierungsblatt 1807 S. 631, 1808 S. 273 ff. und 1809 S. 34 f.; *Pfister*, König Friedrich S. 212.
83 *Pahl*, Denkwürdigkeiten S. 356 ff.
84 Ebd. S. 360.
85 Ebd. S. 368.
86 Württembergisches Regierungsblatt 1811 S. 261; Literarische Beilage des Staatsanzeigers 1910 S. 371 f.
87 *Obser*, Presse S. 111 f.
88 Ebd. S. 113 ff.
89 Ebd. S. 118 ff.
90 Ebd. S. 123.
91 Ebd. S. 125 ff.
92 Ebd. S. 127 f.
93 Ebd. S. 128–134.
94 Zollernheimat 1934 S. 37.
95 Württembergisches Regierungsblatt 1809 S. 41.
96 *Perthes* S. 468.
97 Schwäbischer Merkur 27. November 1812.
98 Zollernheimat 1934 S. 38.
99 Württembergisches Regierungsblatt 1812 S. 347.
100 Ebd. 1810 S. 73 ff. und 1813 S. 165.
101 Ebd. 1808 S. 477.
102 Ebd. 1809 S. 41.
103 Ebd. S. 350.
104 Korrespondenz König Friedrich – Katharina III S. 178 f.
105 *Sauer*, Der schwäbische Zar S. 381 ff.
106 Ebd. S. 385 ff.
107 *Haas* S. 42; Denkwürdigkeiten des Markgrafen Wilhelm S. 120.
108 Korrespondenz König Friedrich – Napoleon.
109 Literarische Beilage des Staatsanzeigers 1911 S. 291.
110 *Dizinger* S. 144.
111 Aus Süddeutschlands Franzosenzeit S. 277.
112 Korrespondenz König Friedrich – Napoleon S. 54 ff.
113 Schwäbischer Merkur 1909 Nr. 84 S. 9.
114 *Dizinger* S. 144 f.
115 Ebd.
116 *Bolay*, Hohenasperg S. 59; *Ganzhorn*, Löwenwirt Peter Heinrich Merckle von Neckarsulm und Kaufmann Gottlieb Link von Heilbronn … S. 419–445.
117 *Dizinger* S. 144 f.
118 Vgl. S. 72 f.
119 *Jürgens* S. 90.
120 *Andreas*, Verwaltungsorganisation S. 192 f.
121 *Waller* S. 65.
122 Ebd. S. 110.
123 *Jürgens* S. 176 und 178; *Obser*, Presse S. 117.
124 *Andreas*, Verwaltungsorganisation S. 197; *Waller* S. 112 f.; *Jürgens* S. 181 ff.; vgl. auch S. 166 ff.
125 *Andreas*, Verwaltungsorganisation S. 271 f.
126 Ebd. S. 272 f.
127 Ebd. S. 277.
128 Ebd. S. 274 f.
129 *Waller* S. 137 f.
130 *Andreas*, Verwaltungsorganisation S. 244.
131 Vgl. S. 214 f.
132 *Andreas*, Verwaltungsorganisation S. 284 ff.
133 Ebd. S. 287.
134 Ebd. S. 289.
135 Ebd. S. 296 f.
136 Ebd. S. 305 ff.
137 Ebd. S. 328.
138 Ebd. S. 338.
139 *Pfaff* S. 37.

X. Enge familiäre Bindungen der Regentenhäuser an den Kaiser der Franzosen

1 *Probst* S. 52.
2 Ebd. S. 54 ff.
3 Politische Korrespondenz Karl Friedrichs V S. 138.
4 Ebd.
5 *Probst* S. 46 ff.
6 Ebd. S. 61 ff.
7 Politische Korrespondenz Karl Friedrichs VI S. 230 ff.
8 *Probst* S. 66.
9 Ebd. S. 68.
10 Ebd. S. 74.
11 Politische Korrespondenz Karl Friedrichs V S. 236.
12 Ebd. S. 250.
13 Ebd. IV S. 235.
14 *Probst* S. 74 f.
15 Ebd. S. 76 ff.
16 Ebd. S. 80–103; *Bitterauf* S. 239–243.
17 *Waller* S. 47 f.
18 Politische Korrespondenz Karl Friedrichs V S. 426 ff.
19 *Schnabel*, Reitzenstein S. 75 f.
20 Politische Korrespondenz Karl Friedrichs VI S. 267 ff.
21 Ebd. S. 284 ff. und 324.
22 *Freystedt* S. 41 f.
23 Denkwürdigkeiten des Markgrafen Wilhelm S. 37.
24 *Andreas*, Napoleons Aufenthalt S. 64 und 66.
25 *Goldschmit* S. 29; *Haas* S. 19; *Lankheit*, Friedrich Weinbrenner S. 10 f.
26 Denkwürdigkeiten des Markgrafen Wilhelm S. 37.
27 *Haas* S. 17; *Waller* S. 53.
28 Ebd. S. 54.
29 Politische Korrespondenz Karl Friedrichs V S. 573; Badisches Regierungsblatt 1803–1810 S. 203.
30 *Steiner* S. 69, 86 f. und 97 f.
31 *Haas* S. 21 f.
32 Ebd. S. 22 ff.
33 Politische Korrespondenz Karl Friedrichs V S. 486.
34 *Freystedt* S. 45.
35 Politische Korrespondenz Karl Friedrichs V S. 616.
36 *Haas* S. 27; *Freystedt* S. 44.
37 Ebd. S. 32; Politische Korrespondenz Karl Friedrichs VI S. 337.
38 *Haas* S. 27 und 32.
39 Ebd. S. 32.
40 Ebd. S. 28 f.; Politische Korrespondenz Karl Friedrichs V S. 688 f.
41 *Haas* S. 29.
42 Ebd. S. 33.
43 Ebd.
44 Ebd. S. 16.
45 Ebd. S. 34.
46 Ebd. S. 34 ff.; *Jürgens* S. 140.
47 *Waller* S. 100 f.; *Jürgens* S. 175.
48 *Waller* S. 159 f.
49 *Steiner* S. 3.
50 Ebd.
51 *Waller* S. 110 ff.; *Haas* S. 35 f.
52 Ebd. S. 35 ff.
53 Vgl. S. 152.
54 *Freystedt* S. 59.
55 Ebd.
56 *Haas* S. 39.
57 Ebd. S. 39 und 99.
58 *Freystedt* S. 67.
59 *Haas* S. 38 f.
60 *Waller* S. 135.
61 *Freystedt* S. 77 f.; *Haas* S. 41; *Goldschmit* S. 32.
62 *Haas* S. 42.
63 Ebd. S. 42 f.; *Andreas*, Verwaltungsorganisation S. 328 f.
64 *Freystedt* S. 82; Haas S. 43 ff.
65 Briefe der Großherzogin Stephanie von Baden an Napoleon I. S. 162 f.
66 Für das Folgende, soweit nichts anderes angegeben: *Hölzle*, Die Verbindung Jérômes mit Katharina S. 360 ff.
67 *Kallenberg* S. 464.
68 Vgl. S. 80.

69 Vgl. S. 145ff.
70 Vgl. S. 297f.
71 Korrespondenz König Friedrich – Katharina III S. 19.
72 Ebd. S. 20f.; Hauptstaatsarchiv Stuttgart: G 245 Bü 20.
73 *Sauer*, Der schwäbische Zar S. 297.
74 Ebd.
75 Hauptstaatsarchiv Stuttgart: G 245 Bü 21.
76 *Sauer*, Der schwäbische Zar S. 300.
77 Für das Folgende: *Kallenberg* S. 412ff. und 424f.

XI. Die innere Organisation der Rheinbundstaaten Baden und Württemberg

1 *Schnabel*, Reitzenstein S. 112f.
2 Ebd. S. 116f.; *Andreas*, Verwaltungsorganisation S. 153f.
3 *Jürgens* S. 181ff.
4 Ebd. S. 187 und 196; *Haebler* S. 123f.
5 Badisches Regierungsblatt 1808 S. 185f.; *Andreas*, Verwaltungsorganisation S. 207f.
6 Vgl. S. 166ff..
7 *Haebler* S. 141.
8 Badisches Regierungsblatt 1803–1810 S. 693f.; *Haebler* S. 142 und 153f.; *Schnabel* Reitzenstein S. 128ff.
9 *Andreas*, Verwaltungsorganisation S. 285.
10 Ebd. S. 313f.
11 *Haebler* S. 144 und 151ff.
12 *Andreas*, Verwaltungsorganisation S. 339.
13 Badisches Regierungsblatt 1811 S. 107f.; *Andreas*, Verwaltungsorganisation S. 330ff.; *Haebler* S. 154ff.
14 *Andreas*, Verwaltungsorganisation S. 333ff.
15 Württembergisches Regierungsblatt 1809 S. 6ff.
16 *Wintterlin*, Behördenorganisation S. 200f.
17 Württembergisches Regierungsblatt 1810 S. 1ff. (Vorspann); *Hölzle*, Württemberg im Zeitalter Napoleons S. 89.
18 Württembergisches Regierungsblatt 1811 S. 66.
19 *Hölzle*, Das Napoleonische Staatssystem S. 287f.
20 *Hölzle*, Württemberg im Zeitalter Napoleons S. 91ff.
21 Ebd. S. 92; *Dizinger* S. 290.
22 *Sauer*, Der schwäbische Zar S. 341ff.
23 *Andreas*, Verwaltungsorganisation S. 44 und 51.
24 *Kallenberg* S. 431ff.
25 Württembergisches Regierungsblatt 1807 S. 15.
26 Ebd. S. 365f.
27 *Hölzle*, Württemberg im Zeitalter Napoleons S. 112f.
28 Württembergisches Regierungsblatt 1809 S. 169f.
29 *Andreas*, Die Einführung des Code Napoléon in Baden S. 188.
30 Ebd. S. 194–201.
31 *Andreas*, Verwaltungsorganisation S. 217ff.; *Fehrenbach*, Traditionelle Gesellschaft und revolutionäres Recht S. 104ff.; *Hauser*, Wie Baden wurde, was es ward S. 9ff.
32 *Sauer*, Im Namen des Königs S. 27f.
33 *Perthes*, Politische Zustände S. 352f. und 357.
34 *Stiefel*, Baden 1648–1952 II S. 1190ff und 1194.
35 *Dehlinger*, Württembergs Staatswesen I S. 304ff.
36 Hauptstaatsarchiv Stuttgart: E 146 Bü 3333 (neu); *Ludwig*, Geschichte der Evangelischen Kirche in Baden S. 80; *Erbacher*, Kirchenbezirke S. 586.
37 Württembergisches Regierungsblatt 1807 S. 609ff.
38 *Ludwig* S. 90; *Perthes* S. 353ff.
39 *Erbacher* S. 583.
40 *Schmid*, Säkularisation S. 29 und 41.
41 Ebd. S. 47; *Erbacher* S. 585.
42 *Lauer*, Geschichte der katholischen Kirche S. 77ff.
43 Ebd. S. 38f. und 81f.; *Andreas*, Verwaltungsorganisation S. 74; *Schmid*, Säkularisation S. 29ff., 35ff., 329 und 341ff.
44 *Schmid*, Säkularisation S. 31ff.
45 *Lauer* S. 36f.
46 *Huber*, Deutsche Verfassungsgeschichte I S. 331.
47 *Miller*, Um ein kurbadisches Landesbistum; *Sauer*, Der schwäbische Zar S. 352f.
48 *Willburger/Tüchle*, Geschichte der katholischen Kirche in Württemberg S. 74.
49 *Lauer* S. 80.
50 *Perthes* S. 464.
51 *Willburger/Tüchle* S. 74f.; Württembergisches Regierungsblatt 1812 S. 489.
52 *Lauer* S. 40–70.
53 *Willburger/Tüchle* S. 75; Württembergisches Regierungsblatt 1812 S. 489.
54 Literarische Beilage des Staatsanzeigers 1910 S. 375.

55 *Goldschmit* S. 235.
56 *Hermelink*, Geschichte der evangelischen Kirche in Württemberg S. 291 ff.
57 *Hölzle*, Württemberg im Zeitalter Napoleons S. 115.
58 *Hermelink* S. 345.
59 *Hölzle*, Württemberg im Zeitalter Napoleons S. 117.
60 *Hermelink* S. 345 f.
61 Schwäbischer Merkur 1909 Nr. 84 S. 9.
62 *Bolay*, Hohenasperg S. 62 f.
63 Badisches Regierungsblatt 1803–1810 S. 145 ff.
64 Ebd. S. 67.
65 *Hundsnurscher/Taddey*, Die jüdischen Gemeinden in Baden S. 10 ff.
66 Schwäbischer Merkur 1909 Nr. 84 S. 10.
67 *Tänzer*, Geschichte der Juden in Württemberg S. 11 ff.
68 *Zelzer*, Weg und Schicksal der Stuttgarter Juden S. 92 f.; *Schnee*, Madame Kaulla S. 85 ff.
69 *Schneider*, Aus der württembergischen Geschichte S. 92 f.
70 *Schnee*, Die Hoffinanz und der moderne Staat IV S. 43–86.
71 *Perthes* S. 355 f.
72 *Silberer*, Pestalozzi und die Anfänge einer zentralen staatlichen Lehrerbildung S. 57 ff.
73 *Goldschmit* S. 41.
74 *Hauck*, Mannheim S. 92 ff.
75 *Andreas*, Verwaltungsorganisation S. 76 ff.
76 *Perthes* S. 356.
77 *Hauck* S. 97.
78 *Silberer* S. 99.
79 *Schwarz*, Zur Geschichte der Einführung der Pestalozzischen Lehrmethode in Baden.
80 *Schmid*, Geschichte des württembergischen evangelischen Volksschulwesens von 1806 bis 1910 S. 16 ff.
81 Württembergisches Regierungsblatt 1808 S. 629.
82 *Schmid*, Geschichte S. 43.
83 Württembergisches Regierungsblatt 1808 S. 529 ff. und 1811 S. 1 ff.
84 Ebd. 1810 S. 18 f.
85 *Keller*, Universität Heidelberg S. 45 ff.
86 Für das Folgende, soweit nichts anderes erwähnt: *Obser*, Die Universität Heidelberg unter der Regierung Karl Friedrichs.
87 *Schnabel*, Reitzenstein S. 86 f.
88 Ebd. S. 90 ff.
89 Ebd. S. 94.
90 Ebd. S. 94 f.
91 Ebd. S. 96 ff.; *Schneider*, Geschichte der Universität Heidelberg S. 228 f. und 292 ff.
92 Ebd. S. 326; *Andreas*, Verwaltungsorganisation S. 329.
93 *Schnabel*, Reitzenstein S. 105.
94 Badisches Regierungsblatt 1814 S. 27.
95 Ebd. 1811 S. 92 f.
96 Ebd. 1815 S. 1.
97 Für das Folgende, soweit nichts anderes angegeben: *Mayer*, Universität Freiburg 1806–1818.
98 Württembergisches Regierungsblatt 1806 S. 147.
99 Ebd. 1807 S. 629.
100 Ebd. 1808 S. 473.
101 Schwäbischer Merkur 1909 Nr. 84 S. 9.
102 *Rümelin*, König Friedrich von Württemberg und seine Beziehungen zur Landesuniversität S. 50 ff.
103 Ebd. S. 54 ff.
104 Ebd. S. 60 ff.; [Matthisson] Lebensabriß des höchstseligen Königs Friedrich von Württemberg S. 19.
105 *Rümelin* S. 52.
106 *Freystedt* S. 31.
107 Ebd. S. 61; Zur Geschichte des Badischen Staatstheaters S. 14.
108 *Feder*, Geschichte der Stadt Mannheim II S. 24 ff.
109 Hauptstaatsarchiv Stuttgart: E 6 Bü 9.
110 *Krauss*, Das Stuttgarter Hoftheater S. 137 ff.
111 Ebd. S. 123 ff.
112 Hauptstaatsarchiv Stuttgart: E 6 Bü 90 und 91.
113 Ebd.
114 *Fricke*, Geschichte der deutschen Dichtung S. 238 ff.
115 *Andreas*, Romantik in Heidelberg S. 108 ff.; *Obser*, Die Universität Heidelberg unter der Regierung Karl Friedrichs S. 43.
116 Für das Folgende: *Krauss*, Schwäbische Literaturgeschichte S. 318–378.
117 Vgl. S. 180.
118 *Goldschmit* S. 315.
119 *Valdenaire*, Friedrich Weinbrenner S. 3 und 78.
120 Ebd. S. 1–57.
121 Ebd. S. 59.
122 Ebd. S. 59–76; *Goldschmit* S. 315 f.

123 *Valdenaire* S. 63.
124 *Goldschmit* S. 316.
125 Ebd.; *Valdenaire* S. 60 ff. und 277 ff.
126 Ebd. S. 82–96; *Goldschmit* S. 316 f.
127 Ebd. S. 317 f.
128 Ebd.
129 *Facius*, Mannheim, Baden und der Oberrhein S. 33.
130 *Haas* S. 41; Badisches Städtebuch S. 186 ff.
131 Allgemeine Deutsche Biographie 38 S. 121 ff.
132 *Bach* und *Lotter*, Bilder aus Alt-Stuttgart S. 61 ff.; *Schneider*, Die Geschichte der Stadt Stuttgart S. 54; [Matthisson] Lebensabriß S. 20.
133 Korrespondenz König Friedrich – Katharina I S. 160.
134 *Facius*, Mannheim, Baden und der Oberrhein S. 33 f.
135 Württembergisches Regierungsblatt 1807 S. 5, 33 und 265; *Hölzle*, Württemberg im Zeitalter Napoleons S. 109.
136 Politische Korrespondenz Karl Friedrichs V S. 623 f.
137 Badisches Regierungsblatt 1803–1810 S. 288; *Kleinschmidt* S. 200.
138 Badisches Regierungsblatt 1811 S. 110.
139 *Goldschmit* S. 427.
140 *Fischer*, Der Staat und die Anfänge der Industrialisierung Badens S. 35.
141 Ebd. S. 37 f.
142 *Hölzle*, Württemberg im Zeitalter Napoleons S. 109 und 111.
143 *Dizinger* S. 327 f.
144 Württembergisches Regierungsblatt 1807 S. 74.
145 Ebd. 1812 S. 285 und 509.
146 *Hölzle*, Württemberg im Zeitalter Napoleons S. 109.
147 *Fischer* S. 124.
148 Badisches Regierungsblatt 1812 S. 1 ff. und 1813 S. 111 ff.; *Fischer* S. 110 und 124 f.
149 Ebd. S. 112 f.
150 Badisches Regierungsblatt 1812 (Ordnungen sind in den Band vorne eingebunden); *Andreas*, Verwaltungsorganisation S. 407 f.
151 Badisches Regierungsblatt 1803–1810 S. 276.
152 Württembergisches Regierungsblatt 1810 S. 455 ff. und 1811 S. 48.; *Hölzle*, Württemberg im Zeitalter Napoleons S. 44.
153 *Fischer* S. 200 ff.
154 Ebd. S. 196, 209 und 213 f.
155 Ebd. S. 195 f. und 209.
156 Ebd. S. 223 f und 243; Denkwürdigkeiten des Markgrafen Wilhelm S. 355.
157 *Fischer* S. 227 und 239.
158 Ebd. S. 246 ff. und 251.
159 Ebd. S. 244 ff.
160 Ebd. S. 264.
161 Ebd. S. 195 f.
162 Ebd. S. 271 f.
163 Ebd. S. 273 ff.
164 Ebd. S. 277 f.
165 *Hofmann*, Die Industrialisierung des Oberamtsbezirks Göppingen S. 4.
166 *Seybold*, Württembergs Industrie und Außenhandel S. 4 f.
167 Ebd. S. 5 f.
168 Württembergisches Regierungsblatt 1811 S. 680 f., 1812 S. 276 und 1816 S. 130.
169 Literarische Beilage des Staatsanzeigers 1910 S. 374 f. (*Hartmann*, Vor 100 Jahren).
170 Hauptstaatsarchiv Stuttgart: G 245 Bü 21; *Perthes* S. 467.
171 Ebd.; Württembergisches Regierungsblatt 1811 S. 365; *Hölzle*, Württemberg im Zeitalter Napoleons S. 109.
172 Das Land Baden-Württemberg I S. 622; *Sauer*, Not und Armut in den Dörfern des Mittleren Neckarraums S. 131–149; Denkwürdigkeiten des Markgrafen Wilhelm S. 465.
173 *Stiefel* S. 1284.
174 Württembergisches Regierungsblatt 1807 S. 321 ff.
175 Ebd. 1808 S. 508; *Stiefel* S. 1317.
176 Württembergisches Regierungsblatt 1814 S. 121 ff.
177 *Stiefel* S. 1285.
178 Schwäbischer Merkur 1909 Nr. 84 S. 9.
179 *Hettich*, Das Medizinalwesen im Königreich Württemberg S. 49.
180 Badisches Regierungsblatt 1803–1810 S. 562 und 1815 S. 37.

XII. Badische und hohenzollerische Truppen in Spanien

1 Friedrich II. König von Württemberg [1817] S. 20.
2 *Kleinschmidt* S. 214 f.
3 *Blankenhorn*, Spanien S. 6.
4 *Waller* S. 90.

5 *Blankenhorn*, Spanien S. 17 f.
6 Ebd. S. 7 ff. und 27 ff.
7 *Waller* S. 119; *Blankenhorn*, Spanien S. 19.
8 Ebd. S. 70.
9 Ebd. S. 54.
10 Ebd. S. 71.
11 Ebd. S. 7 und 18.
12 Ebd. S. 59 f.
13 Ebd. S. 62.
14 Ebd. S. 28 und 62; *Waller* S. 108.
15 Ebd. S. 119 f.
16 Ebd. S. 123 ff.; *Blankenhorn*, Spanien S. 74 f.
17 *Pfaff* S. 39.
18 *Kallenberg* S. 434.
19 *Keßler*, Das hohenzollerische Militär vor 150 Jahren im Dienste Napoleons.
20 *Blankenhorn*, Spanien S. 11 f.; Unter den Greifen S. 59.
21 Ebd. S. 59; *Blankenhorn*, Spanien S. 13 und 33.
22 Ebd. S. 13 und 35.
23 Ebd. S. 76.
24 Ebd. S. 64.
25 *Keßler*

XIII. Die Katastrophe in Rußland 1812

1 *Bitterauf* S. 257.
2 Korrespondenz König Friedrich – Napoleon S. 228 ff. und 238.
3 Unter den Greifen S. 64.
4 Badisches Regierungsblatt 1811 S. 34 f.
5 Korrespondenz König Friedrich – Katharina III S. 178 f.
6 Hauptstaatsarchiv Stuttgart: G 243 Bü 67.
7 Hauptstaatsarchiv Stuttgart G 245 Bü 22; Literarische Beilage des Staatsanzeigers 1911 S. 358.
8 Korrespondenz König Friedrich – Napoleon S. 245.
9 Denkwürdigkeiten des Markgrafen Wilhelm S. 126 ff.; *Blankenhorn*, 1812. Badische Truppen in Rußland S. 34 ff.; Unter den Greifen S. 64.
10 *Waller* S. 144; Denkwürdigkeiten des Markgrafen Wilhelm S. 138.
11 Badisches Regierungsblatt 1812 S. 131 ff. und 223 ff.
12 Ebd. S. 141 ff.
13 Korrespondenz König Friedrich – Napoleon S. 246 f.
14 Ebd. S. 247 ff.
15 *Pfister*, Aus dem Lager des Rheinbunds S. 57 ff.
16 Korrespondenz König Friedrich – Napoleon S. 250.
17 Hauptstaatsarchiv Stuttgart: G 245 Bü 22.
18 *Pfister*, Aus dem Lager des Rheinbunds S. 89 ff.
19 Ebd. S. 102.
20 *Sauer*, Die Erlebnisse des Regimentsarztes Heinrich Groß aus Tamm im Rußlandfeldzug 1812.
21 *Pfister*, Aus dem Lager des Rheinbunds S. 119 ff.; Korrespondenz König Friedrich – Napoleon S. 251 f.
22 Korrespondenz König Friedrich – Katharina III S. 186.
23 *Pfister*, Aus dem Lager des Rheinbunds S. 137 ff.
24 *Freystedt* S. 82; *Goldschmit* S. 33.
25 *Pfaff* S. 39.
26 *Goldschmit* S. 33.
27 Unter den Greifen S. 64; *Blankenhorn*, 1812. Badische Truppen in Rußland S. 4.
28 *Waller* S. 144.
29 Denkwürdigkeiten des Markgrafen Wilhelm S. 170.
30 Ebd. S. 173.
31 Ebd. S. 174 ff.; Unter den Greifen S. 69; *Blankenhorn*, 1812. Badische Truppen in Rußland S. 7 f.
32 Denkwürdigkeiten des Markgrafen Wilhelm S. 177.
33 Ebd. S. 177–188.
34 Ebd. S. 188; Unter den Greifen S. 71.
35 *Blankenhorn* 1812. Badische Truppen in Rußland S. 12.
36 *Pfister*, Aus dem Lager des Rheinbunds S. 158 ff.
37 Denkwürdigkeiten des Markgrafen Wilhelm S. 212.
38 Unter den Greifen S. 71; *Blankenhorn*, 1812. Badische Truppen in Rußland S. 16 f.
39 Denkwürdigkeiten des Markgrafen Wilhelm S. 213.
40 *Blankenhorn*, 1812. Badische Truppen in Rußland S. 11.
41 *Goldschmit* S. 33; *Andreas*, Verwaltungsorganisation S. 344.
42 Denkwürdigkeiten des Markgrafen Wilhelm S. 488 f.
43 *Kallenberg* S. 434 f.; *Pfaff* S. 41.
44 *Schumacher*, Aus frühester Kindheit S. 22.
45 *Pfister*, Aus dem Lager des Rheinbunds S. 160 ff.

46 *Pfister*, König Friedrich S. 254 f.
47 *Pfister*, Aus dem Lager des Rheinbunds S. 160 ff.

XIV. Das Ende des Rheinbunds

1 Württembergisches Regierungsblatt 1813 S. 1 ff.
2 *Pfister*, Aus dem Lager des Rheinbunds S. 142.
3 *Bitterauf* S. 438.
4 *Schloßberger*, Mutige und treffende Erwiderung des Königs Friedrich von Württemberg S. 296 ff.
5 Korrespondenz König Friedrich – Napoleon S. 258 ff.
6 *Hölzle*, Württemberg im Zeitalter Napoleons S. 156.
7 Ebd.
8 Ebd.
9 Korrespondenz König Friedrich – Napoleon S. 267 ff.
10 *Schloßberger*, Ein starker Konflikt S. 249 ff.
11 *Windelband*, Badens Austritt aus dem Rheinbund S. 105.
12 *Waller* S. 144 f.
13 *Haas* S. 44; *Andreas*, Verwaltungsorganisation S. 348 f.
14 Denkwürdigkeiten des Markgrafen Wilhelm S. 219 f.
15 *Waller* S. 146; *Goldschmit* S. 34.
16 Unter den Greifen S. 90 f.
17 Badisches Regierungsblatt 1813 S. 37 ff.
18 *Pfister*, Aus dem Lager des Rheinbunds S. 227 ff.
19 Ebd. S. 288 ff.; *Jäger*, Geschichte des neunzehnten Jahrhunderts I S. 31.
20 Korrespondenz König Friedrich – Napoleon S. 299.
21 *Pfister*, Aus dem Lager des Rheinbunds S. 219.
22 *Schloßberger*, Mutige und treffende Erwiderung S. 299.
23 *Pfister*, Aus dem Lager des Rheinbunds S. 223 f.
24 Ebd. S. 244 f.
25 Ebd. S. 253 f.
26 Ebd. S. 278 f.
27 *Sauer*, Der schwäbische Zar S. 328.
28 Korrespondenz König Friedrich – Napoleon S. 307–319.
29 *Pfister*, Aus dem Lager des Rheinbunds S. 327 ff.
30 Korrespondenz König Friedrich – Napoleon S. 327 ff.
31 Ebd. S. 322 ff.; *Hölzle*, Württemberg im Zeitalter Napoleons S. 161.
32 *Schneider*, Aus der württembergischen Geschichte S. 97.
33 Unter den Greifen S. 72; Denkwürdigkeiten des Markgrafen Wilhelm S. 230 f.
34 Ebd. S. 232.
35 Ebd. S. 233 ff.
36 *Waller* S. 148, *Windelband*, Badens Austritt aus dem Rheinbund S. 119.
37 *Goldschmit* S. 34 f.
38 Denkwürdigkeiten des Markgrafen Wilhelm S. 247, 250 f., 258 ff. und 452; Unter den Greifen S. 72 f.
39 *Schneider*, Aus der württembergischen Geschichte S. 97.
40 *Pfister*, Aus dem Lager des Rheinbunds S. 376 ff.
41 Korrespondenz König Friedrich – Katharina III S. 200 f.
42 *Pfister*, Aus dem Lager des Rheinbunds S. 382 ff.
43 Ebd. S. 399; Württembergisches Regierungsblatt 1813 S. 397 ff.
44 Ebd. S. 389 f.
45 Hauptstaatsarchiv Stuttgart: G 245 Bü 22 (Briefe vom 3., 21. und 25. November 1813).
46 *Goldschmit* S. 34 f.
47 *Bitterauf* S. 438; *Waller* S. 147.
48 *Windelband*, Badens Austritt aus dem Rheinbund S. 113 ff.
49 Ebd. S. 116 f.; Denkwürdigkeiten des Markgrafen Wilhelm S. 258 ff.
50 *Windelband*, Badens Austritt aus dem Rheinbund S. 120 und 137; *Schnabel*, Reitzenstein S. 153 ff.; *Andreas*, Verwaltungsorganisation S. 357.
51 *Windelband*, Badens Austritt aus dem Rheinbund S. 120 und 137.
52 Ebd. S. 148; *Haering*, Landwehr S. 488.
53 *Haas* S. 45; *Freystedt* S. 84.
54 *Windelband*, Badens Austritt aus dem Rheinbund S. 120 ff.
55 Ebd. S. 131 f.
56 Ebd. S. 132 f.
57 *Andreas*, Verwaltungsorganisation S. 358 f.
58 *Windelband*, Badens Austritt aus dem Rheinbund S. 147 f.
59 Denkwürdigkeiten des Markgrafen Wilhelm S. 269 ff. und 499 ff.
60 *Kallenberg* S. 435–439; *Pfaff* S. 41.
61 *Pfister*, Aus dem Lager der Verbündeten S. 27.
62 Ebd. S. 21 f.
63 Württembergisches Regierungsblatt 1814 S. 17 f. und 41 ff.
64 Denkwürdigkeiten des Markgrafen Wilhelm S. 277.

65 Ebd. S. 282; *Haering*, Landwehr S. 276 f.
66 *Haering* S. 283 ff.; Unter den Greifen S. 73 ff.
67 *Kallenberg* S. 438 f.; *Pfaff* S. 41 f.
68 *Haering* S. 67.
69 Ebd. S. 299; Badisches Regierungsblatt 1814 S. 198 f.
70 *Haering* S. 465 ff.
71 *Schneider*, Württembergische Geschichte S. 463 ff.
72 Denkwürdigkeiten des Markgrafen Wilhelm S. 283, 286 f., 293 ff. und 306 ff.; Unter den Greifen S. 80.
73 *Sauer*, Der schwäbische Zar S. 404 f.
74 *Goldschmit* S. 35 f.; *Schnabel*, Liebenstein S. 9; *Haebler* S. 180.
75 Denkwürdigkeiten des Markgrafen Wilhelm S. 336 und 355 f.
76 *Sauer*, Der schwäbische Zar S. 405 f.
77 *Pfister*, Aus dem Lager der Verbündeten S. 375 ff.
78 *Sauer*, Der schwäbische Zar S. 410 ff.
79 Denkwürdigkeiten des Markgrafen Wilhelm S. 378 f.; Unter den Greifen S. 81; *Pfaff* S. 42.
80 Badisches Regierungsblatt 1815 S. 41 f. und 123 f.
81 Hauptstaatsarchiv Stuttgart: G 243 Bü 47.
82 *Pfister*, Aus dem Lager der Verbündeten S. 397 ff. und 419.
83 *Windelband*, Badens Austritt aus dem Rheinbund S. 134.
84 *Andreas*, Verwaltungsorganisation S. 361 f.
85 *Haas* S. 47.
86 *Freystedt* S. 87 ff.; Denkwürdigkeiten des Markgrafen Wilhelm S. 306.
87 *Freystedt* S. 119 f.
88 *Haas* S. 47 f.
89 Ebd. S. 126 ff.
90 Korrespondenz König Friedrich – Katharina II S. 104 ff.
91 Ebd. S. 111 ff.
92 *Sauer*, Der schwäbische Zar S. 439 f.
93 Korrespondenz König Friedrich – Katharina II S. XV f.
94 Ebd. S. 151 f.
95 Ebd. S. XVI f. und 170 f.
96 Ebd. S. XVII ff.
97 Ebd. II S. 219.
98 Ebd. II S. XX ff.; *Brusselle-Schaubeck*, Felix von Brusselle-Schaubeck.
99 Ebd. S. 30 f.; Korrespondenz König Friedrich – Katharina II S. XXV ff. und 261 ff.
100 Vgl. S. 208 ff.
101 Nach den Erinnerungen des leitenden bayerischen Ministers Grafen *Montgelas* (S. 104 f.) soll es vor der endgültigen Entscheidung des Kronprinzen zu einem Treffen in Neuburg an der Donau gekommen sein. Dort habe Charlotte den Prinzen dringend gebeten, sich seinen Entschluß doch nochmals zu überlegen. Friedrich Wilhelm habe dies aber abgelehnt und ihr zu verstehen gegeben, daß sein Entschluß unwiderruflich sei.
102 Die Lebenserinnerungen der Freiherren Friedrich und Eugen von Maucler S. 128 f.
103 *Sauer*, Der schwäbische Zar S. 397.
104 *Montgelas* S. 533.
105 *Grauer*, König Wilhelm I. von Württemberg S. 108 ff.; Literarische Beilage des Staatsanzeigers 1914 S. 286 f. (*Hartmann*, Vor 100 Jahren); *Sauer*, Der schwäbische Zar S. 448.
106 *Montgelas* S. 389; Literarische Beilage des Staatsanzeigers 1913 S. 363.
107 *Andreas*, Verwaltungsorganisation S. 365 f.; Denkwürdigkeiten des Markgrafen Wilhelm S. 291 f.
108 *Andreas*, Baden nach dem Wiener Frieden S. 79; *Andreas*, Verwaltungsorganisation S. 364; *Schnabel*, Liebenstein S. 10.
109 Ebd. S. 10 und 12 f.
110 *Andreas*, Baden nach dem Wiener Frieden S. 79; *Bader*, Geschichte der Stadt Freiburg S. 346; *Kleinschmidt* S. 179 f.; *Windelband*, Badens Austritt aus dem Rheinbund S. 147 f.
111 *Haas* S. 47.
112 *Krieger*, Badische Geschichte S. 99.
113 *Hölzle*, Württemberg im Zeitalter Napoleons S. 164 ff.
114 *Spindler*, Handbuch der bayerischen Geschichte IV, 1 S. 65 f.; *Kallenberg* S. 440 ff.; *Haebler* S. 201 ff.
115 *Andreas*, Baden nach dem Wiener Frieden S. 79.
116 *Haebler* S. 189 ff.
117 *Haas* S. 47; Denkwürdigkeiten des Markgrafen Wilhelm S. 365 ff.
118 Ebd. S. 356 ff.
119 *Hölzle*, Württemberg im Zeitalter Napoleons S. 165 f.
120 Denkwürdigkeiten des Markgrafen Wilhelm S. 374 ff.
121 *Kallenberg* S. 440 ff.
122 *Gebhardt*, Handbuch der deutschen Geschichte Bd. 3. ⁹1970 S. 89 ff.
123 *Kleinschmidt* S. 179.
124 *Stiefel* S. 200.
125 Literarische Beilage des Staatsanzeigers 1913 S. 363 (*Hartmann*, Vor 100 Jahren); *Montgelas* S. 436 f.
126 *Gebhardt* Bd. 3. S. 91 ff.
127 *Hölzle*, Württemberg im Zeitalter Napoleons S. 169 ff.

128 *Sauer*, Baden-Württemberg. Bundesland mit parlamentarischen Traditionen S. 19, 23 und 30.
129 *Haas* S. 49.
130 Denkwürdigkeiten des Markgrafen Wilhelm S. 424.
131 Ebd. S. 463 f.
132 Ebd. S. 474 f.; *Freystedt* S. 136; *Haas* S. 48 f.

Quellen und Literatur

Alberti, Franz von: Tagebuchaufzeichnungen über den Feldzug von 1806/07, Manuskript im Besitz der Familie von Alberti (Stuttgart).

Andreas, Willy: Baden nach dem Wiener Frieden 1809 (Neujahrsblätter der Badischen historischen Kommission Neue Folge Bd. 15). 1912.

–: Badische Politik unter Karl Friedrich. In: Zeitschrift für die Geschichte des Oberrheins N.F. 26 (1911) S. 415–442.

–: Die Einführung des Code Napoléon in Baden. In: Zeitschrift der Savigny-Stiftung für Rechtsgeschichte, Germanistische Abteilung 31 (1910) S. 182–234.

–: Friedrich Nikolaus Brauer. In: Neue Deutsche Biographie 2 (1955) S. 542 f.

–: Friedrich Brauer und die Entstehung des ersten badischen Organisationsedikts vom 4. Februar 1803. In: Zeitschrift für die Geschichte des Oberrheins N.F. 24 (1909) S. 628–672.

–: Geschichte der badischen Verwaltungsorganisation und Verfassung in den Jahren 1802–1818. Hrsg. von der Badischen Historischen Kommission. Bd. 1. Der Aufbau des Staats im Zusammenhang der allgemeinen Politik. 1913.

–: Napoleon, Entwicklung-Umwelt-Wirkung. 1962.

–: Napoleons Aufenthalt in Karlsruhe (1806) und die Verlobung der Stephanie Beauharnais. In: Mannheimer Geschichtsblätter 1939 S. 60–67.

–: Romantik in Heidelberg. In: Badische Heimat 43 (1963) S. 168–170.

Arndt, Erwin: Vom markgräflichen Patrimonialstaat zum großherzoglichen Verfassungsstaat Baden. In: Zeitschrift für die Geschichte des Oberrheins 101 (1953) S. 157–264, 436–531.

Aufzeichnungen über den Mergentheimer Aufstand von Paul Friedrich Theodor Eugen Freiherr von Maucler, Bericht des Oberamtmanns Kuhn sowie der Hofräte Herzberger und Taglieber (Manuskript im Besitz von Frau Mia von Maucler, Blaustein-Herrlingen).

Aus Karl Friedrichs hinterlassenen Papieren. Eigenhändige Aufzeichnungen. Mitgeteilt von Karl Obser. In: Zeitschrift für die Geschichte des Oberrheins N.F. 26 (1911) S. 443–481.

Aus Süddeutschlands Franzosenzeit. In: Fournier, August: Historische Studien und Skizzen. 1885.

Bach Max und Carl Locher: Bilder aus Alt-Stuttgart. 1896.

Bader, Josef: Geschichte der Stadt Freiburg im Breisgau. 1883.

Bader, Karl Siegfried: Der deutsche Südwesten in seiner territorialstaatlichen Entwicklung. 1950.

Badische Biographien. Hrsg. von Friedrich von Weech u. a. Teil 1–6. 1875–1935.

Badischer Militär-Almanach Jahrgang 9 (1862).

Badisches Regierungsblatt 1803–1815.

Badisches Städtebuch. Hrsg. von Erich Keyser. 1959.

Baier, Hermann: Die revolutionäre Bewegung in der Landvogtei Ortenau im Jahre 1789. In: Zeitschrift für die Geschichte des Oberrheins N.F. 23 (1908) S. 300–327.

Beck, Carl: Die Verfassungsgeschichte des Rheinbunds. 1890.

Berner, Herbert: Fall und Zerstörung des Hohentwiel. In: Hohentwiel. Bilder aus der Geschichte des Berges. 1957.

Besitzveränderungen vor 150 Jahren. In: Hohenzollerische Heimat 7 (1957) S. 8.

Bitterauf, Theodor: Die Gründung des Rheinbundes und der Untergang des alten Reiches (Theodor Bitterauf: Geschichte des Rheinbundes Bd. 1). 1905.

Blaese, Hermann: Zar Alexander I. und Baden. In: Zeitschrift für die Geschichte des Oberrheins 99 (1951) S. 507–567.

Blankenhorn, Erich: 1812. Badische Truppen in Rußland. 1937.

–: Badische Truppen in Spanien 1808–1814. 1939.

Bolay, Theodor: Der Hohenasperg. Vergangenheit und Gegenwart. 2 1972.

Borck, Hans Günther: Der schwäbische Reichskreis im Zeitalter der französischen Revolutionskriege 1792–1806 (Veröffentlichungen der Kommission für geschichtliche Landeskunde in Baden-Württemberg Reihe B Bd. 61). 1970.

Breitenbücher, Otto: Die Entwicklung des württembergischen Militärversorgungswesens nach dem Dreißigjährigen Krieg bis zum Jahr 1871. 1936.

Briefe der Großherzogin Stephanie von Baden an Napoleon I. Hrsg. von Karl Obser. In: Revue Napoléonienne, Année 2, volume 2 (1903) S. 153–163.

Briefwechsel der Königin Katharina und des Königs Jérôme von Westphalen sowie des Kaisers Napoleon I. mit dem König Friedrich von Württemberg. Hrsg. von August von Schloßberger. Bd. I–III. 1886, 1887.

Brusselle-Schaubeck, Felix Freiherr von: Felix Christian August Freiherr von Brusselle-Schaubeck. Ein Lebensbild aus dem Anfang des 19. Jahrhunderts. 1894.

Brusselle-Schaubeck, Freiherr von: Feier bei Annahme der Churfürstenwürde am Hofe zu Stuttgart den 6., 7. und 8. Mai 1803. In: Literarische Beilage des Staatsanzeigers für Württemberg 1903 S. 129–134.

Dehlinger, Alfred: Württembergs Staatswesen in seiner geschichtlichen Entwicklung bis heute. Bd. I und II. 1951/53.

Denkwürdigkeiten des Bayerischen Staatsministers Maximilian Grafen von Montgelas (1799–1817). 1887. (zitiert: Montgelas)

Denkwürdigkeiten des Markgrafen Wilhelm von Baden. Hrsg. von der Badischen Historischen Kommission. Bearbeitet von Karl Obser. Bd. 1. 1792–1818. 1906.

Dizinger, Karl Friedrich: Denkwürdigkeiten aus meinem Leben und aus meiner Zeit. 1833.

Du Moulin-Eckart, Richard Graf: Zur Geschichte der badischen Politik in den Jahren 1801 bis 1804. In: Historische Zeitschrift 78 (1897) S. 238–254.

Erbacher, Hermann: Evangelische Landeskirche in Baden. Übersicht über die Einteilung der kirchlichen Verwaltung. [2]1964.

Die Erhebung des Herzogthums Wirtemberg zum Kurfürstenthum vor 100 Jahren. In: Schwäbischer Merkur 1903 Nr. 189 S. 9.

Facius, Friedrich: Mannheim, Baden und der Oberrhein. In: Mannheim in der badischen Rheinschiffahrtspolitik 1802–1920 (1976) S. 32–43.

Feder, Heinrich von: Geschichte der Stadt Mannheim. 2 Bde. 1875–1877.

Fehrenbach, Elisabeth: Traditionelle Gesellschaft und revolutionäres Recht. Die Einführung des Code Napoléon in den Rheinbundstaaten. 1974.

Fiedler, Siegfried: Der Kurfürst und Großherzog. In: Carl Friedrich und seine Zeit (1981) S. 39–48.

–: Revolution–Krieg–Friede. In: Carl Friedrich und seine Zeit (1981) S. 31–38.

Fischer, Wolfram: Ansätze zur Industrialisierung in Baden 1780–1870. In: Vierteljahreshefte für Sozial- und Wirtschaftsgeschichte 47 (1969). S. 186–231.

–: Der Staat und die Anfänge der Industrialisierung in Baden 1800–1850. Bd. 1: Die staatliche Gewerbepolitik. 1962.

Fournier, August: Napoleon I. Bd. I–III. 1886–1913.

Freystedt, Karoline von: Erinnerungen aus dem Hofleben. Hrsg. von Karl Obser. 1902.

Fricke, Gerhard: Geschichte der Deutschen Dichtung. 1951.

Ganzhorn, Wilhelm: Löwenwirt Peter Heinrich Merckle von Neckarsulm und Kaufmann Gottlieb Link von Heilbronn, die Genossen des am 26. August 1806 erschossenen Buchhändlers Palm von Nürnberg. In: Zeitschrift für Württembergisch Franken 1870. S. 419–445.

Gebhardt, Bruno: Handbuch der deutschen Geschichte Bd. 3. [9]1970.

Gehring, Paul: Das Wirtschaftsleben in Württemberg unter König Wilhelm I. (1816–1964). In: Zeitschrift für Württembergische Landesgeschichte 1949/50 S. 196–257.

Geschichte der deutschen Länder – Territorien-Ploetz –. Hrsg. von Georg Wilhelm Sante und A. G. Ploetz Verlag. 2 Bde. 1964 und 1971.

Glaser, Maria: Die badische Politik und die deutsche Frage zur Zeit der Befreiungskriege und des Wiener Kongresses. In: Zeitschrift für die Geschichte des Oberrheins N.F. 41 (1928) S. 268–317.

Gönner, Eberhard und Günther Haselier: Baden Württemberg. Geschichte seiner Länder und Territorien. 1975.

Goldschmit, Robert: Die Stadt Karlsruhe, ihre Geschichte und ihre Verwaltung. Festschrift zur Erinnerung an das 200jährige Bestehen der Stadt. 1915.

Gollwitzer, Heinz: Die Standesherren. Die politische und gesellschaftliche Stellung der Mediatisierten 1815–1918. Ein Beitrag zur deutschen Sozialgeschichte. 1964.

Grauer, Karl-Johannes: Wilhelm I. König von Württemberg. Ein Bild seines Lebens und seiner Zeit. 1960.

Grube, Walter: Der Stuttgarter Landtag 1457–1957. Von den Landständen zum demokratischen Parlament. 1957.

Haas, Rudolf: Stephanie Napoleon. Großherzogin von Baden. Ein Leben zwischen Frankreich und Deutschland 1789–1860. 1978.

–: Vier Briefe Napoleons I. und seiner beiden Frauen an Stephanie Großherzogin von Baden. In: Mannheimer Hefte 1970 S. 88–92.

Haebler, Rolf Gustav: Ein Staat wird aufgebaut. Badische Geschichte 1789–1818. 1948.

Haering, Hermann: Die Organisierung von Landwehr und Landsturm in Baden in den Jahren 1813 und 1814. In: Zeitschrift für die Geschichte des Oberrheins N.F. 29 (1914) S. 266–303, 464–516.

Handbuch der deutschen Militärgeschichte 1648–1939. Bd. 1 Teil II. 1964.

Handbuch der Historischen Stätten Deutschlands Bd. 6: Baden Württemberg. Hrsg. von Max Miller (†) und Gerhard Taddey. [2]1980.

Hartmann, Julius: Vor 100 Jahren. In: Literarische Beilage des Staatsanzeigers 1894–1915.

–: Württemberg im Jahre 1800 (Württ. Neujahrsblätter Neue Folge Bd. 5). 1899.

Hartung, Fritz: Deutsche Verfassungsgeschichte. [5]1950.

Hauck, Karl: Geschichte der Stadt Mannheim und ihres Übergangs an Baden. 1899.

Hauser, Hugo: Wie Baden wurde, was es ward. Das große Friedenswerk des Staatsrats Johann Friedrich Brauer. In: Baden-Württemberg 14 (1965) Heft 11 S. 7–12.

Hausrath, Adolph: Die kirchenpolitische Bedeutung der Regierung Karl Friedrichs (Prorektoratsrede). 1882.

Heinzelmann, Siegfried: Kirche zwischen Mannheim und Konstanz. 1965.

Hermelink, Heinrich: Geschichte der evangelischen Kirche in Württemberg von der Reformation bis zur Gegenwart. 1949.

Hettich, H. O. Fr.: Das Medizinwesen des Königreichs Württemberg nach dem Stande in der Mitte des Jahres 1875. 1875.

Hölzle, Erwin: Das alte Recht und die Revolution. Eine politische Geschichte Württembergs in der Revolutionszeit 1789–1805. 1931.

–: Der deutsche Südwesten am Ende des alten Reiches. Geschichtliche Karte des reichsdeutschen und benachbarten Gebiets. Mit Beiwort. 1938.

–: Das Napoleonische Staatssystem in Deutschland. In: Historische Zeitschrift 148/1933 S. 277–293.

–: König Friedrich von Württemberg. In: Württ. Vierteljahreshefte für Landesgeschichte 1930 S. 269–298.
–: Die Verbindung Jérômes mit Katharina im Zusammenhang mit der Rheinbundpolitik. In: Württ. Vierteljahreshefte für Landesgeschichte 1932 S. 360–368.
–: Württemberg im Zeitalter Napoleons und der deutschen Erhebung. Eine deutsche Geschichte der Wendezeit im einzelstaatlichen Raum. 1937.
Hohenzollerische Heimat 1962.
Hofmann, Emil: Die Industrialisierung des Oberamtsbezirks Göppingen. 1910.
Hosäus: Friedrich von Matthisson. In: Allgemeine Deutsche Biographie 20 (1884) S. 675–681.
Huber, Ernst Rudolf: Deutsche Verfassungsgeschichte seit 1789. Bd. I. 1957.
Hundsnurscher, Franz und Gerhard Taddey: Die jüdischen Gemeinden in Baden. Denkmale, Geschichte, Schicksale (Veröffentlichungen der Staatlichen Archivverwaltung Baden-Württemberg Bd. 19). 1968.
Im Dienst des Fürstenhauses und des Landes Württemberg. Die Lebenserinnerungen der Freiherren Friedrich und Eugen von Maucler. Bearbeitet von Paul Sauer (Lebendige Vergangenheit. Schriftenreihe des Württembergischen Geschichts- und Altertumsvereins. 9. Bd.). 1985.
Jäger, Oskar: Geschichte des neunzehnten Jahrhunderts I. 1906.
Jürgens, Arnulf: Emmerich von Dalberg zwischen Deutschland und Frankreich. Seine politische Gestalt und Wirksamkeit (Veröffentlichungen der Kommission für geschichtliche Landeskunde in Baden-Württemberg Reihe B Bd. 83). 1976.
Kallenberg, Fritz: Die Fürstentümer Hohenzollern im Zeitalter der Französischen Revolution und Napoleons. In: Zeitschrift für die Geschichte des Oberrheins 111 (1963) S. 358–472.
Keller, Richard August: Geschichte der Universität Heidelberg im ersten Jahrzehnt nach der Reorganisation durch Karl Friedrich (Heidelberger Abhandlungen zur mittleren und neueren Geschichte Heft 40). 1913.
Keßler, St.: Das hohenzollerische Militär vor 150 Jahren im Dienst Napoleons. In: Hohenzollerische Heimat 12 (1962) S. 33.
Kirchner, Werner: Der Hochverratsprozeß gegen Sinclair. Ein Beitrag zum Leben Hölderlins (Literatur und Leben. Hrsg. von Werner Milch N.F. Bd. 2). 1949.
Kleinschmidt, Arthur: Karl Friedrich von Baden. Zum 150. Geburtstage. 1878.
[von Kleudgen]: Die Württemberger in Mergentheim. Geschrieben von einem Augenzeugen 1810. 1818.
Korrespondenz König Friedrich – Katharina . . . s. Briefwechsel.
Korrespondenz König Friedrich – Napoleon . . . s. Politische und militärische Correspondenz . . .
Kraft, Heinz: Die Württemberger in den Napoleonischen Kriegen. 1953.
Krauß, Rudolf: Schwäbische Literaturgeschichte. Bd. I. 1897.
Krieger, A[lbert]: Badische Geschichte. 1921.
Kriegsartikel für die Königlich Württembergische Armee vom 1. Januar 1806. 1806.
Das Land Baden-Württemberg. Amtliche Beschreibung nach Kreisen und Gemeinden. Bd. I Allgemeiner Teil. Hrsg. von der Staatlichen Archivverwaltung Baden-Württemberg. 1974.
Lankheit, Klaus: Friedrich Weinbrenner und der Denkmalskult um 1800 (Geschichte und Theorie der Architektur 21). 1979.
Lauer, Hermann: Geschichte der Katholischen Kirche im Großherzogtum Baden. Von der Gründung des Großherzogtums bis zur Gegenwart. 1908.
Lebensabriß . . . s. Matthisson.
Lebenserinnerungen der Freiherren Friedrich und Eugen von Maucler s. Im Dienst . . .
Ledderhose, Karl Friedrich: Henriette Herzogin von Württemberg. In: Allgemeine Deutsche Biographie 11 (1880) S. 786 f.
Lenz, Max: Ein deutscher Kleinstaat in der französischen Revolution (Preußische Jahrbücher 70). 1892.
–: Napoleon (Monographien zur Weltgeschichte Bd. 24). 1924.
Ludwig, Albert: Geschichte der Evangelischen Kirche in Baden. [2]1927.
Maenner, Ludwig: Die süddeutschen Mittelstaaten zwischen Frankreich und Österreich im Jahr 1805. In: Zeitschrift für Bayerische Landesgeschichte 11/1938. S. 188–221.
Martens, Karl von: Geschichte der innerhalb der gegenwärtigen Grenzen des Königreichs Württemberg vorgefallenen kriegerischen Ereignisse vom Jahr 15 vor Christi bis zum Friedensschluß 1815. 1847.
Matthisson, Friedrich von: Lebensabriß des höchstseligen Königs Friedrich von Württemberg, verewigt den 30. October 1816. 1816.
Mayer, Hermann: Die Universität Freiburg i. Br. in den Jahren 1806–1818. In: Alemannia 20 (1892) S. 7–61.
Die Memoiren des Karl von François aus der Zeit der Befreiungskriege (1808–1814). 1965.
Memoiren des kgl. preußischen Generals der Infanterie Ludwig Freiherrn von Wolzogen. Aus dessen Nachlaß unter Beifügung offizieller Denkschriften mitgeteilt von Alfred Freiherrn von Wolzogen. 1851.
Menzinger, Rosemarie: Verfassungsrevision und Demokratisierungsprozeß im Königreich Württemberg. Ein Beitrag zur Entstehungsgeschichte des Parlamentarischen Regierungssystems in Deutschland (Veröffentlichungen der Kommission für geschichtliche Landeskunde in Baden-Württemberg, Reihe B Bd. 56). 1969.
Miller, Max: Die Organisation und Verwaltung von Neuwürttemberg unter Herzog und Kurfürst Friedrich, 1934.
–: Um ein Kurbadisches Landesbistum (1802–1806). In: Freiburger Diözesanarchiv 64 (1936) S. 54–76.
Montgelas s. Denkwürdigkeiten . . .
Napoleon I.: Correspondance. Publiée par ordre de l'Empereur Napoléon III. Bd. 7, 11–13. 1858 ff.
Naujoks, Eberhard: Die Rezeption der Französischen Revolution in Süddeutschland, besonders im deutschen Südwesten bis 1799. In: Die Deutschen und die Revolution. 17 Vorträge für die Ranke-Gesellschaft. Vereinigung für Geschichte im öffentlichen Leben. 1984. S. 70–105.
Obser, Karl: Ein Tagebuch über die Zusammenkunft des Kurfürsten Karl Friedrich von Baden mit Napoleon I. in Mainz (September 1804). In: Zeitschrift für die Geschichte des Oberrheins N.F. 14 (1899) S. 607–634.

–: Der Marquis von Poterat und die revolutionäre Propaganda am Oberrhein im Jahre 1796. In: Zeitschrift für die Geschichte des Oberrheins N.F. 7 (1892) S. 385–413.

–: Die revolutionäre Propaganda am Oberrhein im Jahre 1798. In: Zeitschrift für die Geschichte des Oberrheins N.F. 24 (1909) S. 199–258.

–: Die Sendung des Obersthofmeisters Freiherrn Christian von Berckheim nach Paris im Jahr 1807 und seine Unterredung mit Napoleon. In: Zeitschrift für die Geschichte des Oberrheins N.F. 23 (1908) S. 328–339.

–: Die Universität Heidelberg unter der Regierung Karl Friedrichs (1802–1811). In: Ruperto-Carola 1886 S. 21–24, 41–43.

–: Zur Geschichte der badischen Presse in der Rheinbundzeit. In: Zeitschrift für die Geschichte des Oberrheins N.F. 14 (1899) S. 111–136.

Pahl, Johann Gottfried: Denkwürdigkeiten aus meinem Leben und aus meiner Zeit. Nach dem Tode des Verfassers hrsg. von dessen Sohn Wilhelm Pahl. 1840.

–: Züge zu einem Charaktergemälde des Königs Friedrich von Württemberg. In: Zeitung für die elegante Welt 1817 Nr. 49–55.

Perthes, Clemens Theodor: Politische Zustände und Personen in Deutschland zur Zeit der französischen Herrschaft. Bd. I und II. 1862/69.

Pfaff, Bene: Die Napoleonische Zeit im Spiegel der Sigmaringer Presse. In: Zollernheimat 3 (1934) S. 37–43.

Pfister, Albert: Aus dem Lager der Verbündeten. 1814–1815. 1897.

–: Aus dem Lager des Rheinbunds 1812 und 1813. 1897.

–: König Friedrich von Württemberg und seine Zeit. 1888.

–: Der Milizgedanke in Württemberg und die Versuche zu seiner Verwirklichung. 1883.

Philipp Christian Friedrich Graf von Normann-Ehrenfels, Königlich Württembergischer Staatsminister ... Denkwürdigkeiten. Aus dessen eigenhändigen Aufzeichnungen hrsg. von K. H. Freiherrn Roth von Schrekkenstein. 1891.

Politische Korrespondenz Karl Friedrichs von Baden. Hrsg. von der Badischen Historischen Kommission. Bearbeitet von Karl Obser. Bd. I–VI. 1888–1915.

Politische und militärische Correspondenz König Friedrichs von Württemberg mit Kaiser Napoleon I. 1805–1813. Hrsg. von A. von Schloßberger. 1889.

Probst, Maria: Die Familienpolitik des bayerischen Herrscherhauses zu Beginn des 19. Jahrhunderts (Schriftenreihe zur bayerischen Landesgeschichte Bd. 15). 1933.

Regierungsblatt für Württemberg 1807–1816.

Reichard, Karl: Geschichte der Kriege und Bürgerbewaffnung Ulms von den ältesten bis auf die jetzigen Zeiten. 1832.

Reyscher, August Ludwig: Vollständige, historisch und kritisch bearbeitete Sammlung der württembergischen Gesetze. Abteilung Kriegsgesetze. Hrsg. von Auditor Dr. Kapff. Bd. 1–3. 1849–1851.

Richter, Gregor: Badens und Württembergs Austritt aus dem Rheinbund. In: Beiträge zur Landeskunde 1963 Nr. 5.

Rimscha, Hans von: Geschichte Rußlands. 1970.

Rümelin, Gustav: König Friedrich von Württemberg und seine Beziehungen zur Landesuniversität. In: Reden und Aufsätze. 3. Folge 1894 S. 37–75.

Sauer, Paul: Baden–Württemberg. Bundesland mit parlamentarischen Traditionen. Dokumentation. 1982.

–: Der schwäbische Zar. Friedrich, Württembergs erster König. [2]1986.

–: Die Erlebnisse eines Regimentsarztes. Heinrich Groß aus Tamm im Rußlandfeldzug 1812. In: Hie gut Württemberg (Beilage der Ludwigsburger Kreiszeitung) 26/1975 S. 5 ff.

–: Die Neuorganisation des württembergischen Heerwesens unter Herzog, Kurfürst und König Friedrich (1797–1816). In: Zeitschrift für Württembergische Landesgeschichte 1967 S. 395–420.

–: Not und Armut in den Dörfern des Mittleren Neckarraums in vorindustrieller Zeit. In: Zeitschrift für Württembergische Landesgeschichte. 1982. S. 131–149.

–: Revolution und Volksbewaffnung. Die württembergischen Bürgerwehren im 19. Jahrhundert, vor allem während der Revolution von 1848/49. 1976.

Schell, Erwin: Die Reichsstädte beim Übergang an Baden. (Heidelberger Abhandlungen zur mittleren und neueren Geschichte 59). 1929.

Schloßberger, August von: Der Allianzvertrag des Kurfürsten Friedrich mit dem Kaiser Napoleon. In: Literarische Beilage des Staatsanzeigers 1887. S. 237–281, 305–315, 1888 S. 1–11, 18–24, 89–93.

–: Aus der Zeit des französisch-österreichischen Kriegs 1809. In: Literarische Beilage des Staatsanzeigers 1887 S. 129–135.

–: Denkwürdige Notifikationsschreiben des Kurfürsten, resp. Königs Friedrich von Württemberg aus den Jahren 1803 und 1806. In: Literarische Beilage des Staatsanzeigers 1888 S. 137–139.

–: Die Entzweiung Kaiser Alexanders von Rußland mit König Friedrich von Württemberg im Januar 1806 und die Versöhnung der beiden Herrscher auf dem Kongreß von Erfurt im September 1808. In: Literarische Beilage des Staatsanzeigers 1888 S. 169–184.

–: Der erste Besuch der Kaiserin Josephine von Frankreich am kurfürstlichen Hofe zu Stuttgart 30. November–3. Dezember 1805. In: Literarische Beilage des Staatsanzeigers S. 139–143.

–: Kaiser Alexanders I. Aussöhnung mit König Friedrich, November 1813. In: Literarische Beilage des Staatsanzeigers 1891 S. 129–138.

–: König Friedrich von Württemberg weist ein dreistes ... Ansinnen französischer Generale ... schroff zurück. In: Literarische Beilage des Staatsanzeigers 1888 S. 105–113.

–: König Friedrichs einfache Erziehung und spätere Prachtliebe. In: Literarische Beilage des Staatsanzeigers 1891 S. 241–251.

–: König Friedrichs von Württemberg Beratung mit dem Kronprinzen Friedrich Wilhelm beim Ausbruch der Verfassungsstreitigkeiten im Jahr 1815. In: Literarische Beilage des Staatsanzeigers 1890 S. 177–185.

–: König Friedrichs von Württemberg dankbare Anerkennung der Tapferkeit seiner Truppen in dem Treffen bei Linz am 17. Mai 1809. In: Literarische Beilage des Staatsanzeigers 1887 S. 254–256.

–: König Friedrichs von Württemberg Kampf gegen die Brutalitäten des Marschalls Davoust 1806. In: Literarische Beilage des Staatsanzeigers 1890 S. 17–28.

–: König Friedrichs von Württemberg Notlage bei der Errichtung des Rheinbunds. Juli 1806. In: Literarische Beilage des Staatsanzeigers 1889 S. 289–296.

–: König Friedrichs von Württemberg Stellung zum Tugendbund. Aus den Jahren 1815, 1816. In: Literarische Beilage des Staatsanzeigers 1889 S. 65–76, 97–104.

–: Die letzten von dem Grafen Meinrad Levin Wintzingerode als Gesandten König Friedrichs aus Paris erstatteten Berichte (Oktober und November 1813). In: Literarische Beilage des Staatsanzeigers 1890 S. 97–108, 145–155.

–: Mutige und treffende Erwiderung des König Friedrichs von Württemberg auf einen ungerechtfertigten Vorwurf des Kaisers Napoleon d. d. 17. Jan. 1813. In: Literarische Beilage des Staatsanzeigers 1889 S. 296–303.

–: Ein starker Konflikt des Königs Friedrich von Württemberg mit Kaiser Napoleon im Februar 1813 – der Anfang vom Ende der gegenseitigen Freundschaft. In: Literarische Beilage des Staatsanzeigers 1888 S. 233–246 und 249–270.

Schmid, Eugen: Geschichte des württembergischen evangelischen Volksschulwesens von 1806 bis 1910. Hrsg. von der Württ. Kommission für Landesgeschichte. 1933.

Schmid, Hermann: Der rechtsrheinische Teil der Diözese Straßburg in den Jahren 1802–1808. In Badische Heimat 60 (1980) S. 419–429.

–: Die Säkularisation der Klöster in Baden 1802–1811. 1980.

–: Säkularisation und Schicksal der Klöster in Bayern, Württemberg und Baden 1802–1815 unter besonderer Berücksichtigung von Industrieansiedlungen in ehemaligen Konventen. 1975.

Schnabel, Franz: Ludwig von Liebenstein. Ein Geschichtsbild aus den Anfängen des süddeutschen Verfassungslebens. 1927.

–: Ludwig von Liebenstein und der politische Geist vom Rheinbund bis zur Restauration. In: Schnabel: Abhandlungen und Vorträge 1914–1965 (1970) S. 14–40.

–: Sigismund von Reitzenstein, der Begründer des badischen Staates (Schriftenreihe der Akademischen Mitteilungen Heidelberg 6). 1927.

Schnee, Heinrich: Die Hoffinanz und der moderne Staat. Geschichte und System der Hoffaktoren an deutschen Fürstenhöfen im Zeitalter des Absolutismus. Vierter Band: Hoffaktoren an süddeutschen Fürstenhöfen nebst Studien zur Geschichte des Hoffaktorentums in Deutschland. 1963.

–: Madame Kaulla, Deutschlands bedeutendste Hoffaktorin. In: Lebensbilder aus Schwaben und Franken IX S. 85–104.

Schneider, Eugen: Die Annahme der Königswürde durch Württemberg. In: Schwäbischer Merkur 1905 Nr. 509 S. 5 f. und Nr. 515 S. 9 f.

–: Aus der württembergischen Geschichte. Vorträge und Abhandlungen. 1926.

–: Die Geschichte der Stadt Stuttgart. Ein Abriß (Tagblatt-Schriften 9). 1927.

–: Ulrich Lebrecht Graf von Mandelsloh. In: Allgemeine Deutsche Biographie 20 (1884) S. 173 f.

–: Württemberg und der Preßburger Friede. In: Württ. Vierteljahreshefte für Landesgeschichte 1906 S. 398–410.

–: Württembergische Geschichte. 1896.

–: Württembergs Anschluß an die Verbündeten im Jahr 1813. In: Schwäbischer Merkur 1913 Nr. 482 S. 5.

–: Der württembergische Personaladel. In: Schwäbischer Merkur (Kronik) 1913 Nr. 417 S. 5.

Schneider, Franz: Geschichte der Universität Heidelberg im ersten Jahrzehnt nach der Reorganisation durch Karl Friedrich 1803–1813 (Heidelberger Abhandlungen zur mittelalterlichen und zur neueren Geschichte 38). 1913.

Schön, Theodor: Die Staatsgefangenen von Hohenasperg. 1899.

Scholz, Dietmar: König Friedrich von Württemberg. In: Lebensbilder aus Schwaben und Franken X S. 183–214.

Schott, Johann Gottlob: Ehren-Denkmal des Weiland Durchlauchtigsten Herzogs und Herrn Friedrich Eugens, regierenden Herzogs von Wirtemberg. 1797.

Schumacher, Tony: Aus frühster Jugendzeit. Erzähltes und Erlebtes. 1923.

Schwarz, Benedikt: Zur Geschichte der Lage des badischen Schulwesens im Anfang des 19. Jahrhunderts. In: Badische Schulzeitung 40 (1900) S. 97–99, 113–115.

Schweinitz, Hans Bernhard Graf von: Die staatsrechtliche Stellung der Mediatisierten unter der Rheinbundverfassung. In: Württembergisch Franken 1953/54 S. 269–286.

Seybold, Gerhard: Württembergs Industrie und Außenhandel vom Ende der Napoleonischen Kriege bis zum Deutschen Zollverein (Veröffentlichungen der Kommission für geschichtliche Landeskunde in Baden-Württemberg Reihe B Bd. 74). 1974.

Silberer, Gerhard: Pestalozzi und die Anfänge einer zentralen staatlichen Lehrerbildung im deutschen Südwesten. 1968 (Heidelberger philosophische Dissertation).

Souvenirs de Stephanie de Beauharnais, Grande-duchesse de Bade. In: Revue des Deux Mondes. Periode 8, Tome 8 (1932) S. 61–114.

Spindler, Max: Handbuch der bayerischen Geschichte. Bd. IV,1. 1974.

Stadlinger, L[eo] I[gnaz] von: Geschichte des württembergischen Kriegswesens von der frühesten bis zur neuesten Zeit. 1856.

Stälin, Paul: Friedrich Eugen, Herzog von Württemberg. In: Allgemeine Deutsche Biographie 8 (1878) S. 53–55.

–: Friedrich, König von Württemberg. In: Allgemeine Deutsche Biographie 8 (1878) S. 56–60.

Steiner, Gustav: Rheinbund und »Königreich Helvetien«. In: Basler Zeitschrift für Geschichte und Altertumskunde 18 (1919) S. 1–160.
Stemmler, Eugen: Die Grafschaft Hohenberg und ihr Übergang an Württemberg. (Darstellungen aus der württembergischen Geschichte Bd. 34). 1950.
Stern, Selma: Herzog Karl Wilhelm Ferdinand von Braunschweig und Prinzessin Auguste von Württemberg. In: Braunschweigisches Magazin 1924 Sp. 49 ff.
Stiefel, Karl: Baden 1648–1952. 2 Bde. 1977/78.
Stiefvater, Alois: Gottes Reich in unserer Heimat. Kleine Kirchengeschichte der Erzdiözese Freiburg. 1967.
Suckow, Carl von: Aus meinem Soldatenleben. 1862.
Tänzer, Aaron: Die Geschichte der Juden in Württemberg. 1937.
Übelen, Georg Gottlieb: Friedrich I. König von Württemberg. In: Zeitgenossen. Biographien und Charakteristiken. Bd. 2. 1818.
Über die zahlreichen Desertionen aus den Reihen der badischen Truppen während des Feldzugs von 1805. In: Badischer Militäralmanach 1862 S. 79.
Uhland, Robert: Karl Freiherr von Kerner. In: Ludwigsburger Geschichtsblätter 29/1977 S. 5–68.
Unter den Greifen. Altbadisches Militär von der Vereinigung der Markgrafschaften bis zur Reichsgründung 1771–1871. Hrsg. von der Vereinigung der Freunde des Wehrgeschichtlichen Museums Schloß Rastatt e.V. ... Bearbeitet von Sabina Hermes und Joachim Niemeyer. 1984.
Valdenaire, Arthur: Friedrich Weinbrenner. Sein Leben und seine Bauten. [2]1926. (Nachdruck 1976).
Vereinigte Evangelische Landeskirche in Baden 1821–1871. Dokumente und Aufsätze. Im Auftrag des Evangelischen Oberkirchenrats hrsg. von Hermann Erbacher. 1965.
Verhandlungen der Landstände des Königreichs Württemberg 1815/16.
Waller, Anneliese: Baden und Frankreich in der Rheinbundzeit. 1935 (Freiburger philosophische Dissertation).
Walter, Erich: Stephanie Napoleon. Lebensweg und Weggenossen 1789–1860. [1948].
Weech, Friedrich von: Baden unter den Großherzogen Carl Friedrich, Carl und Ludwig. Acht Vorträge. 1863.
–: Friedrich Nikolaus Brauer (1754–1813). In: Allgemeine Deutsche Biographie 3 (1876) S. 263 f.
–: Karl Friedrich Großherzog von Baden. In: Allgemeine Deutsche Biographie 15 (1882) S. 241–248.
–: Karl Ludwig Friedrich Großherzog von Baden. In: Allgemeine Deutsche Biographie 15 (1882) S. 248–250.
Wengen, Fr[iedrich] von der: Der Feldzug der Großherzoglich Badischen Truppen unter Oberst Freiherrn Karl von Stockhorn gegen die Vorarlberger und Tiroler 1809. Hrsg. von Freiherrn O. von Stockhorn. 1910.
Wierichs, Marion: Die Entstehung der Großherzogswürde in Baden. In: Zeitschrift für die Geschichte des Oberrheins 125 (1977) S. 181–200.
–: Napoleon und das Dritte Deutschland 1805/06. Die Entstehung der Großherzogtümer Baden, Berg und Hessen (Europäische Hochschulschriften III, 99). 1978.
Willburger, August und Hermann Tüchle: Geschichte der katholischen Kirche in Württemberg. 1954.
Windelband, Wolfgang: Badens Austritt aus dem Rheinbund 1813. In: Zeitschrift für die Geschichte des Oberrheins N.F. 25 (1910) S. 102–150.
–: Der Anfall des Breisgaus an Baden. 1908.
–: Badens Erwerbungen in den Koalitionskriegen (1795–1805). 1908 (Heidelberger philosophische Dissertation).
Wintterlin, Friedrich: Geschichte der Behördenorganisation in Württemberg. Bd. I. 1904.
–: Nikolaus Friedrich Thouret. In: Allgemeine Deutsche Biographie 38 (1894) S. 121–123.
Wintzingerode, Wilko Graf: Graf Heinrich Levin Wintzingerode, ein Württembergischer Staatsmann. 1866.
Wohlfeil, Rainer: Untersuchungen zur Geschichte des Rheinbundes 1806–1813. Das Verhältnis Dalbergs zu Napoleon. In: Zeitschrift für die Geschichte des Oberrheins 108 (1960) S. 85–108.
Wolzogen, Ludwig Freiherr von: s. Memoiren ...
Wunder, Bernd: Privilegierung und Disziplinierung. Die Entstehung des Berufsbeamtentums in Bayern und Württemberg (1780–1825) (Studien zur modernen Geschichte Bd. 21). 1978.
Zelzer, Maria: Weg und Schicksal der Stuttgarter Juden. Ein Gedenkbuch hrsg. von der Stadt Stuttgart (Sonderveröffentlichungen des Archivs der Stadt Stuttgart). o. D. [1964].
Zollernheimat 1934.
Züge zu einem Charaktergemälde ... s. Pahl, Johann Gottfried.
Zur Geschichte des Badischen Staatstheaters. Vom Hoftheater zum Badischen Staatstheater. Katalog der Ausstellung. 1980.

Bildnachweis

Register